图书在版编目(CIP)数据

宗子维城：从考古材料的角度看公元前 1000 至前 250 年的中国社会／(美)罗泰著；吴长青，张莉，彭鹏等译. —上海：上海古籍出版社，2017.6(2023.5 重印)
ISBN 978-7-5325-8099-6

Ⅰ.①宗⋯ Ⅱ.①罗⋯ ②吴⋯ ③张⋯ ④彭⋯ Ⅲ.①中国历史—研究—青铜时代 Ⅳ.①K210.7

中国版本图书馆 CIP 数据核字(2016)第 103205 号

宗子维城：从考古材料的角度看
公元前 1000 至前 250 年的中国社会
[美]罗泰 著
吴长青 张莉 彭鹏 等 译
王艺 等 审校
上海古籍出版社出版、发行
(上海市闵行区号景路 159 弄 1-5 号 A 座 5F 邮政编码 201101)
(1) 网址：www.guji.com.cn
(2) E-mail：guji1@guji.com.cn
(3) 易文网网址：www.ewen.co
常熟文化印刷有限公司印刷
开本 635×965 1/16 印张 34.75 插页 6 字数 420,000
2017 年 6 月第 1 版 2023 年 5 月第 6 次印刷
印数：11,401—12,500
ISBN 978-7-5325-8099-6
K·2207 定价：128.00 元
如有质量问题，请与承印公司联系

谨以此书纪念俞伟超先生

（1933–2003）

价人维蕃，大师维垣。大邦维屏，大宗维翰。
怀德维宁，宗子维城。无俾城坏，无独斯畏。

《诗经·大雅·板》

"点！尔何如？"
鼓瑟希，铿尔，舍瑟而作，对曰："异乎三子者之撰。"
子曰："何伤乎？亦各言其志也。"
曰："莫春者，春服既成，冠者五六人，童子六七人，浴乎沂，风乎舞雩，咏而归。"
夫子喟然叹曰："吾与点也！"

《论语·先进》

目 录

英、日文版序......1
韩文版序言......1
中文版序言......1

引论......1
　　历史背景／考古与文献／考古资料／途径／本书概要

第一部分　新等级制度及其实施

第一章　西周晚期贵族的重组（约前850年）......31
　　周原与庄白一号窖藏／风格序列／礼制改革的迹象／作为历史证据的铜器铭文／微氏世系与礼制改革的年代／西周的氏族组织／微氏族的社会地位

第二章　诸侯氏族内的等级和性别差别（约前1000—前650年）......76
　　墓葬资料及其局限性／三个墓地：年代问题／墓葬与墓地布局／用器制度分析／性别差异

第三章　中国北方氏族共同体的个案研究（约前800—前450年）......141
　　人口统计和等级分析／上马墓地及其周边环境／人口发展／社会分化的标志／葬具／随葬品／等级的世袭与地位标志的分配／性别差异／比较／插曲

第二部分　内部融合与外部分界

第四章　周文化圈内的姓族差异(约前1050—前500年)……191

洛阳和曲阜 / 洛阳的"商人"与"周人"墓葬 / 曲阜的"商"、"周"遗存 / 腰坑 / 陶鬲 / 评述 / 尾声：一个"先周"案例

第五章　周文化圈内的民族差异(约前1050—前350年)……226

西周时期周朝和晋国都城的"异族" / 东周时期的秦墓 / 益门村2号墓 / 东周时期秦墓的"外来"因素 / 从毛家坪来看秦的民族身份 / 评述

第六章　扩张中的社会(约前1050—前221年)……269

早期趋势 / "东夷"的融入 / 中山国 / 长江流域 / 东周时期的长江下游 / 移民式扩张 / 评论

第三部分　变化与调整

第七章　东周时期的宗教转变(约前600—前221年)……319

礼仪重点的改变 / 宗庙与墓葬关系的转变 / 明器 / 再现家居和社会环境的墓葬 / 作为小宇宙的墓葬 / 基本的宗教观念

第八章　高级贵族与低级贵族的分野(约前750—前221年)……353

东周各诸侯王陵及陵园 / 淅川下寺的双重铜器组合 / "特殊组合"青铜礼器的其他实例 / 性别差异的扩大 / 新郑的祭祀坑 / 阐释

第九章　低级贵族与平民的融合(约前600—
　　　　前221年)......407
　　东周楚墓/春秋时期楚墓等级/战国时期的发展/社
　　会层面的阐释/与文献的对应/评述/插曲

结语......439
　　人口增长与人群流动/领土控制与扩张/农业人口/
　　军事/商人与企业家/工匠、专业人员及其他/呼吁

本书引用古典文献及铭文的标准版本......460
中文书目......461
日文书目......497
西文书目......501

图表目录

地图 1　周初主要遗址分布图……5

地图 2　周原位置图(陕西岐山与扶风两县)……34

地图 3　山西曲沃天马—曲村周围的考古遗址……86

地图 4　山西曲沃北赵村晋侯墓区……91

地图 5　河南三门峡上村岭虢国氏族墓地……103

地图 6　山西侯马上马墓地……145

地图 7　反映西周晚期礼制改革标准的礼器组合分布图……181

地图 8　河南洛阳周边的公元前一千纪遗址……194

地图 9　山东曲阜故城遗址……198

地图 10　西周时期中国文化区西北边陲的考古学文化……231

地图 11　东周早期甘肃东部的考古学文化……237

地图 12　陕西凤翔南指挥西村墓地……244

地图 13　周代后半期的遗址分布图……270

地图 14　江苏丹徒谏壁至大港的所谓吴国王陵区……304

地图 15　陕西凤翔的考古遗址……359

地图 16　陕西临潼东陵陵区……362

地图 17　陕西临潼骊山秦始皇陵园……364

地图 18　河南淅川下寺墓地……367

地图 19　中国北方和南方出土"特殊组合"器物的墓葬的分布情况……389

地图 20　楚国疆域……411

表 1　年表......6

表 2　庄白一号窖藏铜器(按年代排列)......39

表 3　庄白一号窖藏(陕西扶风)出土青铜器(按功能分类)......48

表 4　周代的用器制度......53

表 5　庄白一号窖藏铜器铭文所载微氏族族长世系......60

表 6　周王世系(至前 841 年)......62

表 7　微氏与周王室世系对照......63

表 8　陕西宝鸡弴国氏族墓地青铜器组合......82

表 9　山西曲沃北赵晋侯墓地(Ⅲ区)青铜器组合(不确定的列表)......88

表 10　河南三门峡上村岭虢国墓地青铜器组合......112

表 11　山西曲沃天马—曲村晋侯墓地(曲村Ⅱ区)青铜器组合......118

表 12　山西侯马上马墓地：墓葬按分期和分区排列......144

表 13　上马墓地"埋葬群体"的人口发展......148

表 14　上马墓地两性死亡年龄的差异......150

表 15　上马墓地的椁/棺分布(仅成人)......159

表 16　上马墓地的用器组合......160

表 17　23 座上马墓地的用器组合......162

表 18　上马墓地葬具和随葬器物组合的对照分析......166

表 19　上马墓地与部分周人墓地棺椁对比......176

表 20　显示西周晚期礼仪制度普及的部分丧葬组合......178

表 21　陕西长安张家坡邢氏族墓地 21 座洞室墓的器物组合......230

表 22　渭河流域东周秦国墓地的青铜器组合......240

表 23　周文化圈边缘窖藏出土青铜器......273

表 24　山东半岛莒国诸墓地的铜器组合......279

表 25　早期中国统治者墓葬的规模......356

表 26　河南淅川下寺/和尚岭蒍氏族墓地出土铜器组合......368

表 27　春秋时期楚墓出土的铜器组合......374

表 28　战国时期含"特殊组合"的楚墓出土的器物组合......382

表 29　楚以外地区含"特殊组合"器物的墓葬所出铜器组合......385

表 30　春秋时期的部分 O 级、P 级和 Q 级楚墓出土器物组合......414

表 31　战国时期 M、N/O、P 和 Q 级部分楚墓的器物组合......422

表 32　赵家湖墓葬等级与社会等级的对应......432

图 1　陕西省扶风庄白一号窖藏......33

图 2　周原远景(面向岐山,摄自陕西扶风召陈遗址附近)......34

图 3　云塘建筑群落(陕西扶风)......36

图 4　庄白一号窖藏"折"铭容器......41

图 5　庄白一号窖藏的"丰"铭容器......42

图 6　庄白一号窖藏的"牆"铭容器......43

图 7　庄白一号窖藏的癲铭容器(较早风格的一组)......44

图 8　庄白一号窖藏的癲铭容器(晚期风格)......47

图 9　西周晚期部分青铜容器(右)与陶质饮食器(左)的密切联系......54

图 10　庄白一号窖藏第三套癲甬钟......59

图 11　一个树状氏族的结构图......69

图 12　山西曲沃天马—曲村遗址出土的陶鬲......94

图 13　陕西宝鸡竹园沟 13 号墓......99

图 14　陕西宝鸡茹家庄 1 号墓和 2 号墓......101

图 15　山西曲沃北赵墓地 31 号墓所出玉覆面和覆体......106

图 16　山西曲沃北赵墓地 93 号墓......107

图 17　河南三门峡上村岭墓地 1727 号车马坑......107

图 18　陕西宝鸡竹园沟 13 号墓出土的青铜器组合……109
图 19　陕西宝鸡茹家庄 1 号墓（即 1A 号墓）"妾"椁室出土的成套青铜鼎和簋组合……110
图 20　河南三门峡上村岭 2001 号墓出土青铜器组合……117
图 21　山西曲沃北赵墓地 93 号墓出土青铜明器……126
图 22　陕西宝鸡茹家庄 2 号墓出土邢姬媵器……133
图 23　山西侯马上马墓地不同葬具的墓葬……153
图 24　山西侯马上马墓地出土的青铜器组合……154
图 25　山西侯马上马 1007 号墓所出陶明器组合……155
图 26　山西侯马上马墓地出土的陶炊器……156
图 27　山西侯马上马墓葬中所出杂器……157
图 28　山东曲阜故城的城墙……197
图 29　北京市房山琉璃河 202 号墓……201
图 30　山东曲阜药圃 120 号墓……202
图 31　河南洛阳北窑墓地陶鬲的类型……207
图 32　山东曲阜 A 组墓地陶器分类……210
图 33　山东曲阜 B 组墓葬出土的陶器和青铜器类型……212
图 34　"先周"及西周早期两类鬲的制作过程示意图……217
图 35　先周陶鬲及西周早期的陶鬲演变图……224
图 36　陕西长安张家坡的主要墓葬形制……228
图 37　山西曲沃北赵 113 号墓出土的青铜三足瓮和双耳罐……234
图 38　陕西铜川枣庙 1 号墓……239
图 39　秦墓铜器的类型序列……245
图 40　秦墓陶器的类型序列……247
图 41　陕西宝鸡益门村 2 号墓……249
图 42　陕西宝鸡益门村 2 号墓出土的部分器物……250
图 43　鍑……254
图 44　带饰……255

图 45　带钩及其用法……256

图 46　甘肃甘谷毛家坪聚落遗址的陶器类型……261

图 47　寺洼文化的陶器类型……262

图 48　四川彭州竹瓦街两座窖藏出土的青铜容器……274

图 49　内蒙古自治区宁城南山根出土青铜器……276

图 50　河北平山三汲乡中山王𢙣墓坑平面图……282

图 51　河北平山三汲乡中山王𢙣墓出土青铜三叉形旗杆……285

图 52　河北平山三汲乡中山王𢙣墓所出错金银青铜兽……287

图 53　安徽寿县西门内蔡侯申墓出土青铜容器和编钟组合……293

图 54　湖北当阳赵家湖墓地出土"楚式"陶鬲……294

图 55　周文化圈东南疆的几类土墩墓……298

图 56　周文化圈南疆出土的越式铜鼎……301

图 57　东南地区出土的各式地方风格青铜器……302

图 58　安徽屯溪奕棋 3 号墓出土的青铜镇墓兽底座……303

图 59　安徽寿县西门内蔡侯申墓出吴王光鉴……306

图 60　浙江海盐黄家山石质明器……307

图 61　河北易县燕下都 16 号墓出土的陶明器组合……330

图 62　燕下都 16 号墓出土明器陶鉴的纹饰……331

图 63　曾侯乙墓：湖北随州擂鼓墩 1 号墓……333

图 64　湖北随州擂鼓墩 1 号墓曾侯乙的内棺……335

图 65　河北平山三汲乡 1 号墓中山王𢙣墓出土镶嵌铜版兆域图……337

图 66　杨鸿勋的中山王𢙣复原图……338

图 67　甘肃天水放马滩 1 号墓出土地图木版……340

图 68　湖北随州擂鼓墩曾侯乙墓外棺……341

图 69　湖北随州擂鼓墩曾侯乙墓出土的两件衣物盒……342

图 70　河北平山三汲中山王陵区 3 号墓的袝葬墓出土的棋盘……344

图 71　陕西咸阳塔儿坡墓地出土的随葬陶器组合……347

图 72　山东临淄商王 1 号墓所出铜质及银质容器……349

图 73　甘肃礼县大堡子山 2 号墓……356

图 74　陕西凤翔南指挥村秦（景?）公墓……358

图 75　陕西临潼东陵Ⅱ.3 号和Ⅰ.1 号墓……363

图 76　山东临淄附近的六王冢……365

图 77　河南淅川下寺 10 号墓出土的春秋晚期"常规组合"……372

图 78　河南淅川下寺 1 号墓出土的春秋晚期"特殊组合"的主要铜器类型……377

图 79　西周晚期与公元前 6 世纪中叶"特殊组合"的铜器纹饰比较……378

图 80　山西太原金胜村 251 号墓出土的特殊组合器物……391

图 81　河南下寺 2 号墓出土的铜禁……392

图 82　山西太原金胜村 251 号墓出土的铜甗和炉……392

图 83　河南新郑中行 4 号乐器坑……396

图 84　河南新郑中行 15 号礼器坑出土容器……398

图 85　河南新郑李家楼郑国国君墓出土常规组合铜容器……399

图 86　河南孟津平乐出土的齐侯盂……405

图 87　春秋时期的 M 级墓葬：湖北当阳赵巷 4 号墓……412

图 88　春秋时期的 N 级墓葬及其随葬品组合：湖北襄阳团山 1 号墓……416

图 89　春秋时期的 O 级墓葬及其器物组合：湖北当阳金家山 JM9 号墓……417

图 90　湖北当阳金家山春秋时期的 P 级墓葬及其器物组合：JM2 号墓平面图与 JM1 号墓所出器物组合……418

图 91　湖北当阳金家山春秋时期的 Q 级墓及其器物组合：JM113 号墓平面图与 JM164 号墓出土的器物组合……419

图 92　R 级墓葬：湖北当阳金家山 JM80 和 JM138 号墓……419

图 93 战国时期的高等级贵族墓及其随葬品组合：湖北荆门市包山 2 号墓平面图以及湖南长沙市 89 号墓（六程桥 1 号墓）的器物组合......421

图 94 战国时期的 M 级墓葬及其器物组合：湖北江陵雨台山 555 号墓......424

图 95 战国时期的 N/O 级墓葬及其器物组合：湖北当阳杨家山 YM2 号墓平面图与湖北当阳金家山 JM229 号墓的随葬品组合......426

图 96 战国时期的 P 级墓葬及其器物组合：湖北当阳金家山 JM69 号墓平面图和 JM168 号墓的随葬品组合......427

图 97 战国时期的 Q 级墓葬及其器物组合：湖北当阳金家山 JM35 号墓......428

图 98 河南濮阳西水坡 175 号墓坑......452

英、日文版序

本书研究的对象是青铜时代晚期的中国，但同时也是对如何利用中国考古材料进行论证的省思。除了引论部分介绍方法论问题及相关历史背景以外，剩下的各章都是根据论题（而不是根据时间先后顺序）组织起来的个案研究。尽管大部分主要的青铜时代晚期考古遗址在本书正文或列表中均有提及，但出于简洁原则，书中无法对它们一一作出详细的讨论。因此，本书不是对中国青铜时代晚期考古的一般性介绍，但对于有志于了解这一学科的人们，这可以作为他们学习的起点。

该书尝试着将两种截然不同的读者群统一起来：即关心考古的读者和兴趣在中国社会史及思想史方面的读者。对于前者而言，它提供了与其他文明比较和对比的证据；对于后者来说，它提供了就理解中国以及广泛的东亚而言至关重要，却鲜为人知的相关研究信息，并希望在以后研究中的方法论与侧重点等问题上引发大家的思考和关注。书中的不少内容在我之前的文章里均有讨论；但在面向更广大的读者群体重新研究这些数据的过程中，我的目标是整合系联过去的研究，着眼于那些研究所反映出来的更宏观的问题。这也是为什么本书忽略过去研究中所关注的某些细节的原因。对此，有兴趣的读者可以从附于书后的书目中查到我曾发表的相关文章。

本书是根据我2002—2003年间在京都大学作访问教授时的

授课讲义发展而成的。在此,我应该感谢京都大学考古系接待我的上原真人教授(Uehara Mahito)以及考古系里所有的人,感谢他们对我的研究的兴趣,感谢他们提供的良好学术环境,以及他们的殷勤和友好。我也向前川和也(Maekawa Kazuya)和小南一郎(Kominami Ichirō)两位教授致谢,感谢他们许可我旁听他们在人文科学研究所开设的极具启发性的研究会。我还应特别感谢京都大学东洋史系的杉山正明(Sugiyama Masaaki)教授,感谢我们多年的友谊,并感谢他积极促成我在京都大学的访学以及他对写作本书的热情支持和鼓励。

在此我也要向加州大学洛杉矶校区艺术史系和扣岑考古学研究所的同事们和同学们表示感谢,感谢他们在过去的十多年里营造的互相支持、富有活力的学术环境。我还要再次感谢为此研究的早期阶段提供了资金和学术支持的盖蒂基金、加州大学河滨校区的思想与社会中心、加州大学洛杉矶校区、台湾"中央图书馆"汉学研究中心、台湾"中央研究院"、海德堡大学东亚美术研究室、巴黎高等实践研究院、北京大学,以及挪威科学院等学术和研究机构。

这些年我在学术上取得的成就,与我在诸多场合跟挚友和同事们的学习是分不开的。要一一列出他们的名字,恐怕要用去许多篇幅,然而我对他们的感谢是无法用语言来表达的。在此,我想向傅罗文(Rowan K. Flad)、柯马丁(Martin Kern)、来国龙、罗覃(Thomas Lawton)、Donald McCallum、戴梅可(Michael Nylan)、尤锐(Yuri Pines)、史嘉柏(David Schaberg)和吉本道雅(Yoshimoto Michimasa)等表示特别的感谢,感谢他们对本书的早期稿本的阅读、批评和更正。我还要诚挚地感谢森谷一树(Moriya Kazuki)、米田健司(Yoneda Kenji)和吉本道雅为本书日文版的翻译所付出的努力;正是他们的努力使得本书的日文版(东京大学出版社出版)与英文版同时出版。与此相关,我还要进一步对本乡一美(Hitomi Hongô)的热情鼓励和支持表示衷心的感谢。

我还要感谢 Charles Stanish、Julia Sanchez 和 Shauna Mecartea 在本书英文版的出版过程中提供的慷慨帮助和支持。该书的所有读者——当然首当其冲的是本书作者——都应该感谢娜奥米·努博·理查德(Naomi Noble Richard)对本书的优秀编辑工作。我还应该感谢所有慷慨地许可本书使用过去发表作品中的插图的机构及个人;尤其是丽贝卡·豪尔(Rebecca Hall),我感谢她高效地调试那些插图的版式并用于本书。当然,在此我也向我北京的两位老友表示衷心感谢:感谢李零起了本书的中文书名,感谢冯时题写书名。本书书名出自《诗经》,与本书内容直接相关(参见本书的题词页)。

当然,最重要的是,本书在研究那些重大主题时的方法论充分体现了我的老师们对我的影响,比如张光直先生(已故)、艾朗诺(Ronald C. Egan)先生、Peter T. Ellison 先生、林巴奈夫(Hayashi Minao)先生(已故)、索安(Anna K. Seidel)女士(已故)、Stanley J. Tambiah 先生、Peter S. Wells 先生、Gordon R. Willey 先生(已故)、严文明先生和已故的邹衡先生等。在此向他们致谢恐怕再合适不过了。最后,因为本书所研究的题目曾受过已故的俞伟超先生的深深启发,虽然先生没能在有生之年看到本书的出版,我谨以此书献给先生,以资纪念。

二〇〇五年十一月一日　美国洛杉矶(Los Angeles)

韩文版序言

　　对一个学者而言,自己的书被译成另外一种语言是莫大的荣誉,因为这意味着本作品会被超越了自己狭小圈子以外的读者来阅读,意味着其中的主题重要到足以引起更大的知识群体关注的地步。因此,我对《宗子维城》韩文版的出版充满了感激。就我所知,西方学者研究早期中国的著作很少能像本书一样获此殊荣,得以译成韩文出版。这或许是因为,至今出版的学术作品中,有的过于侧重介绍性,有的又太显专业,而有的其本身就是译自中国的经典,而这些经典中本来的观点又不易"转译"成另外一种语言。然而,像《宗子维城》这样一本基于考古试图重建中国青铜时代晚期的社会秩序及其在公元前一千纪的发展的学术作品,是否能够承当得起其韩文译本将其介绍给更广泛的读者群这一殊荣?本书的贡献是否足以使得韩国的知识界——当今世界数得上的最有教养、最智慧的知识群体之一——花费时间来读它呢?是否真的值得大家费力地将整部书都翻译成韩文呢?

　　想到这些问题,无疑让本书的作者诚惶诚恐,深感不安。当然,用特伦修斯(Terentius)的话,最终"书籍自有其命"。我深知,呈现在大家面前的这本书,既因为其本身的幼稚也由于其探索主题的超级复杂,一定是不完美的。尽管英文原版和日文译本(两个版本于2006年同时出版)的评论者们对本书不乏好评,实质而有说服力的批评也已经提出,但总体而言,针对本书的书评还不是很多。尤其值得一提的是,至今还没有看到中国学者的反映:因为中国是本书所讨论的主体,或许就本书内容展开的持久而深入的讨论还有望在未来出现;而本书的中文译本,尽管启动已久,离最终出版仍然遥遥无期。相比而言,由于沈载勋(Shim Jae-hoon)教授富有成效的努力,该书的韩文版反而要早于其中文版的出版。有人或许会问:书中的哪些地方会让读者感兴趣呢?哪些地方又与朝鲜半岛的语境相关呢?要回答这些问题,以下三点应最值得注意,即中国与朝鲜半岛历来国土相邻、文化相关,而且研究方法也有平行。

第一,中国乃朝鲜半岛之近邻。尽管本书所讨论的考古文化没有直接延伸至朝鲜半岛(第六章所提及的一则晚期的疑似例子除外),本书描述的社会文化发展距离朝鲜半岛并不遥远,也并不排除当时朝鲜半岛上的居民至少能模模糊糊地感觉到这些事情的发生。周代的中国至少间接地成为与其周边地区进行产品交易和在技术上对其施加影响的策源地;当然,反过来说,朝鲜半岛的诸多产品也有到达周文化范围的可能性,尽管目前而言这在考古上还难以辨识。因此,从考古的角度,本书在真正意义上描述了朝鲜半岛史前时代晚期的更广泛的历史背景。

第二,更重要的是,周代社会产生的很多社会文化范式后来传播到朝鲜半岛,而且在那里影响深远。从这个角度讲,本书研究的对象是在公元一到两千年间形成的朝鲜半岛传统文明的诸多源头。尤其值得一提的是,本书研究的目的之一,就是揭示孕育我们现在称之为儒家文化的政治、伦理及哲学系统的古代社会语境,并强调早期儒家思想与其产生的社会语境之间的特殊的历史联系。韩国的读者当然知道儒家文化在朝鲜半岛传统文明中的重要性。毋庸置疑,读者也将意识到,今天大家耳熟能详的各种韩国版的儒家文化均有其中国渊源,其形成时代要大大晚于本书所讨论的时期。尽管如此,我相信,本书还是为比较研究早期中国儒家文化与其在韩国文明中的诸多变种提供了潜在意义上的有用数据。

第三,本书之所以能引起韩国读者的兴趣,可能还跟它所讨论的方法论问题跟韩国历史学家和考古学家所面临的问题一致或者类似有关。例如,怎样在物质遗存中识别出思想观念(比如说儒家思想)的表现形式?考古发现是怎样从一般意义上补充了历史文献,而又在某些特殊情况下与其相冲突的?我们又是怎样对这两类证据进行衡量、判定优劣的?这些问题,其实是困扰所有古代文明研究的难题,我在本书的引论部分对其有更详细的阐述,而且全书通篇均会涉及。因为中国在地理位置和社会文化方面与韩国都有联系,所以中国的例子就尤其能为在韩国历史文化背景下对这些问题的研究提供有价值的线索。本书对于如何根据考古数据对社会组织、社会分层以及民族问题作出推断进行了广泛的讨论;当韩国考古学家考察类似问题的时候,我的这些讨论或许能从方法论的角度引发他们的兴趣。通过跟中国进行比较,我们或许会更精确地识别出到底是什么让韩国文明如此与众不同,从而解释为什么直到今天韩国文明仍能保持其本身的独特性。

我第一次访问韩国是在1983年,那时我还是个研究生。从那以后,我一直对韩国考古和历史有强烈(尽管不是专业性的)的兴趣。我也对朝鲜半岛与中国文明长达数世纪的交往很有兴趣;这种交往使得中国文明的要素根深蒂固地融入朝鲜半岛文化传统的血脉之中。举例来说,到目前为止还很少有人研究韩国金石学史(金石学即是科学的考古方法产生之前对中国文明的物质遗存进行鉴赏、测量及归类等处理的产物,在朝鲜和韩国十分流行)。这就是未来研究中的一个引人入胜的题目,此类研究也将为与欧洲思想史上类似于金石学的现象进行比较研究提供潜在的材料。现代韩国的中国研究是二战之后新发展出来的,而我也很荣幸能够结识许多优秀的同行，他们都在自己各自的领域为推动韩国的中国研究做出了杰出贡献。因此，我强烈希望，本书的韩文版能为韩国知识界对中国文化思想遗产的越来越多的清醒认识贡献些许力量，并希望这本小书能使大家更能认识和欣赏依然回荡在当今韩国社会的中国文明的因素。

在此，我也想对沈载勋教授在翻译此书的过程中付出的大量时间和努力表示深深的感谢。这一翻译任务花去了他2009—2010年期间在加州大学洛杉矶校区休年假时的大部分时间。为了将书中的某些细微之处通过翻译更好地传达给韩国读者，我至今还记得我们之间进行的那些有趣讨论。尽管我的韩语水平非常有限，可是我仍能感受到，沈载勋教授细腻的翻译准确地表达出了作者的意图。更令人欣喜的是，在精心翻译本书的过程中，沈教授还发现并更正了书中的多处小错。从这个意义上说，在一个经过重新修订的英文版出现之前，大家手里的韩文译本应该是到目前为止最权威的版本。

尽管本书出版之后又有许许多多的新发现和新成果问世，尽管如果将这些发现成果及时收入书中会将其中的观点阐述得更加准确，也尽管这样做会有机会对书中的有些地方进行必要的修正，但我们却不想对书中的实质性内容进行更新。因为我们知道，这样的新材料，无疑还会随着中国考古事业的蓬勃发展而继续增加，而且一本书永远也无法完美地反映出历史现实。所以，相比做一些永远无法令人满意的修修补补而延误出版，我们还是选择了在翻译中不改变书中论点，而是把它们在2006年出版时英文原版里的样子忠实地呈现在读者面前。

二〇一〇年秋夕　德国艾朗根（Erlangen）

中文版序言

　　从本书的英文和日文版同时出版之日算起，至今年已过近一旬；距韩文译本的出版也已近五载。然而经过漫长的等待之后，其中文译本终于准备付梓了。但跟之前的诸版本相比，现在只能说，中文译本在许多方面都显得更加过时，因为自打 2006 年本书出版之后，新的考古发现和对过去资料的研究层出不穷，二手资料的篇幅也因此大大增加了。然而就像在韩文译本的序言里讲的那样，将书中内容进行更新显然不现实；任何更新的打算从一开始就注定徒劳无功，而且只能是进一步延迟该译本的出版。因此，除了对书中的小错略作订正，除了将书目中六七篇原来标为"待刊"的参考作品改成已刊，中文译本基本上保留了拙著 2006 年英文版的样子。

　　诚然，书中许多论证的细微之处很值得进一步商榷；为进一步阐明书中探讨的问题，也应该进行更多的个案研究。我自己就已经对书中提及的某些问题进行过进一步的研究；比如说我对春秋中期礼制重构（见本书第八章）以及对 9 世纪以后某些大墓里出现的微型仿古复制器皿等问题（见本书第七章）的研究，就是其中的例子。而且，可喜的是，由于近年来的数字化革命，我最新的这些文章以及本书书目中提及的我的大多数作品，都可以很容易地在 academia.edu 网站上找到，只要用我的名字检索就行了。当然，将来，我也有可能发表更多与此相关的作品；而眼下的这本书——显然并不完美——可被视为一张长期有效的请帖邀请大家也来做同样的事。

尽管如此,总起来说,我相信本书的主要论点仍有其存在价值:书中提出的问题至今仍旧没有得到完全解答,而且我的刍议——尽管有时候带有猜测成分——或许对建构中国青铜时代晚期考古研究的议题仍能有所裨益。我之所以这么说,并不是因为我觉得自己的观点一定正确;其实,书中的这些观点主要是为激发读者对相关问题的思考才提出的。因此,如果有读者在很多地方不赞同我的观点,我并不会觉得奇怪;这反而是很自然的,尤其当考虑到该书的很多读者比我更熟悉书中所使用的材料时,就更是如此。因此我希望,即使我的观点会引出强烈的反对意见,本书内容仍能激发读者去反思——或者说,更重要地,去重构——他们从前的论证和观点,并由此得出更好的结论。

从这一点来说,我得承认,我本人在很多时候就对自己最钦佩的、受影响最大的学者的不少学术观点持反对意见。比如说,虽然我将此书献给已故的俞伟超先生,但细心的读者不难发现,在书中几乎所有提到俞先生著作的地方,我都提出了不同的看法——或者是因为俞先生的观点已被后来的发现所取代,或者是因为我对其理论假设持有异议。然而我从过去到现在都深受俞先生学术著作的启发和影响,它们所体现出来的仍旧是为期不长的中国现代考古史上最具前瞻性、最富有智慧的宝贵思想。在我看来——我相信俞先生也会同意——真正重要的不是将那些思想提升到不变的教条地位,而是要通过持续的批评和不断的修改把它们变成活的思想,即便这样做必然导致扬弃它们最初发表时的样子也在所不惜。因此,尽管我在书中对其他学者的观点有所批评,但有一点可以肯定,我的所有的批评都是本着学术尊重的精神以及深深的敬意而发的。

因为该书的研究对象是中国,而且建立在成千上万的中国学者刻苦研究的基础之上,将其译成中文原本无需过多的解释。但有一点须向读者作出说明,即我在写作本书的过程中,并没有把中文读者想象成该书的接受群体;恰恰相反,我一向把向中国以外的读者介绍我研究领域里的最为重要的、最令人振奋的学术成果看作是自己作为一个西方汉学家的根本使命。因为那些读者无法阅读中文学术研究,甚至对最基本的中国历史文化都根本不了解——或者即使了解也仅仅是一知半解——所以本书不得不对很多中国读者都已烂熟的东西再作解说。尽管如此,在中文译本中将这些解说摘出去也不合适;把它们保留在这里或许可以提醒读者:就原本主旨而言,本书跟中国学者的专著相比多少有些不同。

当然,本书首先是一本西方汉学著作。因此,参考书目中也就难免会存在大量研究早期中国的西方学术作品;尽管有时候所引用的作品并非上乘,但这样便于西方读者针对某些具体问题做进一步的检索。中文读者对书目的需求可能会有不同,但我坚信,只要有,中文读者一定会找到与西方作品对等的甚至更好的中文数据。同时,有些中文读者或许也会发现,熟悉一下西方以及日本学者的著作不无益处。但无论如何,大量的非中文参考书目与更多的中文参考书目同时并存,也在提醒读者本书乃是中西结合的思想框架下的产物。

读者手中的这本书,可以算作是我写作该书时对于中国青铜时代晚期的社会考古学思想的一个截面或摘要,从来就不是无中生有的产物。本书有如一幅镶嵌画,其中包含了我自20世纪90年代以来相继发表的一系列文章,当然融入本书时都做过或多或少的改写。不少日本学者都有写书之前打提纲的习惯,列好提纲后就根据题目的不同方面有系统地写出一系列学术文章;这些文章,尽管最初是分别单独发表的,但其实从一开始就按照设计彼此关联，以便最终汇集成书。我很敬佩这一做法，但自己从来也没能具备遵循这一写作过程所需的纪律性。所以说，本书所包含的所有过去发表过的研究均基于独立的考察，而且其中许多都是应邀而作（比如说，为展览图录而作），因此原本没有一个共同的焦点。这也正好为书中偶尔出现的起伏、有时甚至是随意的行文风格作个脚注。当然，从积极的方面来看，这样做似乎也增加了本书的可读性。

在此，我想再次感谢为之前诸版本的出版提供过帮助的个人和机构。当然，最重要的是，我想在此向几位通过自己多年努力最终促成此书出版的人们表示诚挚的谢意。王刃余在最初的阶段提供过帮助；吴长青、张莉和彭鹏完成了翻译的初稿；王艺对翻译初稿进行了细致的校对；王艺校过的译稿又由张良仁和来国龙分别校对过两次；这之后我自己又对译稿进行了全部的修改。因此，应该由我对书中仍旧存在的错误的疏忽负责。

在此，我还应该感谢张瀚墨对几版序言的翻译；感谢沈载勋提供的韩文版参考书目和图表，它们成为制作中文版参考书目及图表的基础；感谢韩文版的出版社 Sechang 出版社允许我们利用该版本的图表；感谢孙华启动并长期协助与上海古籍出版社的联系；感谢上海古籍出版社负责本书出版的吴长青先生。我也向别的（很多情况下甚至意识不到的）很多在过去的几年里持续关注本书的翻译和出版的人们表示感谢，是他们对本书的持久的兴趣和关心激励我坚持到底，并最终看到了本书的出版。感谢大家的友情！

最后特别感谢鄢醒。

二〇一五年八月十一日　美国洛杉矶

引　　论

　　中国考古学和所有考古学一样,跨越人文学科和社会科学两个领域。本书侧重社会科学方面,主要分析中国青铜时代晚期(约前1000—前250年)有关社会结构、社会互动和社会变化的考古材料。那么考古材料能为我们的研究提供什么样的知识呢? 在多大程度上,这些知识是真正新的,而不只是重温我们从传统文献上已经获知的内容? 如果有的是只有考古学才能提供的知识,那么这些知识是什么? 我们又该如何获得更多、质量或许更好的新信息呢? 只有有了新信息,我们才会有依据来解决中国青铜时代晚期考古资料和文献记载之间的诸多冲突。举例来说,就孔子(约前551—前479年)生前中国社会基本制度的起源问题而言,传统文献记载和新的考古材料就有明显的不同。

　　孔子及其弟子认为,他们那个时代政治及宗教制度的基本原则,在周代(约前1046—前256年)早期就已确立了。他们将周代的文王、武王、周公、召公奉为圣人,认为这些圣贤树立了一种良好统治和正确行为的楷模,可以垂范千古。武王的弟弟周公,既是武王的辅佐,同时也是孔子故乡鲁国公族的始祖,成为他们眼中最伟大的榜样,这恐怕并非出于偶然。他们认为周公制礼作乐,使人民在次序井然的等级社会里各安其位,在宗教活动中各司其职,这样社会就可以永远保持其合法性。① 然而,到了孔子的时代,这种理

---

①　这些观点林泰辅(Hayashi Taisuke)在1916年的著作中表达得最为全面,他将传世文献中的有关记载浓缩成一篇非常精彩的综述;不过类似的阐述还不断反复出(转下页)

想的秩序已经没落了。孔子及其弟子以恢复并推行这种秩序为己任。为此,他们需要对该秩序进行重新诠释。后人常说,早期儒家的主要贡献在于挖掘周王室礼乐制度的精髓,使其超脱原来特定时代和特定阶级的窠臼,从中抽绎出一套放之四海而皆准的普遍价值。① 因此孔子认为,他的任务是"述而不作",②为恢复周公式的黄金时代提供坚实的基础。

但是,现代考古学已经显示,有关西周早期的这种看法很可能是一个历史虚构,是后人将一个哲学理想投射到模糊的、由选择性记忆而建构起来的过去。正如我们在第一、二章中谈到的,西周(约前1046—前771年)到孔子生前的考古发现,已经可以让我们确定,这套让孔子朝思暮想的礼乐制度,实际起源的时间,并不在西周早期,而是相对较晚。事实上,在西周的前两百年里,周代基本上承袭了商代(约前1600—前1046年)的传统。只是在西周晚期,公元前850年前后,周王朝才创立他们自己独特的礼乐制度,以及由此而来的一套新的政治体制。

在周朝历史上,至少发生过两次大规模的礼制改革,都是因为王权及国家体制衰落,因此想通过礼制革新来稳定社会秩序。其中的第一次尝试,是"西周晚期礼制改革"。第二次是"春秋中期礼制重构"(见第八章),发生在孔子之前约半个世纪。如果不是考古学家近八十年来的持续努力,我们今天就根本不会知道有这两次改革,因为传世文献中都没有明确的记载。但是从考古材料来看,这是确定无疑的。正如我们下面将会看到的,考古材料有力地证明,

---

(接上页)现于最近的学术研究中。周公更是被传统地视为编撰了三部儒家礼仪经典之一的《周礼》(见 Boltz 1993;Nylan 2001:168-201及全书),该书号称罗列了周王朝的管理机构。有关早期中国历史文献中反复出现的明主、贤相的神话,见 Allan 1981。

① 参 Mote 1971:29-52;Fingarette 1972;Hall and Ames 1987;Roetz 1992;Lewis 1999a:172 等;Hsu 1999:585-586。

② 《论语·述而》7.1(《十三经注疏》,7.25,2481)。关于早期中国政治思想中"作"的性质,见 Puett 2001。

孔子及其同时代的人根本不是在还原一个遥远的过去，他们的思想在当时也不是多么惊人的创新。当时大规模革新的浪潮已持续了近百年，并且充分体现在当时的礼乐活动中。孔子他们无非是通过反思，给当时的历史变革以哲学的表述。基于这种认识，我们有必要重新评估所谓早期儒家思想创新的本质，尤其是其创新的程度。

文献与考古之间存在冲突，有可能是好事。因为这可以使我们拓宽研究的视野，并对古代中国研究提出一些新的问题。本书想做的就是这样一项工作。不过在考虑方法问题之前，让我们先简单地回顾一下孔子时代的历史背景。

历 史 背 景

本书所谓的"孔子时代"，是从这位伟大哲人诞生之前的五个世纪开始，大概相当于周王朝的八百年，或者考古学上所说的中国青铜时代最后五分之二的时间。[①] 周代是中国历史上统治时间最长的王朝，而且此后历代的文献中被视为王朝善政的典范。[②] 这也是所谓的中国经书形成的时代，[③]是后来儒家理想中，作为世界秩序基础的传统礼乐制度的形成时期。孔子在比较三代的礼乐制度

[①] 尽管中国使用青铜的年代现在可以追溯到公元前三千纪的初期，或许更早，不过中国青铜时代一般定为约公元前 2000 年到至少约公元前 450 年战国时代的开始，或者甚至到公元前 221 年秦统一（如 Fong[ed.] 1980 所述）。在公元前一千纪的大部分时间内，中国人使用了铁器，铁器在公元前 6 世纪晚期以后开始规模化生产。所以，尽管本书讨论的大部分时间都可以说是中国的"铁器时代"，但是中国考古学家并不这样称呼。鉴于青铜器在这个时期的文化中极为重要，一般把整个周代都归入青铜时代。

[②] Kuhn 1991：165 - 166；Shaughnessy 1999：292，351。除了教科书式的著作之外，Maspero 1927（英文版 1978）似乎是唯一用专著篇幅来讲述整个王朝的史学著作。古代中国的年代跨度更大、相对深入的历史论述，如刘泽华等 1985；杜正胜 1992。关于西周，见 Creel 1970；Vandermeersch 1977 - 1980；白川静 1978；松丸道雄等 1980；许倬云 1984（或水平略逊的英文版，Hsu and Linduff 1988）；伊藤道治 1987；杨宽 1999；松井嘉德 2002；Li Feng 2006。关于整个东周，见 Walker 1953；Hsu 1965；李学勤 1985；关于春秋，见 Hsu 1999；顾德融、朱顺龙 2001；关于战国，见杨宽 1980；Lewis 1999b。

[③] 对五经的全面认识，见 Nylan 2001；Loewe(ed.)1999 为先秦两汉几乎所有的传世文献提供了有用的基本信息。

时说,"吾从周"。① 然而,实际上"孔子时代"根本不是一个稳定的时代,而是在政治、社会、科技、思想方面都经历了巨大的变革。

政治上,周代的疆域相当分散。先周时期占统治地位的姬姓宗族,起源于中国的西北,也就是今天陕西中部,他们在那里先后建立了几个都城(见地图1):岐山脚下早期的礼仪中心(见第一章);西安附近的丰、镐二都;或许还有其他在周本土之内建立的都城。周初还在东方建立了另一个都城,也就是今天的洛阳(见第四章),是从商王朝夺来的领土。在周初的一百年间,周王朝的统治力量比较强大。周王室及其同盟在外围区域建立新的、次一级的诸侯国,以便加强控制黄河中下游,及其相邻的北方和东方的区域,以及淮河流域的大部和长江流域的部分地区(见地图1)。在每一个区域内,众多同姓或异姓的邦国,有些是比周王朝还要古老的方国,彼此共存,互相往来,形成了以周王室为中心的相对稳定的政治同盟。公元前10世纪中叶以降,周王的力量逐渐衰微,最后基本上变成了一个傀儡,而同时诸侯国君上升为主要的政治力量。虽然周朝已经衰落,而且在公元前771年以后,其领地仅限于洛阳地区,但是周王室仍然维持了数百年,名义上仍然是天下的共主。

周代政治史主要记载的是诸侯国之间不断变化的政治联盟及常年的战争,其间弱肉强食,互相兼并,到公元前400年,仅剩下约十几个诸侯国。其中魏、韩、赵、齐、燕、楚、秦发展成为战国七雄,而秦国,最终征服了其他诸国。公元前221年秦始皇(前246—前210年在位)建立了中国第一个中央集权帝国。

史学家通常把周朝分为三个阶段(见表1):西周、春秋和战国(后两者又统称为东周)。根据他们不同的选择,不同的史学家所定的这三个阶段的具体年代稍有不同。

---

① 《论语·八佾》3.14(《十三经注疏》3.11,2467)。

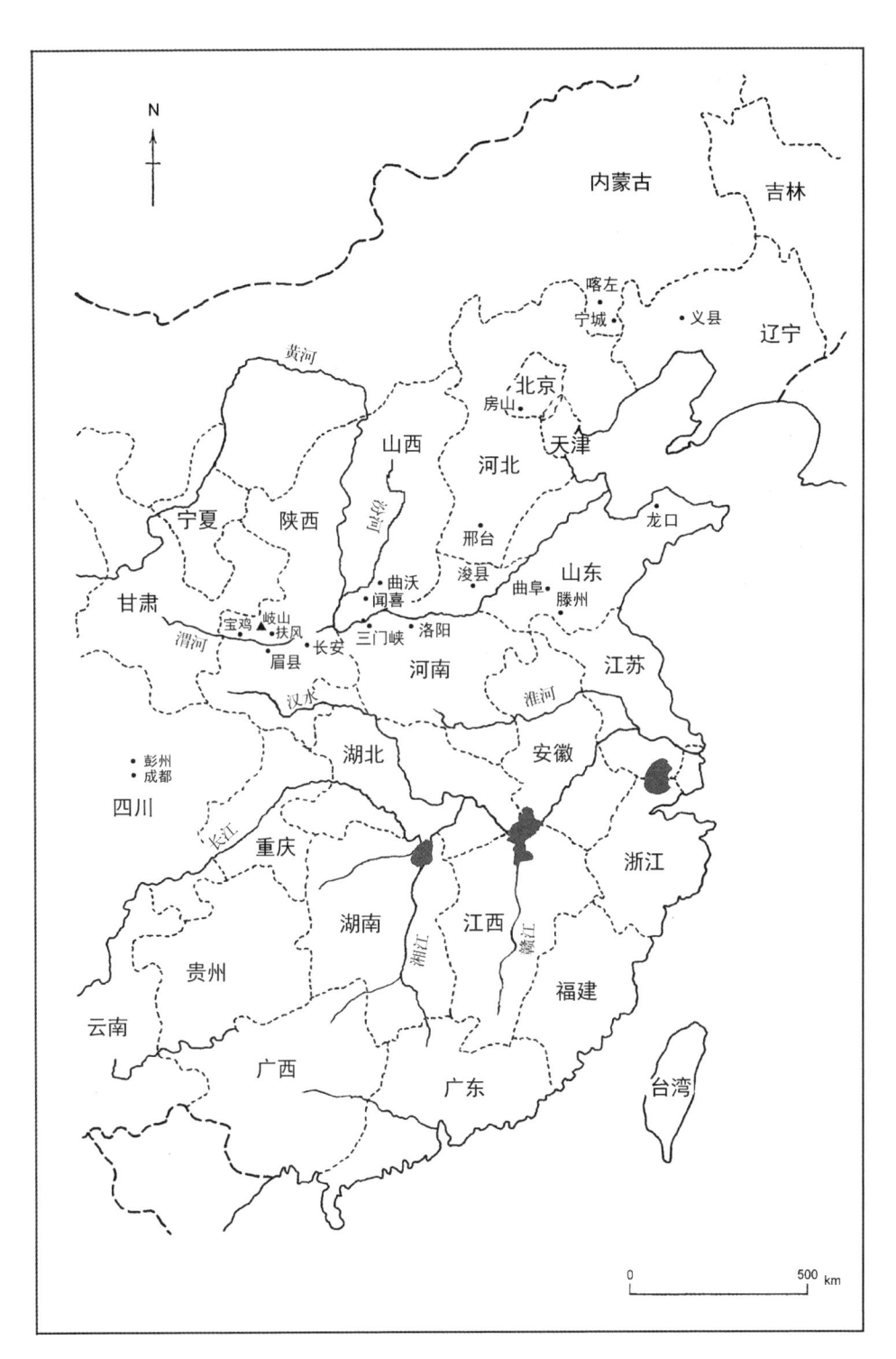

地图 1　周初主要遗址分布图
乡村和城市用的是今天的名称。

表 1　年表

时间	考古学分期	历史分期 粗分	历史分期 细分	与旧大陆史的对照
1050	1050	约1046		新王国结束(埃及)
1000	西周早期	西周		雅利安人入侵(印度)
950	950	西周		大卫王(死于约926)(以色列)
900	西周中期	西周		伊特鲁里亚城邦(意大利) 黑暗时代(希腊) 二十五王朝(埃及) 亚述帝国兴起(美索不达米亚、叙利亚)
850	850	西周		
800	西周晚期 770	771 770	770	迦太基建立(814)(北非) 罗马建立(753)
750	春秋早期	东周	过渡期 722	萨贡二世(721登基)(亚述)
700	春秋早期	东周	春秋	哈尔施塔特时期(中欧) 亚述人入侵埃及(671、663) 琐罗亚斯德(拜火教创始人)(约628—551) 新巴比伦帝国(612—539) 希腊殖民西西里岛 佛陀(约560—480) 孔子(约551—479) 阿契美尼德帝国(波斯、美索不达米亚、叙利亚、小亚细亚、埃及)
650	650	东周	春秋	
600	春秋中期	东周	春秋	
550	550	东周	481	
500	春秋晚期	东周	481	
450	450	东周	453	
400	战国早期 375	东周	403	苏格拉底(约470—339) 伯罗奔尼撒战争(431—404)(希腊) 罗马共和国(509—21) 亚里山大大帝(356—326) 孔雀王朝(321—185)(印度) 第一次布匿战争(264—241) 帕提亚帝国(波斯/美索不达米亚)
350	战国中期	东周	战国	
300	300	256	战国	
250	战国晚期 221 秦	249 秦	221	
200	206	206		

译者按：表中时间均为公元前年份。

西周的开始,既可以从文王建国算起,也可以从武王克商算起。① 可是到西汉史学家司马迁(约前145—前85年)时,这一时期的准确纪年就已经不清楚了。司马迁提供的、无可争议的最早的历史年代是西周晚期的共和元年,即公元前841年。根据对古代天文学记录的分析,可以肯定文王建国发生在公元前1059年的"五星聚会"之后不久。② 武王克商的时间,自古迄今的史学家给出的结果都介于公元前1127年与公元前1018年之间,但是现在大多数学者接受了公元前11世纪40年代。近来由中国政府资助的"夏商周断代工程",集中了一批专家,试图通过多学科的方法来解决此问题,最后支持公元前1046这个年份。然而,这未必就是最终的答案。③

西周结束和东周开始的年代毫无争议,即公元前771年。这一年,来自西北的入侵者将周王赶出陕西老家,迫使他迁到东都洛阳。为方便起见,考古学家通常将公元前771年作为春秋开始之年,但是编年史《春秋》本身("春秋"一名即由此而来)的记载始于公元前722年。④《春秋》是鲁国编年史,传统认为是孔子所编。东周初期的50年缺少文献记载,有时被单独分出来,称为"东迁时期"⑤(即指周的政治中心从陕西东迁至洛阳)。

《春秋》一直记载到公元前481年(不包括后来增补的到公元前479年或前468年的部分),一些学者就把公元前481年,即"陈

---

① 有关西周年代的学术文章很多(较为有用的综述,见 Nivison 1983a;1983b;浅原达郎 1986;Shaughnessy 1991:217-287;平势隆郎 1996)。本书中西周诸王的在位时间参照 Shaughnessy 1991。

② Pankenier 1981-1982;Shaughnessy 1991:223。

③ "夏商周断代工程"的初步结果已见于夏商周断代工程专家组 2000。此工程产生大量的重要专著,如北京师范大学国学研究所编 1997;朱凤瀚、张荣明编 1998。英文发表的有关工程的部分评论,见 Lee (ed.) 2002。蒋祖棣(2002)曾对该工程的方法论提出了极其尖锐的批评。

④ 关于《春秋》编年史的基本情况及进一步的参考文献,见 Cheng 1993;Nylan 2001:253-396。

⑤ 见吉本道雅 1987。

(田)氏代齐"之年,作为战国之始。其他学者将春秋时期的终年则拉入了公元前5世纪,最晚到了魏、赵、韩等得到周王室承认的公元前403年。① 从考古学上讲,把春秋战国的分界定在公元前450年前后最为合适,这个年代正好接近魏、赵、韩"三家分晋"的时间(前453年)。这是关于春秋的两部主要历史著作《左传》和《国语》提到的最晚的事件,同时也是汇集政治逸事的《战国策》("战国"之名即由此而来)记录的最早事件。②

周王室在其统治的最后几百年里,已经严重式微,并分成了两个王室,于公元前256年和公元前249年相继为秦所灭。严格地讲,这标志着东周的结束;但历史学家和考古学家通常把公元前221年秦统一中国看作战国时代的终结,比周王室的灭亡晚了30年左右。

青铜时代晚期中国由世袭制政权向集权帝国转变。在周王朝最初几百年间,曾经占据主导地位的以血缘为基础的贵族等级制度,渐渐退出历史舞台,取而代之的是东周时期各诸侯国专制君主的崛起。随着对所属领土日趋有效的控制,这些专制君主逐渐依赖于一种集权行政机构,一套分等的、基本上非世袭的官僚体制,严格的法律和复杂的税收赋役制度(东周时期的制度后来成为中国帝国时期的核心制度,一直延续至1911年)。战国时代尽管暴力政治此起彼伏,但是人们的平均生活水平得到了大幅提高,即使平民也是如此,因此刺激了人口的增加。大规模冶铁工业的兴起,既使得战争越发残酷,也提高了农业生产力。初步的通货系统促

---

① 其他常用的分段时间有:公元前476年(周元王即位之年,这是《史记》中司马迁采用的年表分界线)为战国时代的开始,公元前468年(《左传》的最后一条纪事之年)为春秋时代的结束。

② 似乎《战国策》的编撰者有意从《国语》和《左传》结束的年代开始记载。公元前453年发生的这起事件也见于马王堆汉墓出土的《春秋事语》(感谢Yuri Pines教授提供这条信息;也见Pines 2003)。关于《战国策》编撰的性质和历史,见Tsien 1993。

进了贸易,更使得精巧的奢侈手工业产品在地理上和社会上广泛流传,这些都表明当时的经济相当繁荣。

伴随这种社会政治和经济发展的,是中国古代史上一次空前绝后的思想繁荣。生活在周代最后三百年的不仅有孔子及其弟子,还包括中国几乎所有重要的古典思想家,传统上将他们称为早期中国思想争鸣的"诸子百家"。他们之间激烈而持续的争论至少部分地留存在他们现存的著作中,①但是孔子生涯以前的时代,几乎没有任何(尤其是哲学)文献流传下来。② 不过,孔子及其他诸子显然是继承和发扬了更早思想家的智慧。这些智慧产生在周初以来政治实践的背景之下,并以口头传诵或宫廷记录的方式代代相传,最终辑录在诸如《左传》和《国语》等书里。③ 此外,周初的一部分宫廷记录的范本和祭祀的雅颂,在《尚书》和《诗经》中得以保存下来,并成为后来儒家的经典。④ 在百家争鸣中,周代晚期的思想家不断回顾孔子以前约五百年的历史,并以当时的文献、传统、思想及事件为参照系。因此,与孔子及其以后的诸子争鸣的三百年一样,这之前的五百年,也构成了"孔子时代"不可或缺的一部分。

---

① 有关这些传世文献的基本信息,见 Loewe(ed.)1993。有关东周晚期思想史的大量的综合论述,我想特别提到冯友兰 1931(或者 Derek Bodde 的英译本,Fung 1937);Schwartz 1985;Graham 1986;Lewis 1999a。

② 本书第 3 页注②和本页注①所引的综合论著,都试图从那些非哲学文献中重建孔子之前中国的思想环境(或"思潮")。还有不少学者为此做了不懈的努力,如 Granet 1934;Mote 1971:13-28;刘泽华 1987;小南一郎 1992;Kryukov 1995,2000;Shaughnessy 1997;1999:313-322,331-342;Pines 1997a;1997b;Poo 1998:29-40;Puett 2001:28-38;2002:54-79。

③ 关于这些文献的基本信息和补充书目见 Cheng 1993(《左传》)和 Chang I-jen et al. 1993(《国语》);关于《左传》,也见 Nylan 2001:253-396 等处。关于这两部书的历史学价值,最近出版的两部互补的专著,见 Schaberg 2001 和 Pines 2002。近来有人对《左传》做了反传统的重新解读,见平势隆郎 2003。

④ 关于这些文献的基本信息、参考书目以及补充讨论,见 Shaughnessy 1993;Nylan 2001:120-167(《尚书》);Loewe 1993 和 Nylan 2001:72-119(《诗经》)。

考 古 与 文 献

在过去的半个世纪中,中国大量的考古发掘,使我们今天能以新的眼光来看待这个关键的时期。① 本书的目的在于总结这些考古材料,指出它们能为我们带来的新的、有时出人意料的启发。正如本书前面提到的,如果我们能不带偏见地看待考古新发现,那么我们就会得到一些新的画面,并与长期以来传世文献所呈现的画面直接冲突。这里我不想解决这些冲突,而是想从考古学的角度重建"孔子时代",而我所用的考古材料,相较传统文献而言,至今仍不为大家所熟知。由于这些文献几乎都有西方语言的良好译本,②非汉学领域的读者如果有兴趣,也可以比较考古材料与传世文献所呈现的两个不同画面,并得出他们自己的结论。

因此,本书的宗旨是呈现和解释考古材料,为将来进行上述的比较分析做准备。其价值首先是提供关键信息,重新认识周代思想发展的大背景。在公元前一千纪中叶的"轴心时代",印度、伊朗、地中海东部和希腊这些旧大陆文明腹地都产生了独特的思想传统。中国最早的哲学思想也密切反映了其特定的社会和政治背景。③ 这个背景对理解中国后来的发展非常有用,因为从《左传》记载的孔子之前的先贤直到汉帝国(前 202—公元 220 年),几乎所有

---

① 以物质文化为中心的周代考古学的综述,见北京大学历史系考古教研室商周组 1979:144—274;中国社会科学院考古研究所 1984:248—323;饭岛武次 1998;Rawson 1999a(西周);Falkenhausen 1999a(春秋);Wu Hung 1999(战国)。

② 参考文献见 Loewe(ed.)1993。

③ 本书赞同 Karl Jaspers(雅思贝斯)(1949:19 - 42)将"轴心时代"定为公元前 800—前 200 年概念的意见,见 Schwartz(1985:2 - 3)和 Nivison(1999:746, n. 4)的著作;将其全面运用到儒家道德的著作,见 Roetz 1992。很少有人指出,Jaspers 的概念根植于他在海德堡的同事 Alfred Weber 的著作(Weber 1951:24[1935 年首次出版];我很感谢 Rudolf G. Wagner 的提示)。非常有意思的是美国作家 Gore Vidal(2002)写了一本历史小说 Creation,书中想象一个波斯人在其一生中见到了琐罗亚斯德、佛陀、孔子以及苏格拉底。

的早期思想家都把自己看作政治和社会改革家。他们在传播思想的同时,还努力影响他们的时代。他们的贡献不是也不能视为"纯粹的思想"方面的。本书所探讨的考古发现使我们比以前可以更加清晰地认识到下面几个问题:早期思想所处的社会等级制度;其思想所针对的听众;他们试图施加影响的国君的特权,他们相对于这些国君的地位;还有其思想得以产生的社会阶层。换言之,本书的考虑范围并不限于物质文化研究,而是要指出新的、充分结合历史学的一条阐释中国早期思想的道路。

的确,中国古代十分丰富的传世文献,尤其早期哲学家的著作,也为我们理解这些文献自身的社会政治背景或者其他各种背景,提供了不少资料。但是这些材料不但不完整,而且经常是片面的。所谓对社会现实的描述往往出现在试图改变所描述的社会现实的策论之中;因此这样的描述可能有所夸大,来迎合作者的意图,以加强他们的说服力。青铜礼器上的铭文、玉石盟书、简帛文书能提供补充信息,但是这样的信息同样也需要谨慎的释读。比如说,金文和盟书是宗教文书(见本书第一、七章),因而各自带有偏见;[1]同样,在解读战国至汉代时期的出土简帛文书之前,我们必须要先了解这种墓中之所以葬"书"的原因,即有关的宗教思想和习俗。[2]

1970年代以来,简帛文书的考古发现已经使中国古典文献研究脱胎换骨,迫使人们彻底地反思许多核心的问题。什么是文本(或"书")?作者与文本之间是什么样的关系?怎么样算是有识字能力的?是什么样的人在为什么而写作?"哲学流派"(或"传统")是什么意思?思想是如何传播的?"哲学"思想在当时的各种思想中占据什么样的地位?文字还记录了其他什么思想,这些文本的

---

[1] 关于这点,见 Falkenhausen 1993b;2004b。
[2] 进一步的讨论,见 Lai 2002;Falkenhausen 2003a;Pines 2003;Poo 1998 等。

流传与哲学文献的传播相比又如何？这些以及相关的问题,现在已经有不少一流学者在研究。① 从根本上讲,这些问题都关系到当时的社会,而这个社会不但产生了上述文本,也形成了这些文本的考古学背景。不管最后的正确答案如何,它们都可能深刻影响到我们对儒家经典和其他传世文献的理解。上述问题的答案似乎也不可能完全来自文献,因为考古资料可以提供的早期社会许多方面的信息,是不见于任何文献的,无论是传世的还是出土的;而且考古资料也还可以大大拓宽我们研究的视野。

考古学可以独立地验证已有的来自文献的认识,其中的一个实例就是社会秩序与周代贵族祭祖礼仪之间的极为密切的联系。这种联系在我们下面几章考察考古实物证据时得到了充分证实,也是儒家著作中强调的内容。当然,这种联系是早期社会的普遍现象。不过,早期中国比起其他的古代文明更加将社会地位与礼仪特权的直接关系视为当然。另外,在日本和欧洲,由于它们分别引入了佛教和基督教,在很大程度上摒弃了墓葬随葬体现死者身份的器物群的传统;而在中国,在本书所讨论的时期,以及此前和此后的若干世纪内,墓葬及随葬品基本一成不变地体现着社会各阶层的不同特权。这种礼仪制度的存在显然有利于本书的研究,不过通过进一步的观察,我们将会看到(第一、二章),事实上丧葬所表现的等级制度是相当复杂的——甚至远远超过相关文献所暗示的那样。

总之,要有效地结合考古资料与文献,我们必须清楚地认识这两种材料本身的特征。在中国,许多考古学家都接受的、一个传统且流行的观念,就是认为考古学的主要作用就是提供佐证,而且最

---

① 李零(1993a;2000)提出了一套很有潜力的方法,来理解早期及帝国初期中国的思想源流。进一步考察早期文献的特征和它们流传下来的社会背景,见 Lewis 1999a;Harper 1999;Giele 2003;Kern 2002;2003;Lloyd 和 Sivin 2002:16–81。

好是铭文材料,为基于文献的历史学研究服务。而我可能与当前美国人类考古学的主流观念不同,我强烈认同考古学研究的终极目标是,或应该是,促进对历史的理解。但是,我也坚决主张,要有效地做到这一点,考古学必须从文献历史学的束缚中解放出来。只有在不受外在文献历史学干扰的前提下,考古资料才能提供一种认识论上独立的认识。唯有如此,考古学论证才能做到客观公正,而有别于基于文献的历史学推理。考古出土的非文字资料往往涉及各种超出了已知文字材料和传世文献的问题——比方说,环境、适应、生存、定居、自然资源的开发、工艺、技术,以及贸易——那么,解放了的考古学将会大幅拓宽历史研究的范围。这在周代社会史的研究中尤其显著,因为文献记载实际仅局限于贵族成员,而考古学则是研究社会其他阶层的唯一可能的资料来源。所以,考古资料不仅能够让我们更加全面、更加可靠甚至更加缜密地看待周代的社会史,而且也可以给我们以启发,让我们重新并且更好地理解现有文献(尽管考古学家不一定要关心它是否真的有如此作用)。然而,中国现在的考古工作还远远没有发掘这种潜力。①

考 古 资 料

在西方国家和日本,"社会考古学"已经繁荣了几十年。② 中国考古学家也同样长期关注着社会历史,但是世界上其他地区的学者发展出来的理论方法和视角,到目前为止,几乎完全没有用于分析中国的考古材料。有文献记载的历史时期尤其如此。就周朝而

---

① 本段考虑的主要问题,夏鼐先生早在1984年谈到中国的情况时就清楚地提出来了;进一步的论评见 Falkenhausen 1993c。
② 就我所知,"社会考古学"一名是 Renfrew 于1984年发明的,不过属于该范畴的重要著作很久以前就已经开始出现了。

言，今天的考古学者仍然沉迷于传统的学术问题：识别传世文献提到的特定人物、民族或人们的社会身份。而且即使研究周代的历史学家已经逐渐缜密地利用新出土的文字材料，他们仍然立足于文献，而将考古资料降低为辅助证据。我的做法完全相反，本书主要关注考古材料，从中获取尽可能多的信息，而没有直接去参考其他各种资料。诚然，这在一定程度上是一次尝试，其结果应该是补充，而非取代已经存在的传统史学。我之所以强调出土材料，是因为这些材料提供了有关早期中国社会现实的新资料，它们最富挑战性、最新鲜，同时迄今为止人们利用得极少，因此比其他各种资料更有可能揭示出新的信息。所以，我觉得——至少是这么一次——单独展现考古学的视角，并鼓励读者去充分体会其带来的种种特别的启发，还是极其有益的。此外，我认为结合各种角度的研究为时尚早：这是因为现有考古材料的缺陷，它们所提供的画面并非完全，也并非整齐，而仅仅是些模糊的片断，而且新的、有时甚至新奇的新材料还在不断出现。文字资料同样也是支离破碎的。在这种情况下，尽管为了发掘出土资料的价值，我们偶尔需要猜测（有时来自文献），但是似乎还是不要混杂各种来源的材料和不同思路，免得搞乱我们的头脑。[①]

如今我们已经很难想象，考古学曾经主要满足于遗物的描述和分类，除了建立年代序列以外几乎再无其他目的。自 1950 年代以来，在西方国家及日本和韩国，考古学发生了巨大的转变，人们将描述分类的结果用于回答一些广泛而基本的问题，如生存经济、环境适应、生活条件、文化和宗教习俗，以及社会关系。[②] 因此，考

[①] 就如何对待"考古学比对文献学"这样令人头疼的问题，看一些比较研究会有所启发，如 Berlo（ed.）1983；Palaima and Shelmerdine 1984；Bennett（ed.）1985；Gates 1988；Small 1995。

[②] 有关这些学术发展的阐述见 Trigger 1989；Willey and Sabloff 1980；关于日本的情况，相当初步的研究见角田文卫（编）1994 和 Sasaki 1999。

古学对于一般大众及其专业人士都变得更为有趣了,同时也对其他学科也更加有用了。这一学科之所以会调整方向,毋庸置疑,是因为发掘资料的迅猛增长。即使不能说是它造成的,也可以说是它推动的。

在中国,历史环境延缓了这个进程。首先,现代考古学引入中国的时间比较晚:科学的考古发掘于20世纪20年代才开始,紧接着便因战争而中断了十多年,直至1950年后才开始大规模进行。从那以后,中国考古工作的主要目的就是建立可靠的年代框架,运用的是考古学的两种核心方法:地层学和类型学。这一任务尽管单调乏味,但都必须要达到某种水平,才能研究其他的问题。今天,这样基本的年代框架的建立工作在中国一些地方仍然继续着,①但是在所谓的中国早期文明腹地——黄河流域、山东半岛、淮河流域,以及长江中下游流域——可用的考古年代学体系自1990年代以来已经建立起来。这终于可以使中国考古学者从无休止地关注"时间的形状"②转向其他国家的同行们一直感兴趣的实质问题。这种转型今天也仍在进行之中。③

从1950年代以来,中国已经出版了大量的考古学文献。我在本书中所分析的资料是从这些著作中萃取的。若弄清楚这些资料需要一些专业技能,就像文献历史学家为了研究某种文献资料需要的专业技能一样,因为中国的考古学报告是一种独特的学术文类,遵循自己的一套写作规范,出版资料的方式有时比较奇特。我们通常需要一定程度上的调适以领悟其中蕴含的学术认识。后面的几章所论及的实例将会呈现它们的巨大贡献,也会暴露出一些

---

① 比方说,在四川、中国偏远的南方区域、蒙古大部分地区和中国东北的部分地区。系统的年代框架的建立在云南、新疆和西藏尚停留在初步阶段。
② 这里借用 Kubler 1962 的书名。
③ 考古界广受尊重的学术权威对当前形势所做的权威评述,见张忠培1994;俞伟超1996;特别是严文明1997。

局限。

大部分中国考古学报告或多或少地遵循全球规范,先简要介绍发掘情况,然后描述遗址及其遗迹。每一本报告都主要在介绍发掘出土的遗物,这些遗物要根据其材质和形状进行分类。其方法承袭了伟大的瑞典考古学家奥斯卡·蒙特留斯(Oscar Montelius)(1843—1921年)在20世纪初琢磨出来的一套类型学,[1]人们对每一类遗物都要再分成型和亚型,并根据自己认识的形态特征的演变规律来排列年代顺序。通过整合几类遗物的序列(如图12、31—33、39、40),研究者就能建立一个遗址的年代,然后再将该遗址与其他遗址的器物序列进行整合,就可以建立一个区域的年代框架,从而最终延伸至整个文化的分布范围。在典型的中国考古报告里,如此广泛的背景讨论往往出现在结论部分;另外,很多报告还附有专门的技术和古文字研究报告。

蒙特留斯的类型学自从1930年代引入中国以后,至今仍为人们广为使用,并且带有唯一性和正统性,这恐怕是其他任何地方所不见的。[2]而且这种方法在大多数情况下都行之有效——尽管没人明白其中缘由。一部分使用者认为蒙特留斯的类型学是有科学性的,但是它恰恰不是一门真正的科学,而只是一个工匠的习惯而已。[3]在某些情况下,装饰图案的发展序列遵循着一种浅显的内在逻辑,[4]但是这样的发展序列并非任何自然法则的必然产物:尽管

---

[1] Montelius 1903.

[2] 在俞伟超和张忠培(1984:316—317)1984年为苏秉琦的论文集所写的那篇颇有影响的后记中,曾自豪地称其为所谓"中国考古学派"的标志之一。他们称苏秉琦拓展了蒙特留斯类型学的适用对象,即从遗物到遗址、遗址群、考古学文化,以及整个考古学文化群。在中国,展现这种方法的潜力比较突出而且比较开放的研究见于俞伟超1989编的论文集。出于对先辈学者的尊敬,到目前为止,中国学者对此方法的批判声音相当微弱;有一个特例,见李零1991a:68—71。当代有关考古类型学的运用及其局限性的哲学思考,见Adams and Adams 1991.

[3] 可参照Bourdieu 1972.

[4] 近期大洋洲有个案例,人们可以实际观察到这种逻辑,见Ishimura 2002.

某些半神秘主义者不同意,①但并没有内在的动力促使某些工匠按着预期的步骤改变器物的形状。这样在中国的考古学报告中,器物分类的形态特征的描述常常看上去很主观,结果是不同报告的类型学体系并不都容易互相比较。所以,用这种方法建立的年代一定要审慎地对待。然而,就本书来讲,青铜时代的中国北部、东部及中原的年代序列往往互相印证。这些序列也得到了更为可靠的地层学的确认(遗憾的是,这并非所有都有),②也得到了碳十四测年法和树木年轮校测等方法所得的绝对年代的支持。尽管方法论让人有些担心,但是"孔子时代"的年代框架总的来说显然还是可靠的。

众所周知,中国考古学的一个特征是绝大部分的可用资料来自墓葬,而有关其他各种遗址(尤其是居住遗址)的资料则缺乏。近年这种资料的不平衡已开始得到矫正,但是青铜时代晚期居住遗址资料仍然不足,严重阻碍对这一时期社会状况的考古学研究。并非考古学家不知道这些居住遗址的存在:最近有学者出色地总结了中国古代有城墙的城市的资料,仅东周时期就收集到 428 个,而青铜时代更早阶段还有 39 个。③ 但是,往往由于当地相关的考古机构缺乏兴趣、经验和资金,认真的城市考古工作极其有限,甚至几乎没有几个遗址能够提供有用的信息。这使得我们无法真正探讨城镇居民的生活方式和社会互动情况。此外,我们对于青铜时代的非城镇聚落以及它们与城市的空间、经济和社会关系,也几乎是一无所知。④ 当

---

① 如 Focillon 1955,而 Kubler 1962 则将其发挥得淋漓尽致。尽管不少研究推测了风格变化与有规律的可预测的人类心理倾向之间的联系,但是到目前为止还没有让人满意的解释。

② 在中国,地层很厚的聚落相对较少;而且,对墓地和墓葬按地层发掘几乎不可能,而现有的大部分周代的考古材料都来自墓地和墓葬(见下文)。因此,这个时期的考古学编年,至少到目前为止主要依赖于类型学整理,并且只有在极少数情况下,才能得到地层序列的支持。

③ 许宏 2000。

④ 之前在河南南阳龚营进行的中法合作发掘,有望发现公元前一千纪初的一个非城镇聚落的连续而比较丰富的考古材料(Olivier Venture 2003 年提供的信息)。

然,这样的遗址肯定大量存在,它们肯定保留了文献材料所没有的社会生活各个方面的线索。只是,这些资料的发现要留待将来的考古发掘。

如本书这样研究中国古代社会的最大障碍,同时也是阻碍中国考古学总体向新模式转变的最大绊脚石,是已经公布的考古资料不太适合定量分析。新的研究目标必须有新的资料以及对待资料的新态度。研究者不能满足于仅仅讨论如何把单个遗址归入某一考古学文化,也不能满足于把出土器物套进某个类型学的序列;今天的研究者必须收集大量的、并且有统计代表性的资料群,其中包括从遗物到地理和环境证据等多种不同且相互关联的信息。这些证据的收集、整理和分析需要使用先进的定量方法。如果没有大批量的资料,人们无法计算可靠的统计数据,那么就不可能,或者很难将严格的社会科学分析方法应用于考古学材料。遗憾的是,迄今公布的大部分考古学材料,既不全面,也不具有统计需要的代表性。我在后面(见第三章)将会展示,利用不具代表性的样品得到的统计数据完全是个海市蜃楼。这个问题并非仅仅在中国才有,但是在中国这种问题格外严重。这是因为中国和国际考古学隔绝达四十年之久(1949—约1990年),而恰恰正是在这一时期,基于统计学的社会科学方法在世界其他地方开始用于考古学研究。

用统计方法收集整理考古资料的欠缺,部分也是因为考古学在中国现在所处的环境所致。因为需要紧跟全国基本建设工作的快节奏,中国的考古学家几乎没有时间(或资金)从事带着学术问题的研究性发掘,这又跟世界其他地区的同行面临颇为相似的处境。我们可以理解,当考古学者面临抢救一处处受到破坏威胁的遗址时,总是倾向于到他们预期能出现最有价值的东西的地方去发掘,而不是按照科学采样来部署发掘工作。后者这种科学的方法能够获得更有代表性的资料,但同时会错过一些"好东西"。近些年一些旨在系统收集资料的大规模国际合作项目已经出现在中国的几个区域内。① 虽然其中的大部分都是关于史前或者原史时代,但我希望其学术影响将最终扩展至整个历史时期,包括"孔子时代"。然而,至少在近期一段时间内,推进中国青铜时代晚期的社会考古学研究所需的各种数据信息的收集,可能还是一个缓慢的过程。与此同时,我们不得不先处理手头现有的资料,对每一项材料的分析都要评估,看在何种程度上,这些资料能够给我们带来解决本该由定量方法处理的社会考古学问题的洞见。

途　径

以下九章将考察如何利用这些考古材料来探讨中国青铜时代晚期的人际关系——人们是怎样共同生活、交往,并协调其社会角色。这项研究的两大核心任务是把握社会等级制度,并追寻不同时期社会变化的模式。② 当然,本书探讨的主要社会组织——氏族(lineage)、姓族(clan)和民族(ethnic group)——也是各个政体或国家的组成部分;不过,我在这里感兴趣的不是其政治功能,而是其内部组织、相互关系以及个人在其中的位置。当然我免不了要谈到政府机构和社会单位之间的相互影响,但是我不会专门把它们拿出来单独分析。相反,我将重点关注具体的个体和群体与其他个体和群体的关系。

---

① 一些初步的出版物见张长寿和张光直 1997;荆、Rapp 和高 1997;Liu Li et al 2002-2004;陈星灿等 2003;Underhill et al 1998;方辉等 2004;Linduff 等 2002-2004;赤峰中美联合考古研究项目 2003;Falkenhausen and Li (ed.) 2006。

② 当然,有关这个主题的研究文献是很多的。影响本书的著作有 Elias 1939;Murdock 1949;Friedman 1975;1979;Mann 1986。就中国社会而言,我的分析很受有关民族志中国家庭和亲属关系的著作的影响,诸如 Feng 1937;Lang 1946;Hsü 1948;Fried 1953;Freedman 1958,1966,1979;Baker 1979;Watson 1982;Ebrey and Watson(ed.)1986;Chun 1996。

我之所以采取这种研究角度，有很实际的原因：考古学最擅长的是在区域环境下记录具体的社会状况。与任何科学研究一样，研究这些个案的最终目标，就是要发现规律并得出更为普遍的认识。但考古学在其处理实物资料的阶段完全是一门具体的科学。田野考古学家不愿意总结，因为这样做会迫使他们抛弃他们的宝贝资料的独一无二的特性。要从田野的个案观察中提炼出规律性的模式（或者，更大胆地说，规律或法则），就必然会忽略一些细节。当然，如果我们要通过考古学来阐明更大的社会问题，最终还必须这样做。但是为了尽量不歪曲历史事实，我在本书中会说明我如何从单个考古发现获取信息，来讨论更为宏观的问题。

无论如何，我无意将中国青铜时代晚期社会作为一个系统来重建；一是现有资料不足，另一原因是，如果考虑到我所分析的时代里中国社会面貌复杂而且变化迅速，那样做很可能误入歧途。下面每章的结论仅仅直接针对特定的地域和时代。然而，一旦将它们连缀起来，更大画面的轮廓将会显现；加之必要的修正，一些拼图的缺环就有可能被补上，让人可以推断更长年代和更大地理单位里的情景。这种方法的好处是，通过近距离观察具体区域的资料，我们既能在观察到不同区域实际存在的地方特征，同时也能评估区域特征的相对范围。同样，从跨文化比较的角度来看，一开始就着眼于具体情况可以更能体现中国的文化特殊性，而比重构一个跨文化的社会组织要好。后者可能是枯燥无味的，与社会理论教科书上的一般模式并无二致。我的目标不是把中国的社会史比附于现有的标准理论，而是要从中国的材料中找出一些认识，可以修正——或者甚至颠覆——这些所谓的一般理论。①

不过，由此得到的画面，仍然可能会扭曲古代的社会现实。因

---

① Chang 1989 首先强调这种主次关系。

为不管情愿与否,一个研究者的生活经历及其有意或无意的偏见都会影响其提出的任何解释。① 比如说,许多中国考古学家直到今天仍然为千年以来的文献学及金石学的传统所羁绊。② 另一方面,很多西方考古学家,特别是在美国受过人类学训练的考古学者,往往将简单的方法论的建构(比如社会进化阶段论)等同于真理的发现,而不是将它视为属于辅助性的认识论的工具。③(马克思主义也把这样的思想引入了中国,但是其对中国考古学理念的影响远远不如传世文献。④)不管他们是在什么样的学术思潮下受的训练,考古学家都有将现成的观念强加于考古材料的危险;而且如果他们这样做了,那么他们从这些考古资料得到的就不是真正新的知识,而只是对大家所熟悉的老调的重弹而已。

另一方面,任何新的认识不可避免地要与已有知识结合,并且要与之发生联系:它肯定会送入人类理解事物时发生的"解释循环"(或"螺旋")之中。⑤ 任何分析的开展都离不开分析的范畴。危险性并不在于使用范畴,甚至也不在于使用简单或错误的范畴,而是在于没有充分认识到自己的范畴是什么,也没有准备好让新的认识来修正它们。换句话说,我们必须警觉的是,避免只听自己爱听的话、只接受那些看似可以证实我们认为自己已经知道的信息。我们没有万无一失的方法能够绝对避免出错,但是我在本书里会尽力把我的假设说清楚,并且说明我为什么拒绝其他的解释。此外,当方法论问题出现时,我会特别提出来讨论。

比如说,在前文写"青铜时代晚期中国由世袭制政权向集权帝

---

① 见 Collingwood 1946。这点正好在近年的"后过程考古学"中得到强调(如 Hodder 1986)。
② 见 Falkenhausen 1993c。
③ Service 1962、1975。
④ 见 Goodrich 1981 – 1982;冈村秀典 1995。
⑤ Gadamer 1960。

国转变"这么一句话时,我其实已经接受了从游团经部落、酋邦到国家、帝国这样一个政治进化的理论模式。① 现在美国的大量考古学工作都是想在世界不同地理区域追寻这样一个发展序列。对中国来说,一个不可否认的事实是,在秦统一前的五千年历史发展中,社会结构早已复杂化了,而周代中国则代表高度发达的"国家级社会"。② 再将"孔子时代"的中国的社会形态简单地比附于社会政治进化的理想类型显然是毫无必要的。相反,我想要强调两点。

首先,在中国青铜时代晚期,"国家级社会"呈现出多种多样的形式;我感兴趣的是这些具体的不同的社会形态,它们随时代变迁而发生的变化,还有其中的组成成员和团体之间的关系——而不是把"国家级社会"作为一个抽象概念来看待,也不是机械地决定一个具体的社会是否符合那个概念。

其次,在黄河、淮河、长江流域内的几个早期王国和政体周围,有与它们交错分布的其他一些形态不同的社会实体存在,这种实体可能还算不上"国家",却仍然非常重要。③ "国家"与"非国家"彼此联系,共同构成一张复杂的相互作用网络。"国家级"的中原诸国("中国"现在的翻译是"China",但是在西周铜器铭文及儒家经典的早期用法中应该是复数,指中原的诸多国家)与其周边地区居民的方方面面的联系将在第二部分进行讨论,但是本书并不打算充分讨论这些众多相邻的政治实体。④ 总之,我会避免下意识地贬低这些"非国家级社会";相对于其自身的环境及其成员所掌握的

---

① Service 1962。在中国考古学界,这种新进化论方法近年得到普及,因为几个正在进行的国际合作项目采用了这种方法(见本书第 19 页注①的一些参考文献);也见 Shelach 1999;Liu and Chen 2003。
② 徐良高(1999)从考古学角度梳理了从新石器时代发展至周代的社会复杂化过程性,很有价值。
③ 受 Friedman 的启发,在本书中我会偶尔把这种非国家的社会政治组织称作"部落"。我这样做的时候已经充分认识到了这个术语很成问题的历史(参考 Fried 1983)。
④ 我希望有一天能另外写一本专著,讨论中国先秦时代国家与非国家社会之间的互动关系。

生产技术,它们的社会形态可能是最佳选择。它们并非水平低下,而只是不同于(有时是刻意不同于)它们在历史上更有名望的"国家级"邻居。

本书虽然把焦点放在中国,但还是按照一般社会科学的理论来写的。对于介于出土器物与有关血亲组织或者社会发展阶段的宏观理论阐述之间在认识论上的空隙,将由一些较低一级(或者"中程")的理论来衔接;在分析个案时,我将努力一一说明。① 根据前面所说的考古学与文献的关系,我应该强调:在本书的研究中,来自历史文献的材料和词汇只能作为资料使用,而非理论指导。尽管中国经典文献记载的事件和思想有时与人类学的理论契合,但是这些偶然的传闻式的证据只能当作论证的例子而不是它的基础。比方说,《左传》云:"国之大事,在祀与戎。"② 这句话表达了当时人们对社会和思想现状的认识,在这个意义上是有价值的;不过,尽管它似乎呼应了一些社会理论家有关世袭制国家的说法,但这句话在其原来的语境中并不是专门用来描绘和解释世袭国家的一套前后逻辑一致的概念;而且它也不可能具有跨文化的普遍性。因此我们需要强调,它不是构建普遍国家理论的要素。中国的一些同行将经典文献的引证与社会理论(通常是马克思主义)搅和到一起,往往造成灾难性的学术后果;③ 在此我推崇张光直的研究方法,他尽可能地使用两种方法,但有意识地总是将它们区分开来。④

---

① 20世纪70年代以来,在美国尤为强调这种做法;Watson et al 1971试图交代清楚他们怎么从考古资料一步步地推导出文化进化的一般规律,这是受了Hempel(1965)的哲学启发。如上所说,我本人倾向于用解释学方法来考虑考古学的基本认识过程,但是我也意识到学者们需要了解自己的"中层"理论。

② 《左传》成公十三年(十三经注疏 27.209,1911);我本人在Falkenhausen 1994b中也着重引用了这一条,并在本书的结语会间接引用。

③ 如,郭沫若1930;1952;对郭氏理论的权威修正,见彭邦炯和宋镇豪1996。俞伟超1988曾经将马克思主义与有关先秦和汉代中国的乡村聚落的古文字资料和考古资料整合起来,固然令人敬佩,但是结论并不令人信服。

④ 尤其见Chang 1976所收的论文。

我还想强调的是本书所用的分析用语来自于现代社会科学。我无意抹去它们与本书所研究的时代在词汇上的差异。这一点在本书翻译成汉语的时候引起了一定的困难,因为汉语里的任何社会科学用词都是有历史的,而且它们早期的定义会干扰我们现在对它们的理解。例如,在讨论"氏族"(lineage)和"姓族"(clan)时,我指的是一种特别的亲属集团。这是社会人类学家命名的抽象概念,非常适合跨文化比较研究。在本书中,我将使用 Roger M. Keesing 的定义:"氏族是一个血缘集团,其成员通过一系列联系可以追溯到一个大家都知道的父系或者母系祖先……而一个更大的血缘集团是[其成员]认为他们来自一个共同祖先,但是不知道其实际的关系。这种血缘集团称为姓族。"①

当然,这些术语指的是抽象的概念。如果把它们在以后各章中的具体讨论看作是非得如此不可,那也是错误的。这里同样有两点必须说明。首先,我研究的目的不是想要证明"氏族"、"姓族"或"民族"这样的概念客观地存在于青铜时代晚期的中国。相反,我之所以选择这些通用的术语——其实,它们属人类社会研究里的最基本的词汇——为的是方便,而且我还希望,用它们来描述社会组织的基本层次会相对来说少一些争议;同时我想用它们来整理现有的资料,以便进行社会分析②。我并不坚持非得用这些术语不可。毫无疑问,也可以用其他词汇来替代,而且将来如果有更好的资料,也可以使用更精确、更加成熟的分类。不过就目前来说,这三个术语似乎还是最为有效的。其次,这些词汇绝非中文相当意义的名词的直接翻译,如"lineage(氏族)"并不对应古代文献里

---

① Keesing 1976:251(重点符号为原文)。
② 《庄子》(《诸子集成》[《庄子集解》]外物篇,7.26,181)云:"荃者所以在鱼,得鱼而忘荃……言者所以在意,得意而忘言。吾安得夫忘言之人而与之言哉!"(翻译见 Zhang Longxi 1992:30)

的"氏"和"族"。① 强调这样的关系反而会让人陷入文献学阐释的无底洞。的确,很多或大部分我称为"lineage(氏族)"的群体在历史上曾经叫作"氏",而在很多(但不是所有)语境中"氏"最好的英文翻译无疑就是"lineage"。但并不是所有的"lineages(氏族)"在古文献里都一定称作"氏";比如,有些称之为"族"。古代文献中所说的"氏"和"族"之间的区别是模糊的;因为在生活语言中分类通常不会像科学那么严密,准确的区别可能不存在;即便存在,也可能会随着时间的推移发生变化。不是所有称作"氏"(或"族")的群体都符合社会科学中"lineage(氏族)"的定义;在有些情况下,"tribe(部落)"、"corporation(群体)"或"family(家族)"可能是更加合适的理解。我在本书用来翻译"lineage"这个术语的"氏族"实际上是一个现代词汇(原为日本借译"clan"——而不是"lineage"——的术语),有些中国的论著曾经使用过。诚然,"氏族"这个词搞混了原来有区别的两个语词,给它加上了本来没有的新意思。探究"氏"与"族"在早期文献中的精确含义是文献学、语言学的任务,其结果或许可以用作本书这类研究的资料。② 但是,这种研究应该独立进行,而与基于考古资料进行的关于社会基本单位的研究分开。只要我们对这些情况清楚,那么为了本书的目的以"氏族"译"lineage"应该是可行的。

本 书 概 要

特别谨严的读者大可对"孔子时代"是否存在一个"中国社会"提出质疑。近年的学术研究尤其强调东亚大陆上的社会、民族和

---

① 在现代语境下讨论该问题的,见 Freedman 1966:25-26。
② 有关这个问题 20 世纪出现了不少出色的研究著作,如朱凤瀚 1990;杜正胜 1979;1992。基于文献的人类学分析,见 Chun 1990。

文化的多样性。① 既然这个区域在本书讨论的时代内并没有称为"中国",那么有人会认为用这个名词属于年代错乱。的确,中国——即使是现代的中国——根本不是一个单纯的整体,而中国现代的统一民族国家也不能追溯到远古时代。但是,在现在的语境下我觉得讲"中国社会"没有什么错,因为,如以下几章所示,尽管存在区域多样性,本书所讨论的社会形态分布于相当广大的地理区域,即构成中国腹心地区的黄河、淮河和长江流域;还因为,虽然它们不是一成不变,但仍然是中国与外界接触之前的传统社会的直接祖先。②

本书研究的目的在于追溯一个社会的兴起。这个社会:(1) 超越了周文化圈内的各个政治实体之间的界线;(2) 意识到自身与周边社会的差异;(3) 由最初的、原先可能只包括贵族的集团,发展成为一个统一的、里面包容了——即使不是周文化圈内所有政治实体的所有居民——也是其大多数居民的社会整体。诚然,这些情况,我们已经或者可以从传统文献中获知,但是考古材料提供了大量的新证据,进一步证实了这些持续进行的向心发展,并从一个新的角度来展现它们。此外,如前文所述,考古材料可以为这一发展过程的一些主要阶段的断代提供一个与文献不同的、而且很可能更加精确的研究维度。其历史学价值不可限量。

本书的内容大致安排如下。第一部分(第 1 到 3 章)着重讨论氏族及其内部组织。这一部分将阐述公元前 850 年前后出现的礼仪制度,后来成为整个周文化圈(虽然政治上已经分裂)的贵族礼

---

① 对中国青铜时代,Bagley1999 特别雄辩地论证了这个观点。
② Witold Rodzinski (1979, vol. 1: 17) 说:正是在周代,中国文明出现了今天所谓中国的特征。相反,David N. Keightley(1990)则认为,在新石器时代向青铜时代的过渡期中国文化的若干方面就已经成熟了;张光直(1986: 134—294) 将中国文化的形成提前到龙山时代(公元前 3 千纪);苏秉琦等(1994)则提出其形成不晚于公元前 3500 年。我不打算在此就这一问题发表看法,只是指出,上述各家所持的定义标准显然不是一回事。

仪活动的统一标准;后来,它又成为儒家观念中正统礼仪的典范。考古学的器物组合反映了这些制度的实施情况,为我们了解氏族内部的等级差别以及基于性别的等级差别提供了有价值的信息。第二部分(第4到6章)将焦点转移至考古学反映的姓族和民族层面上的等级差别。本书所用的资料显示出,周文化圈内出现了较高程度的社会凝聚力;与此同时,其与外部社会的差异也在不断增大。第三部分(第7到9章)主要通过考古学的墓葬材料来追踪社会变化。我们可以看到,周文化圈内的社会结构在公元前6到前3世纪之间发生了转变;与此同时,当时思想上出现了"百花齐放"的局面。本书的结语指出了考古发现在哪些方面提供了新证据,以及将来需要研究的问题。

在这一分析过程中所提出的解释都需要得到进一步的实证。我希望本书将激励其他研究者更加系统地寻找新材料,为本书尝试的这种研究提供真正坚实的基础,并且我盼望着有一天他们做出更好的研究而超越本书。同时,我希望让所有读者都认识到中国考古学是个巨大的信息宝藏,使他们意识到中国考古学是一个快速发展的、当然也是当代学术中一个最具活力的研究领域。

第一部分　新等级制度及其实施

- 第一章　西周晚期贵族的重组（约前 850 年）
- 第二章　诸侯氏族内的等级和性别差别
　　　　（约前 1000—前 650 年）
- 第三章　中国北方氏族共同体的个案研究
　　　　（约前 800—前 450 年）

在"孔子时代"的中国,父系亲属集团是社会、政治和军事的基本单位。这些集团就是本书所说的"氏族"(lineages),① 其成员共同占有土地和其他财产,其族内身份父子相承。随着时间的推移,氏族分化为不同的分支,其中直系大宗——即其氏族长者所属的分支——对旁系有一定的权威。氏族从属于姓族(clans),也是构成"民族"(ethnic groups)的基本单位。由此,一个人会有多重身份:除了自己所属的氏族之外,他要认同于其氏族所属的直系大宗(如果氏族经过多次分化,那么这样的上层大宗就可能不止一个);又要认同于姓;以及——至少是在周代的后期——所属的民族。姓族与民族并非内外关系:虽然民族一般大于姓,但一个姓族可以跨越几个民族;与此同时,姓族至少在周代的中国都实行同姓不婚;反之,民族一般实行族内婚。我们将在本书的第二部分来分析姓族和民族的问题;以下三章仅仅讨论考古学材料中的氏族(lineage)。

对氏族祖先的崇拜是周代宗教活动的主要形式。作为氏族的成员,一个人既有权利也有义务参加祖先的祭祀活动,而这样的祭祀活动,不仅表现而且确认了氏族内部的社会关系。这种社会组织与宗教活动的密切关系,对考古学而言,至关重要。用于祖先祭祀的贵重彝器,在当时不仅是一个氏族最宝贵的财产,是最辉煌的艺术和工艺成就的体现,而且也是今天最常见的物质遗存,考古学家因此可以考察了解古代氏族结构的详细情况。以下三章就是通过考古发现来探讨几个周代氏族的礼仪行为。

---

① "氏族"的定义见本书引论,第24页。另一个人们经常引用的定义是George Peter Murdock(1949:46)的:"当一个亲属集团按照任何一支血统(如,父系或母系——作者按)原则产生,而且其成员能够真正在主要谱系中通过一系列特定的已熟知的血统联系追溯到共同关系时,我们就可称之为'氏族'(lineage)。"

第一章　西周晚期贵族的重组
（约前850年）

　　前面在引论中说到,周代统治者积极地创建新的礼仪制度,想来稳定岌岌可危的社会秩序,为此所做的一系列努力,最终都是无疾而终。其中第一项就是所谓的"西周晚期的礼制改革",大约开始于公元前10世纪中叶,到公元前850年前后达到高潮,周代社会组织因此发生了天翻地覆的变化。① 这次改革对贵族的特权进行了一次彻底的整饬。这些改革不仅在考古实物资料中有一系列明显的反映,也间接地体现在铜器铭文的行文和内容上的变化,而后者为我们观察西周氏族组织提供了一个重要的窗口。这些实物资料所体现的变化标志着考古学上一个新时代的肇始,并且为我们的研究提供了一个方便的起点。

　　有关西周晚期礼制改革的确切情况目前仍模糊不清,这是因为,虽然它在当时是个重大事件,但是现存的、极少的西周时期的传世文献几乎都没有提到这次改革。② 虽然这些文献资料暗示了

---

① 夏含夷(Shaughnessy 1999：323-28)主要根据青铜铭文提出穆王在位时期(公元前953—前918年)曾经进行改革,其影响涉及军事组织、宫廷政务和土地所有制。如下文所见,考古资料中普遍发生礼仪变化的时间晚了大约一个世纪。对于这种文字资料和物质资料之间的显著差异,今后的研究必须解释,并且说明二者是否相关(如果是,那么如何相关)。

② 有几条文献提到了向西周晚期过渡的时期内发生的礼仪变化,如《礼记·郊特牲》载"天子不下堂而见诸侯,下堂而见诸侯,天子之失礼也,由夷王以下"《十三经注疏》25.29,1447);另一条也许更能说明问题,《国语·周语下》将春秋晚期周王室面临的问题归罪于"厉始革典"(《国语》3.7b)。但考古资料所体现的周代制度的全面改革,在这些文献中一点痕迹也没有。

这次改革一些可能的背景原因(我们将在下文讨论),但是目前尚不清楚这次改革是由谁来实施的。考古学上可以看得到的变化中,有些是经历了较长一段时间的渐变,而有些——尤其是礼器的器物类型和组合的变化——则是突变,它表明这次改革至少在某些方面是有计划、有步骤地实施的。① 这些容器的类型和组合在随后的约两个世纪中比较稳定,表明新制度得到了有效地执行。

下面讨论西周晚期的礼制改革及其对周代氏族组织的影响。本章首先集中研究 1976 年发现于陕西扶风的庄白一号铜器窖藏,② 这个窖藏出土了 103 件青铜器(75 件容器和 28 件钟),是迄今为止考古发现中数量最大的一批西周青铜器组合(图 1)。这些青铜器中,73 件(57 件容器和 16 件钟)有铭文,很多都提到了微氏族,并且提到其成员在周代宫廷中世代担任史官。③ 这些青铜器在藏于地下之前,应是微氏族的成员祭祖用的礼器。

为了分析微氏族的结构,我将上述青铜器的铭文视为考古资料。它们的研究价值并不是因为它们可以同有关西周历史的其他文献资料相联系,而是因为它们可以帮助我们更加充分地理解承载这些铭文的器物及其出土背景。因此,我就铭文的所有讨论在认识论上都次于遗物分析,从而使遗物分析的结论更为精确。④ 我在

---

① Rawson 1990, pt. A: 108-10.
② 首次报道见陕西周原考古队 1978。除两件器物外,庄白出土铜器的图像资料均见于陕西省考古研究所、陕西省文物管理委员会、陕西省博物馆,1980a, Nos. 1-95。
③ 有关铭文的全面讨论见刘士莪和尹盛平 1992。尹盛平(编)1992 一书收集了当时所有重要的铭文研究文章(如唐兰、李学勤、黄盛璋、伍仕谦、刘启益、徐中舒、裘锡圭、于省吾、于豪亮、戴家祥、洪家义、连劭名、李仲操等学者的文章)。最新的一本论文集,收录了周原其他地点的考古资料,见北京大学考古文博学院、北京大学古代文明研究中心(编) 2002。这些铭文我以前也曾讨论过,见 Falkenhausen 1988: 963-999,以及罗泰 1997。关于本章随处可见的"献器者(donor)"、"受祭者(dedicatee)"、"受赠者(beneficiary)"等术语的解释,以及就青铜器铭文性质的补充讨论,见本书第七章。
④ 这是一个值得坚持的观点:下文对西周晚期礼制改革的断代主要依靠庄白青铜器的类型学序列,没有这些材料的话,铭文部分的研究甚至无从说起。同理,基于铭文的断代如果与类型学序列冲突,那肯定是不能接受的。

图 1　陕西省扶风庄白一号窖藏

本书一开始先进行这种结合物质铭文的研究,是考虑那些习惯于从文献角度来了解古代中国的读者的方便,以逐渐适应后面几章以物质文化为中心的研究方法;对于熟悉考古学的读者,本章将引导他们去认识研究"孔子时代"的物质文化研究的复杂性。

周原与庄白一号窖藏

让我们从出土背景说起。庄白村位于周原,一片海拔约600—800米的肥沃的黄土高原(见地图2)。其北侧就是岐山的最高峰,高达1 675米(图2)。这座秀美如画的山脉挡住了凛冽的北风,造就了周原地区良好的小气候和环境条件。先周时期,周王室的先祖

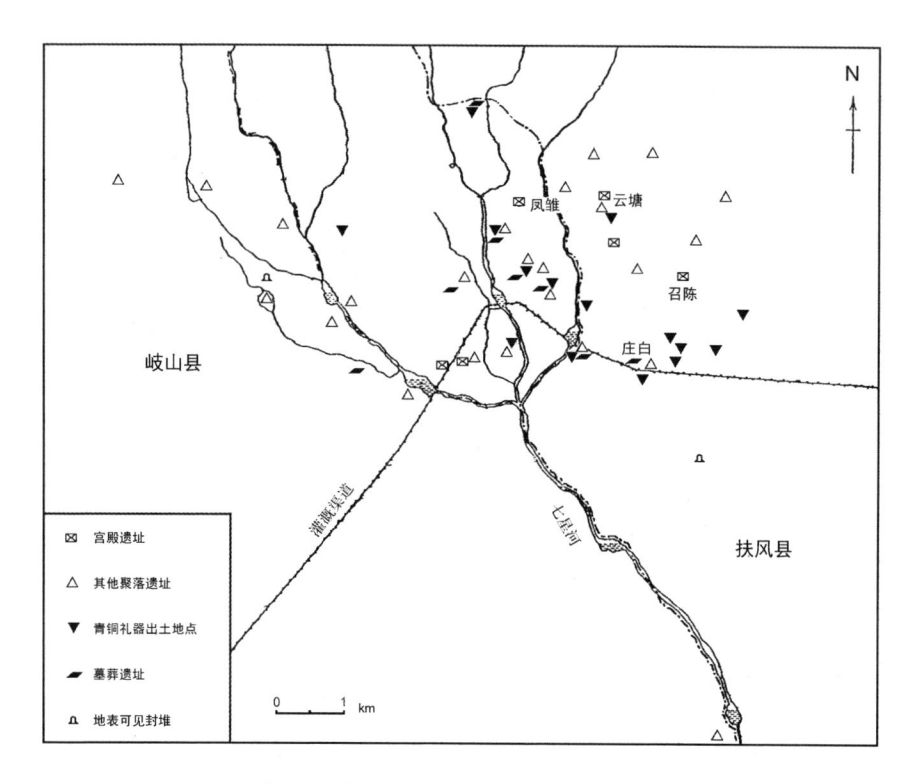

地图 2　周原位置图（陕西岐山与扶风两县）

图 2　周原远景（面向岐山，摄自陕西扶风召陈遗址附近）

就已在此处定居。① 事实上，周原似乎就是早期铭文中屡次提到的"周"，②并且它在整个西周时期一直都是周王朝的主要政治中心。在庄白以西约 25 公里的岐山周公庙遗址，2004 年发现了一处墓地，伴有大型宗庙建筑遗存，疑为周王的王陵区。这个发现也支持了上述说法。③ 看来，庄白及其邻近地区虽然考古堆积最为丰富，但它也许仅仅是王室中心的远郊而已。不过，要想搞清楚此地在周原都城的重要程度，还需要做更多的调查工作。④

西周时期的周原是否称得上"城市"尚不清楚。当时人们定居的确切范围还不清楚，而中国考古学者传统上视为城市化关键标志的城墙，目前亦无明确的证据。⑤ 近年的取土活动形成了许多断面，现在任何人走过周原，都会在这些断面上看到暴露的大型夯土建筑基址。这些建筑属于若干大型建筑群，一般认为它们既是主要氏族的大型居址，又是它们的宗庙（图 3）。在扶风的召陈、云塘和岐山凤雏（地图 2）发掘的这类建筑群，部分资料已

---

① 周人的起源问题还在争议之中；司马迁《史记·周本纪》4.113—14）记载周王族是由岐山以北的某个地区迁至周原的，但是另一说（从此说者 Shaughnessy 1999：303-7；可参考该书引用文献）认为其来自东方，即今天的山西。在青铜时代早期，陕西中部存在若干考古学文化，它们交错分布，同时富于变化。许多研究者曾试图从这么复杂的考古学画面中辨识出先周时期的文化遗存（可见本书第四章尾声），这些研究都强调从新石器和青铜时代早期一直追溯到武王克商前夕当地文化的延续性（胡谦盈 2000；李峰 1991；饭岛武次 1998：18—86）。

② 尹盛平 1983；松井嘉德 2002：64—73。在文字资料，"周"字作为地名出现在几十件青铜的铭文和好几篇周原出土的甲骨文中。

③ 冯涛 2004。徐天进 2004 及 2005 年私下交流提供的信息；种建荣 2005 年私下交流提供的信息。感谢北京大学考古文博学院和陕西省考古研究所的慷慨允许，我得以在 2005 年 8 月的国际会议期间亲临周公庙的发掘现场。目前专家们仍在争论新发现的贵族墓地究竟属于周王室还是周公及其子嗣的问题。我个人暂时倾向于认同前者。

④ 对于周原地区（目前来看，只是其东部）考古工作的总结，见陈全芳 1988、徐天进和张恩贤 2002。七星河流域（属于周原地区）的区域调查项目，近期已由中国社会科学院考古研究所展开（徐良高 2005 年提供的信息）。

⑤ 1986—1990 年，人们用遥感技术在岐山凤雏附近探测出两道平行的东西向的城墙遗迹，每道长逾 700 米，其中一道城墙外还有壕沟；但迄今未对它们进行准确的断代（徐天进和张恩贤 2002：19）。许宏（2000：61—62）则将周原归入他的中国青铜时代的"城址"之中。

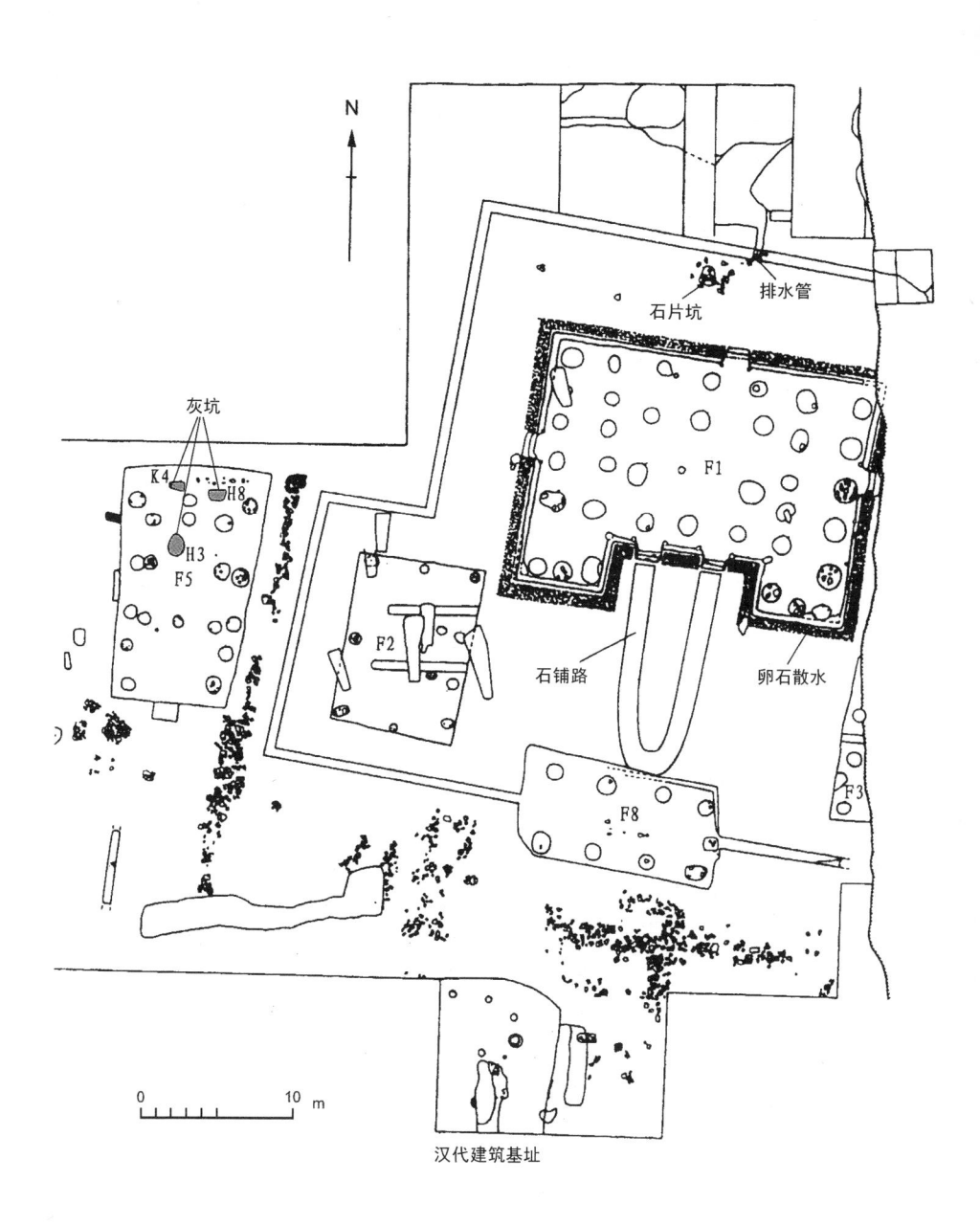

图 3　云塘建筑群落(陕西扶风)

由遗址南部的门房进入围墙里面的庭院；大型中心建筑的两翼坐落着两座对称的建筑(其一现已不完整)。公元前 9 至前 8 世纪。

经发表;①但是大量的同类遗迹在1980年代以来的大规模烧砖活动中被破坏了。考古工作者也发现了一些墓地及手工业作坊(制陶、制铜、制骨),在青铜时代的中国,这类遗迹往往与贵族聚落相伴。② 鉴于周原遗址将会遭受进一步破坏,近年来考古工作者启动了一个多年的考古发掘项目,目的是搞清楚整个遗址的性质。目前已有的考古材料表明周原的西周都城可能类似于商代之前的二里头遗址和晚商的安阳遗址这些早期的政治中心,只是聚集了一些大型的"宗教兼居室"建筑群,杂乱地散布在方圆200多平方公里的土地上,其间则是广阔的农田。

庄白一号窖藏是周原已经发现的数十处青铜礼器窖藏之一。由铜器铭文可知,这些窖藏属于许多不同的贵族氏族,其中既有周王室的宗亲,又有其他的非周王姓族的同盟氏族。③ 人们认为这些窖藏是周王室和都城里的贵族于公元前771年东迁时仓促埋下的,每座窖藏埋的铜器推测都是旁边宗庙中的重器,或者其中的一部分。这些窖藏的广泛分布恰恰反映了当时贵族聚落与祭祀活动散布于周原的情况。不过因为迄今为止窖藏周围的建筑遗迹还没有做过考古调查,所以还不能将一座窖藏与某个宗庙建筑联系起

---

① 关于凤雏,见陕西周原考古队1979;关于召陈,见陕西周原考古队1981;关于云塘,见周原考古队2002。关于周原建筑的复原和解释,见傅熹年1981a,1981b,王恩田1981,杨鸿勋1981,以及徐良高和王巍2002。也见陈全芳1988:37—69,饭岛武次1998:87—96。李西兴(1984)将凤雏的建筑基址与中国北方地区的现代院落做了比较,同时着重使用了文献方面的证据,提出它是当时一个氏族分支的院落(他称之为"家族公社"),其房屋根据长幼顺序分配给氏族的各个分支居住。

② 关于周原地区的富有技术创新的奢侈品生产(青铜器、丝织品、漆器、原始瓷器[此类器物人们通常认为来自中国南方]、玉器、玻璃器和金器)的综合评述,见陈全芳1988:74—98。一处铸铜作坊遗址的报告见周原考古队2004。若干制骨作坊,见陕西周原考古队1980。关于西周陶器生产的专题研究,目前似乎还没有;而关于渭江流域的陶器,有一项不错的类型学研究,见西江清高1994—1995。李峰(1988b)对周原地区西周时期的贵族墓葬有很好的讨论。

③ 罗西章1980;最新资料见北京大学考古文博学院和北京大学古代文明研究中心编2002;曹玮2004:55—65。对于这些窖藏铜器记载的西周氏族的综述,见朱凤瀚1990:361—80;张懋镕和魏兴兴2002:31—40。

来,我们也不知道这样的窖藏一般埋在距离宗庙多远的地方。在召陈、云塘和凤雏的几座建筑遗存均为正方向,下面为低矮的台基,上面为长方形的木构建筑,围绕宽敞的中心院落布置,但是这些情况只能为上述铜器的使用场所提供一些大致的线索。

窖藏中的这些铜器原为氏族宗庙的器物,因此他们直接可以反映埋藏之前不久宗庙中举行的祭祀活动。然而,窖藏铜器不同于墓葬的铜器(第二章及后续章节将详细讨论),它们通常不能构成完整的礼器组合。一个很好的例子就是庄白一号窖藏没有出现鼎,而鼎是周代祖先祭祀中最重要的器物,它们成套出现,其数量和质量则与其所有者的地位相对应。此外,一号窖藏所埋的几套编钟中,没有一套能够凑成完整的八件套。① 青铜器的主人恐怕为了分散危险,而把他们的重器分别埋藏于几个不同地点;此外还非常有可能的是,他们在逃往东方的新家园时,带走了其中最珍贵的铜器。

窖藏出土铜器群与墓葬出土铜器群还有一个区别,就是墓葬铜器组合的风格往往比较一致,而窖藏铜器往往不止一个时期,还有其他时期的器物——那些器物历经一家或者一族数代人的积累,先祖所作之器被后人视为宝物,当作祖先的丰功伟绩的象征。在很多情况下,铜器铭文会提到一些氏族成员曾经参与的历史事件。在祭祀的时候,珍贵的旧器与新器共同使用,因此成为看得见的历史文物和历史记忆的载体。现在已经发现了若干批反映氏族世系的铜器群,庄白一号窖藏之所以备受瞩目,是因为其铜器上的

---

① 庄白出土的28件青铜钟包括:7件一套(不完整)的编钟(报告中分为Ⅱ组和Ⅳ组,本书全部称为第二套𤼈甬钟),6件一套(不完整)(Ⅲ组,本书称为第三套𤼈甬钟),以及其他几套编钟的甬钟(Ⅰ组,1件,本书第一套𤼈甬钟;Ⅴ组,3件;Ⅵ组,2件;Ⅶ,2件;还有7件垂直悬挂的小钟,可能属于一套编钟)。其年代从西周中期延伸至西周晚期,其中某些(尤其是Ⅶ组,其铭文属于一种未知的书写系统)可能由长江中游引进。关于中国早期的编钟和音乐,见 Falkenhausen 1993a。

铭文相继记录了微氏族的最为完整的世系。这些材料对本书研究的意义在于，该氏几代祖先以及他们在各代铭文的称呼都反映了当时氏族组织的重要细节。下面我先对这批铜器再做些介绍，然后回头来解释这个问题。

风 格 序 列

从艺术史的角度来看，庄白一号窖藏的年代跨度很有价值，因为其铜器组合正好诠释了西周时期青铜纹饰演化的三大阶段（表2）。它们的主要特征叙述如下。

窖藏所出风格最早的青铜器，如折觥、折尊和折方彝（图4），主要花纹带的花纹均为高浮雕兽面纹，并以钩形扉棱为分区界线。次要花纹带则填以较小的动物侧面形象。这种花纹源于商代青铜器，也是西周早期（约前1050—前950年）的特征。据林巳奈夫的看法，一号窖藏中大约有14件铜器属于西周早期晚段。①

表2　庄白一号窖藏铜器（按年代排列）

容器类：	容器类：
1. 商/西周早期风格： a) 有铭器物： 　庚姬尊（又名商尊） 　庚姬卣（又名商卣） 　令方罍 　旅父乙觚 　羊册卮 　折觥 　折尊 　折方彝	折斝 孟爵 网爵 b) 无铭器物： 2件觚（可能是西周中期） 1件壶 小计：14件

---

① 林巳奈夫 1984。

续　表

容器类：	容器类：
2. 西周中期风格： a) 有铭器物： 　　豐尊 　　豐卣 　　3件豐爵 　　父辛爵 　　史牆盤 　　2件牆爵 　　2件瘋盨 　　2件"十三年"瘋壺 b) 无铭器物： 　　2件卮（可能是西周早期） 　　鸟纹爵 小计：16件	小计：45件 容器总计：75件
	钟：
	1. 商/西周早期风格 2. 西周中期风格： a) 有铭钟： 　　第一套瘋甬钟（1件） 　　第七套甬钟（2件，铭文无法辨识） b) 无铭钟： 　　第五套甬钟（3件） 　　第六套甬钟（2件） 小计：4套8件
3. 西周晚期/春秋早期风格： a) 有铭器物： 　　2件"三年"瘋壺 　　8件瘋簋 　　5件微伯鬲 　　2件瘋盆 　　瘋簠 　　3件瘋爵 　　2件瘋匕 　　10件伯鲜父鬲 b) 无铭器物： 　　4件瓠（其中两件可能是西周中期） 　　4件勺 　　1件双层鼎 　　1件膛炉 　　2件鬲	3. 西周晚期/春秋早期风格： a) 有铭钟： 　　第二套瘋甬钟（包括所谓的第四套）（7件） 　　第三套瘋甬钟（6件） b) 无铭钟： 　　7件有舌编钟，似成一套（为早期的一套编钮钟？） 小计：3套20件 钟总计：28件，分属七套 青铜器总计：103件（如果论套而不论件，则82件）

第一章 西周晚期贵族的重组(约前850年) 41

图 4 庄白一号窖藏"折"铭容器
上排:折尊、折觥;下排:折罍、折方彝。公元前10世纪中期。

到了下一个阶段,我们从丰尊和丰卣组合(图5)可以看到,铜器花纹的特色表现为模式化的动物纹——主要是鸟纹,而工艺为近乎低平的浅浮雕。先前流行的高浮雕扉棱已经消失,器物的轮廓和表面平整。过去长期占据显著地位的动物主题花纹遭到冷落,人们开始注重器物整体形态的规整。随着时间的推进,鸟兽主题纹饰逐渐分解并几何化。这一变化过程在以长篇铭文著称的史墙盘(图6)和瘷盨(图7)上表现得更为显著。这种崭新的风格见于一号窖藏中的另外14件容器上,是西周中期(约前950—前850年)的特征。

图5 庄白一号窖藏的"豐"铭容器

上排:豐尊、豐卣;下排:豐爵Ⅰ—Ⅲ。公元前10世纪后半叶。

第一章　西周晚期贵族的重组(约前850年)　43

图6　庄白一号窖藏的"墙"铭容器

史墙盘上面与侧面、墙爵Ⅰ—Ⅱ。公元前9世纪上半叶。

图 7　庄白一号窖藏的瘨铭容器(较早风格的一组)
上排：十三年瘨壶(1 对)；下排：瘨簋Ⅰ—Ⅱ。公元前 825—前 850 年。

庄白一号窖藏的大多数青铜容器(一共 45 件),都装饰完全抽象的几何纹。其中各个纹样都是从以前动物纹样的各个组成部分发展而来,但是可识别的动物已经从器表纹样中消失了,这样可以突出器物的形态。不过,写实的动物形甚至人形装饰,仍然会出现在这种风格的器物的附加部件(足、柄、钮)上。这种抽象的纹样见于造型优雅的一对"三年"瘐壶、8 件方座瘐簋、镂空足微伯瘐簠,①以及很多其他容器(图 8),是西周晚期(约前850—前771 年)的主流风格,而且持续到东周时代的头一百年左右;令人惊奇的是,这些纹样在这期间几乎没有发生什么变化。

如果庄白一号窖藏出土的不同时期的铜器所占比例,大体能够代表公元前 771 年微氏族宗庙中铜器的比例,那么西周晚期铜器中占主导的现象似乎表明,在埋藏的时候人们使用的主要礼器组合是由相当新的器物组成的;只有少数一些具有重要历史意义的早期铜器被当作珍品保存下来。窖藏所出各个时期的铜器在器类上也表现出严重的不均衡:所有的 34 件食器和食具(8 件簋、17 件鬲、2 件盆、1 件簠、2 件盨、2 件灶和 2 件匕),以及 28 件青铜钟的 21 件以上,都属于西周晚期;而窖藏出土的西周早中期容器,除了少数为水器和盥洗器之外,基本上都是酒器(见表 3)。这种不均衡如果只见于一个考古发现,恐怕还难以解释;但是其他考古材料证实,西周晚期的铜器组合与以往有着极大的区别。毫无疑问,这是新礼仪的出现所致。

---

① 在传统的青铜器名词中,此类容器被称为"豆",但是它们自铭为"簠"(见李零 1991a: 85—86)。

46　宗子维城

（图 8 续）

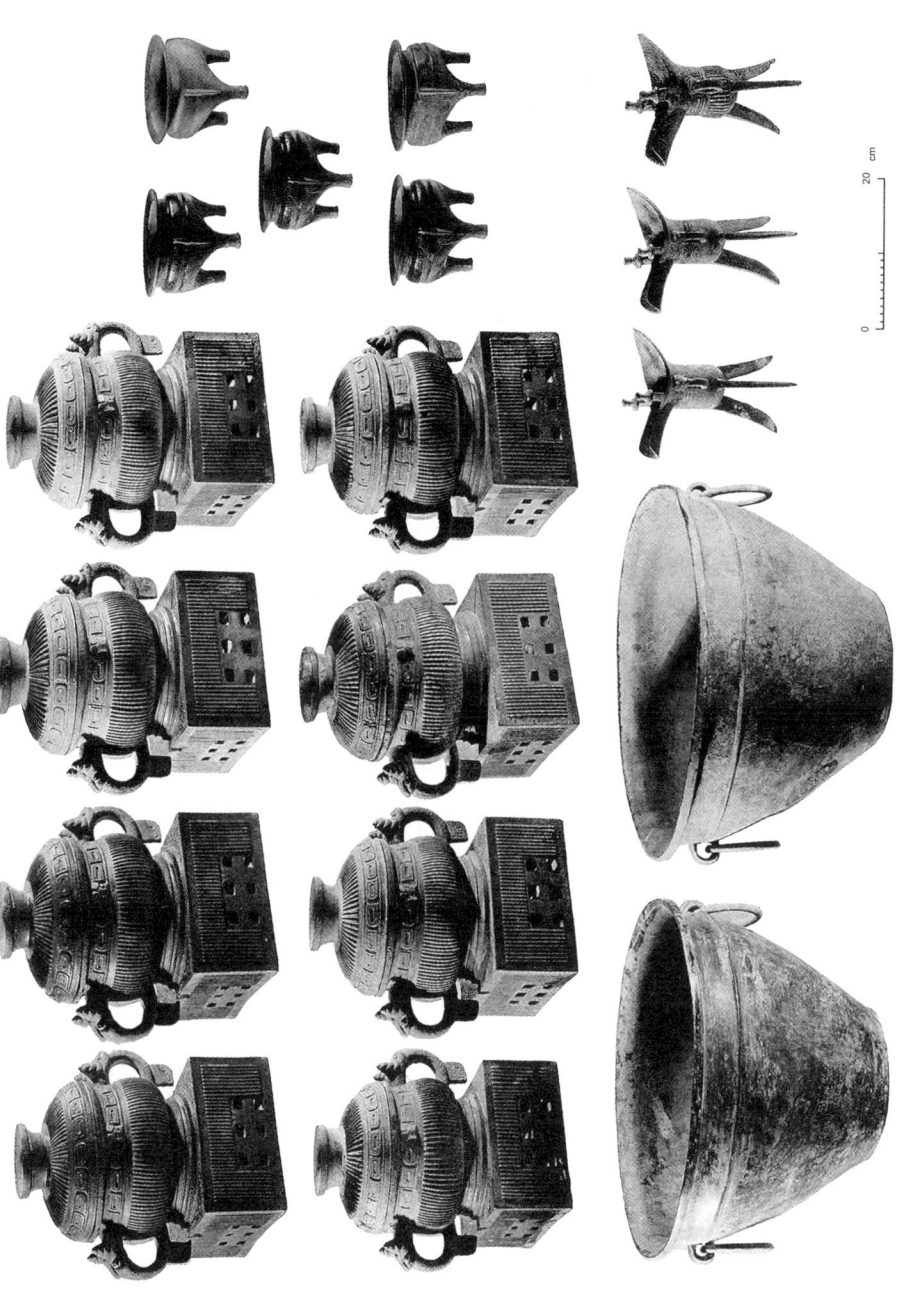

第一章 西周晚期贵族的重组(约前850年) 47

图 8 庄白一号窖藏的癲铭容器(晚期风格)

上排：一对三年癲壶,微伯癲已Ⅰ—Ⅱ,微伯癲簋;中排：三年癲盨Ⅰ—Ⅷ,微伯癲Ⅰ—Ⅴ;下排：微伯盆Ⅰ—Ⅱ,癲爵Ⅰ—Ⅲ。公元前850至前875年。

表3　庄白一号窖藏(陕西扶风)出土青铜器(按功能分类)

器　类	商/西周早期	西周中期	西周晚期/春秋早期	合　计
【食器及其附属器物】				
鬲			17	17
簋			8	8
盨		2		2
盆			2	2
簠			1	1
双腹鼎			1	1
灶			1	1
匕			2	2
小计	—	2	32	34
【盛酒器和饮酒器】				
爵	2	7	3	12
觚	3		4	7
觯	1	2		3
斝	1			1
卣	1	1		2
尊	2	1		3
方彝	1			1
壶	1	2	2	5
勺			4	4
小计	12	13	13	38
【水器/盥洗器】				
方罍	1			1
觥	1			1
盘		1		1
小计	2	1	—	3
合计(容器)	**14**	**16**	**45**	**75**

续 表

器 类	商/西周早期	西周中期	西周晚期/春秋早期	合 计
【钟】				
甬钟		4/8	2/13	6/21
钮钟(?)			1/7	1/7
合计(钟)	—	4/8	3/20	7/28
总计	14	20(24)	48(65)	82(103)

礼制改革的迹象

西周铜器风格的变化或许反映了从青铜时代早期流传下来的宗教信仰逐渐消失和转变的过程。其中的种种细节仍然不清楚，因为我们不知道商代和西周初期青铜艺术中的动物纹的确切涵义。[1] 不过，线索还是可寻的。林巳奈夫坚持认为商周青铜器纹饰的每个细节都代表了自然界的某个方面，蕴含着某种特定的图像学涵义；他将这些细节与后期艺术中的文献记载了涵义的类似装饰因素联系起来，重构了一个由众多的自然神祇组成的神灵世界。[2] 用考古学的行话来说，这是"直接历史推论法（即用历史时期的已知现象去类比史前时期的未知现象——译者注）"。林氏的研究结果可以成立，也很有意思；但原则上我们必须明白，我们讨论的这些纹饰，即使它们确实形成了同类纹饰的演变序列，但是随着时间的推移，它们可能会获得不同的涵义。还有一种方法可作补充，就是将这些纹饰与未受外界干扰的本地艺术表现形式进行比较，或者与其他古代文明的艺术表现形式进行比较。当然，由这种

---

[1] 就围绕中国古代青铜艺术涵义的长期争论，Kesner (1991)曾做过细致的讨论。有关该问题的不同观点（包括最为引人注目的 Bagley 1993a）已经集出版，见 Whitfield (ed.) 1993。

[2] 林巳奈夫 1985;2002;2004。

比较研究得到的认识要比通过"直接历史推论法"得到的更加笼统。比如通过这样的比较研究,特别是与美洲新大陆文化的比较研究,张光直将商周时期的动物形象解释为萨满巫师进入迷幻状态沟通神灵时使用的动物伙伴或坐骑。① 我认为这样的看法也不无道理。但是这一解释仍然没有提供各个纹饰的具体涵义。而且,我们必须强调,"萨满教"本身并不是一种特定的宗教,而是一种宗教技术,在整个人类历史上为各式各样的神学所服务。②

无论如何,有一点是不言而喻的,即商周青铜器的动物纹饰与这些礼器被使用的祭祀活动一定存在着——至少在最初的时候——一些涵义上的联系。这些礼器的铭文告诉我们,人们制作它们的目的就是祭祀祖先。这些铭文也印证了《诗经》等早期文献和后来的儒家礼书所说的,就是人们相信祖先会降临宗庙,在宗庙中参加集体宴飨。③ 尽管到了礼书编纂成书时,"尸"——祭祖仪式中用来扮演祖先的家族晚辈成员——在很大程度上是个被动的象征,不会进入迷幻状态,④但是在更早的时期,通过萨满式的致幻来通灵,可能在类似的仪式中扮演重要的角色。实际上,在周代,在祖先崇拜之外的某些宗教崇拜中,这种萨满式致幻通灵的方式依然发挥作用。⑤ 因此,或许周代早中期铜器上所见的动物图案,正是早先的沟通祖先的媒介的孑遗,而这种习俗在当时就已经式微了。

---

① Chang 1981;1983:44-80 等处。
② Eliade(1951)首次这样说。在中国,"萨满"问题至今仍然饱受争议。虽然我依然无法信服童恩正(Tong 2002)等学者的过度狂热的论述,但是对于那些贬低或完全否认它与中国古代宗教习俗的关系的意见(如 Keightley 1998;Puett 2002:31-79),我也不得不感到它们含有深层的思维缺陷(见 Falkenhausen 2004a)。在我看来,除了在用词上可能失当,张光直所提出的解释框架(见本页注①)适用于商和西周早期,甚至可能也适用于越来越多的新石器时代的礼仪图像。
③ 《诗经·小雅·楚茨》(《十三经注疏》13—2:199—202,467—70。讨论见Falkenhausen 1993a 27-28;1993b:149-50;Kern 2000);《仪礼·特牲馈食礼》(《十三经注疏》44—46,1178—95)等处;《礼记·祭统》(《十三经注疏》49,1602—9)等处。
④ 关于"尸",见 Carr 1985。
⑤ Falkenhausen 1995a。

20世纪中期以来西方艺术史界流行一种观点,就是商代和西周早期青铜器上的动物纹本身没有任何涵义,也没有什么功能,它们就是专门用来标识这些容器的礼器身份,并渲染其贵重、奢华、庄严的氛围。① 对此我深表怀疑。我的看法是,这些动物纹在西周中期分解以后,到晚期近于消失,纹饰才最终变成了这种装饰功能。② 在我看来,无论这些商代的动物纹曾经有何宗教涵义,它们到西周转变成"纯装饰"③的时候,其最初的宗教涵义肯定变淡了。最终这种涵义被人遗忘或者变得与宗教活动毫无关系。我还认为,这一变化意味着这些青铜容器背后的思想观念和它们的礼仪用法都发生了深刻的改变,而且暗示祖先崇拜活动经历了一次根本的宗教变革:从一种围绕活力十足乃至狂乱的活动的"狄俄尼索斯型"仪式,转变为一种新型的更加规范的具有"阿波罗型"特征的仪式;在新仪式中,吸引参加者的目光的主要是礼器本身及其整齐的陈设。④

祖先祭祀仪式发生的这种决定性转变的观点已经得到了一些佐证。我们在考古材料可以观察到三个同时的变化。第一,庄白

---

① Loehr 1968: 11 - 14;Bagley 1987: 49 - 50,注 47。罗樾(Loehr 1968: 13)对此观点进行了最直截了当、最为极端的阐述,他写道:"如果商代青铜器只是一种纯粹的纹饰,其形式仅仅来源于形式,其构造与现实无涉,或最多只是似是而非地反映现实,那么,我们基本上不得不此结论,它们不可能具有任何可确定的含义,无论在宗教,在星象,抑或在神话方面,都不存在确立的、具体的含义。这些纹饰很可能在图像学上毫无意义,或者仅仅是纯粹的形式——就像音乐形式,而没有具体的定义。"

② 见 Falkenhausen 1999b。

③ Koerner(1985)对这一转变有很好的描述,不过他并未关注其发生的时间(关于这个问题的讨论见罗泰 1997)。另外一个关于这些变化的精彩论述见杜德兰(Thote 2002)对中国青铜器纹饰历史的宏观论述。

④ 尼采(Nietzsche 1872)用"狄俄尼索斯型(Dionysian)"和"阿波罗型(Apollonian)"两词来突出古希腊两种相反的精神肉体活动的倾向;本尼迪克特(Benedict 1934)首次将其引入人类学领域。这两词或许能够有效地刻画西周时期的情况。需要强调的是,"狄俄尼索斯型"和"阿波罗型"仪式在西周晚期礼制改革之后一直共存于周人的宗教,并且自此以后一直共存于中国的宗教;"狄俄尼索斯型"的礼仪形式自那以后只是在祖先崇拜中受到禁止。以往那些能够在致幻状态下沟通祖先的宗教专职人员淡出,取而代之的是凭借亲属的合法身份来向祖先献祭的非专职的仪式执行者,这无疑是确保权力在氏族内部有序传承的一大进步,而这一点对于统治氏族尤为重要。这或许可以解释为什么"萨满教式"的崇拜最终沦落为非贵族的宗教活动。

一号窖藏的铜器群已经显示出,西周晚期装饰风格出现之前的器类与其后的器类不同。最显著的是,从商代至西周中期最流行、类型最繁多的"酒器",此时已经消失(庄白一号窖藏铜器不太典型,因为其中有几件带有西周晚期纹饰的酒器爵)。而西周晚期和东周时期的铜器组合以列鼎(盛放肉类)和簋(盛放谷物)为中心,还有其他食器。编钟的地位也变得更突出。几乎可以肯定,西周晚期人们不会骤然停止饮酒,但是他们确实不再用酒来供奉祖先了,而醉酒致幻(在商代或许是祭祀仪式的核心部分)的痕迹也消失了。① 如果说商代和西周早期的祭祀仪式残存有"萨满"成分,那么它们到了西周晚期伊始肯定已经消失了。

  第二个重要变化是出现了铜器的标准组合,就是按照严格的用器制度规定各级贵族的配套标准(见表4)。② 在庄白一号窖藏中,体现上述制度的是一套8件簋、2对壶、2套鬲,可能还有上述的几套编钟。这些器物的年代都在㝬及其以后。尽管如上所述,由于某些原因,鼎并未出现在该窖藏中,但是"八簋"的出现暗示有一套与之搭配的"九鼎",③这意味着微氏族的族长在西周晚期的社会地位已经接近了贵族等级金字塔的顶峰。④ 当然,在这以前的中

---

  ① 对于酗酒的担忧见于大盂鼎铭文。此器无明确出土地点,为西周早期晚段的器物(《殷周金文集成》5.2837;描述见于 Rawson 1990, Pt. B: 295, 图 21.1)。铭文将商的灭亡归咎于毫无节制的酗酒,并禁止在王室祭祀时用酒。在《尚书·酒诰》(《十三经注疏》14.93—96,205—8)中,醉酒也遭到诅咒,甚至死刑的威胁。该文献的年代还有争议,夏含夷(Shaughnessy 1997: 83)将其定为成王在位期间(前 1042/35—前 1006 年)。我们再次看到,文献记载与考古学所观察到的西周晚期礼器组合的变化之间存在着年代上的冲突,令人费解(参见本书第 31 页[本章]注①),还需要进一步研究并搞清二者之间是否有什么关联。
  ② 关于周代用器制度的经典论述,见俞伟超和高明 1978—1979。
  ③ 俞伟超和高明 1978—1979(1985 年版):86。
  ④ 周代的用器制度中最高等级所对应的列鼎件数依然颇有争议。根据东汉注家何休的《春秋公羊传·桓公二年》注(《十三经注疏》4.20,2214),俞伟超和高明将"九鼎"视作最高等级的标志;倘若这样的成套器物出现在非王等级的个人身上,例如庄白的微氏族成员㝬,他们则释为对王权的僭越。相比之下,李学勤(1985:461—64)则根据《周礼·天官·膳夫》(《周礼正义》7:241—44),认为周王有权拥有一套"十二鼎",而拥有九鼎的人,比如假定微氏族的㝬,才属于等级制度中的第二等。该问题可能永远无法解决,因为新近在周公庙发现的周王陵看来在发掘前就已经完全被盗空了。

国青铜时代,考古资料已经显示出,"财富"与"社会地位"之间存在一定的对应关系,但是公元前850年前后出现的标准化组合是一个新现象。自此之后,这种新兴而严格的用器制度在周文化圈内普遍得到遵守。在以后的几章里,我们将会探讨它在考古发现中的各种体现。

表 4　周代的用器制度

1. 根据后期文献复原的用器等级差别					
		方案 I（俞伟超和高明 1978/79）		方案 II（李学勤 1985）	
等级	相应社会地位	鼎	簋	鼎	簋
I	天子	9	8	12	10
II	诸侯	7	6	9	8
III	卿、上大夫	5	4	7	6
IV	下大夫	3	2	5	4
V	士	2	1	3－0	2－0
VI	～　　　～	1	1		
VII	～　　　～	1	0		

2. 根据考古学材料初步复原的西周晚期和春秋早期男性贵族的用器等级差别				
等级	相应社会地位	鼎	簋	钟磬
I	王（推测；王室的器物组合尚未见诸报道）	[12]	[10]	[几套]
II	（如宫廷高官）	9	8	几套
III	（如王畿官员）	7	6	一套或几套
IV	（如侯）	5	4	一套或任意其中一件
	贵族氏族族长/低级官员	3	2－0	——
	～～～　～　～～	2	1－0	——
	～～～　～　～～	1	1－0	——

考古资料反映的第三个伴随的变化是"礼制改革"引入了一些新器类,而且似乎刻意挑选了一些简单、普通的器形;一些(比如鬲和甗)可能来自陶制炊器,另外一些(比如簠)则可能源自编织器物(图9)。① 这反映了一种改革礼仪观念的愿望,即去其繁复,而使之与日常活动相联系。很有可能,当时的人们将其视为回归神圣的过去:是一种有意为之的复古行为,②而且这在孔子时代的艺术史中并不是最后一次(见第八章)。

图9 西周晚期部分青铜容器(右)与陶质饮食器(左)的密切联系
上排:鬲;中排:簠;下排:甗。

这些西周晚期发生的祭祖观念和行为的变化,在当时人们的集体意识中,肯定是为了和以往的礼仪活动相区别。因此,这就更

---

① 这是 Jessica Rawson 的见解(1990, pt. A:108-109)。
② Rawson 1990, pt. A:105-8;Falkenhausen 1999b。

加令人感到好奇,为什么没有西周的历史文献(均编纂于此后的几个世纪)明确提及此事呢?莫非这个现象正好说明西周晚期礼制改革获得了全面的胜利?或者说,这些创新已经被其后的周人"内化"了?还是因为这些改革看上去——虽然与事实不符合但是可能有效地——呈现和恢复了周代早期的制度?不论出于什么原因,传统的西周史研究,虽然多多少少意识到了公元前850年前后物质文化方面所发生的普遍变化,但是总是欲言又止。[1] 直到1980年代末,罗森(Jessica Rawson)才第一次研究这些变化,并把它们当作一个重要历史现象的标志。[2]综合分析庄白一号窖藏出土的器物和铜器铭文表明,周代礼制及其用器制度的变化背后,可能发生了更为重要的贵族社会的全面重组。鉴于祭祀仪式在早期人类社会的普遍重要性,以及祖先崇拜在中国历史上的重要地位,这个推断是完全可以成立的。

作为历史证据的铜器铭文

在开始分析庄白一号窖藏的铭文之前,我想谈谈使用铜器铭文(无论是否来自于考古发掘)来研究社会问题需要注意的一些根本问题。[3] 关键的一点是,铜器铭文从来都不应视为"纯文本",而要与铭文铜器本身的材质外观、风格、类型和在器物组合的位置结合起来。铭文和青铜器本身一样,也反映出礼仪的背景,而且它们

---

[1] Karlgren 1936,1937;容庚 1941;郭宝钧 1981:62—69;邹衡 1980:203—15;Bagley 1980;Hayashi 1984, vol.1:161-63 等处。

[2] Rawson 1988,1989,1990,1996,1999a。关于 Rawson 1990 的评论见 Falkenhausen 1993b:196-223。其他关于西周晚期礼制改革的研究包括:罗泰 1997;Falkenhausen 1999b;曹玮 1998。Rawson(Pratt 1986 从之)有时会使用一个更加强烈的词语"礼制革命"(ritual revolution)。我倾向于使用"改革"(reform)一词,因为就现有的资料可知,其目的似乎为支持当时的统治机器,而非取而代之。

[3] 下面的讨论总结了 Falkenhausen 1993b:141-72 中的观点(部分受了 Kane[1984]的启发),在 Falkenhausen 2004b 回应 Venture(2004)的商榷时进行了修订。

还能揭示西周时期礼仪背景所经历的变迁。

只需稍加训练,任何懂古代汉语的人都可以利用铜器铭文:它们都是用古汉语写成的,而且所用文字的字形虽然与现代汉字不同,但是大多数是其早期的书写风格(或"字体")。①铜器铭文的最大优势在于,它们是当时的、原始的文字材料。因为铭文通常都是在铜器制作过程中铸成的(只有极少数铭文是后来刻上去的),通过参考铜器相对细致的风格和类型序列,就可以较为精确地断定它们的年代。出土地点清楚的铜器,其考古学背景还可以为断代提供更多的线索。尽管如此,我们也不能理所当然地因为铭文的真实性,就认为它们的内容具有无可置疑的客观性和真实性;它们也不一定算得上是一手史料,尽管这话乍听起来不合常理。

我们先来讨论其中较为明显的一点。铭文铸在容器和钟等礼器上,而青铜礼器专门用于祖先祭祀活动。这意味着铭文同样在这样的宗教背景下发生作用的。每篇铭文都在铜器铸造之前不久拟定。铜器铸成以后,其铭文内容就在举行献祭仪式的过程中传递给祖先了;此后,每举行一次仪式,就有一件容器为祖先提供饮食,有一套编钟演奏声乐,而铭文的内容一如既往一次次地为后代唤回过去的荣耀。由于铜器的铸造和用于仪式的主要目的在于祈求祖先长佑后人,所以铭文要传达的信息,首要的也是最主要的内容,是能够取悦那些在天之灵。然而,在天之灵并不是可以随意沟通的,内容必须写成一套适当的、规范的一种有别于日常交流的礼仪语言,这种特殊规范严重限制了其表述的内容。这就意味着铜器铭文绝不可能是历史的客观记录;铭文中所包含的"历史"信息,都可能因为高于一切的礼仪需要而被编写。

---

① 比较方便的入门读物见高明 1987;裘锡圭 1988;Shaughnessy 1991。现代汉字与青铜铭文的文字的确不是百分之百地对应;古代的一些文字,其意思现在已无法理解;现代的一些词汇中的文字已不同于古代所用的文字;而且自青铜时代以来,汉字字库也有极大扩容。即便如此,其历史延续性依然很强。

不过,青铜铭文依然有很高的史料价值,原因它们是宗教和政治之间的纽带,而这种纽带是早期中国和其他早期文明共有的特征。宗教仪式——在中国,即祭祀统治者的祖先——是统治者的一项要务;的确,政治活动实际表现为宗教仪式。① 因此,用于祭祖仪式的青铜器上的铭文记载的事情,通常超越宗教范围,而具有其他重要的意义。中国商周时期的文字或许迥异于古代世界的其他文明,其首要功能就是将它的内容神圣化,从而将其合法化。② 这种功能既适用于礼仪文字,也适用于行政文书。值得注意的是,铜器铭文中的礼仪语言的规范与当时的政府文书极为相似,而后者的一些实例收录在《尚书》(虽然经过一些编辑)中。③ 的确,铜器铭文经常包含一些明显从官方文书摘录下来的段落,比如官员任命的内容,④其原文应书写于诸如木牍和竹简之类易朽的材质上(实际上,铭文的布局有时似乎刻意模仿原文)。不过铭文极少全文照搬这类文书,而通常经过大幅度的删减,显然是预期神灵能够知晓省略的部分。摘录文字的长短可能主要取决于铜器可提供的书写空间。

在这个意义上,铭文不是一手史料——这是我要坚持的第二个基本观点——而是经过加工并通常大幅度删减后的版本;其原文一定更长并且更为详尽,写在木牍和竹简上。在第七章中我将

---

① 有关这种纽带的精彩论述,见 Fustel de Coulanges 1864;Wheatley(1971)在全球比较研究的语境下讨论了中国的情况;以中国为重心的论述,并且各有所侧重,见 Granet 1929;Chang 1983;Keightley 2000。

② 白川静 1973:1—167;Vandermeersch 1977/1980, vol. 2:473-481。Vandermeersch (1977/1980,vol. 2:477)说得非常到位:"中国的文字及其上形成的雅言(即商周时期的祭祀语言——作者注)本质上被一种原始的遗传特征制定:其固有的超验性(leur portée originellement transcendante)。该文字、语言并非或多或少自发而来的,它们之所以创造出来,也并非为了人类之间的交流,而是为了便于人神沟通。"亦见 Lewis 1999a:14-18 等处。有人(Postgate et al 1995)提出中国文字与其他早期文字系统相似,其发明来源于商贸和实用需要的看法,是站不住脚的。

③ 白川静 1962—86,卷 41:2—5 等处;Dobson 1962。

④ 这种联系其实在一些铭文中说得很清楚,里面提到的文书包含有朝廷上当众宣读的周王诰令(黄然伟 1978;陈汉平 1986;Kern 2007)。

进一步阐述这个观点,我将谈到,从官方文书中摘录出来的部分,在放入仪式文字时,都要纳入一种文书格式,使之适宜于传达到祖先之境。这种格式要求,比如说,附加献词和篇尾的嘏辞。这些附加的嘏辞往往是韵文,似乎源于当时的口语,其形式与《诗经》中保存的礼仪颂词相同。很多铭文中都有相同的语句,甚至整段雷同的情况。

这种铭文与官方文书互通的例子,我们可举庄白一号窖藏中的两组重要铭文:史墙盘铭文(见图6),是最长(450字)也是最负盛名的西周铜器铭文之一,[①]还有属于第三套㝬甬钟的六件编钟上的铭文(图10)。[②] 这两篇铭文均叙述了周王室与微氏族的历史。史墙盘铭的叙述更为完整,一直到其献器者墙的年代,而第三套㝬甬钟上的则是大大压缩后的版本,但其下限延伸到了墙之后的一代。两者的体例有所不同,部分是因为编写的时间不同。但是两篇铭文的开头完全相同,表明它们源于同一篇文书,它可能就收藏在微氏族的档案里,当然现在已经遗失了。这两篇铭文,以及同出于庄白一号的其他甬钟上的另外两篇长铭,[③]是复原微氏族世系的主要材料。

微氏世系与礼制改革的年代[④]

为了说明庄白一号窖藏铜器的风格序列,上文援引了微氏族四代族长,即折(图4)、豐(图5)、墙(图6)、㝬(图7—8),献给他

[①] 《殷周金文集成》16.10175。铭文的英译见 Shaughnessy 1991:3-4,183-92。对于其内容的研究成果收录在尹盛平(编)1992。

[②] 《殷周金文集成》1.251—56。其英译和讨论,见 Falkenhausen 1988:975-78。

[③] 《殷周金文集成》1.246(第一套㝬甬钟)和 1.247—50 以及 257—59(第二套㝬甬钟);参本书第 38 页(本章)注①。庄白所出 3 件甬钟长篇铭文的英译和讨论,见 Falkenhausen 1988:963-99。

[④] 以下的论述总结了罗泰 1997(进一步阐释见李零 2002),其中有对于各篇铭文更为详尽的探讨。

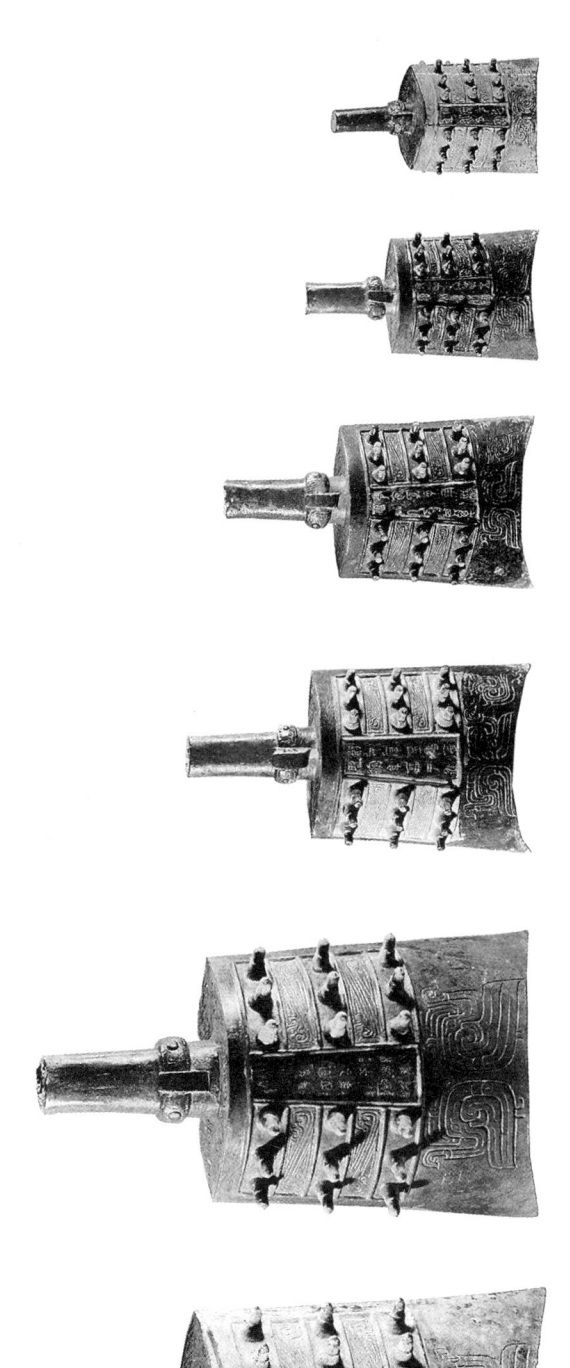

图 10 庄白一号窖藏第三套㝬甬钟

一套标准的甬钟应有八件，其余两件恐已遗失。公元前 9 世纪中期。

们祖先的铜器。这些铜器的年代顺序很清楚，这既体现在其器形尤其纹饰风格的变化上，也体现在史墙盘和三件主要㝬甬钟长篇铭文对微氏世系的详细叙述上。我们将他们生前所用之"名"——即出现在铜器上的献器者之名——与其死后所受之"谥"相对照，就可以搞清楚其中各对父子之间的关系。铭文还提到上述微氏族的献器者之外的一些更早的先祖，其名不见于现存的铜器。微氏族族长的完整序列以及他们得到的各种称谓见表5。

表5 庄白一号窖藏铜器铭文所载微氏族族长世系

谥	名	备 注
高祖	未载	
[微史烈祖]	[—]	可能非指某个先祖，而是泛指微氏几代先祖。
乙祖/父乙[？]	未载[商？]	有可能是旅父乙觚的受器者。它是该窖藏同出的商尊和商卣之献器者的说法仅为推测。
亚祖祖辛/父辛	折	
文考乙公/文祖乙公	丰	
皇考丁公	墙[史墙]	
未载	㝬[微伯㝬]	
[未载]	[伯先父]	庄白一号窖藏一些西周晚期器物的献器者；尚不知道他是否亦为一位微氏族族长。

西周晚期的礼制改革必定发生在㝬活着的年代。一号窖藏所出铭文记载的微氏族可知名称的四代族长中，㝬是最后一代。该窖藏出土的铜器中22件有他的自铭，其中4件（盨一套2件和壶一对）带有西周中期的鸟纹（见图7），而绝大多数（8件一套

簋,另一对壶,3 件爵,1 件簋以及 2 件匕;图 8)则以新型的、西周晚期典型的抽象风格为特色。(有 5 件鬲可能也属于此列,献器者是一位未署名的微氏族族长,可能就是癫;两件有癫自铭的盆没有纹饰,因此无助于这一分析。)两对癫壶中纹饰风格上比较陈旧、年代较早的一对(见图 7)自铭"十三年",而更为"摩登"、年代较晚的一对(见图 8)却为"三年",这一事实有力地说明它们可能铸于不同的两位周王的王世。① 它进一步显示自西周中期的分解动物纹饰向晚期的抽象几何纹饰的转化是突变而不是渐变的;而与之伴随的铜器组合与礼仪活动的变化像是通过某次决定强力施行的,很有可能就发生在某位周王统治伊始或其前后。

那么,礼制改革究竟是何时发生的呢? 为了确定癫在世和西周晚期礼制改革的绝对年代,我们将更加仔细地观察上述庄白一号窖藏的一些长篇铭文,尤其是史墙盘铭文。它详细地列出了自西周初年至其所在年代的周王(见表 6)。从周王朝的创立者文王(前 1099/56~前 1050 年在位)到穆王(前 956~前 918 年在位)都称谥号;只有史墙盘铭文最后提到的时王才单称为"王",这是因为要避时王的名讳(他的名字只有他本人可以使用),而谥号只授给亡者。据此,李学勤将史墙盘的年代定在了穆王的继任者共王(前 917/15~前 900 年在位)(表 7)。② 如果这一断代正确,由于癫继墙之后成为微氏族的族长,那么癫器——连带西周晚期礼制改革——就可以定在懿王(前 899/97~前 873 年在位)和孝王(前 872?~前 866 年在位)的王世,或者可能延续到夷王(前 865~前 858 年在位)的王世。但是事实上,其中的对应

---

① 这些年份指的是现任周王的纪年,现任周王的身份不详,但有时可以根据有铭铜器的风格和/或铭文内容进行推测。

② 李学勤 1979;李的断代虽然有问题,但是后来的研究文献几乎都采用了。

关系可能并非如此简单。这里存在两个问题：铜器风格与人口学的问题。

表 6　周王世系(至前 841 年)

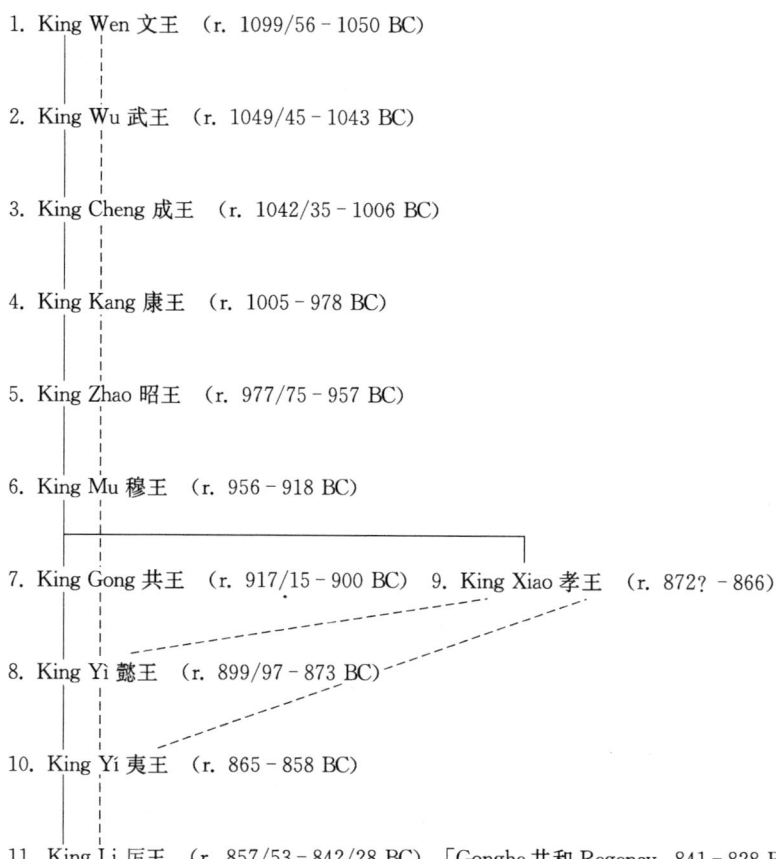

1. King Wen 文王　（r. 1099/56 - 1050 BC）
2. King Wu 武王　（r. 1049/45 - 1043 BC）
3. King Cheng 成王　（r. 1042/35 - 1006 BC）
4. King Kang 康王　（r. 1005 - 978 BC）
5. King Zhao 昭王　（r. 977/75 - 957 BC）
6. King Mu 穆王　（r. 956 - 918 BC）
7. King Gong 共王　（r. 917/15 - 900 BC）　9. King Xiao 孝王　（r. 872? - 866）
8. King Yi 懿王　（r. 899/97 - 873 BC）
10. King Yi 夷王　（r. 865 - 858 BC）
11. King Li 厉王　（r. 857/53 - 842/28 BC）　[Gonghe 共和 Regency, 841 - 828 BC]

实线表示代际关系, 虚线表示王位继承关系。年代依照 Shaughnessy 1991(更多解释参阅该书)。

铜器风格的问题在于, 其他通常定为懿-孝-夷诸王王世的铜器纹饰为西周中期风格的分解鸟纹和兽纹。而大部分癲器所见的几何类纹饰的器物往往定为属于西周最后三代王的王世(自厉王[前 857/53～前 842/28 年在位]以下)以及东周初年, 最早大概开始于公元前 9 世纪中期。而且, 由于癲是一号窖藏中最后一位主

第一章 西周晚期贵族的重组(约前850年)

表7 微氏与周王室世系对照

	周 王	微氏族族长		
		方案Ⅰ(李学勤1980)	方案Ⅱ(罗泰1997)	
			a) 短	b) 长
1100	文			高祖
		高祖	高祖	
				……
1050	武	微史烈祖	……	……
	成		几代列祖	……
		乙祖		……
1000	康		……	
	召	折		……
			乙祖	
950	穆			乙祖
		豐	折	
				折
	共		豐	
900		牆		
	懿			豐
			牆	
	孝	癲		
	夷			牆
850	厉		癲	
	[共和]			癲
	宣		[伯先父?]	
800				[伯先父?]
	幽		……	
771	[西周结束/庄白窖藏入土]			

要的献器者，①那么，他所生活的年代应该就在公元前771年前不久，也就是一般所谓的庄白一号窖藏入土的年代。所以，李学勤对癫器的断代似乎提前了至少一代王世，而他对牆铭铜器的断代也需要做相应的调整。

人口学的问题在于，虽然史牆盘铭文对照周王世系列出了微氏族的连续的几代族长，但是微氏族族长的人数远远少于周王（见表7）。乍看之下，这或许支持将史牆盘年代提早，但是微氏族的代数少得可怜，即便我们接受其最早的年代，其每代的年数也大得超出可能。铭文说得很清楚，两个序列都开始于西周初年。在周王世系中，从文王至共王的七代，平均每代的年数为28.4，总的来说与前现代时期人口生长的长期趋势是一致的（如果算整个周王世系至公元前256年，则平均年数是24.1年——如果算上三个在位不满1年的国王则是22.1年——如果考虑到一次祖孙相传和两次兄终弟及，那么每代周王平均应为25.6年）。但是自周初至牆的时间范围内，微氏族只记录了五代；若将史牆盘断于共王时期，就会出现一个完全不现实的40年左右的年数——如果考虑铜器风格，其年代似还可后移，则代际之间年数更多（即便按照李学勤的说法，将"微史烈祖"视为微氏始祖之后的另一代祖先，②则从周

---

① 窖藏出土的其他西周晚期风格的有铭铜器不多，共计一套十件鬲，是一位"伯先父"的妻子、姐妹或女儿的媵器，其所属氏族不明（陕西省考古研究所、陕西省文物管理委员会、陕西省博物馆1980a，第84—93号；《殷周金文集成》3.649—658）。黄盛璋（1978）认为伯先父是微氏族的下一代族长；李学勤（1979：30）则提出此人可能是癫的儿子。或者"先父"可能为癫的"字"（"字"往往出现在媵器铭文）。关于伯先父鬲的女性受赠者，铭文只标有其名，妖(?)；因此她与伯先父的关系不清楚（由"妖"字的构成来看，她可能是他的大女儿，但这种基于字形的释读似乎过于大胆）。

② 实际上，"微史烈祖"一词或许应理解为"微氏功业显赫的列祖"之统称。之所以有此解释，是因为在古典文献中，"烈祖"一词时有出现，尤其是《诗经》（"小雅·宾之初筵"[《十三经注疏》]14—3.217,485]，"鲁颂·泮水"[20—1.343,611]，"商颂·那"[20—3.352,620]，和"烈祖"[20—3.353,621]）。"微史烈祖"一词还见于第三套癫甬钟铭文的简版微氏族历史，其中从氏族始祖至献器者之间的其他祖先没有一一列举出来，这进一步表明"微史烈祖"是对这些祖先的统称。

初至共王的平均每代年数为 33.3 年,仍然过长①)。最为合理的结论是,史墙盘铭文记录的微氏世系并不完整:铭文似乎跳过了自微氏始祖即高祖至折的父亲之间的几代祖先。折的父亲在折器铭文中称为"父乙",在后代的铜器中则称为"乙祖"("乙"在这两例都表明,祖先祭祀发生在十日制周祭的第二日)。下文对于周代的树状氏族组织的分析,将有助于我们重建这些铭文可能省去的几代族长。眼下我们首先要牢记的是,我们没有任何理由因为铭文中提到的微氏祖先世代太少,就以此来否定根据风格分析所得到的墙器和癲器的年代。我们应该继续考虑墙器和癲器的实际年代大大晚于李学勤所说年代的可能性。

上述铜器较晚的断代已经得到了为数不多的有关西周中期的历史文献的证实,它们表明史墙盘铭中没有提到名字的在位之王可能并非共王。司马迁《史记》记载的周王世系反映出西周这个阶段的王位传承非常混乱(见表 6),②父子相传的原则似乎暂时被抛弃了:懿王继位于其父共王,文献说他又传位给其叔孝王(共王之弟);孝王之后,王位又返回主线,由懿王之子夷王继承。《史记》记载的世系可能试图隐去了一段重大的王朝内乱。倪德卫(David S. Nivison)在西周铜器铭文历法内容的研究中曾经指出,在共王之后大约半个世纪之久的时间内,曾有两套不同的王室历法并行,很可能反映了此时的周王室已经分裂为两个对立的朝廷。③ 当然,当时编写的任何一篇铜器铭文都只能反映献器者所效忠的那个朝

---

① 吉本道雅(2000)对周代各个诸侯国做过全面的计算,得到的结论是,长逾 30 年的代际跨度虽不常见,但是确实存在于该时期的一些诸侯氏族。鉴于当时普遍盛行的父子相传和长子继承制,这种过长的代际跨度如果是实情,那么只能是这些家族的生育延迟造成的,这或许意味着,这些地方统治者的生涯遵循了一种异常的模式。然而,我怀疑这种长代际跨度的印象是记载保存不全的产物,因为它们与已知的前现代时期世界各地的人口现实状况相距甚远(相关分析参见本书第 97 页注①)。

② 《史记·周本纪》4.140-41。

③ Nivison 1983a;1983b:49-50。

廷。我认为史墙盘很可能就是在这一动荡时期,由周孝王的追随者所铸造。由于孝王大概以为自己是其父穆王唯一合法的继承人,所以这篇铭文也就不会提到共王及其支系。传统的周王世系表将孝王的统治时期置于其兄共王和其侄懿王之后,可能是因为孝王一直活到了西周中期较晚的时段;我们由新近出土的一篇铭文得知,这一说法已经通行于公元前8世纪早期。①这样断代与史墙盘的纹饰风格吻合;如前所述,史墙盘正是代表了西周中期典型鸟纹分解的较为发达的阶段;如果此说正确,那么墙之子癲所献铜器的年代也将相应地顺延,于是,西周晚期的礼制改革发生在癲就任微氏族族长期间,也就是公元前850年前后,最可能在厉王在位期间。②

这些历史背景,尽管我们知道的并不完整,仍然可以为了解西周晚期礼制改革背后的某种动力提供一些初步的线索。倘若像我们看到的青铜器纹饰突变的那样,这场改革是骤然启动的,那么它可能是在周王室恢复统一王权之后采取的一项巩固措施。③ 那么

---

① 此即陕西眉县杨家村出土的述(或"逨")盘铭文(其图像和拓片见陕西省考古研究所、宝鸡市考古工作队、眉县文化馆/杨家村联合考古队 2003;陕西省文物局、中华世纪坛艺术馆 2003。铭文释读和世系解说见董珊 2003;李零 2003;李学勤 2003;王辉 2003;张天恩 2003 及其他论文。初步的英译见 Falkenhausen 2004b。讨论见罗泰 2006 和 Falkenhausen 2006)。这篇铭文叙述了自文王直至当时在位的周王——immediate即宣王(约前 827—前 728 年在位)期间,单氏族成员辅佐王室的功绩。它一一列举了历代周王,其顺序与司马迁的世系完全吻合。与史墙盘铭文不同的是,它没有记录单氏族成员个人的功绩,而是将他们糅合成一部编年史。铭文是否列举了单氏族的每一代成员并不好说,之所以将他们选入,似乎是因其辅佐的重要性,而不是为了编纂一部完整的祖先世系。

② 礼制改革发生在厉王王世相当早的时候,现存三件西周晚期风格的厉王自作青铜器(一件容器和两件铜钟)可资佐证。它们分别是出土于陕西扶风齐村的㝬簋(陕西省考古研究所、陕西省文物管理委员会、陕西省博物馆 1980b,第 138 号;《殷周金文集成》8:4317);现藏于台北故宫博物院而出土地点不明的㝬甬钟(即宗周钟)(《故宫铜器图录》卷2,图 I:238;《殷周金文集成》1:260);扶风白家村出土的五祀㝬甬钟(穆海亭、朱捷元 1983;《殷周金文集成》2:358)。

③ 由现有材料来看,西周晚期后段周王氏族的宗庙祭祀存在一种奇怪的情况:康、昭、穆、夷和厉王似乎有其庙,而共、懿、孝王没有(参见伊簋铭文[此器藏于奈良国立博物馆,出土地点不明;林巳奈夫 1984,卷 2.128,图 378;《殷周金文集成》8.4287];亦见唐兰 1962)。这样区别对待祖先意味着什么,这种行为如何与整个世系及其树状氏族结构衔接,现在还不清楚。感谢小南一郎教授在他的研究会上对此做了阐释(京都大学人文研究所,2003 年 2 月 4 日)。

在整顿祖先祭祀活动的背后也许就是试图恢复半个世纪来因氏族间不睦而瓦解的社会秩序。

西周的氏族组织

再细读史墙盘和㝬钟铭文使用的世系用辞(见表5),明显可以看出两篇铭文罗列的先祖可以归为两大类:"近代祖先",以及更为久远的"焦点祖先"。"近代祖先"主要包括献器者的父亲和祖父(西周铭文极少超出这个范畴);而"焦点祖先"则包括献器者所属干系(大宗)和支系(小宗)的始祖。庄白一号窖藏铜器铭文称整个微氏族大宗的始祖为"高祖",这种总称也见于传世文献,意思相同。① 而墙与㝬所在小宗的始祖(我们已经知道此人的名称为"折"),史墙盘和第三套㝬钟的铭文中称之为"亚祖"。这一称谓不见于任何传世文献,却出现在好几篇其他西周晚期的铜器铭文中。如南宫乎甬钟铭文中,②它紧随献器者的"先祖"之后;后者比"高祖"涵义更为明确地指称一个氏族的始祖;经考证,这位被称为"先祖"的人是一位参与了周朝建国的大臣,比这篇铭文的铸造年代早了两个多世纪,而"亚祖"生活的年代距献器者则大为接近。③ 在新

---

① 《尚书》"盘庚"(《十三经注疏》9.60,172)和"康王之诰"(如"顾命"第二部分,《十三经注疏》19.132,244);《左传·昭公十五年》(《十三经注疏》47.376,2078)。"高祖"一词稍晚产生了另一种意思,即一个延续五代的氏族支系的第一代祖先,也就是该氏族支系辈分最低的成员的祖父之祖父(《左传·昭公十七年》[《十三经注疏》48.381,2083];《礼记·丧服小记》[《十三经注疏》32.267,1495])。在最近发现的记录单氏族世系的逨盘铭文中(见本书第66页[本章]注①),"皇高祖"用来统称所有的氏族直系祖先,其地位高于支系始祖或"亚祖"(参见曹玮2003)。

② 这件铜钟原应属于一套编钟,出土于陕西扶风豹子沟(陕西省考古研究所、陕西省文物管理委员会、陕西省博物馆1980b,No.140;《殷周金文集成》1.181;有关这篇铭文的翻译及广泛讨论,见Falkenhausen 1988:1000-39)。

③ 《诗经·小雅·四月》(《十三经注疏》13-1.194,462);《尚书·多士》(《十三经注疏》16.107,219)。《荀子·礼论》(《诸子集成》13.233)明确将"先祖"解释为"类之本也"(也见《礼记·礼运》[《十三经注疏》21.188,1416];亦可参《春秋繁露·观德》[《春秋繁露义证》9:269)]。

出逑盘的铭文中，①"亚祖"位居一长列祖先——他们并非一脉相传——的倒数第二位，而始祖可以回溯到周朝建国之初。所有这些祖先都称作"皇高祖"。② 这就证实了"亚祖"与整个氏族大宗的始祖相隔好几代。而那些向"亚祖"献祭的人或是来自氏族大宗分出并成为该氏族的一个小宗，或是已经将自身重建为一个新的、低一级的氏族支系；"亚祖"就是这些氏族内次一级的始祖。

上面讨论的铭文明确体现了将祭祀对象限制为氏族始祖和近代祖先的现象，在这方面它们也是现存最早的资料。礼仪活动出现的这种区别对待，反映了树状氏族组织的两个基本特征：一个氏族分化出一个大宗和几个小宗，它们之间的地位并不平等；这些等级不同的氏族分支或支系共同构成了社会秩序的基石。

这样一个系统见于儒家经典"三礼"之一的《礼记》"大传"和"丧服小记"篇中。这部文献成书于公元前1世纪，但包含了更早的内容。③ "大传"和"丧服小记"记载，支系每隔五代就会从氏族（"族"）的干系（"宗"）中分出来（图11）。这种支系氏族的族长要比同时间的干系氏族族长低一个等级。地位高的支系氏族也会成为干系，从中依次分化出新的支系，而新支系的族长又会比其所宗的支系的族长再低一级。这一过程重复了几代之后，离大宗越远的支系，其地位不断降低。只有干系氏族的嫡长子才能一直保有氏族始祖的等级地位。他们负责祭祀氏族的始祖，代表所有支系永远维持祭祀活动。对于其他"焦点祖先"——即氏族分支或支系氏

---

① 或称"逨盘"，参见本书第66页注①。
② 吴镇烽（1987：54["公仲"条]；207["祖辛"条]）认为"亚祖"是"祖父"之意，没有否认史墙盘和出于杨家村的逑盘的铭文中的"亚祖"所指之人恰为献器者的祖父。然而，第二套癲甶钟和南宫乎甶钟的情况就没有这么清楚。这两件器物的铭文内容暗示，"亚祖"同"高祖"和"先祖"一样，均指祖先序列中一代固定的祖先，但其相对于献器者本人的关系随着代际的变化而变化（进一步的讨论见罗泰1997）。
③ 《礼记·丧服小记》（《十三经注疏》32.267,1495）；《礼记·大传》（《十三经注疏》34.280,1508）。关于《礼记》，见Riegel 1993；Nylan 2001：168-201等处。

图 11 一个树状氏族的结构图

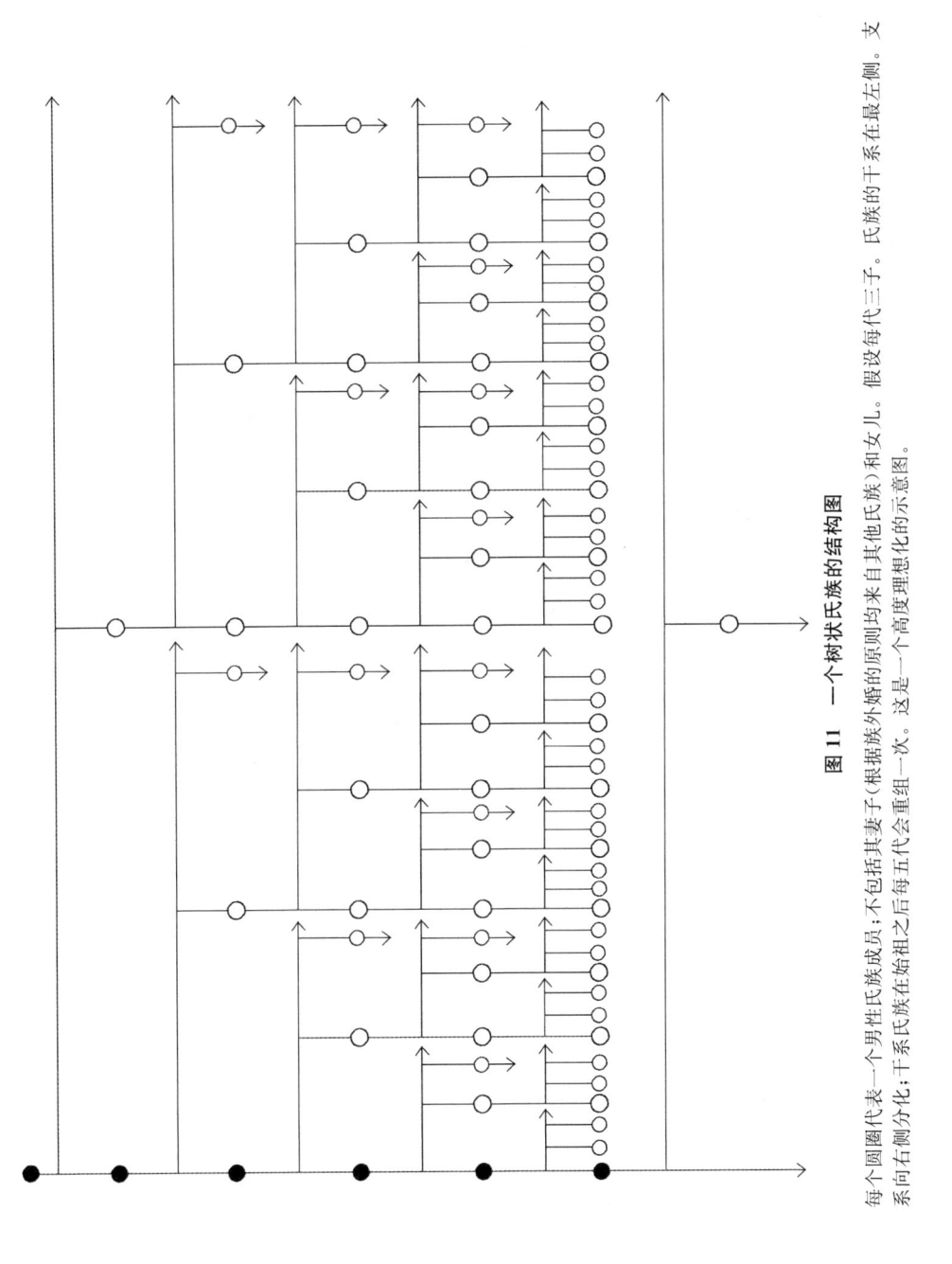

每个圆圈代表一个男性氏族成员；不包括其妻子（根据族外婚的原则均来自其他氏族）和女儿。假设每代生三子。氏族的干系在最左侧。支系向右侧分化；干系氏族在始祖代之后每五代会重组一次。这是一个高度理想化的示意图。

族的始祖——的祭祀活动同样也会这样继续进行下去,而所有其他祖先在五代之后就会被移出常规的祭祀活动。尽管这种表述无疑有些理想化了,在现实的礼仪活动中可能有相当的灵活性,不过,庄白一号窖藏铭文所用的称谓表明,至少在牆的年代,周代贵族的氏族组织还是遵循了这些一般原则。

氏族的分化与将"焦点祖先"之外的祖先排斥出祭祀日程之间的关联,在一号窖藏铭文上得到了验证。在这里,献器者都是"亚祖"折以降的氏族族长(见表5);虽然铭文也提到了一些更早的祖先,但他们的器物似乎没有在这里保存下来。① 由此看来,微氏族在折这代发生了一次重组。如果此时的情况恰如后来成书的《礼记》所说,新的支系每隔五代产生一次,那么折就一定是微氏高祖的第五代。这就支持我们根据每代年数得出的推断,即史牆盘铭文所列的微氏族族长并不完整:铭文似乎省略了高祖到折父"乙祖"之间的两代(或三代,取决于是否把高祖计入五代)。② 由此进而说明,从西周开国到牆所处时期的年代跨度肯定大于李学勤说所定的跨度。这个论据也可以支持将史牆盘的年代延后至西周中期晚段,并将西周晚期礼制改革的时间定为公元前850年左右。

这种氏族分化系统的优势是不言而喻的:这样受祭祖先的数目就限制在合理范围以内,从而防止祭祀任务消耗过多的资源,变成一项让人难以承受的负担。(这种"礼制的膨胀"可能困扰了商

---

① 刘士莪和尹盛平(1992:58—79)曾经想充实微氏族世系,并将青铜容器中的"庚姬"(即"商")器(相关内容见本书第75页注②)的献器者确定为折的父亲,亦即史牆盘铭中所指的"乙祖"(如本书第75页注②所述,这可能有误);刘、尹二位还想为1号窖藏中其他有铭但是没有明确指认自己是否微氏家族成员的献器者,找到他们在微氏族中的位置。这多少有些冒险,因为我们有充分的理由设想,微氏族现有的铜器中可能有一些来自其他氏族的器物,如通过婚姻或其他手段来到微氏族。即便如此,依然有这种可能,比如"乙祖"也许是父乙觚和/或陵方罍的受祭者。在此情况下,这种器物的献器者(们)必须是与折同辈的微氏族成员。但是需要注意,这些看法与这些铜器的各自的风格不太相符。

② 因此,即便有争议的"微史烈祖"指的是特定的一个人(它更可能是一个统称),在世系中还是至少漏掉了一代。

王朝并诱发了它的灭亡。)此外,在生者的世界里,一个有规律的氏族分化体系可自动造就一种根据亲属辈分和与"焦点祖先"之间血缘距离的等级制度,从而建立清晰的地位特权之间的差别。它还在氏族内部产生出大小适度的次级单位,避免氏族随时间的推移而变得过于庞大;而五代之内的亲属仍然可以有效互动。① 社会组织的小型单位可以保障军事组织的效率,而在西周早期的几个世纪内,军队(最小的单位就是"族",即相对氏族的支系)就是根据亲属关系组织的。

周人的祭祀活动最初与商代的几乎如出一辙,但是我们并不知道这种氏族分化的系统是从周朝建立之初即已实行,抑或是为了应对时间推移带来的人口增长压力而采取的措施。不管怎样,氏族分化在周朝强盛和扩张期间可能并非迫切需要,有资格要求社会特权的群体也未到人满为患的地步。对于享有社会特权的人群的限制估计开始于西周建国后 100—150 年的时候。氏族分化的迹象在这之前实际上是不存在的,但之后却大量存在。② 如果我们对于史墙盘的断代是正确的,那么在微氏族的历史上,这个时间就是折担任微氏族族长的时间,也是折建立新的支系氏族的时间。也就在这个时间,周王室的麻烦开始酝酿了。

正是在这个时期之后,我们发现铜器铭文中生者的称谓发生

---

① 近期的研究表明,人类社交在身心上能够达到熟悉程度的人数上限是 500 左右,而更高一级的社会组织——即信息可以通过一小部分关键个人非正式传播的"区域群体"——的上限约为 2 000—3 000 人(Kosse 1990;感谢我的同事 Charles Stanish 给我推荐这篇文章)。在一个世纪(即四代,假定每代平均长度为 25 年)中,人口由一对夫妇增至 2 000 个人需要 2.995 的人口增长率(公式见 Hassan 1981:139),这与上马墓地资料(见第三章表 13)显示的情况大体相符。如果类似的人口增长率普遍发生在西周的贵族身上,也就意味着氏族延续到第五代时就不得不强制分化了,这样才得以继续作为一个具有内部凝聚力的社会单元存在下去。考虑到西周贵族氏族成员的熟人圈不会完全局限于自己的亲戚,那么上述看法就更加可信了。

② 周原出土的西周铜器铭文记录了十四个氏族,其中大多也记录了支系,详细分析见朱凤瀚(1990:361—380)。关于西周时期的家族分化,亦见松井嘉德 2002:208—42。李西兴(1984)研究建筑方面的资料,得出氏族分化开始于西周中期前后;这是一条很有潜力的思路,但是需更多证据支持。

了重大的、普遍的,而且显然是骤然的变化。① 同样非常幸运,结合铭文研究和考古学断代方法,我们发现了这次变化,并可以准确断定出它发生的大致时间。在商代和西周早期的铭文中,献器者通常仅提供其个人或氏族的名称(后者一般是族徽,而不是一般的文字)。西周中期的铜器铭文显然已经不再用先前的方式,献器者的称谓经常会包含一个能够反映献器者在其兄弟姐妹间排行的字:伯(女性为孟)、仲、叔、季。② 例如,在庄白一号窖藏的一些铜器上,瘋被称为"微伯瘋",即"属于微氏的长子瘋"。它们除了本意之外,还可引申用来反映一个支系的排行:微伯瘋有可能意为"属于微氏大宗的瘋"(可惜,我们几乎无法确定它究竟是指其中的哪一个含义)。③ 上述称谓的使用可能与日趋普遍的氏族分化有关;因为在这种氏族内低行辈成员地位降低的情况下,一个人在其同辈中的确切位置变得日趋重要。

西周晚期礼制改革发生在约公元前 850 年,也就是周代贵族社会普遍出现氏族分化之后的一个世纪左右。这场改革似乎本质上是为了应对人口增长导致的社会后果。此时制定的用器制度,目的可能就是将干系氏族和不同行辈的支系氏族之间存在的等级差别清晰地表现出来。在后面的几章中我们还有很多机会继续探索这些等级问题。

微氏族的社会地位

在任何树状氏族社会里,血统都是衡量社会地位的决定性标

---

① 林巳奈夫(1983)在利用青铜铭文的字和词汇进行断代时发现了这一变化。我最早发掘了这个变化对于理解当时氏族结构的作用(见 Falkenhausen 1994a),但是需要一个更为全面的研究。盛冬铃(1983)对西周人名的类型学和语义学做了精彩的研究。

② 《礼记·檀弓上》(《十三经注疏》7.58,1286)中的"伯"和"仲"用于指称五十岁以上的男性。这不应与其标识西周氏族长嫡庶尊卑的用法相混淆。

③ 没有几个学者讨论过这个问题。见白川静 1962—1984,随处可见;Vandermeersch 1977/1980,vol.1:154-177;盛冬铃 1983。

准。西周晚期礼制改革之后的周文化圈更是如此。一个后代如果其远祖地位显赫,而且他在该远祖的后代中行辈很高,那么他就有资格获得特权和权势。而祭祖活动则提供了一个平台,让氏族不断重组,并面向人世和神灵展现自我。它使得活着的氏族成员得以重新确认相互之间的关系,重新确认他们在其氏族历史中的位置,从而创造和形成集体记忆。换言之,它造就了集体的凝聚力。世代收藏于宗庙之中的仪礼重器为氏族身份提供了物化的表现。庄白一号窖藏就为我们提供了管窥微氏族身份构建的一些线索。

庄白一号窖藏铜器的出土地点位于周原,说明微氏族是追随周王的众多贵族氏族之一。铭文显示其成员在当时为争夺地位和特权的残酷而复杂的竞争中维护本氏族的地位。作为世袭官员,他们在宫廷负责起草文书,传达王命。也许是该职责重要性的一个反映,微氏族在西周晚期的礼制改革后,享有很高的用器等级。在史墙盘和第三套㿝甬钟的铭文中,微氏族的族长们毫不迟疑地罗列自己及其祖先的功绩,与周代诸王的功绩并肩齐驱。这既可以解读为向周王室表达忠诚,同时也意味着献器者认为他们微氏族的重要性以及他们自己的道德品行或许堪与周王相比。[①] 无论如何,这些铭文都强调了微氏族和周王室两个亲属集团之间的亲密关系——声明这种关系是微氏族及其每一个成员地位的立足之本。要在当时整个社会环境中让人们接受这种声明必须以书写的形式"成之于文",这些文书需要定期进行确认,其方法之一是将这些成文的要点铸于青铜之上,以便在仪式中与祖先之界沟通。

庄白一号窖藏铜器记载的支系氏族,究竟在整个微氏亲属网络中占有什么位置?我们还不能十分清楚。他们仅仅是所在小宗的族长,还是整个微氏族的最高行辈支系,或者说干系(大宗)?他

---

① 杨家村所出逑盘上的铭文(见本书第66页[本章]注①),是目前所知仅有的另外一件将献器者氏族功勋与周王伟绩并列的铭文,也蕴含有相同的意味。

们是否为众多小宗的礼仪活动的——或许也是政权上的——首领？如果是这样，那么他们如何掌控？我们不知道答案。我们也无法知晓他们的物质生活基础。与西周时期绝大多数贵族——即使不是全部———样，微氏族无疑拥有一块自己的土地。史墙盘与第三套㒰甬钟的铭文都有一段意义不太清楚的文字，里面似乎提到微氏初到西周宫廷时曾被分封土地，但这可能仅仅指的是氏族在王都的宅邸，位置估计就在庄白附近。①

李学勤曾经将铭文中提到的始祖定为微子启。此人为商王室的低级成员，在周人克商之前不久投靠周，其后人被封为诸侯宋国，并得以永祀商王列祖。② 唐兰和黄盛璋提出了不同看法，说见诸庄白铜器铭文的微氏正是《尚书》所载随同武王克商的八个小同盟政治体之一的首领。③ 不论哪种看法，一号窖藏中的铭文提到的人物是否对应某个分封诸侯的国君？或者，是不是定居在庄白的微氏成员构成了氏族的一个独立的支系，在宫廷中为其地方政权利益代言？如果是后者，则可想见，作为高级别的朝廷官员，这支微氏相对其地方上的亲属而言享有礼仪领导权；这些地方上的亲族可能的确参与了在周原的宗庙中举行的祭祀其氏族始祖的活动。据文献记载，即使在东周时期，在王畿附近的古老家族仍然象

---

① 有关西周土地制度的研究文献数量庞大，鉴于这个问题对于马克思主义史学的重要性，这个现象就不难理解了。近期最好的研究成果是李零 1992a、1993b；Lau 1999；亦可参 Skosey 1996；Shaughnessy 1999：319-20，326-27。由此及彼，人们不可避免地会谈到西周"封建制度（Feudalism）"的问题（见 Maspero 1927；Granet 1929；Creel 1970：317-87 等处；Vandermeersch 1998），不过近年的研究认为将 Feudalism 一套术语用于周代的现实情况是有问题的（最新评论见 Li Feng 2003）。有关这套术语的潜在问题在下文的第六章（尤其是本书第 271 页[第六章]注①）将会做简要的讨论。

② 李学勤 1978；1979：30；刘士莪和尹盛平 1992：58—79。我先前曾接受此看法（Falkenhausen 1998：983-93），但现在已不太认同。最近，在鹿邑太清宫遗址发现一座重要的西周早期墓葬，距离河南东部的宋国都城不远（河南省文物考古研究所、周口市文化局 2000）。根据该墓出土的青铜铭文，有些学者已令人信服地将墓主定为微子启（见松丸道雄 2002a；其论述基于王恩田 2002）。

③ 唐兰 1978：20；黄盛璋 1978：201。人们经常征引的章句见《尚书·牧誓》（《十三经注疏》11.182,183）。

征性地拥有比其地方上同宗的诸侯王更高的宗法等级。① 不过,随着时间的流逝,这种传统的等级制度已经越来越脱离当时的权力政治的现实。

既然宗庙中进行的祭祀关注的只是男性后代,而庄白一号窖藏也就反映了这个现象。这就难怪它所提供的微氏族世系和组织的信息仅仅涉及男性成员,而微氏族中的女性信息则微乎其微。有某些迹象显示,至少有一个微氏族的族长曾娶姬姓(周王室是此姓族中等级最高的氏族)某个氏族的一位女性为妻,②但我们既不知道她所属氏族的名称,也不知道我们所推测的她的微氏丈夫的身份。在第二和第三章中,我们探讨了墓葬出土的材料,使我们对西周晚期礼制改革之后约两个世纪内"用器制度"的实施方式有了更加深入的认识;它也会使我们对这一时期的女性地位有更加详尽的思考。

---

① 在周王室供职的大臣相对于地方政权的统治家族成员享有较高的礼仪等级的现象,体现在公元前6世纪中期的齐洹子孟姜壶(《殷周金文集成》15.9729;白川静 1962—1984,卷38:399—99)的铭文。根据就《谷梁传·僖公八年》(《十三经注疏》8.31,2395),在公元前7世纪中期,王室仍然凌驾于地方诸侯国之上。

② 这条信息来自一号窖藏的两件铜器:一件尊和一件卣,纹饰风格属西周早期晚段(陕西省考古研究所、陕西省文物管理委员会、陕西省博物馆 1980a;第3—4号;《殷周金文集成》10.5404 和 11.5997)。由于人们曾经误读其铭文,他们常常将两件器物称为"商尊"和"商卣",但是"商"一词并非献器者之名。黄盛璋(1978)据受祭者死后的谥号将其称作"日丁"器。它们更似合理的器名是随其献器者称为"庚姬"器(黄铭崇 2001)。两器铭文相同,自称是周王后(称作"帝后",这颇不寻常)赠予庚姬的礼物,而"庚姬"之名显示她出生于一个姬姓氏族(也许就是周王室的一位公主),并且是定铸此器之人。两件器物的受祭者是献器者死去的丈夫,其祭日为丁日。这两件器物最终出现在微氏族宗庙的事实强有力地说明庚姬嫁入了微氏。若如此,那么她的丈夫可能就是某个介于氏族始祖"高祖"和旁系支系始祖"折"之间,未载于现存铭文的微氏先祖。

第二章 诸侯氏族内的等级和性别差别（约前1000—前650年）

祖先祭祀是中国青铜时代社会和政治生活的中心，因此本书以来自祖庙的青铜礼器窖藏（如第一章讨论的庄白窖藏）作为出发点，来考察"孔子时代"的氏族组织。但是中国，也跟很多其他古代文明一样，墓葬遗存是进行社会重构的最丰富的考古资料，而且因为它的普遍性，因此也是最直接有用的考古资料。这在青铜时代尤为突出，因为其他种类的考古资料，比如青铜时代的聚落，几乎没有发现。因此以下几章的分析，主要材料是墓葬及其随葬品。然而作为证据，出自墓葬的材料，和上一章讨论的窖藏材料一样，有其内在的局限性。首先，墓葬中的许多器物，包括那些考古学者往往认为最有意思的器物，其最初的使用环境并非墓葬。相反，这些器物是为生者而制作的；它们只是后来，通过有意安排的仪式活动而转化为随葬品。我认为，应将墓葬视为过去仪式活动的遗迹，这样才能正确理解墓葬的随葬品。

墓葬资料及其局限性

考古学家通常认为墓葬及其随葬品直接反映了墓主的社会地位。大多数已知的古文明，包括中国在内，都为死者提供随葬品。人们自然认为墓葬的相对规模和其中随葬品的相对数量反映了死者的社会地位,这种想法在考古学中由来已久。[①] 但是不管这种想法看上去多么合理,我们都不能简单地接受它。即使对于古代中国亦应如此,尽管在中国墓葬财富与社会地位之间的对应关系远比古代世界的很多其他地方更为直接,而且墓葬财富与社会地位之间的关联也得到了文献材料的证实。

首先,这类对应关系目前尚无具有说服力的跨文化规律可言,虽然有人不承认这点(比如著名的"Saxe-Binford 假说")。[②] 世界各地丧葬习俗的多样性令人咋舌,即便在同一文化传统下,丧葬习俗也远非一致,对此下文将有很多的机会进行阐述。[③] 这种多样性只不过是更为宏观的历史和地域差别的产物;毕竟,丧葬习俗与其他由文化因素决定的行为紧密联系在一起,并随之一起演变。因此,墓葬资料必须放到所在的文化环境里考虑。此外,甚至更为重要的是,我们必须认识到,墓葬资料仅仅是一个社会的丧葬习俗的副产物。[④] 因为任何墓葬首先是一个举行仪式的场所;其考古遗存则是特定程序的仪式活动遗留下来的结果。[⑤] 墓葬不完全是死者社会地位的直接反映,即使有所反映,也是通过宗教行为的"过滤"后才实现的。因此在进行社会解释前,考古学家必须竭尽全力来理解这种宗教行为,以探究它们如何影响在墓葬里体现的社会现实。

另外很重要的一点是,墓葬体现墓主自身的地方并不多,而更多体现的是其在世的后嗣以及他们如何维护自身的社会地位。当

[①] 有关墓葬考古学的代表性著作见 Brown(ed.)1971;Chapman et al(eds.)1981;Roberts et al.(eds.)1989;Beck(ed.)1995;Morris 1987:29-43;1992。关于与死亡和来世相关的信仰与行为的跨文化民族学调查,见 Bloch and Parry (eds.) 1982。

[②] 根据 Saxe(1970)对于社会埋葬待遇与社会地位之间对应关系的跨文化调查,Binford(1971:18)得出:"在(a)一个社会-文化系统中地位结构的复杂性与(b)因人地位不同而受到不同待遇的埋葬仪式复杂性之间,应该存在高度的形式相似性。"

[③] 关于此看法 Morris(1991)有非常令人信服的论证。

[④] 可以说明此问题的一个重要的个案研究见 Morris 1987。本章和下一章的分析很大程度上受益于这部著作。

[⑤] 傅罗文(Flad 2001)以中国东北的青铜时代墓地为背景,详细揭示了它的呈现过程。

然，有些人在世时就准备好了自己的墓葬或者留下了明确的指示，以此来影响自己身后的安排。但这种遗愿能否被遵循，则不是死者所能控制的，而是由社会因素决定的，如宗教观念和虔诚心都可能塑造后嗣的想法。例如，我们知道，在中国早期帝国时代，在儒家学说的影响下，即便是一个漠不关心的后嗣也要明智地严格遵循死者的意愿，从而为自己造就孝子或孝女的理想的社会声誉；[1] 可以想象，这种观念在"孔子时代"就已流行。尽管如此，墓葬最多只是死者对其自身的一个不完整的陈述，它主要是社会其他成员为自身目的而将死者当作工具使用的记录。

所幸的是，我们对于早期中国的埋葬习俗——将社会地位转化为器物组合的媒介——还是有所了解的。儒家的三礼——（《周礼》、《仪礼》和《礼记》）的现存版本虽然成书于公元前4到前1世纪，但是吸收了较早的史料——不仅描述了葬礼的大体程序，而且列举了参加者的种类。[2] 由于这些传世文献只是简略提到了随葬品以及规定其分配的用器制度，[3] 所以它们的价值不在于包含的具体信息，而在于它们体现的整个文化对于社会等级差别的物化表达的关注。至于具体实施的情况，尤其是西周晚期礼制改革后几个世纪的情况，考古发现提供的信息远比任何现存文献更为丰富和可靠。[4] 事实上，我

---

[1] Powers 1991：97-103 等处。

[2] 有关埋葬礼仪规则的详细记载见《仪礼》的"士丧礼"、"既夕礼"和"士虞礼"诸篇（《十三经注疏》35.184—43.234，1128—78）。这些礼仪程序成为隐性的参照物，《周礼》随处提到的王室成员主持葬仪的角色，以及《礼记》（尤其"丧大记"篇，见《十三经注疏》44.343—46.359，1571—87）所讨论的葬仪细节都指向这些文献。就这些文献做的一个开创性的考古学研究，见陈公柔 1956。

[3] 事实上，有关这些内容的讨论常常只见于后来的注疏（参见本书第 52 页［第一章］注④），但其中一些可能保留了对较早时期真实活动的相当准确的理解（讨论见 Falkenhausen 2008）。

[4] 验证古典文献记载的用器制度，已经成为半个多世纪以来中国考古学家主要关心的任务。它最早见于郭宝钧（1959：41—47，51—52，72—73）的山彪镇和琉璃河等东周墓葬的出土器物研究（亦见郭宝钧 1981），最重要的研究成果见俞伟超和高明 1978—1979；关于不同看法和进一步思考，见宋建 1983；李学勤 1985：461—64；王飞 1986；林沄 1990；李零 1991a；刘彬徽 1991；Falkenhausen 2008。

们今天有关"孔子时代"用器制度的知识,即使没有任何文献,完全依赖考古资料也会了解到。不过,文献与考古资料在这方面能够互相证实,自然让人欣慰。

唯一来自文献的,并且对以下两章分析起到重要作用(对后面几章的重要程度稍小些)的假设是,近年发掘的青铜时代晚期墓地为氏族墓地:墓主是类似上一章讨论的微氏族那样的父系血缘集团的成员。《周礼》对此说得相当清楚,提到了有专人职掌墓地的规划和看管。① 今天,DNA分析提供了一种手段,可能证实或否定同一墓地成员之间的血缘关系,但是中国青铜时代晚期的人骨资料至今尚未做过这样的研究。因此,眼下我们必须接受《周礼》的字面意思,不过这样做我们并非没有把握。在以氏族为基本组织单位的社会中,文献记载的信息在这一点上与根据常识设想(并且得到了跨文化观察的证实)的情况相一致。

在第一章里,我们已经看到父系子嗣与树状氏族组织是如何在宗庙的器物组合上体现的,现在我们要研究他们如何在墓葬背景下体现。本章的目标为:(1)观察西周晚期礼制改革所建立的用器制度的实施情况;(2)分析用器制度体现的性别差异。要做这样的分析,我们需要有完整的随葬品组合。而后面几章的其他论题仍然可以使用较不完整的被盗墓葬的材料。在中国,与其他有厚葬传统的文明一样,大多数墓葬都已经遭到盗扰。不过,本章着重讨论中国北方的三个墓地,其中有些重要的大型墓葬在发现时仍然完好无损。需要注意的是,这些墓地中没有一处是完整发掘的,也没有有意识地按统计学原则分墓葬等级取样发掘。所以本章出现的所有数字和比例,至多只能显示大致的趋势。这些数据可靠到什么程度,到第三章就可以明白,届时我们会有难得的机

---

① 《周礼·春官》"冢人"(《周礼正义》41:1694—1705);"墓大夫"(《周礼正义》41:1705—07)。

会将这些仅凭印象得来、不具代表性的资料与一组统计学上有效的数字对比起来。

本章所分析的材料,其年代均为"孔子时代"的前半段。约公元前 600 年之后的丧葬发展将会在第三部分讨论。

三个墓地:年代问题

本章重点讨论三个个案:陕西宝鸡南郊的弜国氏族墓地、山西曲沃县天马—曲村的晋国氏族墓地,以及河南三门峡上村岭虢国氏族墓地(见地图1)。这三个氏族都在相当长的一段时间内世代掌控各自周边的领地。宝鸡弜国墓地的年代从西周早期中段至西周中期晚段,在此用于说明西周晚期礼制改革之前的情形。① 天马—曲村晋国墓地的年代从西周早期延续至东周第一个世纪;和庄白一号窖藏一样,它跨越了西周晚期的礼制改革。上村岭墓地则完全晚于这场改革,其年代为西周晚期到春秋早期阶段。每处墓地既有富有的氏族首领墓葬,也有地位相当低下的氏族成员的较为简单的墓葬。

宝鸡墓地。弜国氏族墓地坐落于清姜河谷内,清姜河沿陡峭的秦岭山脉而下,向北在今宝鸡市对面汇入渭河。这些墓葬分散在三个不同的地点,即纸坊头、竹园沟和茹家庄。② 弜国的领地可能就在这两条河流交汇处的肥沃的冲积平原。与墓地同一时期的

---

① 礼制改革之前的另一处重要西周墓地是位于周土的东北边疆,北京房山琉璃河的燕国统治氏族墓地(北京市文物研究所 1995;中国社会科学院考古研究所和北京市文物研究所/琉璃河考古队 1990;北京市文物研究所和北京大学考古学系 1996;亦见北京大学考古学系和北京市文物研究所 1996;琉璃河考古队 1997)。虽然燕和弜两个氏族属于不同的姓族(燕属于王室姬族,而弜属于与姬姓族各氏族通婚的另一个姓族),而且其总体地位很可能不同,但是由宝鸡墓地资料得到的葬俗和器物组合的基本结论,稍微经过调整之后,也可适用于琉璃河墓地的资料。

② 有关这些墓地的权威报告,见卢连成和胡智生 1988。

聚落遗存已经发现两处,它们都位于山脚下清姜河的东岸,但是只做了小规模的考古发掘。两处聚落中是否有弓鱼国氏族首领居住的城邑(是否有城墙?)还不能确定。茹家庄位于聚落东北侧的冲积平原上;竹园沟位于南部较远处,即清姜河进入冲积平原之前所经峡谷的陡坡上;纸坊头位于清姜河西岸的平原上。弓鱼国未见于任何文献资料,仅出现在上述墓地的一些墓葬出土的青铜铭文里,似乎是宝鸡地区的几个小国之一。它位于周原的都邑以西仅80公里,有可能是周王室反商斗争中一个早期盟国。① 其统治氏族所属的姓族尚不清楚,但墓葬出土的青铜铭文反映了它与邻国之间有一个广泛的(可能为世袭的)联姻网络,其中包括一些属于姬姓的、是与周王室有关的氏族统治的政治体。由于同姓不婚的制度,弓鱼国的统治者不会是周王的血亲。

弓鱼国墓地发掘于1974—1981年。后来卢连成和胡智生编写了一部两册的精彩的考古报告,内容涵盖了纸坊头(原先可能为一个较大的墓地,现已基本被破坏了)的一座墓葬;竹园沟的一组二十二座墓,其中三座属于氏族首领;茹家庄的四座墓,其中两座墓属于一个氏族首领及其正妻,一座可能属于一个男性氏族首领。显然,这些墓葬仅仅是弓鱼国氏族墓葬遗存的一部分;这个区域内其他尚未发表的墓葬数量还不清楚。纸坊头以及竹园沟除三座墓以外的所有墓葬出土的青铜器,年代都为西周早期;茹家庄的墓葬以及竹园沟的其他墓葬(只有其中一座墓葬出土青铜器),年代为西周中期(见表8)。此后弓鱼国就从历史和考古资料中消失了。

---

① 考虑到宝鸡墓地的地理位置临近周原,其许多物质文化要素的特殊性非常引人瞩目。更何况,有迹象显示这些墓地与南方的汉江流域、四川南部以及西方的地区存在文化联系(见卢连成和胡智生 1983,1988:431—462;孙华 2000:80—86 等;Falkenhausen 2003c)。还有一个奇怪的事实,以前没怎么讨论过,就是迄今为止,除了宝鸡的墓地以外,在其他地方均未发现与弓鱼有关的青铜铭文。而在通常情况下,我们会看到至少部分这样的铭文出现在周边的政治体,见证氏族间的联盟关系。

表 8 陕西宝鸡强国氏族墓地青铜器组合

墓区	纸坊头	竹园沟												茹家庄	
墓号	1	13	7	1	4	8	20	19	14	11	3	18	9	1	2
墓室面积	?	14.3	11.6	?	12.3	5.6	9.8	5.7	4.6	2.8	7.4	6.2	9.1	44.1	12.8
深度	?	3.8	3.2	2.5	2.0	2.2	3.0	3.0	2.0	1.6	3.0	2.9	4.5	12.2	11.3
墓道数	0	0	0	0	0	0	0	0	0	0	0	0	0	1	1
发掘时状态	破坏	未盗	未盗	破坏	未盗	未盗	未盗	未盗	未盗	未盗	未盗	未盗	未盗	未盗	未盗
时代（西周）	前期	前期	前期	前期	前期	前期	前期	前期	前期	前期	前期	前期	中期	中期	中期
椁/棺	?	1+2	1+2	1+1?	1+2	1+1	1+1	1+1	0+1	0+2	1+1	1+1	1+1	1+2	1+2
墓主的性别	?	男	男	?	男	?	?	?	?	?	?	?	?	男	女
【食器及附属品】		随葬品	随葬品		随葬品									随葬品 人牲	人牲
鼎	2	3	2	5	3	1	2	1	1	1	1	1	1[1]	4	5
方鼎	2	2			1									3	1
偏足鼎		1	1											1	
分档鼎		1			1										
甗	2													2	3
瓿	1	1			1									1	1

续 表

墓区	纸坊头	竹园沟												茹家庄		
簋	5	3	2	1	3	2	1	1	2	1	1	1	1	[2]	5	4	5
簠		1													4		
匕																	2
【酒器】																	
爵	1	1	2		1										2		
觚	1	1	1		1	1									1		
觯		2	1	1		2									1		
卣		1	2		1	1	2								2		
尊		1	2			1	1								2		
圆壶						1									1		
勺		1	1	1													
【水器】																	
罍	1														1		1
盘		1	1	1		1									2		
盉		1															
盨															1		

续 表

墓区	纸坊头					竹园沟											茹家庄		
【杂器】																			
兽形尊						3											1		
鸟像						2											1		
人像						1											2		
盒										1							1		
熏炉																		1	
枕																			
【乐器】																			
甬钟				1*3													1*3		
铙	1																		
铎																	1		
计	14	23	3	14	18	4	10	16	7	7	5	2	2	1	2	2	41	10	23
[随葬品及人性合计]				26				23								1[3]	51		

此表不含仪出一件瓿的竹园沟 M17。

括弧内的数字表示铅制明器数（不计入总数）。

第二章　诸侯氏族内的等级和性别差别(约前1000—前650年)　85

　　天马—曲村。就自然条件而言,天马—曲村的周边环境与周原类似,它位于一座高山南侧的黄土平原,地面开阔,河水丰沛。今天的曲村以北有一座聚落(地图3),但只有局部得到了发掘。① 尽管目前尚未发现大型建筑或围墙,邹衡确信这就是晋国早期的都城。② 其他学者则不同意。③ 无论如何,此聚落向西、北分布的大片的西周墓地属于晋国国君的氏族墓地,似乎没有什么疑问。在周王朝疆域内,晋国是历史记载最为翔实的、最为强大的政治实体之一。它在西周初年即已立国,管辖周土的北疆,其统治者属于姬姓族的周王室的一个小宗。

　　天马—曲村贵族墓地包括三个相邻的墓区,总面积约1.36公顷。20世纪80年代北京大学的考古工作者对其进行了全面的发掘(地图3)。④ 其中包括626座分布密集的墓葬,绝大多数属西周时期(36%为早期,22%为中期,14%为西周晚期,4%为春秋时代,24%年代不明)。⑤ 这些墓主的身份可以颇为可靠地推断为晋国统治氏族中的一般贵族和平民。一部恢宏的四卷本发掘报告已经出版,但是据说已经发掘的区域只是整个天马—曲村墓地面积的1/35。⑥ 其余的墓葬可能已经被当地村民彻底盗掘了。

---

　　① 北京大学考古系商周组和山西省考古研究所(邹衡[主编])2000,卷1:33—281。
　　② 邹衡1994;李伯谦(1998c)断定这里就是晋国始封地(针对李伯谦在《中国文物报》[1993.12.12]上发表的更早版本,田建文[1994]作了反驳)。
　　③ 出于对邹衡教授的尊重,这种反对意见大多以非正式的形式表达。只有一位学者公开质疑曲村北赵墓地为地方诸侯的墓地(推而广之,其相邻的聚落为一个诸侯国的都城)。这位学者是Mikhail V. Kryukov(刘克甫2000;2002),他发现与其他同时期主要氏族(包括上村岭的虢国氏族)首领的墓葬相比,曲村北赵墓葬的器物组合规格不高,且与传世文献中有关诸侯的用器制度不符。下文的讨论将打消这种——原则上十分合理的——疑虑。
　　④ 北京大学考古学系商周组和山西省考古研究所(邹衡[编])2000,卷2:281—937。这一部报告包括位于曲村贵族聚落遗址的15座墓,使已发掘墓葬的总数达到641座。
　　⑤ 很多战国和汉代的墓葬也发现于该遗址的发掘区域(发掘报告见北京大学考古学系商周组和山西省考古研究所[邹衡[主编])2000,卷3:941—1093),不过这些墓葬看起来并非由较早的墓葬直接延续下来,所以没有计入引用的626座总数。
　　⑥ 北京大学考古学系商周组和山西省考古研究所2000(邹衡[主编]),卷2:283。

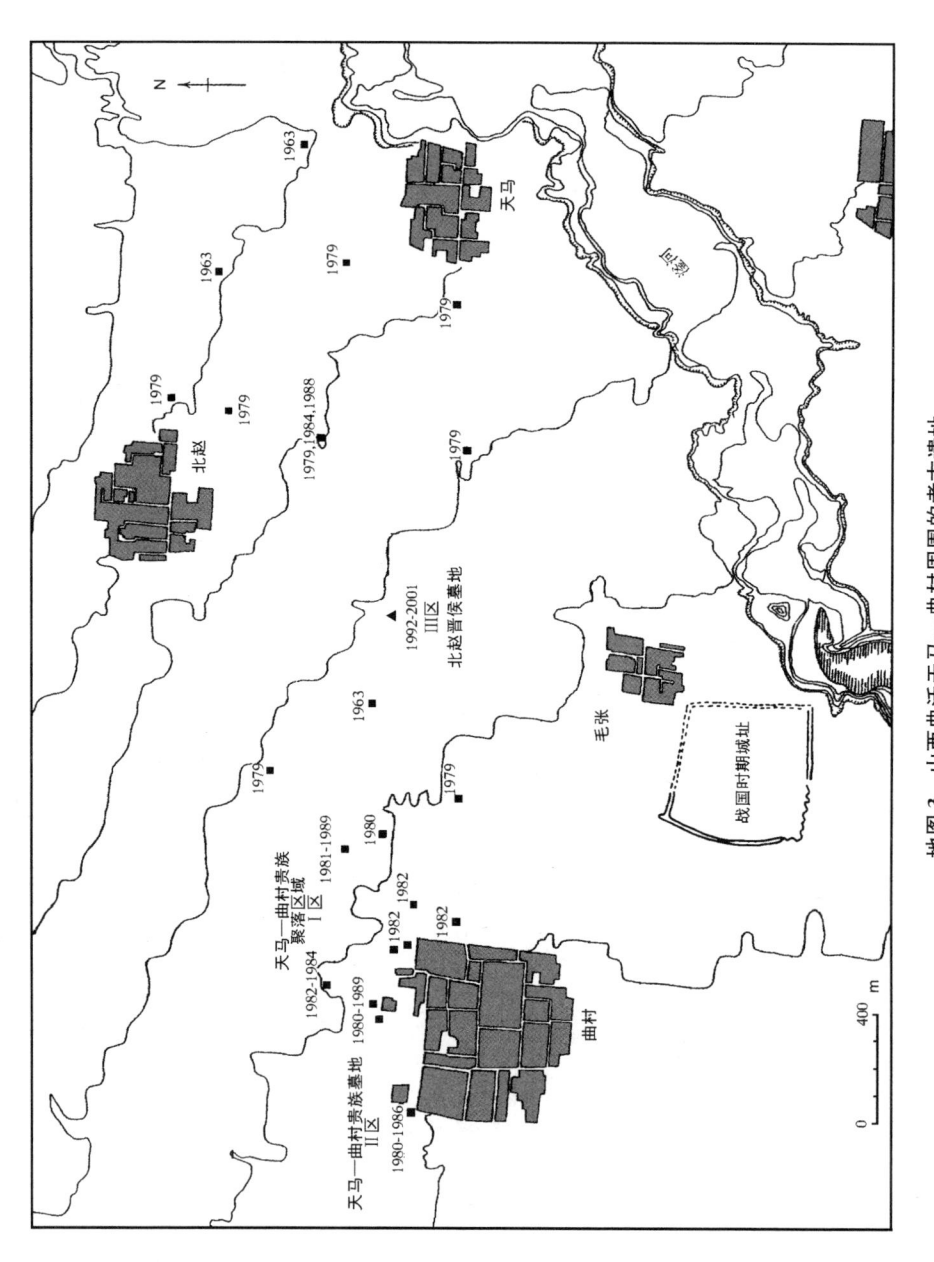

地图 3　山西曲沃天马—曲村周围的考古遗址

各发掘地点分别标以其发掘年代。

这个墓地被盗的过程中,1992年天马—曲村贵族墓地正东的北赵村附近发现了一座包含晋国国君大墓的墓地。北京大学和山西省考古所立即开展了大规模的抢救发掘,但不幸的是,迄今发现的十九座墓中,八座在发掘前已遭盗掘,其中六座被盗严重。随后,一些被盗青铜器在香港文物市场为上海博物馆和台北故宫博物院购得。迄今为止,这些发现仅仅做了简要报道,[①]因此下表中所列青铜器组合只是暂定的,并不完整(表9)。

这一发现的历史价值怎么说都不算夸大。曲村北赵墓地(目前已经发现的)九组墓葬中,每组都包含一位晋国国君及其正妻的一对墓葬(其中一组有两位妻子的两座墓葬),周围还附有家臣或殉人的祔葬墓及车马坑。由于一组墓葬代表了晋国统治氏族大宗的一代(不过,正如许杰所指说,国君墓与其配偶的墓并不一定同时),[②]这九组可以设想为一个序列。专家们花费了很多力气来整理这些墓葬的年代顺序,识别这些墓主与历史上已知晋国国君的对应关系。这些研究主要采用了四个标准:(1)墓地布局,(2)陶鬲的年代序列,(3)青铜器类型学,以及(4)青铜器铭文。目前看来上述标准中没有一个证明是起决定作用的。简而言之,理由如下。

(1)一些早期研究试图从墓葬的布局理清墓葬的序列(地图4)。如李伯谦提出,墓葬从东北角开始自东向西分两排布置,[③]但

[①] 共有六篇简报:北京大学考古系(原文如此)和山西省考古研究所1993;北京大学考古学系和山西省考古研究所1994;1995;山西省考古研究所和北京大学考古学系1994b;1994a(发表次序相反!);北京大学考古文博院和山西省考古研究所2001。青铜器的高质量插图,包括一些国际古董市场上出售的器物,见山西省文物局等2002。介绍后者的文章包括李朝远1993;马承源1993;1996;陈芳妹2000;周亚1996;2004。2002年在上海博物馆召开会议的论文集(上海博物馆2002)汇集了很多相关论文,并发表了更多的插图。一部最后的完整的报告正在筹划出版。

[②] Xu 1996:196.

[③] 李伯谦1997:1014—16。李氏的主要观点(即使在新的证据面前似乎也站得住脚)就是反对曲村北赵的墓葬布局遵循昭穆制度(有关墓葬排列的内容见于《周礼·春官·冢人》[《周礼正义》41.1695])。按照这种制度,前后两辈氏族首领的墓葬应以中央的始祖墓所在直线为中轴线,对称分布于两侧。但实际上到现在为止还没有考古证据表明昭穆制度曾用于前帝国时代的中国的任何一个墓地。

表 9 山西曲沃北赵晋侯墓地（Ⅲ区）青铜器组合（不确定的列表）

墓群	Ⅰ		Ⅱ		Ⅲ	Ⅳ			Ⅴ		Ⅵ		Ⅶ		Ⅷ			Ⅸ	
墓号	13	9	113	114	1	2	6	7	33	32	8	31	91	92	64	62	63	93	102
全长	?	?	21.8	37.4	37.3	21.2	?	?	24.8	?	37.2	29.3	34.4	29.2	35.8	27.6	38.4	34.6	14.7
深度	/	?	12	11	7.5	7.6	?	?	8.4	?	6.7	4.8	8.4	8.4	7.9	6.55	7.37	7.8	7
墓道数	1	1	1	1	1	1	1	1	1	1	1	1	1	1	1	1	2	2	0
发掘时状态	未盗	未盗	未盗	未盗	盗掘	盗掘	盗掘	盗掘	盗掘	?	盗掘	未盗	未盗	未盗	未盗	未盗	未盗	未盗	未盗
年代	A?	A?	A	A	B	B	?	?	B	B	B	B	B	B	B	B	B	B	B
椁/棺	1+1	1+2	1+1	1+1	2+1	1+?	1+1	1+1	1?+1?	?	1+1	1+3	1+2	1+2	1+2	1+2	1+2	1+2	1+2
墓主性别	女	男	女	男	男	女	男?	女?	男?	(女?)	男	女	男	女	男	女	女	男	女
头向	北	北	北	北	北	北	北	北	?	?	北	北	南	南	北	北	北	北	北
【食器】																			
鼎	5+1	7	6	有	2(+)	1(+)			2+	有	5	3	7	2	5	3	3	5+1m	3+1m
方鼎			2	2+							1m								
甗			1						有	有		2	2		有				
簠	1		1+							有	4	2	1	1	1			1	

墓群的编号是从南到北，从东往西进行的（不代表年代前后顺序）。每个墓群里，墓号是从东开始排列。
"A"代表西周晚期之前可能的年代，"B"则指西周晚期剪礼制改革之后。

续表

墓群	I	II	III	IV	V	VI	VII	VIII	IX
簋	4	6			1+		5	4　2	6+ 1m　4+ 1m
盂	有	有			2(+)		1		
盨			4	4					
匜		有	有	1				1	
簠		1	1				3		
【酒器】									
爵		2	有			1	2	1	1 m　1 m
觚		1			有			1 m	1 m　1 m
觯	有	3			有		1		
斝		2	1		1		1	1 m　1 m	1 m　1 m
卣		有						1 m　1 m	1 m　1 m
尊						2	2	2　2	2　1
方彝		1			1(+)	1	1	1　1	1　1
方壶						2	2	2	2
圆壶		1				1 m	1	1	1+ 1m　1
【水器】									
盘	1	1	1						

续表

墓群	I	II	III	IV	V	VI	VII	VIII	IX
盉		1				1 m	1		1 m
匜			1				1	1	1
【杂器】									
兽形尊		1	1						
盒						3	4	1 M	1
圆形瓮		1						3 M	
"小罐"		1							1
三足瓮		1							
双耳罐		1							
无法辨别器类							3		
【乐器】									
甬钟	有		有		1*10+	1*16	1*7	1*8	1*16
钲						1*8+	1*~20	有	
磬								1	
合计	13+	29	10+	?	11+	19+	32	23 (+?)	25
明器数	10 (+?)	13+	10+	5+	2 (+?)	3 m	8	14 15 3 m	18 6 m

第二章 诸侯氏族内的等级和性别差别（约前 1000—前 650 年） 91

地图 4 山西曲沃北赵村晋侯墓区

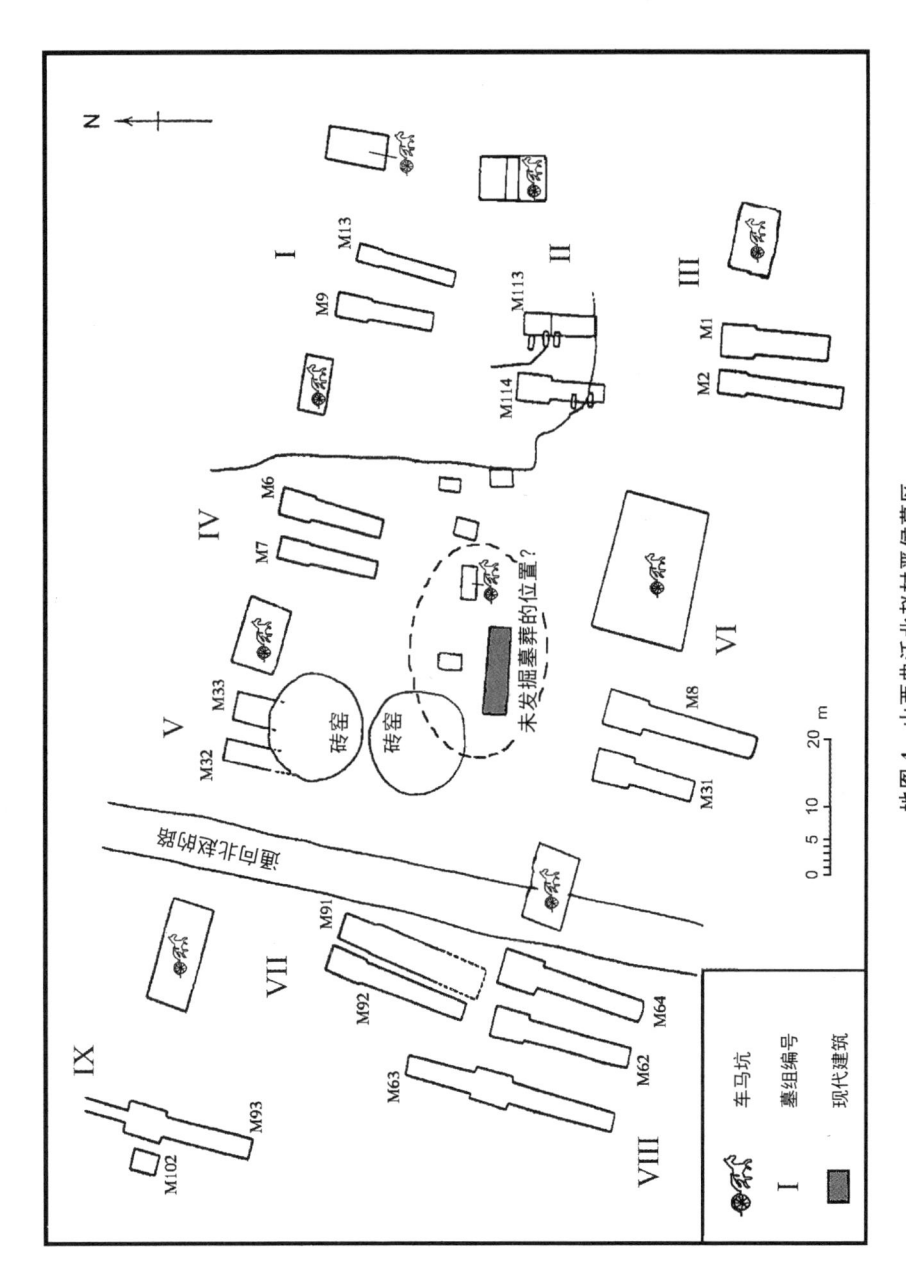

墓组标以罗马数字，墓葬标以阿拉伯数字。

是随后的发现打乱了这一排序。就在李伯谦设想的两排墓葬之间的东部,人们发现了之前漏掉的一对墓(M113 和 M114),年代似乎比其他所有墓葬都早,附近可能还有其他墓葬有待发现。例如,M113 和 M114 西侧的一座现代建筑下面原先可能有另外一对墓葬(现在可能已被破坏);其附近发现的一座车马坑可能就属于这对墓葬。北赵墓区周边尚未全部调查,可能也有未发现的墓葬。只要一个墓区未做完整的调查,那么任何想找出规律,来安排一对新发现墓葬与已有墓葬的排列顺序都有些操之过急;而这样一种规律如果将来发现了,也不应该用来当作预测年代的工具,它本身很可能是用其他方法确定了墓葬出土物的年代之后整理得到的。

(2) 晋侯墓地的第二次发掘简报根据陶鬲排序做了分期,但是让人难以明白。[①] 鬲是一种三袋足炊器,被视为中国青铜时代陶器组合的核心器物。当我们将北赵与天马—曲村范围内其他地点出土的陶鬲序列进行对照(图12),就可以发现,北赵所出的鬲分属于发掘者根据天马—曲村聚落以及非上层贵族和平民墓地所出陶器而划分的两种不同类型的鬲;[②]如果后面这个分类正确,那么发掘者就北赵墓地出土的所有器物提出的单线序列就错得离谱了。而且令人迷惑的是,北赵墓葬的发掘简报发表的大多数鬲的线图与天马—曲村贵族聚落或贵族墓地出土的鬲似乎并不完全对应。鉴于这些鬲应该是在相同的陶窑,在相同的时间段里烧造,这种不对应的现象令人不安,尽管这可能仅仅说明线图绘得不准确。一般来说,中国考古学的这种陶器分期,其选择的年代标准常常会比较微妙,很难用二维的线图表达出来。因此,在未见到原器的情况下,我们通常不提倡抛弃发掘者所提出的序列,而另起炉灶。

---

① 北京大学考古学系和山西省考古研究所 1994:8—11,13,图 14。
② 北京大学考古学系商周组和山西省考古研究所(邹衡[主编])2000,卷 1:62—64,65;卷 2:322—25。

第二章　诸侯氏族内的等级和性别差别(约前1000—前650年)　93

(3) 将明显的早期和晚期青铜器区分开来很容易,但是一旦我们想把北赵墓葬出土的器物与林巳奈夫《殷周青铜器综览》的经典器物序列匹配,①就立即发现后者每期五十年左右的年代跨度尚不足以精确地区分连续的几代墓主。我们能说的只是墓区西部(墓组Ⅴ—Ⅸ;见地图4和表9)所出的青铜器年代相当接近,其范围从西周中期晚段延续至春秋早期。从青铜器的装饰风格和铭文可以看出,一座墓葬的器物群的年代并非完全相同;它们经常包含前几代流传下来的青铜器。(这似乎是富裕墓葬的特有现象:经济情况比较一般的墓葬所出的青铜器组合在风格上则往往一致。②)因此,用青铜器对墓葬进行分期只能提供其年代的下限,而不是精准的年代。

(4) 曲村北赵墓葬出土的青铜铭文出现了至少六位(也可能是八位甚或十位)③晋国国君的名(即他们生前用的名字)。除了两个可能的例外,没有一个人名能与司马迁《史记》记载的晋国国君世系相对应,甚至都看不出丝毫的联系。④ 只有作为受祭者出现的

---

① 林巳奈夫1984,卷2。
② 参李峰1988b。
③ 青铜铭文中已经识别的晋侯有觋(其器出于1号、2号和92号墓),斲(8号墓),苏(8号墓),燮马(33号、91号和92号墓),邦父(64号墓)以及喜父(91号和92号墓)。此外,114号墓所出四足方鼎的献器者叔夨(李伯谦2001),很多人认为是晋国的始建者唐叔虞。相邻的113号墓所出一件鼎简称为"叔"的可能是同一人(北京大学考古学系和山西省考古研究所2001:19)。其称谓含有一个标识排行的"叔"字(见第一章),可能反映了晋侯与排行更高的亲属周王之间的相对关系。如果这种形式的自我认同为后代晋侯沿用,那么晋叔家父(64号墓和93号墓出土的青铜器献器者[93号墓的青铜器见北京大学考古学系和山西省考古研究所1995:23,25—26,28;64号墓所见器物尚未发表])可能也是某个晋国国君的名字(张长寿1998:41—42);同样的道理也适用于叔钊父,即64号墓出土一件甗的献器者(陕西省文物局等2002:148—49)。此外,64号墓出土的一套簋的受祭者(但是没有其他称谓)叔氏,也有可能是一位晋国的国君;倘若如此,那么这套器物的献器者(铭文只提到其私名为肅休)或许也是晋侯(山西省考古研究所和北京大学考古学系1994a:5)。除此之外,还有一、两位晋侯的谥号见于为纪念他们而铸造的铜器上:厘侯见于91号墓出土的一块容器残片(北京大学考古学系和山西省考古研究所1995:12,9);另一件未刊的被盗青铜器,现为私人藏品(见于上海召开的晋侯墓地出土青铜器国际学术研讨会,2002年8月2日),其铭文尽管几乎难以释读,可能提到了成侯。
④ 《史记·晋世家》39.1635-40;《史记·十二诸侯年表》14.502-70。

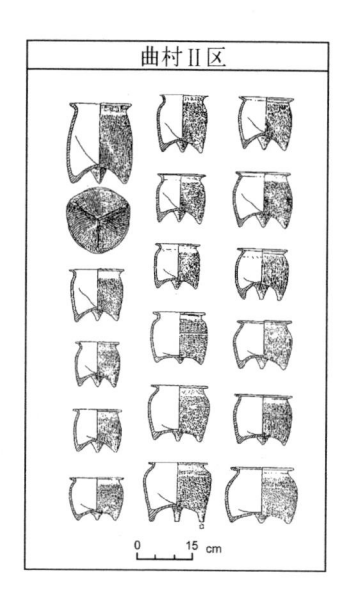

图 12 山西曲沃天马—曲村遗址出土的陶鬲

西周至春秋初期。在每一类型中,北赵晋侯墓地出土的陶鬲标本(中列)与天马—曲村贵族聚落遗址(左列)出土的完整的十期标本对比,并与天马—曲村贵族墓区(未分期,右列)所出

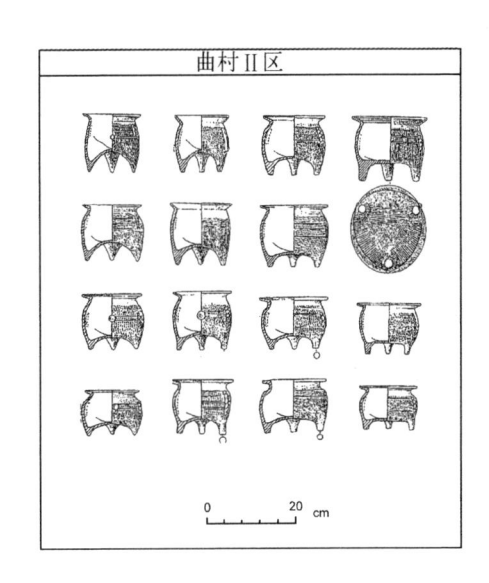

第二章　诸侯氏族内的等级和性别差别(约前1000—前650年)

Ⅱ类

(接上页)的同类标本并列。此处呈现了鬲的两个主要类型。北赵墓地出土的陶鬲和其他两组标本之间的相似之处相当有限,令人惊讶。

国君谥号才与司马迁所记的世系相符合,但这样的例子也只有一、两个。这很可能表明《史记》记载不可靠——尽管这本身是个重要的认识,但是无助于解决北赵墓葬的年代问题。后面这个问题相当复杂,因为铭文中提及同一人的几件青铜器出现在相距甚远的几个墓组里;另外还有相反的例子,即铭文中提及不同国君名字的几件青铜器则出现在同一墓葬中。因此,在北赵,一座墓葬的青铜铭文中提及的人名不能被想当然地当作墓主。这方面北赵的国君墓有异于一般周代的青铜器墓;通常,有铭青铜器较少、铭文内容相互一致的时候,设想墓主人的身份才是比较稳妥的。

　　上述难题包含着一些方法上的陷阱,任何人想给墓葬资料排列出一个年代序列时都会受到这些陷阱的困扰。即便在这里,这些墓葬(或者至少男性墓)似乎的确可以排出一个序列。目前,基于青铜器装饰风格(具体来说,即晋国国君墓葬出土的反映其社会地位的成套鼎和簋的风格),我只能,而且带着几分犹豫,将曲村北赵的墓葬分为早、晚两组,早期组很可能始于西周早期晚段,晚期组则进入了春秋时代;其分界线即公元前850年前后的西周晚期礼制改革。在表9中可看到,九个墓组中至少六个似乎可以归入晚期组。假定所有处于晚期组的墓葬均已知晓,我们推定的西周晚期礼制改革的年代在约公元前850年无误,并且一代人的平均年数为二十五年,那么曲村北赵的使用年代大约结束于公元前700年。这一年代不但在器物风格方面可行,而且与历史事件也大体吻合。因为在公元前679年,晋国统治氏族的一个小宗篡夺了政权;[①]大约在同一时间,曲村北赵铭文中头衔的爵位"侯"(与西语中的"Marquis"一样,最初的意思都是"边境统治者")在史书上开始被"公"(意为"统治者,族长")这

[①] 《史记·晋世家》39.1640。

种笼统的称号代替，而晋国的都城也迁到了别处。①

如果曲村确为公元前 679 年之前晋国的政治中心，那么天马—曲村贵族墓地就令人费解了。这里是晋国统治氏族的中下层成员的墓地，不过发掘出来的墓葬大多数属于西周早、中期（在可确定年代的墓葬中占 76%），尽管公元前 850—前 679 年的年代跨度与该墓区公元前 850 年之前的跨度大致相同。最为合理的解释是，该墓地以西周晚期和春秋早期墓葬为主体的区域还没有发掘到。也就是说，虽然在天马—曲村贵族墓地的选定区域内进行了彻底的发掘，但是已经发表的墓葬很有可能无法代表该墓区完整的年代范围。

上村岭。上村岭墓地坐落在一座俯瞰黄河南岸的黄土岗上。在墓地以南约三公里的涧河两岸有一处城址，有人认为是虢国所在地，但是迄今尚未发掘。虽然不少传世文献（以及大量青铜铭文）提到了虢，②但是其国君的世系没有流传下来，这就避免了因曲村北赵的发现而引起的狂热的与文献记载的对照研究。虢国氏族首领不像晋国，不是统治一方边境的侯爵。相反，它在周王朝的中心地带（王畿）拥有数个分散的领地。这个虢国一建立就存在几支虢氏族（或支族），它们中的一些或全部的祖先是周朝缔造者文王的几位胞弟。显然，其中几个支族的成员葬在了上村岭墓地，这也许暗示了与文王同辈的周王室年幼男性成员（或者至少是文王的那些同母胞弟）的所有后代都视自己为同一亲属集团的成员。像晋国那样，它

---

① 注意，该方案与传世文献记载的世系表协调起来有一定难度。在公元前 840 年至前 679 年之间，《史记》列出了九代十一位国君。其中三位（包括干支的最后一位晋侯）未授谥号，其墓葬估计不会出现在晋侯墓地。这样就剩下八代八位国君占据了从公元前 840 至前 710，共计 130 年的时间，如平均分配，则每一代的在位时间仅 16.25 年，短得令人不安。然而，曲村北赵显然只有六个国君的墓葬可以定到这段时间——这是一个目前无法解决的一个矛盾点。由于《史记》记载的早期晋国历史异常简略，且前后矛盾（可能是因为公元前 679 年的权力更迭和公元前 5 世纪三家分晋所造成的档案遗失所致），这点必须要小心考虑。

② 郭沫若 1958，第三部分：244b—246a；陈梦家 1995：235—54，亦见王斌［主编］2000：32—50）；陈槃 1969：156a—159a(东虢)，171a—175a(西虢)；陈槃 1970：109a—b(小虢)。近期很多研究虢国历史问题的论文收入王斌［主编］2000。

也形成了周王室的一个旁支,隶属于姬姓族。

上村岭墓地的大部分(234座)墓葬发掘于1956—1957年,并出版了专刊。① 1990年代,为应对1987年以后死灰复燃的大规模盗掘活动,又在墓地西北方的一片区域进行了新的发掘;后一次发掘中所获的十二座墓葬已整理出版了一部两卷本的报告,②而另外七个墓葬的发掘报告目前正在编撰。③ 迄今为止,墓地的确切边界尚不清楚(或者没有公布)。而1990年代钻探的区域内是否所有墓葬都已经发现也不清楚;如果都已经发现,那么该区域的墓葬密度要远低于1950年代发掘的那片墓地(见地图5)。至于上村岭墓地的确切时代,有些学者将其统统归入春秋时代,④其他学者则认为有部分墓葬可能为西周晚期。⑤ 我认为后一种说法或可成立,虽然我们无法下定论,因为西周晚期礼制改革产生的礼器器形和装饰惊人地稳定,进入东周时期以后也没有发生什么变化。而除了这种风格的青铜器器形和装饰以外,墓葬所出材料中能够断代的微乎其微。但无论如何,虢国(至少是位于三门峡地区的虢国)在公元前655年为晋国攻克,则提供了一个年代下限。

墓葬与墓地布局

宝鸡竹园沟的墓葬顺着所在坡地的地形,大致形成有序的几排。在4号、7号和13号墓三座弜国氏族首领的厚葬墓,与周围的

---

① 中国科学院考古研究所1959a。
② 河南省文物考古研究所和三门峡市文物工作队1995;1999。
③ 一些初步资料可参河南省文物研究所1994:245—49;河南省文物考古研究所和三门峡市文物工作队1999:7—11;王斌[主编]2000:24—25(重印了报纸发表的2009号墓消息)。
④ 林巳奈夫1984,卷2,全书各处。
⑤ 林寿晋1961b;王世民文,载中国社会科学院考古研究所1984:83—85;李峰1988a;河南省文物研究所1994:245—49;赵世纲1996;李久昌2003。

第二章　诸侯氏族内的等级和性别差别(约前1000—前650年)　99

远非如此奢华的墓葬之间看不出有什么布局规则把它们区分开来。这三座墓葬之所以与众不同,主要原因不仅在于其墓主的葬具为一椁两棺,而且在于墓主旁边还有一名用一椁一棺盛殓的女性殉葬者(图13)。发掘者将每座墓的这种女性都定为妾(7号墓的一件随葬铜器铭文称其女性墓主为妇,即"配偶")。她们的葬式——侧身朝

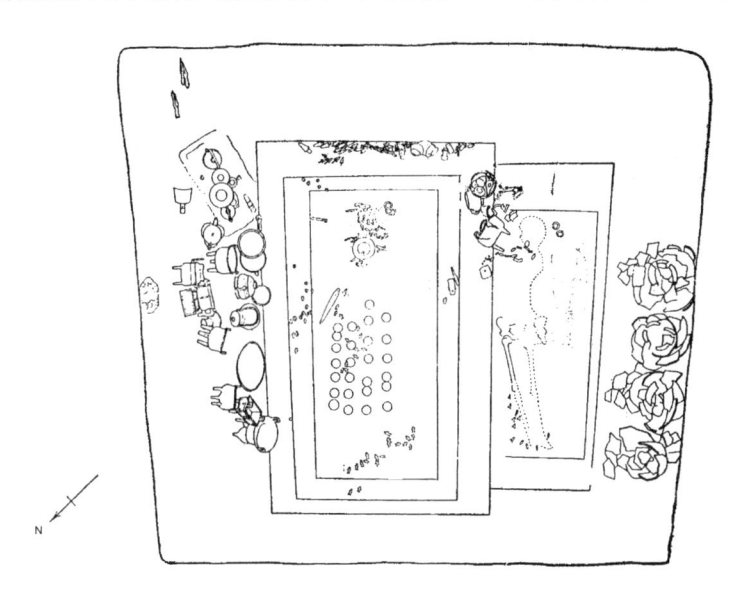

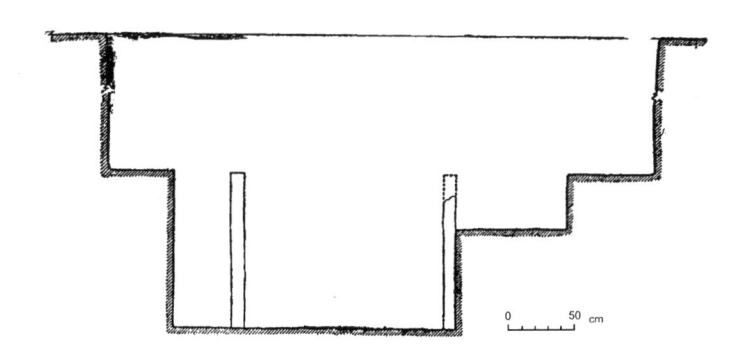

图13　陕西宝鸡竹园沟13号墓

公元前10世纪前半叶。配偶墓在墓主左侧(土台上)的一个单独的棺中。

向旁边棺椁中的男性——意味着卑微。发掘者指出,这与宝鸡以西的甘青地区青铜时代早期齐家文化的葬俗相似;①而至少有一位学者曾提出后者与印欧语族的殉夫葬俗(suttee)存在一定联系。② 然而,我们不能确定这种殉葬的"妾"是否确为真正意义上的"寡妇",即墓主人的正妻。她们的随葬品,虽然远比不上其从属的墓主,却证明她们享有一定的礼仪规格。她们的等级必然是一般的殉葬者难以企及的——这一点清楚地见于比竹园沟时代稍晚的茹家庄1号墓,其两个椁室中,一个是安葬"妾"的,而另一个是墓主的,里面安放了七个殉葬者(图14)。不过,如前所述,2号墓与1号墓是一对,其女性墓主很可能是1号墓主的正妻。所以1号墓中的"妾"肯定是个比她地位略低的女性。因此,在竹园沟的氏族首领墓葬中发现的"妾"也同样应该不是墓主的正妻。倘若如是,则竹园沟的一些较为朴素的墓葬可能就是附近所葬氏族首领们的正妻。③ 虽然总体来说,这种"妾"的殉葬在中国青铜时代晚期并不常见,但是同样的等级制度,即普通殉葬者,即以其自己的棺木盛殓葬于墓主的椁中者,拥有自己单独墓葬的正妻,也见于东周时期的其他墓地,如下面第八章要讨论的下寺楚国墓地。④

宝鸡竹园沟的墓葬均为长方形竖穴土坑墓。与之形成对比的是,茹家庄的四座墓中有三座,包括成对的1号和2号墓,都有一条从地表通往墓室的斜坡墓道。作为地位的标志,这种墓道也出现

---

① 卢连成和胡智生1988,卷1:425—26。关于齐家文化的材料,见谢端琚1986;更严谨的讨论见 Debaine-Francfort 1995:220-23(可进一步参阅其参考文献)。Debaine-Francfort 发现(1995:267,302),夫妻合葬是齐家文化及与之大致同时的客省庄二期文化的共同特征之一,可能与宝鸡墓地所见葬俗存在联系(十分间接)。卢连成和胡智生(1988:423—27)将此现象置于中国主流文化序列之中。
② Huber 1995:38及注57。
③ 另一种可能是葬俗发生了一些变化,以宝鸡竹园沟为代表的早期实行的殉夫葬,在时代更晚的宝鸡茹家庄墓地却用替身殉葬。
④ 一种可能重要的差别是,在下寺墓地不但地位高的男性,而且他们的一些妻子的椁室内也有棺葬的殉葬者。卢连成和胡智生(1988:427)在寻找类似于宝鸡墓地人殉现象的东周墓地时,没有考虑下寺墓地。

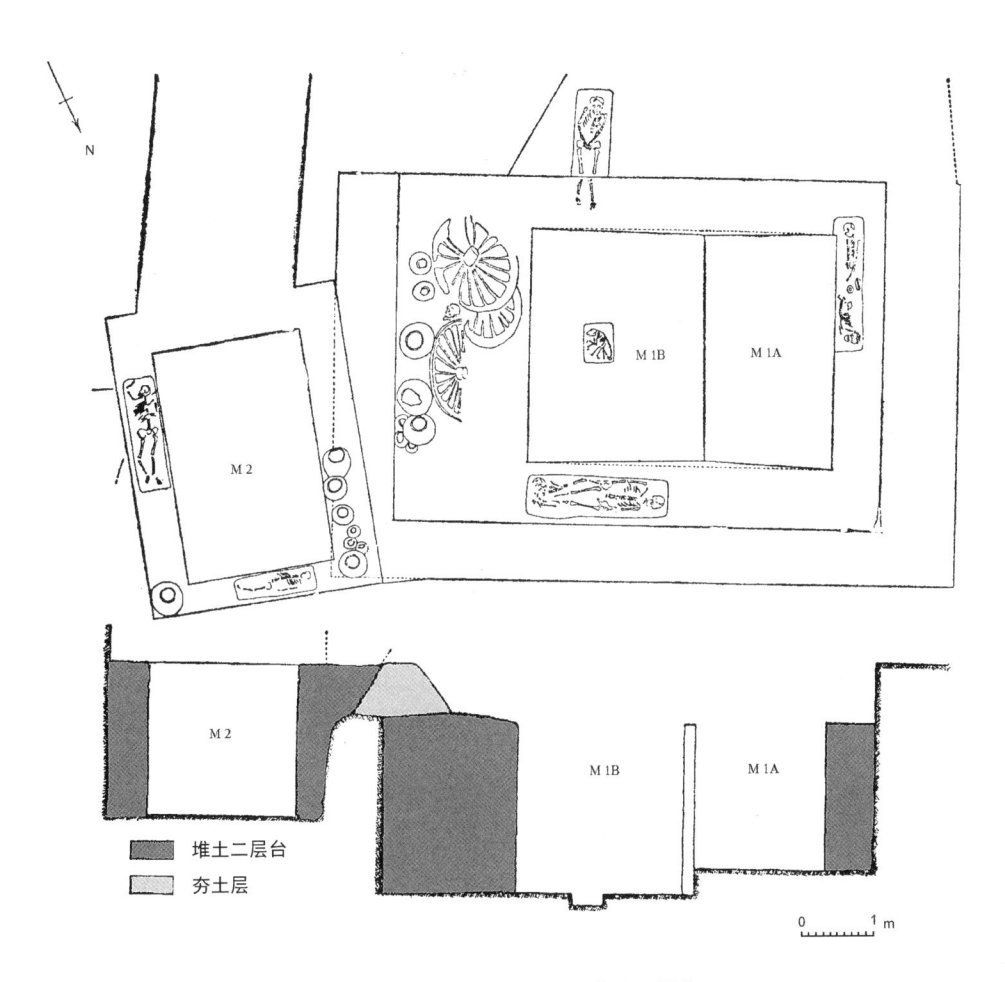

第二章　诸侯氏族内的等级和性别差别(约前1000—前650年)　101

图 14　陕西宝鸡茹家庄 1 号墓和 2 号墓

约公元前 900 年。1B 号墓(注意腰坑!)葬有弜国某位国君的遗骨;1A 号墓属于一位妾,可能是其夫的殉葬者,而 2 号墓则有人认为是这位国君的正妻之墓。

于周代其他的国君墓地,例如曲村北赵。

　　与宝鸡的강国墓地相比,天马—曲村和上村岭的墓地规模要大得多,由数百座(天马—曲村有数千座)墓葬组成。李伯谦注意到,天马—曲村和上村岭墓地呈现出不同的布局类型,可能记录了氏族组织的不同侧重。①

　　在上村岭墓地1950年代发掘区的墓地布局(见地图5)中,成对的大墓位于中央,从北到南形成一列,而较小规格的墓葬则环绕大墓,大致形成东西向的行列。随葬品的风格分析证实了大墓是按顺序建造的,可能属于虢国氏族一个分支连续的几代首领,而其地位较低的亲属(低等级贵族或平民身份)则葬于其周围。每一组墓葬由中央的一对大墓及其周围的小墓组成,应代表一代人。鉴于同一代人,随着时间推移,可能会出现较大年代差距的情况,这并不意味着同一组的所有墓葬就必须处于同时代。随葬品的断代还没有精准到给每一组墓葬提供更为确切的年代。不过,它们确实提供了氏族成员之间的明显不平等的证据,而后者或许反映了他们与始祖的血缘关系的远近。例如,1950年代发掘的234座墓中,只有36座(即15%)随葬青铜器;而氏族中的贵族与贫贱成员埋在同一墓地,可能反映他们更加强调氏族的团结。我们无法判断这个看法是否也适用于墓地西北部的新发掘区,这里包括了最富有而且有可能是等级最高的墓葬(并附有一些非常庞大的车马坑),因为我们不知道这个区域的发掘是否做得全面。

　　与之相反,在天马—曲村,晋侯大墓及其车马坑都坐落在他们自己的葬区里,即曲村北赵,与天马—曲村那些贵族以及平民(晋氏族的非统治成员)墓地是分开的。不过在贵族墓地只有一小部分,而且可能只发掘了一部分不具代表性的墓葬。这可能反映了氏

---

① 李伯谦1997:1013—14。

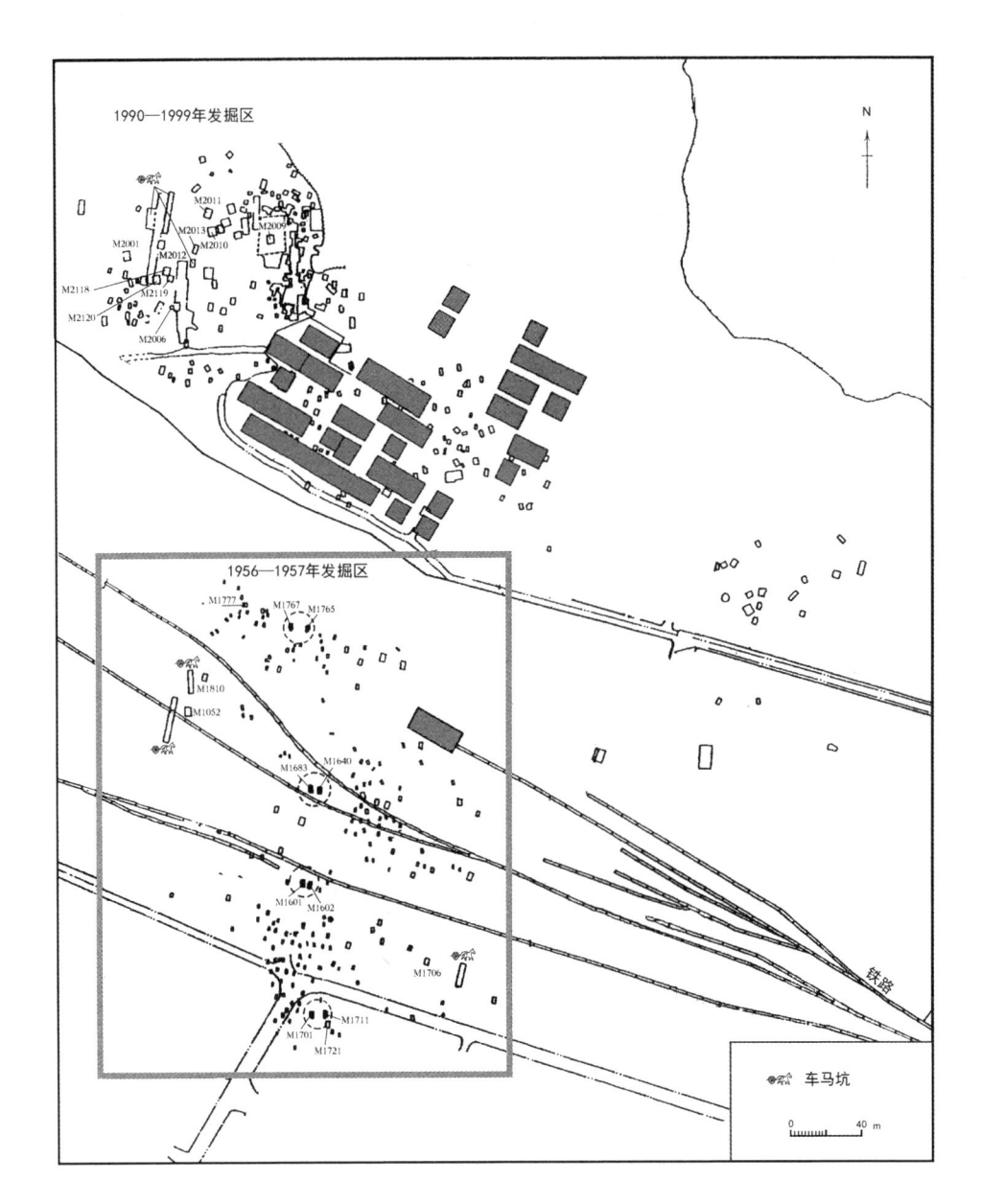

第二章 诸侯氏族内的等级和性别差别(约前1000—前650年) 103

地图 5 河南三门峡上村岭虢国氏族墓地

表 10 所列主要铜器墓的位置都做了标识。在 1956—1957 年的发掘区中,四对中央墓葬(也许代表虢国氏族的一个分支的世代首领)做了特别标识。其他墓葬似乎没有成对出现。

族统治成员与非统治成员之间关系的另一种观念，或许是我们第八章中探讨的两者彻底分开的肇始。在天马—曲村贵族墓地，我们无法分辨低等级的墓葬是否簇拥在一些高等级墓葬的周围，因为该墓地的墓葬发掘得不够多，我们无法了解墓葬的排列方式。发掘者注意到至少有四对男女一组的墓葬（6130与6131号墓，6231与6080号墓，6195与6197号墓，以及5189与5150号墓），指出它们可能是墓地布局的中心，就像上村岭的情况一样。引人注意的是，它们都属于出土青铜器的少数墓葬。因为天马—曲村贵族墓地的墓葬朝向缺乏规律，远不如上村岭所有墓葬基本为北-南向那么有序，所以其空间布局我们无法多说什么。北赵晋国国君的墓葬也大致维持着北-南的朝向（死者头部通常朝北，仅91和92号这对墓葬例外，它们都莫名其妙地朝南）。不过在天马—曲村贵族墓地，还有一小部分数量不菲的低等级墓葬是东-西向的，而其中的死者朝着四个主要方向的都有。① 我们不知道这可能有何含义，该问题在第五章会再次探讨。一般而言，在周代墓地中，墓主等级越高，其朝向的选择就会更加谨慎。

用器制度分析

西周晚期礼制改革的一个新特征是，青铜容器成套出现，并与贵族等级相对应。表4将散见于文献的用鼎标准与通过现代考古学研究建立的标准放在一起。相比于文献所见用器与等级之间工整的对应关系，考古学证据显得更为混乱。主要原因在于几个世纪中等级制度发生了变化：东周时代晚期文献中提到的"王-诸侯-

---

① 北京大学考古学系商周组和山西省考古研究所（邹衡[主编]）2000，卷2：290）的统计表明，天马—曲村贵族墓地的墓葬中有362座（56.5%）头向朝北，241座（37.6%）朝东，33座（5.1%）朝西，3座（0.5%）朝南，另有2座（0.3%）不明（总计641座墓葬，其中包括天马—曲村贵族聚落的15座）。

卿-大夫-士-平民"这样一种简单明了的等级制度,似乎不能直接适用于更早时期的社会现实,西周和春秋时代早期的青铜铭文资料足以证明这一点。① 此外,考古资料表明,这种制度的实施在不同的氏族和诸侯有所不同,而且在当地环境下也相当灵活。

尽管如此,现在的考古发现已经十分丰富,足以证明标准化的等级化的青铜器组合在西周晚期礼制改革之后确实出现在实际生活中;我们有理由认为它们所反映的礼仪地位的差异等同于社会等级的差别。正如我们所见,这些差异主要体现在氏族内部,而非氏族之间:成套礼器显然主要是用来表现同一家族的成员之间的地位差别。墓葬材料已经充分反映了氏族内部的多样性,正如前一章所说,氏族内部是地位相差悬殊的不同分支。

尽管这里我们主要讨论青铜礼器的用器制度,但是仅仅讨论青铜礼器不免有些片面,甚至有误导之嫌。墓葬的其他方面同样也可能受到用器制度的约束。墓葬的位置(如前所述)和大小通常都是墓主地位的适当标志。此外,墓主的地位差异还体现在墓葬形状、葬具和随葬品等方面:一椁重棺(见图13、14);大量覆体玉饰(图15);特殊的积石积炭墓室(图16);斜坡墓道的有无及其数量(图16);随葬附属车马坑以及坑中马车的数量(图17);墓室或墓道出现的车与马的数量;殉人坑以及殉人的数量。所有这些特征都在宝鸡、天马—曲村和上村岭墓地的某些墓葬出现过。

在强国墓地,氏族首领与其低等级亲属的墓葬之间的差异最清晰地体现在随葬品的绝对数量上。表8所列出土青铜器墓葬的青铜器数量即为明证(除此之外,宝鸡竹园沟的九座和宝鸡茹家庄的两座墓葬未出青铜器)。几乎每一个组合均包含鼎和簋,而富有的墓葬主要以酒器的数量区别于较为朴素的墓葬,但是表4所列

---

① Li Feng 2003: 133-35;关于春秋时代的发展,见吉本道雅1994。

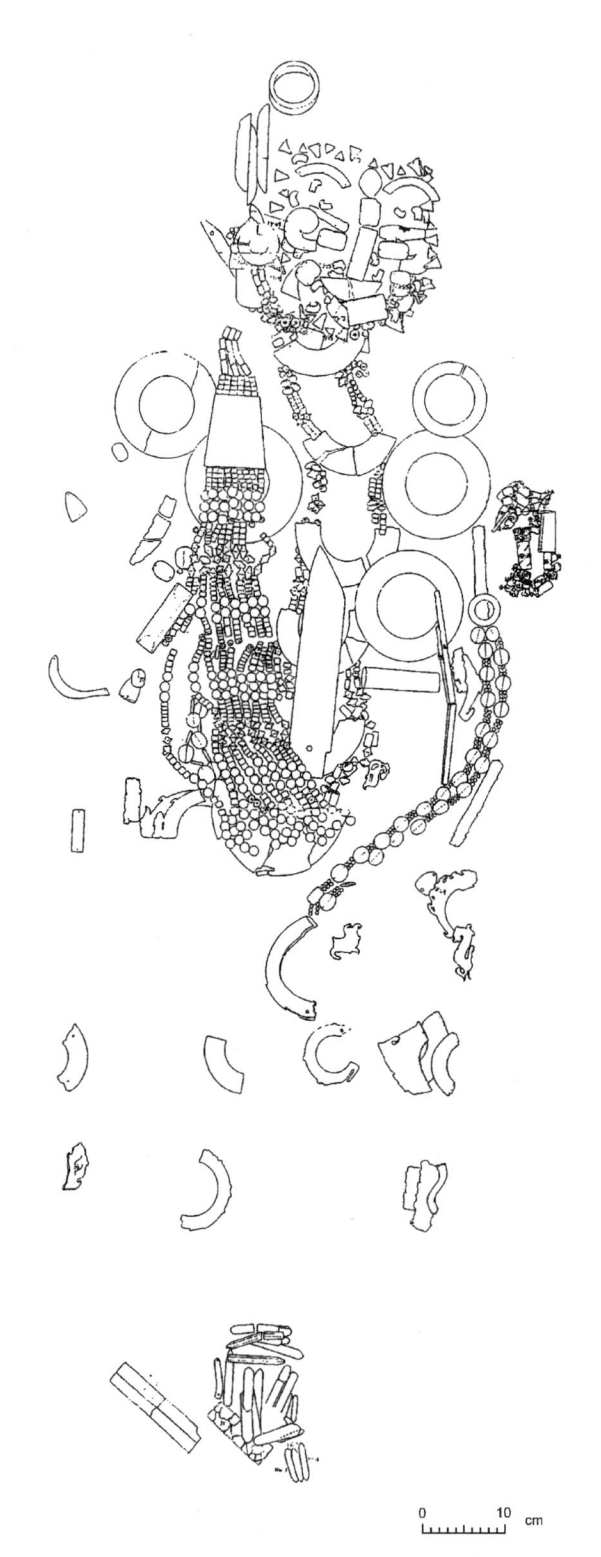

图 15　山西曲沃北赵墓地 31 号墓所出玉覆面和覆体

年代可能介于公元前 850 至前 700 年之间。

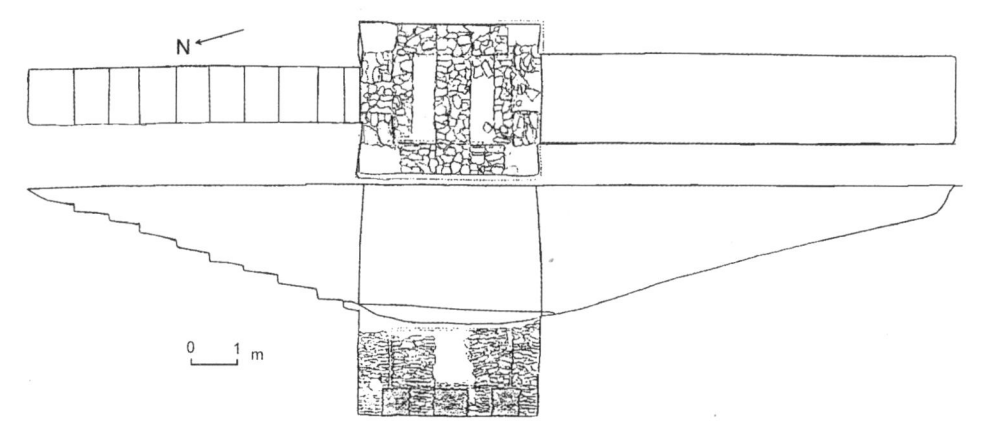

图 16　山西曲沃北赵墓地 93 号墓

该墓有两个斜坡墓道。其椁室有石基和石墙,这是一种罕有的高地位的标志。年代可能为公元前 8 世纪。

图 17　河南三门峡上村岭墓地 1727 号车马坑

公元前 9 世纪晚期至前 7 世纪早期。

(图18续)

上三排：出自墓主棺内的器物；第一排：五件圆鼎(左起第一件：作父辛鼎；第四件：父辛鬲鼎；第五件：戈鼎)，两个方鼎(左为子蒉方鼎)；第二排：瓿，三件簋，史父乙豆，觯，觚，铙，斗

图 18　陕西宝鸡竹园沟 13 号墓出土的青铜器组合

(上方);第三排:一组两卣一尊;盨,爵,盉,父己壶;下一排:出自殉葬配偶棺内的器物:两件鼎,一件簋。公元前 10 世纪前半叶。

鼎、簋的标准组合完全没有出现；相反，即便是在各个墓葬的鼎和簋的组合中，不同的器形也多得惊人（图18）。唯一的而且令人极为费解的例外是宝鸡茹家庄1号墓殉葬的那个"妾"，她享有一套外形一致、大小相次的"五鼎四簋"组合（图19）；正如罗森夫人（Jessica Rawson）所指出，这是目前所知最早的此类成套组合，未见于当时（约前900年）地位更高的墓葬。而这套器物发现于宝鸡，一个非周王室氏族控制的领地，就更令人称奇。罗森氏认为西周晚期推广的礼制改革可能是先在一些地方上实践过的习俗。①

总之，在宝鸡弻国墓地，死者的等级可由其随葬青铜器的多寡推知，但是后者并未形成等级分明的器物组合。相比之下，上村岭墓地实施用器制度的证据比较明确（见表10）。成套的"七

图19　陕西宝鸡茹家庄1号墓（即1A号墓）"妾"椁室出土的成套青铜鼎和簋组合

约公元前900年。注意鼎（上排）与簋（下排）的形状出奇地相似；两套器物皆为素面。

---

① Rawson 1990, pt. 1: 104.

鼎"发现于四座墓葬(2001、2011、1052号墓和未发表的2009号墓)(图20);另外三座有成套的"五鼎"(2012、1810和1706号墓);更多数的墓葬则含有成套的"三鼎"、"二鼎"甚或"一鼎"。与之伴出的成套的簋也同样自成序列;其数量通常比同出的一套鼎少一件,是偶数。出"七鼎"的墓也会出钟或磬一类的乐器;尊贵的大型壶几乎总是成对出现,且在墓葬中的分布略广。还有一些不规则之处:除了那些形成标准组合的器物之外,某些墓葬(例如2011号墓)还多出一些形态各异的鼎或簋,造型与那些标志地位的成套器物不同;而M2011只有一套编磬和一件单独的钲,缺少见于其他"七鼎"级别墓葬的编钟。另一个造成不规则现象的潜在要素是成套青铜明器的出现(图21),其中包括鼎和簋,但也包含西周晚期礼制改革已经废弃的酒器。这类明器组合还见于曲村北赵晋侯墓地的一些晚期墓葬中;它们似乎是高等级的贵族才能享有的特权,其用意显然是为了让人想起古老的礼制活动(第七章将进一步讨论)。这一奇特现象的确切含义和功能尚不得而知,但是它可能是为了炫耀氏族拥有如此地位的悠久历史——即建立礼仪活动的延续性,与氏族早期的,即礼制改革以前的历史衔接起来。

　　无论是与宝鸡还是上村岭的墓地相比,天马—曲村的情形都更为复杂。首先,将曲村北赵晋国国君墓地与邻近的低等级亲属墓地进行比较是危险的。这是因为天马—曲村贵族墓地的发掘区域里,绝大部分铜器墓(44座墓葬中的30座,占68%)恰好属于西周早期,而曲村北赵却几乎没有这一时期的墓葬。天马—曲村贵族墓地的大部分墓葬所出青铜器很少,难以得出什么青铜器组合方面的规律,只能看到当时人们明显最为偏爱的鼎以及次之的簋(西周时代的墓地均如此)(见表11)。有一点也许值得注意,就是四座西周早期的墓葬出有"三鼎二簋"——即西周晚期礼制改革将要制定的标

表 10　河南三门峡上村岭虢国墓地青铜器组合

墓号	2001	2012	2011	1052	2010	1810	1706	1689	2006	1820	1602	1705	2013	1721	1711	1777	1640
发掘状态	未盗	未盗	未盗	未盗	未盗	未盗	未盗	未盗	未盗	未盗	盗掘	未盗	未盗	未盗	未盗	盗掘	盗掘
年代				II		I	II	II			I	III		III			II
椁/棺	1+2	1+2	1+2	1+2	1+2	1+2	1+2	1+2	1+1	1+2?	1+2	1+1	1+1	1+1	1+2	1+1	1+2
墓主性别	男	女?	男	男	男?	男?	男?	女?	女	女	男?	男?	男?	男?	男?	女?	女?
【食器】																	
鼎	7+3 m	5+6 m	7+2	7	5	5	5	4	3	3	3	3	3	3	2	1	1?
陪鼎																	
鬲	8	8	8	6		4	4		4	2	2					1	
甗	1	1	1	1	1	1			1	1	1					1	
簋	6+3 m	4+6 m	8	6	4	4	4	5		4	4	4					2
盨	4								2								
簠									1	2			2				
盛/盆	2	2	1	1		1				1							
盨	2	2	1	1						1							
罐																	
【酒器】																	
爵	3 m	4 m							1 m								
觚	2 m	1 m															

第二章　诸侯氏族内的等级和性别差别(约前1000—前650年)　113

续　表

甗	3 m	6 m															
尊	2 m	5 m															
方彝	2	2															
方壶	2		2	2	2		2		2								
圆壶			2	2		2											
【水器】																	
盘	1+3 m	1+6 m	1	1	1	1	1	2	1	1	1	1	1	1			
盉	1+2 m	1+5 m	1			1 m		1	1	1	1	1	1	1	1	1	
匜		1 m	1	1	1		1	1	1		1	1		1	1	1	
【杂器】																	
"兽形豆"										1							
"小罐"			2	1					1	1*9							
【乐器】																	
甬钟	1*8																
钮钟	1	1															
钲																	
磬	1*10	1*18															
合计	59 21 m	68 40 m	35	28	14	19 1 m	18	13	19 5 m	11	12	7	5	4	3	3	

续　表

墓号	2017	2016	1715	1691	1612	1819	1704	1761	1701	1702	1714	1744	1720	1765	1601	1767
发掘时状态	未盗	未盗	未盗	盗掘	未盗	未盗	未盗	未盗	未盗	未盗	未盗	未盗	未盗	盗掘	未盗	盗掘
年代			Ⅰ	Ⅰ		Ⅰ		Ⅱ	Ⅱ	Ⅲ		Ⅲ		Ⅰ	Ⅰ	Ⅰ
椁/棺	1+1	1+1	1+1	1+1	1+1	1+1	1+1	1+2	1+2	1+2	1+1	1+2	1+1	1+2	1+1	1+2
墓主性别			男?	女?	女?	女?	女?	女?	女?	女?	女?	女?	女?	女?	女?	男?
【食器】																
鼎	1+1m	1+1m	2	2	2	2		1	1	1	1	1	1	1		
匜鼎							1m									
鬲							1									
甗	1m															
簋		1m														
盨		1														
簠																
盛/盆													1			
簋																
罐																
【酒器】																
爵																
觚																

续　表

觯															
尊彝															
方彝			1												
方壶															
圆壶															
【水器】															
盘	1 m						1	1	1					1	
盉	1 m						1	1	1					1	
匜							1		1						
【杂器】															
"兽形豆"									1						
"小罐"															
【乐器】															
甬钟															
钮钟															
钲															
磬															
合计	5 3 m	4 3 m	2	2	2	2	3	3	3	3	2	2	2	2	2

分期根据李峰1988。性别判定基于有铭铜器(无问号)及兵器的有无(有问号)。1959 报告中 13 座仅出一件青铜器(几乎总是鼎；偶见甗)的墓葬未收入此表中。

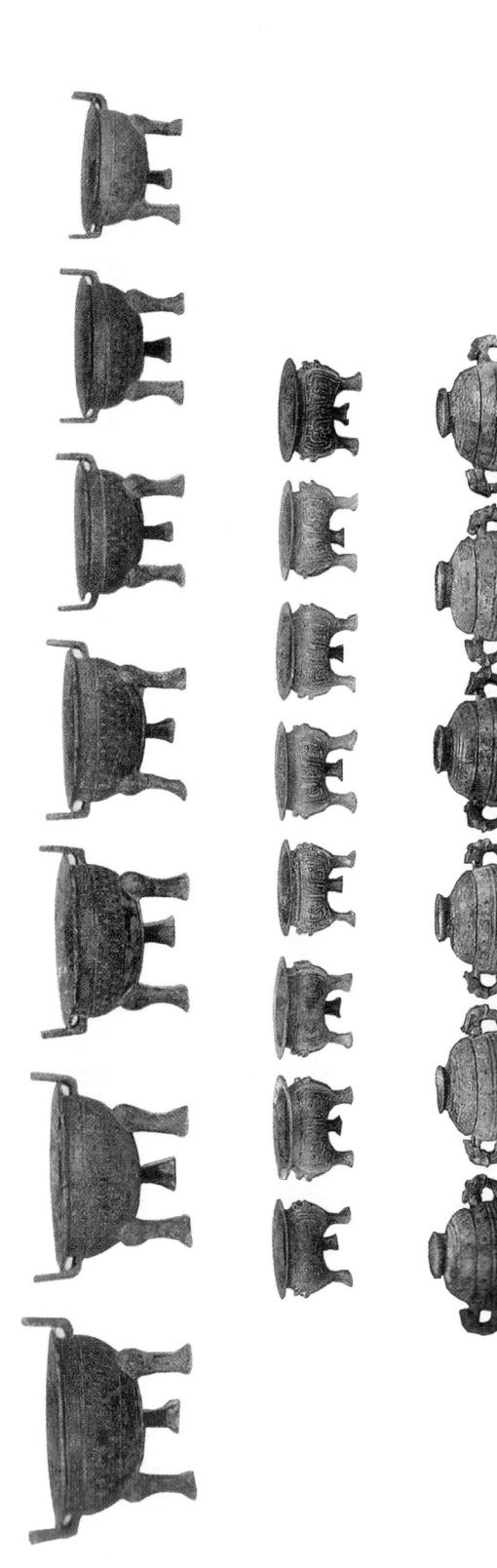

(图 20 续)

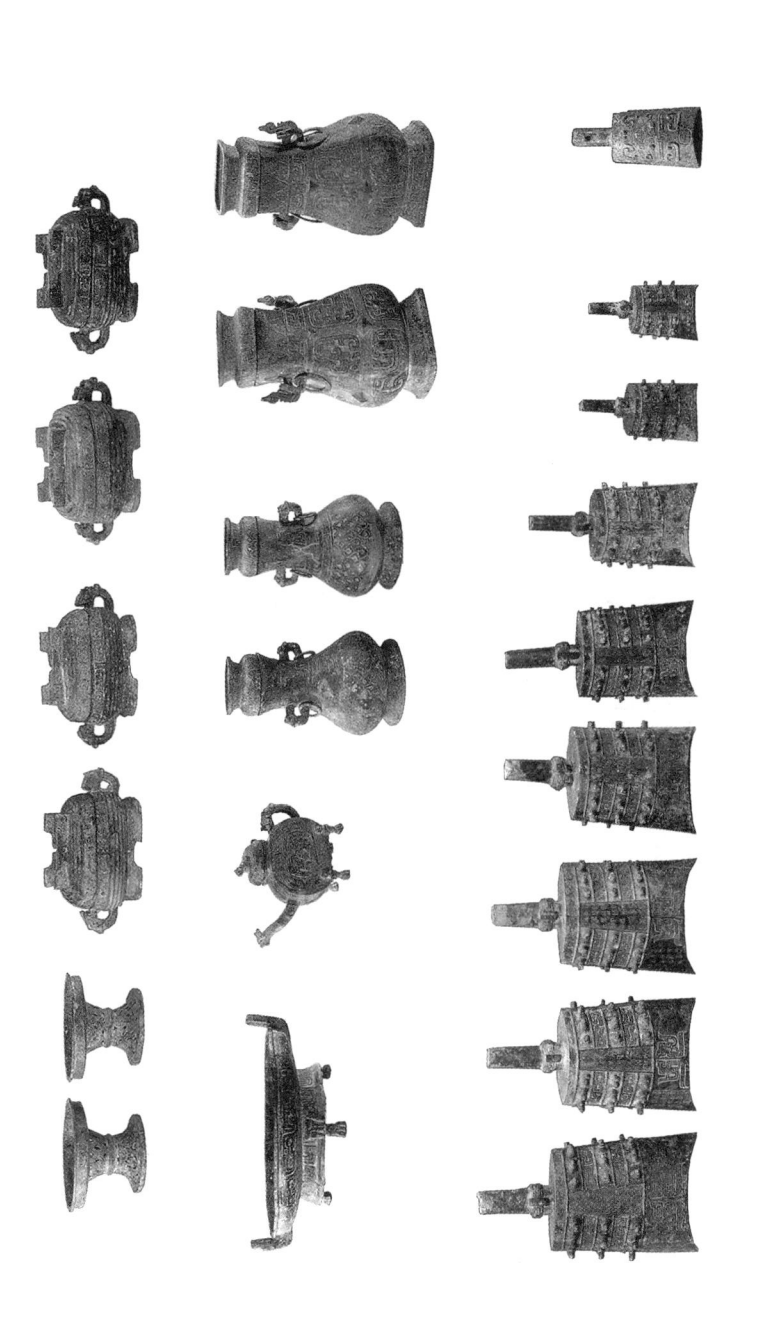

图 20 河南三门峡上村岭 2001 号墓出土青铜器组合

第一排：一套七件虢季列簋鼎；第二排：一套八件（或为两套，每套四件?)虢季簋；第三排：一对虢季壶，一套四件虢季簋；第四排：一套六件虢季甗；第五排：一套虢季盘、盉(无铭)组合，一对虢季方壶(无铭)；第六排：一套八件虢季甬钟、单件钲(发令用的一种)钟，一套四件虢季盨，单件征(发令用的一种;无铭)。年代可能为公元前 8 世纪初至中叶。

表 11　山西曲沃天马—曲村晋侯墓地(曲村Ⅱ区)青铜器组合

夫妇合葬墓		3					4		2			1
墓号	6081	6069	6195	6197	6210	6308	5189	5150	6231	6080	6214	6130
墓室面积	14.1	6.4	12	7.7	9.8	5	12.9	12.7	14	10.4	7.1	7.4
深度	7.5	6.3	8.3	6.8	8.1	7.2	8.1	8.1	9.4	6.6	7.0	4.5
发掘时状况	未盗	未盗	未盗	未盗	未盗	未盗	未盗	未盗	未盗	未盗	未盗	未盗
年代	①前半	①前半	①前半	①前半	①前半	①后半	③后半	③后半	①后半	①前半	①前半	③后半
椁/棺	1+1	1+1	1+1	1+1	1+1	1+1	1+1	1+2	1+1	1+1	1+1	1+1
性别/年龄	男	女	男/30	女/25～30	男/56+	?/35～40	男/30	女/20	男/35	女/14～15	女/50～55	男/成人
头向	北	东	东	东	东	北	北	北	北	北	北	北
【食器】												
鼎	3	3	3	2	3	3	2	1	2	2	2	1
方鼎	1											
鬲		1	1	2	1				2	1	1	
甗		1	1						1			
簋	2	1	2	2	2	2	2		2	2	2	1
盨								1				

第二章 诸侯氏族内的等级和性别差别(约前1000—前650年)

续 表

												合计
【酒器】												
爵	1	1	1						1			3
觚		1	1									
觯	1	1	1									
卣	1	1	1									
尊	1		1									
壶												
【水器】												
盘	1				1	1						
盉						1						
匜												
碗												
【杂器】												
无法辨别器类							[1]					
【乐器】												
甬钟												
合计	12	8	7	6	11	5[1]	6	4	12	5	9	3

续 表

夫妇合葬墓	1											
墓号	6131	6105	6054	6071	6121	6126	6127	6179	6190	6204	6235	6242
墓室面积	6	5.2	4.7	4.5	7.4	4.0	5.3	4.1	5.1	5.0	4.1	5.0
深度	?	?	5.9	6.0	5.3	2.7	7.1	6.4	6.5	6.2	5.0	5.9
发掘时状况	未盗	未盗	未盗	未盗	未盗	未盗	未盗	未盗	未盗	未盗	未盗	未盗
年代	③后半	①前半	①前半	②前半	①前半	①前半	①前半	①前半	①前半	①前半	①后半	①前半
椁/棺	1+1	1+1	1+1	1+1	1+1	1+1	1+1	1+1	1+1	1+1	1+1	0+1
性别/年龄	女/45	男/成人	女	男?	女/25~30	男/20~22	男/30	男/30	女/40~45	男/56+	女/30~35	男/40
头向	北	东	东	东	北	北	东	北	北	东	北	北
【食器】												
鼎	1	1	1	1	1	1	1	1	1	1	1	1
方鼎												
鬲			1	1	1		1		1			
甗	1											
簋								1				
盨												

续 表

【酒器】												
爵												
觚						1						
觯						1						
卣												
尊												
壶												
【水器】												
盘												
盉												
匜												
碗												
【杂器】												
无法辨别器类												
【乐器】												
甬钟												
合计	2	1	2	2	4	1	2	1	2	1	1	1

续 表

夫妇合葬墓	6243	6372	6384	6390	6434	[6496]	7003	7004	[7005]	7014	7029	7052
墓号												
墓室面积	4.8	4.3	3.65	6.7	5.7	4.6	4.0	2.3	4.8	2.7	3.9	1.8
深度	7.7	6.3	6.3	5.3	6.0	5.7	3.3	3.4	4.6	6.1	4.6	4.3
发掘时状况	未盗	未盗	未盗	未盗	未盗	未盗	未盗	未盗	未盗	未盗	未盗	未盗
年代	①后半	①后半	②前半	③前半	②前半	0+1	①后半	①前半	1+1	②前半	②后半	②前半
椁/棺	0+1	1+1	1+1	1+1	1+1		1+1	1+1	女/50+	1+1	1+1	1+1
性别/年龄	男/17~18	女/成人	男	女	男/45	男	男	男/35	北	男/25	女	男/25~30
头向	北	东	北	东	东	东	北	北		东	西	北
【食器】												
鼎	1	1		1	1	[1]	1	1	[1]	1	1(残片)	1
方鼎												
鬲			1							1		
甗	1		1		1	[1]			[1]			
簋												
簠												

第二章　诸侯氏族内的等级和性别差别(约前1000—前650年)　123

续　表

【酒器】										
爵	2									
觚	1									
觯										
卣	1									
尊	1									
壶										
【水器】										
盘	1									
盉	1									
匜										
碗										
【杂器】										
无法辨别器类	[1]	1?								
【乐器】										
甬钟							1			
合计	1[1]	10	1	2	[2]	1	1	[2]	2	1	1

续 表

夫妇合葬墓	7092	7095	7113	7146	7164	[7165]	7176	7185	6123	7161	7070
墓室面积	6.7	6.5	4.8	4.3	5.0	3.8	4.8	5.8	2.5	5.9	4.9
深度	5.2	5.2	6.9	4.9	3.0[d]	?	2.6	?	1.4	6.4	5.0
发掘时状况	未盗	未盗	未盗	未盗	未盗	未盗	未盗	未盗	?	?	?
年代	②前半	②后半	②后半	①后半	②前半	0+1	②前半	①后半	①后半	①前半	③前半
椁/棺	1+2	1+1	1+2	1+1	1+1	0+1	1+1	1+1	0+1	1+1	1+1
性别/年龄	男/50	男/35	女/20	男/45	男/30～35	男/22～24	男/22～24	男/35～40	?/6	女/25	男/55+
头向	北	北	东	北	北	北	北	西	北	东	北
【食器】											
鼎	1	1(残片)	1	1	1	[1]	1	1			
方鼎											
鬲									1	1[1]	
甗	[1]				[1]						
簋			1								
盨											1

续表

【酒器】								
爵								
觚								
觯								
卣								
尊								
壶						[1]		
【水器】								
盘				1				
盉					[1]	[1]		
匜		1	2	2[1]			1	
碗								
【杂器】								
无法辨别器类								
【乐器】								
甬钟	1							
合计	2[1]	1	2	[2]	2[1]	1[1]	1	1[2]	1

年代依据考古报告(北京大学考古学系商周组·山西省考古研究所[邹衡编]2000)。①: 西周初期;②: 西周中期;③: 西周后期。括弧内的数字表示铅制明器数。

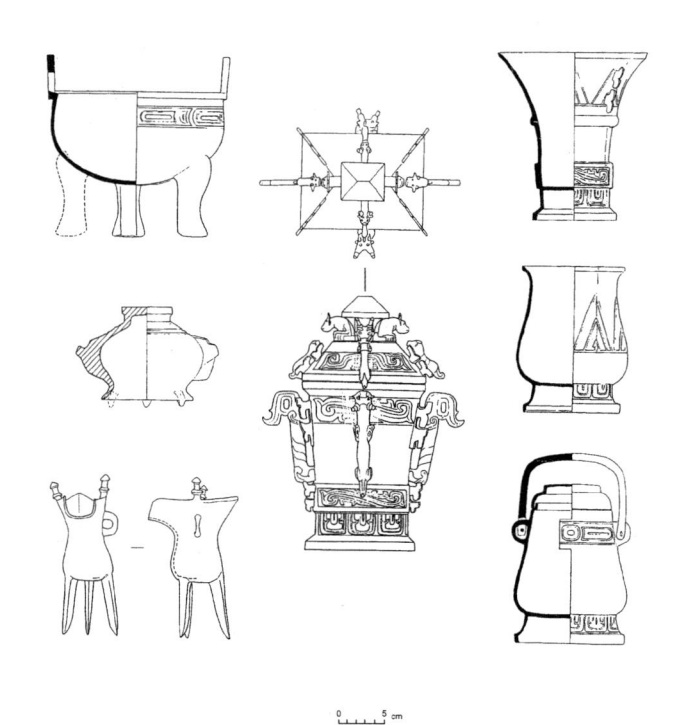

图 21 山西曲沃北赵墓地 93 号墓出土青铜明器

左列(自上而下):鼎,簋,爵;中列:方彝;右列:尊,觯,卣。年代很可能为公元前 8 世纪。

准组合之一,但是这四座墓葬的器物都不是成套制作的。① 因为天马—曲村贵族墓地的铜器墓中,只有六座的年代晚于西周晚期礼制改革,而且每座墓葬只出土了极为简朴的青铜器组合,所以也难

---

① 天马—曲村贵族墓地的发掘者在构建其等级序列时,仅考虑墓葬出土的鼎的数量,却不管它们是否为列鼎。他们把圆鼎和方鼎合为一套,从而分出一个特殊的"四鼎"级"头等贵族",然后把已发掘的唯一一例该等级的墓葬(6081 号墓)主人定为唐叔虞,即晋国的首位国君(北京大学考古学系商周组和山西省考古研究所[邹衡[主编]]2000,卷 3:1133)。这种想法当然是错误的。起码这种想法没有考虑该墓只发掘了一小部分,因此我们无法知道 6081 号墓是否确为整个墓地最富有的西周早期墓葬。曲村北赵的 113 和114 号墓(北京大学考古文博院和山西省考古研究所 2001)出土的青铜器可能与唐叔虞相关,进一步动摇了上述想法。

以判断此次改革对这一社会阶层的具体影响。

虽然由于盗掘以及考古报告未完全发表使得情况有些不明,但是曲村北赵的晋侯墓地提供了用器制度在晋国统治氏族发挥作用的最佳证据(见表9)。在最早的一组墓葬(113和114号墓)中,情况与宝鸡墓地类似:墓主的显赫地位表现为庞大的随葬铜器群,但任何种类的器物皆无固定的数量。前文暂定的早期组的其他墓葬也没有可供使用的信息。而晚期组的墓葬,就目前来看,则遵循了用器制度:大多数男性墓主随葬了标志等级的成套"五鼎",一或两个墓主随葬了"七鼎";①其他器形也遵循了标准组合。

将曲村北赵的国君墓葬与上村岭最大最丰富的墓葬(表10)出土的成套礼器进行对比,我们发现后者在总体上更加丰富。在上村岭,七鼎似乎是最大型墓葬的常规组合。根据青铜铭文我们知道其中两座(2001和2009号墓)是氏族首领的墓葬,而其他几座(1052和2011号墓)显然是太子的墓葬。相比之下,五鼎似乎是曲村北赵礼制改革以后的正常规格。至于为什么一或两座墓葬会享有"七鼎"则尚未知晓。原因可能是因辅佐王室有功而获得的非世袭的爵位晋升,也可能是墓主曾经担任的官职的象征(东周时期的一个例子见第八章),或是一次级别极高的联姻使然,抑或是在王权极弱时的短期的级别僭越。奇怪的是,虽然曲村北赵91号晋侯墓报道的青铜器数量比该墓地的其他墓葬都要多,但是其夫人所在的92号墓仅仅出土两件鼎,而不是见于其他晋侯夫人墓的三件(见下文)。②

---

① 北赵9号和91号墓各出土了"七鼎"。两墓所出的鼎皆尚未发表。9号墓(北京大学考古学系和山西省考古研究所 1994:6—11)年代上似乎属于过渡期,可能早于西周晚期的礼制改革;这些鼎是否为列鼎还不清楚。不过,较晚的91号墓中出土的七鼎似乎为列鼎(北京大学考古学系和山西省考古研究所 1995:8—12)。

② 如前所述,这两座墓还有一处异常,即其墓主的头向是朝南的。

如此看来，晋国和虢国氏族首领的用器规格存在显著的差异，但是这背后的原因我们同样不清楚。是因为晋国比虢国更贫更弱吗？是晋国缺乏制作青铜器的原料或技术？这些都不可能：晋国周边的山脉富含矿产资源，且众所周知，晋国国君掌握着重要的政治权力。上述差异，也可能反映这两个氏族在周王室的亲属等级中的位置。传世历史文献为我们提供了一些有用的信息：虽然两个氏族均属于周王室所在的姬姓，但是它们的始祖在亲疏关系上有所差异；虢国氏族的首领是周朝创立者文王胞弟的后代，[①]而晋国的首位国君唐叔虞，只是第二任周天子武王的小儿子（"叔"）；[②]虢国氏族首领受惠于更为悠久的血统，因而等级高于晋。此外，根据曲村北赵所出的部分青铜铭文，一些可能是晋国氏族首领的人自称为"叔"（也许指的是整个氏族，而不是个人在兄弟间的排行），可能反映了因为唐叔虞小儿子的身份，而使得晋的氏族等级相对较低。[③] 在这个等级序列中，参照点自然是周王室。到了春秋时代，这种较低的等级会被掩饰起来，晋国和一些其他诸侯国的国君改称"公"，这样就不涉及其国君的宗室在整个血统中的排行位置。在西周时期则恰恰相反，纯粹基于血缘亲疏的地位差别似乎仍然起作用，而我们在上村岭和天马—曲村墓地看到的用器规格上的差别，很可能就反映了以周王室为中心的血亲统治集团内部的等级分化。

这种分化还以空间形式体现在这两个政权的地缘政治位置

---

① 《左传·僖公五年》（《十三经注疏》20.93，1795）提到，文王的两个弟弟，虢仲和虢叔，都做过文王的大臣。每人都在王畿内获得一块领地。有关不同虢国的氏族和支族的记载已经混淆不清，且现存的公元前 9 到前 7 世纪早期的青铜铭文提到的虢仲和虢叔，是否一定是文王那一辈的虢仲和虢叔的后代，也难以确定。

② 虽然司马迁清清楚楚地说"晋唐叔虞者，周武王子而成王弟"（《史记·晋世家》39：1635），近两个世纪来，学者们就其在家族中的位置一直争论不休。他们引用传世文献和青铜铭文的一些资料，说唐叔虞似年长于武王的继承者成王（见陈槃 1969；36a—38a）。或者，唐叔虞可能是文王的幼子（故为武王之弟），亦可能为武王的一个地位较低的配偶所生。

③ 见本书第 93 页（本章）注③。这是我本人的解释，对此我多少有些疑虑。

上：晋是周文化圈边缘地区的一个地方政权，而虢则位于周王室领地以内，距都城很近，其国君在周王的近臣中世袭高位，接近周王者拥有较高的礼制地位。按照《左传》的记载（以及铭文证实），①即使到了春秋时代，王室的大臣在礼仪上的地位仍然高于地方上的国君，尽管后者握有远超前者的实权。上村岭和曲村北赵两个墓地的对比，便是考古学对上述原则如何实施的说明。

我们之所以能够得出上述十分合理的解说，是因为根据从考古出土铜器铭文与传世文献的角度对上村岭和天马—曲村之间的差异进行了解释。不过如果我们不了解有关的历史文献记载，我们的分析就可能会强调其他因素。如果我们仅从考古资料出发的话，在把这两处墓地都纳入到一个（考古学定义的）用器制度的大体系之前，我们会首先观察每座墓地内墓葬的等级差别在物质文化上所表现出的一致性。而且，这两个氏族可能对彼此的墓葬习俗所知甚少。首先，每个氏族似乎遵循自己建立的族规，同时氏族的礼仪专家规定了各等级的规格，目的主要在于确保其各自墓地内部的一致性。这似乎可以相当合理地解释为什么在北赵晋侯墓地所有（仅一例外）墓葬均有斜坡墓道，而在上村岭完全没有，虽然用器规格显示其等级要高于前者。在宝鸡诸墓地，对于墓道的态度从西周早期到中期之间似乎有所变化，竹园沟的𢐗国氏族首领墓葬不见墓道，而年代较晚的茹家庄墓葬则有之。此外，北赵墓地也出现了不和谐的地方：63 号墓和 93 号墓有两条墓道，而其他墓都只有一条。更为令人不解的是，有两条墓道的 63 号墓，其墓主为女性，而其丈夫的墓葬（64 号墓，如果发掘者的判断可信的话）仅有一条墓道；而与拥有两条墓道的 93 号男性墓同组的 102 号墓，竟连一条墓道也没有！这是在曲村北赵迄今为止的发现中唯

---

① 见本书第 75 页（第一章）注①。

一出现这种情况的大墓。许杰因此怀疑斜坡墓道是否为一个标志地位的特征。① 但是至少在东周时代,墓道似乎仍然是体现高等地位的标志;第一章中提到的周公庙遗址新近发现的西周王室墓,每一座都有四条墓道;在第八章中我们将会看到,只有王墓方可享有四条墓道的规则,一直到秦代都得到了认真地贯彻。毋庸多言,天马—曲村贵族墓地的晋氏族非统治成员的墓葬无一带有墓道。墓地之间的比较表明,负责礼仪的专家在安排规格时具有一定的灵活性。

总之,相较于墓地之间而言,同一墓地的墓葬资料更有可能体现一致性。只是,其内部的一致性也是有限的,部分是因为时间的变化,部分是因为某些超出考古学研究能力之外的各种情况。

性 别 差 异

尽管情况复杂,但是三处墓地的材料都为一个重要的社会现象提供了信息,这也是非考古学资料几乎没有触及的问题:女性在周代用器制度中的地位。正如可预期的那样,在父系社会中女性贵族获得的特权整体低于她们的丈夫。

在研究性别差异之前,我们需要注意一下周代社会的族外婚制(同姓不婚,从中国传统社会延续至今)。② 虽然氏族是构成社会组织的基本单位,姓族则是血统亲属的更高单位,每个姓族均包含很多氏族。例如,我们已看到,虢国、晋国的统治氏族以及周王室

---

① Xu 1996: 201.
② 关于早期中国文明的婚姻制度,见 Granet 1953: 1-62(最初发表于 1920 年),63-94(最初发表于 1912 年)。关于春秋时代贵族婚姻的一项人类学研究,见 Thatcher 1991;关于这里探讨的时代的两性关系,见 Du Fangqin 1995;亦见 Pulleyblank 2000。

均属姬姓(因此禁止通婚);①前一章讨论过的微氏族,如果它确实为商王室的后代,则应属子姓(且如我们所见,似乎至少有一位微氏族的首领娶了一位姬姓女子)。氏族的始祖均为历史上有案可寻的人物(周王室的文王;其弟即虢国的虢仲和虢叔;晋国的唐叔虞;而微的"高祖"可能即微子启),而姓族始祖则为远古时代的神话人物(姬姓的始祖是后稷;子姓的是其母吞卵而生的契)。② 姓族外婚制要求夫妻双方所在氏族必须属于不同姓族。每次婚姻都代表跨越姓族界限的氏族联盟(并非有时人们所说的"姓族联盟",因为姓族本身并非政治或经济组织的单位),且一夫多妻制的实行使得每个男性贵族都能够缔结数个氏族联盟。这种体系的更为深远的影响将在第四章进行讨论。

周代男性贵族的名称主要以氏族(氏)名作为主要识别要素,而周代女性贵族的称呼通常由其所出生的姓构成,再加上一个氏族名也就是排行标志,和(较少见)一个私名。这些名字见于所谓的青铜媵器铭文:媵器即女性受赠者的男性氏族亲属所赠礼器,为其嫁妆的一部分,有时亦由其丈夫或公公赠送。③ 有时会产生混淆,因为女性名字中的氏族名会因说话者而有所不同:父兄会以女子所嫁入的丈夫的氏族名来识别她;而丈夫和公公则会以其原来出生的氏族名来称呼她。其出生的姓族名则保持不变。有关周

---

① 此制度在东周时期有时被打破;晋文公(姬姓族)曾经从狄人部落迎娶了一位姬姓族女子(《左传·僖公二十三年》,《十三经注疏》15.113,1815);蔡侯申(姬姓氏族)墓出土青铜铭文证明,他曾将自己女儿嫁给吴王,而后者亦声称自己属于姬姓族(安徽省文物管理委员会和安徽省博物馆 1956,图版 13.1—3,37—38;《殷周金文集成》11.6010;16.10171);一对吴王光鉴(本书图 59)也出于此墓中(安徽省文物管理委员会和安徽省博物馆 1956,图版 15,39—40;殷周金文集成 16.10298 - 99),可能是吴王所作赠予新娘的礼物;与此同时,亦有一位吴国公主嫁给了蔡国的国君,或可证明这一联姻是对等的。

② 有关后稷,见《诗经·大雅·生民》(《十三经注疏》17—1.260—65,528—33;经司马迁改修收入《史记·周本纪》,4.111—12);有关契,见《诗经·商颂·玄鸟》(《十三经注疏》,20—3.354—57,622—25;经司马迁改修收入《史记·殷本纪》,3.91)。

③ 庄白 1 号窖藏出土的伯先父鬲,前一章曾有讨论(本书第一章,注 49),就属于此类媵器。

代铭文中女性名字的系统的人类学研究仍有待开展,①这项研究将为我们了解氏族组织问题提供重要的启发。

本章所分析的三座墓地,每座都出有外氏族成员委托制作的青铜器,其中一些明确标识为媵器,另外一些可能也属于嫁妆。宝鸡的弻国墓地出土了十几件此类外来器物,②其中最明显的媵器出自茹家庄的 2 号墓:四件圆鼎,一件带炭盘的鼎,一甗,一簋,一件兽形容器,都是赠予邢姬的,应该就是墓主,赠器人是其丈夫弻伯(图 22)。两人的名字都很笼统:弻伯("弻氏族族长")仅表明此人为弻氏族的首领,而邢姬则意为"来自邢的姬姓族女子"。因为她葬于弻氏族墓地,而且我们根据其他资料得知邢为姬姓族的一个氏族,③所以我们可以确定这一名字的意思不是"一个嫁给邢氏族男子的姬姓女子"。她的两件鼎的铭文中有一段不太常见的、陈述这些青铜器用途的文字。其内容如下:

> 井(邢)姬婦[可能为她的私名]亦(?)[未识字,很可能意为"敬呈"]祖考(她的先祖和先父),(?)[未识字,一个别称]公,宗室孝祀孝祭。隹弻白(伯)乍(作)邢姬用鼎殷(簋)。④

很明显,即便在嫁给弻伯之后,甚至在其去世之后,邢姬一直向她自己的祖先献祭,从而确认邢和弻两氏族之间的联盟。

在天马—曲村,北赵的 13、63 和 64 号墓所出器物证实了晋与

---

① 这项研究需要的大量材料见吴镇烽 1987。
② 卢连成和胡智生(1988,卷 1:413)注意到,仅宝鸡竹园沟的 13 号墓一处所出的铜器铭文就提到了九个不同的氏族。他们(1988,卷 1:416—23)还讨论了弻和周边的矢、麦、丰、邢等政权的关系。
③ 有关邢国的史料,见陈槃 1969:180b—184b。有关邢的政治中心,今河北邢台,附近的西周考古发现,在《三代文明研究》编辑委员会 1999:4—147 中有所讨论;有关居于周沣都的高等级邢国氏族成员的墓葬遗存,见中国社会科学院考古研究所 1999。
④ 卢连成和胡智生 1988,卷 1:363—366,370;卷 2,图版 197.1,198.1,彩版 21.2;《殷周金文集成》5.2676-2677。

图 22 陕西宝鸡茹家庄 2 号墓出土邢姬媵器

青铜容器：1 件邢姬甗，4 件邢姬圆鼎，1 件邢姬方鼎，1 件渔伯盨，1 件邢姬盂罐（兽形器），1 件邢姬盘灶鼎。约公元前 900 年。

姞姓的柏、杨氏族(?)，①还有一个不知名的姜姓的氏族(可能为齐)之间的联姻。②在上村岭墓地，见于记载的联姻有改姓(?)的苏氏族(1820和1753号墓)，③嬴姓的梁氏族(2012号墓)，④姞姓的䚈(?)氏族(2006号墓)，⑤以及一个不知名的姜姓的氏族(2013号墓)。⑥上述情况并非都见于女性墓，至于为何媵器有时会出现于男性墓尚不得而知。⑦虽然这些证据是零星的，且将来会跟着报告

---

① 有一位柏姞作为受赠者出现在64号墓出土的媵器叔钊父甗的铭文中(山西省文物局等[编]2002:148—49)。63号墓出土的一对杨姞壶(山西省考古研究所和北京大学考古学系1994a:17,14;山西省文物局等[编]2002:161)是有关杨氏族的罕见资料，曾经引发学界的一些讨论(王人聪1996;李学勤1998b:106—108;李伯谦1998)。不过，我怀疑"柏"和"杨"实际上可能是两位姞姓女子的私名，而其所属氏族不明(最近在陕西眉县杨家村发现的窖藏出土的铜器铭文[见本书第一章，注54]证实，在宣王之后，杨是由一位周王室的王子[姬姓]所统治的，而不是姞姓的一个氏族)。注意，杨姞本人就是这两件壶的献器者，她可能就是它们所在墓葬的墓主。与之相反，提及柏姞的媵器见于一位晋侯——即63号墓主的丈夫——的墓葬。如果叔钊父，也就是提到柏姞的这只铜甗的肇赠者，确为64号墓的墓主(关于这种可能的讨论，参本章注27)，那么我们可以认为，他同时娶了两位来自姞姓的女子。一名男子同时娶数位姐妹或表姐妹来确保氏族间联盟的习俗，得到了春秋时代资料的证实(Thatcher 1991:311)。

② 参13号墓出土的晋姜簋(山西省文物局等[编]2002:60)。晋-齐联姻有公元前808年晋穆侯娶齐女为证(《史记·晋世家》9:1637;《左传·桓公二年》,《十三经注疏》5.41,1743);这种联姻很可能定期举行下去。

③ 上村岭发现的苏器包括1820号墓出土的苏貉簋(中国科学院考古研究所1959a，图版62.1;《殷周金文集成》9.4659)及1753号墓出土的苏子叔(或叔作苏子)鼎(中国科学院考古研究所1959a,图版64.2;《殷周金文集成》4.1926)。原报告指出，这是一个世代相传的联姻(中国科学院考古研究所1959a:51—52)，并引其他出土地点不明的青铜铭文予以证实;这些铭文中有一篇显示，肇赠者为受赠者的母亲，一位来自妊姓的女子。

④ 梁姬即出土于2012号墓的梁姬罐(或"壶")的献器者(河南省文物考古研究所和三门峡市文物工作队1999,卷1:251,254;卷2:图版94.2,94.3,彩版27.3,27.4)。她肯定是一位虢国(或姬姓的其他氏族)的公主，嫁到了属于嬴姓的梁国(陈槃1969:225b—227a)。至于她的器物为何最终出现在虢国氏族墓地的一个女性的墓中，需要作些解释。在两个氏族世代联姻的情况下，一个嫁到虢的梁国女子(其娘家亲属称之为"虢嬴";而虢国的婆家亲属称之为"梁嬴")自然是一位嫁到梁的虢国女子(其娘家亲属称之为"梁姬"，而梁国的婆家亲属称之为"虢姬")的女儿;这位梁国女子很有可能收到其母亲的一些媵器作为自己的一部分嫁妆。不管怎样，2012号墓不可能是梁姬之墓(尽管发掘者如此主张)。

⑤ 关于这两个孟姞匜，一个兽(?)氏族女子的媵器，见河南省文物考古研究所和三门峡市文物工作队1995:7,10—11，及封面;其铭文至今没有发表，有关讨论也见于该文献，30页。发掘者认为这些容器的受赠者即墓主本人。

⑥ 2013号墓葬的资料尚未发表，其基本信息见河南省文物考古研究所和三门峡市文物工作队1999,卷1:11;发掘者认为，该墓一件青铜匜的铭文中的"丑[羞?]姜"，即为该墓墓主。

⑦ 也许我们讨论的青铜器中有一些为战利品，而非联姻所得。

的更多出版而增加,但是这仍表明以姓族外婚为基础的联姻制度已经根深蒂固。

现在我们来考虑这些女性的墓葬遗存。首先,我们注意到,在我们分析的三座墓地中,夫妻毗邻而葬似乎是一种地位的标志;在西周其他墓地亦如此,而且几乎贯穿了整个东周时期。小而贫的墓葬,无论男女,几乎总是单独的。这可能表明,女性作为氏族联盟纽带的象征价值,只有在一定的社会等级以上才可能受到重视。我们在第八章将从另一个角度分析这一问题。

通过比较成对墓葬的随葬品,我们发现了重要差异。对于西周早期,我们分析的三处墓地中最清楚的例子是天马—曲村贵族墓地四对铜器墓中的三对(表11)。女性的青铜器始终少于其丈夫,类似的不对等也见于其他种类的随葬品。对于西周中期,宝鸡竹园沟1号和2号墓葬的青铜器数量的差异清晰地描绘了一幅更高社会级别上的图景(表8);曲村北赵的早组墓葬也是如此,虽然该墓地发表的资料并不完整(表9)。

与等级差异一样,性别差异也在西周晚期礼制改革中系统化了,上村岭和曲村北赵晚期组墓葬的发现可为证明。在上村岭墓地(表10),因受盗掘影响,我们无法找到任何一对器物组合完整的夫妇墓葬。然而,令人感兴趣的是,该墓地的全部四座"七鼎"墓皆为男性的长眠之地。在五鼎墓葬中,如果我们将两座已知的男性墓(1819和1706号墓)与2012号"女性"墓比较,会发现后者所出的青铜器总数远高于前两者;其他随葬品亦如此。然而,这并非意味着在五鼎级别的墓葬中,女性墓主高于男性的。恰恰相反,出现这种情况,原因肯定是2012号女性墓主是一位七鼎级人物的妻子;虽然她随葬了比男性五鼎墓更为丰富的显示身份的器物,但是这种表面上的五鼎特权,只是其丈夫七鼎特权的较低的女性版本。同样的道理也适用于三鼎墓:享有这种待遇的女性墓主(2006和

1820号墓)显然比同类男性墓主(1602,1705和1721号墓)更为富有,而这可以解释为前者是五鼎级男性墓的附属。

这种印象得到了曲村北赵晚期组墓葬的证实,那里的一些成对墓葬的随葬品可以直接比较。如前所述,晋国国君在西周晚期礼制改革之后的正常墓葬配置似乎是五鼎(如93和64号墓),而他们的妻子(在102,62和63号墓)只有三鼎的组合。除了前文提到的91和92号墓葬之间的令人费解的差异(七鼎对二鼎),普遍的规律似乎是,女性获得的鼎数属于低于其丈夫一个用器规格的男性级别;换言之,女性一律比其丈夫低一个等级。[①]

这种制度化的不平等也见于墓葬的其他方面。在宝鸡茹家庄,1号墓葬的男性墓主不仅拥有一个埋于自己椁室的陪葬"妾",而且墓中还埋有另外七个普通的殉人,而2号墓葬的妻子却没有陪葬,只有两个普通的殉人。在曲村北赵和上村岭两个墓地,不仅男性墓葬随葬青铜器的绝对数量远远超过女性墓葬,而且在两处墓地,随葬乐器都是男性独享的特权。在上村岭墓地,男性墓葬附属的车马坑一向比女性墓葬附属的更为丰富。在曲村北赵,每一个墓组皆附有这类车马坑,但不清楚它们究竟是晋侯夫妻所共有,还是晋侯个人所独有。不论是哪种情况,曲村北赵墓葬内部随葬的战车及其配件的数量,男性要远远多于女性。

尽管有这种明显的不平等,但是我们需要指出,等级差异的物质表现比性别差异更为显著,至少在西周晚期和春秋早期是如此。上村岭墓地的考古发现表明,享有七鼎规格的男性的夫人要比地位次一级的男性富有得多(而且,可能还掌握更大的权力),虽然两者均享受五鼎规格。要更好地理解该时期社会是如何对待两性的,我们需做更多的比较研究。迄今为止,我们仅考虑了高等级的

---

① 对于这些差异的分析,亦见雍颖 2002。

女性贵族。在下一个社会层次上,对天马—曲村贵族墓地的晋氏族非统治成员墓葬的分析也发现,青铜礼器大多数出现在男性墓葬(61%的铜器墓属于男性墓主,对应的是34%属于女性墓主;其余不明)。相反,大型陶制炊器组合主要发现于女性墓葬(54%对比30%;其余不明)。是否有一些随葬这类陶器组合的女性为男性铜器墓主的妻子呢?如果男女墓葬随葬品的差别属实,是否可以解读为,女性多与家居环境中的膳食准备相关,而男性多与"公共"场合中的礼制活动相关呢?因为目前手头证据不多,我不想再讨论下去。不管怎样,在出土单件甚或不出陶器的墓葬中,男性再次占据优势(46%对比26%女性),但是不明墓葬的数量如此之大(28%),这种优势带有很大的不确定性。我们在下一章将遇到更多的地位较低的女性。

如果祭祀器物——其中首要的就是成套的青铜礼器——反映了其所有者的法定地位,那么这些发现表明,西周的女性贵族拥有的权利少于男性,而且她们不论享有任何权利,很可能都是通过其丈夫获得的。同时我们需要注意,父系亲属集团的墓地以及这些集团用于祭祀男性祖先的礼器恐怕不是最为有效的材料,我们不能根据它们来还原西周时期女性地位的全面而公正的图景。这个课题仍需更多研究。我们重申,青铜铭文或许不是最为客观的,但却是目前仅有的材料;它们暗示当时存在独立的女官等级,为女性设立的特殊的礼仪,以及由女性到女性(也到男性)的礼器传承。

为了说明材料的复杂性,我仅援引一例与女性事务相关的青铜铭文。一件可能为一位女性献器者制作的青铜器,名曰"芮簋",是一件西周晚期的传世品,现藏上海博物馆。铭文[①]为:

---

① 《殷周金文集成》8:4195。下面的解释出自 Falkenhausen 1998:173-74,更多参考文献见此文。

> 唯六月既生霸辛子[错字，应作"巳"]，王命蒻众叔䎦父归虞姬饴器。师黄宾蒻璋一、马两。虞姬宾[蒻]帛束。蒻对扬天子休用作尊殷。季姜。

该铭文记录了一位不知名的周王派遣名为蒻的献器者，以及另外一个名为叔䎦父的人，一同将一套青铜媵器作为王室礼物在婚礼上赠给周王的一位女性亲属虞姬。当两人到达目的地时，蒻从虞姬本人和虞姬的丈夫即名为黄的师官两人那里都收到了珍贵的礼物。① 铭文的结尾用一句套语来感激王委托给蒻这样一个既体面又有利可图的任务。

叔䎦父一名所指毫无疑问是一位周代的男性贵族，而名为蒻的献器者则没那么清楚。以前的释者一致认为蒻是一位氏族归属不详的男性官员。他们将献辞一句释为"[蒻]作[此]尊贵的簋，献给季姜"，而将季姜（"姜姓族的小女儿"）视为蒻的妻子或女儿。这种解释的一个主要麻烦是"季姜"并非献辞的宾语，而是如许多西周青铜铭文结尾的族徽那样独自成文。如果我们看到的铭文不是笔误，亦非一种"倒装"（以前所有的学者均被迫如此假定，虽然这种"倒装"从未出现过，也不为古汉语语法所允许），那么"季姜"并非指受祭者，而肯定指的是献器者本人的某种身份。既然如此，因为"季姜"无疑是一个女性贵族的泛称，我们不得不认为蒻是一名女子，蒻是她的私名，姜是她的姓，而"季"（"最幼"）大概表明她在娘家这个无名氏族同辈女性中的排行。这件器物是用来祭祀她自己的祖先的。

---

① 虞姬之名的释义学者之间略有分歧。虞是姬姓的一个小氏族，居于晋南地区。所以我们似乎可以直接设想虞姬为一位来自此氏族的女子。不过，马承源（1986—1990，325号）认为她是一位王室的公主，嫁入了另一个虞氏族；后者属于妫姓，居住在今河南。马氏的解释更好地阐释了周王作为肇赠者的角色，因为此类器物通常由新娘的直系亲属所赠。注意，在第一种解读中，虞是此女娘家的氏族名，而在第二种解读中，则是其婆家的氏族名。当然，她的姓族名是保持不变的。

尽管这种解释现在还不是定论,有几个因素似乎对其有利。首先,如果"季姜"为献辞的宾语,那么就它所出现的位置来讲,不可能指一个在世的受赠者(比如妻子或女儿),而必然是一个已逝的女性祖先。然而,在周代铭文中,像季姜这类称谓通常用于在世的女性,而女性的谥号则由尊号和颂词组成。其次,男性为馈赠女性而制作的铜器铭文通常不含"功绩叙述",不见这篇铭文提到的献器者所受王室恩惠的内容。第三,铭文提到的事件与女性事务有关。联系到芮将祭祀用器转赠给王室姓族(或者王室氏族)的一位女性,我们很容易将芮视为一位掌管后宫人事的女官;她在执行外务时由一位男官陪同,在此铭文中这位男官为叔繇父。迄今为止,芮簋铭文是现有资料中唯一记录此类活动的,这就要求我们假设时更加谨慎,但是未来的研究可能会揭示更多的证据。

上文有关铭文的题外话意在提醒我们,女性的地位也许并非那么卑下,仅仅考虑用器制度和礼器组合会给人错误的印象。我们对曲村北赵和上村岭墓地资料的详细研究显示,在墓葬大小、墓道数量、有无重棺以及随葬玉器的丰富程度等方面,两性墓葬之间并不存在系统的差别,可资佐证。在两处墓地,仿古明器出现在一些礼制改革之后的墓葬里,而它们在女性墓葬的数量要比男性墓葬的更加丰富。此外,在周代墓地中,成对夫妻墓葬的相对位置(居左还是居右)并未显示多少一致性。① 在宝鸡茹家庄,以及曲村北赵两组明显最早的墓葬中,女性墓葬位于左侧,在曲村北赵较晚的墓组中,则位于右侧;而在天马—曲村贵族墓地的四对墓葬中,左、右侧各有两对。在以后的东周时期的墓地中,两性墓葬之间的

---

① 郭宝钧(1959:55)主张,周代曾有一条礼法,要求女性葬于其夫左侧(=在平面图上居右)。这种礼法若确实存在,但似乎频繁被打破。关于左右在中国古代的文化意涵,见 Granet 1953:261-78。

相对位置仍然变化莫测。① 位于一侧或另一侧是否可反映出一定的特权仍不清楚。

总而言之,本章所分析的资料显示,尽管随着时间的推移,周代的礼制规则更为系统,但是它们并没有僵化。相反,我们应该将古代中国的礼制视为一套工具,用来规范纷繁复杂的日常社会生活;至于这些规则如何应用,可能在很大程度上取决于一些临时的决定,而个人的社会技能对此亦起关键性的作用。权力不仅在于所拥有的礼制特权,可能甚至更多在于操控规则、使之适应现实情况的能力。随着西周晚期礼制改革推广的周礼标准得到广泛遵循,不同的小传统兴起,因为不同氏族的礼仪专家都自行发展出了略微不同的实施方法。不论男性还是女性,只要处理得当,均可从这种本身就非常灵活的礼仪制度中获益。

---

① 在山西侯马的上马墓地(将于第三章展开讨论),两对春秋早期附随葬车坑的墓葬提供了彼此矛盾的证据:1284号墓(男)位于1283号墓(女)正左侧,而其附近的1288号墓和1287号墓,其布局恰好相反。在山西长治分水岭墓地,269(男)和270号墓(女)这对春秋晚期的墓葬符合郭宝钧主张的礼法,战国早期两对墓葬中的一对,12(男?)和25号墓(女?),可能也符合。但是另外一对墓葬,即14(男?)和26号墓(女?),位置却与此相反。如果墓葬之间的财富差异可以体现墓主的性别,则郭氏所主张的礼法也醒目地体现在战国中晚期的两对墓葬:20(男?)和21号墓(女?),以及36(男?)和35号墓(女?)(关于分水岭遗址,见山西省文物管理委员会1957;山西省文物管理委员会和山西省考古研究所1964;边成修1972;以及山西省文物管理委员会晋东南工作组和山西省长治博物馆1974)。

第三章 中国北方氏族共同体的个案研究（约前800—前450年）

人口统计和等级分析

天马—曲村和上村岭墓地或可视为"孔子时代"前半段最后几个世纪的代表性大型氏族墓地。两个墓地都已经报道了大量墓葬，但是因为它们的发掘工作不系统，又部分遭盗掘，我们无法进行统计学的分析。当然，我们可以作一些计算，例如，铜器墓的比例在上村岭墓地约为15%（限于1950年代的材料），在天马—曲村的贵族墓地为7%；这些数字显示，在两个氏族中，拥有青铜器的仅限于人口中相当小的一部分。但是两个数字中哪一个更接近整个周代社会的真实比例呢？或者找一个适用于整个周代社会的数字毫无意义，因为氏族之间相差悬殊？这两个数字是否反映了虢和晋两个氏族不同的社会地位？或者，因为两个墓地的年代范围略有不同，它们体现的是一种历时变化？我们都无法回答。由于这两个数字是从不合统计要求的代表性数据搜集得来的，它们并不能可靠地反映拥有青铜器的特权贵族在每个氏族中所占的比例：它们只能反映一种大致的趋势。鉴于这些数字来自相对大量的资料，其准确性也许高于那些从数量更少的不具代表性的样本得到的数字，但是即便如此，我们也没有什么把握。

上村岭和天马—曲村墓地的发掘报告可能包含了各个社会阶层的墓葬，分布于各自的墓地；但是已经发表的各阶层的墓葬数量，可能与各阶层的人口数量不成比例。西方的考古学者，尤其是文化资源管理工作者，通常无法发掘整个遗址，于是煞费苦心地设计出这样那样的"抽样方法"，以便得到虽然数量有限，但是能够代表遗址的实际状况的资料。这些方法用于聚落遗址最有效，不过也许可以尝试用于中国青铜时代的墓地。在地表上的系统调查不但可以揭示墓葬位置，而且可以了解其轮廓和规模；应当调查整个墓地，按大小将墓葬分类，然后按照各类墓葬数量的比例进行发掘。然而，据我所知，这种方法从未有人采用过；而且如本章分析的资料所示，其隐含的假设——即墓圹大小为财富和社会等级的一个可靠的指标——有时需要修正。

迄今为止，中国青铜时代唯一一处可以提供了具有统计意义资料的墓地，就是山西侯马的上马墓地。① 原因其实很简单，这里发掘的1 387座墓葬基本代表了该墓地的几乎全部墓葬(95%)，② 而且其中只有一座被盗。这一资料库基本完整又非常丰富，让我们有把握说，我们在此墓地看到的任何规律都不只是一种偶然的印象。因此，我们可以从中抽取一些统计资料，分析其所属氏族的内部社会分化。至于其结果是否适用于周代社会的一般情况则是另外一个问题：第二章已经告诫我们，反映社会差异的物质表现在不同氏族之间有相当大的差别。因此根据上马墓地的资料以偏概全是不明智的。然而，由于上马墓地的资料非常详细，它们确实提供了一个难得的参照物；我们希望以后有更多的类似质量的资料出现，使我们能够描绘出一幅更为全面的社会景象。

---

① 发掘报告见山西省文物管理委员会侯马工作站1963及山西省考古研究所1994a。我曾在Falkenhausen 2001b一文中做过一次全面的分析。本章是对这篇论文的总结和扩充。

② 5%未发掘墓葬的资料缺失可能会歪曲我们的统计数字，但是这种歪曲不会很严重。

上马墓地及其周边环境

上马墓地1960年代早期首次发掘,再次发掘于1978年至1987年。墓地位于晋国的腹心地带,在天马—曲村西南不足50公里处(上马墓地西周晚期开始使用的时候,天马—曲村可能是晋国的都城所在),还与新田(在今侯马市)——晋国的最后一个都城,建于公元前585年——毗邻。① 上马墓地也靠近位于曲沃县西南的一座战国城邑,公元前453年三家分晋之后,这个区域受魏国统治,城邑是该国的一个地方行政中心;② 不过到了这个时候,上马墓地就不再使用了。新田和曲沃的战国城邑均有自己的附属墓地。因此上马墓地一定属于另一个聚落,根据有寨墙的上马村发现的一些周代居址来看,它可能就压在该村的下面。③ 正如第二章所说,我们的基本假设是该墓地代表了一个氏族,而氏族可能居住在其旁边的聚落中。我们不知道氏族和所属姓族的名称。铭文也帮不上忙,因为墓地仅有的铭文器物是两件为徐国的王子制作的铜鼎,而徐国位于一千多公里以外的中国的东南部。④ 它们肯定是外来的,也许作为战利品,也许通过联姻获得(但是鉴于空间距离,恐怕还有等级上的差异,这个可能性较小)。

墓地共有六个分区,每个分区的墓葬数量不等(见表12;地图

---

① 见《左传·成公六年》(《十三经注疏》26.200-1,1902—3)。有关1950年代以来在新田开展的大量田野考古工作的综述,见山西省考古研究所侯马工作站1996。
② 简报见山西省文物管理委员会1959:222—23;山西省文物管理委员会和山西省考古研究所1960a:15;吴振禄1986。该城邑位于今日的曲沃县,战国时代称为凤城(许宏2000:109—110)。切莫将其与位于闻喜县的曲沃旧城相混淆,后者是晋国统治家族的一个旁支支族所在地,公元前679年它篡夺了晋国政权。
③ 见山西省考古研究所1994a:272—280。遗址亦见战国-汉代的聚落遗存(同前,280—87);可能即使在墓地废弃之后,遗址也还有人居住。
④ 它们是出土于61M13号墓的两只庚儿鼎(山西省文物管理委员会侯马工作站1963:238,236—237,图版1.1;《殷周金文集成》5.2715-16;张颔和张万钟1963)。

6)。这些分区究竟是否对应聚落中的住宅分区,目前还不得而知。但发掘者推测,我也认为很合理,即每个分区为一个支族的墓区;唯一可能的例外是Ⅳ区,这里的墓葬大多集中于边缘,似乎属于毗邻的几个分区,而且主要是Ⅰ区。Ⅴ区可能属于排行最老的支族,因其中有整个墓地最早的四座墓葬,年代可早到西周晚期。所有六个分区在春秋时代早期同时投入使用。第一个被废弃的是Ⅲ区,其中最晚的墓葬年代为春秋时代晚期前半段;Ⅱ区和Ⅵ区在春秋末期前夕也停止使用;而墓地的最晚一期(向战国时代的过渡期)墓葬仅只出现在Ⅰ区(连带Ⅳ区)和Ⅴ区。

表 12　山西侯马上马墓地:墓葬按分期和分区排列

期	Ⅰ西周晚		Ⅱ春秋早		Ⅲ春秋中		Ⅳ春秋晚		Ⅴ	时代不明	总计
段	1	2	3	4	5	6	7	8	9		
按性别统计											
成年女性	2	14	45	61	93	82	30	11		155	493
成年男性	2	14	42	72	81	95	40	15	3	186	550
性别不明		8	21	26	55	42	19	14	3	136	324
儿童			1							18	19
总计	4	36	109	159	229	219	89	40	6	495	1 386
按分区统计											
Ⅰ区		8	15	23	35	40	14	7	3	91	236
Ⅱ区		1	4	4	16	11	19	17		91	165
Ⅲ区		9	22	33	36	33	8			65	206
Ⅳ区		1	10	3	19	12	8	3	2	15	73
Ⅴ区	4	6	33	61	75	74	24	1	1	70	349
Ⅵ区		11	25	35	47	48	16	12		155	350
总计	4	36	109	159	228	219	89	40	6	487	1 377

两表都不包括一座含有两棺,埋有一男一女个体的墓葬(M1028;年代不明),五个含有动物骨骼的祭祀坑和三个车马坑。分区统计的表格中不包括九座分区归属不明的墓葬。经过发掘的墓葬共计1 387座。

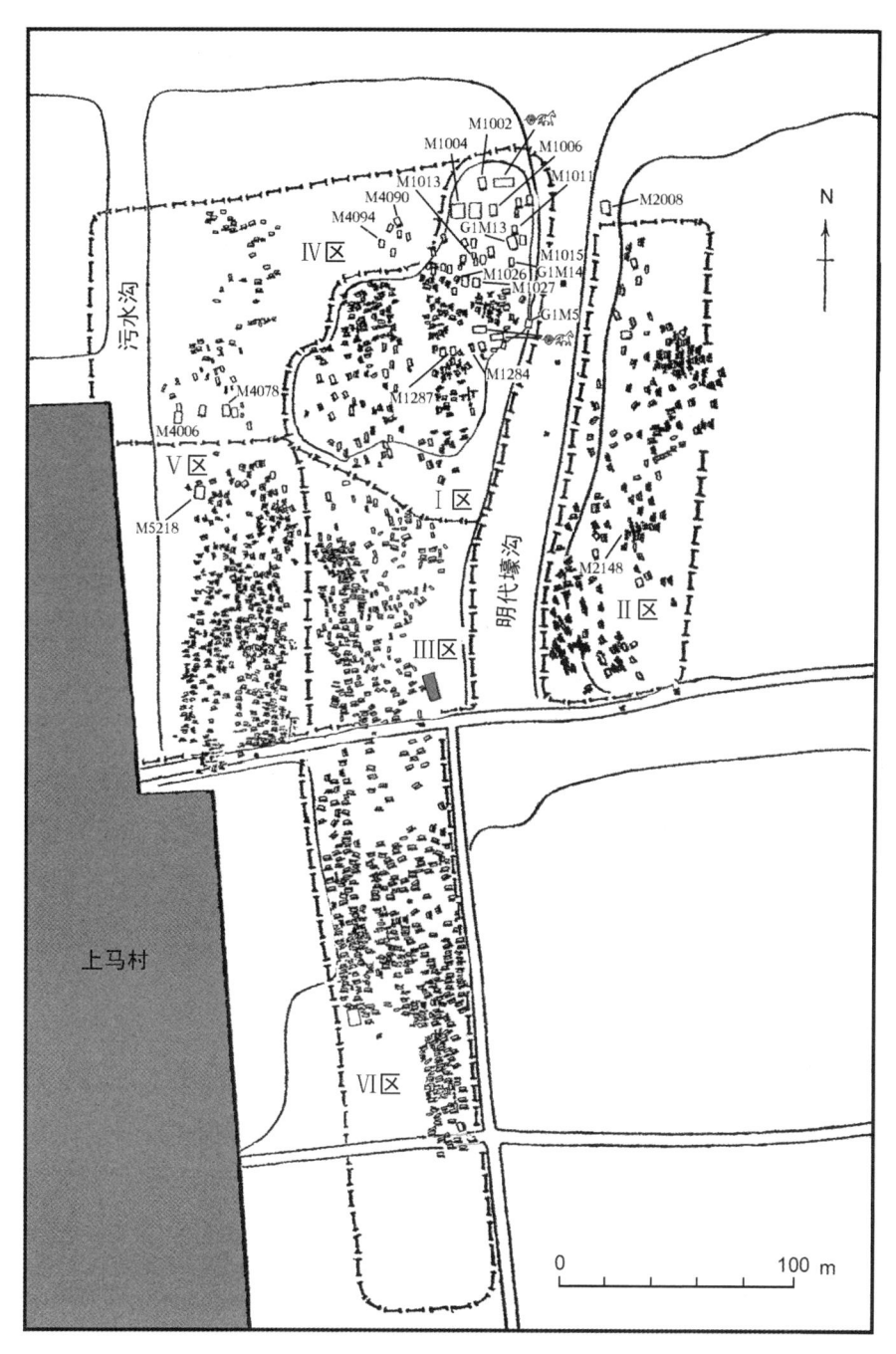

第三章 中国北方氏族共同体的个案研究(约前800—前450年)　145

地图6　山西侯马上马墓地

仅铜器墓有序号标示。

发掘者将墓葬分为九期,根据陶鬲的类型排队;就像上一章已经说过的,这种陶器序列局外人无法验证,但是我们如果想利用上马墓地的发表资料,我们只好接受报告提供的序列。为了展开下面的分析,我进一步假定上述九期的长度大致相等;这种假设可能有问题,但是考虑到分至各期的年代跨度较小(约45年),应该不会有太大影响。墓地出土的全部资料——墓葬随葬品以及人骨的性别和年龄——都放在上马墓地发掘报告最后的附表里,用起来很方便。①

人 口 发 展

如果上马墓地展现了其所属氏族的完整丧葬记录,那么我们期望它们能够反映其聚落的人口发展史。然而,文化习俗将某类人排除在氏族墓地以外,使得上马墓地的墓主与聚落的实际人口之间存在系统差异。首先,儿童几乎完全不见于墓葬人口(仅19座墓,或总数的1.8%,埋有10岁以下的儿童尸体)。这种现象与前现代社会一般至少50%的婴儿死亡率相距甚远。由此我们可以得出结论,即上马氏族的绝大多数夭折儿童没有埋入该墓地。同样,上马聚落的居民中,不属于氏族血缘亲属的人,包括仆侍和奴隶、未同化的外族(关于这一人群的更多讨论见第五章),可能还有其他一些人,也不可能葬在这里。此外,一些女性可能也排除在氏族墓地之外,因为墓主的男—女比例明显倾斜于男性(男女比为112∶100),②而在自然人口

---

① 山西省考古研究所 1994a:307—97 页;英译和重新整理见 Falkenhausen 2001b:152-65。尽管作者自己轻描淡写,但是上马报告的编写在中国考古学史上是一项划时代的成就。

② 有趣的是,完全相同的性别比例出现在天马—曲村晋国贵族墓地的626座墓葬样本中。

中,女性会略占优势(男女比为96∶100)。也许某些类别的成年女性(例如,虽然已婚,但是未生子嗣便已离世,因此没有获得配偶身份)不允许葬入丈夫们的氏族墓地。当然,其他原因也有可能造成这样的性别失衡:例如,女性的骨骼略小,在地下保存的状况可能不如男性骨骼(因此,在23%性别不明的墓主中,多数应为女性);①可能存在杀女婴的现象,这甚至到20世纪的中国还偶有发生;而且女性在童年时代得到的照顾和喂养恐怕也不如男性,这可能会导致女性婴幼儿更高的死亡率(因此她们之所以没有埋在墓地的直接原因,是因死亡年龄小而不是性别)。

因此,显而易见,上马墓地的资料反映的不是其所属聚落整个的人口发展,只是该聚落成年的核心人口史。为了重构这一历史,第一步就是将各段墓葬的总数绘制在一条曲线上(表13)。从第1段的四座墓葬开始,数量由第2段(西周晚期晚段)到第5段(春秋中期早段)之间猛增,之后又持续减少,直至第9期(向战国时代的过渡期)为止,此后该墓地便停用了。我们甚至可以计算墓葬数量在各段之间的增长率。为此目的几种数学公式可供使用,我们采用了其中的一种,结合上述分期的各段的墓葬数、各段的时间长度以及前现代社会中成人的平均预期寿命,我们就能够得出大致的人口数值,反映各段的任何时间点上聚落中在世的核心成年居民的平均数量。公元前7世纪中叶左右,最大数值似乎在250人至350人之间——如将儿童、其他底层女性以及外来居民计算在内,这个数值应至少翻一倍,也就是本聚落的人口总数。这种规模在今天只不过是一个小村落,但是按照春秋时代的标准,已经是个颇具规模的城镇了。当然它要比一个诸侯国的都城要小得多——估

---

① Weiss(1972)研究确定,因人骨保存存在差异,男性比例平均会多算12%(参见 Morris 1992:82)。

计也就是后者的十分之一,甚至更少。①

表 13 上马墓地"埋葬群体"的人口发展

人口数据重建(仅成人)									
段	1	2	3	4	5	6	7	8	9
第一种算法									
A	3.0	26.7	80.7	117.8	169.6	162.2	65.9	29.8	4.4	73.2
B	4.6	41.5	125.8	183.5	264.7	252.7	102.7	46.2	6.9	114.2
第二种算法									
A	3.5	31.2	94.5	137.8	198.5	189.8	77.1	34.7	5.2	85.8
B	5.4	48.6	147.2	214.7	309.3	295.7	120.2	54.0	8.1	133.5
A:原始数据;B:将年代不明的墓葬按比例分配至各段后所得数据。根据 B 所得数据应至少翻一倍方可达到上马墓地所属聚落的实际人口数量。有关不同计量方法的解释,见 Falkenhausen 2001。									
各段之间的人口增长率*									
	3.56	2.22	0.83	0.80	−0.10	−1.88	−1.55	−3.33	

*根据公式 $r = \ln\left(\dfrac{N_2}{N_1}\right)/t$ 计算所得,其中 t 为一个时间段的长度,N_1 为该段初期的人口数,N_2 为该段末期的人口数(Hassan 1981:139)。

---

① 坦白地说,这个比例只是个推测。我作此判断的唯一依据是第二章曾讨论的天马—曲村墓地的资料,这些资料大概可代表晋国都城核心成年人口的情况。如果该墓地的发掘面积的确占总面积的 1/35,而且整个区域内墓葬密度一致,那么我们可以根据现有的 626 座墓葬,推知其总墓葬"人口"为 21 910,几乎是上马墓地的十六倍。如果整个墓地的使用时间与已发掘部分的年代范围(从西周早期至春秋中期)一致,我们可推知其使用时间为 450 年。根据 Morris (1987:74—75)所用的两个公式,我们可得以下数字:
$$\frac{1\,000}{30 \times 450/21\,910} = 1\,622$$
或(采用上马墓地平均死亡年龄的数据)
$$\frac{39.09 \times 21\,910}{450} = 1\,903$$
这大概就是天马—曲村聚落遗址的平均核心成年人口数。这个数字乘以两倍或更多,可能就是晋国都城的人口总数。这些数字假定人口数量保持不变,而实际情况当然不是这样;但是由于该墓地的发掘不是按照统计学方法抽样进行的,我们无法追踪天马—曲村各个时期的人口变化,但是在上马墓地可以这样做,至少可以尝试。因此,其人口峰值有可能会远远大于上面给出的数字。进而可知,与上马居民人口在春秋中期达到的峰值相比,西周时代晋国都城人口平均可能至少是其六倍——有时很可能是其十倍不止。当然,这些数字甚为粗略。不过,它们可用来表明,在公元前一千纪前五百年,即便是一个大诸侯国的都城,也远远比不上战国时代人口稠密的大都邑。

如果墓地资料反映的是上马氏族自开创以来的历史,那么V区第1段的四座墓就代表创始者夫妇及其第一代子嗣。人口的高速增长持续到第5段,大概主要归因于自身的繁衍,不过如此高的增长率马上让人怀疑是否有其他因素的作用,例如,一定数量的外来者并入(即以过继的方式)该氏族(要证实这一点,DNA分析可能会有帮助)。这些资料反映了氏族的历时增长,它们同样也反映了日益加剧的社会内部分化,各种各样的地位象征器物相继出现。椁室在第2段开始出现,而青铜容器和重棺则首见于第3段(见表15,17)。在第7段,仿铜陶器开始引入并替代"真正的"青铜容器,可能出于宗教而非社会原因(见第七章)。至于自第6段开始的人口锐减,发掘者将其归因于附近都城新田的建造不无道理,后者无疑吸纳了一部分上马聚落的人口。① 上马墓地在其最后一段似乎只用于特殊情况,且仅用于埋葬地位较高的人物。

人骨资料也允许我们计算上马墓地墓主的平均寿命。我们已经知道,并非所有人口均葬于那里,所以这些数字不同于出生(或者生命中的任何时间点)人口的平均预期寿命。不过,它们累积起来,确实反映了"埋葬群体"——即被允许埋入氏族墓地的人群,他们地位相对较高,绝大多数为成年人——的正常寿命。我们发现,寿命在10岁以上的人口中,活到36岁以上的女性所占比例(45%)大大低于同类男性(68%)(表14),只是各段之间变化显著。② 造成这种

---

① 山西省考古研究所 1994a:301—2 等处。
② 在天马—曲村贵族墓地,这种差别几乎不存在:有44.9%的男性和44.1%的女性寿命超过35岁。仅在那些墓主年龄可辨但性别不明的墓葬中,年轻死者的数量大大超过了老年死者,只有31.8%的人口寿命超过35岁。如上所述,这些年轻死者可能大多为女性;故女性的平均死亡年龄可能还是多少低于男性。不过,真正令人惊讶的是天马—曲村贵族墓地的男性的平均死亡年龄相对较短。看来,该墓地埋葬的人群,其总体寿命短于上马墓地埋葬的人群。究其原因,可能是与两墓地的时代差异有关,天马—曲村贵族墓地的墓葬大多处于西周时代,而上马墓葬则大多处于春秋时代;或是两个氏族的地位差异使然(见下文)。我们可以猜测,天马—曲村贵族墓地的男性比上马墓地的男性更多地死于战争,要么因为前者大多生于一个更为暴力的时代,要么是由于随着时间的推移,军事技术或医药的进步降低了死于战争的风险;或者,由于天马—曲村贵族墓地所葬氏族是(转下页)

不平衡的主要原因几乎肯定为分娩死亡,这是现代医学来临之前,世界各地人群中女性死亡最普遍的原因。

表 14 上马墓地两性死亡年龄的差异

i. 死亡年龄段百分比,按性别排列(仅成人)

时期	春秋早期		春秋中期		春秋晚期	
年龄	女	男	女	男	女	男
56+	9.4	15.8	12.6	13.0	9.8	5.4
51—55	5.6	8.8	6.8	7.9		9.1
46—50	7.5	17.5	6.3	17.6	2.4	18.2
41—45	9.4	17.5	6.8	14.8	17.1	23.6
36—40	12.3	10.5	13.7	13.6	17.1	10.9
31—35	17.0	12.2	10.2	11.3	12.1	12.7
26—30	13.2	6.1	15.4	10.2	4.9	12.7
21—25	13.2	6.1	16.0	7.9	29.2	
16—20	6.6	0.9	6.8	1.1	4.9	
11—15	1.8	0.9	1.1			
其他成人	3.7	3.5	4.0	2.2		7.2

ii. 各段死亡年龄高/低于35岁的人口百分比

段	1	2	3	4	5	6	7	8	9	总计	年代不明
女性											
35 岁以上	—	28.5	50.0	43.3	44.9	51.9	48.3	45.4	—	46.6	46.9
35 岁及以下	—	71.4	50.0	56.6	55.0	48.1	51.7	54.5	—	53.3	53.1
男性											
35 岁以上	—	84.6	68.3	75.3	67.9	69.2	72.2	73.3	—	71.0	62.8
35 岁及以下	—	15.3	31.7	24.6	32.1	30.8	27.8	26.6	—	28.9	37.1

性别/年龄不明的个体不计入统计。

(接上页)晋国统治核心的组成部分,他们比上马所葬的氏族更容易卷入战争。要验证这些想法,我们可以对两墓地人骨资料进行详细检测,来寻找墓主死于暴力的迹象。

那些没有埋入墓地的聚落人口,埋到哪里去了? 即使到现在,资料依然匮乏,但是他们似乎很有可能在聚落内处理掉了。在目前为数不多的已发掘的中国青铜时代晚期聚落中,常常发现低等级人群的痕迹。它们有的是有棺木的简单墓葬(天马—曲村聚落遗址有15例),①有的是随意粗暴(或混乱无序)地埋藏在垃圾坑中的"弃葬"(见于新田遗址及其他各地)。② 然而,如此埋葬的绝大多数人可能永远都不会进入考古工作者的视线。儿童尤其如此,因为其骨骼较之成人腐化得更快而彻底。因此,纵使我们有可能更加彻底地了解上马聚落,十之八九仍然找不出所有那些从氏族墓地失踪的居民的遗骸。③

社会分化的标志

上马氏族与上一章讨论的氏族一样,也有显著的内部分化,估计(至少原则上)也是以血统为基础的。同样,这种氏族成员之间的不平等在物质层面体现为暗示墓葬级别的特征的相对分布。这些特征如下:

(1)墓葬在墓地中的位置,尤其是夫妻的成对墓葬(与宝鸡茹家庄、天马—曲村和上村岭墓地一样,成对墓葬在上马墓地只有少数几例,地位都比较高)。

(2)墓葬的整体规模。

(3)椁室,传世文献视之为判断某墓是否为各级贵族的决定

---

① 北京大学考古学系商周组和山西省考古研究所(邹衡编)2000,卷2:919—25。
② 例如,山西侯马铸铜遗址有五例(山西省考古研究所 1993,卷1:439—40),山西芮城永乐宫东周墓地有三例(山西省文物管理委员会和山西省考古研究所 1960b:21)。在洛阳西周铸铜作坊,有六人弃葬于一个大坑,见洛阳市文物工作队 1983:432—34;洛阳的一个东周时代的实例,见郭宝钧和林寿晋 1955:92。
③ 另外一种估算聚落人口的方法是根据房屋的面积;不过,迄今为止在中国青铜时代的考古工作中,还未出现足够完整的聚落资料,可以支持这种估算。

性标志(图 23)。①

(4) 棺及其数量。一些高等级的墓葬有重棺,而一些等级最低的墓葬则完全没有棺。

(5) 车马坑,马坑,或牛坑(分别有三例、四例和一例);这些形制推测应为地位的象征,但是上马墓地的实例太少,无法详细分析。

(6) 墓葬中的殉人或殉牲(有数例出现,但是很奇怪,它们的存在与墓主的等级没有什么明显的联系)。

(7) 青铜礼器及其数量(图 24),或者在墓地的最后一段,陶礼器及其数量(图 25)(我们在第一、二两章已经开始探讨这一重要标准)。

(8) 武器及其数量(上马墓地不同于很多其他东周墓地,这里武器仅见于出有青铜容器的墓葬)。

(9) 陶炊器及其数量(图 26),它们是发掘者青睐的断代器物,因为其出现于绝大多数墓葬(包括几乎所有的铜器墓)。

(10) 玉器、磨光石器或骨器及其数量,它们多为死者的装饰品。其中石圭用于埋葬仪式,只是它用于哪个环节现在已经不清楚了(图 27)。此类器物普遍存在,但目前无法用来断代。

为了根据这些资料重建一个等级序列,我把这 10 种特征合并为两类:葬具和随葬品。我首先分别分析两类特征,这样会产生两个平行的等级序列,而由此揭示的二者之间的显著差异我稍后将予以解释。

---

① 见《礼记·檀弓上》(《十三经注疏》6.17—18,1275—76)和"丧服大记"(《十三经注疏》45.351—57,1579—85)。《论语·先进》中对颜回丧葬的讨论(《十三经注疏》11.42—43,2498—99)似乎假定了——在孔子在世时期的鲁国——有椁墓是等级贵族成员的标识,而平民只能用棺材殓葬(见 Poo 1990:26 - 27 等处)。

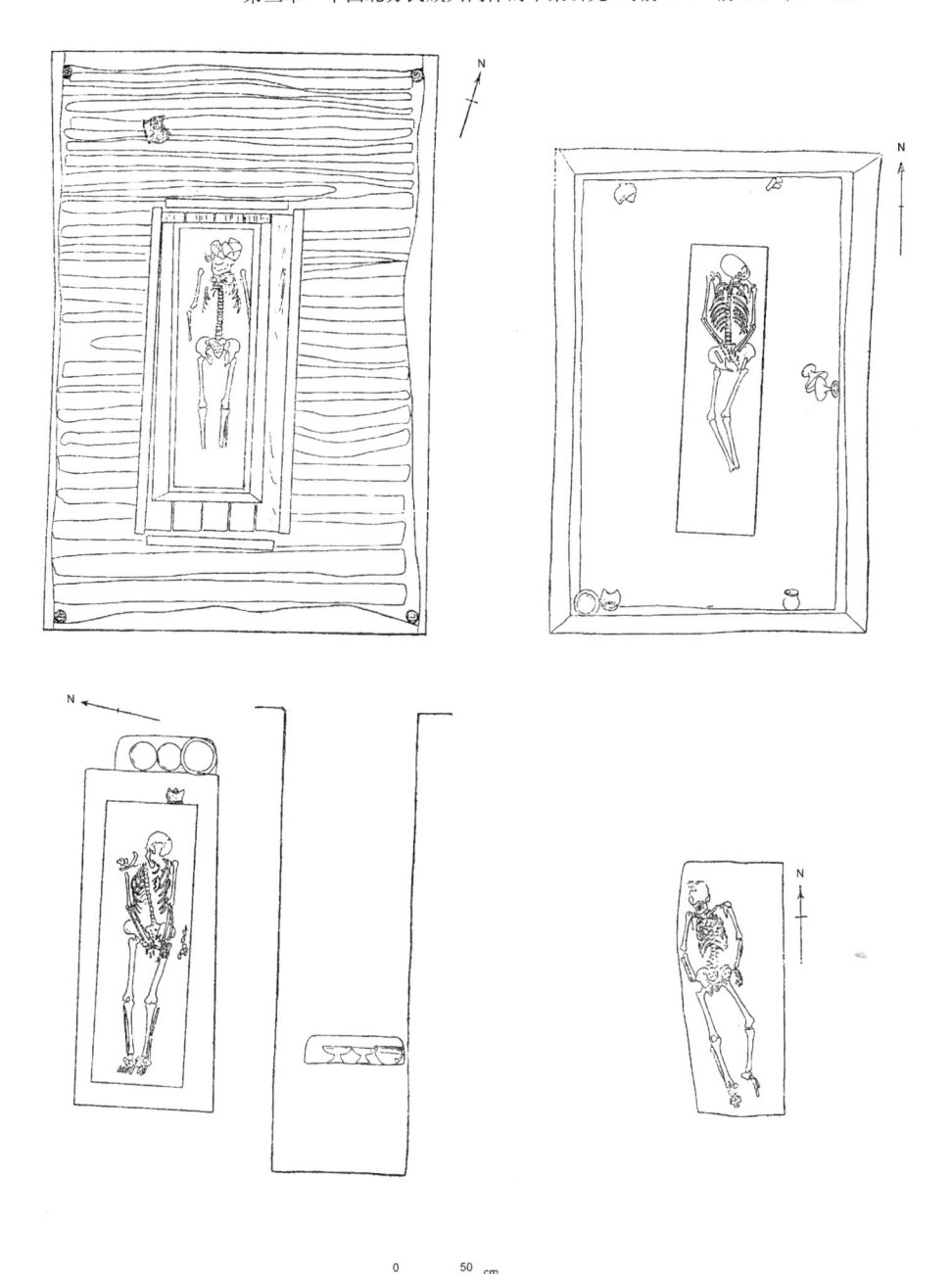

图 23　山西侯马上马墓地不同葬具的墓葬

上左：1283 号墓（单椁重棺）；上右：2146 号墓（单椁单棺）；下左：1203 号墓（无椁单棺；注意其壁龛）；下右：4003 号墓（无椁无棺）。公元前 8 至前 5 世纪中期。

154　宗子维城

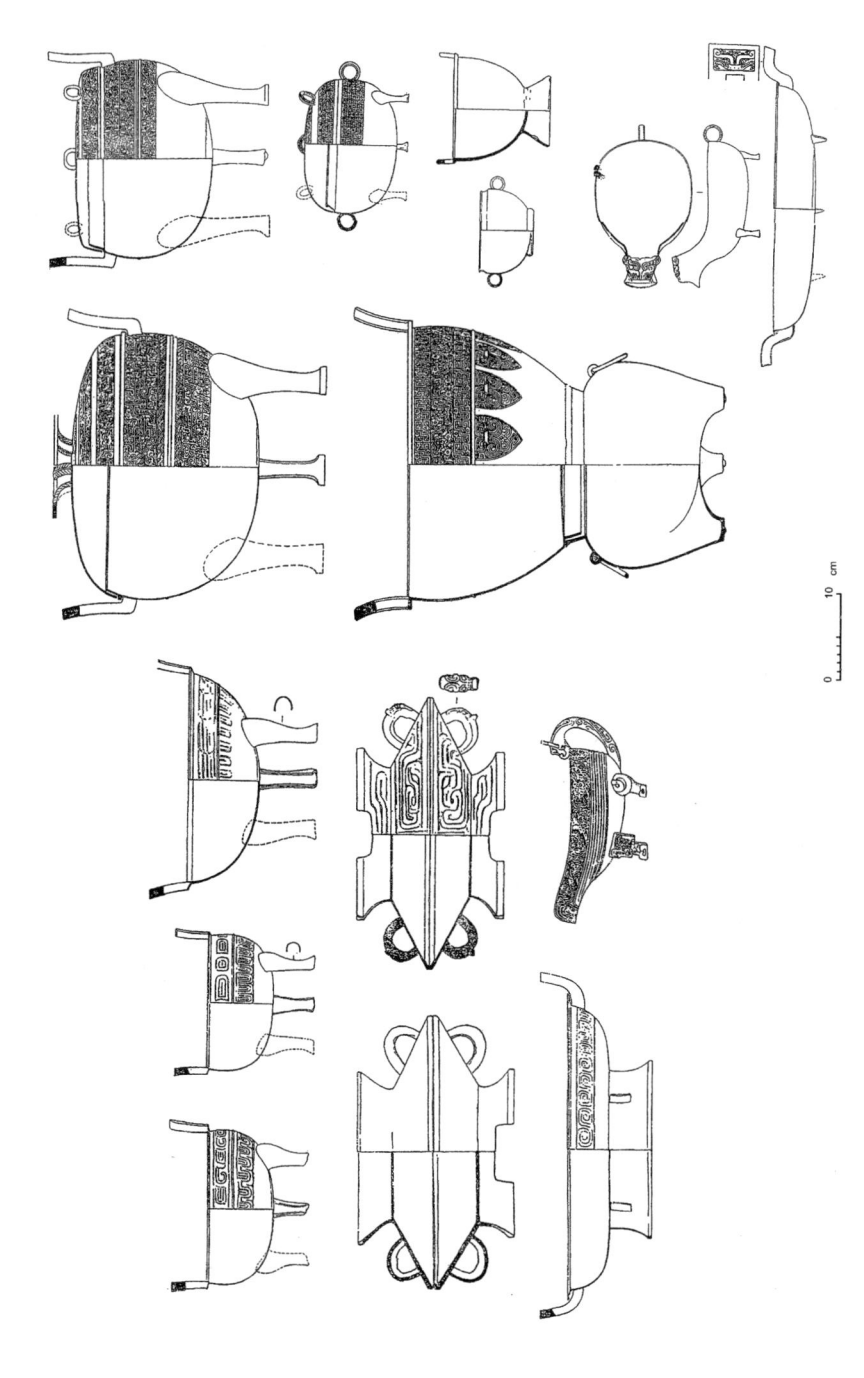

图 24 山西侯马上马墓地出土的青铜器组合

左：4078号墓（3件无盖鼎，2件簋，一套盘、匜组合），春秋早期；右：2008号墓（2件有盖鼎，1件瓶，1件敦［另有一件与之相同的器物，未绘图］，1件盉，1件鍑，一套盘、匜组合），春秋晚期。

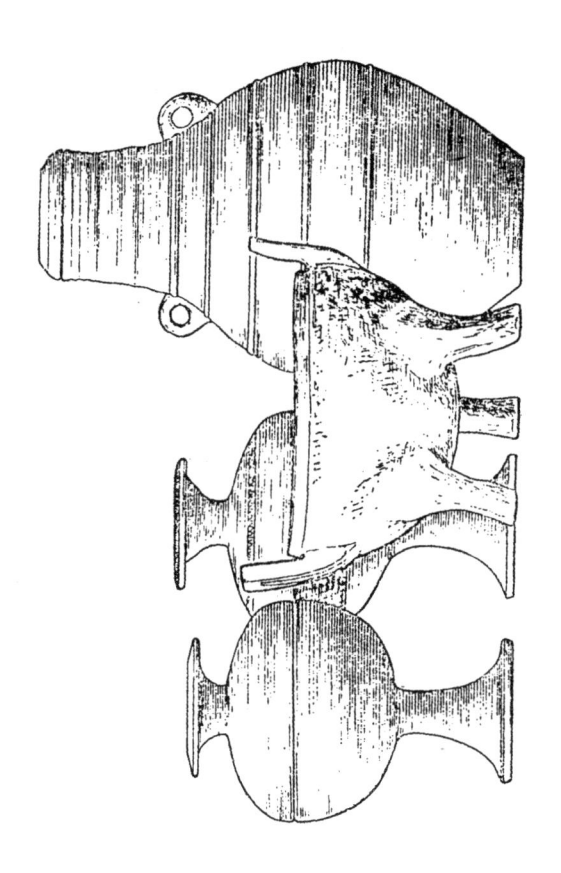

第三章　中国北方氏族共同体的个案研究(约前 800—前 450 年)　155

图 25　山西侯马上马 1007 号墓所出陶质明器组合
1 件鼎(器盖遗失)、2 件豆、1 件圆壶。公元前 5 世纪中期。

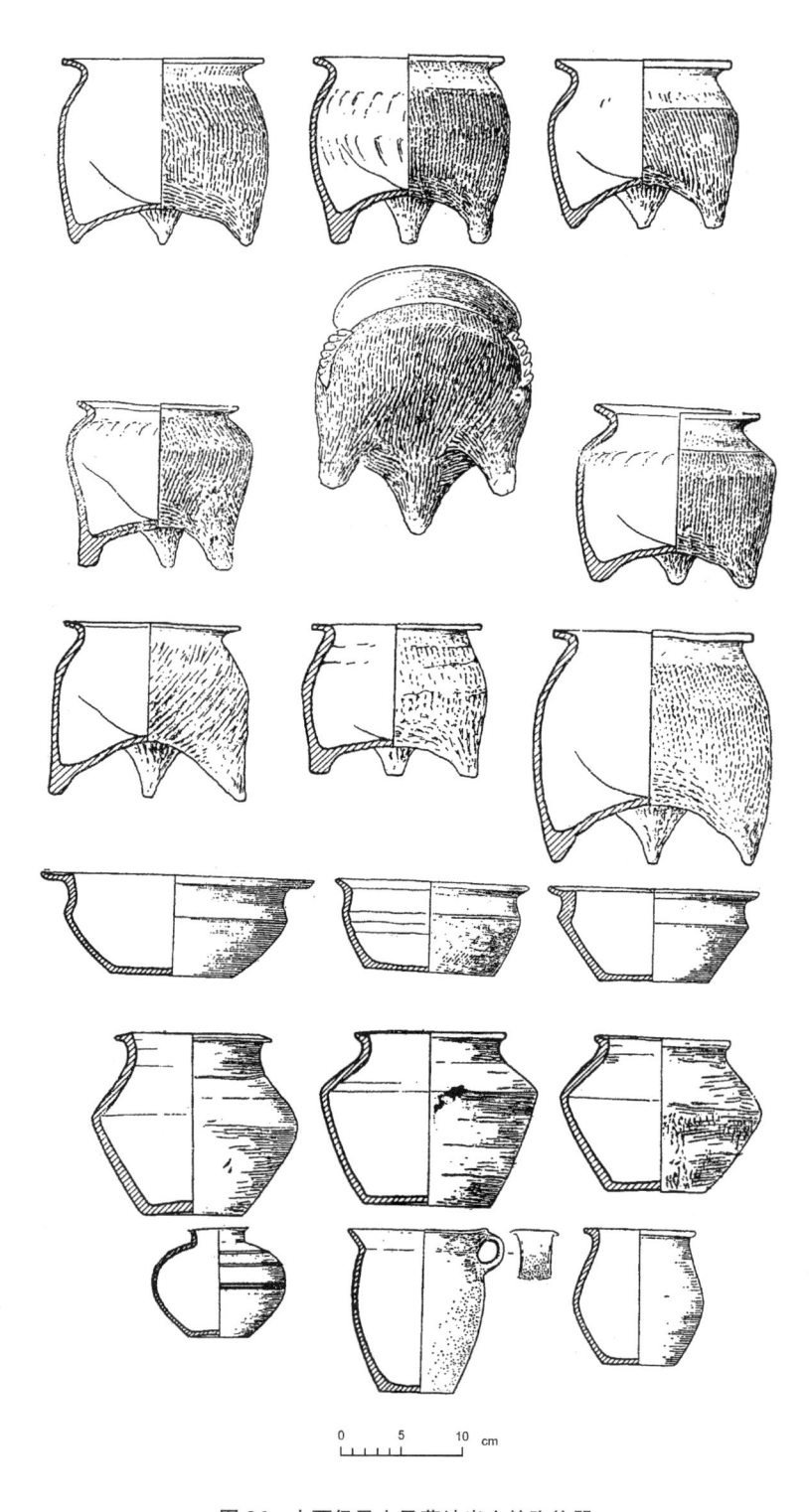

图 26　山西侯马上马墓地出土的陶炊器

上三排：鬲；第四排：盆；第五、六排：罐。公元前 8 至前 5 世纪中期。

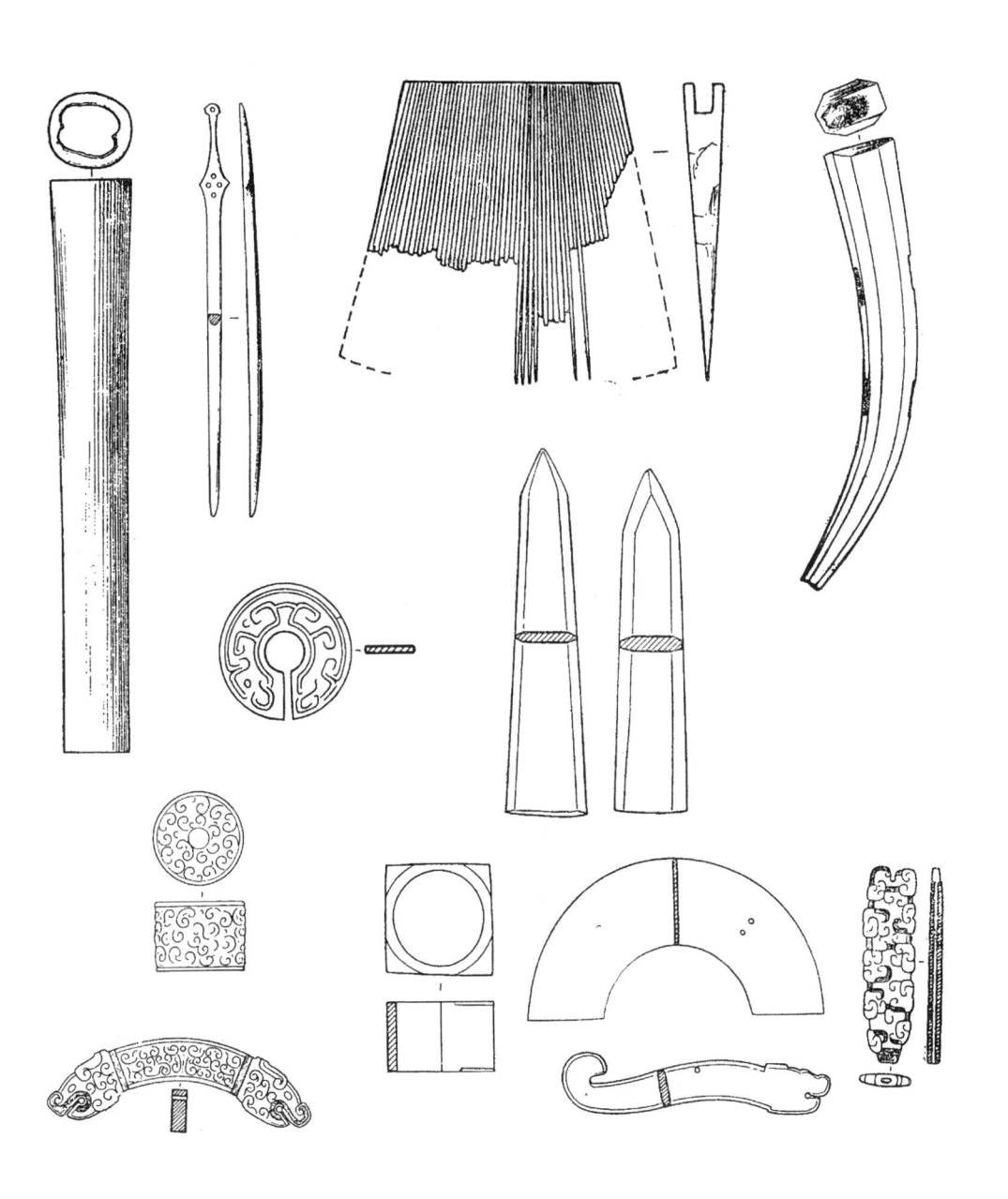

无比例尺

图 27 山西侯马上马墓葬中所出杂器

上排：2159 号墓出土的 1 件骨管；5159 号墓出土的 1 件骨簪；1027 号墓出土的 1 件骨梳；4094 号墓出土的 1 件骨制马镳。中排：6020 号墓出土的 1 件玉玦；3021 号墓、5190 号墓出土的 2 件五边形石圭。下排：1004 号墓出土的玉石珠；5218 号墓出土的 1 件弓形玉饰；4078 号墓出土的 1 件玉琮；1005 号墓出土的 1 件玉璜；63M15 号墓出土的 1 件玉琥；1004 号墓出土的 1 件管状玉珠。公元前 8 至前 5 世纪中期。

葬　具

上马墓地中带椁室的墓葬有177座(13.5%),其中19座有重椁。不见二重棺以上的墓葬(在其他墓地的一些东周墓葬中,最多有三重棺;参照表18);此外,重棺从未见于无椁室的墓葬。单棺无椁墓是迄今最常见的种类。在等级序列的最低端,有49座墓葬缺乏任何形式的葬具。因此,葬具等级有以下四类(表15):

i. 重棺有椁墓(1.4%)

ii. 单棺有椁墓(12.1%)

iii. 单棺无椁墓(83.0%)

iv. 无棺无椁墓(3.5%)

单棺无椁墓(iii类)占据了总数83%,不仅是上马墓地的"标准"形态,而且使用时间最长,从第1段就开始使用。如我们所见,ii类首先出现于第2段,而i类出现于第3段。由于iv类的绝大多数墓葬无法断代,很难确定其历史位置,但为数不多的几例可断代样本的年代都偏晚,这一事实可能暗示了随着时间的推移,社会分化在等级序列的顶层和底层均有加剧。

此外,我们需要注意,ii、iii和iv类墓葬出现在墓地的所有六个分区,只是其比例略有不同;而i类墓葬没有出现于Ⅲ区和Ⅵ区。如果每个分区的确包含了一个独立支族的墓葬,这可能表明这些支族在礼仪地位上的不平等。我们看到,有椁墓在Ⅰ区出现的数量最多(72座墓,占总数的40%;或许还应该加上有问题的Ⅳ区26座有椁墓的大部分)。有趣的是,相比之下,在辈分最久的支族(Ⅴ区,该墓地中唯一从第1段开始使用的部分),有椁墓的数量相对较小。由此产生一个问题:在这个氏族,在这个时代,辈分究竟在多大程度上意味着财富和礼仪地位?

表 15　上马墓地的椁/棺分布(仅成人)

段	1	2	3	4	5	6	7	8	9	?	总计
i. 二重棺有椁成人墓(1961年发掘的9例葬具不明者没有计入)											
女			1	1	1					3	6
男				2	1	1	2	1	2	2	11
性别不明									1	1	2
总计			1	3	2	1	2	1	3	6	19
ii. 单棺有椁成人墓(包括被盗掘的1005号墓)											
女		2	2	2	5	9	1	1		3	25
男			4	6	7	17	10	2	1	16	63
性别不明		3	7	4	13	13	4	6	2	18	70
总计		5	13	12	25	39	15	9	3	37	158
iii. 单棺无椁墓(一座有独立两棺分葬两人的墓不计入)											
女	2	12	44	59	87	73	29	10		130	446
男	2	14	38	64	74	76	27	11		154	460
性别不明		5	13	21	40	26	15	8		98	226
总计	4	31	95	144	201	175	71	29		382	1 132
iv. 无棺无椁成人墓											
女										12	12
男						1		1		14	16
性别不明				1		1				19	21
总计				1		2		1		45	49

随 葬 品

在上马墓地,与第二章讨论的三处墓地一样,青铜礼器的数量组合大致符合西周晚期礼制改革颁行的用器制度(表16)。同样地,盛放祭肉的鼎成为标识地位的主要器类;在春秋时代之前,盛放祭祀谷物的簠却已基本被替换了,在这一领域(以及同一等级范围内)取而代之的是具有相同功能的其他器类,如盛、敦、豆以及较罕见的匜。不过,总体而言,青铜容器在上马墓地的分布非常有限,只见于23座墓葬,占总数的1.7%(如果算上出土陶质礼器[明器]的8座墓葬,该比例可升至2.2%)。上马墓地的绝大多数墓葬仅出土陶炊器和简单装饰品,相当数量的墓葬完全没有任何随葬品。

表 16 上马墓地的用器组合

墓葬	鼎	簋	相当于簠的器物	壶	乐器	车坑	段
61M13	7	6	(4敦,2匜)	1对	2套		6
1004	5	4	(4敦)	1对	2套	2号	8
5218	5	4	(2豆,2匜)	1对	3套		9
4078	3	2	(2匜)				3
1027	3(?)	2	(2盛)				5
4006	3	2	(2豆)				8
63M15	3	2	(2豆)				9
61M5	3	1	(1盛)				6
1284	3	0				3号	4
1287	3	0				1号	4
61M11	2	2	(2匜)				5—6
2008	2	2	(2敦)				7
4090	2	2	(2豆)				9
1015	2	1	(1敦)				6

续 表

墓葬	鼎	相当于簋的器物	壶	乐器	车坑	段
1006	2	1	(1盛)			7
1010	1	1	(1盛)			5
2148	1	1	(1敦)			5
1013	1	1	(1盛)			6
1026	1	1	(1敦)			7
1011	1	1	(1敦)			7
1002	1	1	(1豆)			9
61M14	1	0				4—5
4094	1	0				5

根据以下随葬品组合(表17),我们可以整理出以下大致的墓葬等级序列来:

A:含青铜礼器的墓葬(通常还出土其他器物;1.7%);

B:含陶质礼器[明器]的墓葬(0.6%);

C:含实用陶器的墓葬(64.8%)。它们可能还需进一步区分为:C+类,即除陶容器外,还出其他类型器物的墓葬(43.4%),例如,含有C类和D类的组合;以及C类,即仅出土陶器的墓葬(通常仅出一件;21.5%);

D:含一些杂项器物,但未出土容器的墓葬(16.4%);

E:不含任何随葬品的墓葬(15.3%)。

我们再一次注意到,含礼器的墓葬集中分布于Ⅰ区(52%的铜礼器墓葬位于此区)和Ⅳ区(前面已经指出,该区可能与Ⅰ区同属一个支族);相比之下,含礼器的墓葬完全不见于Ⅲ区和Ⅵ区,这再次显示上马氏族各支族之间存在相当显著的不平等。

表17 23座上马墓地的用器组合

区域	IV	I	I	I	IV	I	II	I	I	I	?	I
墓群	?	I	I	I	I-1	I-1	I-1	I-1	I-1	I-1	?	I-1
墓号	4078	1284	1287	61M14	4094	1010	2148	1015	1027	1013	61M5	61M11
时代	①前半	①后半	①后半	①~②	②前半	②前半	②前半	②后半	②后半	②后半	②后半	②?
椁/棺	1+1	1+2	1+2	?	1+2	1+1	1+1	1+1	1+1	?	?	?
性别	?	男	男	?	男	?	男	?	女	?	?	?
年龄	?	成人	中年	成人	22~24	?	56+	?	中年	?	成人	成人
【食器】												
鼎	3	3	3	1	1	1	1	2[1]	2or3	1[1]	3[1]	2
甗	[1]	[1]	[1]	[1]		1						
鬲	2					[1]	[1]					
匜								1	2			
盛						1						
敦							1			1		2
豆								1	1			
有盖圆形器						1	1			1		
铺												1

续　表

【酒器】											
壶	1					1			1	1	
【水器】											
浴缶/罍	1	1									
盘	1	1	1			1		1	1	1	
匜		1	1			1		1	1	1	
鉴											
【杂器】											
罐					[1]						
有肩瓮						[1]					
鍑											
【乐器】											
镈											
钮钟											
磬											
计	7[1]	5[1]	5[1]	1[1]	1[1]	6[2]	3[1]	6[1]	8	6[1]	3[1]	9

续 表

区域	Ⅰ-一	Ⅰ-一	Ⅰ-一	Ⅰ-一	Ⅱ	Ⅰ-一	Ⅳ	Ⅰ-一	?	Ⅳ-一	Ⅴ
墓号	61M13	1026	1006	1011	2008	1004	4006	1002	63M15	4090	5218
时代	②后半	③前半	③前半	③前半	③前半	③后半	③后半	③~④	③~④	③~④	③~④
椁/棺	1+1	1+1	1+1	1+1	1+1	1+1	1+1	1+1	1+2	1+2	1+1
性别	?	男	男	?	男	?	?	?	男	男	男
年龄	成人	中年	50~55	?	中年	?	?	?	?	35~40	30~40
【食器】											
鼎	7	1	2[1]	1	3[1]	5	3	1	3	2	5
甗	1				1				1		1
簋	2[1]	[1]		[1]		[1]	[1]	[1]		[1]	2[1]
匜	2		1								
盛											2
敦	4	1		1	2	4	2	1	2	2	
豆			[1]								
有盖圆形器		1	1		1	2	1	1	2	2	2
铺	2									1	

续 表

【酒器】											
壶	2								2		2
【水器】											
浴缶/罍	1	1	1								
盘	1	1	1		1	1	1		1	1	1
匜	1	1	1		1	1	1		1	1	
鉴	2					2					2
【杂器】											
罐		[1]			[2]						
有肩瓮					1						
鍪								[1]		[1]	[1]
【乐器】											
镈						1*9					1*4
钮钟	1*9										1*9
磬	1*10					1*10					1*10
计	27[1]	5[2]	6[2]	2[1]	10[3]	16[1]	8[2]	3[2]	12	7[2]	19[2]

年代根据山西 1994a，61M5、61M13 及 61M14 根据林巳奈夫 1988。括弧内的数字指陶器，括弧外指铜器，详细资料见夏含夷 2001b。

等级的世袭与地位标志的分配

现在让我们来对比分析葬具和随葬品两套等级序列(表18)。我们发现,首先,铜礼器或陶礼器组合仅见于有椁墓。这一发现很重要,因为它表明至少在上马墓地,青铜礼器的拥有权是依附于等级贵族身份的。礼器组合在重棺有椁墓中出现的比例(31.5%)是其在单棺有椁墓(10.1%)的三倍不止。但是在全部有椁墓(不管是否有重棺)中,仅少数出有礼器。在绝大多数墓葬中,陶炊器是仅有的器类:C类或C+类器物组合在61.5%的有椁墓中出现,在66.2%的无椁墓中出现。与此类似,无容器的D类随葬品见于有椁墓(15.0%)和无椁墓(16.9%)的概率大致相等。仅7.0%的有椁墓不含任何随葬品,而这样的无椁墓有16.8%;但是注意,即便是那些带重棺的有椁墓,其中仍有5.3%的墓葬没有任何随葬品。这些差别很令人好奇。如果我们可以信任文献的话,椁室是最基本的等级贵族的身份标志,[①]而上述差别表明,在上马墓地椁室的分配与那些礼器的分配(如我们在曲村北赵和上村岭墓地所见)遵循了不同的规则,后者可以标识一个氏族的贵族阶层内部的等级和性别差别。

表18　上马墓地葬具和随葬器物组合的对照分析

段	1	2	3	4	5	6	7	8	9	?	总计
i. 重棺有椁墓											
A				2	1				2		5
B									1		1

---

① 见本书第152页(本章)注①。原则上,文献在这一点上是否可靠并不影响目前的讨论,因为无论如何,两套不同的等级制度很清楚地反映在墓葬资料中。

续表

段	1	2	3	4	5	6	7	8	9	?	总计
C+			1	1	1		2	1			6
C						1					1
D										5	5
E										1	1
小计			1	3	2	1	2	1	3	6	19
ii. 单棺有椁成人墓(不包括被盗的1005号墓)											
A			1		2	3	4	2	2		14
B							1	1			2
C+		4	9	6	17	24	8	5		4	77
C		1	3	6	6	12	2		1		31
D										21	21
E										12	12
小计		5	13	12	25	39	15	8	3	37	157
总计(有椁墓)		5	14	15	27	40	17	9	6	43	176
iii. 单棺无椁成人墓(包括一座有两棺的墓葬)											
C+	3	19	60	95	128	120	48	18		24	515
C	1	12	34	48	73	54	23	12		7	264
D										189	189
E										165	165
小计	4	31	94	143	201	174	71	30		385	1 133
iv. 无棺无椁成人墓											
C+				1		1		1		1	4
C						1					1
D										11	11
E										33	33

续　表

段	1	2	3	4	5	6	7	8	9	?	总计
小计				1		2		1		45	49
总计(无椁墓)	4	31	94	144	201	176	71	31		430	1 182
全部总计	4	36	108	159	228	216	88	40	6	473	1 358

字母 A、B、C、D 和 E 代表随葬器物组合类型(见正文)。

这些数据不包括 1961 年发掘的 4 例 A 类墓葬和 5 例 B 类墓葬,因为这些墓葬的棺数不明。

仔细观察表18,我们发现另一种可能与之有关的不一致,但它又与各种高等级标志在整个年代序列的连续性相伴。在五个分区(不算Ⅳ区)中的每一个,有椁墓每一代至少一、两人享有就已足够了。因此,椁室的使用所表达的特权,也许甚至很可能在每个支族内部世袭下来,尽管各支族有资格享此特权的人数不尽相同。不过重棺的情况并非如此,礼器组合也不是这样。这两种地位标志的例子太少,而且它们在各区和各段的分布过于分散,无法形成各支族内部的世袭链条。事实上,在整个墓地中出有礼器组合的墓葬,平均起来每代每种性别还不足一座!此外,与天马—曲村和上村岭墓地类似,这些器物组合根本不统一。从表 16 中可以看出,标识地位的器物组合从"七鼎"至"一鼎"不等。但不同于天马—曲村和上村岭墓地的是,它们的出现频率太低,以至于这些等级特权不可能传递到每代的一名成员;如果它们确实是如此世袭的,墓地的资料也未能反映出来。

对于这种特权的世袭和(明显)非世袭传承的奇异混合,我们自然十分希望能给出一个解释。上马氏族内部的某些人群在第 2 段之后持续享有等级贵族地位,明眼人从椁室的使用和分布上就看得出来。根据其他墓地的考古发现及文献记载,我们知道礼器组合可以在贵族阶层内部划分出更小的等级来。在上马墓地,从葬具可知墓主属于各个贵族阶层,但是他们的墓葬中大多没有礼器组合。由此看来这种礼器组合的分配多少有点混乱。这表明了什么? 是上马氏族整体的等级太低,故其成员一般不能拥有礼器吗? 倘若如此,那些不多见的器物组合应该是在特殊情形下获取,例如,作为功绩的奖赏,作为统治者恩宠的象征,作为嫁妆,抑或作为战利品。或者,是上马氏族的等级贵族中,理论上有权拥有礼器者要远远多于实际随葬者? 果真如此,也许随葬礼器的墓主,要么其自身物质财富极其丰富,要么其子女尤喜炫耀孝道。而礼器缺失的墓葬,是否视为一种可怜的吝啬? 或者,这是否为具有原始儒家思想的礼制专家反对浪费资源及反对厚葬而提倡的节俭品德呢? 我们没有肯定的答案,但后者在春秋时代的思想环境中并非完全不可能。①

性 别 差 异

上马墓地资料反映的一些现象,例如由妇女分娩造成的显著的死亡率,虽然这在于两性的生理差异,但亦可影响对于两性差异的社会观念。如前所述,墓地中(成年)女性比例较男性略低,如果这不是弑婴所致,也许可以视为一种女性在童年时期受到歧视的间接证据。虽然细节仍不清晰,但毫无疑问,这是一处以男性中心为特征的社会所遗留的墓地。

在葬具和随葬品方面,女性所受歧视最明显地体现在 19 座重棺有椁墓,其中 11 座(58%)属于男性,仅 6 座(31%)属于女性(两例性别不明)(参照表 15)。其他标准就没有这么泾渭分明了: 在单棺有椁墓中,男性墓的数量是女性墓的两倍半,但是这些墓葬中

---

① 《论语·八佾》3.4(《十三经注疏》3.10,2466)曰"礼,与其奢也,宁俭",这是礼仪最为重要的原则。文献有关这个问题的观念,见 Pines 1997a,1997b,2002。有关战国时代节葬观念的评论,见 Riegel 1995。

44%的墓主性别不明(估计大部分应为女性),因此任何比例都不可信;在礼器(不管是青铜器还是陶器)墓中,男性墓11座,远远超过女性墓的2座,但这两个数字在性别不明者的数字(18)面前就是小巫见大巫了。在葬具和随葬品更低级别的层次上,女性和男性似乎呈现平等的状态——它无疑表明相应群体的成员,无论哪一性别,都同样丧失了一些特权。

在上马氏族,一如在宝鸡茹家庄、天马—曲村和上村岭墓地,夫妻比邻而葬似乎也是一种限于少数成员的特权。发掘报告中提到两对墓葬,但是都有些问题:一对是因为其中一座为墓地中唯一被盗的墓葬,另一对则是因为两墓的年代属于两段,尽管前后相接(参照表17)。在第二对中,男性墓(1027号墓)有兵器,而其所谓的女性附属墓(1026号墓)未出。有趣的是,后者有更多数量的青铜容器(8件对6件),以及更高等级的列鼎(3件对1件)。属于男性和女性的车马坑数量大致持平(各2例;3例性别不明);墓中随葬的人牲和马牲——在整个墓地中都很少见——在两性墓中的出现次数也大致相当;而两例狗牲均出现在女性墓中。总之,上马墓地中两性的丧葬待遇的反差,较之第二章讨论的几处墓地,更加模糊。

关于上马墓地所葬女性的来源,现有资料提供的线索不多。由于缺少铭文,没有一件青铜器可以明确定为"媵器",即便一些原来可能是。另一方面,前面已经提到,媵器的缺乏可能表明,上马氏族的地位没有高到可以缔结具有政治意义的氏族联盟。田建文提出,上马的部分新娘可能来自周文化圈以外的地域;他指出 61M13 和 2008 号墓出现的"外来"青铜器,是广泛分布于欧亚草原中部的一种圈足桶形器,即鍑,并非常见于周礼器组合(见图43)。[①] 田氏

[①] 田建文1993。需要注意的是,潘其风在其上马墓地人骨的研究报告中(见山西考古研究所1994a:398—483),没有在人骨样本中发现明显的人种(如蒙古人种和欧亚人种)多样性,但这不是田建文所期望的。

认为,这些器物可能通过联姻的渠道来到上马氏族。这是一种可能性(我们在第五章看到若干可能性,这是其中之一),但是应该注意,2008号墓主为男性,而61M13号墓主性别不明。晋国贵族甚至国君,与异族女性的联姻有传世文献可以证明;①如果可以了解春秋时代的低等级氏族,比如上马墓地的墓主所代表的氏族,在多大程度上参与这种跨越民族的通婚,将是一件很有意思的事情。

比　　较

上述资料为我们详细描绘了上马墓地的墓主之间地位有差别的画面,从而说明了他们氏族内部分化的情况。我们看到,上马氏族——事实上,显然也包括其每个分支——由等级贵族和平民两部分组成,其所占比例大致为 13.5% 和 86.5%。某些成员所拥有的贵族等级并未转化成全体成员共享的集体特权,不过一些分支的等级要高于其他分支。拥有整个墓地最早期墓葬的Ⅴ区,其总体上朴素的随葬品似乎也反映了一个让人有些惊讶的现象:在上马墓地,决定一个分支的地位,其辈分的高低至多仅起部分作用。相反,享受高于平均水平的财富和礼仪特权的却是葬在Ⅰ区和Ⅳ区辈分显然较低的支族。不过礼仪上的地位也许不一定等同于物质资源的拥有;事实上,在上马墓地的大多数墓葬,似乎就并非如此。

这种氏族内部的等级分化,必须与氏族之间的等级分化区分开来。我们在第二章看到,当我们比较上村岭虢国氏族首领的墓

---

① 例如晋文公(前636—前628年在位),即春秋时代可能最著名的晋国国君,既是西戎女子之子(《左传·庄公28年》,《十三经注疏》10.79,1781),又娶了北狄女子为妻(《左传·僖公23年》,《十三经注疏》15.113,1815)。有关晋国周边的众多狄人部落,见杨纯渊1992;亦见陈槃 1969:540a—564b;陈槃 1970全文。

葬和天马—曲村晋国氏族首领的墓葬时发现,在两处墓地所处的时代,晋国氏族的等级总体上低于虢国氏族。那么在同时代的诸氏族中,上马氏族又处于何等地位呢?该问题的答案并不简单明了。看一眼表16便知,上马墓地的一些墓葬出有标识地位的七鼎和五鼎,与虢和晋两个氏族首领的墓葬相同。但是我们即便将上马墓地与天马—曲村、上村岭两处墓地的随葬品稍作比较,就会得到若干结论:上马这样的氏族远没有那些大氏族显赫,等级也远为低下。(1)礼器墓的微弱比例(2.2%)尤为醒目——它连天马—曲村贵族墓地非常之低的7%的三分之一都不到;在上村岭,1950年代所发掘的墓葬中有16.2%出土青铜器,而近期发表的墓葬则几乎每座都出。这表明在天马—曲村贵族墓地和上村岭,有资格享用青铜器并将其随葬者的比例要高于上马墓地。在国君级墓葬中,例如曲村北赵,随葬品组合的限制根本不是问题。(2)铜器铭文在祖先崇拜的背景下是显示一个氏族地位的重要标志,鉴于此,上马墓地也明显不同于天马—曲村和上村岭墓地,其氏族墓葬没有出土任何有铭铜器;而有铭媵器的缺失可能进一步表明,该氏族的地位低于其邻近的氏族。(3)尽管青铜时代的氏族墓地一向少见儿童墓,但是它们在上马墓地中的比例(1.8%)仅为天马—曲村贵族墓地(3.5%)的一半,仍然意义重大。后者比例虽然不高(并且该数字来自一个不具统计意义的墓地),但是其较大的数字可能显示人们略微重视世袭的(与生俱来的)地位,而轻视获得的(奋斗得来的)地位。(4)上马墓地13%的有椁墓比例明显小很多(而天马—曲村贵族墓地37.3%,上村岭59.4%〔据1950年代发掘的墓葬〕)可能也表明上马氏族的等级贵族阶层并不显赫,在其自己的氏族如此,在当时的东周社会也是如此。(5)此外,在上马墓地,礼器仅限于有椁墓,而在国君氏族墓地,礼器偶尔也出现于无椁墓中,例如,天马—曲村(贵族墓地有3例)以及山西闻喜上郭村一个重要的东周墓地(7例)①——有人认为该墓地是公元前679年篡位的晋国氏族的一个支族的安息之地。因此在这些氏族中，即便是非贵族成员，其地位总体上似乎也高于上马氏族的非贵族成员。②

由于上马墓地大部分出土物的年代都晚于天马—曲村或上村岭墓地，所以这些比较结果不是绝对的。此外，我要再三强调，与上马墓地不同，天马—曲村或上村岭墓地都未提供具有统计意义的样本。不过即便如此，总体趋势是不会错的。对上述比较结果的解释也许有问题，部分是因为我们不知道上马氏族属于哪个姓族。倘若它是姬姓的一个旁支，从而与晋、虢两个统治氏族同宗，那么它会更加了解其他姬姓氏族的礼仪制度；但若它属于另一个姓族，那么它会有自己的"家规"，那就不然了。后一种假设或许更容易解释上马的相对简朴的墓葬，以及其做工低劣的随葬品。如果上马氏族的确属于一个非姬姓的等级氏族，而其所属姓族的地位可能在总体上低于姬姓族，③那么上马墓地出土的一套七鼎，虽然反映了一套相同的礼仪制度，但是其参照物应该不同于曲村北赵或上村岭姬姓氏族墓地出土的一套七鼎。或者，就像俞伟超和高明说的，上马墓地列鼎的分配可能是社会发展的一个标志：在春秋时代，先前等级较低的群体开始"僭越"更为显赫、尊贵的氏族

---

① 朱华1994；山西省考古研究所1994b；1994c；运城行署文化局和运城地区博物馆1983。这些发现在Falkenhausen 2005b中有全面的讨论。

② 另一方面，这种看法并不用于上村岭虢国墓地（第二章中所讨论）；该墓地所代表的氏族，其礼仪地位都高于天马—曲村贵族墓地和上郭墓地；我们在这里看到不同的"家族规则"可能发挥的作用。在上村岭墓地1956/57年度发现的38座铜器墓中，无一例外皆有椁室，其中18座有重棺。换言之，在重棺有椁墓中，2/3强出有青铜器，而单棺有椁墓中出有铜器的仅占约1/6。因此，与上马墓地一样，青铜礼器的所有权依附于等级贵族的身份；另一方面——另一个与上马墓地的类似之处——大多数有椁墓中不见青铜器似乎显示，绝非所有拥有等级贵族地位者都会随葬相应规格的礼器。有趣的是，这种显眼的节俭，以及氏族的贵族阶层内部的经济分化，绝非只见于上马这样低等级的氏族，还见于可能是周王畿内的一个最为显赫的公卿氏族的墓地。

③ 然而，如果因此认为所有非姬姓氏族的整体地位一定低于姬姓氏族，可能失之偏颇。无论如何，这种分化针对的更可能是氏族层面而不是姓族层面。

方可享有的特权。①

虽然我们不知道上马墓地的统计数字就当时而言究竟有多大的代表性,但上马资料的完整性与其他报道的发现形成鲜明的对比。为说明这一点,表19将上马墓地与中国北方其他26处墓地(其中22个为位于晋国境内的东周墓地)(地图7)放在一起,比较它们的椁和棺的分布。在这些墓地中,各个级别墓葬的比例差异很大。在发表了葬具资料的所有1 657座墓葬(不含上马)中,55.2%有椁室,其中的十分之一强有重棺(即上述的 i 类)。比例最大的一类是单棺有椁墓(ii 类),占49.8%;各类无椁墓(iii 类和 iv 类)合在一起不到40%。而在上马墓地,有椁墓占13%,无椁墓占87%,出入相当悬殊。或可认为,这一现象的部分原因在于上马氏族的整体地位低;更高比例的高等级贵族墓葬会出现在一些统治氏族的墓地,例如天马—曲村、上郭、上村岭、张家坡(属于位于西安附近的西周王都之一的沣都;见第五章),以及位于山东曲阜鲁国都城的墓地(见第四章)。然而这种差异,尤其对于东周资料而言,更大一部分原因无疑是不系统的发掘和不完整的发表。因此,表19给了我们一个极大的警告,从不具统计代表性的资料中是绝对不能得出定量结论的。

插　　曲

直到最近,人们仍相信孔子及其追随者心目中理想化的礼仪制度在周初就已存在,但是本书一、二章讨论的考古发现证实,这种观念是错误的。其实,这套礼仪制度的主要特征——即系统地安排祖先与在世的氏族成员以等级,以规格不同的成套礼器盛食

---

① 俞伟超和高明1978—1979。

(酒的重要性显著降低)祭祀——形成于公元前9世纪中叶一次决定性的改革中,并体现在庄白1号窖藏以及诸如天马—曲村、上村岭和上马等墓地的资料中。的确,新制度的物化特征,特别是可以标识地位的成套礼器,遍布于西周晚期和春秋时代整个周文化圈的墓葬中,表明新标准在颁布之后一个较短的时间内就得到了广泛的接纳。表20提供了一个不完整的列表,说明目前已经发现的公元前600年之前这类墓葬的地域分布范围之广(亦见地图7)。

青铜铭文,如庄白窖藏出土的史墙盘铭文,暗示就在西周晚期礼制改革之前,人们全面改写了西周王室的早期历史(见第一章)。① 由此人们可能将周朝的创始者塑造成英雄人物,且这种形象维持不变,一直延续到后来的哲学家脑海中。学者们已经指出,后来列为儒家经典的《诗经》和《尚书》最初在此时就已经编纂成书;每部文献都长篇累牍地叙述了周王朝始建过程中的许多事件。礼器在审美观念上的重大转变——纹饰简化,强调礼器的成套布置——暗示在公元前850年以前礼仪环境已发生转变,不再关注宗教体验,而更为重视礼仪活动的规范。人们不再认为周王完全依靠上天的支持进行统治;其宗教权威的个人因素减少,而抽象成分增加。这无疑向前迈进了重要的一步,为儒家营造了必要的思想气氛,形成了关于礼制以及文明行为起源的哲学观点。

与此同时,与所有的礼仪制度一样,新规则在理想和实施之间存在着差距。例如,上马墓地的资料证明,最新制定的物质指标并没有总出现在相应地位墓主的墓葬。同时如果对考古资料做过于简单化的解释,就会走向谬误。另一方面,墓主拥有某种地位,但并非一定能够将其表现在物质上,二者存在差距,这在上马墓地完整而充分发表的资料中得到了很好的体现。而这种差距本身可能

---

① 近年在陕西眉县杨家村发现的公元前9世纪早期的逨盘铭文(见本书第66页[第一章]注①等处)已经反映出全面改写早期历史的结果(见Falkenhausen 2006)。

表 19　上马墓地与部分周人墓地棺椁对比

	遗迹名	年代	墓数	椁棺群百分比						
				无棺	单棺	一椁一棺	一椁二棺	一椁三棺	洞穴墓	不明
1	山西侯马上马	西周后期～战国中期	1387	3.5	83.0	12.1	1.4			
2	陕西长安张家坡(仅1983～86发掘资料)	西周前期～西周后期	365	1.1	17.8	63.6	11.2		5.8	
3	河南上村岭三门峡(仅1956～57发掘资料)	西周后期～春秋前期	234	2.6	38.0	48.3	11.1			
4	山西曲沃曲村(2区·3区)	西周前期～春秋前期	660	3.2	53.9	36.7	1.4	0.2		4.7
5	山东曲阜鲁国故城甲组(5只)	西周后期～春秋	78		12.8	59				28.2
6	同望父合(乙组)	西周后期·春秋后期～战国	51		21.6	56.9	13.7?			7.8
7	山西侯马牛村	春秋～战国前期	15			有				100.0
8	山西侯马下平望	春秋中期～战国中期	40	2.5	5.0	75.0	15.0		2.5	
9	山西万荣庙前村	春秋后期前半～战国中期	6				100.0			
10	山西闻喜上郭·邱家庄	西周后期～战国前期	77	3.9	36.4	58.4	1.3			
11	山西临猗程村	春秋中期～后期	54		18.5					81.5
12	山西太原金胜村	春秋后期?～战国	39					2.6		97.4
13	山西芮城永乐宫	春秋中期～后期	10	10.0		90.0				
14	山西芮城坛道村	春秋前期·春秋后期	2		100.0	100.0				

续 表

	遗迹名	年代	墓数	无棺	一棺	一椁一棺	一椁二棺	一椁三棺	洞穴墓	不明
15	山西交口窑瓦村	春秋后期~战国前期	1		100.0					
16	山西临县三交	战国前期~中期	14	35.7	35.7	28.6				
17	山西榆次猫儿岭	战国中期~后期	55	多数	大多数	少数				100.0
18	山西榆次王湖岭	战国后期~汉	7		100.0					
19	山西长治小山头	春秋后期~战国前期	9	33.3	66.7					
20	山西长治分水岭	春秋后期~战国后期	34	35.3	29.4	8.8			5.9	21.4
21	山西长子羊圈沟/牛家坡	春秋后期~战国后期	8		75.0	12.5	12.5			
22	山西长子孟家庄	战国中期~后期	24	约半数	约半数					100.0
23	山西潞城潞河	春秋中期~战国	8	有	有	12.5				87.5
24	山西屯留武家沟	春秋后期?	1		100.0					
25	河北邢台南大汪	春秋后期~战国前期	7		14.3					85.7
26	河北邯郸百家村	春秋后期?~战国	81	2.5	16	34.6				46.9
27	河南汲县山彪镇	春秋后期?~战国	8	50	25.0	12.5			12.5?	
28	河南辉县赵固	战国	7	85.7	14.3					

表 20　显示西周晚期礼仪制度普及的部分丧葬组合

省	市/县	遗迹名	墓号	时代	椁/棺	国	鼎	方鼎	匜鼎	鬲	甗	簋	盂	盨	匜
河南	平顶山	北滍村	1	②~③	1+1	应	5			1		6			
河南	平顶山	北滍村	95	①后半	1+1	应	5+?	4	1	6+?			3		
河南	平顶山	北滍村	47	⑤	?	应	5							4	
河南	郏县	太仆乡	1	③	?	郑?	5		1	4		4			
河南	新野	小西关	2	②	1+1	曾	3+	1	1	4		4			
河南	桐柏	新庄		③	?	申?	3			2		4			
山西	芮城	坛道村	1	③	?	虢?	3			4+1m					
山东	滕州	薛城	1	③~④	2+2	薛	7		1	6		6	2		
山东	滕州	薛城	2	③~④	1+3	薛	7+1			6		6	2		
山东	滕州	薛城	4	③~④	?	薛	7+3			6		6	2		
山东	长清	仙人台	6	③~④	2*2	邿	15				8[4]	1			
山东	长清	仙人台	3	③~④	1+1	邿	2			[2]			2		
山东	长清	仙人台	5	④	1+1	邿	3		1		1				
湖北	随州	熊家老湾	2	③	?	曾	3			1		2			
湖北	京山	苏家垅		②~③	?	曾	9			9	1	7			
湖北	枣阳	段营		②~③	1+1	曾	3					4			

第三章　中国北方氏族共同体的个案研究(约前800—前450年)　179

续　表

器类											
簋											
盛/盆盏		1	1		2	[4]					
敦						[4]					2
铜											
铷				1	1		2				
匕					1		1				
碟							2				
【酒器】											
爵				4	3						
杯											
觯			2	2							
尊	1 m	2		2	2	2					
方彝	1 m					2					
方壶					2	2			2		2
圆壶				1	1	2					
扁壶					1	1					
提梁壶						1		1			
勺	1										

续表

【水器】																
缶/罐/罍	1		4	2			6	1	1				1	1		
盘	1	2	1	1	1		1	1	1	1				1		
盉			1	1		1m	1							1		
匜		2	1	1	1		1			1				1		
斗																
【杂器】																
"小罐"								1		1+m						
二层器											[2]					
【乐器】																
甬钟		1*7								1*11						
钮钟		1*9(?)	1*9							1*9		1*9				
镈			1*13													
钲																
磬		1*4	1*13							1*10		1*14				
计	17 1m	28+? 1m	18	22	17	13	16 2m	33	30	34	37 1m	4	14	9	33	9

其他案例,参见表 9(曲村)、10(上村岭)和 17(上马)。

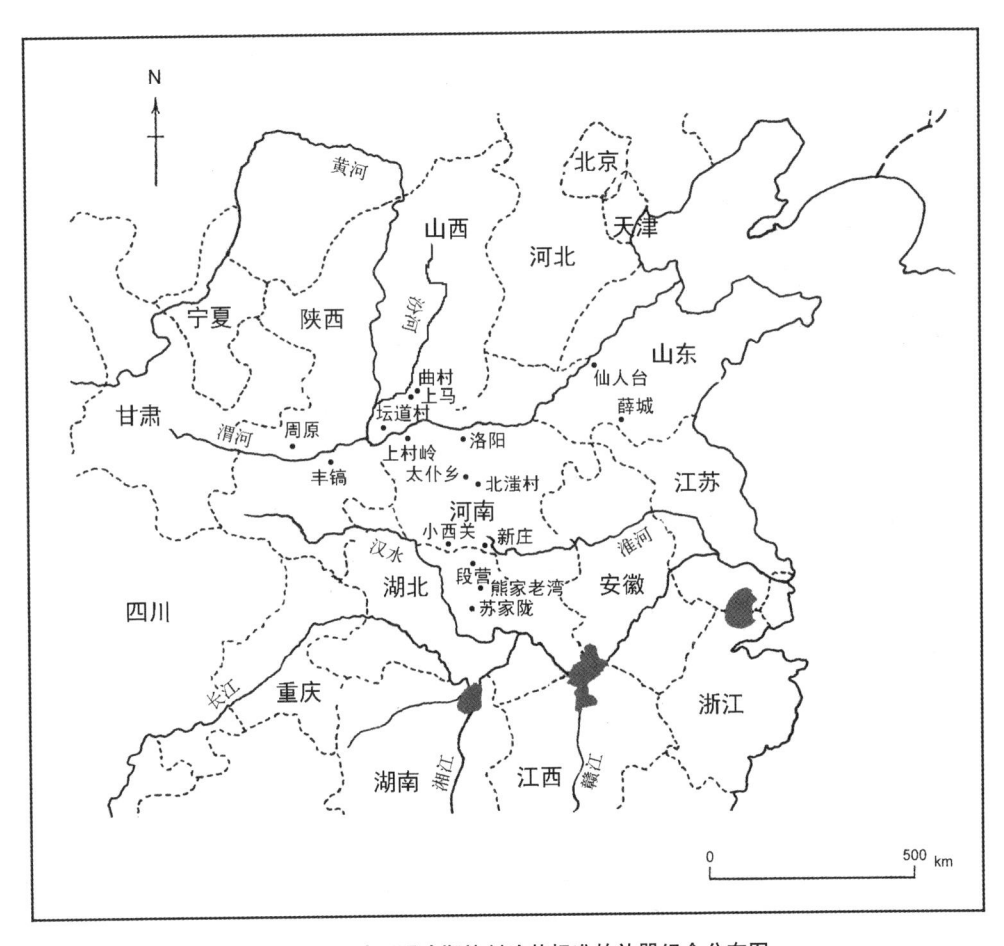

地图 7　反映西周晚期礼制改革标准的礼器组合分布图

所示地名为墓地。

具有一定意义：它暗示，对于上马氏族成员来说，正确的礼仪态度可能比壮观的礼器炫耀更为重要。这种情况与早期儒家的思想颇为吻合。对于中国思想史研究来说，上马资料之所以重要，是因为可能反映此类"早期儒家"态度的情况延续体现在上马墓地的考古材料上，其年代最早到孔子生前至少两个世纪，一直到其身后大约半个世纪。① 因此它至少在某种程度上削弱了儒家思想的原创性。

如上所述，新的礼仪制度很有可能反映了氏族组织的变化，而这种变化至少部分是人口发展造成的。第二、三章讨论的资料显示了大量的不平等现象，它不仅存在于氏族之间（这并不奇怪），而且特别存在于氏族内部：等级贵族和平民两种成分之间的重大差别，两种成分内部不同等级之间的差异，以及女性无一幸免的偏低的待遇。然而，我们仍然要问：在中国青铜时代晚期，一切社会不平等都以这种常规方式表现出来吗？最重要的社会等级差别是否就是同一氏族内部等级贵族与平民之间的差别呢？倘若如此，我们面对的是一个相对和谐的社会组织——在这样的社会中，统治者和被统治者都视对方为亲属。对照欧洲大陆的"贵族阶层"（aristocracy）概念，这似乎颇为特别，但是传统描述的中国古代社会现实确实呈现了这样一幅画面。②

不过，这一画面是理想化的。虽然我们可以将目前讨论的相互通婚的氏族网络视为周代社会的"核心群体"（或"社会主流"），但是中国青铜时代晚期显然还存在其他群体，即那些位列氏族的平民阶层以下的底层群体。在中国前帝国时代的相关研究中，这些未同化的外来者在总人口中占据多大比例也许是个最大的疑

---

① 上村岭墓地出土资料有力地证实了该时段早期的这种情形（见本书第 173 页［本章］注②）。

② 为后来复原商周社会制度奠定基础的 20 世纪早期的著作为王国维 1927（初版印于 1917 年）；亦见 Granet 1929；K. C. Chang 1976：72 - 92 页及其他各处；以及很多其他著作。

团。由于他们没有资格葬在氏族墓地,他们的遗骸只是偶然见于聚落遗址的"灰坑葬"和简陋的墓葬中,而大多数不为考古学家所见。因为传世文献很少提到他们,历史学家同样往往认为他们数量不大,可以忽略不计。但是这种看法对吗?也许周文化圈的很多甚至大多数居民属于这种底层人群,起码目前我们没有证据可以排除这种可能性。他们中的一部分成员可能在不同程度上丧失了自由。① 换言之,我们目前分析的考古发现,可能仅仅说明了中国青铜时代最为重要的社会分化的一个方面。当然情况也许并非如此。我们不知道答案。一些可能与理解该问题相关的初步资料将在第四、五章进行讨论。不过,我们希望将来可以直接、系统且大规模地研究这个问题。例如,我们可以设计一个考古学课题,计算一处聚落或一个聚落系统的人口数据,然后将之与其氏族墓地的人口数据进行对比。不过这样的课题要遗址的保存状况较好而且年代范围比较明确才行,可惜在中国本土一个聚落往往反复有人居住,这种期望也许并不现实。因此,要想有把握地估算我们的排查研究所遗漏的人口究竟占多大比例,机会似乎很渺茫。

---

① 近年一项有关中国古代奴隶制的综合研究,见 Yates 2001。

第二部分　内部融合与外部分界

- 第四章　周文化圈内的姓族差异
  　　　　（约前 1050—前 500 年）
- 第五章　周文化圈内的民族差异
  　　　　（约前 1050—前 350 年）
- 第六章　扩张中的社会
  　　　　（约前 1050—前 221 年）

第一部分讨论了互相通婚的树状氏族系统，它构成了孔子时代上半叶"中国社会"的核心。前面已经说到这些氏族从属于姓族。① 另外我们也看到，这些"中国社会"成员绝非周文化圈内的唯一的一种居民。在今天地理学家所知的中国本土范围内，整个周代或周代的大部分时间里都是多个民族星罗棋布，而且其核心氏族与"他者"一直保持往来。后者的一部分可能构成了以周王室为中心的氏族社会的下层阶级；另一部分则如我们所知，形成了独立的社会单元，分布于周代核心氏族的边缘或它们的夹缝之间。② 不管怎样，这些不同族群成员之间的往来一定是当时社会生活的一道亮丽的风景线。

　　民族并非一成不变。他们在特有的历史背景下，或形成或分解，恰似王朝的兴起和衰败，或物种的进化和灭绝。它们的存在很大程度上——尽管不是完全——取决于其成员深思熟虑（且常常是机动灵活的）的行动。一个有史可循的社会组织，可以在其发展的某些阶段形成一个独立的民族，但是在其他阶段则不是。③ 因此，不管我们从考古发现出发还是从文献出发，给周代的各个民族前后一致的定义是很成问题的。在民族和姓族之间划出一条清晰的界线尤为困难。20世纪初期，各方学者认为诸如周代的姬姓和商王室的子姓起源于不同的民族，④有些甚至宣称商、周"人民"起初讲着完全不同的语言。⑤ 后一观点目前尚无任何材料可以证明。

---

　　① 这种研究的重点不在于较小而较简单的社会单元如何融入大的单元中的（如Friedman 1975），而在于缕清它们在一个社会单元的等级系统内部的相互关系。而这个系统不是静止不变的而是持续演进的，不言自明。
　　② 有关其中许多族群的基本信息，参见陈槃1969，尤其491a—684a页；1970。舒大刚1994讨论了这些族群在东周时代早期的地理分布，有参考价值。周人对于"他者"的态度的总体分析，参见Müller 1980a。
　　③ 王明珂1997，1999a。
　　④ 傅斯年1935最有影响，而他响应了Haloun 1923a，1923b。
　　⑤ 此观点源于August Conrady（然而，从未发表过），现在仍然有人偶然提到。例如，Eberhard（1977：23）写道："有些迹象表明，周王室可能与突厥语民族有关，而其人口主要由藏人部落构成。周的语言是否包含这些语言的元素，仍不清楚。"亦见Pulleyblank 1983。

但是在周代初年的社会框架内,至少一些姓族层面的社会单元有可能仍然保持着强烈而独特的文化传统,其源头或许可以追溯到其形成独立的民族单元的早期阶段。我们将会在第四章探讨有关的考古迹象。事实证明,随着时间的流动,姓族层面的特征逐渐消失,人们由此推断姓族的重要性随之淡化,不再是决定"中国社会"成员的身份的因素。有文献材料证实,一方面"中国社会"将自己越来越清晰地与"外在"民族区别开来,另一方面其姓族与氏族两个层面之间的差异性最终消失。在战国时期,"姓"由最初所指的姓族转变为姓名中的"姓",指一种新型族外婚群体,其根源就是原来的氏族(而非姓族!)。①

各个姓族之所以能够融入更为同质的"中国社会",起主要作用的无疑是通婚。我们不知道中国历史上何时出现同姓不婚制,但是有迹象表明,至少在商代仍未得到普遍实施(例如,商王室实行族内婚)。② 如果说姓族外婚制是周人的创新,那么它可能来源于一项深思熟虑的政策,就像亚历山大命令他的马其顿将军迎娶波斯女子,目的在于消除周代疆域内先前存在的民族和文化差异,来实现王国的统一。另一个让外来者融入一个血亲网络的策略就是吸收他们。其中一个可能有关的事件是,战国时期的文献记载了各种各样的努力,试图将周文化圈内所有或大部分姓族归入一个共同的谱系,即传承自神话中的黄帝,而黄帝可能就是为这一特定目的发明出来的。③ 很多历史学家把这些创造当作历史事实,而我认为它们是一种回溯性工作,目的在于构建历史记忆,并以"虚

---

① 参见 Kryukov 1966。
② 张光直 1976:79—86,95—106;1978。Pulleyblank (2000)认为这样的族内婚在周王室内继续实行;基于语音重建,他否定周王所在的姬姓族与大部分王后来源的姜姓族属于不同族群。然而,这点还有争议;无论如何,在《左传》成书时期人们认为姬、姜是不同的姓族。
③ Karlgren 1946;王明珂 1999。

构的血亲关系"来编织越来越多的人口之间的关系。(创造神话的一个表现是一个令人匪夷所思的现象,文献越晚,它们所谓的共同祖先就越古老。)类似的经历在全世界的民族中颇为常见。①

周朝的八百年历史是一个大"中国"(华,夏,诸夏,或华夏)民族(或民族国家的)形成的时期。孔子在世时期的文献就传达了一个周王室治下的中央的文明族群为落后的"蛮夷"所包围的观念;但是这样的观念并非永恒不变的,而是在几个世纪中逐渐发展起来的,而人们也并不认为"蛮夷"是注定不能开化的,至少在原则上,他们可以受益于文明的影响。② 首先,周人核心族群内部的姓族与其外部的"蛮夷"部落之间的差异可能相当模糊——事实上,这两个概念可能有部分重叠。有证据显示,一些非周人的"异族"也是以氏族方式来组织的,与周核心人口相似。东周时代的中国,与现代以前的中亚和东南亚一样,姓族已经跨越了政治和民族的差异;换句话说,隶属同一姓族的氏族可能分属于不同的政治团体,同时又属于不同民族。③ 尽管同姓不婚制有时在实践中会遭到破坏,但其原则在理论上是适用的,不论一个姓族是否跨越了民族界限。④

周代社会发展的一个根本的,但是渐进的趋势是姓族融入一

---

① 利用虚构的亲属关系来统一不同族群,在古代史里有许多类似的情况;现代学者把古代的以色列部落列为这样的例子(Nitsche 2002:63-69)。Nitsche 非常中肯地写道(2002:64;我的英译):"以色列国家并非如文献所言的同一民族。观察依靠虚构谱系所建立的亲属关系——今天西奈半岛上的贝都因人部落仍然通行的现象——能够让人理解以色列谱系背后的用意:它可以更加准确地描绘一个国家在形成过程内部的各个族群之间的关系……因而这些谱系无意于传递历史信息,其存在的价值在于描述现有的关系以及创造新的关系。由此我们可以看出,当时生活在巴勒斯坦的完全不同的民族……真正共同构成以色列国家。然而,其共同的祖源是虚构的。"

② 参见如《论语·子罕》(9.13;《十三经注疏》9.35,2491页),"子路"(13.19;《十三经注疏》13.51,2507页)。

③ Friedman 1979;刘克甫 1994。

④ 其中一例是晋文公(姬姓族),其母亲来自戎人部落的一个姬姓氏族(《左传·庄公28年》"僖公23年";《十三经注疏》10.79,1781页;15.113,1815页)。有关文公更多的内容,以及另一例两个姬姓氏族之间的联姻,参见本书第131页(第二章)注①。

个更大的单位之中,尽管年代上有些错乱,我们或许可以称之为"华夏民族国家",不过不包括"蛮夷"。当正常的人口繁衍使得相互通婚的氏族构成的核心群体膨胀起来时,就像很多扩张的社会那样,我们可以观察到一个同化与一个排外封闭之间的对立发展过程。一方面,外来者——既有个体亦有群体——继续通过婚姻和建立虚构的亲属关系不断加入到地位巩固的氏族网络。另一方面,几个世纪以来网络以内的相互通婚促进了同化;于是,更大的遗传、心理、社会以及文化等方面的障碍出现在核心氏族成员和没有融入的"他族"之间。新兴的"华夏"超姓族统一体实行族内婚制:与其没有同化的他族通婚显然没有禁止,但是也没有受到鼓励。

考古发掘资料反映了这漫长的几百年里,以各种不同的方式同步进行的融合与排斥的过程。用考古材料来辨认古老的姓族和民族,在过去的二十多年里,一直是中国考古学者最热衷的一项工作。尽管存在不少方法论上的问题,但是其结论非常有意思,值得详细讨论。在以下几章里,我们将首先研究姓族之间的关系(第四章),然后讨论更高层次的社会单位,如民族或民族国家之间的关系(第五章)。这两章关注的都是周文化圈政治体内部的发展。第六章我们将看到周模式的社会组织如何扩张到之前的周边区域,及其与那些区域原住民的融合。

第四章　周文化圈内的姓族差异（约前1050—前500年）

氏族，尤其是那些不超过五代的氏族分支（见第一章），是相对较小的单位，一个成员可能熟悉或至少认识所有其他成员。相比之下，姓族是个大得多的实体，由数十个甚至数百个氏族组成。与氏族相比，姓族缺乏一个中央组织，也没有自身特有的宗教活动；对其传说中的创始者的崇拜是由姓族内的排行最高的氏族来行使的（如姬姓由周王室来行使），而且，其重要性显然远次于本氏族祖先的崇拜。至少在"孔子时代"，氏族肯定不是政治、经济、军事或宗教等组织。不过，姓族关系是考虑女子血统的重要基础（参见第二章的讨论）；姓族或许存在特有的文化传统，部分可能通过女性传承，将来考古学也许可以识别出来。本章将要讨论的就是这种姓族层次的差异在考古资料上的反映。

我们或许可以把中国青铜时代的王朝更替看作一部众姓族聚合分离的万花筒式的变迁史；一个新王室上台后，它们又重新组合聚集在它的周围。（然而，把一个王朝当成一个姓族联盟并不准确，因为联盟是在氏族之间缔结的——尽管它们，跟联姻一样，常常是跨越姓族之间的边缘进行的。）从这个意义上讲，周克商意味着在中原西部边境的姬姓及其同盟势力上升，凌驾于华北东部的商王室子姓领导的姓族联盟之上。但是原来商人的联盟氏族并没有消失；他们经过整合，加入以姬姓为中心的新网络，而后者不过是"旧邦新命"，其结构多少类似于原先以子姓为中心的网络。考古工作者相信两个姓族集团的文化传统在考古学上可以区分开来，即使它们的成员在不少地方毗邻而居，因此自 1950 年代以来考古学家就试图辨别周代的周人征服者和商遗民之间的物质文化差异。在此，我们将讨论两处呼声最高的地方，原先也都是商人的领土：位于河南中部的洛阳，即周朝的东都；以及山东西部的曲阜，即孔子的老家鲁国的都城。另外，我们还会偶尔提到燕国，即位于今北京南部的一个诸侯国。①

读者可能会反驳说，如果我们不是从历史文献中已经知道姬姓、子姓两族在洛阳和曲阜共同生活的记录，那么如何区分两个姓族的遗存问题便永远无从谈起。他们或许以为，寻找物质遗存中的姓族差别，完全是仰仗于对文献的认识。因而我在后面的讨论，就是将目前为止提出的各种观点进行一次带着质疑的、考古学的考察。由此我们来检验一种很大的可能性，即姓族差异的证据实际上永远也找不到。不过，后文将显示，以前的部分观点经得起这样的质疑，而且把若干文化现象解释为姓族特征至少是可能的。此外，如果这种解释成立，那么我们可以将"孔子时代"姓族之间的差异与更早的姓族差异进行比较，观察姓族差异的物质表现如何随时间而变化；这项工作我在讨论完洛阳和曲阜后再做。由此得到的结果可能会促进我们对周代社会发展的考古学认识；我相信，上述努力是不会白费的。

洛阳和曲阜

都城洛阳建于周成王时期（约前 1042/1035—前 1006 年在位）。它不是用来替代位于今陕西境内的更早的王都，而是补其不

---

① 有关西周时期燕国境内和周边的各种民族，见宫本一夫 2000：119—148。英文的简要讨论，见孙岩 2003。

足,以加强周王室对新近征服的东部领土的控制。① 之所以选择洛阳,是因为其优越的地理位置,它位于一个四通八达的道路网络的枢纽中心。还有,洛河流域生态良好,气候宜人。因此在整个中国的帝国时代,洛阳曾经是许多朝代的都城。周人在此建都之前,可能已先修了军营。历史文献记载,周成王继位初年平定一次反周叛乱后,把商朝都城的主要人口安置在成周。学者仍在争议成周与史称洛邑的城址是否为一回事;二者在古代文献和铭文中都曾被提到。考古学尚不能解决这一问题:由于上面覆盖了后世许多朝代的都城遗存,周代——尤其西周时期——的都城遗存就很难发现了。

在东周的五百多年里,周王室的政治力量大大减弱,而洛阳是他们唯一的都城。进入战国时代,王畿又一分为二。其中一处为东周城址王城,其遗存已经在今洛阳城的西郊发现,它可能是战国时代的"西周"所在地;②另一处位于其东约二十公里处,其城墙成为后来的东汉和北魏城墙的一部分,它可能就是战国时代的"东周"城(地图8)。③ 后者的建造也许可以追溯到西周时期。但是西周早期到中期的聚落遗存集中见于洛阳火车站附近的一处大概长方形的区域;如今,很可惜,上面都修了建筑;考古工作者推测当时的王都就位于此。④ 然而此地至今未发现任何城墙的踪迹。更加不可思议的是,到目前为止,明确属于西周晚期到春秋时期的聚落

---

① 关于洛阳建都,早期最重要的文献是《尚书》"召诰"、"洛诰"(《十三经注疏》15.101—7,211—217)和《逸周书·作洛》(《逸周书补校集注》5.47,544—579);《尚书》其他几篇可靠的篇章和几篇铜器铭文也提到了洛阳,其中最著名的是何尊(陕西省考古研究所、陕西省文物管理委员会、陕西省博物馆 1984,no.97;《殷周金文集成》11.6014)。有关西周洛阳的铭文研究文献很多,其中陈公柔 1989 最为出色。

② 郭宝钧 1955;郭宝钧等人 1956;考古所洛阳发掘队 1959;中国社会科学院考古研究所 1989:107—165。更多近期发现见叶万松 1992:40—42 的综述。

③ 位于东汉和北魏洛阳城的周代城墙,以后经过数次扩建,一直到秦代,其扩建过程的复原见中国社会科学院考古研究所洛阳汉魏城队 1998。关于该地区的历史的简要讨论,见李学勤 1985:33—34(其英译可惜有些不当;参考中文修订版 27 页)。

④ 叶万松等 1991。

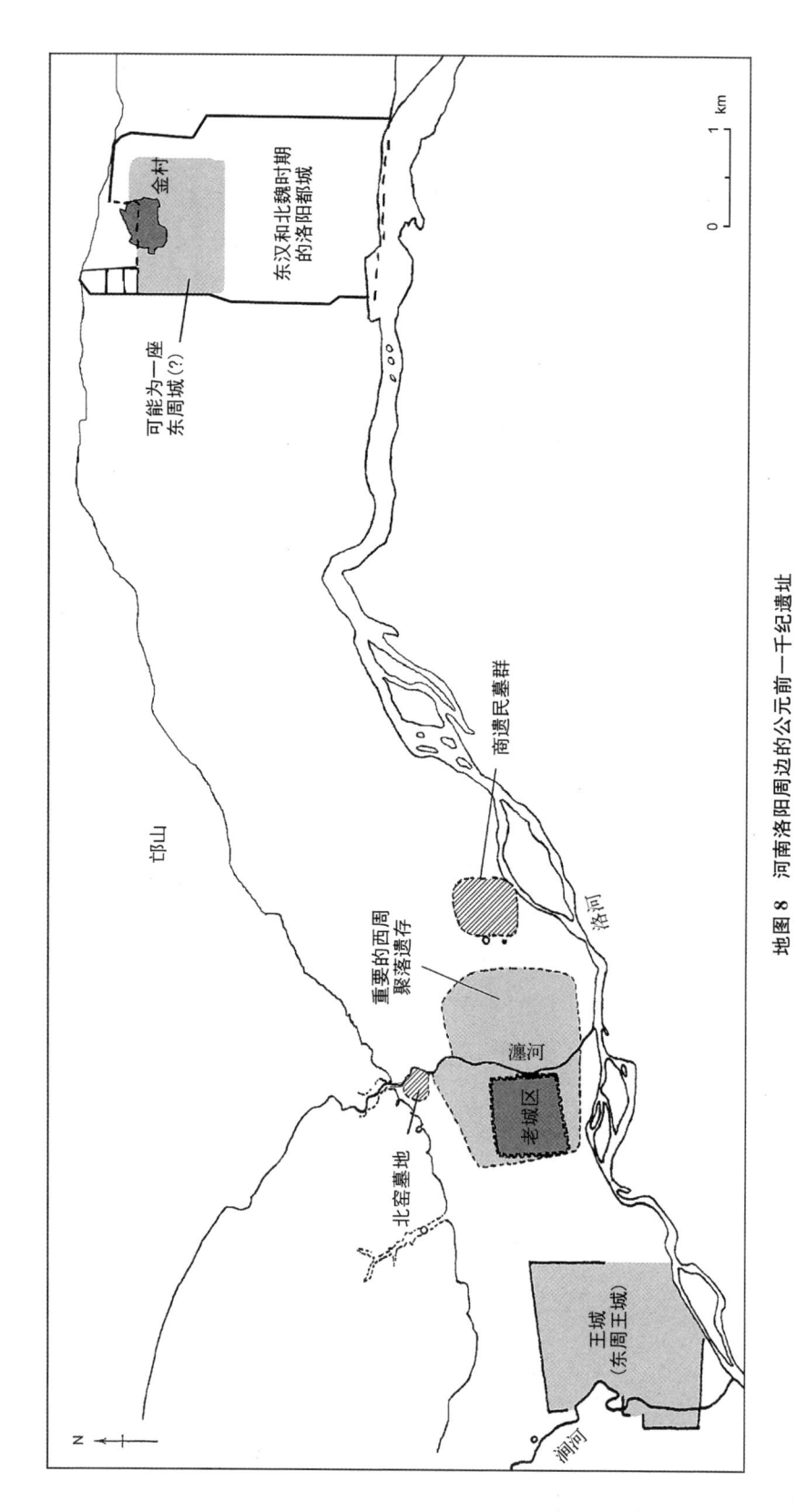

地图 8　河南洛阳周边的公元前一千纪遗址

西周聚落遗存集中沿瀍河分布，而主要的东周时代聚落似乎位于以西的王城以及以东的汉魏洛阳城。

遗存不见于洛阳地区的任何地方,以致出现了公元前 600 年王城始建之前 250 年的时间空白。

由于聚落遗存非常稀少,周代洛阳的主要考古资料就是墓葬了。洛河流域的许多墓地从 20 世纪初开始遭到盗掘。1950 年代以来,成百上千座墓葬被考古发掘,但是 1987 年以后,大规模盗掘活动死灰复燃。由于毛主席提出快速城镇化的雄伟计划,要把洛阳这座沉睡的古城变为一个重要工业中心,为了配合基建而进行的考古发掘,就无法系统地开展。如今整个洛阳地区 400 多座西周墓葬(选自已经发掘的 800 多座墓葬)已经发表。其中 348 座在北窑墓地,位于西周主要居址区的正北,与一座西周时期的大型青铜作坊遗址相邻。① 这些墓葬大部分属于西周早期到中期。与附近的聚落遗存一样,这些墓地也令人惊讶地缺乏西周晚期和春秋时期的墓葬。相反,洛阳地区东周晚期的墓葬数量巨大。中州路是一条新修的从洛阳老城向西延伸的大道,沿线发掘的 310 座墓葬的发掘报告出版于 1959 年。该报告为东周铜器和陶器建立了一套重要的年代序列,发掘者希望能适用于整个中国。② 尽管其相对年代仍需仔细检验,不过现在我们知道,序列并非始于发掘者以为的春秋早期,而是春秋中期左右。③ 除了北窑和中州路的专题考古报告,许多墓葬见于学术刊物发表的简报,而更多的墓葬(特别是小型的)仍未发表,只是偶尔见于二手文献的片言只语。④

洛阳的建立是为了巩固周王室在原属商人的土地的存在,而曲阜则是一个新的地方政治体的所在地,以便周王室的一个氏族(姬姓)受

---

① 洛阳市文物工作队 1999a。有关青铜作坊,见洛阳博物馆 1981:58—61 及其他各处;洛阳市文物工作队 1983;更多的近期工作见叶万松 1992:40—42 的综述。
② 中国科学院考古研究所 1959b。
③ 参见巴奈夫 1986:7—8 及其他各处;李学勤 1985:23—29;高明 1981。
④ 介绍更多新发现的有关洛阳东周墓葬的综述(只是仍然抱守中州路报告的错误断代),参见张剑 1996:21—24;1999(如想进一步了解可参阅)。

封到前商王朝的边远地区宣示主权。与周文化圈北疆的晋国一样,鲁国建于东疆,为的是监控该区域原有的小国。位于东北的燕国也是一个类似的政治体。晋、鲁和燕国的统治者都是周王室的低行辈支族,因而都属于姬姓。据说鲁国名义上的始封之君就是周公(周公旦),后来孔子张冠李戴,错把周代礼制的创立归功于他。① 《左传》记载"殷民六族"归周公的儿子、第一个常驻鲁国的国君伯禽管辖;并提到鲁国建在原商人的同盟奄国的故土上,其原住民可能是新政治体的核心人群。② 伯禽的后裔在曲阜的统治持续至战国中期。

虽然周代鲁国都城若干世纪以来经过数次重修,但其城墙遗迹在地面上仍然清晰可辨(图 28),也得到了充分的考古发掘。该城址城墙内相当部分的区域已经发掘,这种情况极少见于其他中国青铜时代城址。考古发掘揭露了贵族居址的遗存、聚落和手工业作坊区域以及墓地(地图 9)。曲阜故城大致呈长方形,有九(?)座城门,中央有宫殿区,似乎比周代任何其他城址更接近于公元前 3 世纪(?)的《考工记》描绘的理想城市。③ 不幸的是,绝大多数的周代建筑因为汉代重建活动的破坏而消失殆尽,当时曲阜古城是地方行政中心。即便如此,围墙内的区域显然主要是等级氏族活动的地方。在曲阜和洛阳汉墓无一例外都坐落在城墙之外,而青铜时代最重要的贵族墓葬都分布于城墙以内,就在贵族居址的附近。在曲阜故城内,已经发掘了大量的周代墓葬(迄今约 200 座),其中很多不幸在 20 世纪初就已被盗。可能大部分城市居民生活在城墙以外,但是到目前为止那里还没有做过考古工作。

---

① 《史记·鲁世家》33.1515—24。后来夸大周公在建立周制的作用,可能与孔子及其几个主要的弟子都来自鲁国有关。
② 《左传·定公四年》(《十三经注疏》54.432,213)。
③ 《考工记》原本是一部独立的文献,后成为《周礼》的附录流传下来。其对于城市结构的描述,参见《周礼·考工记》(《周礼正义》83.3423—3448)。考古工作者引用此段文献来解释古代城址尤其是曲阜故城的布局,这种做法遭到了许宏(2000:171—184)的尖锐批评。

图 28 山东曲阜故城的城墙

始建于西周晚期或春秋时期,至少在汉代以前曾经多次修缮。照片所示为一段南城墙,未用于明代的曲阜县城城墙(见地图 9)。

  曲阜故城 1977—1978 年度的考古发掘报告已经出版,内容丰富,包括聚落遗存和墓葬。① 和洛阳中州路墓葬一样,报告中分期的相对序列基本正确,但是绝对年代是错的。该序列开始于西周晚期,而非发掘者所称的西周早期。② 这从出土的青铜器风格一望便知,而崔乐泉对整个山东地区周代陶器的系统研究则从另一个角度提供了很好的佐证。③ 西周早中期的考古遗存至今未见于曲阜地区,这段时间的都城和墓葬一定在其他某个地方。④

---

  ① 山东省文物考古研究所等 1982。更早的简报资料曾经部分翻译成英文,发表于 Buck(ed.)1986。
  ② 这点最早是王恩田(1988)指出来的。
  ③ 崔乐泉 1992。
  ④ 黄川田修(2001b)认为鲁国都城最早的位置可能在山东滕州前掌大墓地附近,而中国学者将该墓地暂时定为晚商时期;他主张殷商文化在周文化圈的东部延续下来,并指出前掌大出土的部分本地陶器在类型学上要晚于其他晚商陶器。同样,黄川田修(2001a)根据陶器类型学提出,山东邹城南关遗址(作为一个遗址发表)实际上代表了未被同化的非周居民,相当于西周中期。

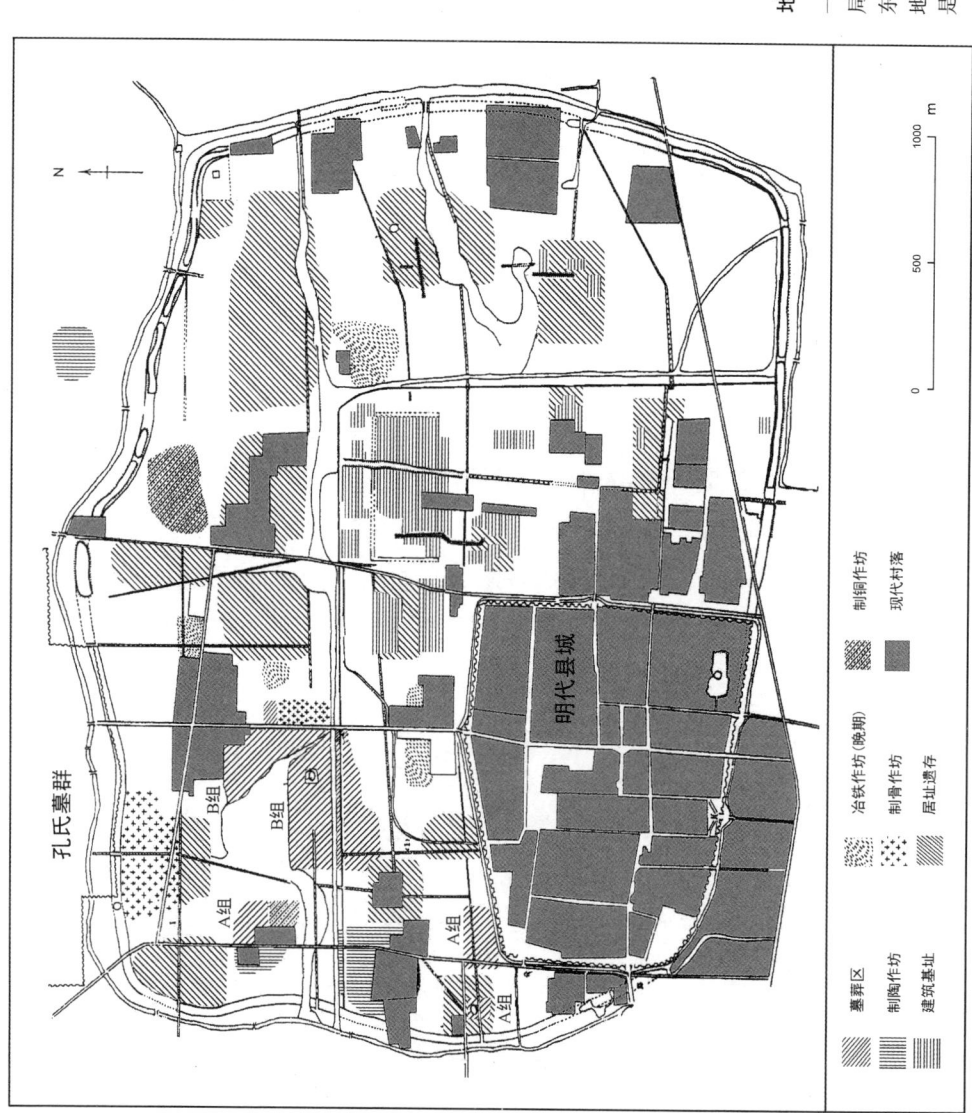

地图 9 山东曲阜故城遗址

一直到 1980 年代早期，现代房屋还基本局限于明代县城范围内，只占据了庞大的东周时代都城的东南一隅。东周时代的地层为大量的汉代遗存所叠压，鲁国故城是当时的地方行政中心所在。

在洛阳和曲阜两地,考古工作者都花了不少力气,试图将征服者周人的遗存与西周初年安置于此的商遗民的遗存区分开来。由于人骨材料的 DNA 分析尚未实施,目前只能根据物质材料来寻找差别,如果这些差别是真的,应该正好与周代社会的姓族文化传统之间的差异对应。

洛阳的"商人"与"周人"墓葬

针对洛阳地区的西周时期墓葬,人们提出了以下几条基本标准,来区分"周人"(姬姓)和"商遗民"(子姓)的遗存。①

(1) 墓地位置。重要的"周人"贵族墓葬区域都位于瀍河西岸,靠近主要的西周聚落遗址(见地图 8)。该区域内最重要的(发表最为充分的)墓地就是北窑。相反,"商人"的墓葬据说集中于瀍河东岸,以西的涧河沿岸,并且分散在整个洛阳地区的各个地点。②由于发掘资料没有完全发表,无法判断二者之间的差异,但是在北窑也发现了一些"商人"墓葬,而几座带有典型"周人"特征的墓葬出现于洛阳远离瀍河流域的地方。因此,洛阳出现的"周人"墓葬肯定不是孤立于"商人"海洋的岛屿。

(2) 墓葬形制和规模。北窑报告的作者认为,墓地内一些墓葬的长方形是"商人"的特征(他们暗示"周人"墓通常接近正方形),但是来自整个周文化圈的资料似乎不支持这个观点。③ 从目前已发表的资料看,我们也不清楚"商人"与"周人"墓葬之间的差

---

① 近来提出的一套类似的标准,见张剑 2002,供读者进一步了解。也可参考本书第 193 页(本章)注④及第 195 页(本章)注①—④中所引文献,尤其是洛阳市文物工作队 1999a: 373。
② 对于近期新发现的"商人"墓葬的综述,见谢虎军 2003(可进一步参考其引用文献)。
③ 比如,在陕西扶风的北吕墓地(罗西章 1995),先周时期的墓葬确实都是窄长方形,但是周朝建立之后的墓葬与一般的商人墓葬在形制上的差别不大。该问题尚需全面的统计研究。

别是否对应规模上的差别。

（3）墓主头向。另外，有人提出"周人"墓主绝大多数头朝北，而"商人"则头朝南以象征他们服从于周人的统治（安阳的商代墓主头向通常为正北）。我不完全接受；一方面，洛阳大部分所谓"商人"墓葬的头向没有发表，而且头向朝北的例子似乎也不少；此外，偶尔也有头向朝南的人骨见于其他地区的西周墓地，其中甚至包括曲村北赵的两座最为奢华的晋国国君墓（参见第二章），将这一现象也解释为表达服从似乎有些荒谬。不过，从曲阜同时期的资料来看（见下文），人骨的头向或许是一个有价值的标准，值得考虑，尽管其意义尚未知晓。

（4）墓道。那些人们认为属于"商遗民"的墓葬在规模和特征方面存在很大的变化幅度。其中一些甚至有斜坡墓道———一般来说，至少在这个时期，这种特征仅限于一些等级非常之高的墓葬（参见第二章）。在一些墓道中，接近开口线的部分拐弯成直角（图29）。这也有人解释为服从的象征，说它表示墓主所在氏族的权力真地"折断"了。① 但是，这种解释不仅看上去牵强附会，而且似乎把现代人的幻想套到古代的材料上；实际上，拥有类似弯曲墓道的墓葬已经在琉璃河（北京市房山区）的燕国统治氏族墓地已经发掘了，其成员是周王室的姬姓亲戚而绝非"商遗民"。② 更为可能的是，弯曲墓道是为了迎合地形或墓地规划的需要。

（5）腰坑。这些是墓葬底部、墓主人棺椁下的长方形坑，通常埋有一只殉狗（图30）；其他动物也有，但极为少见。在陕西，西周时期墓葬的腰坑极少，而在安阳的商代墓葬中相当普遍。这是郭宝钧和林寿晋1955年指认出来的洛阳地区首要的商人特有的文

---

① 郭宝钧和林寿晋（1955：95，103）。
② 北京市文物研究所1995：16—18。谢虎军（2003：37—38）更指出，甚至安阳的一座商王墓，即西北冈1217号墓就有一条"折断"的墓道，他认为是商人的地位象征。

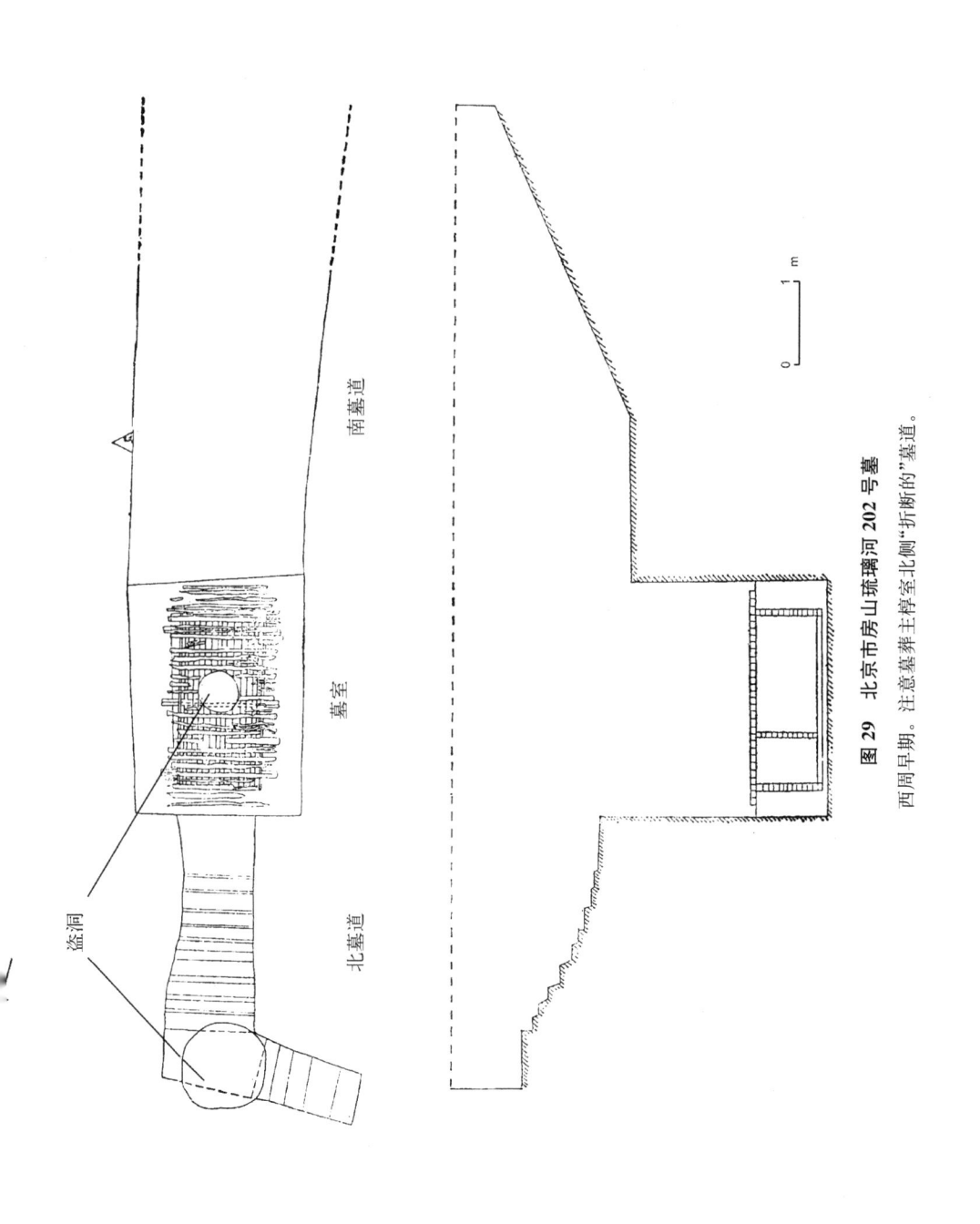

图 29 北京市房山琉璃河 202 号墓

西周早期。注意墓葬主椁室北侧"折断的"墓道。

二层台堆土

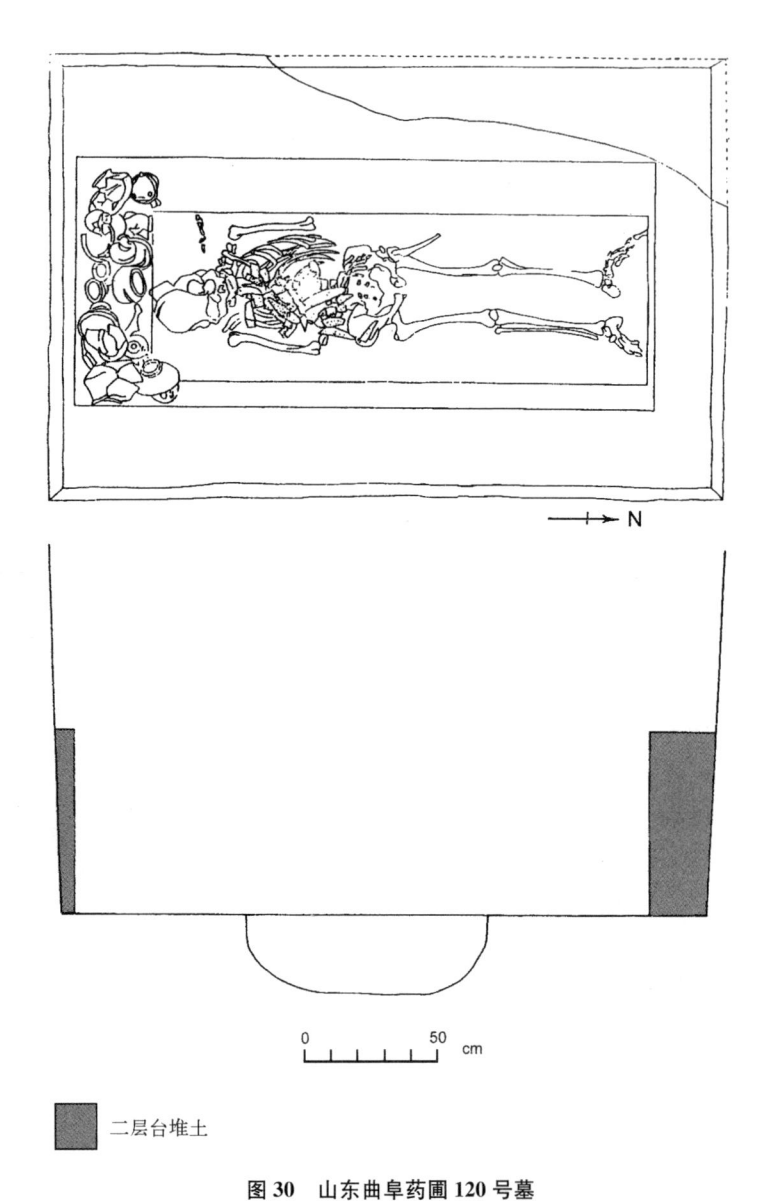

图 30　山东曲阜药圃 120 号墓

典型"A 组"墓。注意其腰坑；所有的随葬容器都是陶器。可能不早于公元前 9 世纪。

化因素之一。① 我们在下文将以更长的篇幅予以讨论。

（6）殉葬习俗。发掘者看到北窑"周人"墓地没有出现人牲，印证了传统的认识，也再次说明周朝大大不同于商朝，避免使用人牲。② 洛阳地区的车马坑数量不少，但是没有见到殉葬的驭者人骨，这似乎也可用来说明相应的墓主是"周人"。③ 但是洛阳的"商人"墓也不见人牲——或者因为周人强行禁止，或者因为没有财力，或者因为宗教习俗的改变，或者出于其他目前不为人知的原因。此外，考古发掘中也发现了不少西周和东周时期的"周人"墓葬中实行人殉的例子，既有原商文化圈的，也有这以外的（如宝鸡、天马—曲村、琉璃河以及上马墓地）。④ 琉璃河燕国墓葬的发掘报告明确把人牲视为商文化的孑遗；⑤但是我们认为，周人及其非商同盟并不反对这种行为。相反，这种对周代"人道主义"的美化，可能来自很久之后孔子反对人牲的一种（并且受意识形态的驱使）臆想。⑥ 即使在孔子本人所处的时代，也有考古证据显示，在靠近曲阜孔子老家的地方仍在使用人牲。⑦ 商代到西周之间人牲的显著

---

① 郭宝钧和林寿晋（1955：96，115）。
② 洛阳市文物工作队 1999a：373。对中国人牲的综述，见黄展岳 1990。
③ 在张剑 1996：18 列举的资料以外，我们可以增加洛阳市文物工作队 1999b。
④ 关于宝鸡和天马—曲村，见本书第二章；琉璃河，见北京市文物研究所 1995：7；上马，见本书第三章。
⑤ 北京市文物研究所 1995：252—253。
⑥ 《论语》收录的很可能是真实的孔子语录，但是没有谈到这个问题；人们经常引用的孔子反对人牲的说法来自远没有那么可靠的《礼记·檀弓下》（《十三经注疏》9.75,1303页），反映了可能更晚的（尤其是孟子）思想。
⑦ 一个疑似人牲的例子见于曲阜本地（42 号）；有意思的是，它出现在发掘者归为 B 组的征服者周人的墓地（见下文）。山东省的其他春秋时期的人牲已经发表的有：新店齐鲁乙烯厂的四座墓葬（文物编辑委员会 1990：170—172）；蓬莱村里集的两座墓葬（山东省烟台地区文管组 1980；报告中误认为是西周墓葬）；沂水刘家店子的一座莒国国君墓（山东省文物考古研究所和沂水县文物管理站 1984），有至少 35 例人牲；临沂凤凰岭禹郾国统治家族成员的墓葬，有至少 14 例人牲（山东省兖石铁路文物考古工作队 1987）；滕州薛城薛国统治家族成员的 8 座墓葬（山东省济宁市文物管理局 1991）。进入战国时期，人牲继续使用，见于大型封国贵族葬，如临淄郎家庄（山东省博物馆 1977）、临淄淄河店（山东省文物考古研究所 2000），章丘女郎山（济青公路文物考古队秀惠分队 1993）；另一个疑似的例子是诸城臧家庄（山东诸城县博物馆 1987）。以上所列无疑是不完整的。

减少(仍须得到统计分析的验证,并且还要考虑等级规格和实际规格之间的关系),至多可以看作是迈向"原始儒家思想"的试探性的第一步。

殉狗,不管是否出现在腰坑内,也算作典型的"商"文化因素,①尽管这种习俗(以及殉葬其他动物)在周代墓地随处可见。殉葬人或动物的墓葬并不总是规模最大或最富有的墓葬,我们现在还不清楚什么因素决定什么人可以享用这种牺牲。②

(7) 随葬品的摆放。北窑报告认为,将随葬品逐层叠压摆放是"周人"的特征。③ 这种看法背后的逻辑是这种行为似乎源于胜利者拥有更多的财富。的确,洛阳地区"商人"墓的随葬品一般相对较少。然而,因为我们讨论的许多墓葬已遭盗掘,我们无法证实这种反差(也无法进行定量研究)。

(8) 青铜器。北窑报告把某些铜器看作"周器",如柳叶剑、勾戟和兽首车辖。这些器形全部是西周时期出现的,应属周人的创新,而不是与商文化或民族相区别的标志。它们不见于同时期的"商"墓可能只是反映了财富上的差别。同样的道理也适用于典型的"周"礼器,如钵形鼎、④方座簋(现在已知在安阳也有铸造,不过可能只发生在此遗址使用的末期)。⑤

(9) 明器。一些学者把随葬有铅质小型礼器的墓葬定为"商"墓,因为这类礼器也见于安阳,⑥但是它们——有时是锡质而非铅质——也出现在北窑及其他地方的"周"墓,如上村岭、天马—曲村

---

① 郭宝钧和林寿晋 1955:115;洛阳市文物工作队 1999a:373。
② 有关早期中国各种动物的祭祀作用的全面研究,参见冈村秀典 2003,2005。
③ 洛阳市文物工作队 1999a:367,373。
④ 洛阳市文物工作队 1999a:373。北窑报告作者(同前)认为觯是典型"周"器,而爵和方罍是典型"商"器,似乎没什么依据。(谢虎军[2003:35]还把体现高级身份的硬陶[原始瓷]器归入所谓的"周人"特权。)
⑤ 这种底座的一块铸范碎片见 Li Yung-ti 2003:260, fig. 6.16。感谢唐际根博士的慷慨,2001 年我在安阳观摩了几件类似的铸范碎片。
⑥ 郭宝钧和林寿晋 1955:98。

的贵族墓地和北赵晋侯墓地（见图21）。金属明器不是姓族或文化的区分标准，而更可能是从商代礼制延续到周代的一个例证。我们将在第七章讨论明器的宗教意义。

（10）兵器。埋入墓葬以前破坏铜兵器的行为，被人打上了"周人"的标签。① 就我所知，这种现象并未经过系统的研究，到底有多么普遍也不清楚。洛阳"商"墓不见被破坏的兵器可能恰恰是因为这类墓葬本来就没有兵器。于是这种不见兵器的情况可能又有人视为周人解除其旧敌武装的结果，但其实反映的更可能是财富上的差别。这种现象标志文化或姓族差异的可能性微乎其微。（原则上，在提出这样的看法之前，应该首先分析商代墓地与此现象相关的情况，例如安阳的墓地；但就我所知没人做过这样的工作。）

（11）陶器组合。在讨论随葬陶器时，我们必须分别考虑器物群和对几类器物的喜好（参见下一标题）。至于器物群，张剑指出，"鬲或罐"（自西周早期以降）和"鬲＋罐"（西周中期，有时至西周晚期）的组合往往出现在所谓的"周人"墓地里，而"商人"墓地器物组合更为丰富（"鬲＋簋＋豆"［自西周早期以降］，"鬲＋簋＋豆＋罐＋罍"［西周中期］，以及"鬲＋簋＋豆＋罐＋盂"［西周晚期］）。② 但是张剑的论据并非来自统计分析，似乎只是他个人的主观印象；即使其论据成立，"民族"（或"姓族"）恐怕不是唯一可能的解释。至少作为一种可能，我们可以说这些现象反映了社会等级上的差别，不过论证起来就不是一件简单的事情。直觉并不总是对的；我们发现，更为朴素的陶器组合经常出现在那些规模较大且随葬品较为奢华的墓葬中，而更为多样的陶容器往往出现在规模更小、随葬品更贫乏的墓葬中。这是一个矛盾，但是当我们想到洛阳的绝

---

① 洛阳市文物工作队1999a：367—368，373。
② 张剑1993，详细的阐述见郭宝钧和林寿晋1955：101。

大多数墓葬通常都曾遭到盗掘,而且多次盗掘,就不难理解了。当地的考古学家都知道,盗墓者通常会拿走铜器和玉器,而留下陶器。所以,那些见于"商人"墓葬而不见于"周人"墓葬的陶器器类,实际上很可能原来是见于后者的,只不过是换成了青铜器,现在已经遗失了。因此,"周"和"商"墓之间所谓的差别,不过是"铜器墓"(通常也出一些陶器——至少一件鬲)和"陶器墓"(有时出一大群陶器,尽管不见青铜器)之间的差别。它也是整个华北青铜时代晚期墓葬的典型差别;即便在没有"商人"、"周人"共存的地方,如天马—曲村、上村岭和上马,也可以见到这种差别。因而,这种差别应当是一种财富(礼仪等级,或许还有社会地位)上的,而非姓族或民族上的。

(12)陶器类型。至于陶器器类上的不同喜好,北窑报告列举了下列几类典型的"周"器(图31):卷沿分裆袋足鬲第Ⅰ式、瘪裆鬲、联裆鬲第Ⅲ式和无柄豆。① 报告称这些器物都来源于周人的老家陕西。相反,报告认为以下几类陶器直接来自安阳:折沿分裆鬲、圆肩圆腹凹底罐、圆沿斜腹瓿、簋,以及无柄豆。至于"商"和"周"的无柄豆如何区分报告没有交代。但是,不同类型的鬲与民族的联系在中国考古学界有着漫长而复杂的研究史,下面需要进一步讨论。

简言之,以上所列的大部分标准都是凭主观印象,其中不少反映了报告作者显然对洛阳以外的考古资料并不熟悉。另外,我们不能排除,发掘者可能将洛阳地区所有公元前两千纪晚期的墓葬都归入西周时期。毕竟,周克商以前,洛阳曾经一片繁荣,而且是商朝的一个中心部分,因而有充分的根据期待在那里见到晚商聚落的蛛丝马迹。所以可以想象,其中一些甚至许多所谓的"商遗民"墓葬其实

---

① 洛阳市文物工作队 1999a:373。

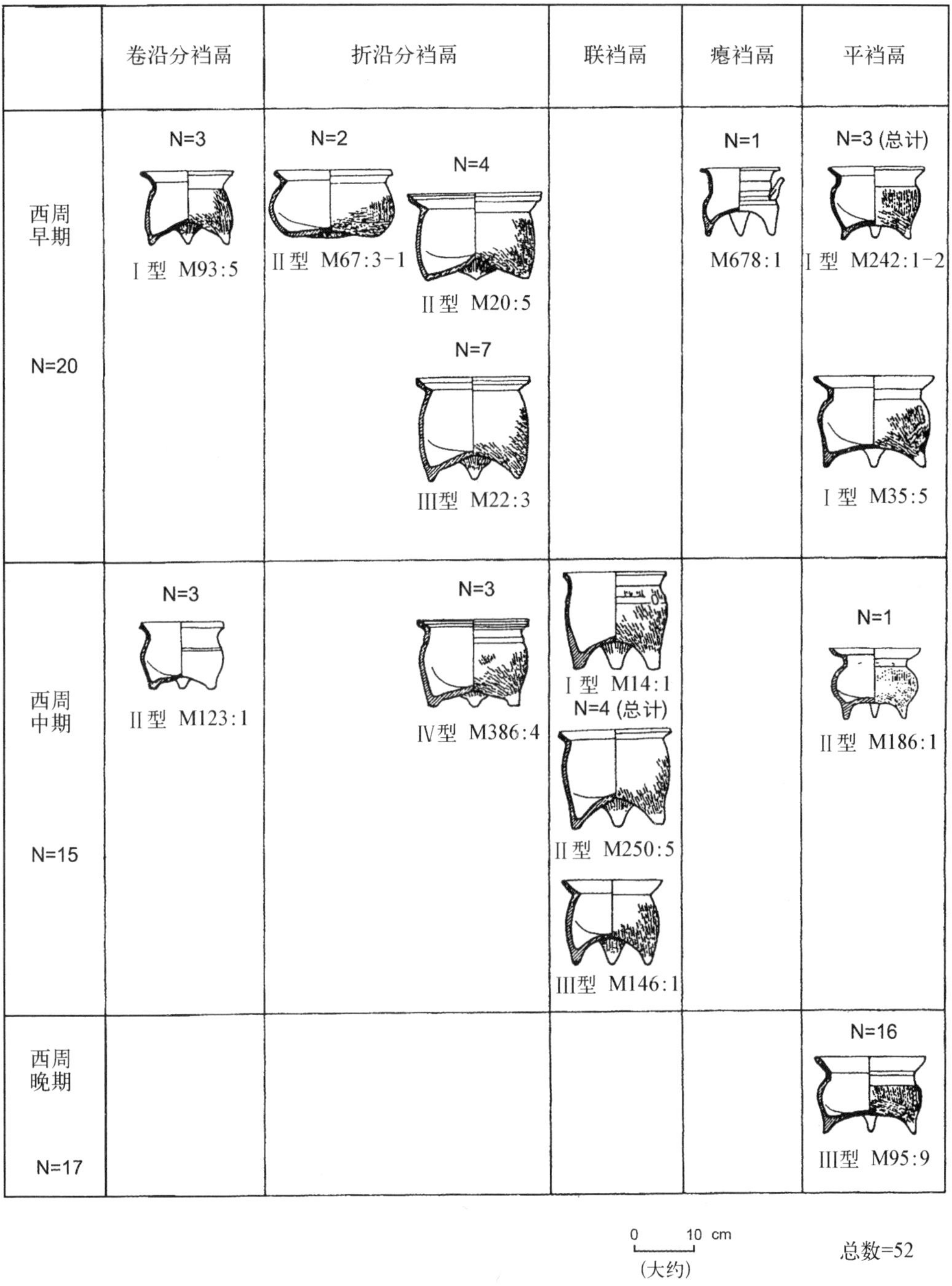

	卷沿分裆鬲	折沿分裆鬲		联裆鬲	瘪裆鬲	平裆鬲
西周早期 N=20	N=3 I型 M93:5	N=2 II型 M67:3-1	N=4 II型 M20:5 N=7 III型 M22:3		N=1 M678:1	N=3(总计) I型 M242:1-2 I型 M35:5
西周中期 N=15	N=3 II型 M123:1	N=3 IV型 M386:4		I型 M14:1 N=4(总计) II型 M250:5 III型 M146:1		N=1 II型 M186:1
西周晚期 N=17						N=16 III型 M95:9

0 10 cm
(大约)

总数=52

图 31　河南洛阳北窑墓地陶鬲的类型

公元前 11 世纪中叶至前 8 世纪中叶。西周中期的四件鬲没有收入表中,其类型原报告未作说明。西周晚期有一件长腿鬲未收入表中。

早于周克商。而且,即便它们确实大部分属于周代,从根本上仍然无法辨别那些墓主是被迫从安阳迁来的移民,或者只是生活在新政权下的洛阳本地的氏族成员。①

以上区分标准中有几个(如第 7、8、10、11)似乎反映的是财富而非姓族传统的差别。如果这样的财富差别与"商"、"周"墓葬的区别的确有明显的关联,而且这些墓葬确实属于同一时期,这些差别就意味着"商遗民"不如他们新来的周人统治者富有,也许并不令人意外;但是要证实这种相关的存在,就须要求以上区分标准中至少有一部分确实反映了姓族传统。否则,这样相关只能是重复的废话,因为上述对考古资料体现的差别的解释,是根据"商遗民"贫穷这样的假设做出的,而不是证明它是事实。

尽管这些结论有点令人气馁,但是现在放弃寻找姓族特征的研究还为时尚早:上述标准中至少有两项,即腰坑(第 5 项)和鬲(第 12 项),还值得深入探讨。在做这件事之前,我们先来讨论曲阜。

曲阜的"商"、"周"遗存②

张学海在有关曲阜故城以内墓葬的研究中,分出了两组墓葬,我们可以称之为 A 组和 B 组。他将 A 组归属"商遗民";像洛阳的情况一样,"商遗民"既可能是来自安阳的移民,也可能是周代以前本地居民的后裔。B 组则是"周"移民的墓葬。③ 发掘报告提到了

---

① 首次中肯地阐述这些观点的是胡谦盈 1995。
② 以下讨论重复和扩展了 Falkenhausen 1999a:497‐501 的内容。
③ 张学海最早用笔名"田岸"发表了这篇论文(1982:5—9;英译见 Buck [ed.]:19‐25);亦见山东省文物考古研究所等 1982:89—92,114—120。(报告的编后记[同书,图版之后的一页]把张学海列为这些部分的撰写者;没有提到一个叫田岸的人参与了曲阜的发掘工作。)

六个地点(可能是更大墓地的局部),每处发现的墓葬不是只属于A组就是只属于B组。其主要差别如下:

A组("商")有五处墓地共78座墓(药圃:34座,西周到春秋;斗鸡台:27座,西周到春秋;明代县城西北角:14座,春秋;北关:2座,战国;花园:1座,西周)。其中29座墓(约1/3)有腰坑。另外,墓主的头向大多朝南。殉牲的骨骼见于很多墓葬,且其中一座有殉人,位于墓主棺木之上。这些墓葬不见车马坑。随葬陶器多为不实用的明器,尺寸较同期聚落所出日用器皿要小;A组墓葬随葬的实用陶器是一种"东方"(源自"商")类型的无扉棱的鬲(图32)。

B组墓葬("周")出现在两个墓区,总共81座墓(报告仅提到望父台的51座墓,时代为西周及春秋晚/战国时期;两段之间的空档由林前村的30座春秋墓填补,①但是由于林前村的发掘材料尚未发表,所以还不能将其计入下面的百分比中)。B组墓葬完全不见腰坑,墓主头向朝北。另外,望父台有六座车马坑,墓葬不含殉牲骨骼。其中一座墓葬即望父台4号墓的椁室内有一个殉人,拥有独立的棺木。② 随葬陶器几乎完全是明器。早期的墓葬出有带扉棱的周式鬲。晚期的墓葬中,鬲让位于釜,这是一种A组墓所不见的器类;在陶器器类上还有其他一些细微区别(图33)。张学海指出,A组的陶器器类比较丰富,并且认为这也是民族喜好或民族/姓族传统的象征。

然而,这样解释以上的差异是有问题的。正如崔乐泉指出的,很多用来区分A组和B组墓葬的陶器特征反映的其实是时代的变化;例如,釜不见于A组墓,更可能是因为A组墓地从战国时期起,

---

① 文物编辑委员会(1990:170—172)提到。
② 该报告(山东省文物考古研究所等1982:128)解释为合葬于一座墓的夫妻,当时只有一例。我想指出,若干类似的例子见于第二章讨论的宝鸡㢬国墓地。

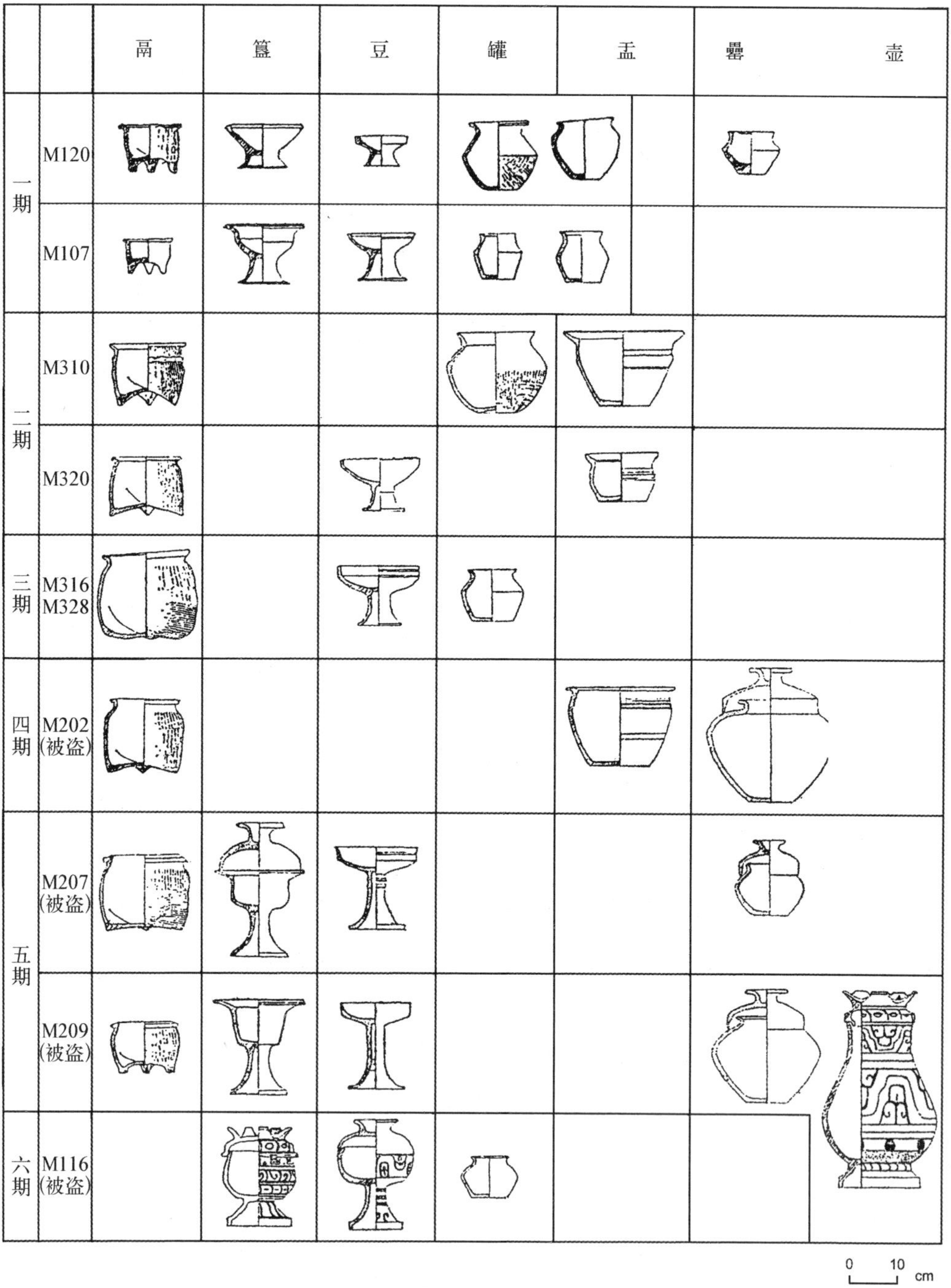

		鬲	簋	豆	罐		盂	罍	壶
一期	M120								
	M107								
二期	M310								
	M320								
三期	M316 M328								
四期	M202 (被盗)								
五期	M207 (被盗)								
	M209 (被盗)								
六期	M116 (被盗)								

0 10 cm

图 32　山东曲阜 A 组墓地陶器分类

约公元前 9 至前 6 世纪。

即该器类流行的时期,就没有发现陶器墓。① 一如洛阳的情况,大多数其他可以观察到的差异可能主要反映了财富甚至可能氏族整体等级的不同。B组中带椁室的墓葬比例高出将近12%,不过两个数据——A组59%,B组70.6%(参阅表19)——都非常高,意味着要么所葬氏族的地位极高,要么发掘工作不具代表性,或两者都是。② 望父台墓葬(B组)的随葬品也出人意料的丰富,其平均程度高出A组墓葬很多。重棺和各种奢侈品——武器、车马器、个人装饰品、丧礼帐篷、殓玉组佩、漆器,以及玻璃料珠——都仅见于望父台。另外,A组50%的墓葬没有任何随葬品,而在望父台,尽管每一座墓都严重被盗,仍可见到随葬品。B组墓葬中12座(32.5%)出土青铜礼器,A组中仅有8座(10.3%)出土。正如我之前在讨论洛阳时提到的(第11条标准),A组墓葬出土的陶器器类比望父台更为丰富,可能是因为它们只出陶器,而望父台的同时期墓葬则随葬青铜器,只是如今部分因被盗而遗失。因此,从表面上看,对于我们观察到的这些差异,最主要的解释应是财富和地位,而非姓族身份的不同。当然,一如在洛阳,不属于统治氏族所在姓族的其他氏族享有较少的经济特权,但是如果上面提到的所有姓族差异都不对的话,我们就没有办法知道那些经济地位低下的墓地确实隶属于这样的姓族。

不过,一如在洛阳,A组和B组之间还剩下了一些差异,可能反映了明显的姓族文化传统。尽管在曲阜,东方类型的鬲和腰坑在A组墓地并不普遍,不过它们在B组墓地完全不见让人感到奇怪,因为后者与A组墓葬相邻,而且年代相近。这两项标准看起来

---

① 崔乐泉1992。事实上,釜取代鬲很可能反映了战国时期新型灶具(以及随之而来的烹饪方法)的引入。

② 鉴于这些墓地分布于统治家族的都城内部,几乎毋庸置疑,葬在那里的氏族一定是地位很高的;不过,它让我们注意到,A组代表的所谓的非周异族享有的特权,本质上与B组墓葬的周人墓主不相上下。

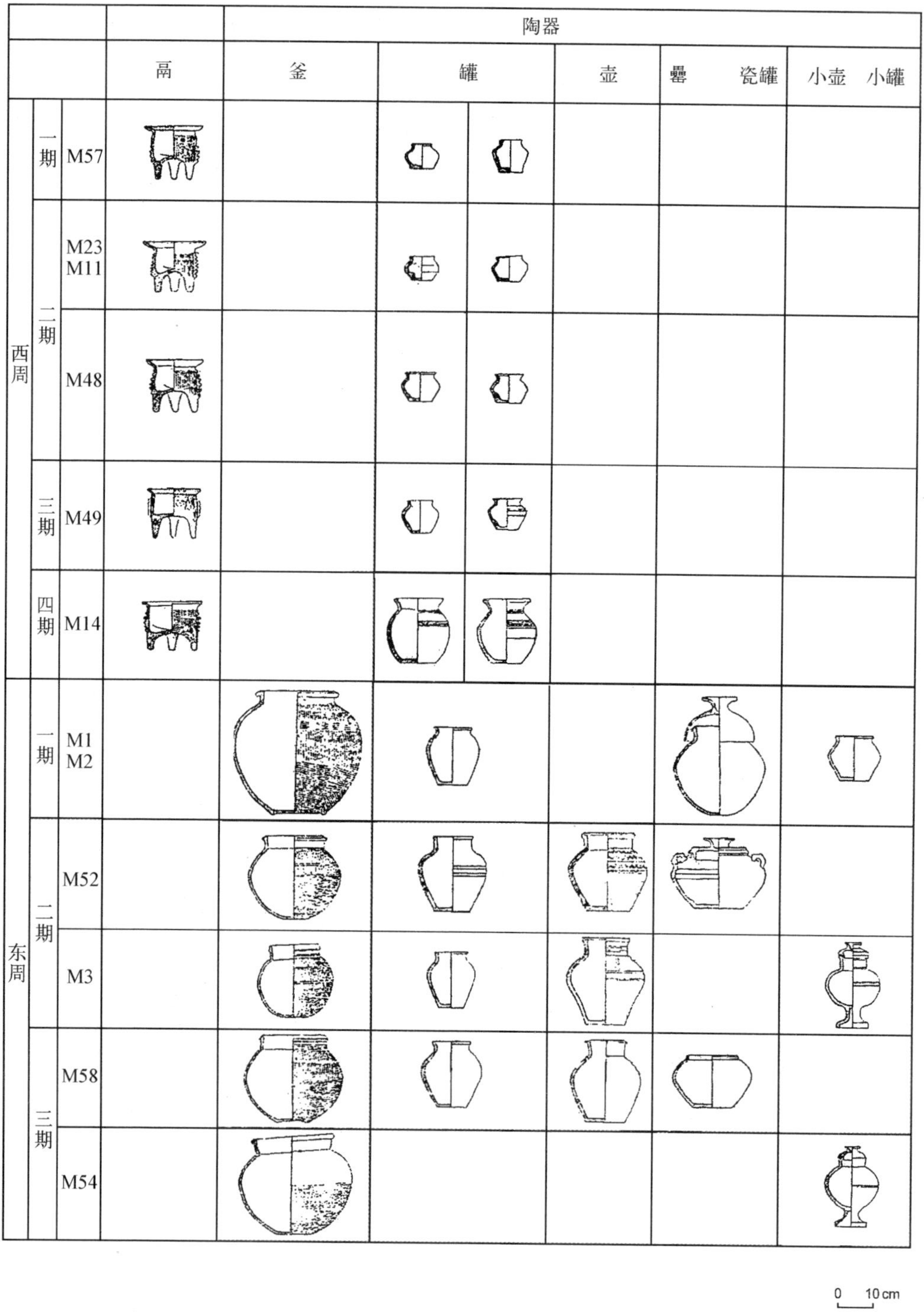

		陶器							
		鬲	釜	罐		壶	罍	瓷罐	小壶 小罐
西周	一期 M57	●		●	●				
	二期 M23 M11	●		●	●				
	二期 M48	●		●	●				
	三期 M49	●		●	●				
	四期 M14	●		●	●				
东周	一期 M1 M2		●	●		●			●
	二期 M52		●	●		●	●		
	二期 M3		●	●		●			●
	三期 M58		●	●		●		●	
	三期 M54		●						●

图 33　山东曲阜 B 组墓葬出土的陶器和青铜器类型

青铜器形有：11 号墓：鼎；23 号墓：鼎；48 号墓：鼎、臣、盨、簠、盘（2 种类型）、匜、甗，以及一件地方类型的壶；49 号墓：鼎、簠、盘、匜 14 号墓：鼎；52 号墓：鐎盉十；3 号墓：提梁壶；54 号墓：鐎盉、壶；58 号墓：鼎（楚式长足）、罐、三足缶。约公元前 9 至前 5 世纪晚期。

			青铜器
西周	一期	M57	
		M23 M11	
	二期	M48	
	三期	M49	
	四期	M14	
东周	一期	M1 M2	
	二期	M52	
		M3	
	三期	M54	
		M58	

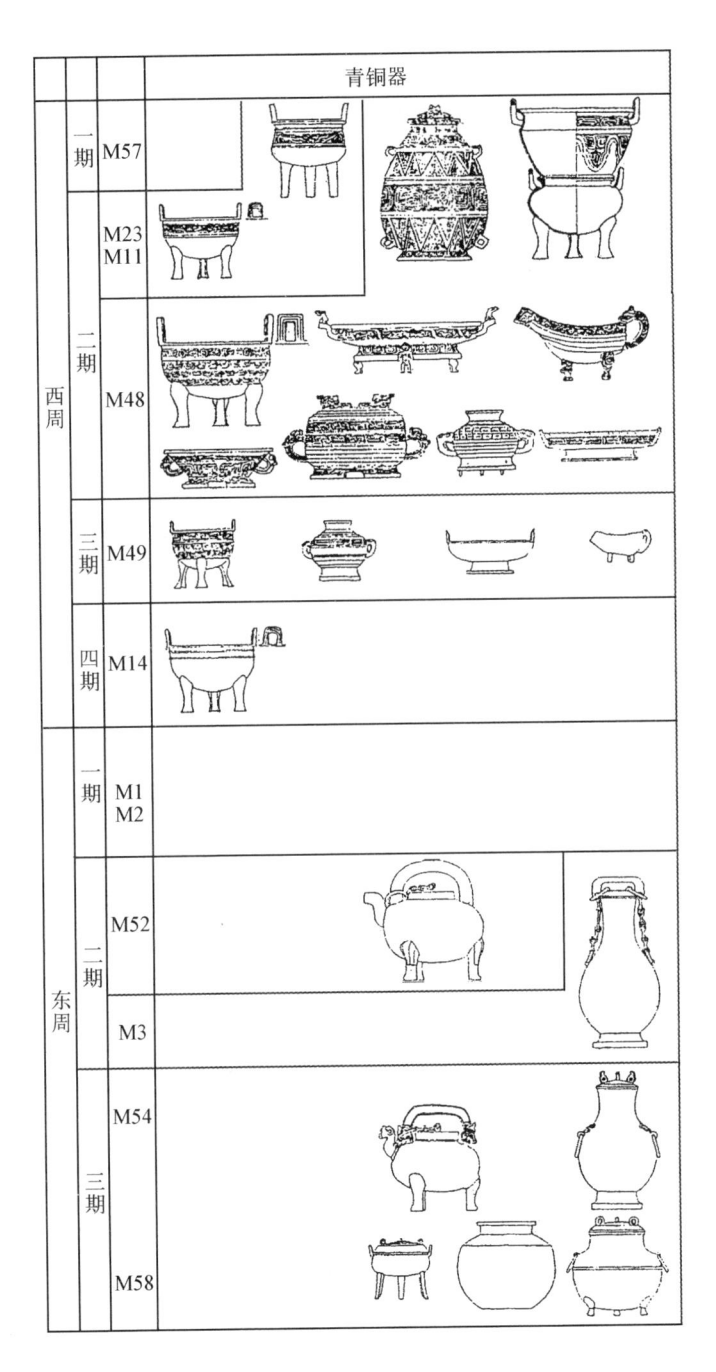

0 10cm

(图33续)

最有希望，值得深入研究；另外我们还应该记得，在洛阳和曲阜的许多"商"墓中，人骨头向都是朝南的。

腰　　坑

腰坑是安阳及其他地区商墓的典型特征。在属于商朝核心的一些东方地区，比如山东，腰坑频繁出现，一直持续到东周中期。①在曲阜，正如我们所见，腰坑实际是在西周晚期以后才出现的。相反在洛阳，所见的腰坑不晚于西周中期。因此，我们不能确定腰坑在这两地所代表的含义是一样的。此外，在洛阳，情况完全不清楚，因为一部分腰坑出现在诸如北窑墓地及邻近的铸铜作坊遗址这些所谓"周人"活动中心的墓葬中。对铸铜作坊遗址一个蹩脚的解释是，带腰坑墓葬的墓主是在作坊内工作的商人工匠（百工）。②洛阳出土的西周早期铜器的风格确实强烈显示了与安阳所出铜器的延续性。但是即使这些工匠来自安阳，我们对其社会地位仍然知之甚少，不清楚他们是否有可能坚持他们自己的丧葬习俗。事实上，如果铸造遗址的大型墓葬与作坊有任何关联，这些墓葬更有可能属于那些监督的（周人？）官吏。

周代的腰坑虽然没有商代那么常见，但也相当普遍。它们甚

---

① 除曲阜之外，公元前 9 到前 5 世纪山东境内的腰坑还出现在以下遗址（目录不完整）：临淄丙醇（山东省文物考古研究所和齐城遗址博物馆 1989）；沂源姑子坪（山东大学考古系等 2003）；阳谷景阳岗村（聊城地区博物馆 1988）；昌乐岳家河（山东省潍坊市博物馆和山东省昌乐县文管所 1990）；蓬莱柳格庄（烟台市文物管理委员会 1990）；栖霞吕家埠 2 号墓（栖霞县文物管理所 1988）；栖霞杏家庄（烟台市文物管理委员会和栖霞县文物管理所 1992）；长岛王沟（烟台市文物管理委员会 1993）；滕州薛城 1 号墓（山东省济宁市文物管理局 1991）；临沂中洽沟（临沂市博物馆 1987）。最晚近的例子有临淄南韩村（于嘉方 1988）和一个可疑的烟台金沟寨的 9 号墓（烟台市博物馆 2003），这两处的年代都进入战国时期。

② 叶万松 1992：40；也见饭岛武次 2002。注意 1950 年代发掘涧河沿岸的两个灰坑时发现了铸铜遗物，当时认为是商代（中国科学院考古研究所洛阳发掘队 1956：17—18），可能暗示该区域在周人到来之前就存在着较早的青铜铸造作坊。

至出现在没有安置"商遗民"的地区——如天马—曲村贵族墓地，①上村岭墓地，②琉璃河燕国墓地，③今陕西西安附近周代都城地区的沣西，④以及更西的宝鸡茹家庄。⑤ 我也知道东周的例子，见于甘肃和陕西的秦人墓地（如甘肃礼县大堡子山秦国国君墓，讨论见第八章，图见图73），⑥以及南方的楚地（如湖北荆门包山[图93]和河南信阳长台关的大型战国墓，讨论见第八章），⑦肯定还有其他更多地方。这些情况让一些学者提出秦国和楚国的王室直接传承自商王，但这种看法似乎过于牵强；⑧也不符合逻辑，因为腰坑仅仅出现于极小部分的秦楚贵族墓中。如果它确实代表了统治集团喜好的行为，它应该居于主流地位才是。

因此，就腰坑与姓族的联系，我认为不是直接的而是更为间接的关系。作为墓葬的一部分，腰坑一定有其特殊的宗教意义，从其考古学分布情况来看，它所反映的信仰和习俗对商代的高级贵族的思想影响比周代的更为重要。例如，腰坑随葬的动物可能被视为引导死者的灵魂到祖先之域的媒介；更笼统地说，这种习俗可能

---

① 北京大学考古学系商周组和山西省考古研究所2000，第二卷：295。9座墓带腰坑，占发表墓葬的1.4%；发掘者写道，除一处例外，这些墓葬互相紧挨着，且都属于少数墓主头向西的墓葬（参见本书第104页（第二章）注①）；六座墓葬时代明确，从西周早期开始到西周晚期。男女比例大概平均（3女，4男，2座不明），这推翻了一个可能的设想，即腰坑是嫁到晋氏族的"商"裔女性要求为自己设置的。

② 中国科学院考古研究所1959a：3(5座墓有腰坑，即1950年代所发掘墓葬的2%)。1990年代发掘的高等级墓葬中都不见腰坑，可能值得注意；曲村北赵的晋国国君墓中也不见腰坑。

③ 北京市文物研究所1995：251。发掘者主要根据腰坑的存在与否，将琉璃河墓地的几个墓区分为"商遗民"和周征服者（在我看来，这种方法是有问题的）。

④ 中国科学院考古研究所1962：115(55座墓中有腰坑，占已发表的全部墓葬的三分之一)；中国社会科学院考古研究所1999：36(30例，达报告中竖穴土坑墓的8.6%)。

⑤ 宝鸡茹家庄一座女性墓葬（1A号墓）的腰坑（卢连成和胡智生1988，上册：172）。

⑥ 戴春阳2000。有关秦国其他的带腰坑墓葬，见Falkenhausen 2003b：160，注18和表A。

⑦ 湖北省荆沙铁路考古队1991；河南省文物研究所1986。其他楚国的带腰坑墓葬，Falkenhausen 2003a：475—476有讨论（关于东岳庙14号墓，见湖北省博物馆1982：503；九店的五座墓葬，见湖北省文物考古研究所1995：12）。

⑧ 韩伟1986；间濑1992。

与人神沟通时利用动物载体的某种萨满活动有关。① 无论如何,一座墓葬建腰坑或不建腰坑可能取决于个人(或处理其后事的人)的宗教取向。若此,周代墓葬中腰坑的出现就没有直接反映墓主所属的姓族,但过去与商贵族的联系可能仍然是个人决定设置腰坑的重要因素。因此,无论腰坑所表达的宗教信仰实质如何,这一说法可以解释在洛阳和曲阜的前商人姓族的后人们为什么较为坚强地把它们承袭下来。

年代的明显差异让我们难以比较两地的材料。在曲阜,带腰坑的墓葬一直延续到东周,而在洛阳则戛然而止于西周中期。这是否反映了政治或宗教措施(譬如消除姓族间的差异或某种形式的宗教信仰)在都城起作用而在边远之地不起作用?或者,我们现在的印象只是不完整资料的产物?

陶鬲

对于陶器器类能够反映民族差异的看法,讨论起来需要考虑一组完全不同的因素。我将主要讨论洛阳出土的陶鬲,不过所得结论稍作调整后也适用于曲阜及其他器类。② 一开始我们必须认识洛阳地区西周早期的两类最有特色的陶鬲之间的差异——"商"的折沿分裆鬲和"周"的瘪裆鬲(图34)。要知道,分裆鬲的三个袋足是分别制作的(用泥片或模制),再在"裆"处连接;然后上面的部分或者直接在转盘上接上,或者将提前做好的上部接在三个相连的袋足上。相反,瘪裆鬲则由泥质斜腹圆筒做成,先是在筒径较大的一端以三个等距点将泥筒向中心折;然后如图34ⅡA所示,将折

---

① K. C. Chang 1981. 腰坑在周朝都城消失,可能伴随第一章提到的宗教观念的变化一起发生。

② 注意,出于年代以及可能地理上的原因,分别视为"商"和"周"式的鬲,其形制在洛阳和曲阜是不同的。

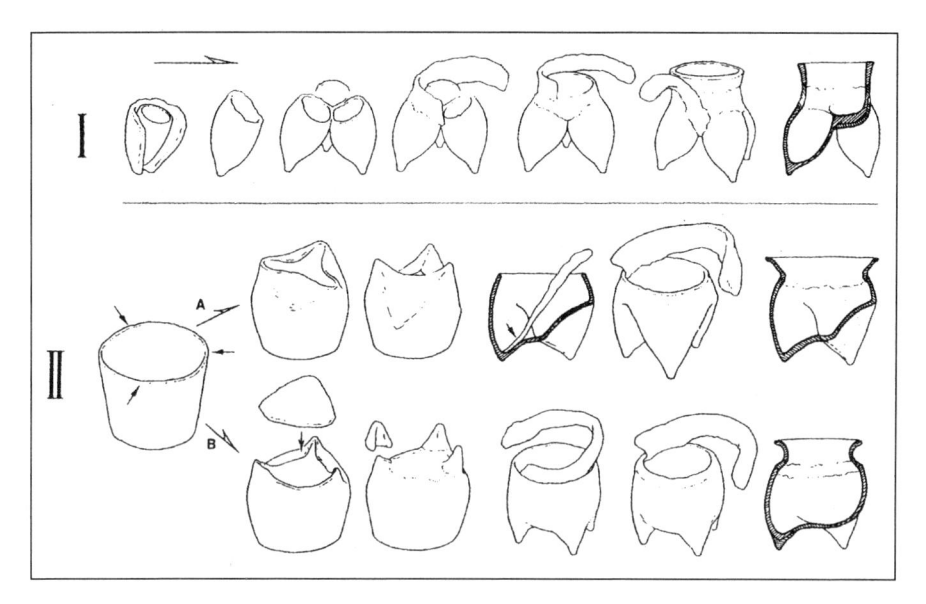

图 34 "先周"及西周早期两类鬲的制作过程示意图

Ⅰ：分裆鬲（刘家），用三个事先做好的袋足制作而成；Ⅱ：瘪裆鬲（北吕郑家坡），其袋足由泥筒边缘卷折而成。出自安阳的商分裆鬲与此图所示的"先周"标本看似不同，但是它们的制作原理是相同的。

进去的部分连接而形成三个袋形足。为了封闭陶器的底部，三个折叠部分的边缘，也就是各袋形足的中线，要经过捏合。这类鬲的"裆"部位于三个折叠部分的中点。两类鬲最为显著的特征——捏合的接缝在分裆鬲位于"裆"部，而在瘪裆鬲位于鬲足的中心——在大多数已发表的线图中是没法看出来的，不过我们一旦拿到实物便一眼能看得出来。（这再一次说明不接触原始标本而去进行一项以陶器为基础的研究是徒劳的。）

这两种类型的鬲的确发源于不同的地方。分裆鬲是安阳最有特色的一类鬲（由早期青铜时代的二里岗和二里头的器形发展而来），而瘪裆鬲则是在晚商的关中地区的周人核心区域发明的，属于考古工作者所谓的"先周文化"（这个概念尚带有不少问题）。[①]洛阳

---

① 西江清高 1994—1995。

地区所见的其他重要的西周陶鬲类型(见图 31)由上述两种鬲发展而来:联裆鬲来自瘪裆鬲,也发源于西周早期的周文化圈的西部;而平裆鬲则是西周时期从分裆鬲发展出来的一类,可能发明于洛阳地区。

因此洛阳出现的瘪裆鬲和联裆鬲的确意味着该地与周人核心区域的某种联系,而分裆鬲和平裆鬲的存在可能反映了商代制陶传统的发展。但是作更多的解释就困难了。我们必须绝对避免"以陶器取人"的陷阱。原则上,陶器器类所能反映的只是一个地区制陶作坊的制作习惯,这种习惯通过陶工代代相传。一些史前社会中,陶器在家庭内生产,其习惯可能代表的是广大人群(如所有女性);在其复杂化社会里,这些制作习惯可能是小部分专业工匠的职业技能。后者适用于青铜时代晚期的中国,当时劳动分工是发达的。

陶器本身无法证实人口更替或文化影响这类情形。要弄清楚来自不同区域的陶器同时出现的可能的意义,比如在西周时期的洛阳,我们需要可靠的统计来说明它们在整个组合的比例。比如,我们需要知道"商"和"周"式陶鬲出现的比例是否大致相等,或者,一种或另一种形制的标本是否孤立出现。然而,这样的资料在洛阳地区很难得到。我们所有的数据都来自北窑墓地(图 31)①以及反映叶万松和余扶危两人看法的两篇文章,②他们长期在洛阳地区从事田野工作,对材料应该是非常熟悉的。

来自北窑的样本量很小:348 座墓仅出土 51 件鬲,让人怀疑盗墓者还是掠走了一些陶器。其中只有一件瘪裆鬲(时代为西周早期),4 件联裆鬲(分出三个亚型,都属于西周中期),一共占总数的 9.8%。相反,其中有 16 件折沿分裆鬲和 20 件平裆鬲,占总数的 70.6%。即使样本小,没有什么统计价值,这些百分比仍然非常

---

① 洛阳市文物工作队 1999:62—64 及 346—347,349,图 177。
② 叶万松和余扶危 1985,1986。张剑 1993 对陶器组合的分析还有用,而对陶器类型的分析不怎么样。

粗略地说明,源于安阳的陶鬲类型远远超过源于陕西的陶鬲类型；即使像北窑这种发掘者认为属于入侵者"周人"的地方,也是如此。对整个洛阳地区所出的西周陶器进行分析之后,叶和余二氏也得出了相同的结论。① 他们都认为洛阳地区的主流制陶传统从商人继承而来,而源于周人的陶器类型只是一小部分插花罢了。随着时间的推移(在西周中期和晚期),他们注意到器物形制和器物组合逐渐与陕西的西周都城地区所出陶器同化,但是这两个区域的陶器形制从未完全重合。叶和余二氏不假思索地指出这正是人们所预期的情形：在一个如此靠近商中心并长期作为商文化圈的一部分,商的手工传统在新政权下自然或多或少地得到延续。他们由此得出一个颇为合理的结论,即"商"式陶器的流行并不一定与从安阳来到这里定居的商遗民存在必然联系；反而很可能的是,它仅仅反映了周人克商之后洛阳地区的本地作坊得以延续,继续按着原来的传统生产陶器。

在这样的说法中,周征服者进入洛阳地区以后,使用了当地作坊生产的商式陶器。② 只要这些陶器合乎其功能和象征的需要,他们就不必要求改变陶器的形制。鉴于陶器的体积、重量、易碎性及有限的象征价值,新来者显然不大可能从家乡带来大量的产品。最多,我们可以期望他们引进一些能够体现其长期养成的饮食或烹饪习惯的新器形,从而与被征服者的习惯有所不同。相反,洛阳地区从商到周的过渡中没有任何这种变化的迹象,或许表明两个群体的饮食方式非常相似。(这种相似性延伸到了礼仪使用的陶

---

① 叶万松和余扶危 1986：1110—11。
② 迄今为止,来自洛阳地区发掘的西周制陶遗址的材料非常有限,简单介绍见于北窑铸铜作的两座窑(洛阳市文物工作队 1983：432)和瀍河东岸的一座窑(洛阳市第一文物工作队 1988),两处地点都位于现在人们认为的当时主要城区中心以内。叶万松(1990：40—42；叶万松和余扶危 1985)特别指出,北窑作坊遗址出土的陶器种,"商"特征占据优势(并非所有陶器都在这里生产)。

器,即墓中盛放食物和酒类祭品的容器。)"周"式鬲的突然涌现可能意味着本地制陶传统的结束,以及周征服者从他们家乡带来了制陶工匠。但是那似乎没有发生。只有极少数"周"式陶器可能是从陕西带来的(不过,这应该通过化学分析来验证);当地的陶工可能复制或改变进口货,促成了叶和余二氏所说的同化过程;不管怎样,我们看到的陶器类型的发展是渐进的,并随着周文化圈的物质文化的整体变化而变化。

曲阜展现出了一幅稍显不同的画面,也许一家当地的制陶作坊为了满足新迁入顾客的需要,生产了他们以前并不熟悉的陶鬲。望父台最早的B组墓(西周晚期)所见的"仿铜鬲",实际上是附加了扉棱的联裆鬲,其祖型可追溯到遥远的西部;例如,它们出现在沣西和天马—曲村(它们不见于洛阳确实令人困惑,但是可能由于之前提到的当地年代序列的缺环)。在曲阜,它们不仅不见于A组墓,而且值得注意的是,从不见于居址遗存。显然它们仅仅是明器,为了满足B组墓地的氏族成员特殊的礼仪需要而制作。当地作坊生产的大部分鬲,出于实用和礼仪目的,为无扉棱的,尖袋足的"东部"类型。这两种鬲在使用和含义上的区别仍不清楚,但是有人认为它们是为了满足当地不同客户的需要——说不定在相同的作坊——而制作,这种看法不无道理。

陶器类型很少让人有机会窥见消费者的喜好(或者身份)。更为常见的是,陶器类型能够告诉我们制作者的地域、文化和社会身份。譬如在洛阳,陕西类型的陶器比例较小,将来如果得到更多资料的验证,可能反映了有关周人陶工的社会地位的信息:这些陶工不是周人征商或守成过程中迁来的人口。考虑到陶工的职业特性,这一点无须惊讶,不过这是本书关心的一项内容。洛阳的陶器资料暗示西周时期的陶工——可能与当时许多手工业者一样——属于没有人身自由的阶层,他们的行动既受到后勤管理的限制,也受法律或类似法律的约束。

评　述

在这番长篇大论的结尾,我们逐渐明白,原则上我们不能期望考古学可以复原姓族或民族身份认同,也不能期望它可以复原氏族的身份认同。[①] 即使可以做些推断,它们永远都是间接的、相对的,是基于沉默的考古记录所显示的反差。在墓葬这样的礼仪背景下,某些物质文化器物的分布模式有时确实揭示了人的某种分类,但是要说出具体属于哪种分类往往并不容易。如果要将之与历史上已知的社会或民族建立联系,就必须经过严密的论证。前面就洛阳和曲阜的墓葬材料做了尝试,只是资料不足。最令人忧虑的是,把两地的墓葬和器物分别分为"商"和"周"的做法仍然缺乏坚实的统计基础。如果有一天更为系统的研究证实了这种分类确实有效,将可能提供一些论据,证实以下基本属于假设的想法：

（1）属于商王朝境内的姓族的氏族,在周朝保持其组织的完整性和内部的等级制度。（然而,这些氏族在多大程度上属于重新安置的原安阳的贵族并不确定。）（2）这些氏族的成员较之来自陕西的移民,更容易保存原商朝常见的一些宗教习俗。（3）总而言之,这些氏族虽然成为周代社会相互通婚的核心群体的一部分,但是相比姬姓及其最亲近的盟友的众多氏族,它们经济上较为贫困,地位也更低。（4）这些差异最终都消失了,而且在洛阳的王朝中心可能比在曲阜这样的外围区域消失得更早。

即使将来的考古发现出人意料地证实上面提出的"商"、"周"为中心的姓族群体之间的每一个差异都是可靠的,但是最后我们

---

① Boas 1911：1-11；Hodder 1982.

还必须注意,它们都是相当细微的。虽然我们没有客观的标准衡量差异的程度,但是我们可以说,这些差别不会大于同一姓族内部的氏族层次上的差别,比如第二章讨论的虢国和晋国之间的差异。如果这是事实,也许可以证明到了周代,姓族间的差异变得越来越微弱了,虽然在曲阜,A组和B组墓葬之间的差异一直持续到西周晚期礼制改革之后。原因可能是曲阜墓葬体现的区别特征与祖先崇拜,即本次改革的主要目标,没有直接关系。总之,无论如何,我们清楚的是,由"商"和"周"式器物组合所代表的姓族层次群体使用大体相同的物质文化,从相同的作坊获得器物,共同构成同一社会。类似的考古学资料体现的微弱差异,在东周时代也大量发现,或许也反映了姓族层面的社会区别。周(姬姓)和秦(嬴姓)之间的差异就是我们下一章将要分析的。

尾声:一个"先周"案例

姓族间的物质文化差异并非总是那么细微。下面我们来讨论另一个众说纷纭的案例,其年代属于周王朝历史,略早于本书讨论的时段。此案例同样涉及周王室所在的姬姓,不过它侧重于与姜姓的关系。传统认为,在相当于商代晚期的时间里,两个姓族在今陕西中部毗邻而居。姜姓的许多氏族都是周灭商过程中的盟友,而且周王室在整个王朝期间与这些氏族世代通婚。姬姜联姻的模式在几个地方统治氏族间也颇为流行,这个漫长而持久的社会习俗让姬姓族的传奇创始英雄后稷与其母亲姜嫄——一位姜姓妇女——的神话周期性上演。[①]

最近,考古工作者试图根据发掘材料来还原早期姬姜二族的

---

① 见《诗经·大雅·生民》(《十三经注疏》17.1,528—532)。

关系。他们的线索来自倾向性命名的"先周文化"——更有可能是一个由不同的考古学文化或阶段组成的集合体——在相当于晚商的时间里,在今天陕西中部后来成为周代都城的区域内盛极一时。① "先周"遗址已经出土了两类完全不同的鬲(图 35),一些当地的考古工作者将其分别对应于姬姓和姜姓。② 所谓的"姬姓鬲"就是前文瘪裆鬲的前身,发现于武功郑家坡居住遗址③和扶风北吕墓地。④ "姜姓鬲"以突出的分别预先制作的袋足为特征,最先发现于扶风刘家墓地。⑤ 这两类不同器形的分布区域有所重叠,覆盖了渭河流域中游相对狭窄的区域。不过一个遗址只出土或主要出土其中的一类,而一类或另一类鬲对应着截然不同的器物组合,意味着不同的生活习惯和宗教习俗,也说明把它们分为不同的考古学综合体(类型或文化)是合理的。这两个考古学综合体是否完全同时尚不清楚。我们只知道它们来源于不同的地域:郑家坡属于陕西本地的序列,与北部和西北部的陶器传统相联系,而刘家似乎根源于更为遥远即甘肃的东部和中部的西部文化传统,一些权威学者认为那里是羌族部落和姜姓的发源地。如果这两个考古学综合体的确同时,这可能意味着在周朝建立前的周原存在着两个不同的族群。眼下就上面提出的族属问题下定论还为时尚早。⑥ 在下一章,我将会论证这样的差异反映的应该是民族间的差异,而不只是姓族间的差异。

---

① 有关这个问题的研究文献数量很多,其中我推荐邹衡 1980:297—365;李峰 1991;孙华 1994;饭岛武次 1998:18—86;尤其是胡谦盈 2000。有关姬姓、姜姓名称的语言学研究,见 Pulleyblank 2000。
② 例如,见王占奎 1993;卢连成 1993;刘军社 1994(及本页注①中的参考文献)。
③ 宝鸡市考古工作队 1984。
④ 罗西章 1995。
⑤ 陕西周原考古队 1984。
⑥ 胡谦盈 1993,根据自己对长武碾子坡考古发现(中国社会科学院考古研究所泾渭工作队 1989)的研究,对这种两分的方案发表了令人信服的批评,而本章注 64 和 65 中所列的大部分作者都忽略了这篇论文。

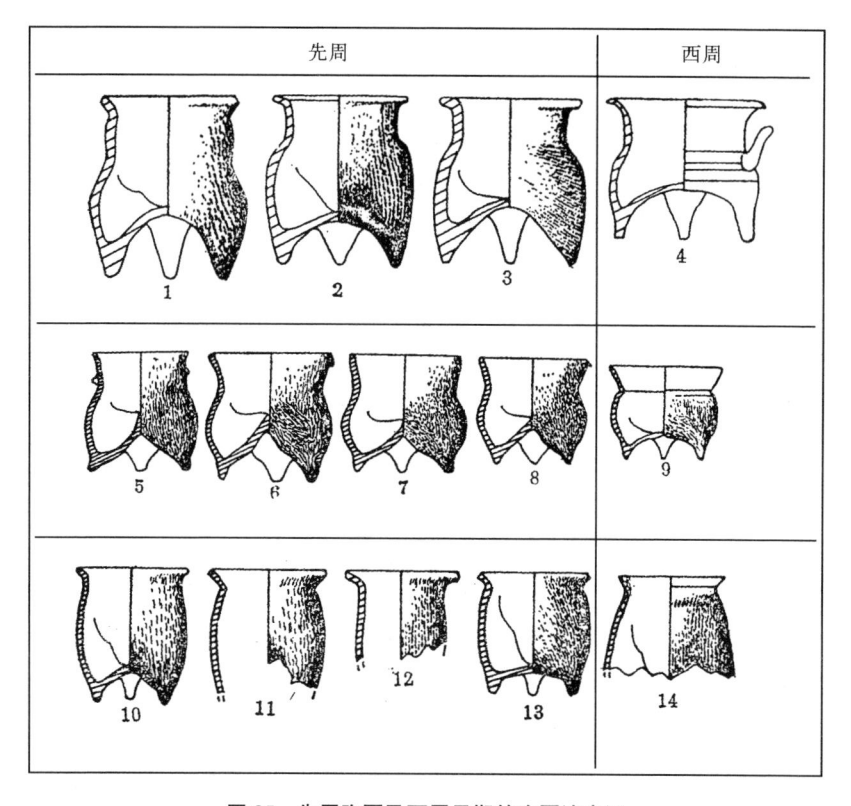

图 35　先周陶鬲及西周早期的陶鬲演变图

第一排：瘪裆鬲：1、2. 陕西扶风北吕；3. 陕西岐山贺家村；4. 河南洛阳北窑。第二排：分裆鬲：5—8. 陕西扶风刘家。第三排：分裆鬲地方类型：10—12. 陕西武功郑家坡；13. 陕西武功南庙；14. 河南洛阳北窑。

姬姓和姜姓在商代确实属于不同的民族，商代的甲骨文为此提供了一线线索。其中羌（可能是姜的同义字）似乎是一个西部的异族的名称，人牲的首选来源，并且是商代典型的"他者"。后来，由于与前王朝时代的周人这样的中介族群世代通婚以及其他因素，姜姓——或至少其中的某些氏族——便融入了其东方邻居的社会网络。也许将来有一天我们可以更加准确地确定这件事情发生的时间。该民族的一部分成为姜姓，仍然游离在周人社会框架之外。在以后的历史时期里人们继续使用"羌"来称呼"异族"；甚至到今天,中国政府还认定四川山区里的一个少数民族为"羌族",可为作证。①

总之,自周王朝建立以后以及整个周代,姬姓和姜姓的关系就是在周代树状氏族社会的框架内一直相互通婚的姓族之间的关系。我不知道有什么考古学实例可以体现周王朝建立以后姬-姜姓族之间的差异。张学海努力证明山东齐(姜姓)鲁(姬姓)之间存在根本的物质文化差异,②但连张氏也不得不承认,各个政治体内不同遗址之间的差异与他所谓的不同政治体之间的差异相比,有时一样显著,甚至更为突出。③ 大体来讲,周代山东地区的物质文化看起来相当一致,即使存在什么差异也无法与统治家族的姓族族属相联系。尽管这种印象来源于材料不足,但是可能在"先周文化"所代表的早期,姓族之间的差异要比后来的更大。如果是这样,那么再比较"先周"阶段的姬-姜关系与本章有关洛阳和曲阜姬-子关系的研究结果,我们就会发现,随着周代社会的逐渐统一,姓族之间关系的性质也发生了变化。

---

① 有关此问题基于文献的论述包括傅斯年 1930;顾颉刚 1980;任乃强 1984。尝试在考古材料中识别羌族的研究,见俞伟超 1979;1983;周庆明 1984。复杂的人类学研究可参考王明珂 1992,1997。与多数学者的看法有分歧的是 Pulleyblank(2000),他否认姜、羌二词有联系,相反他认为姜、姬二字同源(亦见本书第 187 页(第二部分的导论)注②)。Pulleyblank 的观点我并不赞同。

② 春秋时代齐鲁诸侯通婚的统计表,见张光直 1976:91。

③ 张学海 1989;亦见崔乐泉 1992。

第五章　周文化圈内的民族差异（约前1050—前350年）

现在我们来考虑另一类考古遗存，它们在某种程度上都与非周民族（英文可称之为nations，如美国将印第安部落称为Indian Nations）相关。这些非周民族又与周朝以氏族为中心的政治体毗邻而居。这样分散的、非国家阶段的人群是古代和当代社会常见的现象。今天来到耶路撒冷的游客可能在希伯来大学校园旁边碰上贝都因人的临时宿营地。在印度，狩猎采集群体仍肩并肩地与——而且很大程度上无视——现代国家的主流选民生活在一起。在日本本州岛，直到中世纪，未被同化的山地部落与日本国家政府机构一直共处（其间的接触有时一点也不和平）。在中国也是如此，"异族"群体存在于周文化圈已经得到青铜时代晚期文献的证实；[1]甚至今天，"少数民族"（现在大部分已经融入了现代的民族国家）不仅继续生活在边疆地区，而且也在中国内地的很多区域，尤其在南方。

中国的考古工作者和世界上的很多同行一样，相信各民族集团间的差异可以直接反映在物质文化上。[2]尽管民族认同理论的最新进展表明，任何这样的联系都根本上不可能如此简单，[3]但这个问题理所当然地激发了广泛而浓厚的公众兴趣。像本书这样的研究就不能无视它。在此我不准备重复一般的理论的叙述，而只

---

[1]　见本书第186页（第二部分导论）注[2]。
[2]　已故俞伟超教授尤为自信地阐述了这种思想，而且这种思想指导了他的关于周文化圈南疆和西疆考古的经典研究论文（收录在俞伟超1985）。
[3]　Jones1997；Hodder1982。

讨论与此问题有关的具体的考古资料。从考古学出发来讨论中国古代的民族差异,我们需要厘清一些界限,为此目的,本章将考虑一些周文化圈西北部的实例。第六章将主要关注民族属性的时代变化,届时讨论范围会延伸至周文化圈的东部和南部。

西周时期周朝和晋国都城的"异族"

张家坡洞室墓的主人。张家坡是属于沣(西安附近的两个西周都城之一)的一个的大型墓地。我们可以在那里观察到民族差异的线索。① 从1983年到1985年,在两个区域总计约3.3公顷的范围内考古学家发现了365座墓、3个车马坑和22个马坑。这些发现无疑是发掘区域内全部的考古资料,但这些区域只是整个墓地的一小部分,墓地的实际规模未曾报道。因此,根据已发表资料所作的任何统计分析,其价值都是不好拿捏的,因为我们不知道它们占墓地全部墓葬的百分比是多少,也不知道观察到的迹象和特征的数量分布能否代表整个墓区。不过,这些资料体现了文化差异,也许源于族属的差异。

这种差异最清楚地体现在墓葬形制上。在张家坡发掘到的最大墓葬(157号墓)是一座带两个斜坡墓道的竖穴土坑墓。铜器铭文证实墓主是一位邢侯,属于与王室有关的姬姓族下的一个氏族;该氏族的一位女性是我们在第二章中谈到的一位强伯的夫人。② 157号墓周围的许多墓葬大概也都属于邢氏族的成员。张家坡的绝大多数墓葬和157号墓一样是土坑竖穴墓,但没有斜坡墓道。这是中国从新石器时代一直到秦统一时期最为主要的墓葬形制,

---

① 有关张家坡已出版了两部专题报告:中国科学院考古研究所1962和中国社会科学院考古研究所1999;本文主要使用后一部报告的材料。

② 有关邢的基本参考文献,见本书第132页(第二章)注③。

我们在前面几章提到的天马—曲村和上马墓地的墓葬也是它的实例。不过张家坡也有少数洞室墓：其棺木放在向竖穴土坑的一侧开凿的偏室（图36）。1983—1986年发掘了21座洞室墓，占发掘墓葬总数的5.8%。[①] 其中的20座位置相对集中，有9座形成独立的一群，其间没有夹杂任何竖穴墓。[②]

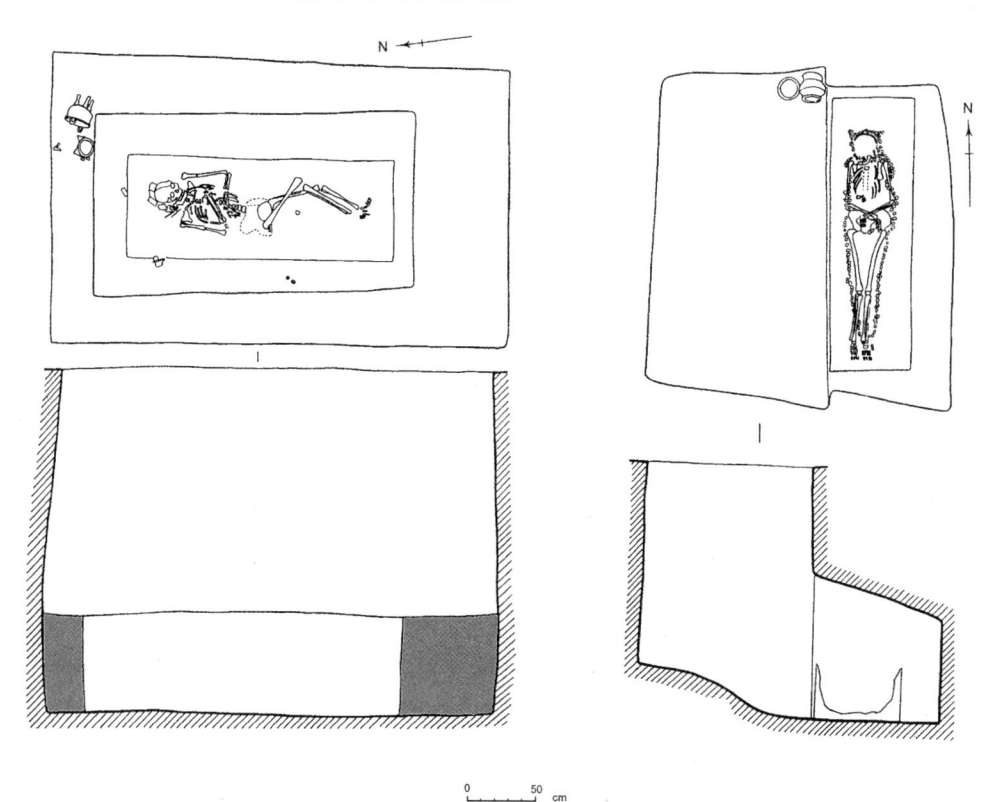

图36 陕西长安张家坡的主要墓葬形制

左：土坑墓（215号墓）；右：洞室墓（145号墓）。西周早期。

[①] 发掘报告和梁星彭1996提供的洞室墓比例都是5.4%；这是误把25处车马坑计入墓葬总数。不管怎样，这都不是一个有效的统计数字，因为并不清楚所发掘的部分占原墓地的多大比例，或者整个墓地的洞室墓比例是否接近这个数字。

[②] 梁星彭1996。

洞室墓的偏室用木板，或者，更常见地用草席遮挡。显然建造者设计该室的功能更加接近于竖穴土坑墓里的木椁。我们在第三章已经认识到，椁室是贵族等级的象征，这样意味着洞室墓的主人拥有着较高的社会地位，比无椁室的竖穴土坑墓所葬的墓主要优越。这些洞室墓的随葬品堪比张家坡的任何其他小型和中型墓。其中一些墓葬出土了青铜礼器和车马器，而几乎所有的洞室墓都出土陶器，其形制与竖穴土坑墓出土的陶器相同，可以将这些洞室墓纳入整个墓地的年代序列（从西周早期后段到西周晚期早段，大部分处于西周中期）。然而，它们的陶器组合（表21）与同时期的竖穴土坑墓不同。加上它们独特的墓葬形制以及分布特征，其陶器组合似乎说明这21座墓是由另一个社会群体建造，或者为他们建造，其葬俗系统与以邢氏族为代表的周人的主流群体的葬俗有明显区别。①

洞室墓常见于陕西中部以西——甘肃、宁夏、青海以及更远的新疆和欧亚大陆中部（地图10）——的新石器和青铜时代文化。② 其中每个考古学文化都有非常独特的物质遗存，而且没有一个被专家学者认为是周文化的直接前身。因此，有人主张张家坡洞室墓可能与这些地区的非周族群有关，不无道理。不过因为资料不全，我们无法说出他们属于历史文献记载的西部的哪个"戎狄"群体。梁星彭将张家坡洞室墓与目前所知距离最近的周原刘家"先周"遗址的同类墓葬联系起来；关于后者，我们已经在第四章的尾声提到。③ 梁

---

① 我们也许会以为通婚在该群体融入周主流社会的过程中发挥了作用；如果真是这样，我们就会预期洞室墓的墓主多为女性。可惜，这批材料没有提供有效的信息。一座洞室墓的墓主定为女性（215号墓），另一座的墓主为男性（183号墓）；还有一位墓主根据青铜铭文可以暂时定为女性（284号墓）。显然，其他墓葬没有出土什么可以确定性别的材料。
② 谢端琚1987。
③ 梁星彭1996：457—459。有关刘家墓地，见陕西周原考古队1984。梁星彭接受了胡谦盈（1993）强烈坚持的观点，即刘家不是西周的直接祖先，西周有可能来源于碾子坡类型。我同意梁的意见。如果是这样，陕西长武碾子坡"先周"墓地（中国社会科学院考古研究所泾渭工作队1989）的约200座墓葬中出现的两座洞室墓，可以看作是张家坡所见同一社会现象的早期实例。

表 21　陕西长安张家坡邢氏族墓地 21 座洞室墓的器物组合

墓号	136	285	113	114	141	183	215	283	284	106	107	109	111	112	120	259	115	275	273	282	309
年代	1	1	2	2	2	2	2	2	2	3	3	3	3	3	3	3	4	4	?	?	?
【食器】																					
鼎	[1]	1	[1]	[1]		2	[1]		1	1	[1]	[1]	[1]	1	1[1]	[1]					
鬲		[1]			[1]	[1]	[1]		[1]	[1]	[1]	[1]	[1]	[1]	1[1]	[1]	[1]	[1]			
甗		1				1															
簋					[1]	1			1	[1]								1			
【酒器】																					
爵							[1]														
壶											[1]	[1]	[1]	[1]	[1]	[1]	[1]	[1]			
【水器】																					
甑	[1]																				
罐			[1]	[2]	[1]		[1]		2[1]	1[3]	[2]	[2]	[1]	1[2]	1[2]	[1]	[1]	1[2]			
计	[2]	2[1]	[1]	[2]	[1]	5[1]	[2]	0	2[1]	1[3]	[2]	[2]	[1]	1[2]	1[2]	[1]	[1]	1[2]	0	0	0

括号内的数字属于陶器，无括号的数字属于青铜器。

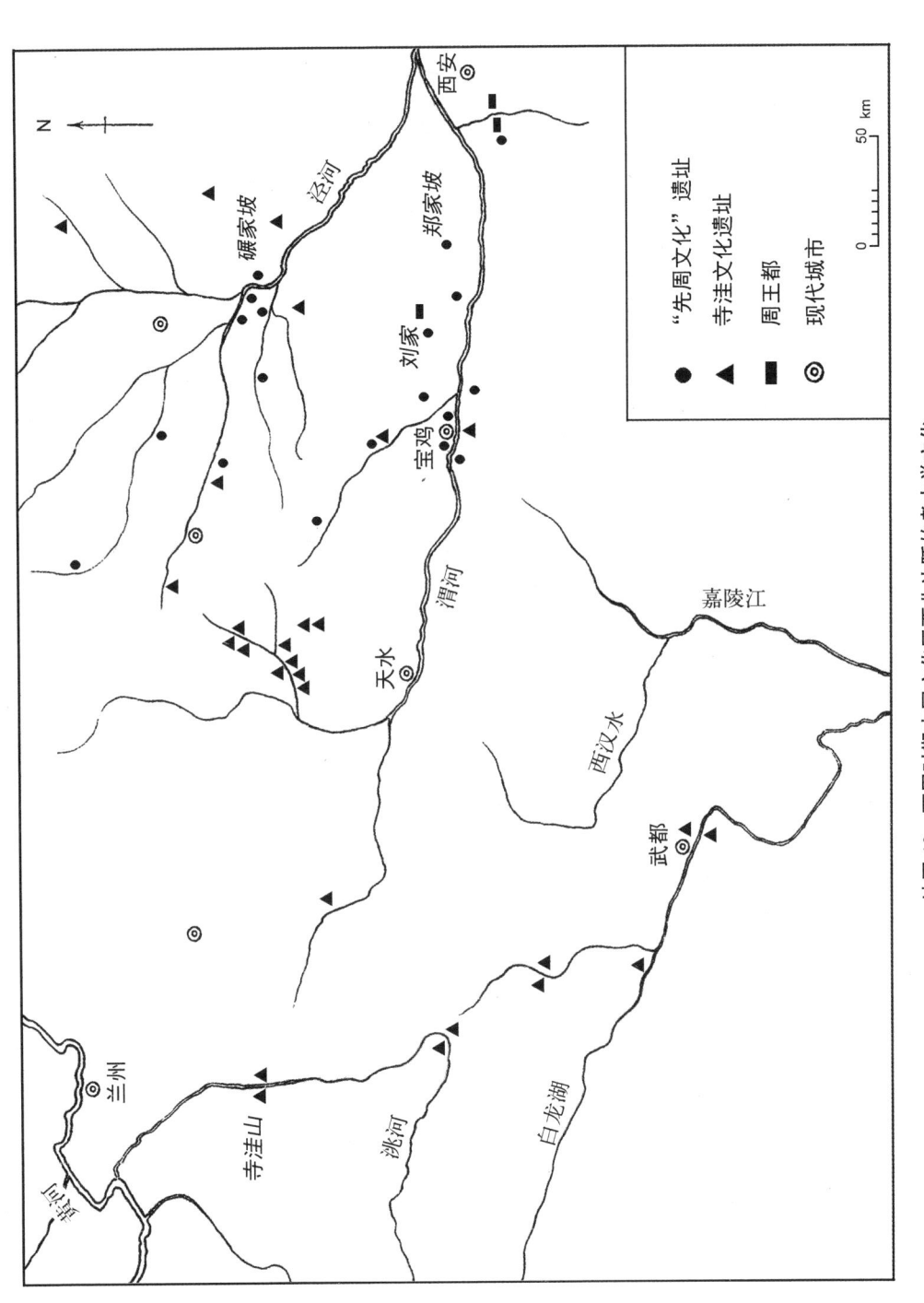

地图 10　西周时期中国文化区西北边陲的考古学文化

氏认为刘家是辛店文化的一种地方类型,而这一文化的主体兴盛于甘肃东部,其年代从公元前两千纪后半延续至前一千纪中期。①他还主张(从谢端琚之说)刘家墓地和张家坡洞室墓都属于羌部落,后来姜姓氏族应该就来源于这些部落(见第四章)。②然而,刘家的洞室墓比张家坡最早的同类墓葬要早上一个世纪,而距离最近的与张家坡大约同时的洞室墓,目前所知,是很遥远的,位于甘肃中西部河西走廊的沙井文化遗址。③此外,在随葬品方面,刘家和沙井完全不同于张家坡,而两者之间也大异其趣。无论是刘家还是沙井都没有产生复杂的政治和社会制度,压根就不能与西周时期的周王室相提并论。

不管洞室墓的建造者是谁,其族属不同于周人核心氏族的可能性似乎相当大——这不仅仅是因为两类墓葬之间的差异相当显著(与第四章讨论的洛阳和曲阜的"商"、"周"墓葬之间的差异相比,这些差异的确远远没有那样细微),而是因为这类墓葬发现于遥远的而且文化不同的地方。尤为重要的是,这些地区在社会复杂程度上的差别。同时,应该强调的是,张家坡洞室墓的墓主使用了与附近同时期的竖穴土坑墓相同的器物,虽然其组合不同于后者。这些器物包括象征身份的重棺(1例)和青铜礼器(见于21座墓中的6座),而且其中一些有铭文(6件容器,来自其中的3座墓)。根据第四章的认识,墓葬中出现当地制作的陶器一点都不意外,尽管它们的组合稍微特殊。④这些陶器的使用者,即使他们属于非周部落,生活在周人的都城,也一定很密切地融入了周人的贵

---

① 有关辛店文化,见南玉泉 1989;张学正等 1993。
② 谢端琚 1990。
③ 如甘肃永昌的蛤蟆洞、西岗和柴湾岗遗址;见甘肃省文物考古研究所 1990:216—221;2001。
④ 相反,如果居于沣都内的非周的少数民族硬是将其独特的陶器从老家带到沣都,或在沣都修建体现其自身风格的陶器作坊,这才让人感到惊讶呢。更有可能的是,他(她)们使用而且可能略微修改了沣都当地流行的各种陶器。

族社会。他们的埋葬地点接近周王室的姬姓氏族的邢氏族成员也支持这个看法。或许在他们那个时候,人们仍然记得一些民族特征,但是这些特征已经变得无足轻重,而使用洞室墓只是其中的一个象征符号而已。

曲村外来铜器的拥有者。陈芳妹在分析曲村北赵晋侯墓地113号墓的铜器组合时,为我们指出了另一个可能反映西周时期贵族社会中民族差异的例证。[①]她的结论并非根据墓葬形制这样的考古特征,而是根据墓葬出现的外来器形。113号墓的年代大概可定为公元前10世纪中期,墓主可能是墓地内最早的一组晋侯墓。该墓出土的器物群包括了两件形制在商或周的一般礼器中不见的青铜容器(表9):三足瓮和双耳罐(图37)。作为陶器,这两类器物在中原农业区和欧亚大陆中部草原之间的过渡地带(山西、内蒙古南部和陕西北部)源远流长,是当地的农民和牧民的常用器物。[②]属于这些人群的考古学文化可以追溯到新石器时代晚期和青铜时代早期,远远早于这个区域被姬姓族各氏族建立的诸侯国统治时期,也早于城镇文明、贵族等级制度或祖先崇拜的迹象出现于这些地方。陈芳妹注意到113号墓的主人是一位女性,认为她来自一个非周部落,嫁给了一位晋侯,而这两件器物就反映了她的身份。可以推测,既然这些陶器所属的文化从未见到同形态的铜器,那么113号墓的两件铜器就是在晋国的手工作坊铸造的,模仿了墓主人从家乡带来的陶器。陈芳妹发现这两类外来器形也有少量陶器出现在诸如天马—曲村和张家坡这样的周人氏族墓地中,并且绝大多数(就目前所知)出现在女性墓葬中。在所有上述墓葬中,它们都与标准的周

---

① 陈芳妹 2002:159—164;2005:15—26。
② 卢连成 1993 在不同背景下也讨论了这个现象。

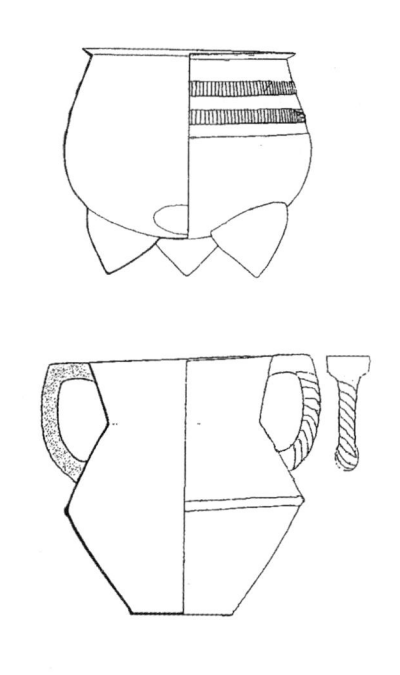

图 37　山西曲沃北赵 113 号墓出土的青铜三足瓮和双耳罐

或可早至公元前 10 世纪中期。

人随葬品组合在一起。

与张家坡的洞室墓一样,主张这些器物意味着非周"外来者"的出现,主要是因为它们与远方的独具文化特色的区域之间的考古学联系。另外我们或许可以加上一点,即无论是三足瓮还是双耳罐,其用途都不是周人现成的陶器器类所能实现的。这就意味着在周人文化中,它们的意义是象征性而非实用性的,同时它们用来象征其使用者的民族来源的可能性也更大。

讨论。诸如这样的考古发现表明通婚不仅发生在周人核心群体的姓族之间,也发生在周人和其他民族之间(即使如第四章中所见,姓族与民族之间的差异在早期并非总是很清晰)。此外,它们出现在张家坡和曲村北赵这样的高等级氏族墓地表明，有时这种联姻发生在上层社会，可能出于政治原因。也许"外来"配偶应该带来一些本民族的随从；于是，像西周沣都这样的贵族聚落可能有点国际大都会的气氛了。至少在西周早期和中期，这是可能的。后来，尽管文献证实贵族婚姻有时会跨越周人氏族社会的界限，但这种民族多样性的考古学证据却远没有那么清楚了；这点我们在后文将会看到。

关于上面讨论的两个西周例子，由于它们显示的差异都关乎礼仪行为，所以就民族解释而言，我们没有百分之百的把握。我们仍然可以想象，本土周核心氏族在沣都的一些成员，出于宗教或其他原因，改变了他们的埋葬方式；而在晋都，他们产生了收藏外来器物的兴趣。将来人骨的 DNA 分析或许可以帮助验证相关个体的血统，但是在目前，物质文化特征在空间、时间以及数量上的分布是考古分析民族差异唯一可依赖的指标。当这些分布模式明显与生活方式的差异吻合时，这种民族差异就更容易识别出来。我们马上就会遇到一个类似的东周时期的实例。但就算在这里，考古材料显示的也只是这些古代居民的物质世界，而不是他们自己的民族认同。关于后者的认识永远是间接的，而且存在某种危险，因为我们最终的判断可能会受我们得到的来自传世文献的知识的影响。

本章的其余部分将关注秦国的考古发现。公元前 771 年周王室迁都洛阳后，秦人将其政权中心建在了之前周人位于陕西的都城中心。鉴于人们通常认为——虽然并不一致——秦的统治集团起源于周土西北的"异族"，在东周时期秦国的领域去寻找体现民族差异的物质文化特征是十分合适的。下面，我们将考察两个相互关联的问题：我们怎样才能区分秦人的核心人口与居住在他们中间的、身份也许类似于西周时期张家坡洞室墓主人的陌生人？又有什么考古线索可以说明秦人自身的民族属性？

东周时期的秦墓

渭河盆地位于中原的西北边缘地带（地图11），它起先是周王朝的政治核心，直到公元前771年，随后在东周时代又成了秦国的政治中心。直到最近的几个世纪之前，这里一直是多民族互动的地区，而在史前和历史时期早期，各种物质文化在这里共存，说明这样的多民族的局面在遥远的过去也盛行。[1]

秦人和之前的周人一样，兴起于当地的人群。公元前三千纪以来黄河中下游地区发展起来的复杂的、以农业为基础的、原始的城市（后来完全城市化）文明，最初并没有对这一带形成什么影响。即便如此，还是必须强调，秦是东周时期周文化圈内的一个主要地方性政治体，也是周文化扩张到原来"蛮夷"之地的主要推动力量（见第六章）。不过，就在同一时期，非周部落也出现在秦人的领地内。要想在考古资料中辨认出它们可能的遗存，就必须首先建立一个可作比较的基础。要考察周人的礼仪标准在东周时期的秦国通常如何实施，我们将简要地回顾标准秦墓所出的材料，迄今所知渭河盆地东周时期均属秦墓。接下来，我们将讨论一座单独的墓葬，它虽然位于同一地区属于同一时期，但是出土了一系列完全不同的随葬品。[2]

---

[1] 有关此问题的初步看法已在第四章最后讨论"先周文化"时提出来；参考文献见此部分。

[2] 下面的文字取自 Falkenhausen 2004c，但是做了部分修改（大量参考文献见该论文）。对秦墓（以及更宽泛的"秦文化"）的主要研究文献有韩伟1981；叶小燕1982；尚志儒1983；陈平1984；冈村秀典1985；黄晓芬1991；王学理等1994：254—325；徐苹芳1999；滕铭予2002。

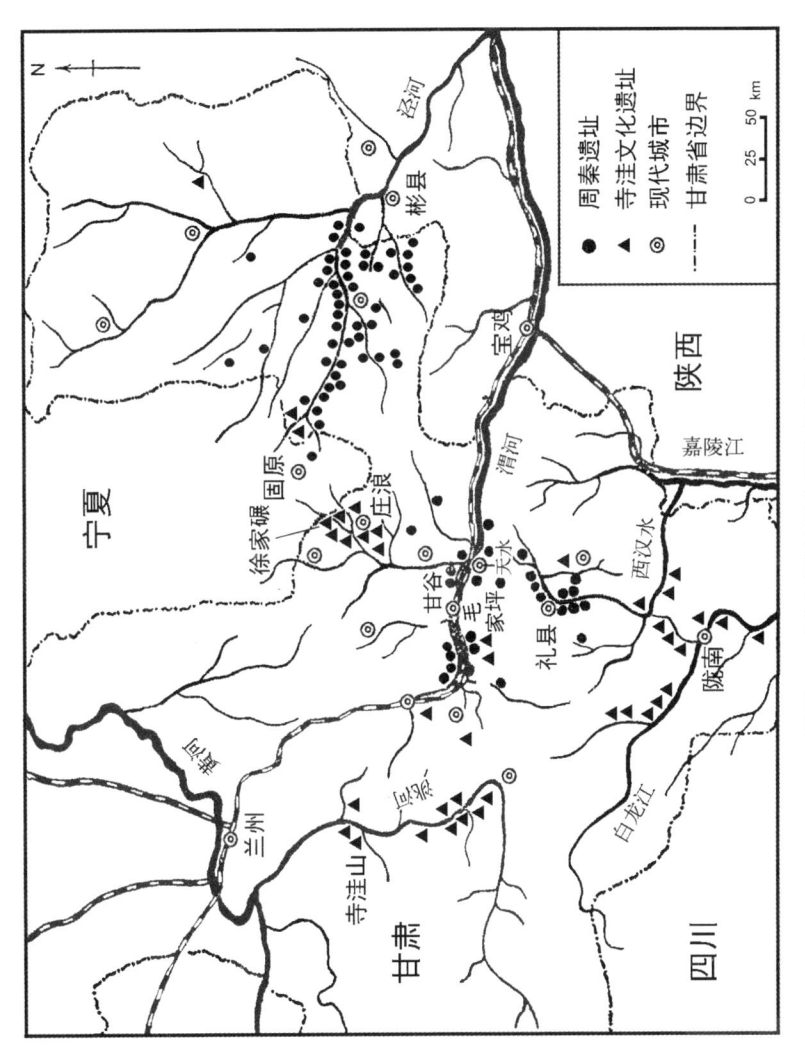

第五章　周文化圈内的民族差异（约前 1050—前 350 年）　237

地图 11　东周早期甘肃东部的考古学文化
（注：位于陕西和宁夏境内临近区域的遗址未标出。）

一般秦的墓地与前面几章讨论的墓地类似，也应该是氏族墓地。大约在公元前750年到前350年间，秦共五次迁都。秦人墓地大多就在当时的都城附近，可能反映了迁都而带来的大规模的人口迁徙。如同其他的周代墓地，秦人墓地主要为竖穴土坑墓，而不同的棺椁组合可能显示氏族内部的社会分化。它们也出土了成组的青铜器或陶器，尽管并非总是这么简单，可能也同样对应于死者在氏族内的等级（表22）。

秦墓与周文化圈内的其他东周墓葬的差别体现在两个方面：墓向主要是东西而非南北向，葬式为屈肢而非直肢（图38）。这些特征被视作秦人的外来民族身份的标志。① 而且，在西周向东周过渡的阶段，也就是秦国从周王室手中接管陕西中部之时，其墓地的主要墓向突然转了90度，着实令人印象深刻（地图12）。不过东西墓向和屈肢葬都不仅限于东周时期的秦国。例如，在西周时期的天马—曲村墓地，42.8%墓葬的人骨朝向东或向西，而屈肢葬则占全部墓葬的16.1%；② 这两种特征作为非主流习俗稍晚也出现在秦国领土之外的区域。③ 根据我们对当时的历史形势的了解，说这些特征的扩散就是秦人大量出现在秦国以外的地区的象征并不妥当。相反，就像第四章讨论的腰坑，东西墓向和屈肢葬最适合的解释，也许就是在周文化圈传播的特殊宗教习俗，而且这种习俗在有些地区得到贵族的支持较多，在有些地方则得到的少。它们在中国的西北边陲尤其盛行，可能说明这些习俗及与之相关的尚不为人知的宗教思想，起源于很远的地方：在欧亚大陆的中西部，这两

---

① 即俞伟超1979；刘庆柱1982；赵化成1987；1989；巩启明和呼林贵1990；黄晓芬1991。
② 北京大学考古学系商周组和山西省考古研究所2000，卷2：297—298。
③ 更多的讨论见黄晓芬1991。他认为（我以为不一定）这些特征反映了秦民族成员的存在。韩伟1980认为屈肢葬是政治屈服的象征，在我看来此观点站不住脚（见Falkenhausen 2004c：135-148）。

种习俗都有大量的发现。^① 但是这个问题尚需进一步研究。

而东周时期秦墓中发现的随葬品一般与周文化其他地区所见的情况是一致的。秦墓随葬的青铜器尤为引人关注，其形制非常保守(图39)。不知为何，公元前600年以后，周文化圈内其他地方的青铜礼器的形制和技术发生了很多变化，纹饰变得越来越复杂，

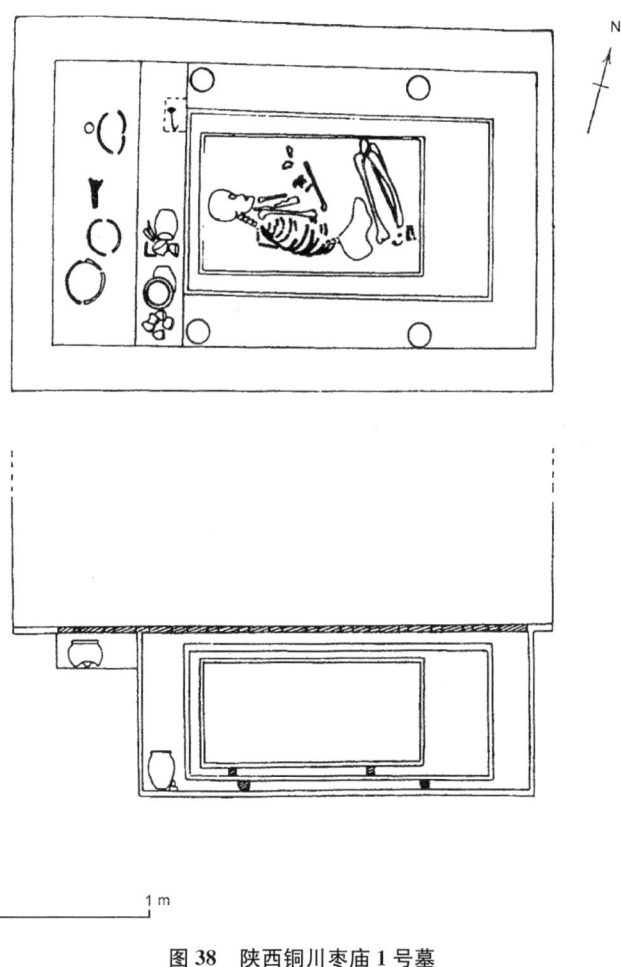

图38　陕西铜川枣庙1号墓

春秋时代晚期。注意屈肢葬与墓葬的西朝向。

---

① 高去寻1947最早指出这一点。

表 22 渭河流域东周秦国墓地的青铜器组合

省	陕西	甘肃	陕西	陕西	陕西	陕西	陕西	陕西	陕西	甘肃	甘肃	陕西	陕西	陕西
市/县	宝鸡	灵台	陇县	陇县	宝鸡	宝鸡	鄠县	鄠县	鄠县	礼县	礼县	宝鸡	宝鸡	宝鸡
遗迹名	姜城堡	景家庄	边家庄	边家庄	南阳村	南阳村	宋村	崔家堡	崔家堡	圆顶山	圆顶山	福临堡	秦家沟	秦家沟
墓号		1	5	1	1	3	3	74	82	1	3	1	1	2
发掘时状态										未盗	未盗			
时代	①	①	①	①	①~②	①~②	②	②	②	②	②	②	②	②
椁/棺	?	1+1	1+1	1+1	?	1+1	1+1	1+1	1+1	1+1	1+1	1+1	1+1	1+1
【食器】														
鼎	3	3	5	6	3	5[5]	5	5	7	6	2[2]	3	3	3
联档鼎		1	1	1			1							
甗	2		4	4	2	[4]	4	4	6	2		2	4	4
簋											1	1		
盆/盂/盛										1				
敦														
豆														

续 表

	铺	【酒器】	方壶	圆壶	高柄壶	【水器】	盘	匜	盉	鉴	缶	【杂器】	盒	计
			2											11
			2				1		1					11
			2				1	1	1					11
														3
	1		2	1			1	1	1				2	17
			2				1	1	1					17
			2				1		1					13
			2				1	1	1					14
			[2]	[2]			[1]	[1]	[1]					5
			2				1		1					9
			2				1	1						15
			2				1	1						14
														4
			2				1	1						9

续 表

省	陕西	陕西	陕西	陕西	陕西	陕西	陕西	陕西	陕西	陕西	陕西	陕西	陕西
市/县	凤翔	凤翔	凤翔	凤翔	凤翔	凤翔	凤翔	凤翔	凤翔	长武	长安	凤翔	咸阳
遗迹名	八旗屯	八旗屯	八旗屯	八旗屯	八旗屯	八旗屯	高庄	高庄	高庄	上孟村	客省庄	八旗屯	任家嘴
墓号	C2	B27	A9	B31	14	26	10	49	48	27	202	C9	
发掘时状态	未盗	未盗	盗掘	未盗		未盗						盗掘	
时代	②	②	③	③	③	③	④	④	④	④	⑤	⑤	⑤
椁/棺	1+2	1+2	1+2	1+1	1+1	1+1	1+2	1+1	1+1	1+1	1+1	1+0(?)	1+1
【食器】													
鼎	3	3	1[2]	[2]	1?	3	3	2	1[2]	1[2]	2	3	3
联档鼎	1	1	1	1	1	1	1	1	1[1]		1	1	1
甗	1											1	
簋		1	1		1		[2]	[2]	[2]		2		2 m
盆/盂/盏				[1]			1[1]	1[1]		[1]			
敦						2							
豆							[2]		1			2	

续表

铜												
【酒器】												
方壶							2					
圆壶			[3]		2	2[1]	2[2]	[2]		2	2[2]	1
高柄壶												2
【水器】												
盘	1		[1]	1	1		1[]	1[2]		1	1	
盂		[1]										
匜	1		[1]	1	1	[1]	1[1]	1[1]		1		
鉴										1		
缶												
【杂器】												
盒												
计	7	5	3+	5	13	9	8	5	2	10	10+	9

此表忽略了高庄 16、17、46 和 47 号战国晚期-秦朝墓葬的青铜器组合,因为这些墓葬不合传统。括号外的数字为青铜器,括号内的数字为陶器。更多的解释见 Falkenhausen 2003b。

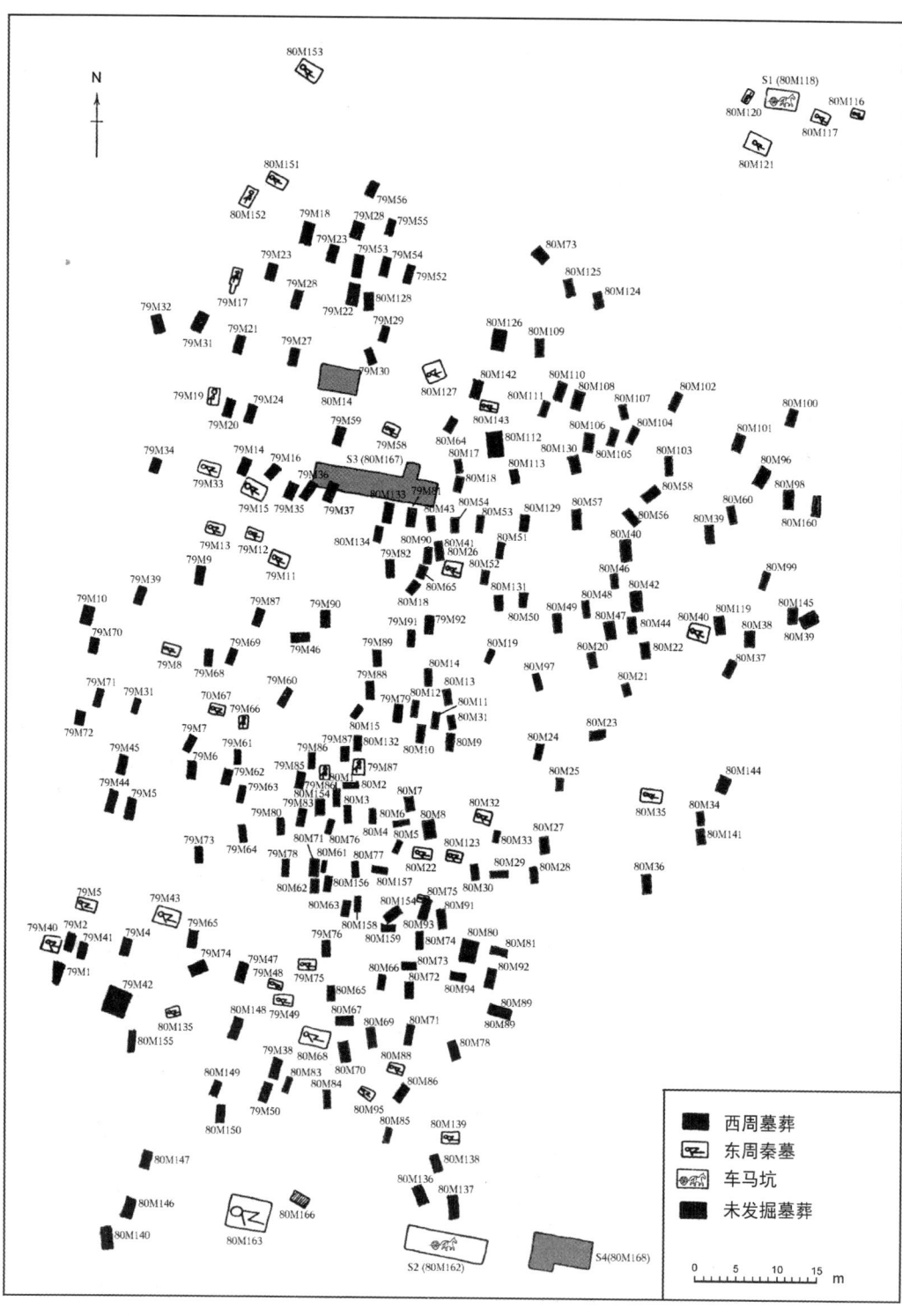

地图 12　陕西凤翔南指挥西村墓地

注意从西周到东周，进入秦国统治时期以后墓向的转变。

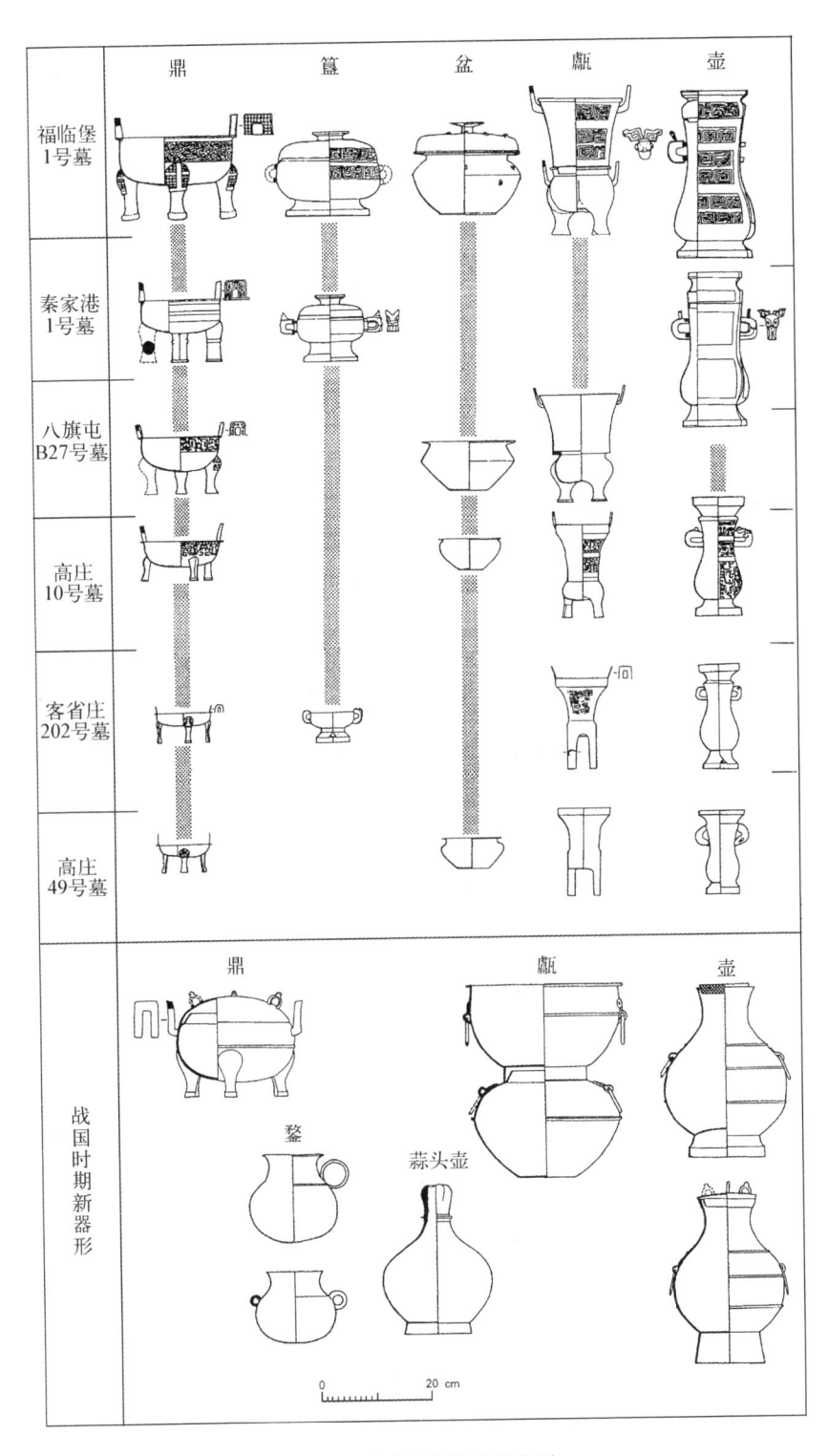

	鼎	簋	盆	甗	壶
福临堡1号墓					
秦家港1号墓					
八旗屯B27号墓					
高庄10号墓					
客省庄202号墓					
高庄49号墓					

战国时期新器形：鼎、鍪、蒜头壶、甗、壶

图39 秦墓铜器的类型序列

战国铜器出土地点：甘肃平凉庙庄7号墓：鼎；庙庄7号墓：圆壶；陕西凤翔高庄1号墓：鍪、蒜头壶、圆壶；陕西临潼上焦村：鍪、甗。约公元前650至前210年。

而秦国青铜器丝毫不为所动(见第七章);相反,它们还小心地遵循着西周晚期的器形及用器组合。墓葬中所出铜器通常是微缩型的,而且自春秋中期以降,批量生产的同类陶器开始流行,取代了铜器,而这些陶器的形制仍旧模仿西周晚期的铜器,只是为了适应陶器生产的需要做了细微的调整(图40)。秦墓出土的青铜器质量低下,有人说这或因为秦国物资匮乏,或因为其"戎狄"之民技术不精;但实际上,秦地出土的非丧葬青铜器,尽管目前发现的数量甚少,还是展现了高超的工艺水平,足以证明原来西周都城内的作坊在秦人治下继续保持了高水平的生产能力。一些战国时期的秦国铜器甚至比同时期东部地区的最佳产品还要突出。但是秦国的礼仪专家很早严格地区分丧葬和宗庙用器,这种做法最终扩散到了整个周文化圈。这是根本性宗教改革的一部分,但这不是一个民族的标志。我们将在第七章有更多论述。

战国中期,秦墓中的明器礼器组合不得不让位于新的器形,其中有些是模仿远在东部地区使用的器物(见图39下部);我们将在第七章讨论这次转变可能具有的含义。在这里令我们感兴趣的是,即使在这次随葬品转变之后,秦墓依然保留了屈肢葬和东西墓向两个特征,然而在器物形制和组合方面则大致接近周文化圈内其他地区的墓葬,证实了秦国等级氏族有意遵守周的礼仪制度(亦见第八章)。它们与周文化圈内其他地区的差异非常细微,顶多够得上前一章讨论的姓族区别的水平。因此,我们现在以第一到第三章认识的周人礼仪制度为基础,分析一座完全背离这些制度的墓葬:益门村2号墓。

益门村 2 号墓

2号墓位于陕西宝鸡市附近的渭河南岸,紧邻第二章讨论的西周早中期的夨国墓地。遗址位于雍城(今凤翔县)西南仅20公里,

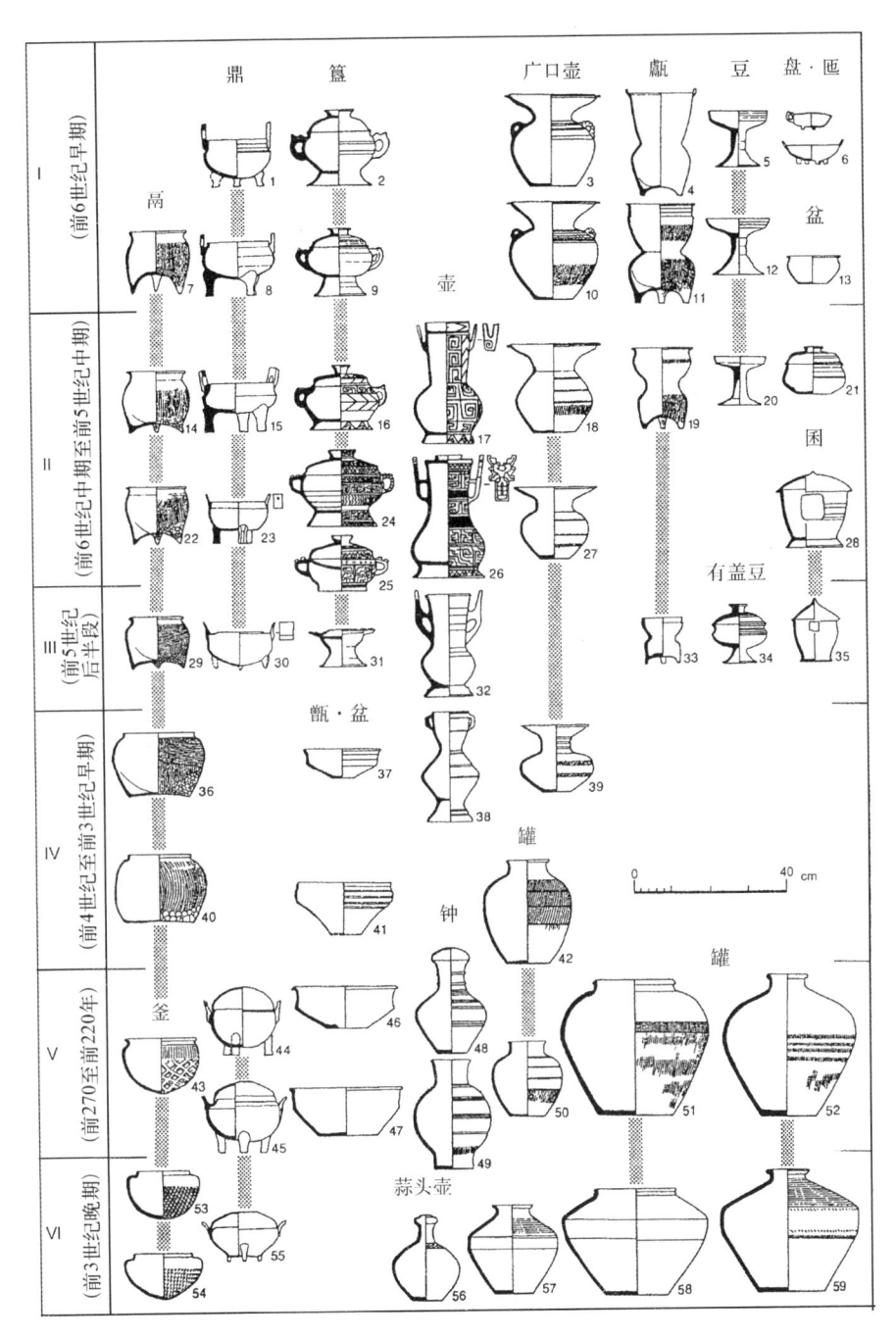

图40 秦墓陶器的类型序列

出土地点：1—6：陕西宝鸡西高泉3号墓；7—13：西高泉2号墓；14—17，21：陕西凤翔八旗屯B11号墓；18—20：陕西宝鸡茹家庄6号墓；22—24，27—28：陕西凤翔高庄12号墓；25—26：高庄10号墓；29，32—35：陕西凤翔马家庄T93K3号坑；30：高庄24号墓；31：茹家庄3号墓；36—39：八旗屯C9号墓；40—42：陕西西安半坡115号墓；43：半坡9号墓；44，48：八旗屯B29号墓；46，47：陕西大荔朝邑107号墓；45，49—52：甘肃平凉庙庄7号墓；53—59：陕西临潼上焦村。公元前6到前3世纪。

雍是公元前677年到前384年的秦国都城，在其附近发现了各种"主流"秦人墓地。① 我们不知道2号墓是否属于某个墓地：益门村发掘的仅有的另一个墓葬尚未发表，也不知道随葬品是否与2号墓的相似。② 根据一些随葬品的纹饰风格，2号墓大概可以定为公元前6世纪晚期。③ 虽然规模不大，墓圹底部为2.8米×1.5米，只够容纳一个小型木椁和一副简单木棺（图41），但是该墓出土了数量惊人的奢侈品：总重量超过3千克的104件金器（前帝国时期中国墓葬出土的最大数量的一批金器），84件玉器，108颗玛瑙珠（根据另一个报告说是104）④，40颗绿松石，1 615颗形态各异的玻璃-料珠，还有一套青铜马具，一件带钩和25件兵器：3把短剑、21把刀、1枚铜箭镞（图42）。

2号墓内非同寻常的财富与其狭小的规模不成正比。其随葬品中有意思的现象不在于它所有的器物，而在于它所没有的器物——首先，它没有陶质或青铜容器，而随葬成套礼器是周、秦贵族墓葬的礼数。同样奇怪的是，从正统的周人立场来看，它竟然只有马具而没有车器（与之相反，只有车器而没有马具在周墓中倒不少见）。此外，墓中出土的所有兵器，除了四把青铜刀和单枚箭镞，均为铁制，而铁在当时的东亚仍属稀缺材料。不见容器、少见青铜器，却拥有丰富的金器和铁器，该墓在同一地区内同时代的贵族墓可谓鹤立鸡群。

黄金在早期中国极少见，虽然人们视之如宝，但它在当时的用

---

① 目录见Falkenhausen 2004c：111-112，参考文献见此论文。
② 2号墓出土器物的报道只见于宝鸡市考古工作队1993a；1993b。
③ 李学勤1993；赵化成（1997）定的年代偏早，目的是想与文献记载衔接，这样就把该墓与公元前7世纪中期秦穆公征讨西戎联系起来。但是此观点似乎与这些器物的风格相冲突。
④ 宝鸡市考古工作队1993a与1993b。

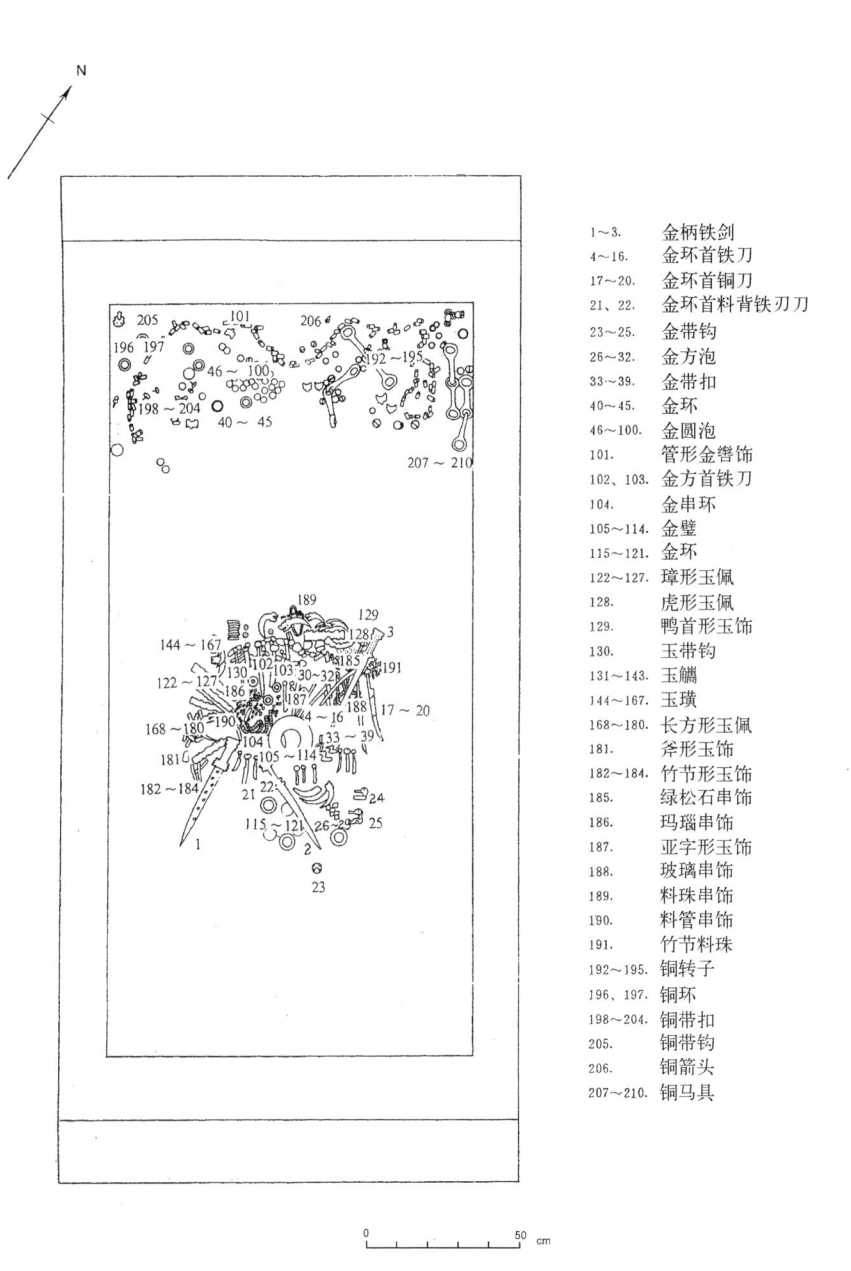

第五章 周文化圈内的民族差异（约前1050—前350年） 249

1~3.	金柄铁剑
4~16.	金环首铁刀
17~20.	金环首铜刀
21、22.	金环首料背铁刃刀
23~25.	金带钩
26~32.	金方泡
33~39.	金带扣
40~45.	金环
46~100.	金圆泡
101.	管形金罍饰
102、103.	金方首铁刀
104.	金串环
105~114.	金璧
115~121.	金环
122~127.	璋形玉佩
128.	虎形玉佩
129.	鸭首形玉饰
130.	玉带钩
131~143.	玉牖
144~167.	玉璜
168~180.	长方形玉佩
181.	斧形玉饰
182~184.	竹节形玉饰
185.	绿松石串饰
186.	玛瑙串饰
187.	亚字形玉饰
188.	玻璃串饰
189.	料珠串饰
190.	料管串饰
191.	竹节料珠
192~195.	铜转子
196、197.	铜环
198~204.	铜带扣
205.	铜带钩
206.	铜箭头
207~210.	铜马具

图 41　陕西宝鸡益门村 2 号墓

公元前 6 世纪晚期。

250　宗子维城

（无比例尺）

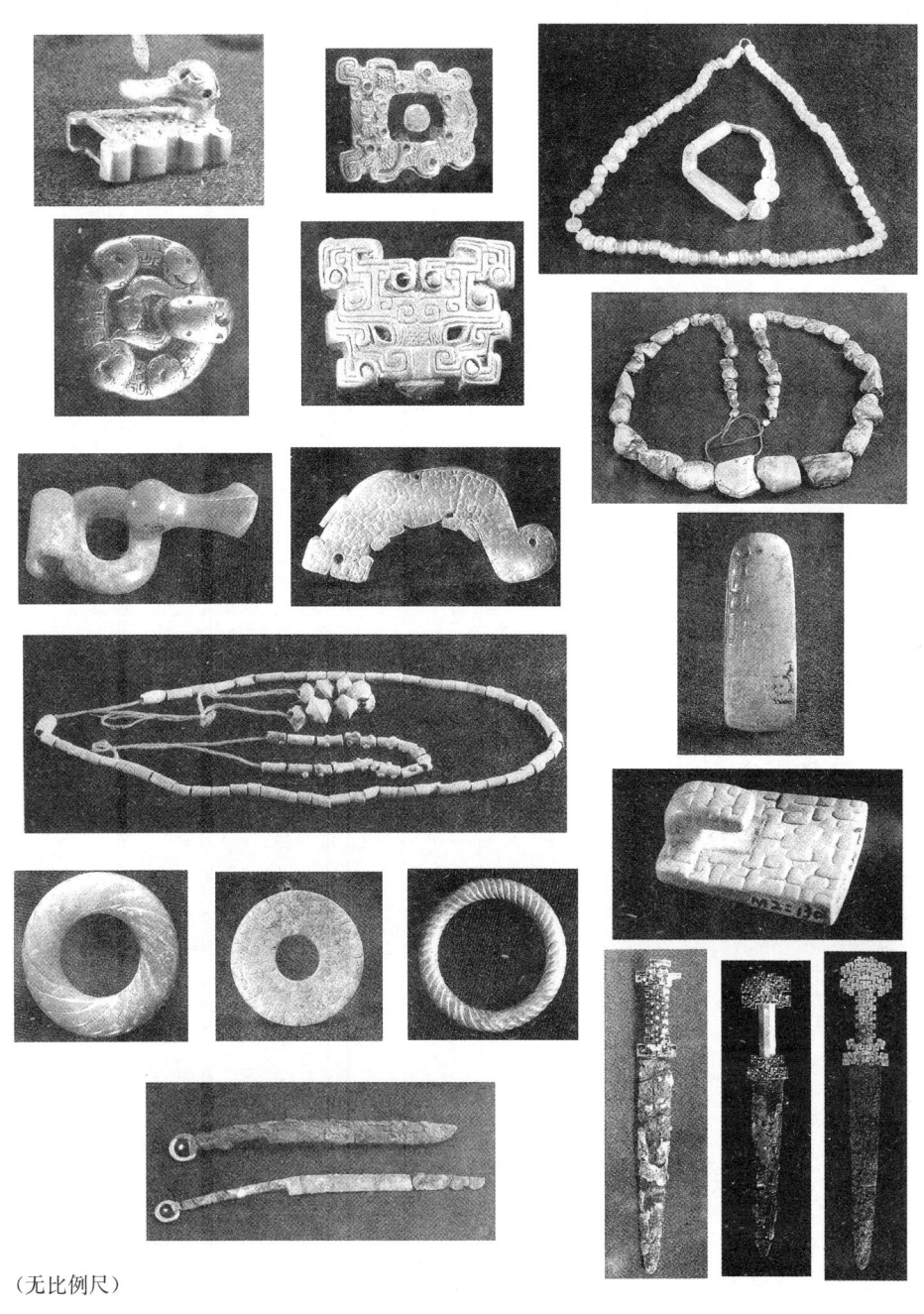

图 42　陕西宝鸡益门村 2 号墓出土的部分器物

上部：2 件鸭形金带饰；玉面饰；绿松石项链。中部：鸭形玉带饰；虎形玉饰；玉斧；玻璃-料珠项链。下部：玉环；玉带钩；金环铁刀；镶金柄铁刃剑。公元前 6 世纪晚期。

器制度中没起到什么作用。① 或许在东周时期中国的代表主流文化的人们眼中,黄金带有"蛮夷"文化的味道。② 就铁器而言,新疆最近的考古发现表明,铁器的熔化和铸造技术很可能是在公元前750—前500年间由欧亚大陆中部(最终来自西亚)传入中国的。③ 除了益门村,其他春秋时期的秦人遗址,以及东部的河南三门峡上村岭,都出土了年代较早的铁器,可能说明了渭河流域在铁器技术传播中的重要性。④ 即便如此,在公元前6世纪末,铁器仍然带有异域色彩,而且益门村的铁刀可能就是从遥远的西方引进的。它们仍然是珍贵的奢侈品,其精致而华丽的黄金、宝石、玻璃(另一种可能来自西方的珍贵材料)装饰就充分体现了这一点;然而,这些装饰的风格明白无误是中原的,很有可能是秦人的一个手工业作坊生产的。不过,大批量生产工具和兵器的冶铁业出现于秦地,要到一个世纪以后。

益门村墓葬的器物组合与很多器物的形制,尤其是马具、腰带饰和短剑,都反映了与欧亚草原中部同时期的诸文化之间的联系,其范围早已超出了周文化圈。在离秦文化核心区域更近的地方,类似的发现也见于渭河流域的边缘地带,那里的游牧人群的贵族墓地发现了类似于益门村的墓葬,其墓葬规模与随葬财富的反差、随葬器物的种类及对于黄金的偏好皆与后者相仿。⑤ 根据这些文化联系,我们不禁设想,益门村墓葬的主人属于非秦的骑马民族。

---

① 对早期中国金器工艺的一个初步总结,包括对益门村器物的简要讨论,见 Louis 1999: 55 - 76。
② Bunker 1993。
③ 唐际根 1993。
④ 上村岭 2001 号墓所出的华丽的铜镶玉柄铁剑,证明这一传播可能早在西周晚期就已经开始了,不过该墓的确切年代尚有争议(见本书第 98 页[第二章]注④—⑤)。当然,铁器的存在不再看作是西周以后的事情了。
⑤ 见宁夏文物考古研究所和宁夏固原博物馆 1993;宁夏文物考古研究所 1995;许成和李进增 1993;Linduff 等 1997: 41—47;宫本一夫 2002。这个区域的青铜时代晚期居民可能相当于古文献提到的民族,比如西戎或义渠。

然而，这种看法尚未得到学术界的认可。比如，最初的发掘者坚持认为墓主是秦人，他们引用带有棺椁的竖穴土坑墓和东西墓向作为证据，二者均为秦贵族墓的标志，他们还指出随葬的金器和铜器的装饰风格是秦国的。① 的确，即便该墓的器物类型及其组合并不常见，其装饰却与秦贵族墓葬所出同时期的金属器非常相似。但是，草原地区墓葬出土的许多马具的装饰也是如此。一个可能的解释是，从春秋晚期开始，随着周代中国的大部分金属生产的商业化，秦地的金属作坊也为其北方邻居制造奢侈品。② 我们有理由认为其中的一些产品留在了秦国。如果这样，我们原则上仍难以确定它们是属于生活在秦地的非秦民族成员，还是属于因某种原因喜爱它们的秦核心氏族成员。然而，益门村2号墓缺乏显示贵族身份的传统随葬品，所以前一种选项更为可能；如果是一个与2号墓主人同等富有的主流秦贵族，这些外来器物应该是作为礼器的附加品而不是替代品出现。发掘者指出的"秦式"墓葬结构和墓向可能是秦国本地的掘墓人依其常规方式建造的结果。此外，具备这些特征的墓葬在北方草原地区的非周人墓地也很常见。

赵化成推测2号墓的主人可能是押在秦国的质子，或客居秦地的一个半同化了的附庸游牧民族的首领；③但是这样的细节可能超出了考古学所能探讨的范围。即便如此，益门村2号墓在东周时期考古资料中提供了周文化圈内非周民族成员墓葬的目前最令人信服的案例。正如前文讨论的两个西周案例（张家坡洞室墓和曲村北赵113号墓的外来铜器），我们之所以能够相信这样的结论（尽管尚有疑问），是因为与其相联系的考古学文化面貌迥异，而且其地理分布也在主流的"秦文化"以外。

---

① 宝鸡考古工作队 1993：13—14。思路相同更加详细的论证，见史党社和田静（2002），他们提出墓主是遭到贬谪的高等级秦贵族。
② Bunker 1991；1995 有很好的论证。
③ 赵化成 1997。

东周时期秦墓的"外来"因素

在东周的秦墓中,像益门村 2 号墓那样的外来器物经常出土,而且它们一般与成套礼器一起出土。很多墓葬出土以下三类与草原文化有关的器物,它们的年代范围稍有不同。

<u>青铜鍑</u>。在整个欧亚草原,游牧民族都使用青铜鍑或高足桶炖煮肉食。这种器物形制惊人地统一,生产时间很长(约前 1000 年—公元 500 年),生产地点也很多,从匈牙利到蒙古东部都有。不少类似的器物出现在东周时期秦、晋两地的墓葬中,绝大多数形体微小,显然不是实用器(图 43)。[①] 它们有的缺乏装饰,就像欧亚大陆出土的大多数同类器;有的则带有秦或晋青铜礼器风格的装饰,表明它们肯定是在周文化圈内制作的。虽然这类器物不属于传统的礼器组合,但是它们有时与礼器一起出土(如第三章中提到的上马 2008 和 61M13 号墓),可能(如田建文所称)是反映死者生前的社会关系的物质见证,或者更有可能是因为它们在功能上可以替代簋,也就是周代礼器中最普遍的食器。晋、秦的青铜器作坊很可能制作这类器物向游牧民族地区输出。

<u>华丽的短剑</u>。同样让人感兴趣的是春秋晚期的短剑,手柄装饰着华丽的花纹,形制上类似益门村墓葬出土的镶金柄铁刃短剑(见图 42),只是使用的材料更为普通(大部分短剑的手柄和刃部都用青铜)。它们已经发现于秦国境内的各个地方。[②] 尽管短剑本身及其特殊形制的手柄,最早起源于欧亚大陆西部,但是这些出土物的生产和装饰说明它们毫无疑问都是在秦地完成的。

[①] 刘莉 1987;李朝远 2004;欧亚大陆的同类器物,见 Erdy 1995。
[②] 李学勤 1993;陈平 1995;张天恩 1995。范围更大的研究,见陈平 1986。

图 43 鍑

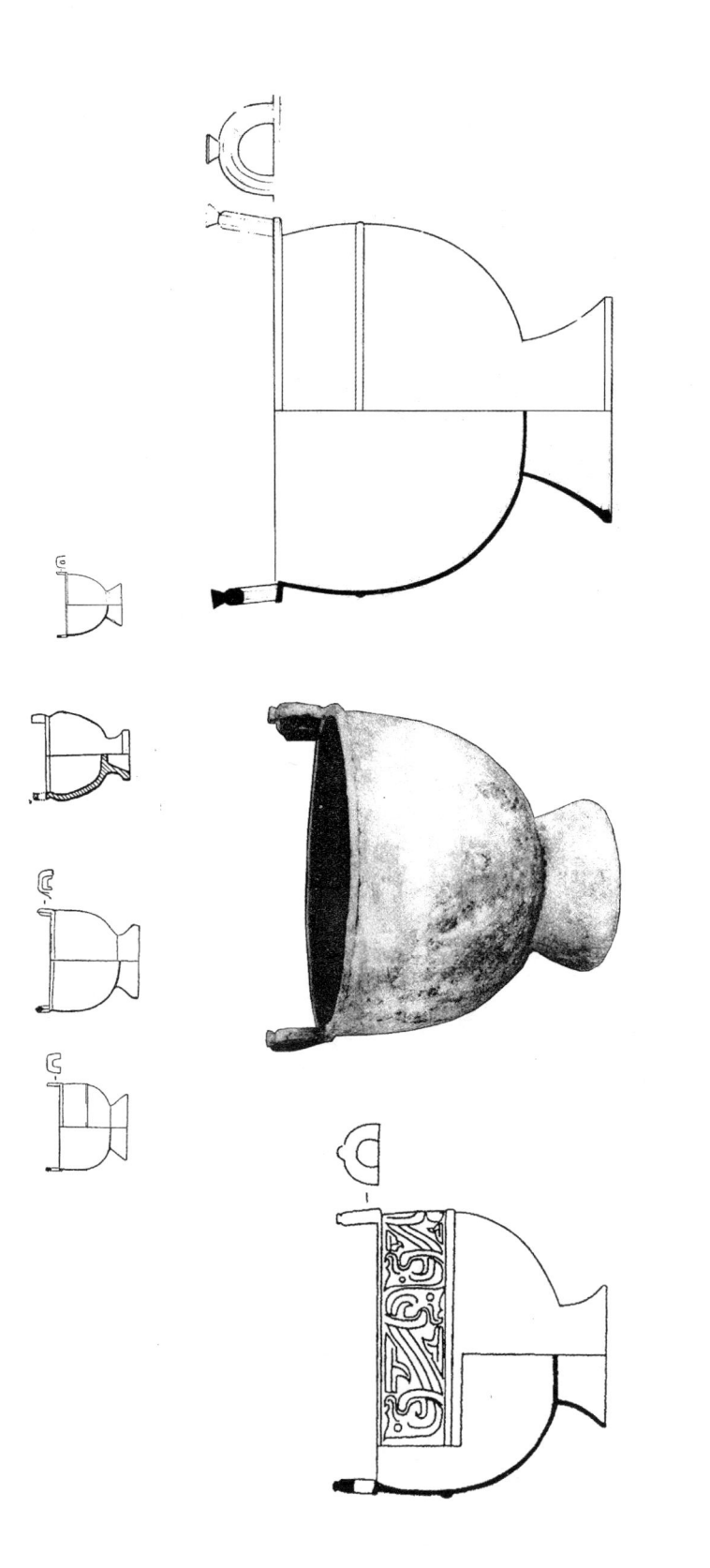

上排：出自山西临猗程村(2)；山西侯马上马 2008 和 61M13 号墓。下排：出自陕西凤翔东社；陕西宝鸡斗甘岭；山西闻喜上郭 76M1 号墓。公元前 7 到前 6 世纪。

带饰。与"北方"有关的第三类器物是装饰动物纹样的带饰（图44），偶见于战国时期的秦文化墓葬。① 如同益门村出土的金带饰，它们是骑服的一部分，除了腰带，骑服还包括骑袍、长裤和马靴。这种装束最终为战国时期整个周文化圈的男性贵族采用。当时，精致华丽的青铜带钩成为个人装束的标准配置，它们常见于墓葬之中（图45）。然而，这里所说的带饰大不同于秦文化背景中常见带钩的形制，它们的装饰纹样和手法与众不同。即便如此，技术特征说明它们应该制作于秦国手工业作坊。显然，战国时期秦国及其邻近地区的作坊可以生产多种风格的产品。除了外来的纹样，

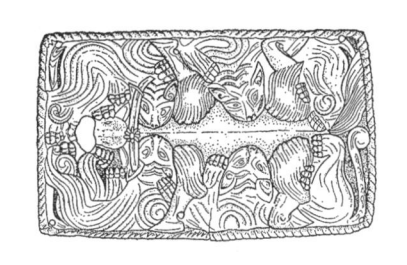

图44 带饰

上排：陕西长安客省庄140号墓；辽宁西峰西岔沟。下排：内蒙古杭锦旗阿鲁柴登；陕西铜川枣庙25号墓（斯德哥尔摩远东古物博物馆收藏一件同样的但是保存更好的器物）。公元前5至前3世纪。

---

① 即在陕西长安客省庄（中国科学院考古研究所 1962：131—138）和枣庙（陕西省考古研究所 1986：10，图4.17）；另外，还有很多零散的发现。更多的讨论，见 Bunker 1997：217–255 等。

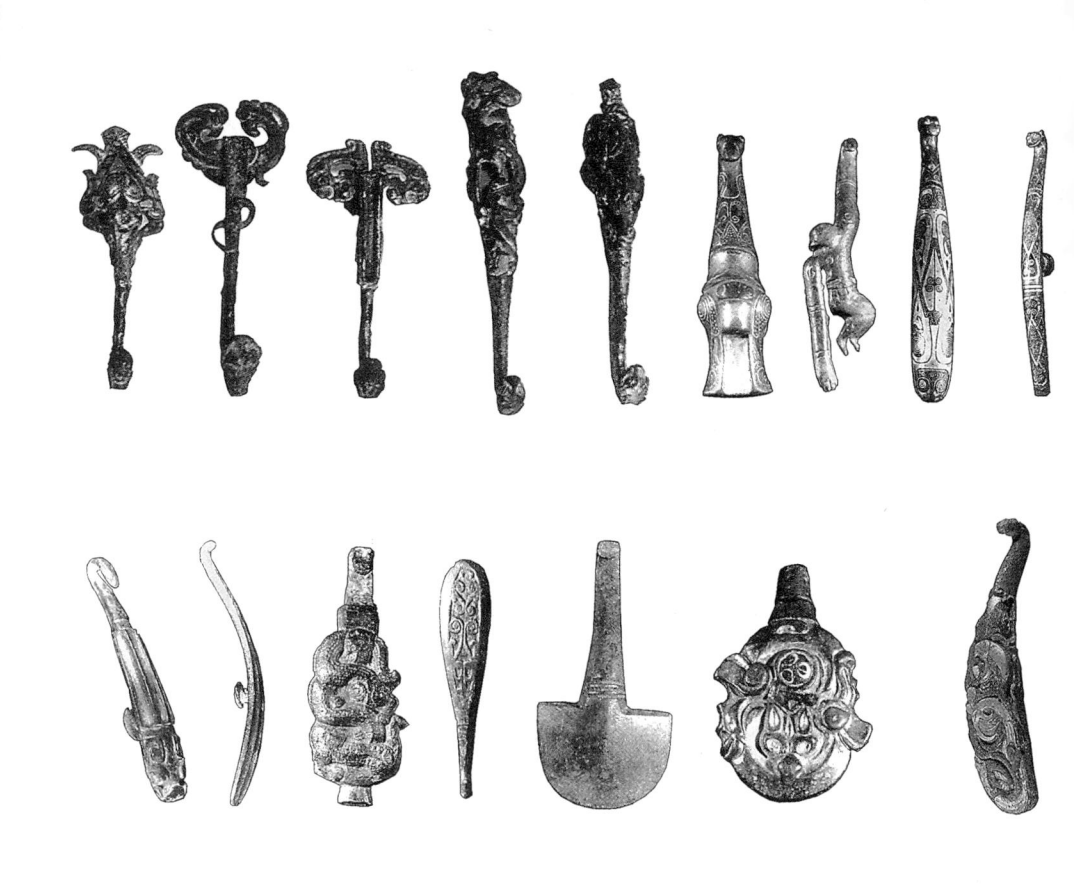

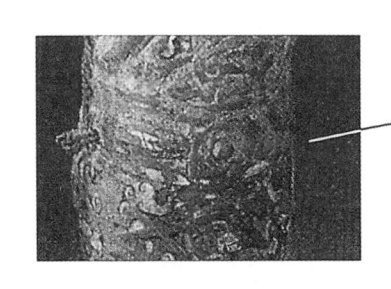

图 45 带钩及其用法

第一排：出自山东临淄商王（左起第二件出自 2 号墓，其他出自 1 号墓）。第二、三排：陕西咸阳塔儿坡；第三排最右：出自中山王䁀墓（河北平山三汲 1 号墓）。公元前 4 至前 3 世纪。用法见中山王䁀墓所出人形灯。

他们还吸收改造了来自草原邻居的技术手段,其中包括一种在青铜表面镀锡以获得银质光泽的新方法。①

讨论。这三种器物的地理分布和年代跨度各不相同,但是它们在东周的某段时间既覆盖周文化圈的一部分也覆盖北方草原的一部分。尽管在整个东周时期,这些器物在其发源地亚洲内陆继续生产,但在周文化圈内也有制作。例如,位于边疆的秦、晋两国,技术发达的手工业作坊愿意也能够调整自己,生产异国风器物,满足"他者"文化的顾客的需求。这样,在考古资料中识别民族"身份"显然变得更为复杂。来自草原的顾客可能恰好欣赏不属于自己的装饰,例如铜鍑上的秦式纹样。相反,这些器物出现在普通的秦墓中,也可以解释为周贵族主流文化的成员吸纳了外来器物,要么是因为觉得它们有用(它们有些功能显然不是原有的器物所具备的),要么是因为觉得它们美观好看,后世的"胡风"此时就已经开启了。②

我们不知道,而且可能永远也不会知道这些器物用于交换什么,交换的价值如何,交换双方中谁会受益,以及在缺乏完整货币系统的情况下它们通过何种机制流通。它们的贸易是在市场驱动下的商业行为还是在古代中国常见的朝贡系统下进行的?不管答案如何,我们面对的都是一个非常复杂的互动局面,里面交织着双方的生活习惯、审美趣味、技术能力,以及经济结构。

当然,在不同文化背景下使用、吸收外来器物,还远达不到文化融合的程度,甚至连文化间的相互理解都谈不上。不过,这表明了周的边疆诸侯国与其北方邻居之间的文化壁垒并非绝对不可渗透的:两边的人都参与了各同形式的越界交流。但是同样明显的

---

① Bunker 1990;韩汝玢和埃玛·邦克 1993。
② Schafer 1963:28-32 及其他各处;Cahill 1999。

是,民族烙印不能直接打在器物上面。在研究族属问题上要想有些把握(如张家坡、曲村北赵墓地113号墓和益门村2号墓),我们既需要有清楚的"异族"器物的考古学背景,又需要资料充分的非异族背景供对比分析。

从毛家坪来看秦的民族身份

为了正确地看待秦与"外族"联系的证据,我们必须现在就转向另外一个问题:相比其他周诸侯国,秦主流人口的族属是什么?在文献历史学里,这是个一直悬而未决又很棘手的问题。那么考古学又如何能够帮助解决这一问题呢?

传统历史学认为,公元前771年周人之所以逃离陕西的都城,是因为"犬戎"的进攻,而后来秦——据说是起源于甘肃东部的一支嬴姓氏族,在此以前一直为周王养马——为周王室重新征服了昔日的王畿。[①] 周王出于感激,随后允许他们在西周的王畿建立了自己的诸侯国。但是在这种情形下,难道人们会以为周王不想返回自己的故都吗?出于这种怀疑,20世纪的具有批判精神的历史学家,从蒙文通开始,提出秦人其实就是犬戎。[②] 不过这一看法也有问题。蒙氏及其他学者曾经引用战国时期的贬秦为"西戎"的文献来证明其观点,但是这些文献并不一定可靠,因为这样的种族中伤是那个时代政治论辩中的标准武器;或者战国时代的诋毁者也许在说一个事实,就是秦国此时已经兼并了北部和西部以及四川的邻近区域,因此收纳了相当数量的"外族"人口。此外,现在我们知道,秦统治氏族自认为属于嬴姓至少不是到战国时期才编造出来的:嬴姓将其起源追溯至传说中的颛顼帝(高阳)的说法,已经

---

① 《史记·秦本纪》5:179。
② 蒙文通1936;1956;从其说者有俞伟超1979,赵化成1989,以及其他。

见于公元前 6 世纪中期的一座秦国国君墓出土的石编磬铭文。①这座墓葬就是陕西凤翔南指挥 1 号墓,关于此墓我们在第八章会有更多讨论。

近来,考古工作者也开始参与秦人民族身份的讨论。所谓"东来说"的支持者追溯嬴姓的源流,认为他们大约是在商周之际从位于黄河下游的故乡(范县,今河南和山东两省交界处)迁徙到了渭河流域。②这些学者引为支持秦人东来说的论据之一,就是有些秦墓中有腰坑(见第四章)。③与此相对,持"西来说"的学者则试图发现其他的实物证据,说明秦人属于别的民族。例如,俞伟超把屈肢葬、铲足鬲和洞室墓视为新石器时代和青铜时代早期"戎、羌、胡"人的标志特征,它们分布于从渭河流域上游以西至甘青地区中部的区域。④东周时期又出现在陕西"秦文化"遗址中,由此俞氏推断,秦民族的祖先一定也是"戎"。随后的发现让学者们不得不大幅度修改上述观点。屈肢葬,如前所述,至少可以令人信服地解释为一种宗教行为,与族属无关;洞室墓,在前文讨论的刘家和张家坡的墓葬以后,在秦国最初的四五百年里,并没有出现在渭河流域的考古记录(在那里它们到战国时期才再次出现;见第七章)。这就只剩下了陶器器类。要考察陶器器类对于解决此问题的价值,我们现在就要来看一看现在人们认为最早的代表秦人的遗址:甘肃甘谷毛家坪。1982—1983 年俞伟超选择发掘这个遗址,意在寻找"秦文化"的渊源。

毛家坪是一处位于河边的村落遗址,附近有其墓地。⑤ 该遗址

---

① 王辉、焦南峰、马振智 1996。
② 从卫聚贤 1936:49—51 和徐旭生 1943(1960 编:56,204)开始,很多当代学者都支持这个观点。近年有人从考古学上予以支持,见牛世山 1996(下文马上会有进一步的讨论)。亦见高田あや子 2000;滕铭予 2002:54—56。
③ 韩伟 1986。
④ 俞伟超 1979。
⑤ 甘肃省文物工作队 1987。

的连续地层从西周中晚期开始,一直延续到公元前 5 世纪早期。由于毛家坪序列后半部分的陶器基本上与陕西省境内的东周时代秦陶器相同,而序列的前半部分稍异于同时期的陕西省境内的主流西周陶器,发掘者断定这一部分代表了占据西周王畿之前的秦文化。该遗址还发现了前面提到的两个"秦"人葬俗的典型特征:东西墓向和屈肢葬,更可以支持这种看法。

赵化成将毛家坪的陶器分为类型不同的两组,并命名为 A 组和 B 组(图 46)。① A 组遗存是该遗址的主流,也是西周时期的"先秦"阶段的唯一一组,但是似乎在当地没有直接的前身;相反,它们来源于渭河流域中游的史前文化和类型(案板 Ⅲ 期—客省庄 Ⅱ 期—郑家坡["先周"]),而后者广义上也是渭河流域下游的西周时期陶器的祖型。只有 A 组陶器在类型上与东周时期陕西的秦国陶器有连续性,与之共存,又与当地同时期的西周陶器有些许差异。换句话讲,A 组陶器代表了西周的一个地方变种,它在东周时期继续发展并向东方扩张。

渭河流域上游在上述时期内存在多种文化,看来是可以肯定的。与 A 组遗存的"先秦"部分同期的,起源于寺洼文化——一个迄今面貌仍然不清的青铜文化,约公元前 13—前 7 世纪间繁荣于甘肃东部及邻近地区——的陶器发现于周边地区(图 47)。② 寺洼类型的陶器也出现在毛家坪遗址,但是只见于东周地层,并与 A 组遗存的陶器共存,而 A 组陶器到那个时期与更往东的秦文化的日用陶器已几乎无法区别。这一源于寺洼的 B 组遗存包括了俞伟超强调的"铲足鬲"。有意思的是,毛家坪的 B 组陶器不见于墓葬,而仅见于居址(包括居址里的一些墓葬)。因此发掘者认为,B 组陶器的出现标志着居址中存在"羌戎"民族,其社会地位低于主导的

---

① 赵化成 1989。
② 胡谦盈 1979;水涛 1989。

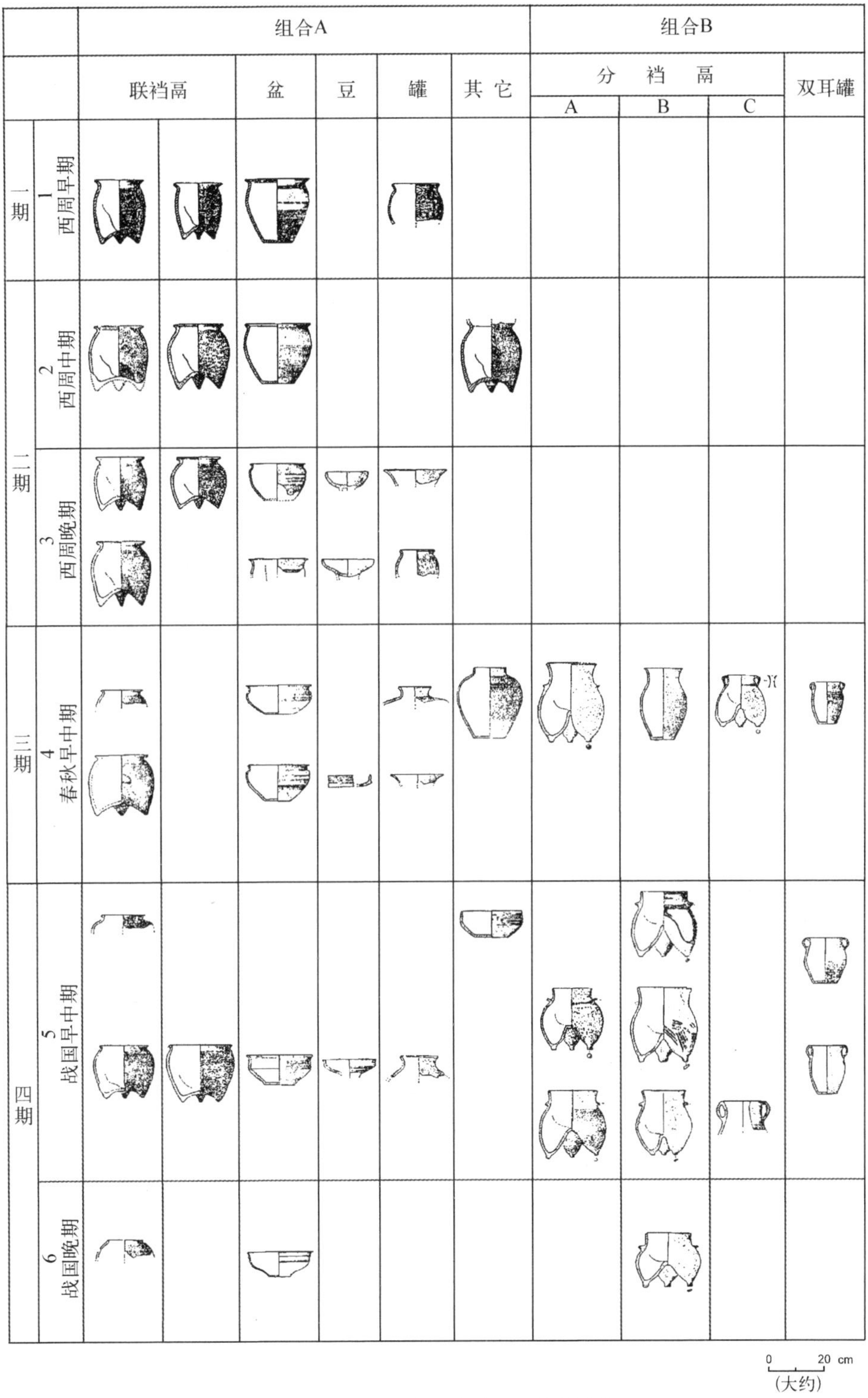

图 46 甘肃甘谷毛家坪聚落遗址的陶器类型

公元前 11 至前 3 世纪。

寺洼山

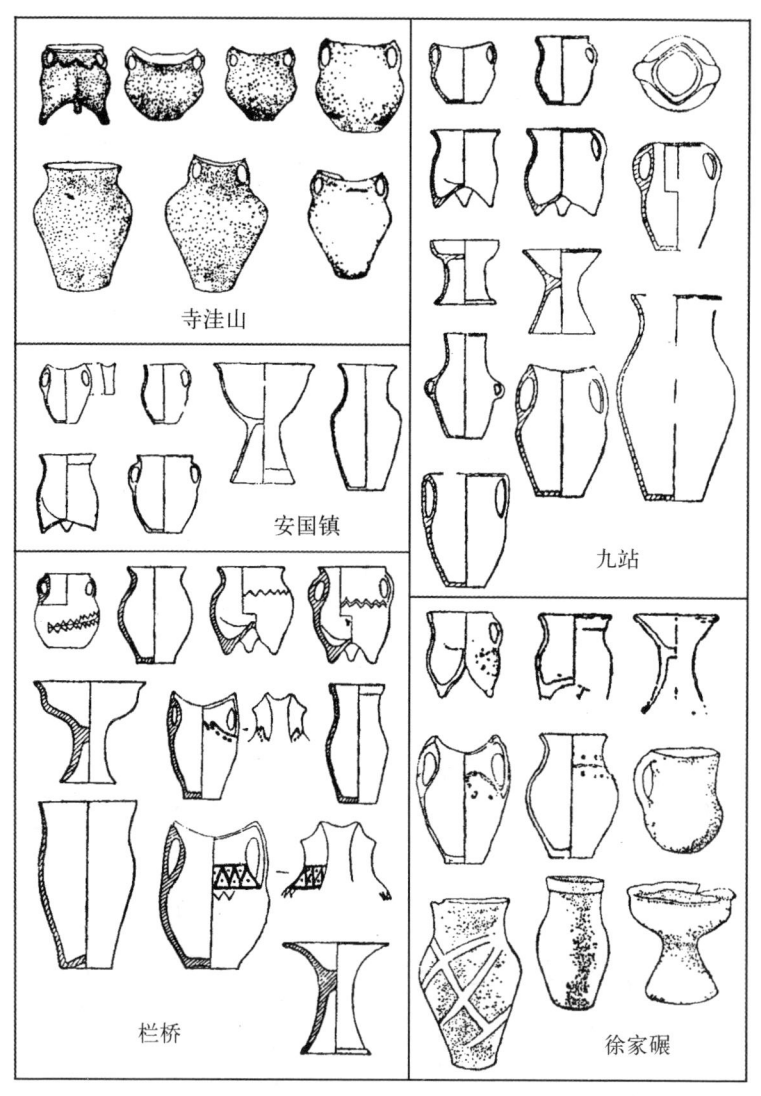

安国镇

九站

栏桥

徐家碾

（无比例尺）

图 47 寺洼文化的陶器类型

公元前 12 至前 7 世纪。

(嬴秦)氏族,所以他们当然不能葬在后者的墓地。在他们看来,此地的秦人居住在山谷脚下,过着安定的而且至少是半农业化的生活,而寺洼及B组陶器的分布则表明,其使用者随季节变化而在山上放牧牲畜,多数时间栖息于海拔更高的区域。像这种主流人群与少数人群共居一地的情况在中国很多地方都可以看到,这些地方的民族构成历史上因汉民族的扩张而发生改变,一直到现代。

现在看来,在毛家坪,根本不是秦氏族成员被贴上了非周"异族"的标签,而是另一种情形,这里生活的是一个在秦主流(至少在东周时期)的边缘与之共存的"异族"人群。与俞伟超原先的观点不同,现在一般不再把"铲足鬲"当作秦国自身陶器传统的标志。相反,现在一般把一组与主流西周陶器类似但不完全相同的A组陶器,看作是秦国自身陶器传统的代表。然而,把陶器的类型解释为民族的不同是有问题的:这些陶器能说明毛家坪的主流氏族是从东部地区迁徙过来的吗?或者,它们反映的是本地人群吸收来自渭河流域中游的某种制陶习惯?即使将来有材料证实其中的任何一个可能性,我们仍然没有把握由此推断毛家坪整体人群的来源;因为正如我们在第四章所见,这些基于陶器所作的分析主要适用于为数极少的从事陶器制作的毛家坪村落成员,而不是全部人口。

因而,可以想见,周式陶器与最早可确认的秦人核心集团成员——如果他们确实是秦人的话——一起出现,可能仅仅意味着此地出现了按照西周传统方式制作的陶工,他们迁居此地以后,就脱离陕西的周人主流传统而独立发展起来。但是,从东部地区迁来移民的可能性也不能排除。不管怎样,毛家坪被定为"秦"人的物质文化是周文化的一个地方形式。当然,这些陶器的部分或全部使用者仍然可能就是已同化的非周"异族"。或许在将来,人骨遗存的DNA研究能够证实,毛家坪遗址的居民与其寺洼文化(非周)的邻居之间是否有血缘关系。仅靠陶器是不能解决这个问题的。

牛世山虽然令人信服地将毛家坪A组陶器的源头追溯到陕西当地的传统中,但是仍然认为秦统治氏族最初是从河南迁徙而来的,并断言秦人的祖先进入甘肃东部以后,就如变色龙一般改变了自己的物质文化。[①] 依照他的观点,秦人先后"使用"了商文化和"先周文化",最后在毛家坪发展出了相对独特的物质文化。牛氏将考古学文化与民族进行了概念上的区分,从当代的西方考古学理论的角度看值得称道。但是他复原的秦后来的发展就是完全根据文献而来的。考古学材料在这种思路里,不再是验证材料,而只是用来填充根据司马迁记载得到的秦移民的历史成说。牛氏似乎没有意识到这种论证与他对毛家坪陶器煞费苦心的分析并没有什么关系。

然而,牛世山的研究的确非常有效地说明,用考古学解决有关秦统治集团民族起源的争论,原则上是不可能的。与其主张一个强调生物学血统的纯粹主义观点,还不如把早期王朝边缘地带的地方政权看作本地和移民元素的混杂社会(例如,一个周式的核心氏族与先前存在的本土人群通婚)有更高的历史可信度。毛家坪的材料就可以如此看待,用来支持秦早期的这种情形。正如中国边疆史的以后各个时期,族属不是每个人固有的不可变化的要素,而是一种非常容易改变、容易妥协的属性。[②]

评　述

虽然有这些叫人警惕的情况,但是本章所论西周和春秋时期的实例(前者有张家坡洞室墓和曲村北赵113号墓的外来铜器,后

---

① 牛世山1996。
② 参阅王明珂1997。

者有益门村 2 号墓和毛家坪的两组陶器)仍然提供了几个有希望的案例。我们看到,通过广泛的考古学分析是可以得出民族层面的社会差异的。或许,张家坡和曲村的发现可以当作初步的证据,说明西周时期某些非周民族的个人或群体完全融入了高等级的周贵族氏族。在两个案例中,可能的"异族"的物质特征与周人的主流丧葬制度特征融为一体,说明"异族"一方面保持了自己的物质文化特征,一方面又吸收了周人礼制的核心特征。

这样的资料正是目前东周秦国所缺乏的,虽然考古材料证实在秦的周边区域根本不缺"异族"。源于寺洼的考古学遗存继续在秦的边缘地带繁荣,至少一直持续到东周的前半段,[①]而且东周时期的游牧人群的墓葬就发现在其西北不远处,如宁夏的固原杨郎。[②] 这些相邻的社会,不管是游牧、季节性移牧或定居,在生活和社会组织方面肯定大不同于秦的核心人口;并且,尽管我们不能证明其中的人群都认为自己不是秦人,这一结论似乎也是可能的。没有迹象可以显示这些地区的个人融入了秦的核心氏族,就像我们在张家坡的西周墓葬看到的那样。可以确信的是,益门村 2 号墓似乎见证了一个"异族",甚至可以说,一个非常富有的外族人出现在秦人社会里;但是此墓很少或没有接受周礼制度。相反,"外来"器物,虽然大多是秦地制作的,但是构成了独特的非秦组合,与附近秦人墓地的随葬品组合形成鲜明的对比。当然,根据一个例子总结规律是不妥的;但是如果它有代表性,就可以表明散居于秦核心氏族间的非秦"异族",在这个时期游离于秦社会组织之外,而没有融入其中。因此,在东周时期的秦国,只有像益门村那样完全的非周组合才能视作秦考古遗存出现"异族人"的证据;而(与适用于曲村北赵 113 号墓之类的西周墓葬的解释不同)同时拥有"异

---

① 赵化成 1989;更多参考文献,见注 48。
② 见本书第 251 页(本章)注⑤。

族"器物和周式用器组合的一般秦墓的墓主,很可能不是"异族"人,而是主流秦氏族成员,他们只是使用了异域奢侈品而已。这一观点是否普遍适用于整个东周尚有待验证。①

因此我们可以提出,在西周时期,周人核心氏族与周王朝的"异族"之间的关系本质上非常接近于姓族间的关系(详细讨论见第四章),而在东周时期,社会差异可能加剧,导致生活在周核心氏族中间的"异族"人主动或被动地与核心社会隔绝。如果将来有证据支持这样的情形,我们就可以进一步推断西周中期之后,"民族"(或 nation)层面——周代社会秩序内外之间的界线——就会更清楚并更显著地与周代社会内部姓族层面的差异相分离。这次变化的背景应该从周代社会内外两方面探究。读者也许记得,西周晚期礼制改革中氏族制度的系统化(见第一章)产生了更为严格的社会秩序,相较以前,它更不能或更不愿容纳外来者。而在草原居民一方,他们与周人氏族之间出现尖锐差异的时候正是他们开始完全游牧化的时候,也就是约公元前 950—前 800 年。当时完全游牧化就发生在中国的周边,带来了一种全新的生活方式和政治组织。② 这两个大体同步的发展之间是否有任何直接的因果关系,则是需要并值得进一步研究的问题。③

无论如何,益门村 2 号墓以及更重要的同时期主流秦墓出土的秦人制作的异族器物,证明了有相当大量的跨文化的器物流动。这样的发现表明,在约公元前 400 年之前,中国本土居民与其北邻之间的社会对抗和礼仪冲突远没有以后那么严重,因为后来秦人

---

① 田建文(1993)把上马墓地青铜鍑看作拥有者"异族"身份的标志(见本书第 170 页[第三章]注①)。如果这种观点成立,那么田氏的看法恐怕就有问题了。无论如何,这座墓葬的材料不如曲村北赵 113 号墓出土的外来形态的铜器那么明确。

② Průšek 1966;1971;Linduff et al. 1997:33 - 74;Di Cosmo 1999:904 - 914 及其他各处。

③ 《史记·周本纪》(4.135 - 136)暗示周穆王(约前 956—前 918 年在位)单方面破坏了周与西北邻人间的常规外交关系,也许有些关系。

极力扩张,进入以前的部落地区,并将之包围在长城以内(见第六章及结论部分)。第Ⅱ部分导论探讨了人们可以通过婚姻来达到政治目的,同理,秦贵族(继续?)可以同时"使用"周与非周来源的物质文化成分,极有可能是因为他们处心积虑地企图创造一个更大的文化统一体;这一企图植根于秦国君主欲作天下共主的野心,而且突出地反映在他们的铜器铭文以及宏伟的墓葬建筑上(见第八章)。

尽管我们不能排除秦核心集团非周起源的可能性,但是必须强调在整个东周时期,秦人社会整体上,至少在考古资料反映的方方面面,完全融入了周人的社会框架。之后,随着统一的秦帝国的建立,它甚至成了中国文化主流的象征。① 也就难怪"秦(Qin)"一字经梵文而演变为西方语言中的"China(中国)"一字。秦为我们提供了一个很好的可以持续追溯的社会政治体:在其发展的前后阶段,同时从不同角度去看,它既是一个部落和一个国家,也是一个氏族和一个民族国家。

本章梳理出来的渭河流域的发展史,是迄今为止我们见到的最为连贯的一个考古学案例,充分地体现了上述的双重趋势:对内部进一步融合,对外进一步分离。这是周代整个社会政治发展的一个主题。类似的趋势可能发生于周文化圈边缘的任何地方,只是各地因环境不同而出现各种变体。这种现象我们在下一章会看到。

最后,让我来谈谈考古学分类的方法论问题。"秦文化"这一概念,有时是由秦国故土上的当地考古学家提出来的,目的是为强调它的特殊性和重要性,但是从前面的讨论可以看到,这个概念不仅在形式上靠不住,而且实际上就是错的。这么说有两个基本理

---

① 这是值得强调的一点;尽管汉代政治理论家对秦有所诽谤,但是汉朝完全而且明确地建立在秦所创立的机制和文化框架之内。

由，一是程序上的，一是实质性的。首先，从程序上讲，为避免过早判断考古发现的历史问题，考古学文化和类型按惯例要以发现的第一个典型遗址命名，而不是以历史文献中的古代政治体命名。① 其次，更严重的是，我们在这里所发现的秦文化——从毛家坪的早期遗存一直到东周末年——的特征根本就不符合一个考古学文化所要求的特征标准。② 充其量，它们可以看作周王朝的考古学文化（仍未命名）的某个类型。在这个具体的实例中，我们所看到的差异似乎就等同于社会范畴里的姓族间差异——嬴姓对姬姓，与第四章讨论的姬姓与子姓之间的差异类似。但是，说考古学文化类型间的物质差异总是等同于姓族层面的社会差异也不妥当。考古学文化与民族之间的等同关系也同样如此。尽管在本章援引的几个实例中，考古学文化之间的差别或许有几分可能反映民族层面的社会差异，但是世界其他地区——从非洲到东南亚再到美国——的研究成果提醒我们，不要以为都是这样。第四章尾声部分讨论的姜/羌问题是一个中国本土的例子，它就反映了民族的多变性和复杂性。实际上，即使有文献记载，我们也往往不能确定物质遗存的差异是否与民族差异相对应。

---

① 如果秦是一个考古学文化，那么该文化应以陕西宝鸡斗鸡台遗址命名，1930年代这里首次正式发掘出土了东周秦的陶器（苏秉琦1948）。

② 在中国，夏鼐1959代表了如何定义一个"考古学文化"的权威意见（尽管，实际操作中人们往往置之不理）；夏的意见来自柴尔德（Childe 1956：123 - 128）。Wolfram Eberhard的著作（1942；1942—1943）根据历史文献来定义中国周边和内部各民族的文化，是一项巨大而开创性的研究；尽管该著作仍然值得阅读，但是其结论现在已过时了。考古学文化这个概念，尽管在中国和其他地方的学术界根深蒂固，但是本身问题重重，需要认真反思（见Wagner 2001第二章）；我打算在未来的著作中用中国的材料进行此研究。

第六章　扩张中的社会（约前 1050—前 221 年）

除了前面讲的对内融合与愈发清晰的对外分界这两个趋势，在孔子时代的整个周文化圈，社会发展还有第三个大趋势，就是典型的周社会组织模式向周边的非周区域扩张（地图13）。这种扩张主要通过两个程序实现：一是周人氏族集团从周文化圈的核心区域向外迁徙，一是以前的非周人口按照周的氏族组织原则来重组。在很多情况下，后一程序无疑是前一程序的结果。这种重组及其在考古学上的反映是本章关心的问题。主要的运作方式也许仍然是婚姻联盟和吸收外来人口，当然后者需要构建虚拟亲缘关系，这些在第二部分的导论中已经讨论过。当然，周代氏族社会的扩张通常是，尽管可能并不总是，政治事件的附带现象，比如军事征服。因而在当代的历史学界，对此类事件的讨论就容易变成一个沉重的问题，因为只要有人提到"中国"边境的扩张，不管怎么定义，都会引起"汉化"的争论。换言之，当我们把青铜时代晚期社会的扩张放入中国历史的长河中，民族主义史学家一下子会不由自主地以之作为论据，证明优越的中国文明拥有不可抗拒的魅力，并能够将没有完成进化的"野蛮人"转变成文明人。① 我无意延续这种思路，虽然本章所讨论的材料确实容易引发多角度长时段的历史分析。为了本文研究的需要，似乎最好避免讨论这些更为宽泛的后

---

① 有关这个大问题的历史回顾，见 Holcombe 2001；Hansen 2000。

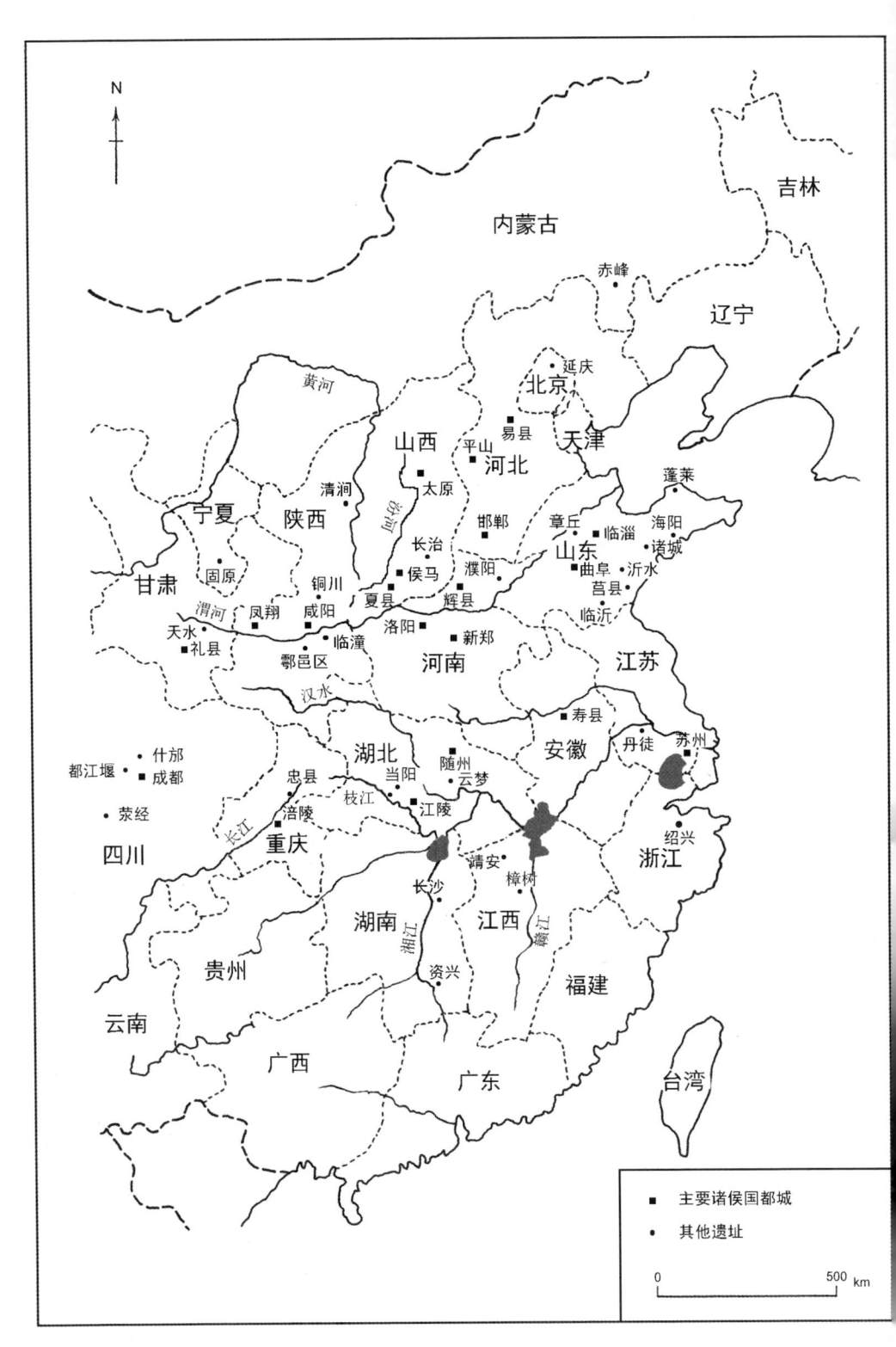

地图 13　周代后半期的遗址分布图

地名为今县市名。

果。因此,在本书第一到三章研究氏族社会向其周边扩张时,我只注意考古资料;任何可观察的扩张与融合的趋势我都首先视为社会现象,而不是政治现象(不过,与前面几章一样,材料的本质使我们不得不从本来是礼仪活动的迹象中提取社会信息);而且我认为这些趋势是它们那个时代的特殊现象,既不是永恒模式,也不是未来事件的征兆。

早 期 趋 势

西周时期,周王任命王室的各个支系氏族以及其联盟的其他氏族,作为边疆的代理统治者。在那里他们与当地氏族通婚,后世史家称之为封建制度。① 这些新政权无疑扮演了周文化传播的催化剂,把周模式的社会互动和礼仪行为带到了包括黄河中下游、淮河及长江中游在内的广大区域,而且极大促成了周文化圈的形成,至少体现在贵族层面的社会融合上。第二和第四章里提到的晋和燕氏族墓地可解读为这种早期扩张计划的实物证明,它们显示周人的社会网络与其特有的礼仪活动至少开始覆盖到这些偏远地区了。

起初,"封建"活动似乎主要放在之前已经属于商代政治网络范围的地区。在此之外的区域,与西周早期周文化圈居民的互动证据,不能解释为所谓的周代社会扩张。此类证据包括几座窖藏,出土了壮观的西周早期青铜器,其中部分器物有铭文;它们分别发

---

① 先是在日本,后来在中国,学者们用"封建"("分封和建国")一词来翻译欧洲的"feudal"一词,无论后者带有多少非马克思主义和马克思主义思想背景下的历史包袱。刘禾(Liu 1995: 317)将之收入她的"回归借形词"中;借形词就是一种最早来源于中国的古典文献的词汇,后来又从日本引进回来,但是已经带有完全不同而且现代化了的含义。这种随意地引进外来词汇的后果就是,人们把大量笔墨完全不必要地浪费在了分析周代的封建行为与中世纪欧洲的封建主义在语义及历史上的相似性(参考文献见本书第 74 页[第一章]注①)。目前,学术界的共识是这种比较非但不能澄清问题,反而容易误导人;《剑桥中国上古史》(Loewe and Shaughnessy [eds.], 1999)彻底回避了"封建"一词。

现于东部的山东半岛末端,①东北的辽宁和内蒙古东南的山区,②以及西南的四川。③ 它们的器物组合多种多样(表23),但是没有一座窖藏出土一套完整的举行祖先祭祀所需的器物群,尽管这些铜器本来就是为此目的而制作的。我们可以推断这些地区的居民很可能并未实行祭祖仪式,而窖藏出土器物上所刻的祖先之名也与其本地的主人无关。相反,这些礼器很可能另作他用,以适应本地的需要。④ 例如,在四川彭州竹瓦街发现的两座窖藏中(图48),主要器形为酒器罍,而这类器物在西周早期器物标准组合中充其量也是第二位的。但罍肯定是不为人知的四川居民的礼仪活动的核心器物,他们可能以当地特有的方式使用,而不同于周人礼仪规定的用法。⑤ 窖藏内的这些器物除了有宗教功能外,显然也是其非周主人重视的地位标志。我们不知道它们如何传播到如此遥远的地方——是作为外交礼物、嫁妆、战利品,还是(在本文讨论的时代里可能性不大)通过商业交换得来。不管怎样,它们的存在证明了周统治者,或其身在边疆的代理人,与边境以外非周区域的政治权贵有着一定程度的互动;同时证明后者已经多少知道周文化的器物。我们在第五章的讨论表明,这种互动有时会伴随跨民族界限的贵族社会联盟。

---

① 山东黄县发现了三处窖藏。齐文涛 1972:5—8 和 16,注 17。
② 辽宁义县花儿楼发现的一处窖藏,见孙思贤和邵福玉 1982。喀左有四处窖藏见于报道,喀左原是内蒙古的一部分,"文革"期间短期划给了辽宁。(喀左,喀喇沁左翼蒙古族自治县的简称,在西文出版物中经常误拼为"Kezuo"。)见热河省博物馆筹备组 1955;辽宁省博物馆和朝阳地区博物馆 1973;喀左县文化馆等 1974;1977。喀左还有三处发现青铜器窖藏,但尚未完整发表;简报见徐秉琨和孙守道 1998:52—57;郭大顺 1987;许玉林 1993:323 及其他各处。相关论述,见广川 1994;宫本一夫 2000:134—141;用英文发表的简要论述,见 Sun Yan 2003:768 - 769。
③ 于四川彭州竹瓦街发现了两处窖藏。见王家祐 1961;四川省博物馆和彭县文化馆 1981。讨论及进一步参考文献,见 Falkenhausen 2001c, 2003d;罗泰 2003。
④ 李零(2004:30—36)认为,这些发现是祭祀储藏,与祭坛相关,证实了在商周文化圈边疆许多地区流行的一种祭山的宗教习俗。
⑤ 例如,在长江中上游,商周时期的青铜容器内经常装满玉器和其他奢侈品。这种铜器用法不见于中国北方,但是类似(年代更晚的)云南滇文化的青铜贮贝器。参考文献和进一步讨论,见 Falkenhausen 2003c。

表23 周文化圈边缘窖藏出土青铜器

省	四川	四川	辽宁	辽宁	辽宁	辽宁	山东	山东	山东
市/县	彭州	彭州	喀左	喀左	喀左	喀左	黄县	黄县	黄县
遗迹名	竹瓦街	竹瓦街	海岛营子	北洞村	北洞村	山湾子	小刘庄	归城	鲁家沟
窖藏	[1959]	[1981]		1号	2号			姜家	[1897]
【食器】									
鼎			1		2			2	2
方鼎				1	1				
鬲					1				
甗					1			1	1
簋			1		1	10			
盂			4		1				
圆碟			1		1				
【酒器】									
爵								2	
觯	2						1	1	1
卣			2			1	1	1	
尊	1					1	1	1	
瓿				1					
壶			1					1	2
【水器】									
罍	5	4	2	5	1	3			
盘			1						
盉						1			
长柄勺						1			
【杂器】									
鸭形尊			1						
器类无法辨别			2						
【乐器】									
钟									3?
计	**8**	**4**	**16**	**6**	**6**	**20**	**4**	**9**	**9?**

图 48　四川彭州竹瓦街两座窖藏出土的青铜容器

上部：1959 年出土器物组合（5 件罍，2 件觯）；下部：1980 年出土器物组合（四件罍）。公元前 10 世纪早期。

西周晚期礼制改革增强了周王朝内部贵族阶层的凝聚力。看起来,西周早期因封建形成的社会网络有效推动了新制度快速而全面的实行。但是如果说封建制度的本意是将周的社会政治制度扩展到边远地区,那么西周晚期的礼制改革则规定了每个参与者的位置,目的主要是为了维持稳定。所以,从某种意义上讲,这可能向第五章所见的周人社会日益增长的自我限制迈出了一步。西周晚期推行的新型器物组合从未成套发现于不是周人的考古环境中,这有力地证明了其礼仪功用与周人氏族社会的成员不可分离。① 其中个别新型铜器的确偶然出现在非周人区域,较早的一个例子发现于内蒙古自治区宁城南山根的所谓夏家店上层文化的墓葬。在这里,周地生产的西周晚期或春秋早期的瓦纹簋及三足鼎,与当地生产的风格迥异的青铜器混杂在一起(图 49)。我们不清楚,这两种器物是否放在一起使用? 如果是这样,那么如何使用?② 春秋中期类似的组合已经见于活动于今北京以北的游牧民族(当地考古学家所谓的"山戎",不过这个名称有问题)的墓葬。③ 总的来说,即使目前我们只有一个非常小而且没什么统计意义的样本可供考察,但是我们还是可以得到一个印象,就是公元前 850 年之后周礼器向外输出的次数以及规模和珍贵程度都降低了。一方面,这可以视为周朝政治力量的削弱;但是另一方面,也可能说明了周氏族社会对外的自我封闭。换句话说,当时人们越来越难以容忍一种中间状态,也就是一个非周族群既想有选择地参与周文

---

① 在这里或其他地方,循此思路讨论问题,我们当然必须明白用礼器组合解释周是多余的;这些器物的存在只是周的可能性标志。

② 辽宁省昭乌达盟文物工作站和中国科学院考古研究所东北工作队 1973;项春松和李义 1995。如 Mayke Wagner(2001:293)所说,夏家店上层的命名不妥,它实际上糅合了几个不同的文化传统。

③ 北京市文物研究所山戎文化考古队 1989。也见 Linduff et al 1997:62-67。山戎是个很成问题的名称,只见于《春秋》和《左传》(庄 30 和僖 9;《十三经注疏》10.80,1782 和 13.98,1800)极少的几条文献,应该不是具体的一个民族的名称。

化的某些活动,又想维持自身独立的社会实体,以保留自身的礼仪和习俗。在周文化圈的北疆沿线尤其如此。随着东周时代的推进,周边民族日益面临是加入周文化圈还是留在圈外的选择,也就是放弃自身的全部传统或者被迫成为彻底的异类。毋庸置疑,在这两者中间,他们并非总有自由选择的机会,但是考古学并不能推断具体情况。本章我们将主要关注那些不管以何种理由加入了周文化圈的人群的物质资料。

图 49　内蒙古自治区宁城南山根出土青铜器

上排:当地风格的双联罐,器形可能受到簋的影响;两件进口的周鼎。中排:进口的周簋;两件本地制作的三足容器,形制来自鼎。下排:进口的周匜。公元前 8 至前 7 世纪。

"东夷"的融入

在西周晚期礼制改革以后的几个世纪里,出现了以主流的周式物质文化取代本地非周文化产品的趋势,这在东部沿海地区最为显著。在今天的山东,诸侯国星罗棋布,一些原来是商的属国,一些为周王室所分封(如第四章讨论的鲁国),还有一些为当地"东夷"原住民的统治者所控制。[①] 在西周以及春秋早期一些独特的非周考古学遗存(或"文化"),仍然存在于山东半岛之东部地区(可能代表着未同化的东夷人群),但是它们似乎最晚在春秋中期就已经灭亡。[②] 一些春秋时期的墓葬和器物,通过铭文或者历史地理可知它们属于东夷氏族统治的政治体,但是它们与周属邻国内的类似遗迹根本没什么分别。例如,表24列举了山东西南地区莒国的青铜器组合。在这一地区,与前面第二到第五章分析的墓地可以类比的资料尚未发表,我们所能依据的只是单座墓葬;而且由于遭到盗掘,许多组合并不完整。尽管如此,其器物组合与当时周文化圈其他地区所见的完全一致,而且其礼器的形制和工艺也与属于姬姓和姜姓的氏族所统治的邻近地区的发展趋势相呼应。更何况一些器物还有铭文,表明此时的莒国贵族用汉字记录和传达礼仪信息。显然,莒国已经完全接纳了其周属邻邦的礼制。同样的现象

[①] 王献唐1979;王迅1994。东夷和以前商属邦国之间的差异也许无法分辨,因为至少部分东夷可能曾经纳入到商的邦国网络中(见黄川田修2001a);这个问题尚未解决;傅斯年(1935)最早提出的商人本身可能就源于东夷的说法也是如此。栾丰实(1996)根据山东的文化序列追溯了东夷的发展。对于早期青铜时代东夷族属的考古学研究的详细分析,见Cohen 2001。

[②] 胶东半岛本地的青铜时代文化只做了非常不完整的调查研究。周代遗址中发表得最好的是山东烟台的芝水和乳山的南黄庄(又名南斜山)(严文明等2000:96—150,244—268,同书另外还可见其他的同期遗存)。进一步讨论见严文明1986:83—86;栾丰实1996:354—368。东夷与周代物质文化的混合见王迅1994:96—114的描述;相关讨论见王青2002:186—201。

也见于邾(邹)和纪等其他夷人政治体。夷人融入周社会的情况也见于《春秋》和《左传》的记载,其中像莒国这种夷人政治体的代表经常参加诸侯国的会盟。任何可见的特殊习俗,比如山东沂水刘家店子莒侯墓中罕见的 11 件鼎组合,①表 24 所列的若干墓葬中数量异常巨大的人牲,以及一些大型墓葬出现的双重椁室(一个放棺,另一个放随葬品),都不应视为独立的民族或文化属性的标志,而应视为在周人礼制以内的细微调整。事实上,类似的特征也见于周文化圈东部非夷人的文化中。

当然一些不确定因素仍然存在;尤其是我们没有材料能够显示东夷政权中的平民人口,是否也与其统治者一起被周人所同化。如果东夷贵族加入周联盟网络的目的是为了确保其政治体的生存,那么这种策略不能长久,因为之前的东夷政权都陆续被当地强大的周诸侯国兼并了;例如莒国就在公元前 431 年为楚所灭,不过莒国的大部分领土最终被齐国吞并。在远离原莒国领土的山东诸城臧家庄战国早期墓地出土了一套编钟,其铭文记录了一个莒国统治家族的后裔已经成了齐国的一名地方长官。② 这种个人的"东夷"民族出身显然对其能够成为齐国贵族成员并没有造成什么问题。

中　山　国

另一个年代较晚的原本由"外族"统治的周式政治体是中山国,位于今天河北中部的太行山脚下。③ 其统治者是狄人部落的后裔。中山国在历史文献中鲜有提及,但可以明确的是它建立于公元

---

① 山东省文物考古研究所和沂水县文物管理站 1984。
② 山东诸城县博物馆 1987。
③ 此节的内容采自 Falkenhausen 1999c,有修改。

表 24　山东半岛莒国诸墓地的铜器组合

市/县	临沂	沂水	平邑	临沂	沂水	沂水	沂水	莒县	临沂	莒南	莒南
遗迹	中洽沟	李家庄	蔡庄	俄庄区 花园	刘家店子	刘家店子	东河北村	天井汪	凤凰岭	大店	大店
墓号					1	2				1	2
发掘时状态	未盗	?	?	花园	未盗	未盗	断片	?	陪葬坑 盗掘	断片	盗掘
时代	①	①后半	①	②前半	②	②	②	②	③前半	③	③
椁/棺	1+1	?	?	?	2+1+k	1+1?	?	?	1+2	1+1	1+1
【食器】											
鼎	4		2	3	16	9	1	6	10	2[7]	[7]
匜鼎	1	1	1	1	9		1				
鬲	1	1			1				1[8]	[1]	[6]
甗					1				3		[1]
盂									2		
臣			4						1		
盛					2						
敦					7	6			3	3[6]	
盖豆					1[13]	有			[6]	[10]	[12]
无盖豆									[9]	[2]	[2]
罐		2			2		1		[13]	1	
瓮									2		
铜											2

续表

【酒器】											
"卣"		1									
壶					7	有	1	1	3	1[7]	2
瓿					2		1	1			
甗											[9]
【水器】											
罍	1	1			4	2		2			
盘			1	1	1	1		1	1	1	
盉					1				1		
匜			2	1	1	1		1			
鉴											[1]
【乐器】											
甬钟				1*9	4*20	1*?		1*6	1*9	1*9	1*9
钮钟					1*9			1*3	1*9	1	
镈					1*6						
錞于			6		2						
钲					1				1		
铎										1*12	
磬											
计	7	6	10	7	64	16+	3	14	31	10	5

一套额外的铜器（1件鼎，1件鬲，1件盆，1件"小罐"[或叫"扁壶"]）发现于刘家店子1号墓旁边的车马坑。
括号内数字为陶器（未计入总数）。

前530年前,并繁荣了近200年。最晚到公元前323年,其统治者效仿战国时代其他诸侯国的国君已经称王①。中山国的历史进程主要取决于与其强邻之间的关系:该国于公元前406—前378年间被魏国吞并,公元前312年参与了一场联合伐燕的胜仗,最终于公元前296年为赵国所灭。②

1970年代的考古调查发现,在河北平山三汲乡滹沱河北岸有大片的中山国都城灵寿故城和若干王陵区。③ 都城由相邻的几个城区组成,各城区都有夯土城墙和城壕,显然模仿了邻国的做法。迄今为止,其总体范围尚不清楚,而且城内的聚落遗址大部分都未经发掘。发掘工作集中在这一地域内的众多墓地,其中包括两个排列整齐的王陵区,一个在灵寿故城内,一个在故城以西两公里处。④ 中山国遵循战国时期的新葬俗,每位国君的墓葬上面都有一个巨大的由夯土垒起的台阶式封土(见第七、八章;图66、76)。在古代,这些封土上都有木构建筑。规模尤其宏伟的是倒数第二代中山王䜵(约死于公元前308年)的陵墓。⑤ 其封土原高约20米(包括台基的高度),台基每边长约60米。因为该墓在发掘前部分遭受侵蚀,考古工作者仅仅抢救发掘出封土核心周围三个台阶上少量的柱廊遗存。地下的墓坑总长97米,两个斜坡墓道在封土及其台基的边界之外延伸得很远(图50)。石砌的中央椁室在发掘前

---

① 中山王䜵墓出土的一件钺(河北省文物研究所1995,上册:294—296,396—398,下册,彩版36.1,图版211.1;《殷周金文集释》18.11758),铭文提到了天子——即周王,同时称中山国统治者为侯。有人认为这件斧是周王室的礼物,在一次伐燕战争后赏赐给中山王,而同墓出土的其他铜器的铭文也提到了这次战争。如果是这样,那么即使到了战国晚期,地方的国王在与周王打交道时仍然使用旧的头衔。这种解释还有些不确定的地方,就是这件器物的不寻常的风格,看起来不像是周王室作坊的产品;而且钺作为兵器在当时已经淘汰很久了。
② 河北省文物研究所1995,上册:3—5;李学勤1985:93—107。
③ 河北省文物研究所1987;许宏2000:204,图51。
④ 河北省文物管理处1979。
⑤ 河北省文物研究所1995。䜵字有时发音成"昔",实际上该字确切发音已无法知道。为了避免与同音词的混合,采取Cuo这个拼法为善。

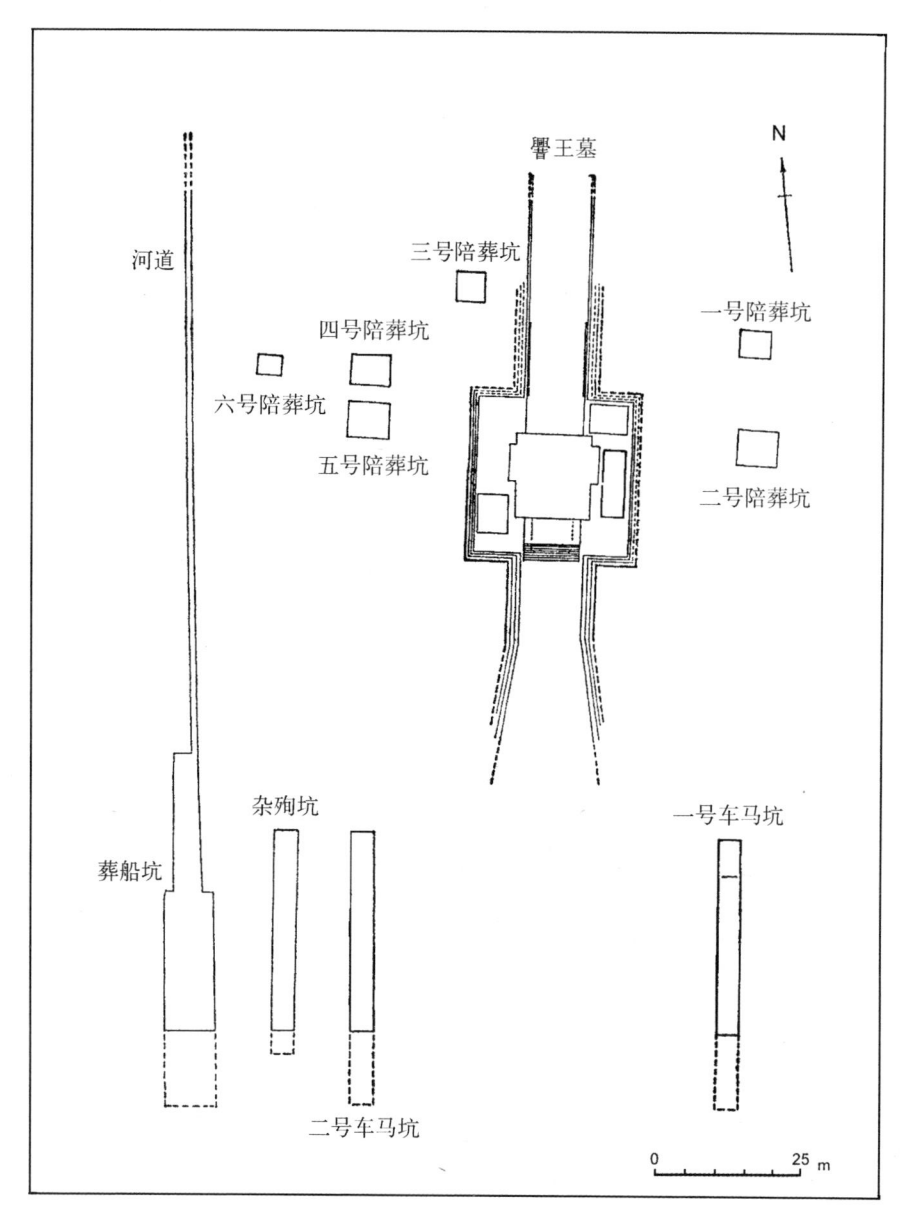

图 50　河北平山三汲乡中山王譽墓坑平面图

公元前 4 世纪晚期。图中所示为主墓坑和全部的陪葬墓与陪葬坑。

已经基本被盗掘一空,但在二层台上有三个木垒边厢,其中有两个仍然保存了大量的青铜器、陶器、玉器、乐器,以及漆木器之类的有机物质痕迹。另外,中山王�墓的地下部分还有六个陪葬墓,可能属于生前与其关系密切的人(他们是否在国王死时殉葬并不清楚);两个车马坑,每坑有十二匹马和几辆战车及其装备;一个"杂殉坑",内有十只羊和六匹马的骸骨;一个葬船坑,可容纳三艘船,通过一条狭窄的地下河道与滹沱河相连。在布局和规模方面,中山王�墓都属于典型的战国时期王陵,其随葬品组合是公元前4世纪晚期社会最高等级墓葬中保存最完整的。

西库出土了几件青铜器,包括一件方壶、一件圆壶和一件鼎,上面刻有长篇铭文,内容肯定了公元前312年中山王参加伐燕战争,并表扬他的首辅大臣既称职又忠诚。[①] 铭文使用了周代青铜铭文典型的说教式的礼仪语言(见第七章),并穿插引用了经典文献的一些词句,鼓吹这一时期主流政治思想家们提出的政治理念,其中包括孔子学派的思想。和所有随葬品一样,这些铭文表明,尽管战国时代的中山国比较落后,又出身戎狄,但是完全遵循周代文化和思想的主流。

有学者想从中山王墓的物质材料中寻找中山国出身狄人的迹象,他们将注意力放在了2号车马坑出土的一组五件大型素面的三叉形铜器上(图51)。[②] 柄部的木头还残存有48厘米,说明这种器物是安在木杆上的,可能为了方便展示。柄部的神秘符号也许用来标明它们放置的次序。五件器物中有两件还带有简短的铭

[①] 河北省文物研究所1995,上册:111—112,118—121,124—125,343—401;《殷周金文集成》5.2840,15.9735。其中一篇铭文有英译,见 Mattos 1997:104-111。

[②] 河北省文物研究所1995,上册:102—103;下册:彩版1.1,图版86。发掘者认为,与2号车马坑位置对称的被盗车马坑原先也应该包含同类器物。还有一套六件的同类器物发现于灵寿故城内的东墓地6号墓,该墓的发掘材料尚未发表(见 Fong[ed.]1980,no.92)。

文;但是上面没有说明其功能和含义,仅仅提供了所属职官和掌管这些器物的职事名字。① 1980 年这些器物首次在美国展出,当时的展览目录上说道:"这些器物远可见,近可畏,是权力的象征,强烈反映出战国时期的中山国狄人统治者原属游牧的居于帐篷的部落。"② 中山王䝮墓的发掘者甚至提供了一份复原图,其中三叉形器围绕着蒙古包式的帐篷而立(见图 51)。③ 但是我们应该知道,狄人从来不是草原游牧民族,而是山地居民,在中山王国兴起之前就已经定居了几千年。④ 战国时期的中山国无疑从事农耕经济,与他们的中原北部地区邻国一样。虽然他们原来没有国家水平的政治结构,直到公元前一千纪的中期才出现,但狄人的氏族组织与商人和周人的接近,一些零散的文献记载显示,他们之间世代交往并通婚。所谓的游牧生活一说年代有误,而且几乎纯属想象。

发掘者说这种三叉形与汉字"山"相近,由此提出了一条稍许可行的解释思路。山是中山国名称的一部分,这些"杆头"可能是这个国家特有的象征。不过"山"字形也见于其他地方的东周艺术,如公元前 9 至前 5 世纪中国北方不少贵族墓葬的棺木上出现的叉形青铜装饰。⑤ 类似的图案也见于汉代以及后代的神仙崇拜图像中。⑥ 此类证据说明"杆头"与其墓葬布局的宗教信仰有关联

---

① 其职属是"左史库工";其个人的名字为邵和蔡(河北省文物研究所 1995,上册:436—437)。他们可能不是铸造这些铜器的工匠,而是低等级的管理人员。
② Jenny F. So 载 Fong(ed.)1980:319。
③ 河北省文物研究所 1995,上册:286—287。
④ Průšek 1971;Di Cosmo 1999.
⑤ 如上村岭 1706 号墓(见中国科学院考古研究所 1959a,图版 50.1)出土的一件器物,中间一叉,两边各有一只鸟,可能栖息在梯形盾牌上。一件类似的器物见于山东莒县西大庄一座公元前 8 世纪的墓葬(莒县博物馆 1999:616,图 3.10)。林巳奈夫(1966:84)将此图案与早期的令旗联系起来;另一处,他又将中间叉与五角形的石圭、玉圭相联系;圭是一种在礼仪场合表示等级身份的标志的器物(林巳奈夫 1991:74—79)。
⑥ 尤其是,三叉形器虽然构成了汉字的"山",但是不一定有此含义。这种题材也出现在东汉的图像中(例如,山东省沂南北寨村的墓葬雕刻中),有人认为是避邪神灵(见林巳奈夫 1989:129—145,和图 2)。

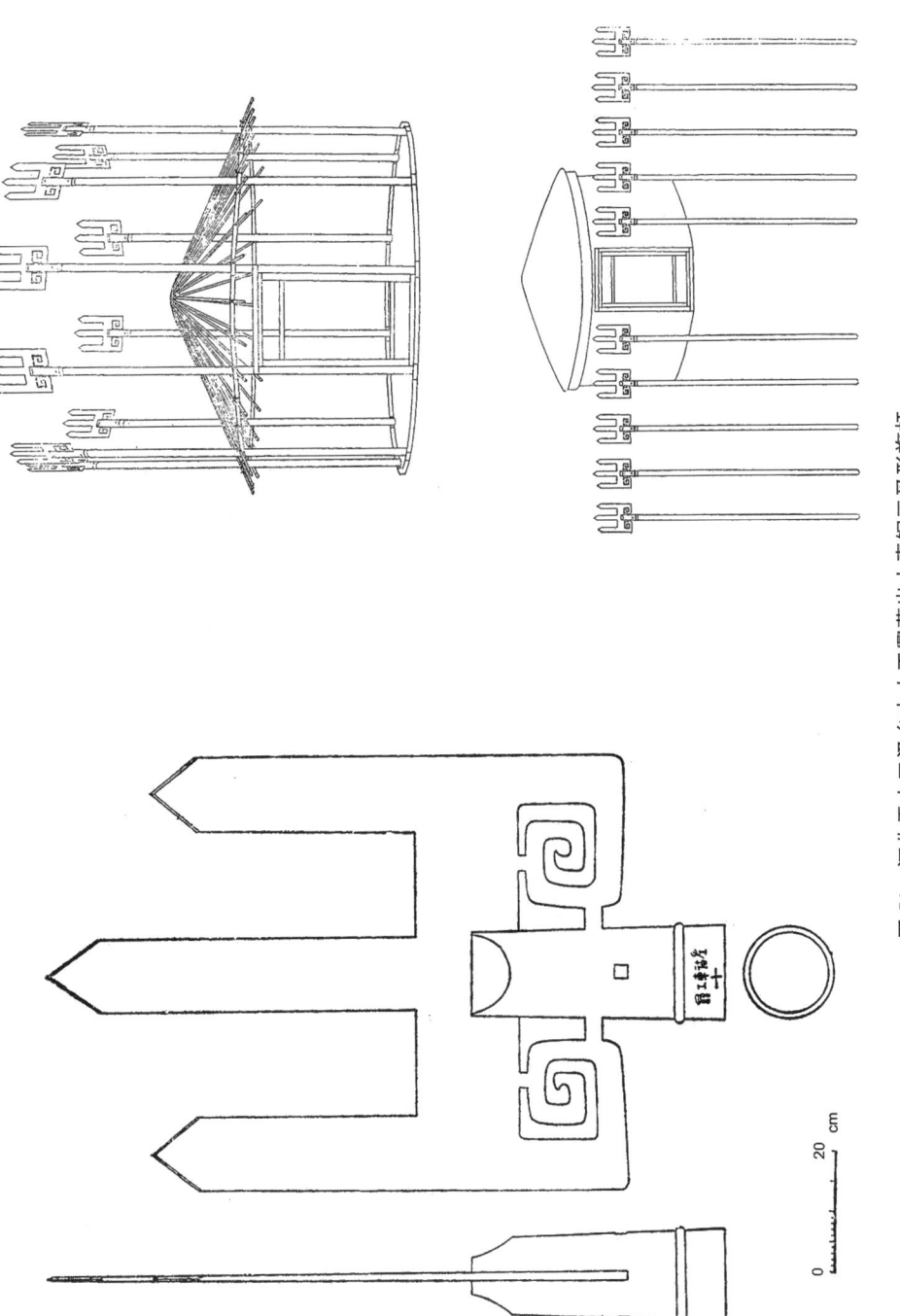

图 51 河北平山三汲乡中山王䥽墓出土青铜三叉形旗杆

公元前 4 世纪晚期。两种复原图都将这类器物放在蒙古包前，恐怕纯属想象。

（也见第七章）。它们反映了战国时期有关墓葬及来世的观念的普遍发展，也许还发挥一些作用，例如避墓中的邪气，或召唤神灵进入墓葬。类似的器物可能已经成为战国时期统治者的地位象征。目前它们仅见于中山国，可能是因为其他同时期同等级的墓葬在发掘之前早已盗空了。

在过去的中山王墓器物的研究中，人们往往将两对有翼兽与"狄人"联系起来，这也是没有根据的。两对有翼兽是错金银的青铜器，出土于前面提到的墓室两侧的随葬坑。① 它们可能用来支撑木屏风或其他贵重家具奢侈品，属于中国先秦时期最精彩的雕塑（图52），其上糅合了几种动物如老虎、爬行动物和鸟类的器官。② 有翼神兽和有翼猫科动物在公元前5世纪突然出现，成为中国艺术的常见主题。专家学者早已指出它们来自西亚，③并通过伊朗或斯基泰人的传递来到中国。这就导致了把中山王墓中的铜兽当作中山国"狄"人身份标志的说法。但是在公元前4世纪晚期，这种图像广泛流行于整个周文化圈，那种认为它标志中山国而非其他地方的"戎狄"文化身份是不属实的。这些有翼神兽造型优雅，形态生动，与任何已知的西亚艺术原型都相差很远，明白无误地表现出一种东周晚期的审美情趣。与叉形杆头一样，阐释这类动物时我们首先要考虑宗教背景。事实上，它们开启了后世在墓内或墓前放置镇墓兽保护墓主这种悠久传统的风气。作为战国时期新兴

---

① 河北省文物研究所1995，上册：141—143；下册：彩版16，图版94—95。
② 林巳奈夫（1988：295）将其归为"奔龙"类。类似的有翼神兽见于中山王墓的东库出土的一件装饰华美的青铜"案"的基座上（河北省文物研究所1995，上册：137—139，下册：彩版14，图版91）。
③ Rawson 1999b：22；李零2001，2004：136—144。我注意到中国青铜艺术中至少有两件带翼怪兽，年代都远远早于公元前5世纪：邓仲牺尊，张家坡163号墓出土的一对西周晚期兽形青铜容器（中国社会科学院考古研究所1999：161—164），翼尖出现在下腹部；还有非常让人吃惊的一条细长的带翼龙，见于四川广汉三星堆2号祭祀坑出土的那棵著名的"青铜树"的底座上，这是一件地方青铜铸造传统的特有产品，年代与商代同时（参考文献和进一步讨论见Falkenhausen 2003c）。

图 52　河北平山三汲乡中山王䰾墓所出错金银青铜兽

公元前 4 世纪晚期。上右有翼兽出自主墓坑的西库,其他出自东库。

的鬼神图像之一，它们可能反映了当时的长生不老及遨游无极的思想（见第七章）。

上述就几件艺术品的观察又一次说明，通过物质遗存来识别民族是个陷阱，而一个民族的传统形象（尤其是游牧民族的）也会误导考古学解释。事实上，中山王墓及其随葬品都显示中山国恪守着周人的礼仪规范。如同山东的东夷贵族氏族，中山王室显然已经完全融入周人的氏族网络。这种融合有效地将原先的民族差异减弱到了相当于第四章所讨论的姓族间差异，而姓族差异在战国时期也与氏族间差异接近。这与第五章讨论的秦国类似，只是我们没有确切的证据说明秦国王室与周贵族主流的民族身份有所不同。而我们即将讨论的楚国也是一个同样的例子。

关于中山国人口的下层人群，我们尚无直接证据，但是都城和王陵的宏伟和奢华，如果没有一个有效协调所需劳动力的行政机关是不可能的。中山王墓许多器物上的铭文也反映该国存在着相当复杂的官僚机构，记录了众多掌管这些器物的行政单位。这种情况必然要求中山国的平民和贵族社会组织的基本模式与战国时期的其他王国相似。

长江流域

前面讨论了东周时期中国北部的社会融合现象，与之相比，长江流域呈现出更为模糊的状态。与山东东夷诸国和中山国相反，这一地区的民族和语言独特的群体在物质文化上也非常别具一格。文献显示，未被同化的非周国家主要存在于两个地区：江南地区（包括长江下游及浙江北部）和四川盆地。一般称前一地区的国家有徐、吴和越，而后一地区的为巴和蜀，但是这个国家名目根本不全。① 很可能,这些诸侯国及周围那些不见经传的小国,就起源于此前存在的高度发达且风格独特的青铜铸造文化。它们从商代中期就已经出现在长江流域,并与黄河流域的早期王朝长期保持着断断续续的接触。② 即便如此,直到春秋时期后半段,他们仍然维持着政治和文化的相对孤立。史载吴国于公元前584年加入周的邦国联盟网络,③越国在公元前5世纪早期加入,④而铭文证实徐国在公元前512年被吴国征服之前曾是楚系国家(铜器铭文记录了后来居于楚国的原徐国国君的后代)。⑤ 吴国于公元前473年为越国所灭,⑥越国于公元前307年为楚国所灭。⑦ 更遥远的巴、蜀二国,尽管偶尔出现在东周文献中,但似乎并没有与同期的周文化圈国家展开全面的外交联系;它们于公元前316年为秦国所灭。⑧ 上述各地的独特地方物质文化都很快就消失了,其地方语言也是如此。

　　长江下游的考古资料相对丰富,我们将近距离观察这个地区,看看它融入周文化圈如何在物质文化上表现出来。正如第五章的秦国,为了衡量该地区的独特之处,我们必须首先建立一个参照对象。在长江流域,可供对比研究的最佳参照对象就是长江中游的

---

① 有关五个王国的基本文献资料见于陈槃1969:268a—274a,50a—71b,394a—402a,218b—223b;1970:17a—23b。陈也列举了许多鲜为人知的诸侯国。

② Bagley(1987:32—36;1999)格外强烈地坚持这些文化传统是独立的,不属于黄河流域的早期王朝。

③ 《春秋》/《左传》成公7年(十三经注疏26.201,1903);《史记・吴太伯世家》(《史记》31.1448)。

④ 《左传》(哀公21年,《十三经注疏》60.478,2180)清楚地记载了公元前474年鲁国和越国两国使者的首次会面。越国在此前是否与其他周诸侯国建立了外交关系尚不得而知。

⑤ 《左传》召公30年(《十三经注疏》53.424,2126);李学勤1985:190—191。有铭徐国铜器在江西有两处发现:1888年在高安清泉(郭沫若1958,第三部分:162a—b)以及1979年在靖安李家(江西省历史博物馆和靖安县文化馆1980)。后者与可断代为战国时期的遗物同出,可能反映了徐国后裔在其原先的国家被灭后定居的地方。江西清江一座战国时期的铜器墓(江西省博物馆和清江县博物馆1977)也得到了这样的解释(中国社会科学院考古研究所的王世民1984:317)。

⑥ 《左传》哀公17年(《十三经注疏》60.477,2179)。

⑦ 《史记・越王勾践世家》(《史记》41.1751)。

⑧ 参《史记・秦本纪》(《史记》5.207)。

楚国,它正好夹在西部的巴、蜀与东部的徐、吴和越之间。

战国时期楚都纪南城的高大城墙,仍然完好地保存于今天湖北江陵的郊外。① 这一区域因为土壤富含水分——在中国并不常见——因而像漆木器和丝织品之类的有机物得以大量保存下来。受到这种独特的考古学宝藏的震撼,许多学者和业余爱好者于是抱守一种浪漫的观念,认为楚国是一个独立的南方文明,一个高贵而华丽的文明,与北方的沉闷的、等级森严的周朝截然不同。② 但实际上,楚与秦(见第五章)非常相似,也是一个强大的周文化圈的诸侯国,是周社会模式向南方地区扩展的重要机器。和秦国一样,所有现存的楚国文献都用古典汉语撰写,与同时期发现于中国其他地方的文字材料相比,几乎看不出什么方言差别;楚国青铜铭文和竹简文书的书写风格与北方地区的极其相似,完全不是一种独立的文字系统;而《左传》《国语》及其他传世文献描述的楚国政治体系也与周朝的其他诸侯国近似。③ 和秦国一样,楚国政治从一开始就野心勃勃,志在取周王室而代之,想最终成为天下共主。从公元前7到前5世纪,楚国相继兼并了许多邻国,意欲仿照周王朝建立一套与之抗衡的联盟体系。它将本国铸造的周式青铜礼器慷慨地赠予那些地方诸侯以换取其对楚王的忠心;这些礼器中有大量传世,甚至还有一些是考古发掘出来的。④ 最完整的组合来自两个盟国国君——姬姓氏族的首领——的墓葬:分别是安徽寿县西门内(图53)的蔡侯申(卒于公元前491年)⑤墓和湖北随州擂鼓墩

---

① 湖北省博物馆 1980a;Höllmann 1986;郭德维 1999。

② 有关"楚文明/文化"的文献极其丰富(代表性的论述,见张正明 1988;Cook [ed.] 1999)。其动力至少部分是一些有政治头脑的人想给湖北省(以及顺带给楚国扩张到的邻省)一个文化上的身份;关于这一点,见 Falkenhausen 1995b。

③ Blakeley 1992. 学者一般认为楚国的官僚名称(由此楚国的官僚体系)与楚文化圈的其他诸侯国不同,但是我们应该看到,像令尹这个官衔,在楚国用来称首辅大臣,也见于西周晚期夷簋铭文记载的周宫廷官员中(《殷周金文集成》8.4287)。

④ Falkenhausen 1991:84-86;更多细节见 Falkenhausen 1999a:514-525。

⑤ 安徽省文物管理委员会和安徽省博物馆 1956。

(这里的考古发现将在第七章进一步讨论)的曾侯乙(卒于公元前433年后不久)墓。①

楚王室还有一点与秦国相似的地方,其所属芈姓并非来自周人。俞伟超和其他学者试图将"楚文化"的源头追溯到湖北西南部的地方史前文化——由此定义"楚式鬲"(图54)。②但是,现有材料很难证实楚国早期就存在于此地,而且我们不能排除楚王室从更北的地方迁徙至长江中游的可能性。和秦国一样,历史文献对此事的记载模糊不清;③而且,即使楚国真正的来源在于边缘的"异族",也丝毫不影响我们评价考古资料所反映的当时的楚国文化习俗与社会体系。要做这样的评价,我们最重要的是看到——和秦国一样——已知的楚国墓葬材料在所有核心方面都遵循了周的用器制度(详见第九章)。所以可以推测,就像秦国,楚国贵族的社会组织与周人的核心氏族相一致,楚国的氏族一直用物质性因素表现其内部等级差别,这点就跟文献记载的周文化圈其他地方的情况一样。我不打算在这里详细阐述这个问题;因为尽管青铜铭文已经表明楚国至少从西周中期已经存在,④但是在长江中游并未发现约公元前600年以前的与楚国相关的考古遗存。因而,我们无法追溯楚国的周式树状氏族社会的源流(而秦国可以)到西周时期。现存的来自春秋中期及以后的丰富材料将在第八章和第九章充分讨论。

和秦国一样,楚国氏族墓地的考古资料——除了湖北中部几个居住聚落仍然可见的墙体和建筑台基以外,它们实际上是楚国仅有的考古资料——在风格器类的细节上呈现出一定程度的独特

---

① 湖北省博物馆 1989。
② 俞伟超 1980a;1980b;1982a;1982b;1984;1987;2000。
③ Blakeley 1988,1990;石泉 1988;徐少华 1994:235—313。
④ 西周时期的有铭楚器见李零 1986(也见刘彬徽 1988),现在应该加上曲村北赵 64 号墓出土的楚公逆甬钟(山西省考古研究所和北京大学考古系 1994a:5—7 和彩版 2;李学勤 1995)。这件器物很可能是某位晋侯所获的战利品。

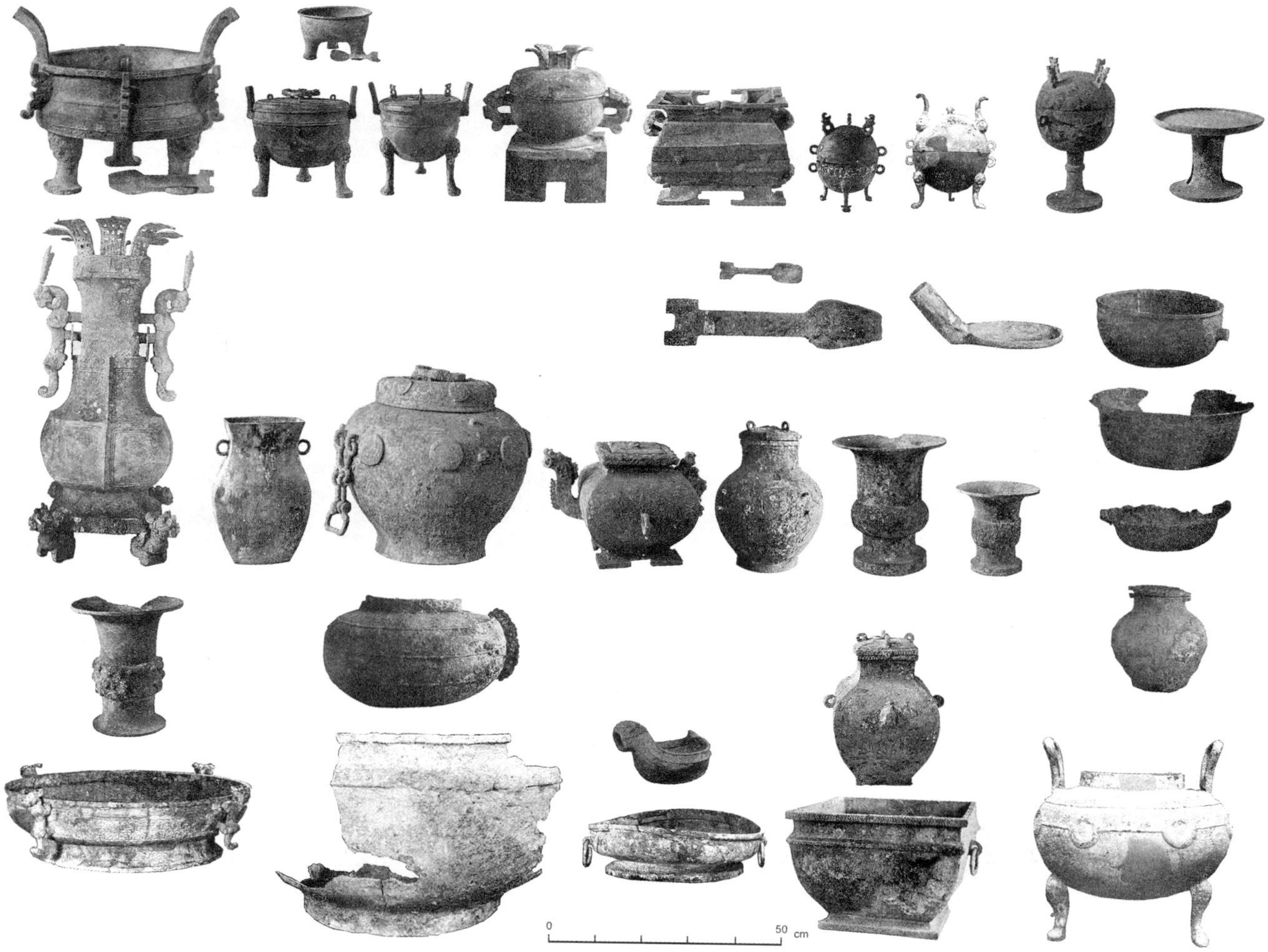

0
50 cm

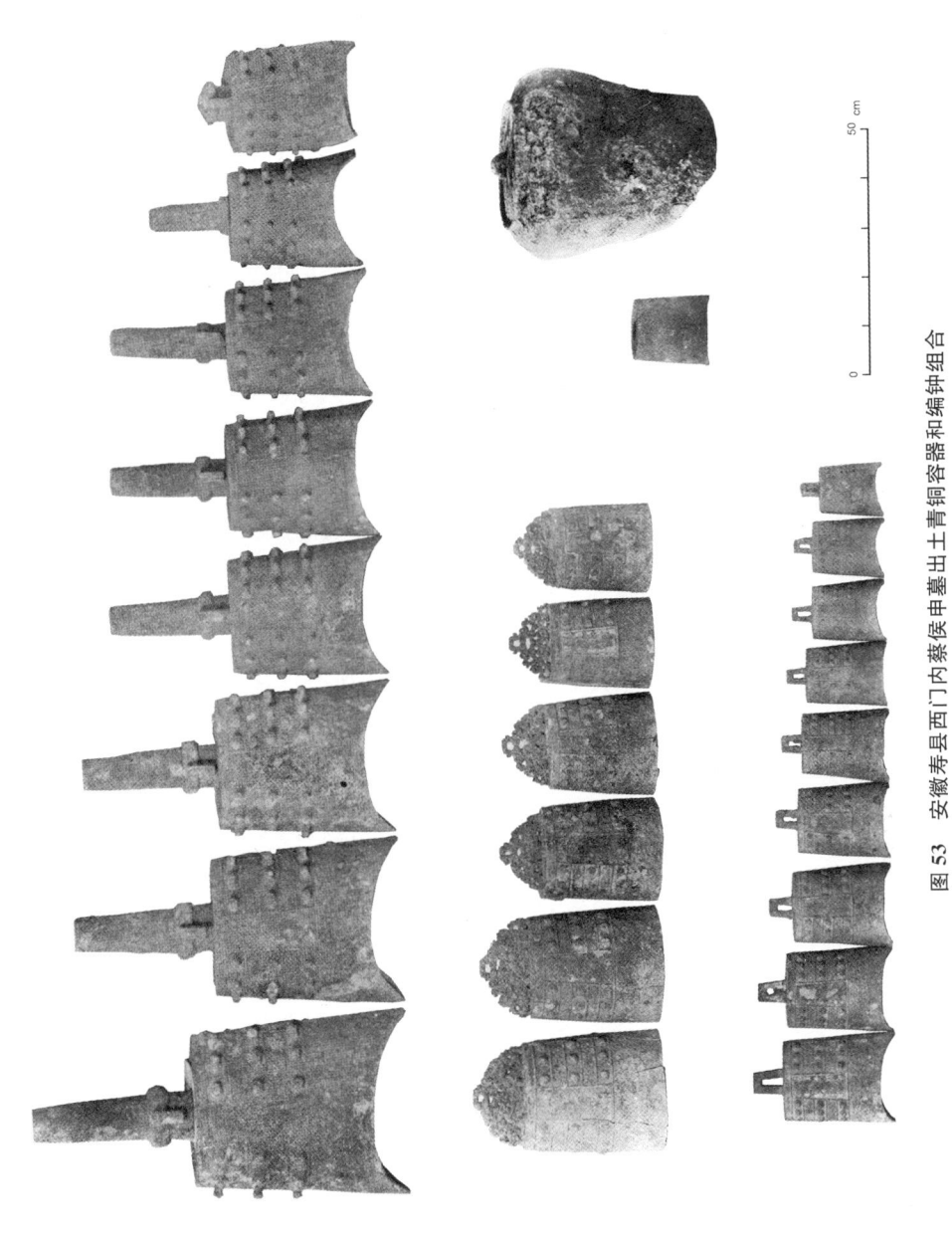

图 53　安徽寿县西门内蔡侯申墓出土青铜容器和编钟组合

公元前 491 年以前。成套的容器中只有一件绘了图；容器数量见表 29。

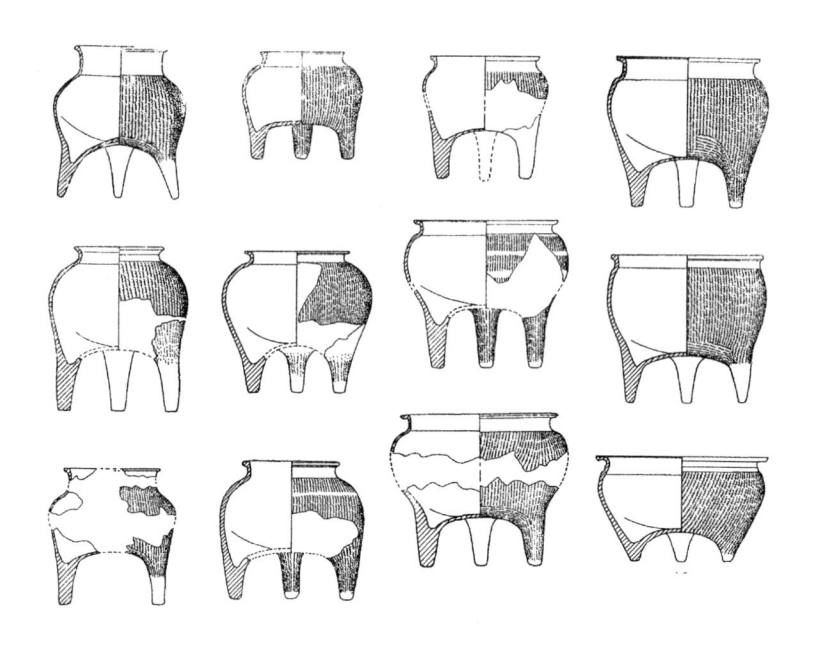

图 54　湖北当阳赵家湖墓地出土"楚式"陶鬲

公元前 8 至前 4 世纪。

性。其中一些可能只是表面上的,比如楚国闻名遐迩的华丽漆器:中国北部墓葬的漆器痕迹表明,这种器物在那里也同样广泛使用,只是无法在那种更为恶劣而且酸性较强的土壤环境下保存下来。[①]与周模式的其他分歧是事实,但体现的并不一定是民族差异。比如,像"楚式鬲"这种特殊陶器可能类似于我们在第四章所考察的情形,应该解释为当地手工业作坊习惯的体现,而非楚人有意识的文化选择的体现。约公元前 500 年之后楚国的青铜器和玉器上耀眼的装饰风格特别的卷曲纹也体现了类似的思路。同样,楚国铜

---

① 非楚文化墓葬出土的两批精彩的东周漆器,完全可与最好的楚器相媲美。一批出土于山东海阳嘴子前遗址(烟台市博物馆和海阳市博物馆 2002;彩版 17.1,23 及其他各处);一件大盆据称出自河南辉县琉璃阁,现藏日本东京大仓集古馆(大仓集古馆 2003:no.127)。

器类型的奇异之处很可能体现的是宗教用途而非民族身份。其中一个是突出(但并不普遍)的以成对或成四件组合容器的趋势,而且偏爱用匜和盏替代之前的簋以承担同样的功能,而后者到公元前6世纪时在整个周文化圈内已经基本废弃了(见第八章)。在富有的墓葬中,常见的礼器组合增加了多种水器,这些水器在中国北部同时期的文化背景中没有直接的对应物,如浴鼎(又名汤鼎或濂鼎)——最初是从中国东南部引进的烧水三足器——以及各式盥洗器,如盆、水盂和鉴(见图59、93、94)。① 这些容器使得它们高贵的主人可以用热水(可能还是加过香料的)来清洁身体;在中国南部的潮湿气候中不但舒爽宜人,而且可以让其主人与满身汗臭的下等人截然分开。② 也许这种行为可能承载着某种礼仪功能,尤其是在开始阶段,不过这些器物的出现也说明周文化圈内随葬生前奢侈品的大趋势(见第七章)。这一趋势的其他例证是鉴和尊缶的搭配;在盛宴中,鉴中盛满冰块或热水以冷却或加热尊缶中的酒水(见图53)。③ 最后一个明显的楚国特有的现象是"镇墓兽",通常是立在方形底座上的一种抽象或具有动物特征的怪异造型。④ 他们似乎源于东南的非周文化,春秋时期开始在楚国流行,并在战国时期逐渐向北方扩展到山西。⑤ 就像第四章中讨论的腰坑,镇墓兽

---

① 有关这些容器的棋类以及楚国青铜器类型的总体情况,见李零 1991a;关于它们的组合,见李零 1992b。

② 叶植 1991;郭德维 1992 赞同。对于楚国水器的综合讨论,见陈昭容 2000。

③ 后德俊 1983。

④ 一些最早的器物只有底座保存下来。楚国镇墓兽的丧葬用途和来源,见 Falkenhausen 2003a:477 - 478 及其他各处。其可能的意义见 Salmony 1954;王瑞明 1979;彭浩 1988;张君 1992;邱东联 1994;杨怡 2004(更多参考文献见此文)。他们的解释仍有争议。

⑤ 例如,山西的几座墓葬出土的着色鹿角很可能就是当时镇墓兽的一部分。它们分别出土于万荣庙前 62M1 和 62M27 号墓(山西省考古研究所 1994d;后者显然出了两件鹿角),长子牛家坡 7 号墓(山西省考古研究所 1984),以及长治分水岭 12、14、25 和 126 号墓(山西省文物管理委员会 1957;山西省文物管理委员会和山西省考古研究所 1964;边成修 1972)。另外,河南辉县赵固 1 号墓(中国科学院考古研究所 1956:110—120)出土过一个铅质底座,上面有几个用来插鹿角的孔。

可能代表的不是民族,而是一种特有的宗教习俗,它可能与其他的宗教革新有关。关于后者我们将在下一章展开讨论。

总之,这些差异,虽然足以让一个今天的考古工作者(毋庸置疑,对一位当年颇有眼力的贵族也一样)识别来自楚国的许多器物,但肯定不足以将楚定义成一个独立的考古学文化;它最多只是周文化主流的一个地方类型。事实上,我们或可认为,在物质文化上,楚与中原各国之间的差异比秦与之的差异更小。在社会组织层面上,与第四章的发现相似,我们可以见到的差异最多反映了整个东周社会整体框架内的芈姓(楚)、姬姓(周)和嬴姓(秦)族的不同传统。在战国时期与其他诸侯国的一些差异——度量衡、货币和乐律——显然被故意夸大,以便强调楚的独立性,①但这种受政治推动的变化几乎不会触动丧葬行为或其社会组织的根本原则。

和秦一样,楚国社会无疑包含一些外来人口。那些考古学遗存或许见于楚国的都城附近,这里已经数次发现四川产的"巴式"兵器,以及有所谓巴特征的聚落遗存。② 有学者认为这些遗存标志着这里生活着来自三峡地区或长江上游更远地区的非周人群。他们在楚国内的社会地位并不清楚,但明显的贫困状况可能表明他们没有特别高的社会经济身份,在这方面有别于葬在益门村二号墓的墓主人(参见第五章)。③

梳理了这样一个总画面,现在我们可以分析楚文化物质遗存在周文化圈以外的分布,然后再追溯周式社会组织的扩展。

---

① 这种夸大"楚系特征"的做法许多研究楚文化的学者都评论过,特别是俞伟超(见注46)。不过,它不应该解读为强调楚民族内在特征,而应该作为战国时期的特有政治问题的表现。

② 江陵地区出土的巴式兵器,见李正鑫1985;杨全喜1993b;湖北省文物考古研究所1995。江陵附近所谓的巴人聚落,见谷口满1991(未曾见,转引自松崎1992:195)。

③ 当然,这不是说楚国没有异族的上层人物,也不是说秦国没有异族的下层人物。但是现有关于他们的证据的局限性再怎么强调都不过分。

东周时期的长江下游[1]

长江下游的青铜时代晚期考古发现，极少或者基本没有迹象显示当地社会受了周人祖先崇拜的礼仪的影响。在中国，这个区域发现的少数有围墙的遗址与周文化圈的并无相似之处，也许还算不上是城市。[2] 当地特有的高质量的、烧制坚硬的、有时施釉的硬陶，有的学者误称之为"原始瓷器"，制作技术独特，审美趣味也与周文化圈的大相径庭。[3] 而最能体现考古学文化差异的，是这里的丧葬习俗与周文化圈的完全不同。约公元前1000年之后，东亚大陆其他区域的居民往往在地面下挖掘土坑（或者少数的洞室），而长江下游的居民把死者埋在地面之上，上面再用土墩覆盖，有的只是简单地覆盖死者与随葬品，有的覆盖石砌椁室（图55）。[4] 简易土墩墓的分布遍及长江下游，[5]而石室土墩墓，显然是由简易土墩墓发展而来，出现的

---

[1] 本节来自 Falkenhausen 1999a：525-539，有修改。有关吴越历史的很好的英文论述，见 Wagner 1993：97-145。

[2] 最有名的淹城，位于江苏武进，是个形状不规则的遗址，直径约850米，由三重大致呈同心圆的围墙和护城河围绕，只能乘船进入（见车广锦1992，更多的参考文献见此文；亦见许宏2000：123—124）。其显著特征是在外圈内排列着三座大型土墩墓，其中一座经过发掘，发现有大量陶器。无论是内墙还是外墙，里面都没有发现任何居址遗存；中墙内确实出土了一些陶片，但没有发现建筑遗存，即便有房屋，也一定是极简陋的。淹城并非一座城市，而可能是一处礼仪中心，或者一座紧急军事要塞。浙江湖州发现了一座类似的城址，形状不规则，有双重围墙（劳伯敏1988）。浙江绍兴印山发现了一座公元前5世纪的巨型陵墓，据说是越王墓，长长的木椁室之上覆盖封土，四周环以大型斜方形壕沟（浙江省文物考古研究所和绍兴县文物保护管理局2002），可能代表了同类建筑的另一种形式。它或许与东北亚的埋葬习俗有关，而后者发展成了以后公元一千纪中期的日本古坟，其中的联系值得进一步研究。

[3] 中原的居民非常喜欢这类陶器，自商代始就有这样的陶器贸易到中国北部（Bagley 1999：171, n. 65，更多参考文献可见此文）。然而，近期的技术分析显示中国北方的陶工同样在相当早的时段就开始生产这样的陶器（朱剑等2004），只是规模要远远小于南方的同行。

[4] 土墩墓似乎起源于长江下游以南的某地，然后向北传播；已知最早的土墩墓（在浙江西南部）大约出现在公元前两千纪后半期（牟永抗和毛兆廷1981）。对于长江下游土墩墓的类型和分布的综述，见杨楠1998。

[5] 关于土墩墓的重要考古报告有安徽省文化局文物工作队1959；殷涤非1990；以及南京博物院1993。

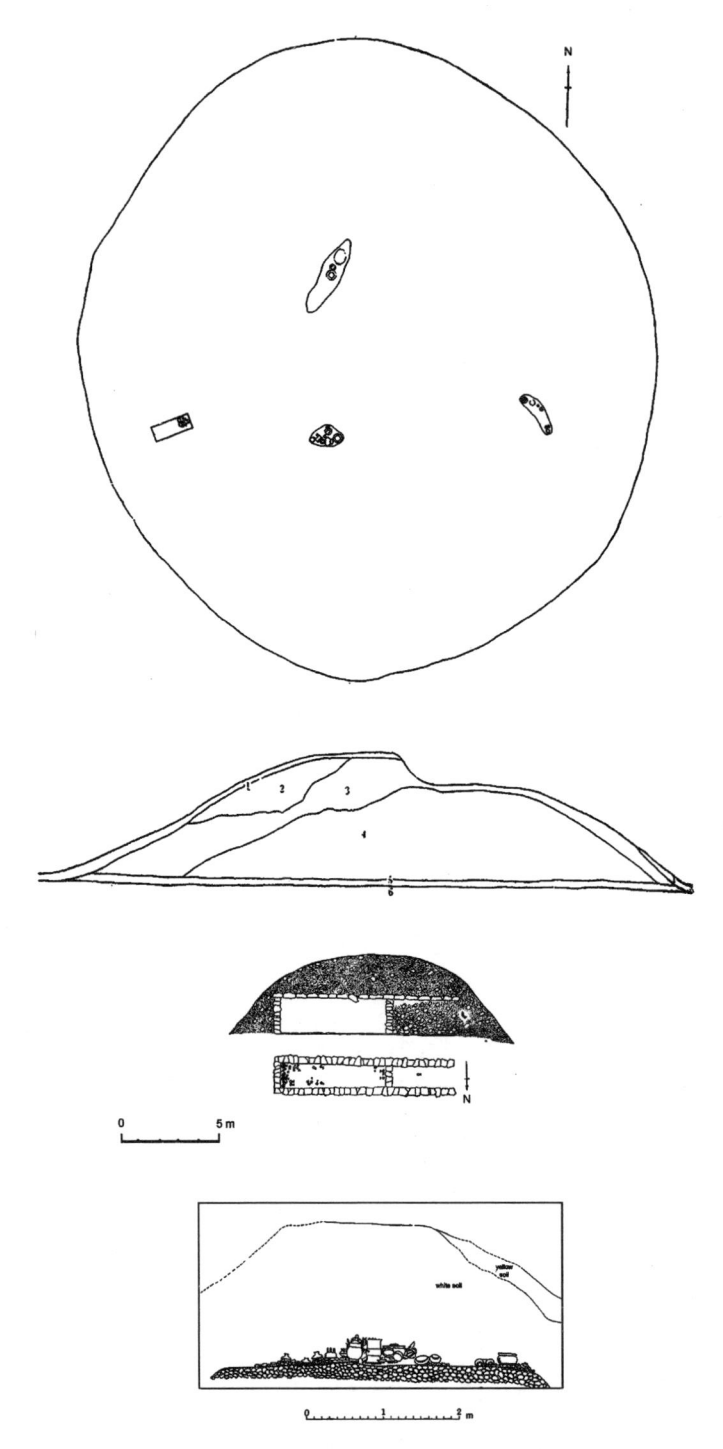

图 55　周文化圈东南疆的几类土墩墓

上：江苏丹徒南岗山 D1（内有四个单独的埋葬）；中：江苏武进四顶山 3 号墓；下（注意比例尺不同）：安徽屯溪奕棋 1 号墓。约公元前 8 至前 4 世纪。

时间大约在公元前 500 年以前,目前仅见于浙江境内以及在太湖周围。①

一些区域的墓地经过调查,其中有的墓地有几百座土墩墓,但是经过正式发掘的墓葬仍然为数甚少,现有材料尚不足以就社会组织得出什么可靠的结论。有理由相信,一座墓地中土墩墓的空间分布反映了亲属关系的亲密程度;当一座土墩下埋有若干死者时(石室土墩几乎都是如此),所有死者或许就是同一家庭的成员。但是与周文化圈内的墓地不同,等级与财富在这里并没有直接明显地表现出来;若干大型土墩墓或者单人葬也许是高等级墓葬,而埋有多人的土墩墓也许不是,但是它们有时反映的是区域间差异。随葬品的组合没有什么规律可言。

这些墓葬最主要的随葬品就是前文提到的硬陶器,在有些墓葬还发现一些地方风格的青铜器。长江下游大量的铜矿产地为铸造这些青铜器提供了原材料。② 出土青铜器的墓葬数量少,说明青铜器按规定限于特别高等级的人物拥有。相比之下,硬陶生产者的主要器类不多,只有几种储存器和饮食器,它们批量生产,前后变化不大。这些陶器的器类都是本地的,但是青铜器的器类几乎无一例外起源于商代中期的黄河流域。也有少数进口的西周早中期青铜器,其时代可以通过其风格,有时可以通过上面的铭文来辨识。学者已经为土墩墓、陶器,以及当地风格的青铜器提出了若干分期表,他们在断定这些分期的绝对年代时,参照的就是这些早期的进口货,以致错误地把大量的墓葬定在了西周时期。③ 然而,事实上,这些器物显然是在长期使用后才入土的,因此它们只是一个

---

① 陈元甫 1988 与谈三平和刘树人 1990(更多参考文献可见此文)的土墩墓综合研究,否定了那些臆想的解释;因为这些墓葬建在山顶上,就认为其主要功能为军事城堡。发掘结果已经确切无误地说明它们的确是坟墓。
② 安徽省文物考古研究所和铜陵市文物管理所 1993;杨立新 1991。
③ 即刘兴 1979 及 1985;肖梦龙 1985。

模糊的时间上限。出土青铜器的土墩墓的年代序列大约始于公元前9世纪的某个时间，而大多数的年代为公元前一千纪前半期的后段（前750—前500年）。①

青铜器器类的组合各式各样。器物群的构成似乎并无规律可循，也看不出任何通过成套器物表现出来的礼仪等级制度，但它们与周文化圈的差异是再明显不过了。在三足器中，分布最广的就是所谓的"越式鼎"：薄胎、无盖、细足，小耳附着于口沿上，通常素面（图56）。器底的烟炱表明它们曾用作饮具，但是否也用于祭祀场合我们不清楚。② 西周晚期的礼制改革似乎对这个区域的青铜器生产没有造成什么影响。举例而言，酒器中的卣和尊在此之后的周文化圈已经消失，而在江南地区，整个春秋时期还在生产这几类器物，而且正如罗森指出的，它们的器形继续仿效商代与西周早期的器形，只是它们的纹饰有时取自时间更晚的原型。③ 簋也是如此，在周文化圈遭到冷落之后，在这里仍然延续了很久，而且都是无盖的，没有像西周晚期礼制改革以后周核心区域流行的那样加盖（图57）。正如前文提到的西周早期铜器窖藏，一个可能的器类喜好准则就是一种器物能否在功能上与当地流行的陶器类型等同或者互补：例如，青铜簋的使用方法类似于陶器中常见的浅腹碗；同样地，当地制作的青铜器上的细腻地纹，与本地陶器上见到的拍印纹不无相似之处。安徽南部的屯溪奕棋墓地3号墓出土的两件青铜镇墓兽底座（图58），是这类器物中最早的、体现了不同于周系统的宗教习俗，而安徽南部盛产这样的形制怪异的青铜器。④

---

① 李国梁1988。我基本接受冈村秀典（1986）的论证充分的风格序列，不过近期的发现表明其绝对年代可能需要向后调整。马承源（1987）认为由于长江中下游整体上文化落后，此地便没有一件青铜器可以早过东周。此说法倒过于极端。

② 彭浩1984。

③ Rawson 1990, vol. 1：142。

④ 安徽省博物馆1987，42—43号；1号墓出土的一对神秘的叉形器（安徽省文化局文物工作队1959：图版8；安徽省博物馆1987：44号）功能上也可能与此有关。

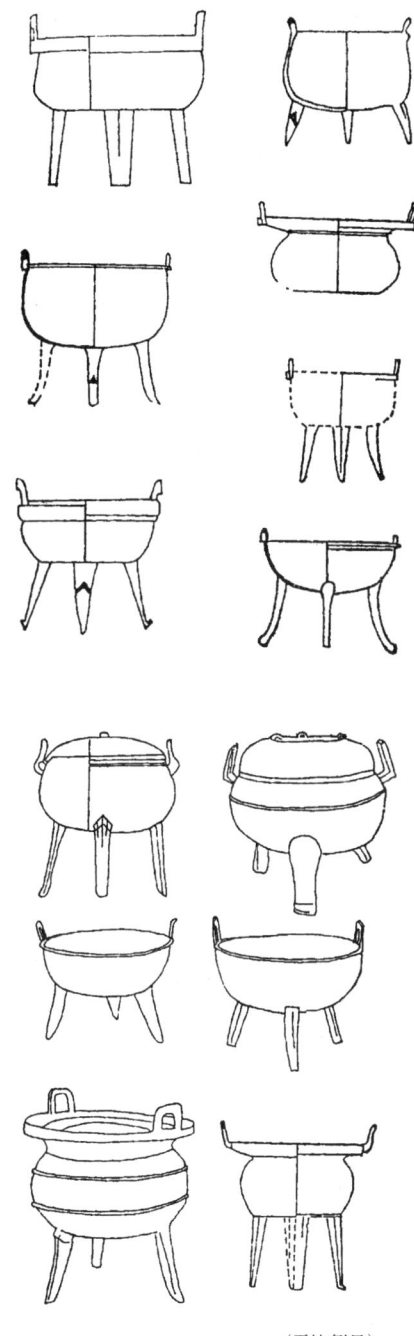

(无比例尺)

图 56　周文化圈南疆出土的越式铜鼎

第一排：广东广州淘金坑 8 号墓，广东德庆马圩；第二排：江苏六合程桥，广东四会鸟蛋山，广东清远马头港 1 号墓；第三排：广西壮族自治区平乐银山岭，广西壮族自治区恭城秧家；第四排：湖南长沙 301 号墓，广西自治区合浦；第五排：安徽屯溪奕棋 1 号墓，湖南湘潭；第六排：湖南衡南，广东广州华侨新村 49 号墓。约公元 7 至前 3 世纪。

图 57　东南地区出土的各式地方风格青铜器

第一排：江苏丹徒母子墩1号墓出土的鸭盖卣，江苏丹徒烟墩山1号墓出土的盘，安徽屯溪奕棋1号墓出土的鼎；第二排：奕棋1号墓出土的卣和尊，奕棋3号墓出土的两件簋；第三排：奕棋1号墓出土的簋。约公元前9至前6世纪。

在长江下游东部,土墩墓与个性鲜明的地方青铜器风格一直流行到公元前1千纪的中期,而在长江下游西部,竖穴土坑墓和与周文化圈边缘的器物相似的青铜器在公元前第6和第5世纪开始普遍出现。① 这种转变清楚地反映在江苏丹徒的谏壁-大港墓地。这个墓地位于今大运河以东,长江南岸的丘陵地带,东西绵延约8公里(地图14),规模相当壮观。这里的简易土墩墓出土了一些青铜器。② 目前已经发表的八座大型土墩墓中,每一座都只有一座墓葬,有的还有小些的附属土墩墓围绕。这些并不代表全部的墓葬,因为据我们所知已有大量的土墩墓遭到了破坏,还有一些未经发掘;但是出土器物显示了一个连续的年代序列,大约从公元前9世纪到前5世纪早期。

图 58 安徽屯溪奕棋 3 号墓出土的青铜镇墓兽底座

疑为公元前 7 世纪。

在较早的土墩墓中,死者的尸骨放在经过平整的地面上,要么是在一层石块(石床)上,要么是在一个浅坑里;随葬品成堆放在周围,然后在上面堆土,形成土墩。没有棺木或者其他葬具的痕迹。相反,较晚的土墩墓表现出对周人礼制特征的选择性接受:在岩石上挖掘墓室,然后在上面堆筑土墩;这些墓室内放有木制葬具;有时

---

① 冈村秀典 1986(可见其更多参考文献)。
② 肖梦龙 1990(可见其更多参考文献)。

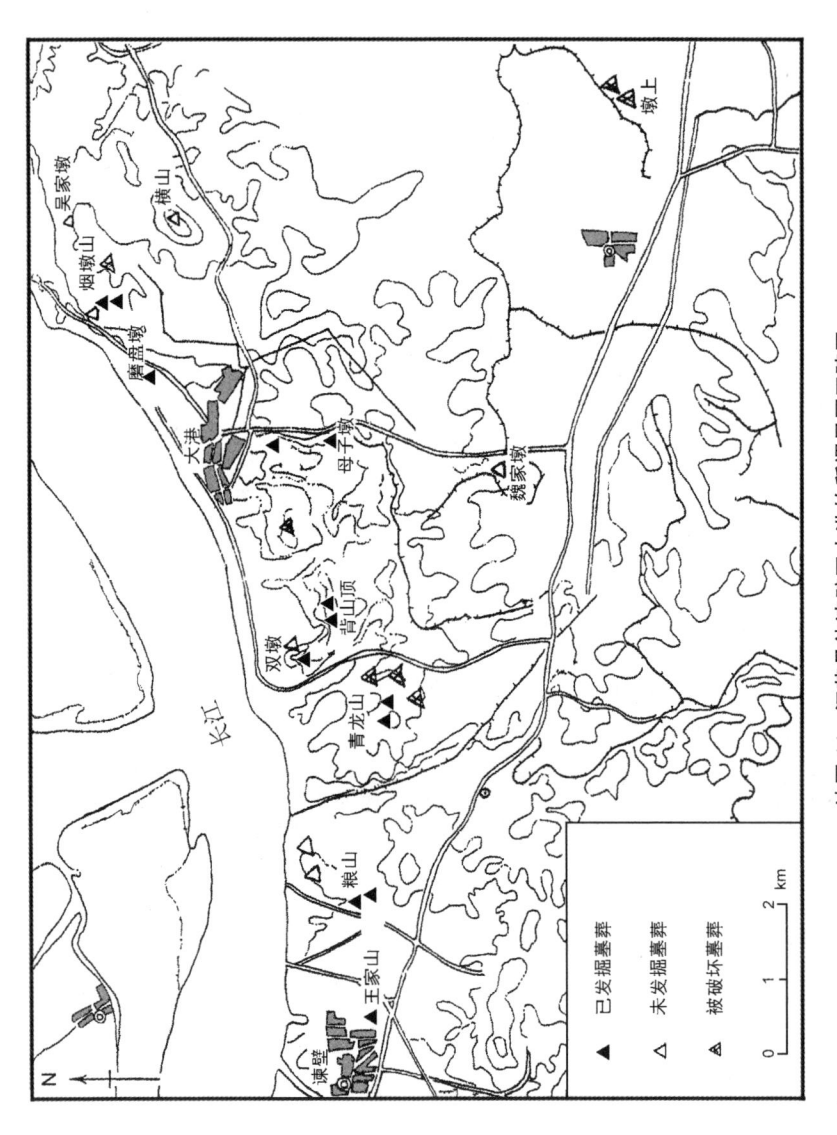

地图 14　江苏丹徒谏壁至大港的所谓吴国王陵区

墓室还配有一条斜坡墓道,并有一层层的积石积炭,类似于曲村北赵晋侯墓和平山中山王墓。一些墓葬内有殉人(每墓不超过两人)和车马坑。在这些较晚的土墩墓周围,发现了可能与之有关的,出土少量铜器但是没有土墩的竖穴石室。奇怪的是,较晚的土墩墓中最大的两个,青龙山和北山顶,在下葬后不久又被挖开,而其中的随葬品都被故意粉碎;在北山顶,这种情况显然发生在堆筑土墩之前。这个现象说明什么,尚不可知。

谏壁-大港墓地的早期墓葬出土的铜器群以个性鲜明的地方产品为主,而晚期墓葬包含一定数量的器物,从其风格看似乎铸造于楚国的作坊。其中最有趣的是北山顶墓葬出土的一堆碎片拼成的一套编钟,上面铭文是为徐国国君的一位后裔所刻,而这位后裔根据同墓所出铜鼎的铭文,可知与一位吴王有姻亲关系。① 刻有吴国铭文的青铜器发现于江苏的其他春秋晚期墓,也发现于安徽寿县与吴王有姻亲关系的蔡侯申墓(图59)。② 它们在风格上明显与楚式铜器相似,表明楚国是当时向长江下游传播的主流周文化因素的直接来源。更远一些,在浙江,楚国青铜器的形制开始影响到硬陶器的生产,而且高度创造性地在硬陶上模仿青铜器的造型、纹饰甚至颜色(图60)。与此同时,迄今尚无完整的成套周式青铜礼器(或仿铜陶器)出现在前战国时期长江下游的任何地方,表明当地的贵族作器者有意将借来的周文化元素融入自身的传统之中。

谏壁-大港墓群很有可能是一个地方政权首领的氏族墓地。当地考古工作者一致认定属于吴王,③但是传统认为吴国政治中心

---

① 江苏省丹徒考古队1988;商志䪾和唐钰明1989。
② 见本书第131页(第二章)注①。
③ 关于墓主身份人们提出了以下几种看法,但是都不太可靠。以出土宜侯夨簋(见下文)而闻名的烟墩山1号墓,其墓主是《史记》记载的半传奇色彩的吴王世系中的第四王周章(唐兰1956);青龙山墓则属于吴国真正历史时期的第一位国王寿梦(约前585—前561年在位)(肖梦龙1990);而北山顶墓,根据出土的一件青铜矛上的有争议的、字迹模糊难辨的铭文判断,属于吴王余昧(约前530—前527年在位)(周晓陆和张敏1988;反对观点,见吴聿明1990)。

图 59　安徽寿县西门内蔡侯申墓出吴王光鉴

高：35厘米。公元前5世纪早期。

第六章　扩张中的社会(约前1050—前221年)　307

图 60　浙江海盐黄家山石质明器

上排：铃(甬钟、钮钟、镈于、勾鑃)；下排：悬锤、鼎、石磬。公元前4至前5世纪。

位于此地以东150公里的苏州，二者不免冲突。谏壁-大港墓葬出土的有铭铜器没有为前述观点提供有力的铭文证据；这座墓地中公元前550年以前的墓葬在财富和规模上与邻近地区同时期的墓葬基本相同，甚至还不如后者。例如，奕棋的土墩墓就拥有超常丰富的青铜器和陶器组合。① 如果谏壁-大港墓地确实属于吴王室，那么似乎在公元前一千纪前半段的大多数时间内，吴国只是几个相同等级的地方政权之一。相反，青龙山和北山顶，尽管其随葬品都已经被打碎，却是春秋晚期长江下游规模最大、内容最丰富的墓葬。它们的规模和财富在数量级上明显凌驾于周围的所有墓葬。

---

① 安徽省文化局文物工作队 1959；安徽省博物馆 1987，22、23、35—38、32、40、44号(1号墓)，以及21、24、29—31、33—39、41—43号(3号墓)；殷涤非 1990。有关论述，见李国梁 1988；周亚 1997。

这个现象加上其自觉地将周的丧葬制度融入地方类型的土墩墓，可能反映了吴国采纳了新式社会和政治组织，这与文献所载吴国国君企图组建一个周式政权相吻合。相反，吴国早期的同等级地方政权却连名称都不见于历史记载。不过至少到目前为止，我们还不能排除长江下游除了吴王之外还有其他统治者在同一时期也采用了周的礼制。

不管谏壁-大港墓地是否属于吴国，长江下游的墓葬材料显示，本地贵族的文化被同化，在春秋末期还没有完成。考古学无法讲述接下来的故事，因为该地区发表的战国时期考古遗存还太少。① 不过，各种各样的手工产品证明了这一时期这一地区经济繁荣：比如吴越两国的宫廷青铜工匠铸造出享誉古今的那些装饰精美的兵器；许多器物上有"鸟书"铭文——有时甚至错金，内容提到了吴越国王或其他贵族；这类器物在整个周文化圈内辗转流通；②青铜工具也频繁地发现于长江下游。近期的一个理论认为，吴越二国蕴藏着丰富的矿产资源，又拥有发达的铸造工业，而且可能没有周人的金属只能供贵族使用的偏见，所以这两国是战国时期大规模铁器工业的诞生地，最早为劳动群众提供金属工具。③

春秋时期吴王自称属于姬姓，司马迁也记载吴王的祖先是一

---

① 江苏苏州真山的两座土墩墓，都不幸被盗，但是出土了许多楚国生产的器物，包括玉器、陶明器及少量青铜器（苏州博物馆 1999）。其中一座墓报告判断为春秋时代，但是依其随葬品看显然不会早于战国。它有一个奇怪的浅墓室，附有三个边厢，源于本地较早的习俗；另一座是竖穴土坑，有椁有棺，甚至其建筑方法都与战国时期的楚墓相似（当时，土墩墓已不再是东南独有的文化标志，在楚国也很常见；见第九章）。相关材料只有一处，就是上海青浦福泉山的一座墓葬，出有整套的战国晚期楚式陶明器（周丽娟 2003）。

② 见李学勤 1985：271—272。

③ Wagner 1993：145-146.该理论的证据目前大部分是间接的；长江下游极少发现铁器，而且发现的没有一件早于公元前 6 世纪末。不管其后来的发展过程如何，冶铁业似乎都不会独立起源于这个地区（见本书第 251 页[第五章]注⑤及第 252 页注①）。

位与文王同辈、受封为吴国国君的周王子。① 谏壁-大港墓地的烟墩山1号墓出土了一件有铭文的西周早期青铜器,即宜侯矢簋,其铭文提供了一条珍贵的记录,里面说到一位周贵族受封建立新诸侯国,许多历史学家用这篇铭文来证实司马迁的记载。② 然而实际上,铭文提到的地方似乎都在今陕西境内的周代都城附近,而且这件容器很可能是后来被人带到了长江下游;出土这件容器的墓葬年代比器物晚几个世纪;而吴王自认属于姬姓可能就是一例虚构的亲属关系。③ 即使以上的猜测有可能最后证明是错的,考古资料仍然有力地说明,当吴国在公元前586年建立(或重建)其与周人的联系时,长江下游在文化和社会生活方面与周人的联系已经中断了几个世纪了。

长江下游的墓葬材料似乎表明,地方传统与周礼仪制度的融合是一个渐进的过程,与之相呼应,文献记载表明春秋中晚期吴国的本土贵族有意让自己与其北方的新盟国能够和睦相处。④ 到目前为止,这些文化发展的社会影响还难以揣摩。即使是谏壁-大港埋葬的国君似乎还没有完全适应周的礼制,不过如我们所见,吴王还是尽力遵循,以便与周王朝的诸侯国联姻。在越国,曾经发生一次与周文化的思想沟通,这件事见于两篇神秘的青铜钟的铭文,据说是用中原文字记录当地的语言。⑤ 但是对于周礼的效仿,虽然只是部分的,那么究竟蔓延到了社会的哪个层次? 是否有向下扩散

---

① 《史记·吴太伯世家》(《史记》31.1445)。
② 江苏省文物管理委员会1955;《殷周金文集成》8.4320。在陈梦家(1955)和唐兰(1956)二位前辈之后,出现了许多这方面的研究。怀疑的观点见黄盛璋1983。
③ 王明珂1999a。
④ 人们经常引用的公子季札出访鲁国的历史故事,详细记载于《左传·襄公二十九年》(《十三经注疏》39.304-306,2006—2008),说明与周传统的接触同样发生在思想领域。季札对于为他演奏的所有形式的宫廷音乐都有深奥而敏锐的理解。这之后人们把他想象成了一个蛮夷可以转化的招牌。
⑤ 容庚1941,上编:510,第30条;《殷周金文集成》1.155-156。这两件钟,现在习惯上都称为"能原镈",分别收藏于北京和台北的故宫博物院。

的效果？或者周人的贵族文化是否仅仅影响到社会的上层？东南诸国的最高级贵族接受周礼是否让他们因此疏离了其他民众,加大了统治者与被统治者之间的距离,因而导致国家的衰败呢？到目前为止我们还不知道这些问题的答案。

移民式扩张

前面的讨论主要谈到了其他人群融入周人的亲属结构,从而实现社会扩张的过程。前面也提到,周式氏族移民到之前的边疆地区是社会扩张的另一种途径。这一方面的考古材料现在还是零星的、不成体系的。例如在山西,墓地的分布也许间接地反映了该地区的移民史。自春秋中期开始,这些墓地的数量和密度均表现出显著的增长(见表20),它们从晋国的早期都城向北延伸,直至汾河的中上游流域以及邻近的山区。这似乎意味着主流氏族有更为密集的移民活动,也许这导致了未归化部落(戎、狄)的迁移或合并,不过细节还不清楚。

在西北地区,秦的农民氏族在战国时期扩张至渭河流域以北的黄土高原,而以前从周王朝出来的移民从未到达那里。这个时期典型的秦人墓地出现在陕西的大荔、耀县和铜川,甚至溯黄河而上到达更北的陕西清涧。[①] 这些墓地缺少大型墓葬和丰富的陪葬品,可能反映了相对平等的社会,也许间接证明这些墓主就是这里最早的移民,尚未发展出内部的等级(相当于第三章讨论的上马氏族的早期阶段)。

同样地,位于东北的西拉木伦河流域,即先前属于所谓的夏家店上层文化的区域,在战国时期,由于来自燕国的移民定居于此,

---

① 陕西省文管会和大荔县文化馆1980;马建熙1959;陕西省考古研究所1986;陕西省考古研究所陕北考古工作队1987。

从而开始纳入周文化圈。近些年,若干田野调查项目发现了他们在内蒙古赤峰附近的村落。① 到现在我们还不清楚哪一事件发生在前——是移民的扩张还是附近燕国长城的修筑。② 公元前3世纪末,燕国的这个区域逃过了秦人的征服,成了燕国贵族的避难所,其中一位成员卫满(朝鲜语发音为 Wiman)后来建立了历史记载中最早的"朝鲜"王国。③ 更多的调查工作或许能找到反映周人的社会与政治组织向边疆区域扩张的聚落材料。

对于南方的楚人,我们没有任何早于春秋中期的聚落和墓地的资料,但是春秋中期之后的材料非常丰富,反映楚国的行政中心最早控制了湖北和河南南部的大片区域,后来又扩展到了湖南和安徽地带。④ 尤其引人瞩目的是楚人渗透进入湖南湘江流域的资料,其中之一就是长沙发现的丰富的战国时期墓葬。这些墓地我们将在第九章讨论。有趣的是,长沙的墓地材料所反映的社会等级表现得比楚的核心区域更为宽松——差别是存在的,但是区分得没那么严格。⑤ 如果这不是偶然现象,那么在标准用器制度执行上的明显松弛,可能表示边疆地区的生活相对不那么严格正规,因此经常导致某种程度的不同阶级之间的相互渗透。这样一种社会氛围可能成为吸引移民来到此地的一个要素。在丘陵和沼泽环绕的地区,原住民(一些文献称为越或扬越,但不能与

---

① 中国社会科学院考古研究所、内蒙古自治区文物考古研究所和吉林大学边疆考古研究中心/赤峰考古队 2002;赤峰中美联合考古研究项目 2003;Linduff et al 2002 - 2004。有关战国时期燕国的扩张,见宫本一夫 2000:205—235。

② 虽然燕长城遗址尚未完整调查,历史地图集通常显示它正好穿过赤峰以北,向东一直延伸至今天的北朝鲜(参见如谭其骧编 1975:35—36)。

③ Lee Ki-baik 1984:16 - 19. 关于卫满王国遗址的考古探索超出本书的研究范围了。

④ 早在清代,顾栋高就已经指出:"春秋时楚地不到湖南。"(《春秋大事表》4.555 - 557)。这点已得到考古学的充分证实。

⑤ Falkenhausen 2003a:470 - 471. 此文为湖北省荆州博物馆 1984 和湖北省文物考古研究所 1995 的发掘资料与中国科学院考古研究所 1957 和湖南省博物馆 2000 的发表资料的对比研究。

浙江的越混淆)的面貌独特的文化遗存,在楚移民到湘江各个河谷定居的时代就可以分辨出来了;① 这个现象显然与秦人定居于渭河上游流域的毛家坪附近(第五章)类似。湘江流域独立的青铜文化传统的其他后裔在此时似乎在更往南的地方(即广西和广东)定居下来,他们显然是从湖南南下至此的。② 到战国晚期,楚国的物质文化盛行于整个湘江流域。我们现在还不清楚这种扩张是通过武力还是和平实现的,也不知道当地的原住民受到了何种待遇。是否发生了"种族清洗"？还是逗留在当地的百姓平静地接受了楚国的物质文化？

湖南见到的是一种周人社会彻底渗透非周属地区的情况,与此形成对照的是,长江上游具有楚国特色的战国时期墓葬呈现出一种不同的情况。这样的墓葬发现于重庆忠县的崖脚(江边界)一处俯瞰长江的一处大型墓地中。③ 此地位于一般假设的楚国西界以西约五百公里的地方,凭借三峡天险与楚相隔。这些"楚墓"有椁室、木棺、陶礼器明器(见第九章)和兵器,几乎均难以与公元前4世纪末到前3世纪初楚国核心地区墓地所见的情况分辨。值得注意的是,这一墓地的战国墓葬也有所谓的"巴人墓",即单棺葬,随葬当地的陶器,有时还随葬当地铸造的青铜兵器。这种较小的墓葬规模与较少的随葬品表明,两类墓主之间存在着重要的经济与社会地位上的差异。

崖脚墓地的存在,很可能与附近的甘井河河谷在同一时期进行的大规模食盐生产有关。这些盐被贩到食盐匮乏的长江中游,似乎是可以肯定的。那些葬于较大型墓葬的人,可能就是参与盐

---

① 体现这个问题的最全面的考古发现是湖南资兴旧市墓地;见湖南省博物馆和东江水电站工程指挥部文物考古队1982;湖南省博物馆1983;吴铭生1982;裴安平和吴铭生1987。相关论述,见童恩正1986;吴铭生1989。
② Falkenhausen 2001a(可见更多参考文献)。
③ 北京大学考古文博学院三峡考古队和重庆市忠县文物管理所2003。

业贸易的楚国侨民村落的成员;①不过也有可能,这些人是本地的巴人盐商,到楚国贸易时喜欢上了周人的丧葬礼仪。无论如何,当地都不太有可能存在楚的行政官员或军队,而这个村落也许不是长期的。在公元前316年秦国征服此地之前,主流周式的氏族组织模式是否在此扎根尚不得而知。

评　　论

我们已经考察的多种指标都表明,在整个青铜时代晚期,周人的祖先崇拜和与之密不可分的氏族组织扩展到了先前周文化圈以外的许多地域和族群。随着周式氏族的地位占据主导地位,原先存在的其他的社会组织或被合并,或被压制,或被驱逐。这些过程完善了"中国社会"的内部同化,并加强了第四、五章讨论的周人与非周人族群之间的社会界限。

这种扩张趋势在周文化圈的北部和南部边疆的表现有些不同。原因可能主要在于生态:在南方,不存在将楚与非周属地区的聚落隔离开来的巨大的环境差异。然而,这样的环境差异存在于陕西中部、山西及河北的农耕区与其外的草原区之间。周式的氏族组织与他们掌控土地和从事农耕密不可分。在南方这不成问题,但是北方的一些人口,尤其是那些部分或完全非定居的人口,需要一种不同类型的社会组织。正如中国史的学者都熟知的,西周中期以来,日益强化的文化和政治差异形成了文化界限,在以后的两千年的大部分时间里成为紧张局势的根源。在南方,对同化的抵制可能相对较小,但是本土传统的生命力仍然不容小觑。

在本章中,我已悄然把考古遗存与物质文化之间的差异等同

---

① 这点由陈伯桢(2004)提出,他用"贸易移民"模式来解释崖脚的发现。朱萍(2002)以同样的证据认为楚在忠县地区已经建立了一个政治实体。

于社会制度与民族之间的界线。正如第五章所说,没人能完全肯定地提出这样的等同关系,但东周的历史文献提供了相对可靠的线索。不过,考古材料也包含一些很有意思的、明显与传世文献记载相矛盾的地方。如果没有关于中山国国王源于狄人的历史知识,任何人也不会想到将其随葬品解释为"外来的",属于非周文化传统的产品。反之,在春秋中晚期的长江下游,如果我们仅掌握此地居民独特葬俗的考古材料,也无法坐实当地统治者受到周人的同化。根据发现的实物资料,对于文献所说的这一时期吴王自称属姬姓的情况,起码我们会感到几分意外。当然,这也会加重我们对这种认同是为政治需要而虚构的怀疑。不过,它也提出了一个警告,就是我们不能把丧葬材料当作衡量文化共性与社会融合的唯一标准;也许,从这个意义上讲,丧葬习俗要滞后于物质文化的其他方面。要给予更加允当的评价,我们就必须等待更多的长江下游东周时期非丧葬方面的考古材料。

第三部分 变化与调整

- 第七章 东周时期的宗教转变
  (约前 600—前 221 年)
- 第八章 高级贵族与低级贵族的分野
  (约前 750—前 221 年)
- 第九章 低级贵族与平民的融合
  (约前 600—前 221 年)

前面几章大致勾画出了孔子时代中国社会的内部结构和外部边界。现在我们可以把目光转向这些结构和边界在不同时期的变化。以下三章将主要讨论东周时期中国文明各个方面的大转变，引言部分曾经对此做过简要的讨论。墓葬再一次成为我们考古学资料的主要来源。这些资料让我们得以追溯春秋中期以后，各国国君的地位开始调整，作为一个社会群体逐渐与等级贵族相分离；并且非常清楚地记录了西周和春秋的大部分时间里严格维护的氏族内部贵族和平民之间的根本差别，是如何在战国时期消失的。这些讨论分别见于第八章和第九章。第七章则勾勒了这些变化发生的宗教背景，如同前面几章的情况，我们必须首先理解宗教背景，进而对考古材料进行社会解释。

第七章援引的考古材料证明关于死亡、灵魂和死后世界的信仰在整个东周时期的全面转变。虽然这种转变在社会各个阶层的丧葬习俗中都有体现，但是第八章着重讨论了一个范围较小，而且可能是更加精心谋划的有关等级贵族祖先崇拜的礼仪改革：即春秋中期礼制重构，其发生时间一定在公元前600年前后。考古发现表明信仰的转变和机制改革两者是齐头并进的，而传世文献对此都没有什么记载。其中春秋中期的礼制改革——或许可以解释为第一章讨论的西周晚期礼制改革的一次再调整——更加直接关系到本书的宗旨，也就是重构"孔子时代"社会差异的物质表现。有趣的是，虽然第七章讨论的较广泛的宗教转变尤为清晰地体现在秦国的考古学材料中（也许受到了秦国以西地区的影响），但是秦反而是周文化圈内唯一一个没有受到第八章讨论的贵族礼制重构波及的地区。尽管如此，秦在东周时期还是经历了与东部邻国大体相同的社会转变。

第七章呈现的新型宗教观念改变了周氏族悠久的祖先崇拜，以致它不再占据原先的核心位置。春秋中期的礼制重构之所以发生,可能是受到了保守思想的推动,目的是维护传统习俗;倘若如此,这种努力最终还是徒劳。随着祖先崇拜的重要性在整个东周时期无可挽回地日益降低,氏族组织的首要地位也随之衰退。我们将会看到,前几章描述的树状氏族社会是如何随着时间的推移成为一个较松散的社会,而在这样的社会中,在以亲缘关系为基础的等级制度中的个人地位,对于本人的命运的决定作用就变得越来越小。

第七章 东周时期的宗教转变（约前 600—前 221 年）

在"孔子时代"，祖先崇拜是宗教表达的主要形式。因此祭祀活动密切地——尽管理想化地——体现着社会现实，而且这种礼仪的痕迹就遗留在考古资料中。尽管社会现实肯定不会完全与礼仪对应，但是与其他早期文明相比，在古代中国这种对应关系似乎表现得更为直接。我们在第八章和第九章将会仔细分析墓葬材料，探讨东周时期社会等级制度的变化。在此之前，本章将更广泛地追寻当时的宗教信仰和实践所发生的变化。这些情况也可以通过分析墓葬，仔细研究礼器及其铭文得知。和周代早期一样，礼器组合仍然是一个人社会地位重要的——或许是最重要的——标志。那么，人们不免产生这样的疑问：是社会变迁带来礼仪变化还是相反？或者设想两者之间有因果关系根本就是错的？社会和宗教的变化是否一定会相伴相生？当然，人们也可以向其他处在相同发展阶段的文明提出这样的问题，而且有人已经这样做了，① 只是不同文明给出的答案可能不尽相同。在周代，尽管社会和宗教的发展确实紧密联系，但是两者之间的因果关系显然极其微妙而复杂。

---

① 参阅 Trigger 2003。

礼仪重点的改变[1]

我们可以观察西周到东周蕴含巨大的宗教变化的一类材料,就是青铜礼器铭文。在第一章,我们深入探讨了庄白窖藏的西周铜器铭文,得到的证据说明了一个氏族内部的世袭制度,并间接地——例如,通过对人名的形式——说明了氏族内部的结构。不过,这些信息不是铭文的主要内容,而是附带的信息;铭文主要记载了这些铸铭器物的礼仪用途。铭文的内容及其他相关信息,在祭祀过程中向祖先神灵传递。[2] 人们将祭祀布置得像氏族的宴会,以为祖先神灵会降临,依附在扮演"尸"的同族小辈身上。[3] 尽管整个周代,这些青铜礼器所使用的大环境相当稳定,变化不大,但是铭文提到的参加者的构成,及其相互之间的角色,的确发生了相当大的变化。通过比较西周和春秋时期的铭文,我们就会看得很清楚。

西周铜器铭文提到的人物分为几类。最常见的,铭文会记载出资制作器物的献器者(donor),通常也会记录铜器所要祭祀的对象,也就是过世祖先(受祭者,dedicatee)。献器者从其上级(赏赐者,patron)获得作器的特权,通常还有作器的资本,铭文也会经常提到并致以谢意。为女性制作的礼物会指出此人(受赠者,beneficiary)的名字以及出资作器(通常是男性)的"肇赠者"(sponsor)。所有的西周时期的铭文,只要达到一定的长度,里面便出现不止一个名字、族徽或套语,都遵循一种简明而且相当标准

---

[1] 本章的大部分内容来自 Falkenhausen 1994b,但是做了大幅度的修改(原文已经过时,不必再参考)。
[2] 见本书第 55 页(第一章)注③。
[3] 见本书第 50 页(第一章)注④和注⑤。

化的写作模式。① 铭文一开头是"陈述过往功绩",其中献器者描述了他(有时是她)得以制作此器物的背景;这段内容,如第一章所说,有时摘抄自官方文书。接下来的主体献词会提到受祭者或受赠者;结尾部分是一段格式化的、通常押韵的嘏辞,其中献器者会明确说明这件有铭铜器在祖先祭祀中应如何使用。

西周铜器铭文关注的是祖先,他们是礼仪的主要祭祀对象。铭文,尤其是其结尾部分,描绘了一幅祖先经常关注子孙的福祉,通过降福的方式给予他们决定性的帮助的画面。下面我们举一个例子,是一篇公元前9世纪中期的铭文,来自第一章已经提到的庄白1号窖藏所出的第一套㝬甬钟。其结尾部分的文字如下:

> 用邵各喜侃乐前文人,用祷寿、匄永命、绰绾、魋禄、纯鲁,弋皇祖考高对尔剌(烈),严在上,丰丰臬臬,融绥厚多福。广启㝬身,勖于永命,裹受余尔黼福,㝬其万年桴角䯼光,乂文神无疆,靦福,用璃光㝬身,永余宝②。

这段文字是西周铜器铭文的典型内容,再现了当时祭祀仪式中人神交流的生动场面:用适当的祭祀,才能得到神灵的福佑。

春秋时期的铜器铭文乍看之下,与西周时期的相比似乎并没有发生什么根本的变化。铭文的书面语言形式几乎没有变化,其结果就是与口语的距离越来越远。西周晚期以后青铜铭文越来越普遍地押韵和韵律化,而且内容也愈来愈趋于格式化。③ 此外,仔细观察,我们还会发现礼仪的重点也在微妙但普遍地偏离祖先,而转移到别的对象。④ 首先,现在大部分的器物铭文说作器是为献器

---

① Falkenhausen 1993b:152-167.
② 《殷周金文集成》1.246(㝬钟的编号见本书第38页[第一章]注①)。对铭文的阐释见 Falkenhausen 1988:1076-1116。
③ 有关这种专门的礼仪用语及其功能,见 Tambiah 1968;重要评论见 Kern 2000。对东周铭文最全面的研究见江村 2000:19—146。
④ 亦可参阅 Mattos 1997。

者自用,而不是用于某个祖先的祭祀活动。其次,"陈述过往功绩"如今经常以祖先名录的方式出现;人们不再歌颂个人为其上司服务的功德,而代之以炫耀个人的血统,而且祖先本身也从受祭者降为献器者的社会地位和政治威望的见证人。此外,在少数的铭文中,我们可以看到,使用铜器的祭祀活动不再是为了获得祖先的福佑,而是用来促进现实社会的团结。我们就算不是死硬的功能主义者,也会看到,在深层的、"客观的"现实层面,甚至在更早的阶段,这就已经是祖先祭祀的动机和结果了;只是东周时期的铭文第一次把这种目的明确地表达出来而已,而礼仪原本醒目的宗教光环和神秘力量(虽然也许一开始就是虚构的)都在此时消失殆尽。

下面看一个很好的例子:河南淅川下寺 2 号楚墓出土的王孙诰甬钟。关于这个墓葬,我们在第八章将作讨论,现在只分析铭文。这一套蔚为壮观的 26 件编钟,是中国迄今发现的规模最大的一套系列编钟,其年代为公元前 6 世纪中期;献器者是楚王室成员,一位楚王的孙子。铭文夸耀了献器者对其宗主——楚王的忠诚。在铭文末尾,出现了献器者所在社会圈的生者的名单——以等级为序,他们都在祭祀活动中受到了献器者的赞颂。相关部分铭文如下:

> 中翰戫扬,元鸣孔諻,有严穆穆、敬事楚王,余不畏不差,惠于政德,淑于威义,龏龏獸迟、畏忌趩趩:肃哲臧御、闻于四国,龏厥盟祀,永受其福。武于戎工,诲獸不食。阑阑和钟、用偃以喜,以乐楚王,诸侯嘉宾,及我父兄诸士,趡趡趄趄、万年无期,永保鼓之。①

---

① 河南省文物研究所、河南省丹江库区发掘队和淅川县博物馆 1991:140—178。另一种英译见 Mattos 1997:100 - 101。铭文中提到的暗含宇宙中心之意的"四国",其参照点为楚国。上一章曾经讨论到,楚王图谋取代周王室成为政治中心。强调驱除"戎人"同样暗示了楚王的王权。

很明显,献器者为了庆贺并确认他对楚王的忠诚举办了一场礼仪宴享,这套编钟就是为这场宴享而演奏的,而不是像过去那样主要用于祭祀活动,以延续献器者与其祖先的联系。有趣的是,最后一段列举的赞颂对象楚王、诸侯和"嘉宾"(可能是国王使者)这三类人开头,他们不属于以王孙诰为首领的祭祀团体的成员,而且地位可能比他还高。他的父、叔、兄都是近亲,只是参加祖先祭祀的一部分人;末尾的"诸士"很可能是王孙诰的家臣,和他没有血缘关系或只是远亲。尽管西周铜器铭文中也经常见到献器者感谢上司恩惠的内容,但是这些上司从未作为这些器物所使用的礼仪场合的赞颂对象,当时的赞颂对象只能是祖先。相反,王孙诰甬钟铭文从未提到祖先。或许是因其王室血统,这位献器者与同时代的低级贵族不同,感到没必要书写祖先的名字来强调自己的血统。

上述铭文与西周晚期铭文的反差是相当明显的。那么到底发生了什么?很明显,礼仪的重点已然从祖先神灵转移到了现世的礼仪集体。尽管祖先仍然是祭祀活动名义上的重点,但是他们已不再被视为能够赐予福祉的力量。如果这些有铭铜器确实继续使用"万年",那也要靠后代自己保持正确的礼仪和政治行为,而并非上天的庇护。这种礼仪重点的调整,意义深远。这无疑是向孔子提倡的用礼制来保障当时的社会秩序的思想迈出了重要的一步。[①]有趣的是,我们发现这种态度遍及楚国,而刚出现时,孔子(如果文献记载的出生年月可信的话)还是个小孩。另一个有趣的地方是,这种观念居然出现在一个地位如此之高的政治人物的头脑中。由于孔子及其弟子大部分出身卑微,人们可能怀疑他们之所以要强调礼制是实现社会和谐的重要手段,而不去强调它只是出身高贵者的责任,是为了表达他们自身的"阶级利益",目的是为了打开原

---

① 见本书第2页(引论)注①。

本对他们这个阶层的人来说紧闭的社会领域和特权的大门。① 而王孙诰不是这样,在其铭文中竟然没有强调自己高贵的血统,以之作为获得神力的来源。以西周的标准来看,这是相当惊人的。

宗庙与墓葬关系的转变

前面我们根据考古发掘出土的文字材料,提出它们所反映的礼仪的彻底改革,这为我们下一步的研究做了铺垫。这场改革不见于任何传世文献,但是考古资料提供了充分的线索,让我们认识改革发生的历史背景,以及改革是如何逐步展开、如何影响整个社会的历史过程。尽管考古资料难免比文献材料来得分散,但是铜器铭文所反映的对祖先态度的转变,不仅影响了那些东周时期少数的出资制作有铭铜器的高级贵族,而且影响到了各个阶层的贵族。祖先神灵威望的丧失自然也不可避免地与新的死亡观念及身后世界的宗教信仰的兴起相关联,前者可能是后者的必要前提,或者与后者存在一种更为复杂的因果关系。这些观念后来成为中国的民间宗教的一部分,并在公元初的几个世纪开始融入了道教。②后来经过些微变化,一直流传延续到今天。③ 但是在东周时期,它们是新兴的,且仍在生根发芽阶段,而考古发现让我们能够追寻其源头。

现在我们开始考虑墓葬出土铜器群与同时期宗庙祭祀所使用的铜器群之间的关系,这是了解东周时代宗教转变的一个有效途

---

① Gassmann 2003 就这些问题做了反思,引起了一些讨论,可参阅。
② Anna Seidel (1982,1985,1987a,1987b)开创性地、非常清晰地阐述了汉代墓葬材料与后世道教的宗教观念之间的联系。近年不断增长的研究工作已经说明了这些观念的根基是在周代(尤其是战国时代)(可参阅 Poo 1990;1998;Harper 1997;1999)。
③ 在"未开化"社会观察到的宗教活动和信仰的汇编,见 De Groot 1883,1892;Ahern 1973 的修订版;以及 Watson 和 Rawski(eds.)1988 收录的文章。

径。宗庙和墓葬器物群在西周时期基本上是相同的，但是在东周时期出现了巨大差异，这是一个很重要的变化。

回顾西周时期贵族墓葬（例如第二章所讨论过的），我们可以发现其中包含了墓主生前使用的、行使与其社会地位相应的礼仪职责时所必需的器物。在男性墓中，车马器和兵器代表其参加（仪式化的）军事活动；礼仪用器除了铜器，还有漆器、木器和陶器，而且这些器物经常——虽然并非总是——构成了依其身份在宗庙祭祀中要用到的器物组合。这种组合稍作调整也适用于女性墓葬。林巳奈夫有力地证明，一个人死后自己成为受祭拜的祖先，但在冥界还要继续承担祭祀其祖先的礼仪责任，就像其活着的后代那样，使用相同的礼器组合，在宗庙中祭祀死者。① 于是，一条无限延长的链条，将同一氏族活着的成员与其死去的始祖连接了起来。而这种基本的宗教观念的重要性，似乎并没有受到西周晚期礼制改革的影响。

换句话说，西周时期的葬礼把一个人转化为祖先，就是把此人简化为其社会职能的基本的仪礼面向。新产生的祖先仍然是社会的一部分：他/她还活着，只是以另一种形式存在，通过后世子孙持续不断的祭祀而存在。虽然祖先的尸体留在自己的墓中，被其随葬品环绕，但其灵魂并没有束缚在坟墓中：铜器铭文表明，人们相信当祖先来到氏族宗庙中享用祭飨时，他们"在帝左右"，"陟降"自天，意即从天国而来。②

西周末年的祖先宗庙所使用的祭器，全部或部分出现在周原地区的青铜器窖藏坑内。如第一章所说，这些器物组合与同时期墓葬出土的并不完全相同：如庄白窖藏，它们有时呈现的是一个

---

① 林巳奈夫 1993。
② 第一种表述多得不胜枚举（例如，见上文的第一套瘝钟铭文）。第二种表述可参阅西周晚期的敔狱甬钟（《殷周金文集成》1.49）和春秋中期的秦公簋（《殷周金文集成》8.4315）。

家族长期的积累,而墓葬通常反映的是短时间积累。的确,某些等级特别高的贵族墓,比如曲村北赵晋侯墓(第二章)和下寺二号墓(第八章),有时也有几代人的铜器混杂在一起;而且,周原窖藏坑内的礼器组合并非都是完整的,之所以出现这种情况,或者是因为一个家族的器物分置于几个窖藏坑,或者是因为有一些器物被带走了。尽管如此,我们仍然可以看出这些窖藏坑的大多数器物也同样见于墓葬——不仅器类相同,而且器物的大小、纹饰以及工艺水平上都相同。宗庙器物群与墓葬器物群一样,相互配合,共同强调了生者与死者之间的兼容、团结与沟通。

这种对应关系的瓦解,从考古学来看是分几个阶段进行的。第一个阶段是西周晚期的礼制改革,如第一章所说,这场改革很可能为祭祀活动带来了一个彻底的合理化和系统化。由于西周贵族氏族每隔一段时间即分化为等级不同的分支,只有氏族始祖留在祭祀日程中,其他所有先祖在五代之后都会被拿掉;大多数人就不能指望其辈分更低的后代继续献祭,维持其死后的灵魂不死(不过一位远祖在其牌位从自己的祭坛被移到一个集体的庙堂之后,还能得到些许最低限度的纪念)。① 这种祖先身后世界的新观念可能导致了另一种新观念的产生,即死者世界同生人世界的完全分割和独立。再者,日益增加的对用器制度的关注,似乎导致了在祖先祭祀中人们愈来愈强调表现现世成员地位上的差距,而取代了早先庆祝氏族共有的与神灵之间的联系。仪式中中止饮酒活动或许正标志着这种"集体感"的丧失,②与神灵的沟通很有可能不再是头等大事。在礼器的实用上,现在强调的不是仪式执行者如何使用它们,而是如何将它们成套排列展示出来。罗森指出这些器物带着新的、常常更为粗糙的、更为抽象的纹饰,以引人敬畏的巨大数

---

① 详见《礼记·祭法》(《十三经注疏》46.361,1589)。这种祠堂被称为祧。
② Turner 1969。

量陈设出来,让更多的人从更远的距离也能够看到。① 因此,此时的祭祀仪式很可能是在更大的、更加公开的场所进行的;今后我们应该寻找考古资料,然后利用统计学方法,看看公元前 850 年以后宗庙建筑的规模是否有所增加以及增加了多少。

东周时期,虽然也有第八章将会讨论的河南新郑中行出土非墓葬环境中的青铜器组合的实例,但迄今尚未发现可与西周时期的窖藏相媲美的宗庙器物组合。不过仍然有足够的间接材料可以证明,到公元前 5 世纪中叶,宗庙中献祭祖先的器物群已经与墓葬中的随葬器物群相分离。②精美的铜器现在只用于宗庙或者最高等级贵族的墓葬。如第八章所论,在春秋中期的礼制重构(约前 600 年)之后,这些最高等级的贵族成为一个独立的社会和礼仪群体。而几乎所有其他社会集团中,在世的后代显然不愿意或是没有能力花费资源,为死者提供完整的珍贵礼器组合。相反,在春秋时期,用次等材料做成或者是规格缩小的"明器"组合,③越来越多地用于墓葬,到战国时已蔚然成风。与此同时,墓葬结构更加建筑化,随葬品中除了礼器,还搭配了新的器类,给墓葬带来一种新的类似家居环境的感觉。这些新的墓葬结构和随葬品,可能与如今已不复存在的当时的世俗建筑相仿,开始表现人类所处的宇宙空间,④而墓葬演变成宇宙的缩影。这背后蕴含的宇宙观和现实的社

---

① Rawson 1989:91. Falkenhausen 1999b.
② 关于先秦两汉祭祀礼仪的重点从宗庙转移到墓葬的现象,Wu Hung 1988,1995:77-142 提出了一种稍微不同的解释;更详细的讨论见 Falkenhausen 1996。
③ "明器"一词(注疏认为其名表示其主人的明德)的出处是《左传·昭公十五年》(《十三经注疏》47.375,2077)。这一名词最初并不指制作粗糙的随葬用替代品,但《荀子·礼论》(《诸子集成》13.244—45)和《礼记·檀弓上》(《十三经注疏》8.61,1289)理解为此意("鬼器也"),金石学家和考古学家传统上也如此使用。在 20 世纪的用法中,也包括人俑和陶质模型,而它们在古代观念和实际功能同器物替代品相去甚远,并且有另一个专有名词,甬。见 Bodde 1963;关于明器的基本考古学研究见蔡永华 1986。
④ 关于中国传统宇宙观有价值的研究有 Henderson 1984;Rosemont (ed.) 1984;Graham 1986;李零 1993a(第二版):89-231;Harper 1999;Lewis 1999a:241-286 等处;Wang Aihe 2000;Puett 2002 (更多参考文献见该书)。

会组织无涉,并且其中的宗教思想也完全与祖先崇拜无关。它们为当时的丧葬理念引入了一个崭新的范畴。其结果是,东周晚期的墓葬在思想背景上已经完全不同于西周和春秋早期,不再强调生者和死者之间的沟通,转为强调两者之间的断裂。

以下几节将进一步发掘这些思想变化在考古学上的反映。必须强调的是,我们的认识主要来源于实物资料;文献资料只能提供一些偶然的细节。

明　　器

陶质或金属明器早在西周及更早的时期就已经存在。① 最早的明器是"真实"的实用器的替代物,有的是因为墓主人贫穷而无力随葬实用器,有的或许是为了表现节俭的美德(见第三章)。另一种早期的明器(尤其见于等级非常高的墓葬,例如上村岭和曲村北赵;参见图21)似乎是用来补充"真实"器物的组合,以表现已经废弃的礼俗。必须强调的是:东周以前明器已经存在但是并不普遍;考古材料表明,人们普遍喜爱实用礼器,或者干脆不要任何礼器。

东周的器物群则完全不同。东周墓葬出土的大部分铜器通常是缩小的、制作粗糙的,或者是根本无法使用的。后来,仿铜陶器取代作为铜器的替代品不再是例外,而变成了主流(见图61,93—97)。如第五章所说,明器在秦国的广泛使用尤其早;但是到了公元前400年前后,明器及其隐含的新兴宗教观念早已在整个周文化圈范围内流行。在当时各国都城的周围,陶明器的制造成为一

---

① 实用或礼仪用陶器的小型仿制品在中国的出现时间可以追溯到新石器时期(湖北天门肖家屋脊石家河文化遗址出土的公元前三千纪晚期的模型鼎,见湖北省荆州博物馆、湖北省文物考古研究所石家河考古队以及北京大学考古学系1999:310—311);不过,发掘报告通常没有把这些器物同普通的实用陶器区分开来。

项主要工业。我们在第九章进一步讨论时将看到,礼器的明器形式已不仅见于各级贵族的墓葬,而且见于平民墓葬。不论是单独的个体还是器物组合,它们如今都是一个特有的丧葬现象,而且这些明器不像是同时期宗庙礼器的直接复制。

在战国时期的高级贵族墓葬里,明器组合变得非常庞大,而且有一定的创新,有些器物是从其他材质的器物派生出来的。例如,燕下都16号墓出土了数以百计的容器和编钟明器(确切的数字尚不清楚)①,这是战国早中期燕国王室成员的一座大型封土墓。很有可能墓中原本随葬有成套青铜器,但是在发掘前已经遭到盗掘。此墓出土的明器代表了若干时期的器类——商和西周早期、西周晚期、春秋晚期和战国早期;同时,其中还有一些迄今不知所仿"实"物为何的器类,有可能是某位礼制专家的丰富想象的产物(图61)。这些器物上的印纹同样五花八门;例如,一件春秋晚期形制的鉴包含了三个不同时代风格的花纹(图62)。器物的形制和花纹与其所模仿的时代的器物相比稍许有些变形。很难想象,制造这些器物的陶工怎么会对所有的古代器形有着近乎考古学家般的兴趣呢?他们肯定有古代青铜器的"收藏"作参考,而且这些收藏应该保存在墓主所属氏族的宗庙之中。无论如何,明器的使用在这里明显不是资源匮乏的缘故,而更像是一套新的宗教观念和选择取向。表面看起来,16号墓的建造者有意在丧葬环境里将整个周礼传统象征性地表现出来②——而只有明器显然适合于这个目的。

---

① 河北省文化局文物工作队 1965。
② 这种做法或许可以同战国时期的其他思想流派比较;参阅 Lewis 1999a:42-48,287-308 等处;亦见 Schaberg 2001:96-124。

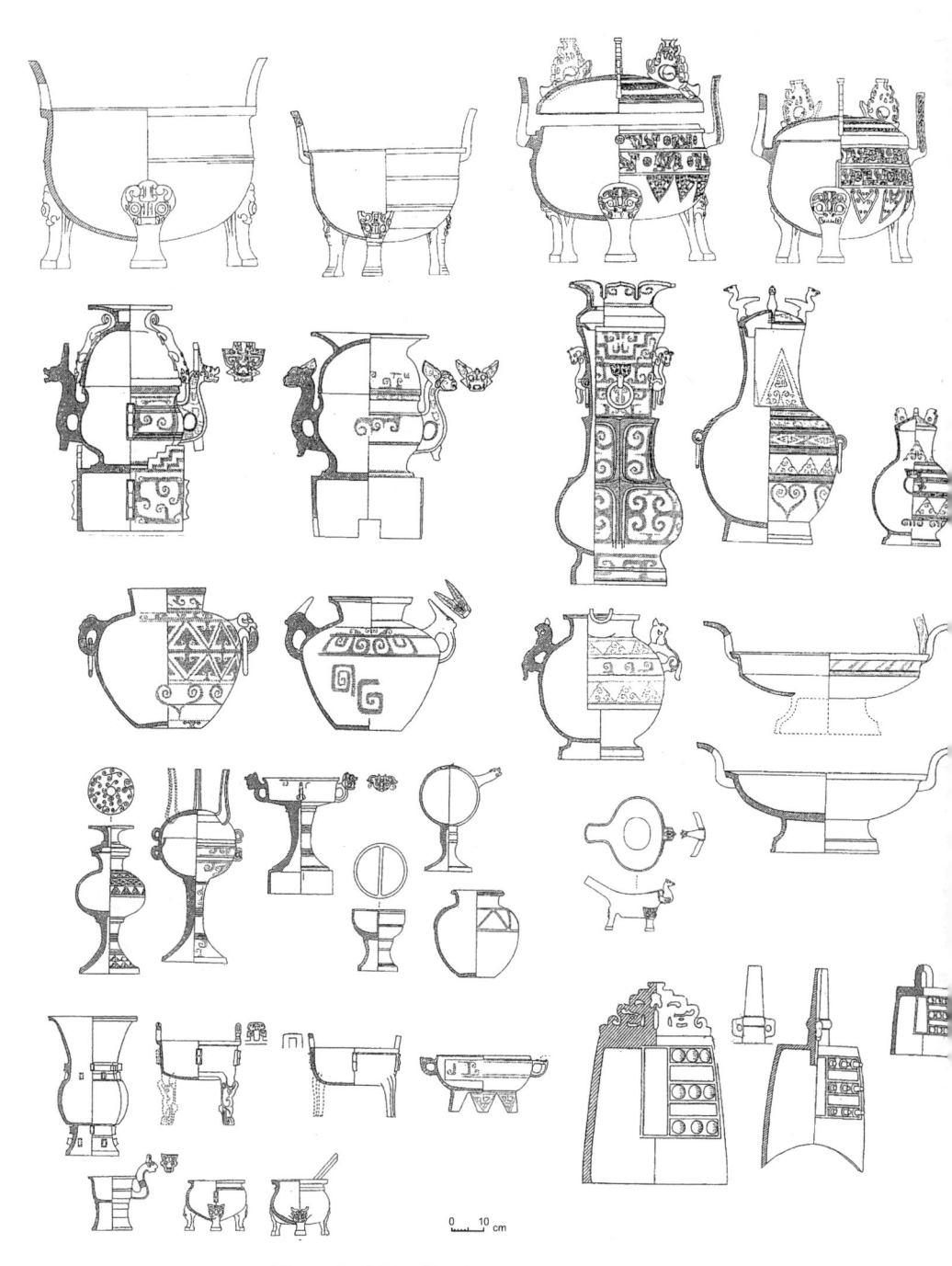

图 61　河北易县燕下都 16 号墓出土的陶明器组合

第一排：无盖鼎、盖鼎；第二排：簋、方壶、圆壶；第三排：缶（或罍）、带流罍、盘；第四排：高柄壶、盖豆、无盖豆、盉、罐、匜、盘；第五排：尊、方鼎、异形鼎、钟（镈、甬钟、钮钟）；第六排：斗、联裆鼎。公元前 5 世纪中期到 4 世纪早期。每类器物仅展示了一件标本。因为器物破碎严重，每类器物原来的具体数量已经无法知道。

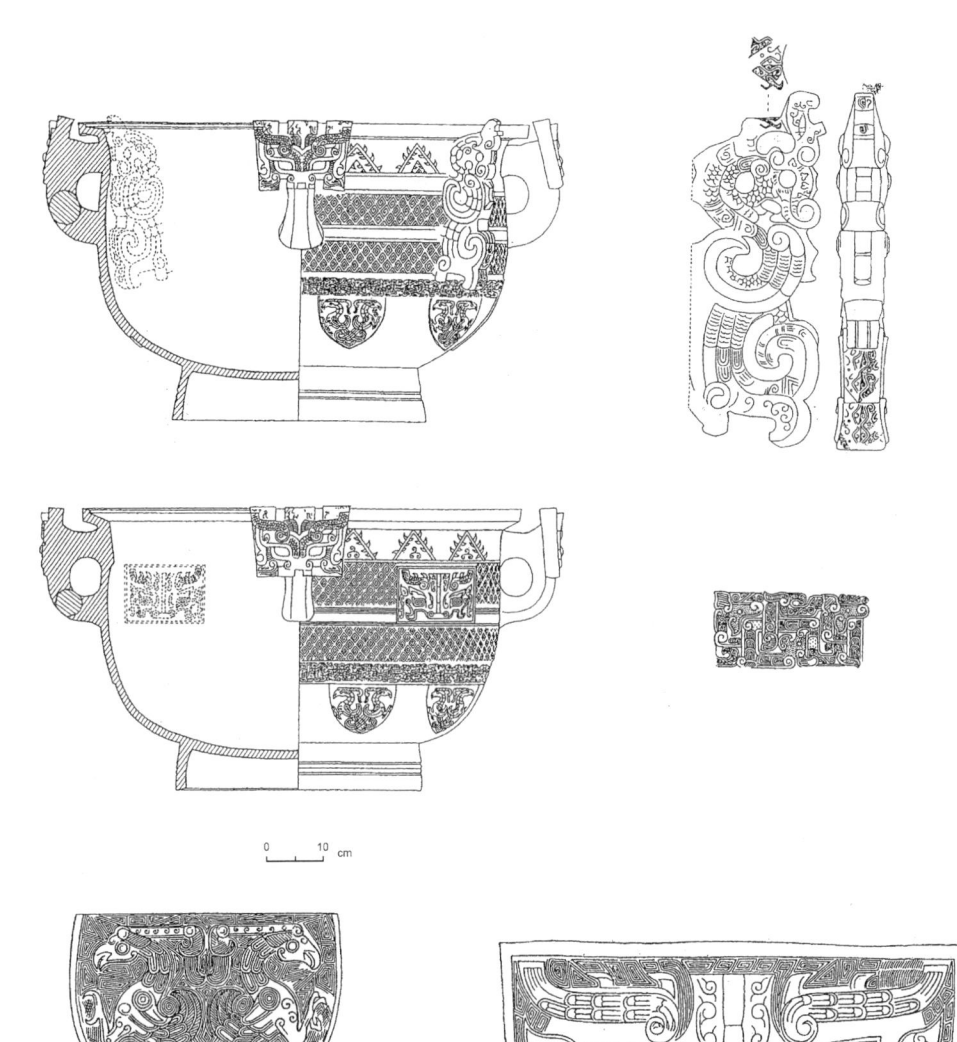

第七章　东周时期的宗教转变(约前600—前221年)　331

图62　燕下都16号墓出土明器陶鉴的纹饰

方块形兽面纹样的风格近似西周早期纹饰,蟠螭纹和背对背的有翼神兽纹饰近似春秋晚期侯马生产的青铜器纹饰,其余细节则表现出战国铜器的风格。公元前5世纪中期至前4世纪早期。

对于明器的使用先秦文献有各种不同的解释。多数战国时代的思想家——包括最为虔诚的孔门弟子——似乎都认为死者无智,或者他们根本不关心墓葬中所用是贵重的祭器还是廉价的仿制品。在孔子及其弟子看来,仪式的虔诚和正确比物质表现更为重要;①注重实用的思想家则反对将贵重资源浪费在丧葬上。宗教学的解释也不难找到。《礼记·檀弓上》就说,只有通过提供明器的方式才能体现出神灵的本质:"之死而致死之,不仁而不可为也。之死而致生之,不智而不可为也。"②《吕氏春秋》甚至将使用明器等同于尽孝道,因为厚葬之墓会很快遭到盗劫,让死者永不安宁。③这样的讨论一直延续到汉代(前206—公元220年)和六朝时期(221—589年)。但是这些大概只不过是事后的将宗教行为合理化的解释,而这些行为如今人们已经非常熟悉,而且非常自然,但它们的起源已不为人知。使用明器的根本原因,我推测也许是为了截然分开生者和死者,甚至要区分他们使用的器物,而不是因为文献提到的死者是否有智的问题。此外,使用廉价的明器有利于在墓中重现整个宇宙。仅仅出于花费和尺寸上的考虑,这个目标一般绝无可能用"真实"器物来完成。

再现家居和社会环境的墓葬

墓葬重现死者生前环境这种想法,最早的例子,也许是湖北随州擂鼓墩的曾侯乙墓(图63),年代稍晚于公元前433年。④ 墓中的四个椁室似乎代表了统治者宫殿区的四个主要组成部分:国君的寝宫(曾侯乙本人所在的椁室)、朝堂、武库和后宫。它们都填满

---

① 《论语·八佾》3.4(《十三经注疏》3.10,2466)。
② 《礼记·檀弓上》(《十三经注疏》8.61,1289)。
③ 《吕氏春秋·节丧》(《吕氏春秋校释》10.525)。
④ 湖北省博物馆1989。

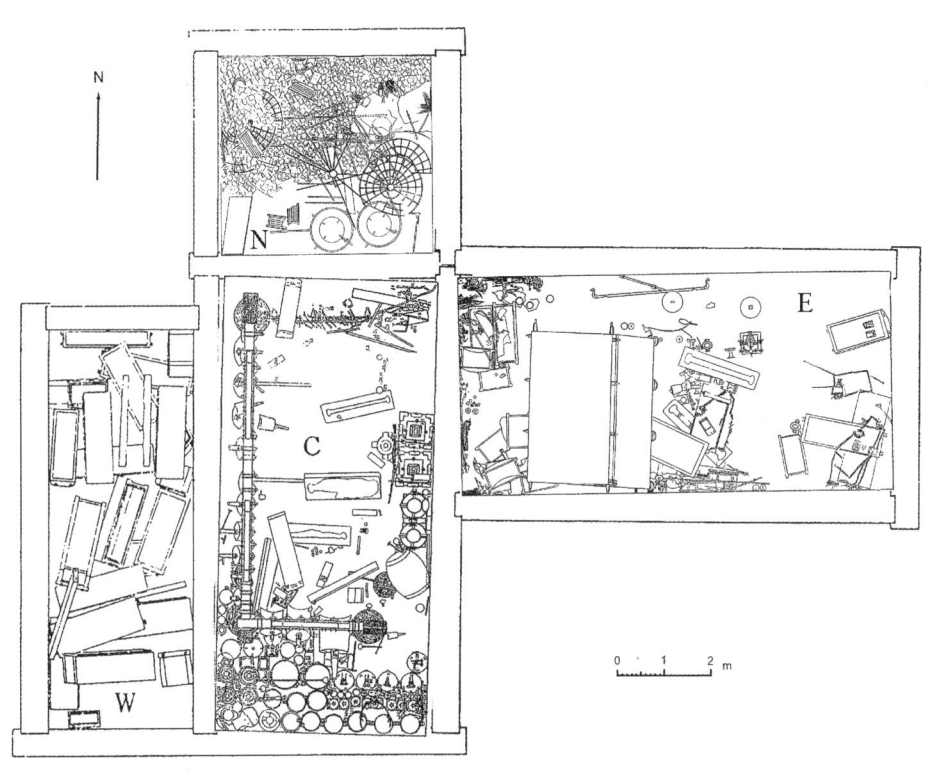

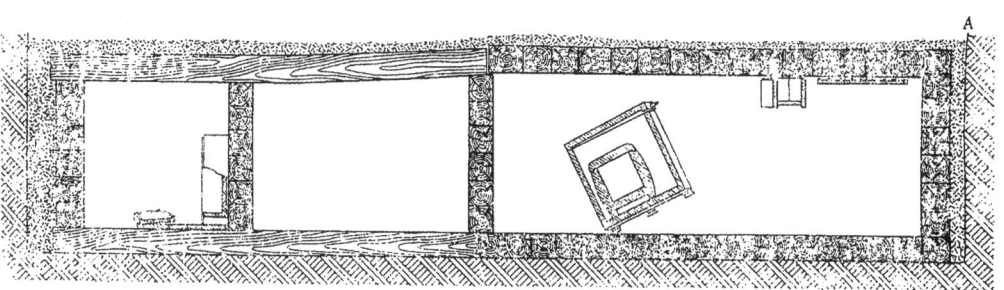

第七章　东周时期的宗教转变(约前600—前221年)　333

图63　曾侯乙墓：湖北随州擂鼓墩1号墓

中室相当于国君宫殿区的朝堂,北室相当于武库,西室相当于后宫(十三具棺木装有殉葬的年轻女性),东室相当于国君的寝殿(曾侯乙的棺木在此)。约公元前433年。

了与其所在组成部分的功能相匹配的各种贵重器物。"寝宫"和"后宫"还殉葬了 21 位年轻女子。中室相当于君主听政、接待来使、举办宴会、举行国礼，以及祭祀先祖等活动所在的宫殿，其中摆放了全套的仪式用品以及一套完整的礼仪乐团。在后世文献中，这个中央的、最为重要的椁室有时称为明堂。① 它在曾侯乙墓中的显著位置表明，在公元前 5 世纪，西周时期流传下来的用器标准在表面上还在执行，而且似乎仍然发挥作用，可以用来界定国君的地位，起码在墓葬这样的礼仪背景下如此。不过整个随葬品组合与墓葬本身的结构表明，礼仪方面已经不再是唯一的焦点，这点跟西周和春秋的大部分时期的情况不同。

曾侯乙墓的椁室布局仍然相当简单，但是两重漆木棺的内棺上绘制的是确凿无疑的建筑部件：外侧有一扇门和一扇窗，门两侧各有一排持戈卫士（图 64）。卫士形象的面部特征像鬼怪，而不像人，表明它们象征守护神。若干墓葬椁室之间都设置有门，我们目前所知最早的是陕西凤翔南指挥村公元前 6 世纪的秦公大墓（讨论见第八章）。在战国时代的楚墓中，门、窗和其他建筑部件（有时是实际建造的，有时是绘制的）也是椁室的常见特征，反映了一种把墓葬当作地下居室或宫殿的观念。这就导致了空间的重组：墓葬从先前的由顶部开口的匣子演变为从一侧进入的房屋。这种给墓葬侧面开口，因而与建筑相比拟的意图或许早有端倪，例如斜坡墓道——正如我们在前文所见，曾经是一个重要的特权标志——出现在战国时代各个等级的楚墓中。这种侧面开门从汉代以后就成了定制。

洞室墓（见第五章）在中断了大约五百年之后再次兴起于战国时期的秦国，这可能表明，在周文化圈的西北地区，人们也有"事死

---

① 见 Seidel 1987a：31 和 n. 38；Stein 1957。

第七章　东周时期的宗教转变(约前 600—前 221 年)　　335

图 64　湖北随州擂鼓墩 1 号墓曾侯乙的内棺

约公元前 433 年。

如生"的对墓葬环境的关怀。由于洞室墓的使用在秦国的西北近邻地带从未中断，它们在秦国的再次出现也有可能意味着来自欧亚草原中部的新一轮的文化影响，或者接受又一轮"草原风"(见第五章)。但是如果仔细观察，我们就会发现战国时期秦国的洞室墓同早期的，以及周文化圈以外的同时期洞室墓相比，都存在微妙的差异。秦国洞室墓中，横向墓室与垂直的墓道总是用木质或夯土的隔断分开①——这一特征反映了一种模仿当地民居的意图：如

---

① 木质隔断也出现在张家坡的一些西周时期的洞室墓(见第五章)，但并非全部。在某些墓葬中，棺木甚至都没有完全放入横向的墓室，在很多草原的墓葬中也有这种情况。

陕西黄土高原的窑洞(这种建筑通过考古材料可以追溯到公元前四千纪,并且一直使用至今)①,里面各个房间围绕垂直挖掘而成的院子横向排列。

使墓葬更加接近现实生活的意图同样反映在新式随葬品中,它们没有直接的礼仪功能,但是构成了奢华的生活空间——镜子、灯、带钩、衣物、布匹、漆耳杯和漆食器、非礼仪用的铜容器,以及文书。② 虽然我们无法发现它们随葬的规律,也无法归纳出一个制定它们的用器制度(的确有可能,这些器物的选择至少部分由死者个人的喜好决定),但是很明显,这些器物的数量和质量都取决于墓主人的身份。从这些器物用于随葬就可以看出,虽然它们都来自世俗,但是全部都带有一定的宗教色彩。③ 与这些墓葬出土的礼器(或其明器)不同的是,这些器物并不是——至少在战国阶段还不是——明器仿制品,而是为了"真正"使用而做的,后来才用作随葬品。再加上供墓主传唤和差使的木质和陶质的人俑——对后来的艺术史极为重要的一项发明——随葬品就齐全了。于是,墓葬变成了供亡灵享乐的玩偶房,或是变成了死者所往的冥界的图像——不论哪种情况,死者都不会或者是不希望返回生者的世界。④

战国时期的国君墓葬或墓葬区中,新型的、建筑化的丧葬环境理念也开始在地面上表现出来,墓上覆盖封土,封土上通常建造庙堂建筑。第六章已经讨论的中山王𰀁墓是一个非常突出的实例。⑤ 墓中还出土了一幅青铜的《兆域图》,上面刻画了一幅围墙环绕的

---

① 胡谦盈和张孝光 1993;Golany 1992。
② Falkenhausen 2003a: 444,484－486 等处。
③ 来国龙(Lai Guolong 2002)坚持此观点,值得赞赏。
④ 来国龙(Lai Guolong 2004)收集的出土文献材料表明,墓葬的日用品并非出于为死者营造"幸福家居"的目的,而应视为让死者去往死后世界所需的器物。那么形似居室的墓葬环境如果用同样的方式解读,就应该视为灵魂前往的目的地的图像,而非这些灵魂真正的永久居所。它们也可能是一种"视觉"辅助物,帮助新的死者辨认其应该前往的最终居所。
⑤ 河北省文物研究所 1995。

陵墓的设计图，可知这是一座高台上坐落着五座大型的封土墓葬，周围有两层土墙环绕（图 65）。其中只有两座墓实际建成了。这座辉煌的大型陵墓仅供中山国王室的一代人使用：中山王𰯼的巨大墓葬位于正中，两边各是一座规模相同的王后墓，再外侧的两边各有一座规模稍小的夫人墓。在每座墓葬的封土之上都修建了富丽堂皇的木构建筑，围绕中心层叠而上，看上去像是多层建筑（中山王𰯼墓的发掘为这种建筑提供了一些实际的证据）。① 每座封土上的巨大的方形建筑，在《兆域图》上都标为堂，用于墓上祭祀，这是一种新习俗，与历史悠久的宗庙祭祀不同。这种祭祀的对象是死者的灵魂，而这些灵魂人们认为（至少部分人们认为）是居住在这些建筑里或其附近的。②

图 65 河北平山三汲乡 1 号墓中山王𰯼墓出土镶嵌铜版兆域图

仅部分建筑得以完成。公元前 4 世纪晚期。

---

① 傅熹年 1980。
② Wu Hung 1988. 双重灵魂或多重灵魂观念是一个复杂的宗教体系，最早见于先秦文献记载，本文将不再赘述；Anna Seidel 曾经指出（1987b：228），"一个人的魂和魄，他的整个社会角色和个人必须归于地下，"并且必须安置在墓葬中。更多细节见 Dien 1987。Brashier（1996）的重要文章对传统看法做了批判和修订。

中山王𰯼墓的《兆域图》可以解读为国家及其社会等级的三维示意图，像金字塔并且是向心的（图 66）。中山王𰯼的墓代表了位于诸侯国中心的王室，并且象征统治者的地位居于社会金字塔的顶端。王后及夫人墓在都城的宫殿区也有其对应的建筑；它们居于王墓两侧，表明在高级贵族中也存在着微妙的等级差异。五座封土所在的高台象征宫城，这是很多战国时期都城都有的，并且还暗示了宫廷的官员及其侍从；其外环绕的围墙或许代表了郭城的围墙，其中居住了匠人、商贾、武士，以及由春秋时期低等级贵族演变而成的没落贵族；而《兆域图》上最外围的围墙则代表了中山国的疆域——这是一个战国时期较新的观念，它反映为"国"字在含义上由"一个国家的都城/政治核心"发展为"政治体/国家/王国"。①

图 66　杨鸿勋的中山王𰯼复原图
根据图 65 的兆域图及现存的考古遗迹。

---

① Stumpfeldt 1970.

作为小宇宙的墓葬

由墓葬转化为死者的地下"居所",从一开始就像一石激起了千层浪。居所本身就被赋予了多重象征意义。① 在复制家居环境时,战国时期的墓葬修建者也必然要展现更为广阔的宇宙环境。例如,战国时期的封土墓的材质和方形设计可能就是要反映地与天对立互补的关系。② 墓上的封土在春秋晚期引入,一开始仅限于国君墓,③战国中期以后在某些地区扩展到了一些身份较低的社会成员,但是一直到汉代的时候才开始普及,只是此时从方形变成了圆形。

我认为宇宙也是战国时期和汉代早期墓葬出土文献共同关心的主题。例如,甘肃天水放马滩1号战国秦墓出土的两件年代为公元前239年的《日书》,④就包括了为各类活动计算吉月和吉日的说明,这些活动又同其他与宇宙有关的重要活动对应起来,比如音乐。同墓还出土了七幅天水地区周边的地理信息准确的地图(图67),⑤以及算筹。这些日书、地图和计算工具为墓主的灵魂提供了前往冥界旅行的导航之物,这些物品可能意在指导墓主如何让其死后的行为符合宇宙之道。

曾侯乙墓可能最早体现了在地下重建死者的现世居所的明确意图,它也提供了一些(可能)最早的宇宙观方面的物质材料。首先,曾侯乙的外棺(里面放置装饰得像居室一样的内棺)上面绘有蟠虺缠绕的蛇纹,被认为是一幅宇宙图案,与那些出自较为简朴的

---

① 权威的比较研究见 Stein 1957;1987:169-253;亦见 Hentze 1961。
② Lai Guolong 2002。
③ 见本书第361页(第八章)注④。
④ 甘肃省文物考古研究所和天水市北道区文化馆1989;何双全1989b。
⑤ 何双全1989a。

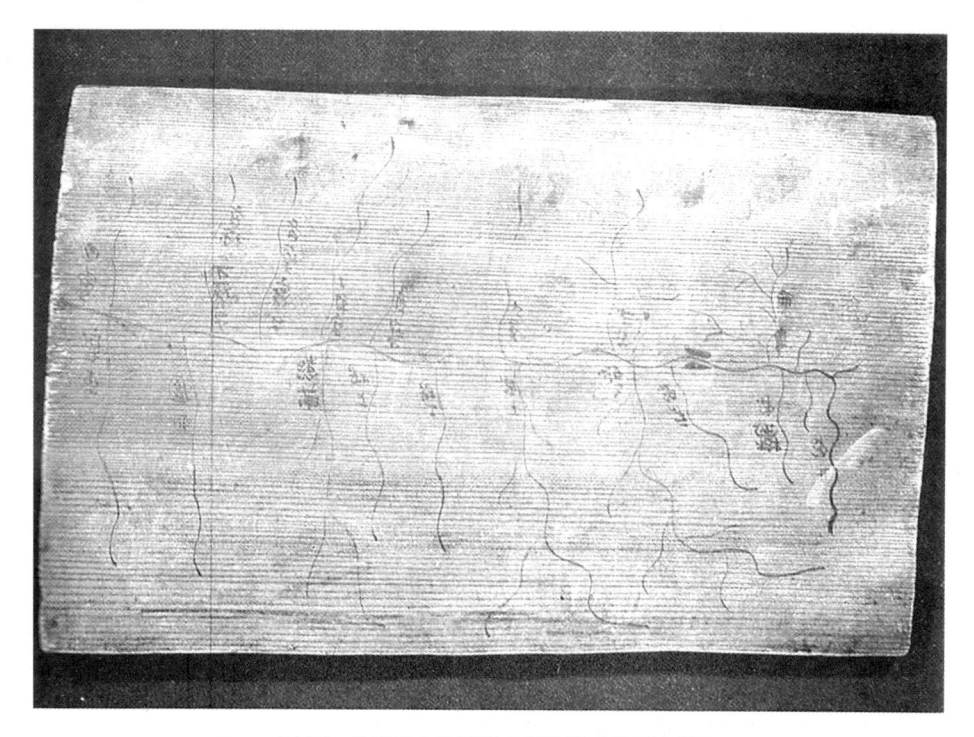

图 67　甘肃天水放马滩 1 号墓出土地图木版

公元前 3 世纪中期。这幅地图显示了今天水附近的河道及村落。

墓葬中素面木棺上的盖棺布的纹饰一样(图 68)。① 更为著名的是墓中所出的衣箱(图 69),上面描绘了一幅天文图,中间是北斗,周围环绕着写着二十八星宿的名称。另外一个衣箱上面画的是一个有关宇宙起源的神话,即后羿射日:扶桑树上同时升起了十颗太阳,烧灼了大地,于是后羿就射下了其中的九颗。② 甚至曾侯乙墓的无与伦比的 65 件编钟和(原有的)41 件编磬,除了能够真正用于演奏音乐,似乎还起到了宇宙调音器的作用,用来划分并且测量音

---

　　① 湖北省博物馆 1989,第一册:19—26。类似的漆绘棺木,上面绘有同样含义的蟠曲缠绕的蛇纹这种复杂的图案,见于战国时期的其他楚系墓葬,即包山 2 号墓的内棺(湖北省荆沙铁路考古队 1991,第一册:61—64)。

　　② 湖北省博物馆 1989,第一册:353—357;Nivison 1989 有所讨论;Harper 1999:833-836。

图 68　湖北随州擂鼓墩曾侯乙墓外棺

图 69 湖北随州擂鼓墩曾侯乙墓出土的两件衣物盒

上面的漆盒绘一幅天象图,表现的是北斗星的斗柄指向二十八宿(以文字表示),外围是西方的白虎(左)和东方的青龙(右)。下面一只漆盒上的图画似乎表现的是后羿射九日的神话。约公元前 433 年。

乐的宇宙,并且与感应思想一起,还用来建立复杂的有章可循的与其他宇宙现象的联系。① 对宇宙联系的关心也见于中山王陵墓出土的器物上,例如3号墓的饰有蛇和蟠虺纹图案的棋盘(图70)。② 这可能是汉代宇宙六博棋的前身,而后者是仙人的游戏,人们认为仙人拥有决定棋手命运的魔力。③

基本的宗教观念

通过把墓葬转变为一个地下家居环境,人们向死者提供了生前生活的各种享受。这种做法主要出于防止死者的灵魂回到生者世界游荡的目的。因为到了战国时期,死去的祖先已经从上天的超自然保佑者转变为可能有害的存在;用已故 Anna Seidel 的话说:

> 魂魄已经分离的死者转变为恶鬼,他们受到扼止的生命力无所依附,会疯狂地找寻归路……。死者成了恐怖的亡魂,可以带来疾病和不幸,他们索要动物祭品的安抚以养植它们邪恶的精力。因此必须要把它们严密地隔绝起来。④

这种死者地位的变化在文献中也可略见端倪。它或许可以解释人们为什么要想方设法将它们与生者分开,让它们待在属于它们自己的冥界里。

把坟墓设想成宇宙的模型是战国时期新兴的观念,它包含着一个重要的思想,即死者的世界虽然同生者的相隔绝,却是生者世界的翻版,而且同世俗国家的行政官僚一样,它也有一套对应的各

---

① 河北省博物馆 1989,第一册:77—151;Falkenhausen 1993a:309 等处。
② 河北省文物管理处 1979:26。
③ Yang Lien-sheng 1947;1952;Tseng 2002;郑艳娥 2002。
④ Seidel 1987b:229。

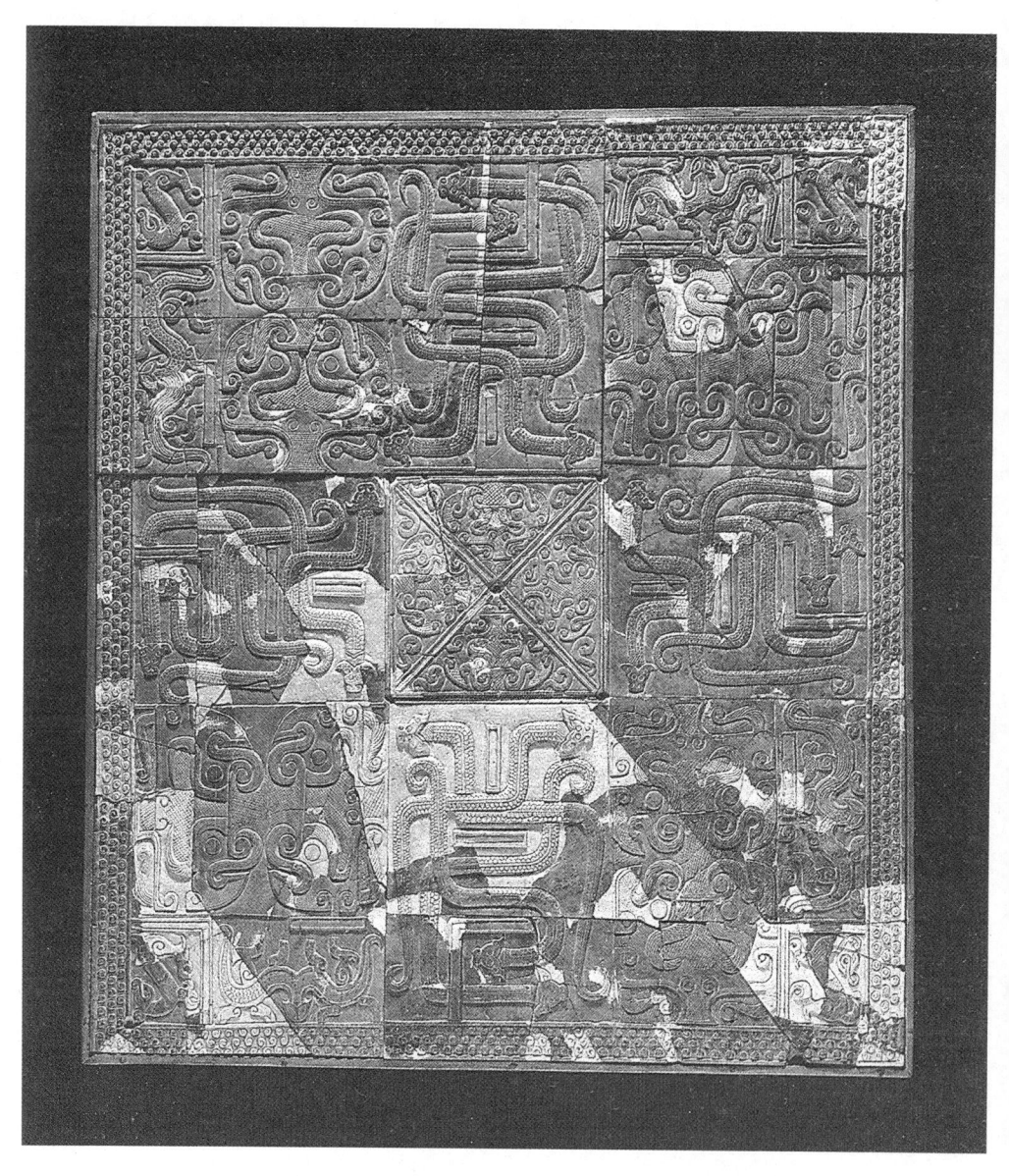

图70 河北平山三汲中山王陵区3号墓的祔葬墓出土的棋盘

公元前4世纪晚期。

级神灵负责管理各种事务。① (曾侯乙内棺上所绘的卫士形象[图68]可能就代表了这个系统的低级官吏。)② 这种观念的流行及其对埋葬习俗的影响很清楚地体现在汉代的资料中。在前帝国时期它就已经发展成熟,其文字材料见于放马滩1号墓出土的另一篇文献,里面讲了个故事,说一个人因地府官员的误判而早死,在错误得以发现后,他又给放回了人间。这种故事长期流传,经常见于六朝以降的笔记小说中。③

战国墓葬出土的一些文献或许可以视为死亡世界的官僚化的直接反映。其中较为常见的一类是遣册,上面记录了墓中各类物品的准确数量,有时还会提到给予这些物品的个人。已知最早的遣册来自曾侯乙墓,而在楚地还有好几处发现。④ 这些文献,作为死者氏族保存的物品清单的副本,是给地府官员核对墓葬随葬品用的。更为罕见的是,墓葬还放着一份告地册,里面写了墓主的死讯及其生前的社会地位,明确是给地府当局写的报告。⑤ 这些习俗自汉代以降广为流传。

放马滩秦墓所见的关于地府官僚制度的早期资料尤为有趣,因为它似乎支持了这样一种可能:即这个周文化圈的西陲之地,为塑造或引进了至少部分新型的、在战国以降席卷了整个中国的宗教信仰,起了特别的作用。这样,我们又碰到了第五章已经提到的问题,其中一些观念是否可能来自更加遥远的西方。这个很有意思,但是现有的考古资料还没有什么线索,无法回答这个问题。

我们也想知道:当时现世的官僚体制在多大程度上影响了宗

---

① Levi 1989.
② 关于擂鼓墩1号墓出土两棺的深入研究,见 Thote 1991。
③ Harper 1994;Campany 1990.
④ 有关材料和概论见 Giele 1998-1999。这些出土文书 Lai Guolong 2002 有详尽的讨论。
⑤ Giele 1998-1999。这些文献发现较晚,其中对于理解官僚程序的重要材料,目前还未得到充分的研究。

教信仰和行为的转变？东周时期一些诸侯国开展的全面的政治改革是否直接反映在了这些墓葬材料之中？[①] 对于这些问题的答案诸侯国之间会有所不同，但是现有的最好的证据来自秦国。[②] 在这里，墓葬中使用西周晚期用器制度的礼器组合突然在公元前四世纪中期中断了（见图 39，40）——时间恰好与商鞅（卒于公元前 338 年）变法废除世卿世禄制度，将所有人口分为二十等军功，并用严刑峻法强制推行大体接近，恐怕并非巧合。在此以后的秦墓，如陕西咸阳塔儿坡的宽大墓地，[③]出土了完全不同的器物组合（图 71）。这些器物的类型学谱系可以追溯到更远的东方，秦国曾经实行了著名的招徕东方移民的措施，这些器物可能就是这样来到了秦国。[④] 它们大多来自实用容器，虽然因为放在墓葬这样的空间里，它们带上了宗教意义，但是其用法——甚至人们想象它们在死亡世界的用法——可能在根上就不同于先前使用的礼器。这些新器物和更早的秦国随葬容器一样，绝大多数是明器，同日用器物以及偶尔出现的俑共出。这些都表明之前在秦墓中逐步确立的墓葬和死亡世界的新观念在商鞅变法以后仍然发挥作用。的确，这些改革彻底破坏了原先的用器等级差别的社会基础，取消了任何以前向死者提供那些礼器（甚至明器）以体现其社会等级的根据。从这方面来讲，我们或可认为，它们为秦国新的宗教观战胜延续下来的

---

① 这种改革的发端据称是由齐国大臣管仲（卒年约公元前 645 前）在桓公（约前 685—前 643 年在位）治下展开的，但传世文献（如《史记·管仲世家》[《史记》62.2131 - 2134]，《国语·齐语》[《国语》6]）可能充斥了战国时期的口头传说。无论如何，到公元前 400 年前后，大部分国家都已经从以礼制为重点的世袭制政治体，转变为君主制的领土国家，并辅以多少中央集权化的官僚体制。关于战国时期的体制改革，见 Lewis 1999：603 - 616。对长时段的制度变化及其对之后中国历史的影响进行的综合分析参见杜正胜 1990。

② 见本书第 238 页（第五章）注②所引材料，尤其是冈村秀典 1985。

③ 咸阳市文物考古研究所 1998；相关讨论见滕铭予 2002：138—146。

④ 这些器物确切的引入时间及本地的发展轨迹需要有人研究出来。在公元前四世纪中期的商鞅改革时，迁入秦地的移民数量可能还较少（Yuri Pines 2003 告诉我的信息）。此外，冈村秀典 1985 曾提醒不要将战国时期的考古材料过于直接地同当时的政治发展等同起来。关于战国时期吸引外来移民的政策，参见 McNeal 2000。

图71 陕西咸阳塔儿坡墓地出土的随葬陶器组合

上一组：34223号墓(盆、罐、瓿、鼎、盒)；下一组：22370号(罐、茧形壶、壶、鍪、罐、盆)。公元前4世纪中期到前3世纪中期。

传统观念和习俗扫清了道路。要实现这一点并不需要颁布有关丧葬习俗的具体规定,因此商鞅是否有意直接影响丧葬活动值得怀疑。无论如何,秦的创新行为和周文化圈内的总体趋势保持一致,这一点得到了中国其他地区出土材料的充分证实：各地发现的战国中期到晚期的很多墓葬,即使是像中山王䁊这种最高等级贵族的墓葬,出土的随葬品组合(在中山王䁊墓中,是铜器;更常见的是陶器)都不再遵循周礼的用器制度,其宗旨完全是为死者能够过上奢华的前世生活提供充足物品。这些随葬品组合(图72)与秦墓相

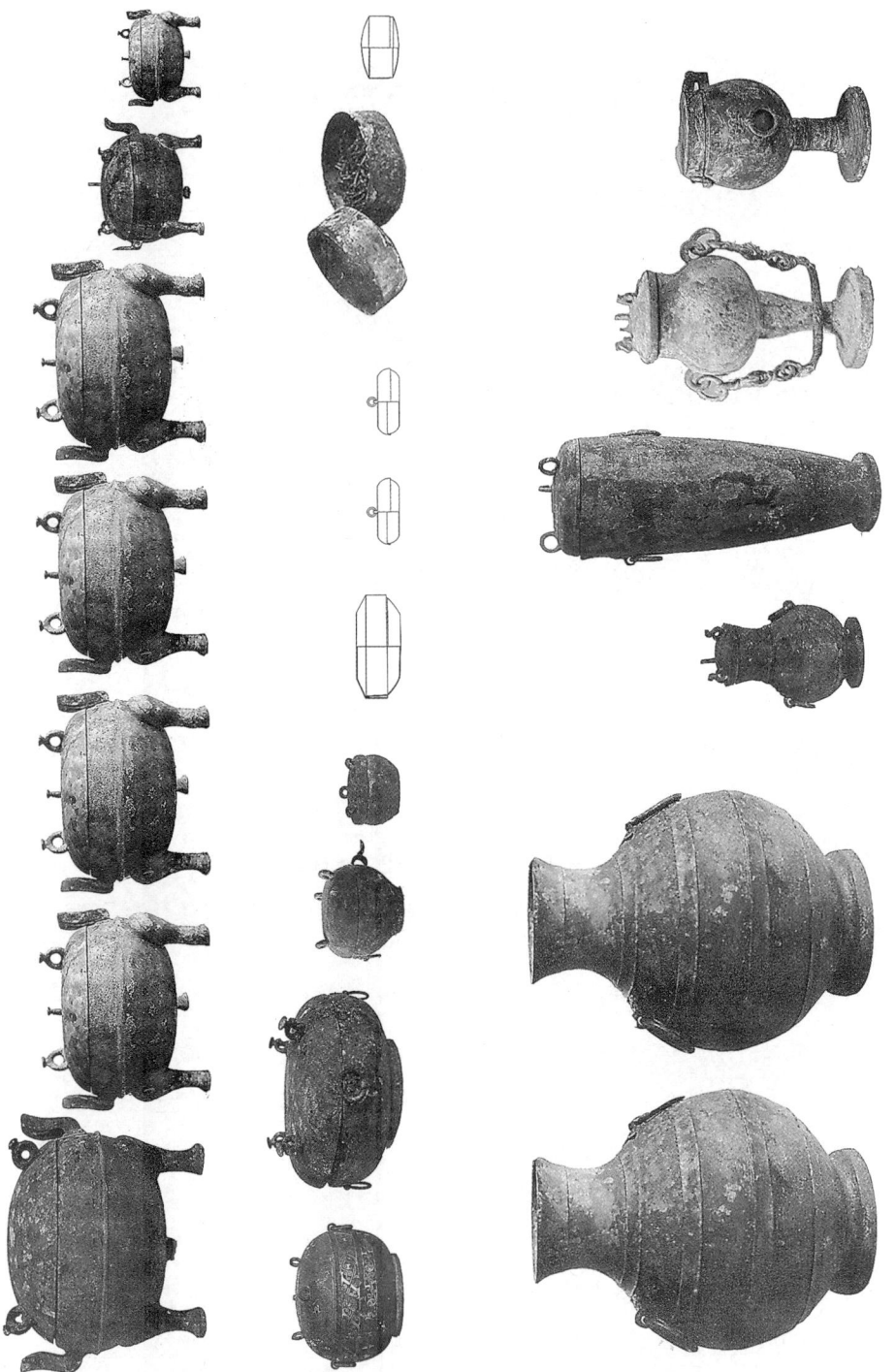

(图 72 续)

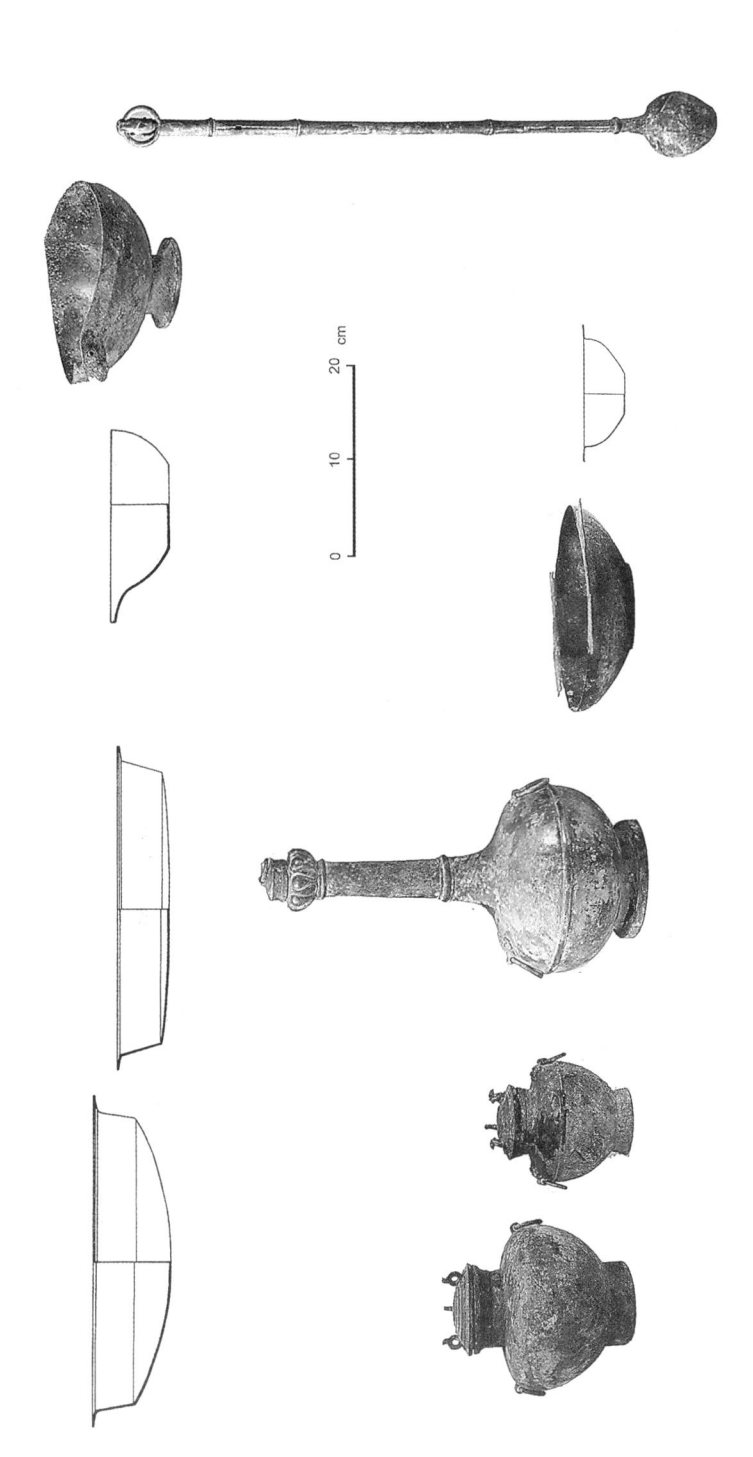

图 72　山东临淄商王 1 号墓所出铜质及银质容器

第一排：盖鼎；第二排：各种形制的盒；第三排：圆壶及相关容器；第四排：盘和匜；第五排：缶（或罍）、蒜头壶、耳杯、小盆、挹酒器。第一排：各种形制的碗；第二排：小盆和挹取器；第三和第四排：钮钟；第五排：炭盆；第六排：香炉、灯、银质匜和耳杯。约公元前 300 年。

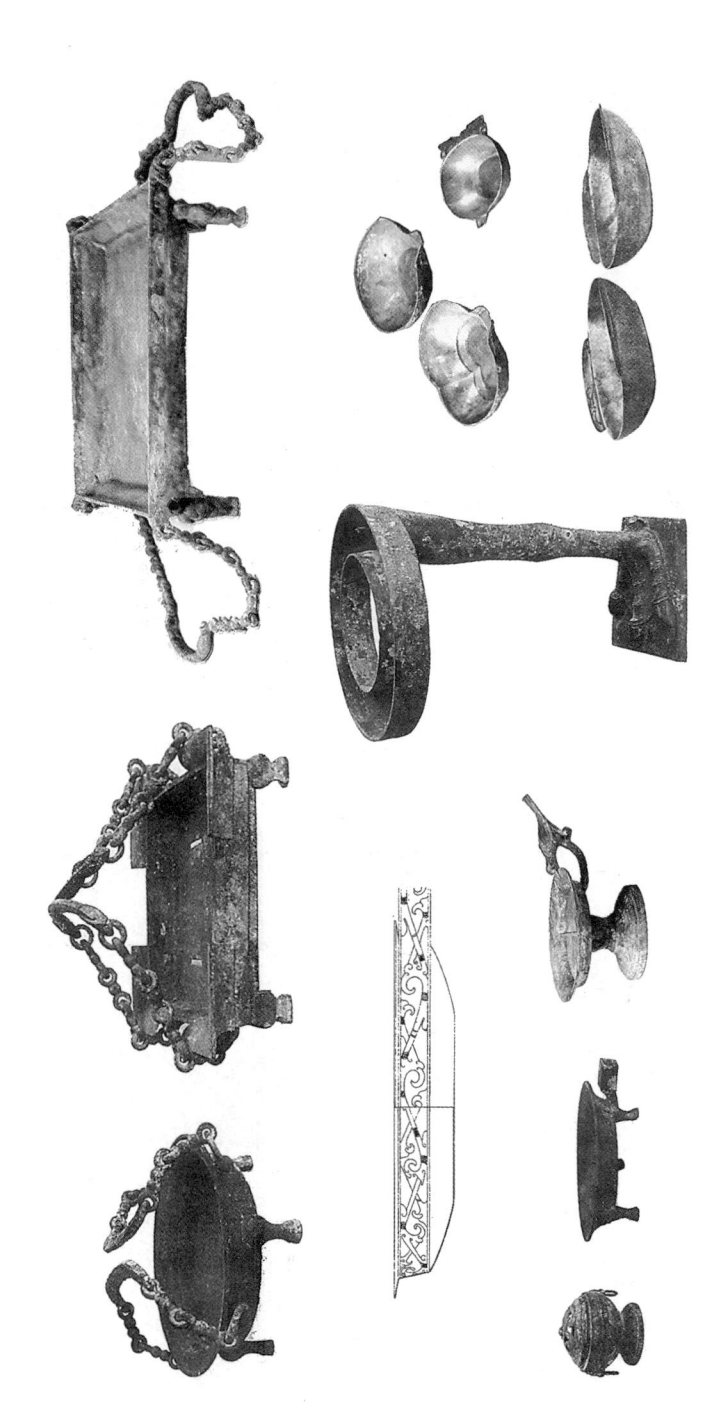

(图 72 续)

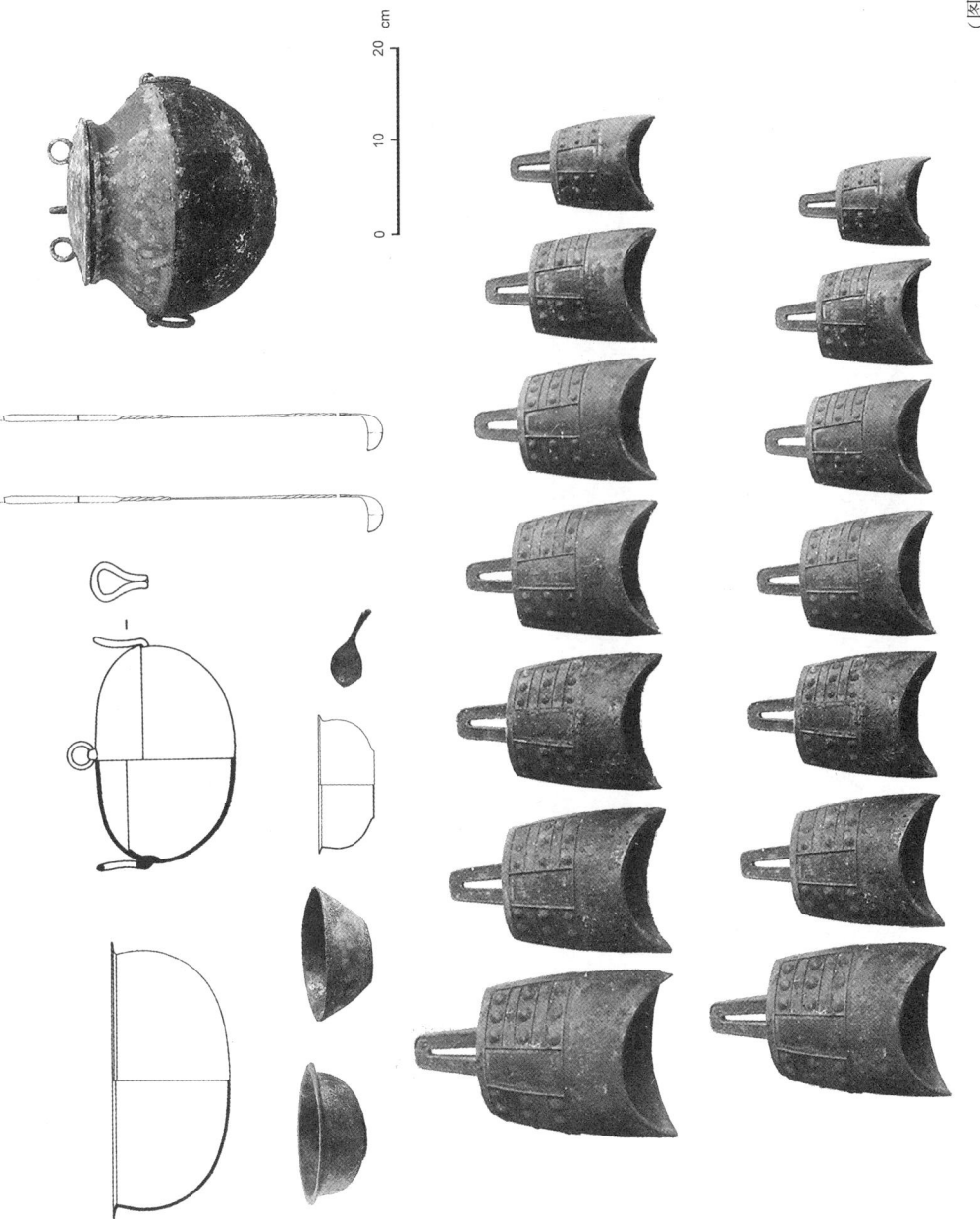

(图72续)

比,仅有的差别就在于伴出了传统的成套礼器,但是它们的装饰往往简化了。

因而,放马滩简牍故事中死亡世界的官制就是商鞅推行的新政府结构的宗教反映。这种新兴的行政管理制度能够如此迅速地在宗教信仰中派生出一个相似管理方式的死亡世界,确实让人吃惊,尤其是考虑到丧葬习俗通常存在的保守性。另一方面,我们有充分的机会看到宗教活动与政府行为不可分割地纠缠在一起,一如商和西周时代的诸侯国,只是意识形态环境有所不同而已。在早期帝国时代这样一种联系仍然极为紧密。①

---

① Lewis 1999a: 13 - 51 等处。

第八章　高级贵族与低级贵族的分野
（约前750—前221年）

　　整个周代,尤其自春秋中期以降,贵族进一步细分为两个泾渭分明的社会阶层。这个分化过程清晰地体现在墓葬及其随葬品上。大型氏族宗子的墓葬与其他成员的墓葬之间的差别,从原来程度的不同转变为类别的不同。第二章天马—曲村(晋氏族)和上村岭(虢氏族)墓地之间的比较研究中,我们揭示了这个过程的早期阶段,其时间段为西周到春秋早期。两处墓地中,宗子及其正妻的墓葬与他们身份较低的亲属的墓葬相比,规模要大得多,随葬品要丰富得多;墓葬材料也同样反映了其他丧葬特权递减的情况,其中规模最大的墓葬占据了金字塔的顶端。相同的情况见于张家坡(邢氏族)以及处于西周较早时期的宝鸡诸墓地(弓鱼氏族)和琉璃河(燕氏族)。西周的墓葬资料大体上反映出当时一个统治氏族的首领——即使他也是重要诸侯国的国君——其墓葬和其他等级的贵族并不存在类别上的差异,他仅仅是氏族最高的代表。因而与之相伴的政治权利和社会特权并不集中在个人手中,而是由整个氏族集体继承,每个成员都可以根据自己在宗谱中的位置各得其所。但是天马—曲村和上村岭墓地之间存在的一些微妙的差别:例如,晋侯墓葬集中分布于特别的曲村北赵,与天马—曲村的非统治成员墓地分开来,这可能意味着晋国国君和晋国都城的其他人口之间开始出现了裂隙。

　　到了战国时期,这个裂隙已然发展为不可逾越的鸿沟。本章将通过墓葬材料来进行解释。国君墓葬除了空间位置特殊外,还有一个较为明显的标准,就是墓葬规模不断扩大,与"孔子时代"低等级墓葬的面积维持原状的情况形成了鲜明的对比。更为微妙但是同样有趣的变化出现在礼器组合上,这方面的变化意味着出现了特殊的礼制,只能为贵族内一个新划分出来的小集团成员所使用。

一个悬而未决的但是必须首先提出来的问题,就是周王的丧葬规格。商代晚期的王陵位于河南安阳附近的洹河北岸,分布于两个墓区,它们无论在规模上还是在随葬品的等级上,都与同一区域的贵族氏族墓地的所有墓葬形成了强烈的反差。① 近年在陕西岐山周公庙发现的,可能是西周的国王墓地,似乎表明类似的差异在周代同样存在。② 不过,周公庙墓葬的规模远逊于安阳的商王陵,而且目前我们对其随葬品还一无所知。如果周王陵能够发掘出来,或许能为我们提供西周天子丧葬规格的具体情况。有可能,他们与其他氏族首领的差别,未必比得上商王;在这种情况下,有可能周王拥有高于其他成员之上的礼仪特权,但是他们仍然是同一阶梯式等级差别的一部分。而且,即使这种阶梯式等级差别在西周初期并不存在,西周晚期的礼制改革也会将其引进来。如果说一个阶梯式等级差别在西周存在了一段时间,无论多长,到了东周时期,其高端部分与低端部分之间已出现了断裂。不过我们也不能排除另外一种可能,即周王与其前朝的商王一样,享有远远高

---

① 梁思永和郭宝钧 1962—1969。这些墓葬尽管被盗严重,但是仍然看得出曾经拥有极为丰富的随葬品。

② 见本书第 35 页(第一章)注③。金村墓地位于洛阳郊区,一些奢华的战国墓葬在 20 世纪初遭到盗掘,被推定属于周王室(李学勤 1985:29—36;部分出土物的情况见 White 1934 和 Umerhara 1937)。据称 2001—2002 年间,在洛阳市第二十七中学(恰好在周王城东墙外侧)的基建过程中,发现了一座可能更早的、春秋时期的周王墓,还有一个陪葬车马坑,随葬了 56 匹马和 53 片车轮,但据说在发现后即被破坏,无任何相关报告发表(聂晓辉、杨霞、张亚武 2003;徐天进 2004 年告诉我的信息)。新闻报道推测这可能是平王(前 770—前 720 年在位)之墓。我非常感谢森谷一树先生给我传来媒体的相关报道。

于他们治下的贵族，甚至包括级别最高的贵族的用器规格。如果是这样的话，那么本章梳理出来的东周时期的发展脉络表明，周王所享有的特权，或者得到特许，或者通过礼制僭越，进一步扩展到了地方诸侯及其他高级的氏族首领那里。希望以后的考古发现能进一步说明这个问题。

东周各诸侯王陵及陵园

东周时期，统治氏族的首领拥有独立墓地逐渐成为定制，并且墓葬变得更为巨大，在规模和随葬品方面与其他墓葬的差距日益扩大。这种变化在秦国国君墓地反映得最为清楚，而且出现的时间相对较早。[①] 目前已知的考古材料（其质量不可避免会参差不齐）包括春秋时期的两处墓地和战国时期的四处墓地，以及秦始皇陵及其陪葬的兵马俑——虽然它的年代超出本书的时间范围，但是因为它代表了上述发展脉络的顶峰，仍然值得分析。

迄今发现最早的秦国国君墓位于甘肃礼县的大堡子山，那里发现了两座带两条墓道的中字形大墓和一座规模巨大的陪葬马坑。两座墓葬发掘于1990年代中期，非常不幸的是，在地方当局的纵容与参与之下，两墓已经被盗掘一空。[②] 一些重要的春秋早期铜器出现在国际艺术品市场上，其中几件有铭文提到了一个或若干不知名的"秦子"，人们认为它们就出自大堡子山。[③] 除了墓葬本身惊人的规模之外（图73），它们没有留下什么信息：2号墓长115米（被认为属于秦公），3号墓长89米（可能是夫人墓）；两墓的深度分别为15.1和16.5米。这些尺寸都远远超出目前所知的任何西

[①] 以下论述来自 Falkenhausen 2004c：116 - 123。
[②] 戴春阳 2000；秋山进午 2000；滕铭予 2002：65—68（更多文献资料可参此文）。
[③] 一部分被上海博物馆购得（李朝远 1996），其他通过国际艺术品市场卖出（陈昭容 1995、1997、松丸道雄 2002b）。

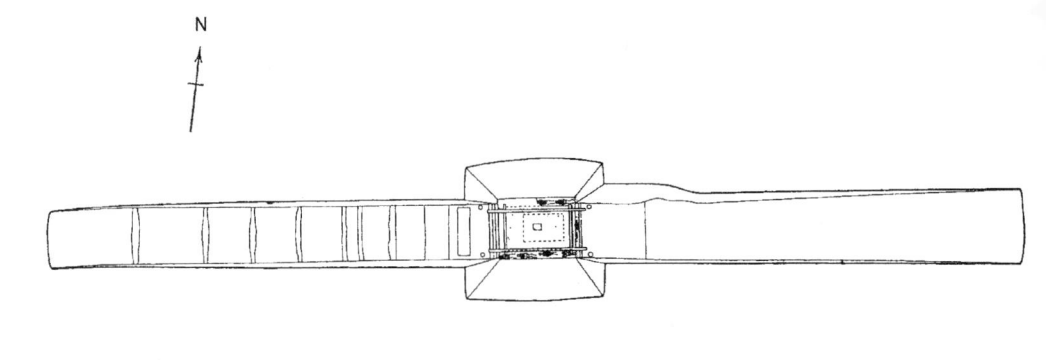

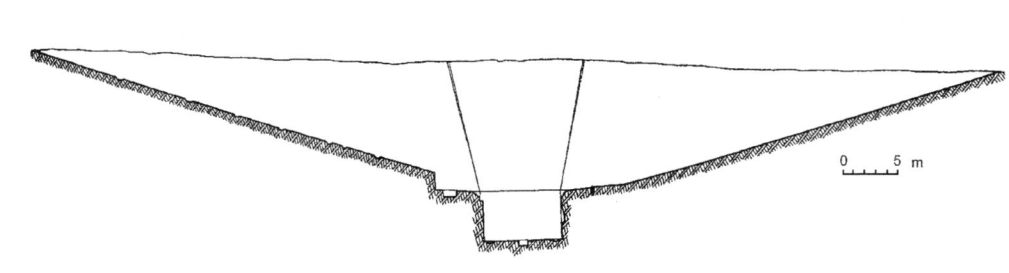

图 73　甘肃礼县大堡子山 2 号墓

约公元前 8 世纪晚期到前 7 世纪早期。注意底部的腰坑。此墓在科学发掘前已被盗空。

周时期的双墓道墓葬,①而且比安阳的商王墓更长、更深（见表 25），说明它们耗费了更加可观的劳动力。墓地的年代可能早于公元前 678 年,此时秦国的政治中心仍然位于渭河上游。

表 25　早期中国统治者墓葬的规模

遗　　址	地　点	墓道数量	长度	宽度	年　代
秦统治者的墓葬					
大堡子山 2 号墓	甘肃礼县	2	115	15	春秋早期
大堡子山 3 号墓	甘肃礼县	2	89	17	春秋早期
南指挥 1 号墓	陕西凤翔	2	300	24	春秋中期
东陵Ⅰ.1 号墓	陕西临潼	2	220	?	战国中晚

---

① 很可惜,周公庙已经认定的七座王陵的尺寸至今未见发表,它们都有四条墓道。

续　表

遗　址	地　点	墓道数量	长度	宽度	年　代
东陵Ⅰ.2号墓	陕西临潼	4	220	?	战国中晚
东陵Ⅱ.(1)号墓	陕西临潼	4	220	?	战国中晚
骊山(始皇墓)	陕西临潼	4	400+	?	秦
其他周朝统治者的墓葬	氏族				
周公庙灵坡18号墓	陕西岐山	周	4	约20	约10	西周
周公庙灵坡32号墓	陕西岐山	周	2	约25	约10	西周
张家坡157号墓	陕西长安	邢	2	35	8	西周中期晚段
曲村Ⅲ区63号墓	山西曲沃	晋	2	35	7	西周晚/春秋早
曲村Ⅲ区93号墓	山西曲沃	晋	2	33	8	西周晚/春秋早
辛村6号墓	河南浚县	魏	2	30	7	西周/春秋早?
辛村2号墓	河南浚县	魏	2	42	11	西周/春秋早?
三汲1号墓(𦅾墓)	河北平山	中山	2	111	8	战国中期晚段
商王陵区墓葬					
侯家庄1001号墓	河南安阳	4	68	11	晚商
侯家庄1500号墓	河南安阳	4	81	13	晚商
武官村1号墓	河南安阳	2	45	7	晚商
以上不包括墓上建筑					

在秦定都于雍城(今陕西凤翔县)的三个世纪(前677—前384年)中,秦公及其近亲葬在南指挥村一处开阔宽敞、环壕围绕的大规模陵园中(24平方公里),紧邻都城的南城墙(地图15)。① 经调查已经发现了44座墓葬,分属于13座陵园,每座陵园都有环壕围绕。其中18座墓葬因其规模远远超出其他墓葬而被认为是秦公墓,而一座据说属于秦景公(前577—前537年在位)的墓葬已经全

---

① 韩伟 1983;韩伟和焦南峰 1988。迄今尚无详细报告。关于此墓出土的一套已打碎的石磬上的铭文,见王辉、焦南峰和马振智 1996。

面发掘(图74)。由于遭到了严重盗掘,该墓已不见任何可以表明墓主身份的铜器组合。木椁保存状况良好,由侧柏木构筑而成。侧柏因其质地紧密和不易腐朽的特点而受到青睐,而且至少在后来,仅限于统治者使用。椁室由多室组成,以门户相通,这是目前所知中国最早的复制地上建筑的墓葬。墓坑规模比大堡子山的还要壮观,长达300米,深24米(8层楼的高度!)。如果说这座墓和周围其他未发掘但规模同样巨大的墓葬与同时期的国王墓有什么不同,那么唯一的形制标准可能就是墓道数:每座两条,而安阳的商王墓是四条,新近在周公庙的发现表明周王延续了这个传统。①在大堡子山和南指挥村,秦国国君似乎有意让墓葬的规模超越周

图74　陕西凤翔南指挥村秦(景?)公墓

公元前6世纪中期(?)。

---

① 洛阳地区那座神秘的春秋时期周王墓(见注2)据说也有四个墓道。如果周王室在东周时代确实一直沿用这种特权,那么金村的墓葬据报道只有一条墓道,它们是否真是周王墓,就令人怀疑了。当时Bishop White得到消息,说一些战国时期的奢侈品出自金村的墓葬,实际上这些墓葬可能根本不属于周代(林巳奈夫1985年告知)。

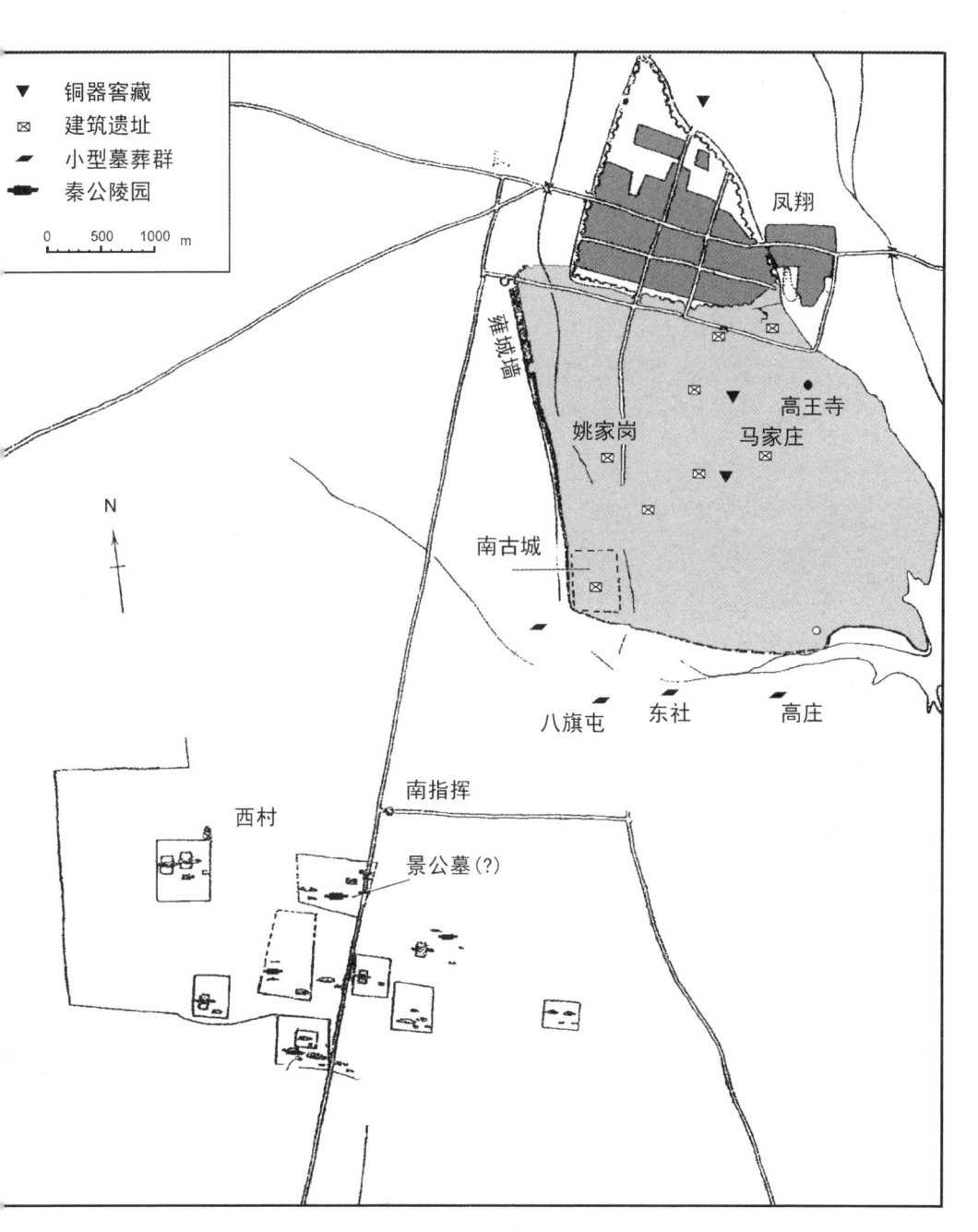

第八章　高级贵族与低级贵族的分野(约前750—前221年)　359

地图 15　陕西凤翔的考古遗址

秦都雍城在地图北部；秦公陵园与其他墓地在南部。

王墓,与此同时,又通过减少墓道数量表现出对周王室的形式上的臣服。若果真如此,这就是一个有意操纵礼制的好例子,表明即使早在公元前 7 世纪初,秦国强烈的政治野心已经在丧葬活动中昭然若揭,到了公元前 6 世纪中期更为明显。铜器铭文进一点证实了这种印象:例如,宝鸡附近出土的一套公元前 7 世纪早期的秦钟,上面的铭文使用了此前限于周王的语词,无疑体现了秦人对最高权力的觊觎。①

秦国礼制、政治上的好大喜功在战国中期到晚期继续膨胀。这一时期秦国国君将其墓地选择在陕西临潼的芷阳,陵园规模宏大,周围由巨大城墙环绕,其面积达 8.8 平方公里,远超出之前位于南指挥村的陵区。目前已经勘探出四座陵园(地图 16)。② 每座陵园都有王墓、王后墓,以及少量可能是妃嫔或王子的墓葬。每座陵墓附近都有大型庙堂建筑的基址。由于这些墓葬在公元前 210 年秦始皇死后的内战中都遭到了破坏,可能已经所剩无几了。因此,迄今为止还一处都未发掘,但是其面积、深度及周围的遗迹已通过钻探清楚。有趣的是,其中部分墓葬有四条墓道(图 75),其修建年代很可能是公元前 325 年秦惠文王称王之后。个别墓葬最长达 278 米(陵园Ⅰ,1 号墓:220×128 米;2 号墓:220×137 米;陵园Ⅱ,未编号墓:278×181 米),各墓皆有封土,原来高度已不清楚。这些墓葬虽然是战国时期已知最大的王墓,但比起同在临潼县、相去不远的秦始皇陵,就相形见绌了。秦始皇陵仍然是当地的重要地标,现存封土高 51 米,但原

---

① 卢连成和杨满仓 1978;《殷周金文集成》1.262-70;相关论述见 Falkenhausen 1988;1040-1065;亦见 Falkenhausen 2004c;155-156。铭文中还吹嘘了一桩不见于他处记载的秦国和周王室的联姻联盟,目的在于将其合法地纳入周代的政治网络,同时支持其没有说出口的觊觎王权的野心。

② 骊山学会 1987。陕西省考古研究所和临潼县文管会 1987;陕西省考古研究所和临潼县文物管理委员会 1990。

本至少要再高出三分之一(地图 17)。①尽管与早期报告有所出入，但是封土下的墓葬在四面都有墓道。② 陵园有双重围墙环绕，占地 8.2 平方公里，内有大型庙堂和库房，以及公元前 209 年秦二世登基时处死的多位王子之墓。1970 年代开始的发掘，不断揭露出与陵墓有关的各种奇珍异宝。享誉世界的兵马俑位于陵园以东一公里处，它仅仅是始皇陵的大量设施之一，与其他设施一起象征性地将周边广阔的陵区变成了秦帝国疆域的微缩模型。③

在周文化圈内，具有方形、金字塔式封土的国君墓最早出现在晋国，墓址位于其最后一座都城新田(今山西侯马市)的郊外。④ 显然，这些封土极大地提升了墓葬的壮观效果，向四方彰显统治者的权力。战国时期所有大型王国都建造了有封土的大型陵墓，很多仍然矗立在其都城的周边。现有研究表明，这种墓葬应该是公元前 5 世纪初期的新发明，完全独立于同时期周边——如长江下游(见第六章)和欧亚草原——文化的封土墓葬。⑤ 周文化圈内大多数国君墓封土的一个独特之处，那就是其上有大型木构庙堂建筑；封土的形状近似于台阶形金字塔，每一层上都有木结构，从而构成一个多层建筑的假象。(只有秦国将庙堂建于封土之旁，而非其上；秦国的

---

① 在众多有关秦始皇陵的研究文献中，目前较好的综合论述是王学理 1994；陵区的考古发掘报告见陕西省考古研究所和秦始皇兵马俑博物馆 2000。关于现存封土的高度有各种说法。王学理(1994：83—85)论证 51 米为正确数字，不到封土原高的一半(亦参李学勤 1985：252)。不同的是，考古报告给出的现有高度是 33.5 米，说原始高度仅高出 6 米(陕西省考古研究所和秦始皇兵马俑博物馆 2000：7)。据王学理(1994：52)陵园的外围面积为 2 165×940 米；考古报告给出的数据则每边各增加 20 米(陕西省考古研究所和秦始皇兵马俑博物馆 2000：10)。两书关于内围得出相同的数据为 1 355×580 米。

② 陕西省考古研究所和秦始皇兵马俑博物馆 2000：9。东方是该墓最主要的方向，报告称东面有五条墓道；其他三个侧面各有一条墓道。墓室尚未发掘，也尚无任何墓室的轮廓图发表。

③ 四个兵马俑坑的发掘工作始于 1974 年。至今只有头十一年在 1 号坑的发掘材料有完整发表(陕西省考古研究所和始皇陵秦俑坑考古发掘队 1988)。

④ 山西新绛县柳泉墓地的三座墓上面有祭祀性高台建筑，但是发表的材料很少(山西省考古研究所侯马工作站 1996：24—26)；其年代似乎为春秋晚期以后。

⑤ 今后的研究也许能证明欧亚大陆中部对东周时期中国高级贵族的地位展示习惯的影响。这一方向的一些大胆的观点见 Rawson 1999b：25-26 等。

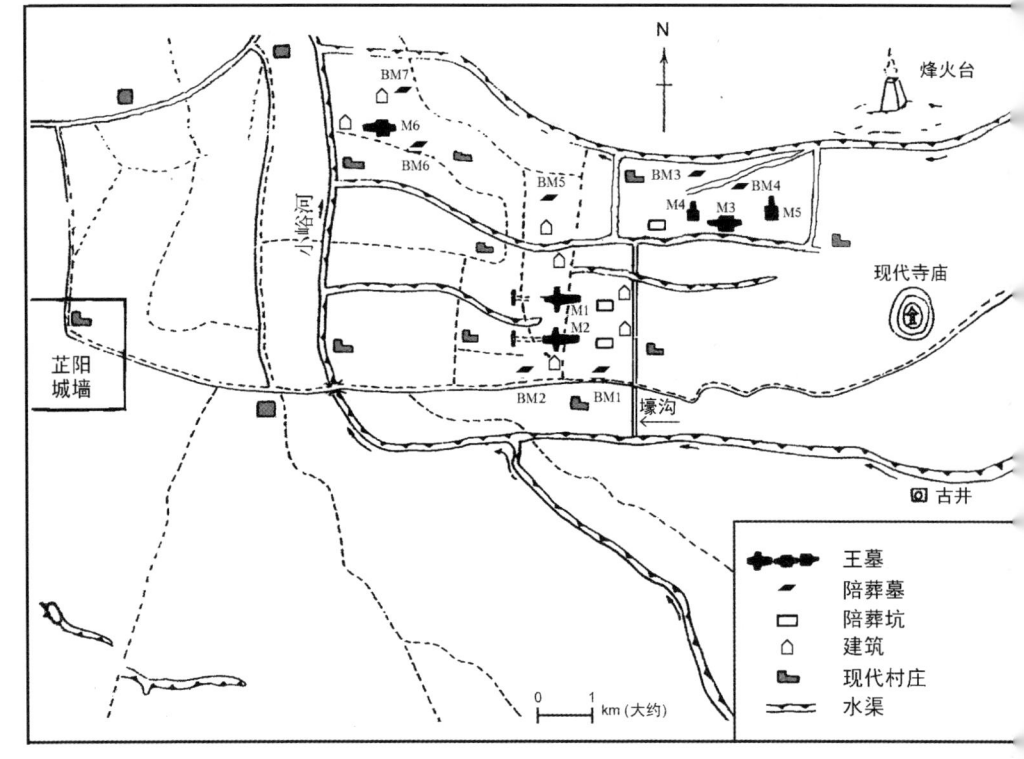

地图 16　陕西临潼东陵陵区
示意图，无比例。

这种地方形式，后来成为中国历代王朝的帝陵建筑的传统。)中山王
䚟的未能竣工的陵墓(第七章所讨论；见图 65、66)是这类木构建筑
环绕的金字塔式封土墓葬的典型。另一组类似的封土墓葬，是山东
齐国都城临淄附近的"六王冢"，①保存状况甚好，但没有进行发掘，
因为它们在古代就已经被盗。它是一个巨大的长方形高台，上面修
建了四座大墓，高台两侧对称坐落着两座小墓(图 76)。这里埋葬的
并非现代地名所指的"六个王"，而显然是齐王室(田或陈氏族)的一
代人；在这一区域还有其他几处规模相近的陵墓。可与之媲美的陵墓

---

① 张学海 1984。

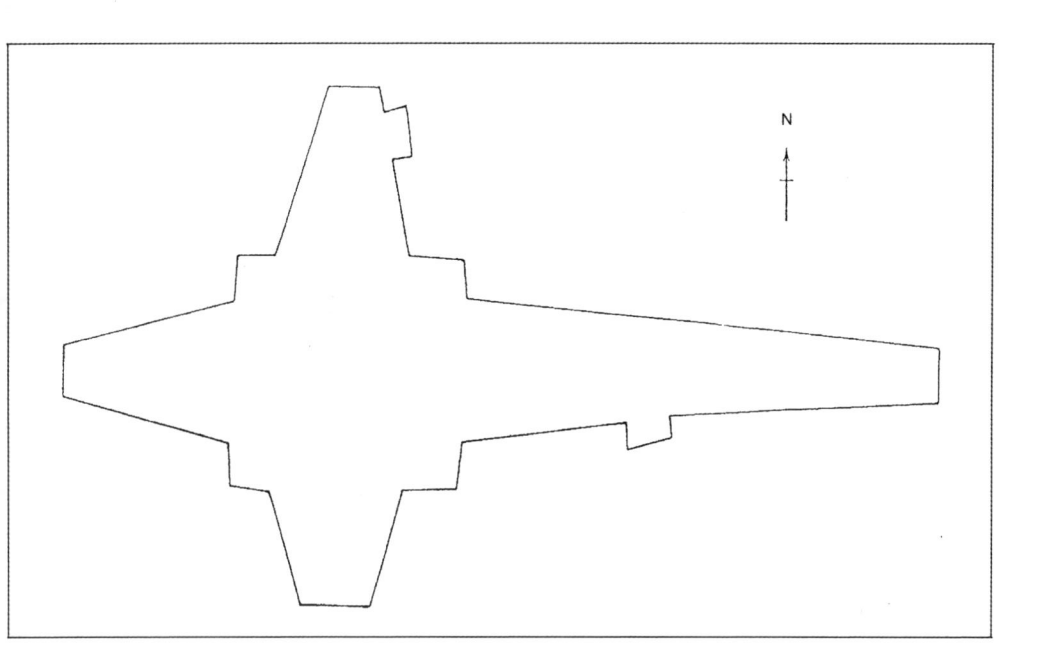

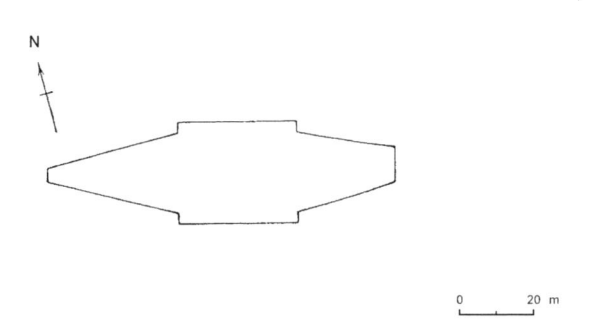

第八章 高级贵族与低级贵族的分野(约前750—前221年) 363

图75 陕西临潼东陵Ⅱ.3号和Ⅰ.1号墓

公元前4世纪晚期到前3世纪中期。

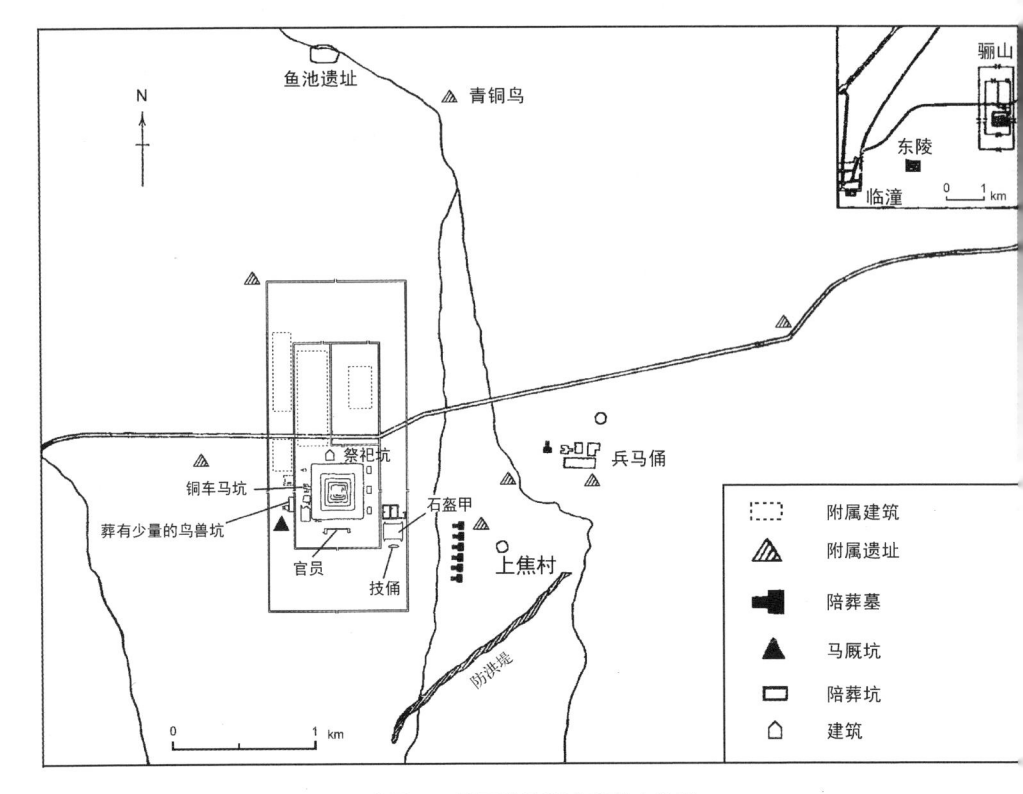

地图17　陕西临潼骊山秦始皇陵园

还见于河北邯郸（赵国）、河南辉县固围村（魏国）、湖北江陵（楚国）、河北易县燕下都（燕国），以及河南新郑（韩国）。① 所有这些陵墓类似于当时的高台宫殿建筑，后者的遗迹仍然可见于战国时代的都城遗址，它们是中国建筑史上最早的真正意义上的纪念碑式建筑。

　　这些犹如雨后春笋般涌现的新型墓葬，无疑和第七章勾勒的新兴宗教理念密切相关。不过，我们看到，战国时期的普通贵族成员的墓葬，根本无法同这些壮观的陵园相比拟。虽然其中有些墓葬很

---

① 关于邯郸，见河北省文管处、邯郸地区文保所和邯郸市文保所1982；郝良真2003。关于固围村，见中国科学院考古研究所1956：69—109。关于江陵，见江陵县文物工作组1984。关于燕下都，见河北省文物研究所1996：646—731。关于新郑，见蔡全法2003a：122；笔者于2002年7月31日参观了当时正在发掘的一座韩王陵。关于中国帝王陵墓上封土的综合研究见徐苹芳1995：215—231；杨宽1985。

图 76　山东临淄附近的六王冢

公元前 4 至前 3 世纪。

庞大也很奢华,但是基本延续了上一个时代的规模,而且由于明器(参第七章)广泛取代了珍贵的礼器,其随葬品越来越廉价。它们与越来越大的封土墓葬形成的鲜明对比,直接反映了日益专制的统治者不断增长的权力和旧的世袭贵族的没落。表达这种反差时,各国都有一定的特色,但是总体的趋势还是大致相同。国君权力的膨胀在秦国出现得特别早,而且也变得特别显著,如果这不是考古发现的巧合,那么就恰好和出土及传世文献记载的秦国的政治野心相符合。《周礼》所载的公墓和邦墓两类墓葬之间的分野——文献在其理想化的周朝宫廷中为每类墓地都规划出了一套独立的官僚系统——可能就反映了战国时期的这种情况。[①]（如是,它可以为众说纷纭的《周礼》的成书年代提供一条考古学证据。）

---

① 参见《周礼·春官·冢人》(《周礼正义》41：1694—1705),对比《周礼·春官·墓大夫》(《周礼正义》41：1705—1707)。

淅川下寺的双重铜器组合①

东周贵族内部两个阶层的分化大约开始于春秋中期,其过程可以在深入分析当时的高级贵族墓葬的青铜器组合中看到。这种贵族用器规格的分化,我最初是在研究河南淅川下寺春秋楚墓的随葬品时发现的。②下寺墓地属于薳(或隶定为蔿)氏族,这个氏族见于历史记载,是春秋早期一位楚王的后代。薳氏族的宗子世代统治下寺周围的土地,此地位于楚国的北疆,大约在公元前6世纪初期为楚国占领(或再次占领)。铜器铭文记载了关于薳氏族宗子活动的重要信息,其中包括他们与邻近小国的公主联姻。下寺墓地的始用时间恰好处于楚国效仿周王室建立其联盟网络之时。虽然薳氏曾经在一段时间内是卿一级的氏族,但是他们在楚国政治结构中的地位在某种程度上相当于周王朝的诸侯。

下寺的九座大墓分属五组,从南向北排列,每组都包含一座大墓和一座车马坑(地图18);仅C组和E组除大墓之外还有其他的大墓(E组一座,C组3座)。学者认为五组墓葬代表了薳氏族的前后五代首领,其年代始于公元前600年之后不久,延续至公元前5世纪开始的25年,这样就得到了一个相当合理的每代25年上下的跨度。这个年代来自于青铜容器的风格分析,而我们明白,每座墓葬的年代取决于它出土的时代最晚的器物,这是因为许多最重要的铜器在下葬时已经成为古董了。除了下寺以外,薳氏族的墓地范围可能也包括了附近年代稍晚的和尚岭和徐家岭;③不过,本

---

① 下文的论述根据 Falkenhausen 2003b;亦见 2003a: 447 – 450 等。
② 河南省文物考古研究所、河南省丹江库区考古发掘队和淅川县博物馆 1991。
③ 有关和尚岭墓地,见河南省文物研究所、南阳地区文物研究所和淅川县博物馆 1992。有关徐家岭墓地,见河南省文物考古研究所、南阳地区文物考古研究所和淅川县博物馆 2004;亦见曹桂岑 1986。

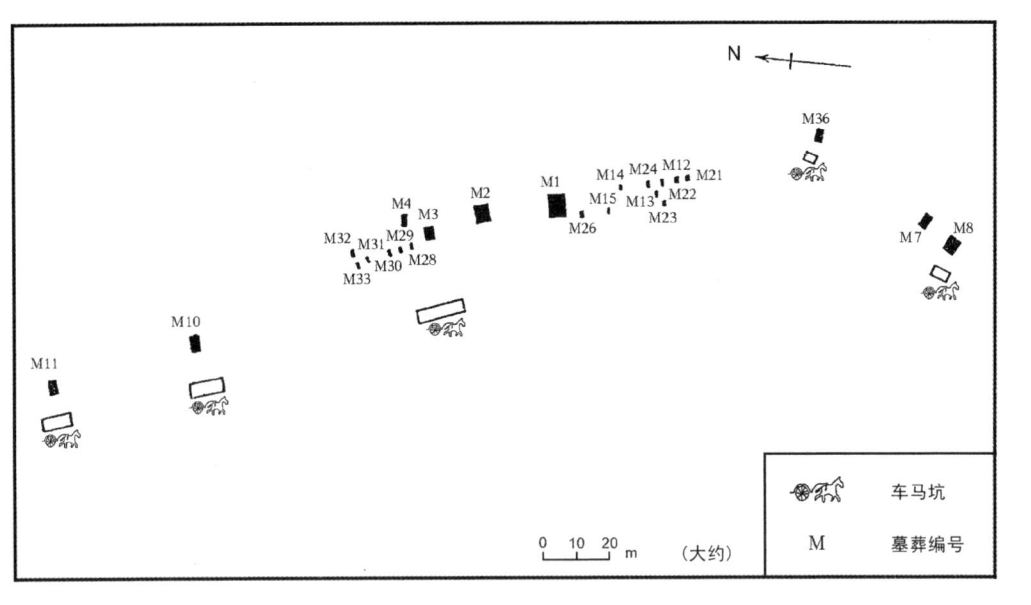

第八章 高级贵族与低级贵族的分野(约前 750—前 221 年) 367

地图 18　河南淅川下寺墓地

最早的几座墓葬位于左侧。蓮氏族墓地继续向西延伸至和尚岭(本图以外)及更远。

文只讨论下寺而已。

C 组墓葬数量较多并且规模较大,与下寺的其他四组墓葬迥然不同。其中除了一座蓮氏族宗子的墓葬(2 号墓),还有三座其夫人或妾的墓葬(1、3 和 4 号墓),以及 15 座小型墓葬,考古学家认为是殉葬。另外还有其他殉人,可能身份高一些,每人都有自己的棺木,葬于三座大墓的椁室中——这同我们在宝鸡西周弓鱼国墓地中见到的情况类似(见第二章)。2 号墓面积 58.9 平方米,远大于下寺的其他墓葬,那些墓葬的平均面积 24 平方米,从 13.2 到 34.8 平方米不等。[①] C 组墓的随葬品也更为丰富:2 号墓虽然被盗,但是仍然出土了 55 件青铜容器;而没有被盗的 1 号墓出土了 39 件,远比其他任何一座墓葬丰富(见表 26)。随葬品如此不平等的现象

---

① 这些数据来自墓坑底部。地图 18 中显示 1 号墓的面积大于 2 号墓,是因为其墓壁为斜坡状。

表 26　河南淅川下寺/和尚岭薳氏族墓地出土铜器组合

墓地	下寺								和尚岭		
组	A	B	C	D	C	C	C	E	E		
墓葬	8	7	1	36	2	3	4	10	11	1	2
面积（平方米）	34.8	19.1	34.65	13.2	58.9(T)	22.5(T)	18.8(T)	23.0(T)	19.7	28.6	28.3
保存状况	被盗	未盗	未盗	未盗	被盗	被盗	未盗	未盗	未盗	被盗	未盗
性别	男	女	女	男	男	女	女	男	男	（男?）	（女）
【食器和附属器】											
升鼎			2	2	7					2	
其他鼎	1	2	10	2	11	5	1	4	3	4（+?）	7
鬲			2		2						
簋			1							?	
匜	4	2	2	2	1	4	1	2	2	残	2
盏		1	1		残	1					
敦								1	1		
豆					1						1

续 表

						1			锄
				3					汤勺
				2			1		煤铲
									【酒器】
			2	2				?	2	方壶
					残	1			圆壶
		1	2	2	2	2	2			尊缶
			2	2	2	1	1		1	圆勺
										【水器/盥器】
1	2	2	2	2	2	2	2	1	1	盂缶
			1	1	1	1	1			盂鼎?
	1	1	1	1	1	1	1	1		盘
1			1	1						盃
1	1	1	1	1	1	1	1	1		匜
				1						水盂

续表

鉴	8								
碗		1		1				1	
长柄勺			1	3	1	1		1	
【其他】									
方盒					1	1		1	
升					1	1			
镇墓兽座			1			(1)			1
禁				2					
【乐器】									
甬钟				1/26		1/9		?	
钮钟			1/9			1/9			1/9
镈						1/8			1/9
编磬			(1/13)	(1/13)		(1/13)		(1/9)	(1/12)
总数	**8**	**10**	**8**	**38**	**53**	**25**	**18**	**14**	**7+**	**19**

括号中的数字为非铜质器物（未计入总数）。

反映了地位的悬殊差别,意味着下寺墓地的蒍氏族的第三代宗子的等级一定远远高于其前任与继任。

令人惊异的是,传世文献的证据能够直接解释这种考古材料上的差异;李零令人信服的考证,指出2号墓的墓主,即铜器铭文中的"倗",就是蒍子冯,一位楚国的令尹,死于公元前548年。① 倗是其氏族在春秋中期唯一一个官至令尹的成员,他直系的前人和后代都不曾担任此职。倗及其妻妾(虽然后者显示了制度性的性别差异)的墓葬远较他人更为丰富,几乎可以肯定体现了倗获得的非世袭的地位。这种因个人所得而在丧葬的礼仪背景下形成的差别,以及这种巨大差别的程度,值得玩味。下寺墓地提供的这个绝佳的案例,使我们观察到官僚等级、贵族等级以及用器等级之间是如何协调的。我们看到,传世文献没有片言只字提到这种复杂现象。今后的研究需要进一步澄清这里所见的联系是仅限于下寺一个墓地,还是代表了公元前6世纪中期的楚国,或者代表了整个周文化圈。

比较了C组2号和1号墓与下寺其他墓葬的青铜器组合之后,我们就会发现这种差别不仅表现在数量上,还表现在质量、类型和风格上——这种差别表明,倗在位居令尹一职后,进入了一个全然不同的等级范畴。的确,2号和1号墓都拥有两套铜器组合:其中一套,我称之为"常规组合",其中的容器类型普遍见于下寺的铜器墓,而另一套——"特殊组合"——其器物类型的使用范围非常小,在下寺仅见于这两座墓。②

让我们先看"常规组合"(图77)。所有下寺的墓葬都随葬有:盛肉食的列鼎,这种鼎在这一时代多有鼎盖;盛谷物的𠤳(传统上

---

① 李零1991b。关于楚国令尹一职的重要性,见本书第290页(第六章)注③。
② 下面的看法已经部分见于李零的文章,见李零1991a(关于器物命名的详细讨论见此文)和1992b。

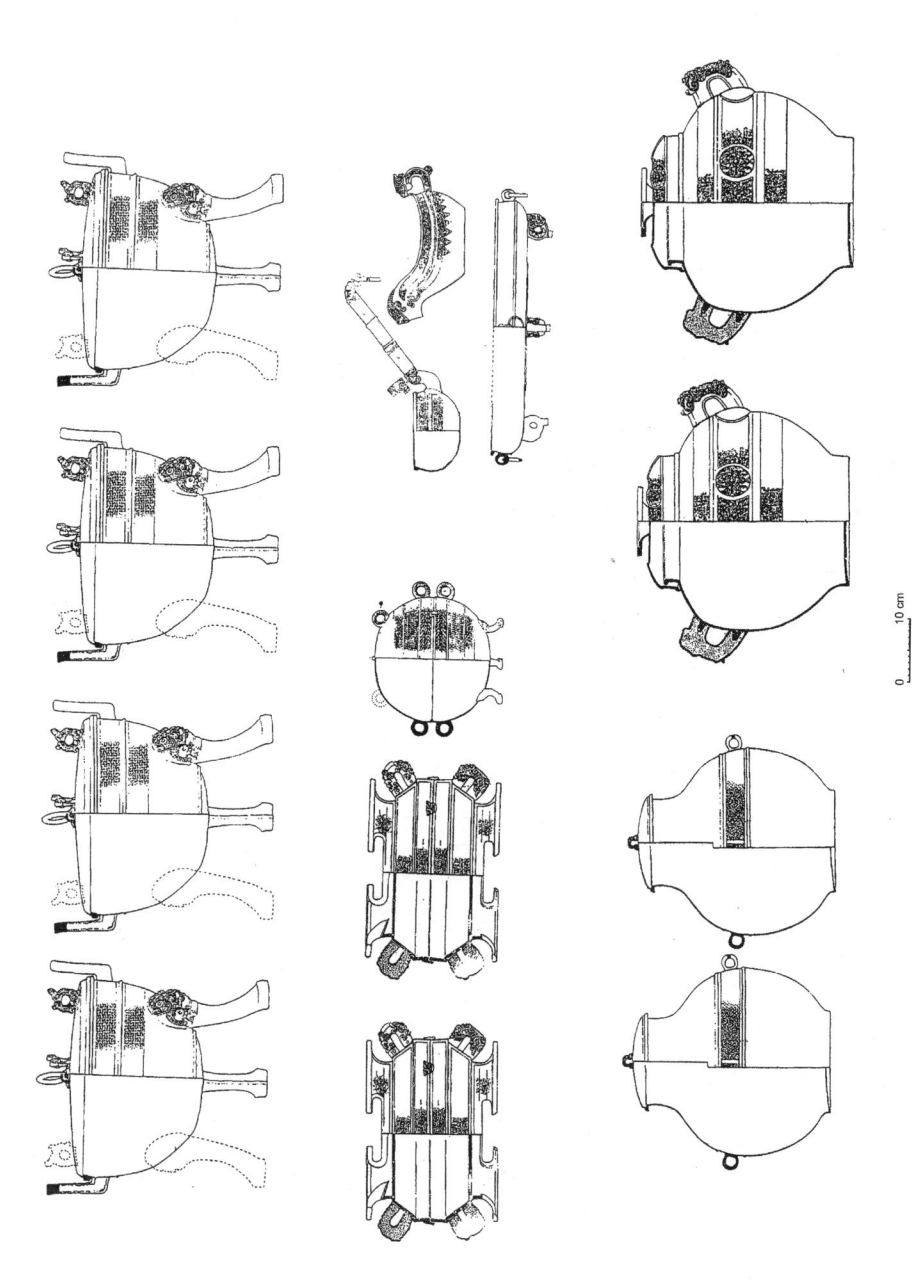

图 77 河南淅川下寺 10 号墓出土的春秋晚期"常规组合"

第一排：盖鼎；第二排：匜、敦、斗、盘、匜组合；第三排：尊缶一对，浴缶一对。约公元前 500 年。

第八章 高级贵族与低级贵族的分野(约前750—前221年) 373

称为簠,是楚系铜器中人们偏爱的早期簋的替代品),以及相同功用的盏或敦;盛液体的缶(分为酒器尊缶和水器浴缶),以及盥洗器盘和匜。鼎和匜多以成对或四件一套出现。① 我们将下寺与楚地其他氏族墓地作了比较(表27),发现这种组合差不多是春秋中晚期楚国贵族墓葬的标准配置。

C组所有墓葬也都出有这种"常规组合",但佣(2号墓)及其正妻(1号墓)还额外随葬了从不见于一般楚国贵族墓葬的几类青铜容器(图78):平底无盖的"升"鼎;②盛谷物的簠,这种器物在这个时期已基本绝迹;成对的方壶(水器或酒器);以及华丽的袋足鬲(源于周代分布广泛的炊器,但是自西周晚期礼制改革以来,它已经成为礼器组合的一部分;参图9)。这些器物,也就是我所称的"特殊组合",都制作精美、装饰繁缛、工艺精湛,而且体形庞大。此外,也是特别有趣之处,它们在造型上及某些装饰纹样上颇有古风(但是其风格或制作技术并非如此!),这是很明确并且毫无疑问地有意参考了西周晚期礼制改革以后推广的几类标准铜器形制。例如,图79中,2号和1号墓出土升鼎的鱼鳞纹同西周晚期最大的一类鼎上的鱼鳞纹相当一致;两墓出土的簠,其装饰由腹部的瓦楞纹和上下的口沿及圈足上的纹样构成,明显模仿了西周晚期的瓦纹簋;而下寺出土的方壶的纹饰(虽然更为精致)追随了西周晚期几类器物的装饰结构(参图20)。此外,非常突出的是,"特殊组合"容器的数量(尤其是佣墓出土的七件一组的升鼎)符合西周晚期用器制度规定的标准列鼎规格。反之,"常规组合"中的鼎和匜组合遵循了一套不同的、更简单的,并且似乎是楚国特有的标准。

---

① 这种组合最早是郭德维(1983a,1995)发现的。需要注意的是,已知的奇数成套的盖鼎并不代表所有材料(李零1991b:78);刘彬徽(1991)注意到成对出现的情况扩展到了其他器类,可能反映了一种成倍使用铜器的趋势,而这种做法实际上是符合周礼的;李安民(1991)指出,成对使用礼器的做法最早是北方的一种习俗。

② 关于"升鼎",见衡云华2003。

表 27 春秋时期楚墓出土的铜器组合

湖北中南部						河南西南	
省	湖北	湖北	湖北	湖北	湖北	河南	
市	枝江	江陵	当阳	枝江	当阳	淅川	
地点	百里洲	岳山	电一	高山庙	曹家岗	茅坪	
墓	?	?	?	14	5（坑）	18	
保存状况				破坏	被盗?	?	
年代	春秋中期早段	春秋中期晚段	春秋中期晚段	春秋晚期	春秋晚期	春秋晚期	
【食器及附属器物】							
鼎	3	1	2	2	4	4	
簋							
匜	2	1	1	2	2	2	
盏		1					
敦				1			
盒*					1		
斗							
【酒器】							
方壶	1						

续 表

圆壶									
尊缶									
【水器/盥洗器】									
浴缶	1	1	1	1	1	1			
盘	1	1	1	1	1	1			
匜	1	1	1	1	1	1			
总数	8	6	6	8	8	9			
湖北北部(襄樊地区)									
省	湖北	湖北	湖北	湖北	湖北	湖北	湖北	湖北	湖北
市	襄阳	襄阳	襄阳	襄阳	襄阳	襄阳	襄阳	襄阳	固城
地点	山湾	山湾	山湾	山湾	山湾	山湾	山湾	团山	辛店
墓	15	6	14	22	33	19	23	1	?
保存状况	未盗?	未盗?	未盗?	未盗?	未盗?	未盗?	未盗?	?	?
年代	春秋中期	春秋中期	春秋中-晚期	春秋晚期	春秋晚期	春秋晚期	春秋晚/战国早	春秋晚期	春秋中期早段
【食器及附属器物】									
鼎	1	2	1	1	1	1	1	2	6

续表

器物									
簋		2						2	4
匜	1								
盏					1				
敦		1	1		1				1
盒*			1	1				1	
斗			1						
【酒器】									
方壶		2	1		1		1	2	2
圆壶		1	1		1	1	1	2	
尊缶		1	1		1	1			
【水器/盥洗器】									
浴缶	1	2	1		1	1	1	1	2
盘	1	1	1		1	1	1	1	1
匜	1	1	1		1	1	1	1	
总数	6	9	6	2	8	3	5	9	17

这一组合据称出自5号墓旁边的一个奇怪的"陪葬坑",但是我们怀疑它可能是一座独立的墓葬。此坑是否同5号墓一样被盗,我们并不清楚。

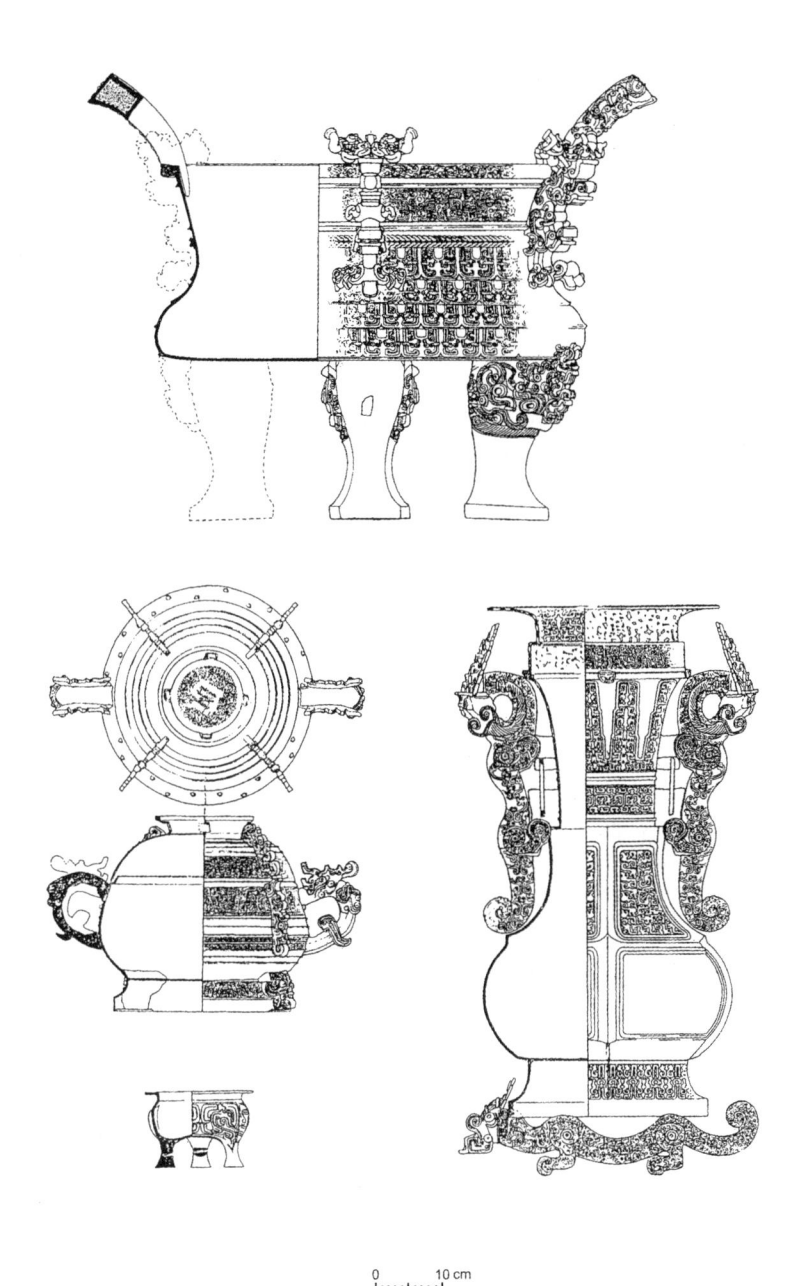

第八章　高级贵族与低级贵族的分野(约前750—前221年)　377

图 78　河南淅川下寺 1 号墓出土的春秋晚期"特殊组合"的主要铜器类型
上：升鼎；左下：簠、鬲；右下：方壶。约公元前 550 年。

378　宗子维城

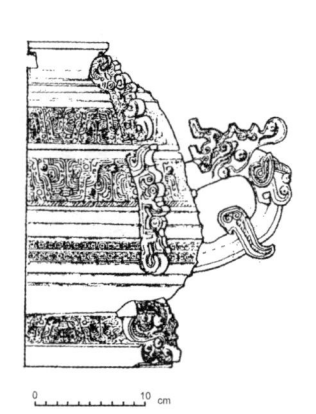

图 79　西周晚期与公元前 6 世纪中叶"特殊组合"的铜器纹饰比较

河南三门峡上村岭 1753 号墓与河南淅川下寺 1 号墓出土的鼎的纹饰比较；陕西扶风齐家村出土的中友父簋与下寺 1 号墓出土的簋比较。

从下寺"特殊组合"的容器及编钟的铭文(包括第七章讨论过的王孙诰甬钟铭文),我们推断这些器物的部分,甚至可能所有的,都是㠯从一位前任令尹王子午那里获得的,王子午家族在宫廷斗争中因失败而衰落。① 这进一步证明,㠯之所以能够拥有这些尊贵的器物,是因为他的官职,而不是因为他在楚国血缘关系网络中的地位。由于楚国历史上令尹一职,在㠯以前通常都是在位楚王之近亲的特权,所以"特殊组合"器物从原则上说,有可能曾经是统治者直系家族独有的特权。这种特权作为官职的标志扩展到了贵族阶层的其他成员,似乎是春秋中期出现的事情;它表明,西周晚期礼制改革建立的森严的等级制度正在松动。

在我看来,拥有"特殊组合"器物不仅标志着一个特殊层次的地位和等级,而且可以让拥有者能够参与对一般贵族不开放的特殊的礼仪活动。这些活动不同于楚国氏族全体成员都参加的一般祭祖活动,它们的起源可能更为古老,或者就是为了恢复某些西周晚期起源的、但在当时已经绝迹的历史悠久的活动而进行的。最重要的是,我们下面要回顾的考古发现可以证明,这些器物广泛分布于周文化圈内——西周晚期礼制改革的影响曾经渗透到的区域。因而拥有"特殊组合"器物跨越了国界,给各诸侯国最高级贵族成员提供了共同的礼仪活动。这种共性肯定有其实质上的作用,比如,当蒍氏族与楚国以外的氏族缔结婚姻联盟时。反之,下寺"普通组合"的特殊器类,虽然来源于更早的西周铜器,但是它们主要反映了楚国及其附属国的特色,表明使用这些器物的礼仪活动仅限于楚文化圈。可以想象,《周礼》提到的"邦墓"和"公墓"的差别可能也反应在随葬品的礼仪适用范围的差异上。

---

① 发掘者误将墓主认作这位失势的令尹王子午(河南省文物研究所、河南省丹江库区考古发掘队和淅川县博物馆 1991: 320—324);对这一观点的反驳和更多参考文献见Falkenhausen 2002: 763、782 注 50。

"特殊组合"青铜礼器的其他实例

在楚文化圈,"常规组合"与"特殊组合"青铜容器的共存现象并非仅见于下寺。这两套组合还见于目前为止我们发现的唯一一座有考古资料的楚王墓,即安徽寿县朱家集的战国晚期楚幽王墓(约公元前237—前228年在位)。[1] 它们还见于湖北江陵天星观一位楚王子及其夫人墓。[2] 这三座墓同下寺墓地一样,仅出铜器而不见陶器。[3] "常规"和"特殊"组合的差异同样(虽然并不是那么明显)可见于战国时期各类楚王室家族亲属或楚国封疆大吏的墓葬(表28);其中最壮观的就是湖北荆门包山二号墓(见图93)[4]和河南信阳长台关一号墓。[5] 这些墓葬中,"特殊组合"的部分器物经常以陶明器的形式出现,而"常规组合"则是实用器,意即对于器物主人,以及或许所有社会成员来说,"常规组合"的器物在礼仪中具有直接而实际的效用,而"特殊组合"的作用可能在当时(或者在这个社会阶层)已经主要是象征性的了。[6] 在一些墓葬中,"特殊"同"常

---

[1] 此墓在20世纪30年代遭到反复的盗掘,从来没有做过科学发掘。1936年李景聃报道了当时可以获得的信息。有关此墓随葬品的情况见李零1992b:142—153;关于墓葬见李德文1986。本遗址现在属于长丰县。

[2] 其中男性墓被盗掘情况非常严重,见湖北省荆州地区博物馆1982;其夫人墓保存状况稍好,见湖北省荆州博物馆2003。

[3] 这一点并不完全确定,因为幽王墓未经科学发掘,并且天星观的两座墓皆遭盗掘。不过很有可能这几座墓都不见陶器,因为盗墓贼多舍弃陶器,而并非铜器。

[4] 湖北省荆沙铁路考古队1991。

[5] 河南省文物研究所1986。最近同遗址的7号墓出土了与其相近的随葬品组合(河南省文物考古研究所和信阳市文物工作队2004;可惜的是,简报中未公布发掘器物的数量,因此无法收入表28)。

[6] 其他出土这双重器物组合的大型楚国贵族墓包括湖南长沙89号墓(又名长沙六程桥1号墓)(湖南省博物馆1972;湖南省博物馆、湖南省文物考古研究所、长沙市博物馆和长沙市文物考古研究所2000:20—22等,见图93);湖北江陵望山1号和2号墓(湖北省文物考古研究所1996:5—163),及沙冢1号墓(同前:164—223);河南淮阳马鞍冢4号墓旁的1号车马坑(河南省文物研究所和周口地区文物文化局文物科1984)和平粮台16号墓(河南省文物研究所和淮阳县文物保管所1984)(后两者仅见铜器)。此外,还有湖北枣阳九连墩两座丰富的战国中期墓(简报见国家文物局编2003:53—56;湖北省文物考古研究所2003)。(转下页)

规组合"器物都用明器替代了。似乎高级贵族中的一部分人只拥有有限的特权,他们形式上可以拥有与"特殊组合"相关的礼仪特权,但是实际上并不能行使这种特权。这种礼仪特权在实际和虚拟层面上的差别,让我们重新想起了第二章讨论过的内容,即上村岭和曲村北赵出现的当时已废弃的酒器的明器组合;在第九章,我们还会遇到类似现象,也发生在楚地,但是在较低的社会阶层。

在周文化圈的其他地区,春秋和战国时期国君或显赫氏族首领的墓葬在铜器组合上也表现出类似的双重组合,即一套是形制古老的器物,或多或少遵循着西周晚期礼制改革的标准("特殊组合"),另一套则更为"现代",表现出更为强烈的地方风格和形制特征("常规组合")。这样的墓葬按年代排序有:河南新郑李家楼郑国国君墓(约公元前575年);①河南辉县琉璃阁春秋中晚期魏国国君墓;②安徽寿县西门内蔡侯申(死于公元前491年)墓;③湖北随州刘家崖一座残破的某位曾国国君墓(春秋晚期?);④另外两座随州擂鼓墩的曾国国君墓,其中一座就是极其著名的曾侯乙墓(死于公元前433年之后),我们在第七章讨论过;⑤以及山西太原金胜村的251号墓,墓主被认定为晋国赵氏族的首领(公元前450～前425年)。⑥ 各墓器物组合见表29(亦参地图19)。

体现"常规"和"特殊"组合之分化的墓葬中,数量最多并且发掘资料最为完整的都来自于楚国及其附属国,但是已知最早的墓

(接上页)这两座墓的情况正由湖北省博物馆整理发表;感谢王纪潮和胡雅丽的好意,使我能够在2004年6月30日得以见到这些精彩的器物。

① 此墓发现并清理于1923年,但是没有受过考古训练的人发掘的。出土器物刊登在若干传统风格的著录(见李学勤1985:85),最近已经出版了一部更好的专著(河南博物院和台北"国立"历史博物馆 2001)。
② 郭宝钧1959:53—76;河南博物院和台北"国立"历史博物馆 2003。
③ 安徽省文物管理委员会和安徽省博物馆 1956。
④ 随州市博物馆 1982。
⑤ 湖北省博物馆 1989;湖北省博物馆和随州市博物馆 1985。
⑥ 陶正刚、侯毅、渠川福 1996。

表 28 战国时期"特殊组合"的楚墓出土的器物组合

省	湖南	河南	湖北	湖北	湖北	湖北	湖北	湖北	湖北
市	长沙	信阳	荆门	荆门	江陵	江陵	江陵	江陵	江陵
遗址	(六程桥)	长台关	包山	包山	望山	望山	天星观	天星观	沙冢
墓	89	1	1	2	1	2	1	2	1
保存状况	未盗？	破坏	被盗	未盗	未盗？	被盗	被盗	被盗	未盗
年代	战国早期	战国早期晚段	战国中期	战国中期	战国中期	战国中期	战国中期	战国中期	战国中期
规模(平方米)	23.2	68.02	11.3	51.4	27.3	19.0	132.3	72.8	9.7
椁/棺	1(3c)+2	2(9c)+2	1+2	2(4c)+2	1(3c)+2	1+3	1+3	2+2	1(3c)+2
墓主性别	？	男？	？	男	男	女	男(？)	女	男
【食器及附属器物】									
升鼎	(3)	(1)		2	(3)	(2)		5	(2)
其他鼎	4(5)	5(8)	(5)	16	8(10)	5(7)	2+	9	(9)
鬲	(9)	(2)			(7)			5	
甗	(1)		(1)	1	(2)				
簋	(6)			(6)					
簠	(3)	(1)		2	(2)	(2)		5	
盏		2			(2)				(2)

第八章　高级贵族与低级贵族的分野(约前750—前221年)　383

续　表

敦	(2)	1(1)	(2)	2	2(2)	4(4)	(2)	2
豆	(2)	(24)[12]		[8]	(4)		[9]	5
盒*	(1)	1(1)			1(1)	(1)	1	
镐				1		13	11	
汤勺		1(2)			1(2)			2
炭盆				2	1			2
熏炉								
【酒器和饮器】								
杯	[30]	[35]				[33+]	[18]	
尊	(2)	1[1]			(1)			(2)
方壶	(2)	2(2)		2[2]	(2)	4(2)		(2)
圆壶	(2)		(2)	2	4(2)	2(2)	2	(2)
尊缶		2(3)			(2)	(2)		
高足壶					2		(2)	
鈁				6			1	
酒樽							1	
勺				2	1(2)	1		
【水器/盥洗器】								
浴缶							1	(1)

续　表

器类									
罍/其他缶				6			1	1	(1)
浴鼎	(2)	(2)		1	1(1)		1	1	
盘	(2)	4(2)		3[1]	2	2(1)	1	2	
匜	(2)	1(1)[1]	(1)	1	2(1)	2(2)	1	2	
盉*					(1)				1
水盂(盆)					3				
鉴	(2)	(4)		2	(1)	(2)			(4)
斗	1(7)			1[6]	(2)		1[7]		
【其他】									
灯			[2]	4		2			
奁		1/13							
【乐器】									
钮钟		1/13					1/4	2/22	
镈							{1/?}		1/10
铎				1					
石编磬						{1/?}	{1/?}		
总数	5(53)	21(54)	(14)	62	21(57)	23(27)	25	56	(30)

无括号的数字：铜器；圆括号数字：陶器；方括号数字：漆器。春秋时期的墓葬参见表26（下寺2号和1号墓；和尚岭1号墓）。

表 29 楚以外地区含"特殊组合"器物的墓葬所出铜器组合

省	河南	河南	河南	河南	河南	河南	河南	安徽	湖北	湖北	湖北	湖北	山西
市	新郑	辉县	辉县	辉县	辉县	辉县	辉县	寿县	随州	随州	随州	随州	太原
遗址	李家楼	琉璃阁	琉璃阁	琉璃阁	琉璃阁	琉璃阁	琉璃阁	西门丁内	刘家崖	刘家崖	擂鼓墩	擂鼓墩	金胜村
墓	?	A	B	60	55	80			1	60	1	2	251
保存状况	未盗?	未盗(?)	未盗(?)	未盗	未盗	未盗	未盗	未盗	被盗	残破	基本未盗	基本未盗	未盗
年代	春秋中期晚段	春秋中期晚段	春秋中期晚段	春秋晚期	春秋晚期	春秋晚期	春秋晚期	春秋晚期	春秋中期	春秋中晚期	战国早期	战国早期	战国早期
规模(平方米)	?	113.3(?)	69.2(?)	40.6	46.0	35.5		60.0	19.6	?	220	50.4	59.84
椁/棺	?	?	?	?	?	?	?	?	*	*	1(4c)+2	?	1+3
墓主性别	男	男	女	男	女	?		男	?	?	男	男?	男
【食器及其附属器物】													
无盖顶鼎	9	7?	5	9	7	7		7	2	3	9	9	5
其他鼎	+12	6?	5	20	7	6		11		10+	11	7	14
联裆鼎													
匜鼎											1		
鼎形器											10		6

续 表

器物												
鬲	9	4	4	6	6	6	8	4		10	10	6
甗	1	1	1	1		1			1	1	1	2
簋	8	14	4	6	4	4	8		4	8	8	
匜	4(+?)	4	4	4	4	4	4		4	4	4	4
盛/盆/簋	1											
盏	2											
敦												
盖豆		8			2	1	2			3	3	8
有座盖豆			1			2						4
高足豆/簋							2					2
铜				1	1							
盒	2		2									4
斗	3	1		1		1				14		
有沿炉							15					有
炭炉	1	1								2	1	1
炭炉座	1											有
铲		2								2	1	

第八章 高级贵族与低级贵族的分野(约前750—前221年)

续 表

【酒器和饮具】										
耳杯	4	4?	1	3			2		2	有
方壶	3	2?			2		3	2	2	4
圆壶		1				2		2		1
扁壶		1			1					1
鉋壶						2		2		
提梁壶										2
高足壶									3	
尊缶						4				
勺	2(+?)	2	2	2	2					
【盥洗器】										
浴缶/罍	3	1	2	2	1		3	8	6	2
盘			1	1	1			1	1	2
盉+/鉸盉+	4	1	1	1	1			2		有
匜								1		4
鎏				2	2	4		4	1	6
鉴/洗	3	2	3							

续表

器类												
浴缶										1	1	
"尊"										1	1	
"盘"（"有尊"）										1	1	
碗										3	3	有
斗			1							6		
【其他】												
鸟形器										3		1
盒卄										3		
熏炉								2				
升							1			4		
【乐器】												3
甬钟	2/8	1/?	1/8				1/12			5/45	4/36	
钮钟		1/?	1/9				1/9+frg			2/19	4/36	
鎛	1/4		2/12				1/8			1		2/19
钲							1					
淳于							1					
石编磬	?		{1/11}							{1/42}	{1/12}	{1/13}
总数	72+	67	31	64	37	38	96+	8+	30+	116	66	83+

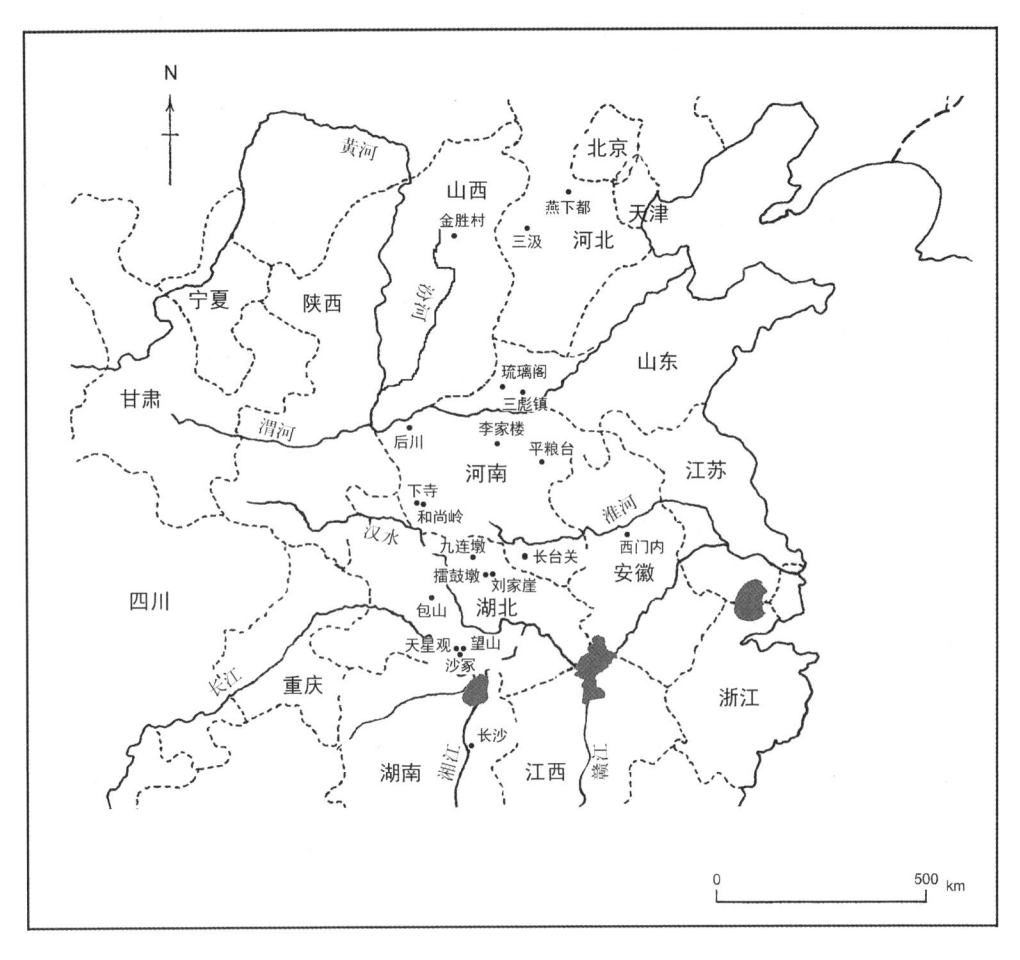

地图 19　中国北方和南方出土"特殊组合"器物的墓葬的分布情况

图上地名为墓地。

葬则出现于华北中部，即郑国李家楼大墓。其他数量巨大，与之同时的"特殊组合"，新近在李家楼附近的中行的多个祭祀坑里发现，我们将在下文讨论。这些发现以及琉璃阁和金胜村的情况都无疑表明，前文说到的两套组合的分化绝不仅见于南方地区。即使在南方，虽然蔡侯和曾侯都是楚的附庸，并且西门内和擂鼓墩出土的很多豪华铜器的确都是楚国生产的（讨论见第六章），但是这一孤证并不能完全说明为什么这些诸侯国的礼仪专家选择,或者能够使用,两套组合的青铜礼器。另外,同楚国一样,那些出现在北方诸侯国的两套器物共用的情况也不限于国君墓葬。例如,金胜村的墓主是晋国一个掌握重权的公卿氏族的头领,当他在世之时,便将晋国国君变成了傀儡;在他死后不久,这个赵氏族随即成了赵国的王室。其墓葬中"特殊组合"器物的出现——(或许更加显眼)同其他超常丰富和精美的铜器、葬玉和车马坑——都暗示着墓主渴望跻身社会最高等级集团,炫耀自己凌驾于普通贵族的氏族首领之上的特权。其"特殊组合"器物的繁缛装饰,冲淡了那种见于其他地区的复古风格,或许正表现了一个暴发户的品位(图80)。

"常规组合"的类型构成在不同地区有一定程度的差别。① 与之相反,"特殊组合"器物却保持了惊人的一致性,其核心为一套奇数的无盖鼎(楚及其附属国为"升鼎")、一套偶数的簋(在金胜村为方座豆)和一对方壶(在金胜村为两套)。此外,出土"特殊组合"器物的墓葬较其他墓葬,更有可能随葬各种其他奢侈品。例如,下寺2号墓出土的失蜡法铸造的颇为壮观的铜禁(图81);金胜村251号墓出土的复合青铜甗和炉(图82);还有曾侯乙墓出土的,可能是最重要也是最著名的,目前所知同类器物中音效最为复杂的青铜编钟。编钟的陈列模式,和该墓出土的礼器一样,完全参照了用器制度。在曾侯乙墓中,由65件铜钟和41件石磬构成的"悬乐"放置于椁室的三面,与诸侯之礼相合。(如传世文献可信,则只有天子可以将此乐器置于其宗庙中廷的四面,卿大夫可以置于两面,士可以置于一面。)② 曾侯乙编钟数量如此庞大,以至于需要一个三层支架,这估计违背了礼制的精神,虽然没有违背表面的礼数——这是创造

---

① 以往对东周铜器的综合研究恰好显示了这些情况(如高明1981;林巳奈夫1988;江村治树2000),这些研究都未注意到"特殊"和"常规"组合的区分。
② 《周礼·春官·小胥》《周礼正义》44. 1823 - 1827;讨论见 Falkenhausen 1993a:32 - 39。

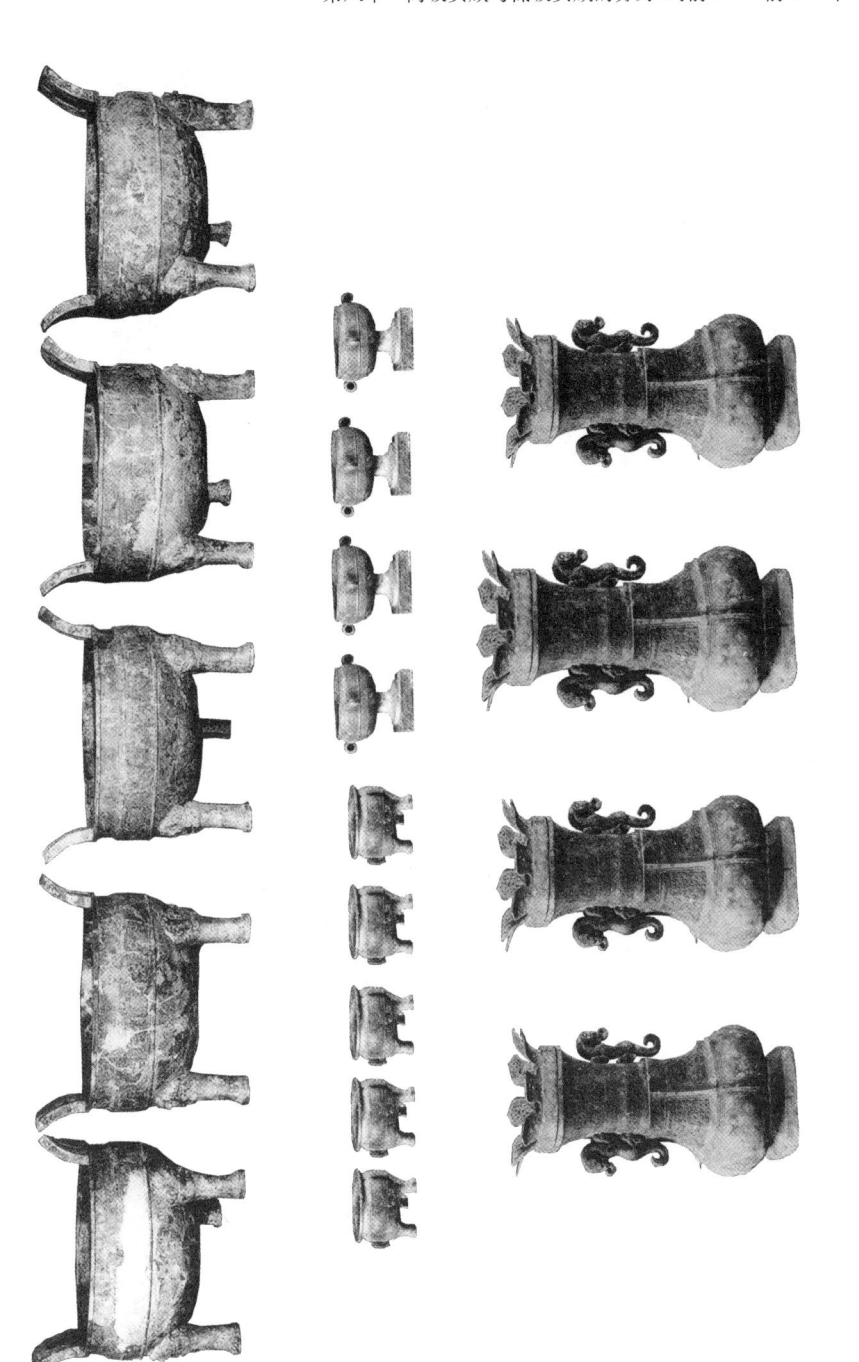

第八章 高级贵族与低级贵族的分野(约前750—前221年)   391

图80 山西太原金胜村251号墓出土的特殊组合器物

上排：无盖列鼎；中排：高及方座豆（代替簋）；下排：两对方壶。公元前450至前425年间。

图 81　河南下寺 2 号墓出土的铜禁

长 131 厘米。公元前 6 世纪中期。

图 82　山西太原金胜村 251 号墓出土的铜甗和炉

宽 38 厘米。公元前 450 至前 425 年间。

性操纵礼制的又一例证。考虑到在这一系统中,通常是礼制的保守性,而非创新性,代表了最高的社会地位,这个例证尤其出人意料。

虽然东周时期随葬编钟并不限于出土"特殊组合"的墓葬,但是两者频繁共出的现象表明,钟乐是"特殊组合"之礼中必不可少的成分。反之,大部分只有"常规组合"的墓葬,缺少编钟,这一事实可能意味着,虽然钟乐或许可以出现在使用这些容器的仪式上,但并不是那些场合的必要因素。

性别差异的扩大

东周时代的男女地位差异,与以前的情况一样,其物质表现在较低社会阶层的墓葬中很难看出来。同样的情况也出现在等级较低的仅出土"常规组合"铜器的贵族墓葬中。然而,在拥有"特殊组合"的社会阶层里,我们则可以看到成对的夫妻墓,它们有着较为显著的性别差异。在曲村北赵和上村岭墓地我们可以看到(第二章;表9、10),而且可能延续了那个时期的习俗,女性得到的礼器较之其男性配偶要相对贫乏。实际上,这种差异在本阶段比之周代早些时候表现得更为强烈;至少在楚国,也就是眼下考古材料最佳的地区,就是这种情况。

下寺2号墓(男性)和1号墓(女性)的年代为公元前6世纪中叶,是我们最早的例证(见表26);已发表的战国时期的夫妻墓有天星观墓(1号[男]和2号[女]墓),或许还有包山墓(2号[男]和1号[女]墓)(表28)。[①] 在每组墓中,墓葬尺寸的差异都相当惊人:下寺和天星观夫人墓的墓室仅为其夫君墓的50%—60%,而包山

---

① 见注20、29、31。包山楚墓的发掘者不认为1号墓埋的是其近旁2号墓主人的夫人,他们认为其墓主属于"士"阶层成员。遗骸保存状况太差,无法进行性别鉴定。这两座墓的空间布局同天星观的相似,因此笔者暂且将1号墓推定为夫人墓。

1号墓甚至不及 2 号墓的 25％。① 夫人墓的封土也都相应较小。另外,墓坑内的墓壁台阶数量,即战国时期高等级楚墓一个重要的等级标志,也有巨大差别。② 这种尺寸上的差异与曲村北赵和上村岭墓地见到的相比就非常显著了,在那两处墓地,夫人墓极少小于其夫君墓的 75％。

　　墓葬之间随葬品组合的比较,由于许多墓葬被盗掘过,随葬品不完整,因而问题重重。然而在下寺墓地,我们可以清晰地看到,未被盗掘的倗夫人墓(1 号墓)出土的"特殊组合"为两件升鼎和一件簠,而遭到部分盗掘的倗墓(2 号墓)则出土七件升鼎和两件簠。③ 如果以西周晚期礼制改革所制定的等级规格来衡量(参表4),这意味着至少三个级别的差距;形成明显对比的是,在曲村北赵和上村岭墓地,夫人墓的鼎、簠组合仅比其夫君墓低一个等级。下寺 2 号墓虽然部分被盗,残存的"常规组合"器物仍然在数量和质量上超出了未被盗掘的 1 号墓,进一点证实了这种基于性别的财富和地位的巨大差异。另一方面,下寺 1 号墓随葬编钟的现象表明,先前明显存在的女性墓不得随葬乐器的禁令已被解除;不过1 号墓的九件钮钟在数量、大小、规格和音调的复杂程度方面都不及倗墓的 26 件甬钟,表明原有的礼乐方面的性别差异仍在延续。即便如此,1 号墓的正妻得到的死后供奉还是胜过倗的其他姜室,她们的 3 号和 4 号墓仅有少量的"常规组合"器物,不见"特殊组合"器物及编钟。

　　战国时期男女墓葬在礼器组合的差别没有那么明显。包山 1

---

　　① 因为保存状况不佳,我们难以对应已发表的测量数据;在理想情况下,每座墓都从墓坑底部进行测量,但是并非所有已发掘的墓葬都能够提供这种数据。
　　② 关于这一标准,见 Falkenhausen 2004c: 451 - 452。包山 2 号墓有 14 级台阶,1 号墓仅三级。天星观 1 号墓有 15 级——目前所见楚墓中阶数最多的;很可惜,由于保存得不好,2 号墓的确切台阶数量已无从知晓。
　　③ 虽然2 号墓所出的一组七件升鼎或为完整组合,但几件簠显然在发掘前已经被盗。被盗很可能也是 2 号墓不见方壶的原因。相反,不曾被盗的 1 号墓出土了两件方壶。

号墓仅出土陶质的"常规组合"器物,但是这种情况并不一定反映礼制就是如此规定女性地位的;而有可能是盗墓的结果,或是因为墓主是身份卑微的妾。此外,我们并不知道天星观1号男性墓中随葬升鼎的确切数量。其夫人墓被盗没那么严重,出土了一套七件升鼎。夫君墓虽然遭到严重盗掘,但是他非同寻常的规模表明,里面随葬的升鼎应该更多。天星观的两座墓葬都出有成套的乐器,可惜因为盗墓贼在1号墓剩下的东西太少了,无法同2号墓精美的三件套组合进行比较。①

总之,西周晚期礼制改革演化而来的礼仪活动,越来越局限于最高等级的贵族。但是以上各种现象表明,女性在这些礼仪活动中继续占一席之地。与此同时,东周时期这些地位崇高的妇女与其夫君相比,地位显然还是在下降。

新郑的祭祀坑

另一种考古材料最近在河南省中部新郑的发掘中重见天日,可以让我们更好地理解"特殊组合"的本质。新郑是一处重要遗址,在公元前806年到前375年之间是郑国的都城,此后成为战国时期韩国的都城。在建造中国银行当地支行办公楼(此遗址因而得名中行)的基建过程中,考古学工作者发现了公元前7到前6世纪之间一处露天祭祀区的局部:在大片地面上密密麻麻分布着土坑,里面整齐地摆放着珍贵的祭祀器物。②他们总共发掘了8 000平方米,揭开了六个礼器坑(其中一个被盗),十一个乐器坑(两个被盗),以及三十九个殉马坑。虽然这些器物坑是否按某种规则排

---

① 湖北枣阳九连墩的两座墓葬同样属于一对夫妇(见本书第380页注⑥),今后或许可以就这两座墓葬进行比较分析,以进一步认识这种规格差别。
② 河南省文物考古研究所新郑工作站1998。

列还未见于报道,但其分布显然超出了发掘区域,而且过去在新郑其他地点也已经发现了类似的祭祀坑。①

我们以 4 号坑为例(图 83)来介绍其中的编钟坑。每个坑埋藏若干件编钟、悬挂的木架,以及敲击槌,某些坑还出有陶埙。标准的编钟组合包括一套四件大镈钟和两套看似相同的略小一些的钮钟,各套十件(在九个未遭盗掘的坑中有一个只出了一套钮钟)。编钟都用丝绸袋和苇席小心包裹,按大小排列。奇怪的是,除了陶埙,似乎没有其他乐器。

图 83　河南新郑中行 4 号乐器坑
木架上层:一套四只镈钟;下两层:两套各十件钮钟。约公元前 6 世纪前半段。

礼器坑中未遭盗掘的,每坑都包含二十五到三十件青铜容器,成套并按秩序排列。值得注意的是,其形制基本都限于"特殊组合",而且每套的件数都遵循西周晚期礼制改革的规定。例如,15

---

① 蔡全法 2000 描述了新郑金城路有一组类似的窖藏坑;可惜的是,他的文章并未提供任何图片。蔡全法 2003b:215—219 所描述的器物来自于几个不同的埋藏单位。

号坑(图84)出土一套尺寸递减的九件鼎和与之相配的一套八件簋,以及一套九件鬲,一对方壶,一只圆壶,一只簠(习惯上归入"豆"类),一只盆(或名鉴)。迄今发表的所有容器,无论出自哪个坑,在风格上都表现出高度的一致性;它们很可能是在一个相对较短的时间内、在同一个作坊里、根据近似的要求制作完成的。尽管其纹饰风格和制作方法都毫无问题地表明这些铜器完成于春秋中期晚段,但它们也像下寺出土的"特殊组合"器物一样,在纹饰方面展示了不同程度的刻意复古之风;尤其是簋和方壶,与西周的原型(如上村岭出土器物,见图20)相比,几乎分辨不出来。[①]

中行遗址出土的容器组合,与前文所述李家楼附近的一个郑国国君墓出土的"特殊组合"青铜器非常接近,它们应该大致同时。其编钟组合同样与李家楼出土的极为近似,不过后者的更大更多,而且李家楼出土的不是钮钟,而是两个十件套的甬钟。(这些甬钟的纹饰与中行出土镈钟的非常相似。)李家楼墓与其他出土"特殊组合"器物的墓葬一样,也同时出土"常规组合",其中的铜器与整个新郑地区所见的非统治阶层贵族墓出土的相近(图85),但类型、形制、纹饰风格,以及组合数目都与中行出土的器物完全不同。这种风格上的反差使得我们可以充分意识到"特殊组合"器物的复古风味,并察觉到它们所暗示的礼制特权上的差异。

与之形成对照的是,中行祭祀坑的组合仅仅记录了"特殊组合"的礼仪。其周围区域没有任何贵族墓地的迹象,发掘者也清楚明白地排除了这些祭祀坑是大型墓葬陪葬坑的可能性。它们看上

[①] 虽然在年代上差了150多年,我们依然可以看到其风格和形制与曲村北赵晚组墓葬出土铜器非常接近。例如,中行15号坑出土的方壶(河南省文物考古研究所新郑工作队1998:16,图9.4;17,图9.5)的主要构图与曲村北赵8号墓出土同类器(北京大学考古系和山西省考古研究所1994:16对面的彩版)近似。中行15号坑出土的圆壶(河南省文物考古研究所新郑工作队1998:15,图8.2;16;图9.5)与曲村北赵63号墓出土的同类器(山西省考古研究所和北京大学考古系1994a:14,图24:3)仿佛。

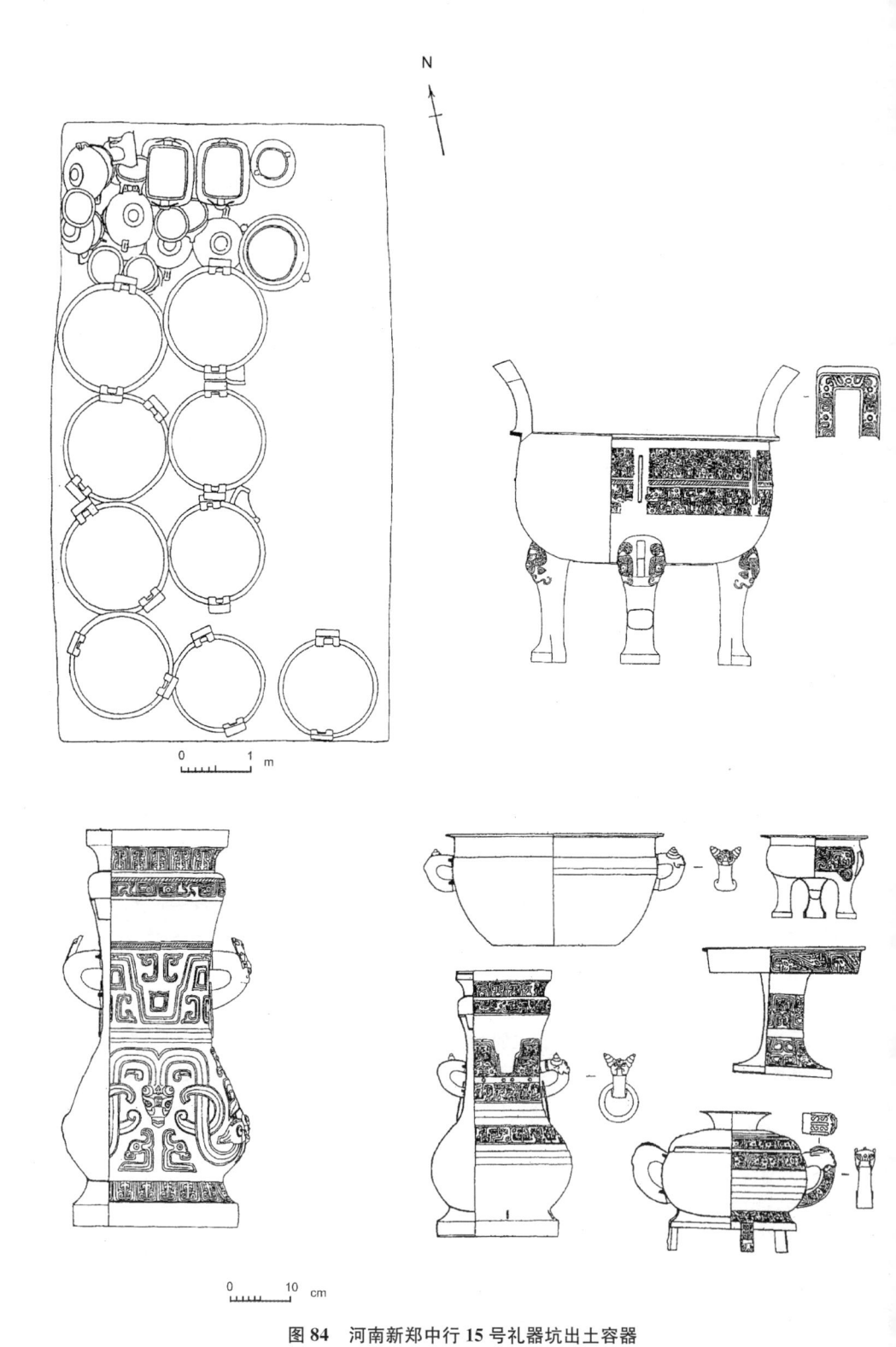

图 84　河南新郑中行 15 号礼器坑出土容器

本图展示的器物种类有：无盖列鼎、圆壶、方壶、鉴、鬲、簋、簠。约公元前 6 世纪前半段。

图 85　河南新郑李家楼郑国国君墓出土常规组合铜容器

这些器物包括：匠、盖鼎、鍘、盏、匜、浴缶、鉴、盘和匜。约为公元前 575 年前后。

去跟中行遗址发掘的 133 座小型土坑墓和 28 个瓮棺葬之间没什么直接联系,不过推测其中部分墓主可能是中行器物埋葬时用来祭祀的殉人。这些祭祀坑因而构成了极为罕见的、当时非墓葬背景下祭祀活动的考古学证据。但是,它们的背景又是什么呢?就目前已发表的材料很难做出判断,因为中行遗址在很长一段时间内频繁使用过。它包括了 500 个灰坑和 84 口井;一段春秋时期的夯土城墙从遗址穿过;并且,有迹象表明在东周的部分时段,这一带还有金属加工业的运转。但奇怪的是,还没有发现可与这些祭祀坑联系起来的建筑遗迹。需用这些礼器、乐器、马匹以及(有可能是)殉人的祭祀活动的性质因此还模糊不清。

由于发掘者从一开始就把目光放在古典文献记载的祭祀活动上,因而有人根据此遗址不存在任何建筑,提出这肯定是一个社稷神的露天祭祀场所。① 虽然我们不能完全否定这种论点,但是关于这些仪式的文献记载从未提到青铜容器、编钟和马匹会在这种场合埋藏——或者甚至一起使用。很有可能,中行遗址的发现保存了我们以前不知道的一类活动。此外,可以设想的是,尽管这些器物埋在中行遗址,但是使用和呈献它们的礼仪活动其实并不一定就在这个遗址举行。目前,以下几点似乎是清楚的:(1)这些礼仪仪式结合了祭祀和礼乐活动,不过根据礼器和乐器分开埋藏的情况,两者在概念上还是分开的。(2)这些活动要求礼器在完整无损并充分可用的条件下有序地埋藏起来,并且还要殉葬马匹。从殉马肢骨完整的情况来看,它们的肉没有食用。(3)礼器和编钟在风格上的高度统一和组合上惊人的相似,这意味着礼仪仪式相当规范,也说明中行祭祀坑经历的时间跨度相对不大。(4)这里的礼器和殉马都是奢侈的财富。在其埋藏之时,起主导作用的用

---

① 河南省文物考古研究所新郑工作站 1998:24;蔡全法 2000:198—199。关于我们讨论的祭祀活动,见 Chavannes 1910;Müller 1980b。

器制度已经施行了 250 多年,而且为广大区域的高层贵族所广泛遵循、不受诸侯国国界的限制。(5) 这些礼仪明显表现了对古代礼仪的尊崇,与当时流行于低层贵族的礼仪活动形成对比。这些器物组合及器形的来源表明其与西周以来的祖先祭祀传统存在联系。然而,考虑到第七章讨论的宗教活动的巨大变化,这里讨论的礼仪活动并不一定是祖先祭祀(在中行遗址没有发现类似西周时期反映铜器用于祭祀祖先的铭文)。(6) 中行的编钟不及李家楼郑国国君墓出土的那么豪华(虽然数量相同),可能意味着献器者的身份略微低于郑国国君。即便如此,这些礼仪涉及的个人,其地位之高,财产之富,还是可以从鼎的巨大数量,珍贵材质的大肆消耗,以及与出土的"特殊组合"器物的墓葬呼应这些事实中得到证明。

阐　　释

这种"常规"与"特殊"组合的两分现象,我倾向于认为是周代社会高、低级贵族之间在礼制领域发生分化的一个明证;这种分化在本章开篇讨论的墓葬规模日益加剧的差别中也表现得很明显。可以明确的是,在春秋中晚期,新的特权阶层不仅包括统治者,也包括各诸侯国的一小部分显赫的氏族。其中一些氏族,以金胜村赵氏的考古材料为例,后来发展成为战国时期的王室。在齐国,原有的属于姜姓的王室被新的陈(田)氏王室所代替,而晋国被韩、赵、魏三个氏族所瓜分;不过下寺和战国楚墓的发现表明,在整个战国时期虽然楚国王室不曾易主,但是其贵族集团内部也在发生着类似的分化。很可能这些新兴的氏族正是我们本文所讨论的新发展的推动力,因为他们尤其需要提高自身的礼制地位;不过他们并非仅仅僭越先前存在的地位,而是对地位进行重新定义并将礼制两分。在我看来,这种发展是全新的,而且与西周晚期礼制改革所推行的阶梯式等级连贯的精神相冲突。

这样在贵族内部就形成了一个享有特殊地位的亚群。它先于战国时期的专制君王出现,而且无疑为后者的诞生奠定了基础。他们使用历史较为古老的器物(可能还有礼仪活动)来显示特殊权威,这种做法可能意味着,虽然当时正经历着社会变革,攀附声名显赫之先人以及神圣之古代仍然意味着合法性,至少在高级贵族中是如此。朱家集的发现表明,这种对古代的尊崇一直延续至战国晚期,尽管与此同时第七章讨论的宗教变革也正在进行中。

前文的分析主要涉及了"特殊组合"中的精美器物,但是实际上它们并没有反映新的一轮礼制创新——即本书所讨论时段内的第二次创新;真正反映这轮礼制创新的,是春秋中期以来引入到墓葬的"常规组合"随葬品,它们随地域变化而变化。这次"春秋中期礼制重构"为整个贵族阶层重新定义了其礼仪准则和特权。在这个过程中,前一时期的做法——或许,更可能的是,基于先例而革新的做法——变成了高级贵族独有的特权。与此同时,新的、简化了的礼仪在低级和高级贵族的常规祭祀活动得到推广,不过,用于这些新礼仪的"常规组合"器物,在数量、种类和精致程度上当然都还继续取决于其拥有者的社会地位。

那么春秋中期的礼制重构是否将一些贵族的礼仪特权,比如铜礼器的使用,扩展至之前被拒之门外的社会阶层?其前提是,那些之前有权使用西周晚期改革了的礼仪的贵族,在春秋中期礼制重构之后还能够继续有权举行同样的礼仪活动。然而,事实可能并不是这样。在公元前6世纪早期以前,出土铜器的墓葬涵盖了较为广泛的社会阶层,远大于春秋中期礼制重构之后使用"特殊组合"的极为少数的高级贵族。此外,出有"特殊组合"的墓葬总是共出"常规组合",表明社会各个阶层实际上都在使用"常规组合"的礼仪活动,且都替代了原本使用的西周晚期器物组合的礼仪。因此,春秋中期以降的礼制重构并没有赋予低级贵族更多的权利,反而,似乎是扩大了高级贵族的特权,而与同此时,简化了所有贵族成员都可举行的基本的祭祖礼仪活动。这样就削弱了低级贵族的礼制权力,并预示了战国时期将要发生的、更大幅度地削弱低级贵族的礼制权力(见第九章)。这种变化可能也意味着祖先崇拜的社会意义在日益衰弱。

在某种程度上,春秋中期礼制重构可以视为西周晚期礼制改革的重演——为应对社会现实的变化而更新旧的标准。与上次改革一样,这次重构也不见于传世文献,而只能够通过考古物质材料复原。它必定发生在公元前 600 年左右,之后"常规组合"的关键特征——有盖鼎替代无盖鼎,多种功能相近的器物如匜、盏、敦、豆和盛来替代簋,以及水器的多样化——出现在周文化圈的各个区域。这种变化的普遍性和共时性再一次让我们思考:是否有一个统一的决定引发了这一切;不过,与西周晚期礼制改革一样,我们都无从探究是谁做出了这个决定。如果当时的确存在某种统一的决策,那么可能也不直接涉及礼仪用品本身,而更应该是有关贵族祖先祭祀的某些原则;因为正如已经指出的,这些新的、简化的器物组合在周文化圈内的各个区域都多多少少表现出一些不同的形式。贵族的联姻、迁徙和外交方面的联系很可能也促进了新制度的传播。

在这个大趋势中,秦是唯一的特例。如第七章所述,西周晚期礼制重构推广的传统器物组合仍在普遍使用(虽然墓葬中随葬的只是明器),直到商鞅变法一举废止历史悠久的氏族制度才告终结;因此,在秦国,传统形制的器物并没有像其他地区那样以"特殊组合"的形式出现。这种保守主义的原因仍然不明。是因为同周文化圈的其他地区交往减少了?还是秦国的礼仪专家将这种创新视为异端？还是因为秦国统治者的地位比大多数东方诸侯国的更加稳固，因此其公卿氏族不敢彰显自己的野心，不敢效仿其他地区的同侪创立新的礼仪制度？

在周文化圈的东北部和东部，我们看到了相反的状况："常规组合"已经大量发现，但是尚未发现同出两套组合的墓葬。这主要是因为所有已经发现的达到"特殊组合"级别的高级墓葬都被盗掘了。然而，还是有迹象表明，春秋中期礼制重构的确影响到了东部和东北部。例如，在齐国，春秋晚期和战国时期地方铜器作坊的产品（据风格和出土地点判断）包含大量刻意复古的器物，其中既有容器也有乐器（图 86），而该地区同一时期较低级贵族墓出土的是造型时髦且多无装饰的"常规组合"器物，与之形成鲜明的对比。[1] 这些复古器物中有一部分可根据其铭文与高级人物联系到一起。[2] 在更靠北的燕国，第七章讨论的燕下都 16 号墓出土的明器组合，说明这里的高级贵族墓葬也盛行复古之风。[3] 虽然这一地区较低等级贵族墓葬出土的东周铜器组合（都是"常规组合"的器物）并不完全是同时期的，但是它们的器类只有 16 号墓出土器物的一小部分，这个现象也符合以上的情况。[4]

我们可以谨慎地推论，自春秋中期以降，整个周文化圈内贵族的祭祀习俗都发生了大致相同的变化，只有秦国是个明显例外。人们有意使用礼仪复古将社会的最高等级作为一个特殊的阶层区分出来。到了战国时期，这种国君的地位得到进一步的提升，凌驾

---

[1] 苏芳淑（So 1982；亦参 So 在 Fong 1980：264 的观点以及 So 1995：269）也注意到了这个现象。齐地出土的有复古味道的铜器，亦见容庚 1941，下编：185，图 347—348。齐国都城临淄出土了一套 8 件春秋晚期的甬钟，与西周晚期的原型几乎无法区分开来。器物在临淄齐国故城博物馆展出，还未发表。

[2] 如台北故宫博物院所藏陈侯午簋（殷周金文集成 8．4145）。

[3] 类似的陶明器也出土于燕国都城周围的其他墓葬，如易县辛庄头 30 号墓（河北省文物研究所 1996：685—705）。

[4] 赵化成 1993（附有更多参考文献）。对应的陶明器，见何勇 1989。亦见宫本一夫 2000：206—219。

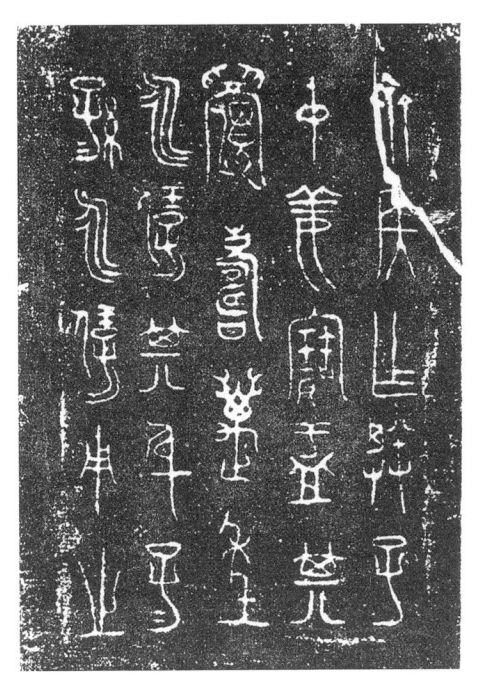

图 86　河南孟津平乐出土的齐侯盂

高 43.5 厘米。公元前 6 世纪后半段或更晚。

于其他贵族之上,在整个周文化圈,国君及其直系亲属都建造了巨大的陵墓和享堂(在秦国早已这么做了)。这些宏伟的建筑,以直观的形式向所有相关的社会成员昭示,国君这个原先贵族的最高代表,已经成了普通贵族的辩证的社会对立面。因此,本章通过考古物质遗存勾勒出来的变化,再一次表现了早期中国礼制和社会变革之间的密切关系。

按:我对此章的附表的改正要另外提供。

第九章　低级贵族与平民的融合（约前600—前221年）

上一章描述的社会变化还有另外一个后果。原来各个氏族主要分为贵族和平民两个阶层，现在贵族中的绝大多数成员的地位下降了，形成了一个新的中间阶层，夹在权势日益增长的国君和平民之间。上一章也探讨了这一中间阶层同其上层之间严密的分界线的形成（以及其中性别差异的加剧），现在我将讨论贵族与平民阶层之间的分界线，即从另一个角度了解这个中间阶层。同样，本章的年代范围也是从春秋中期到战国晚期。在这个时段，和之前的几个世纪一样，考古材料中所见的平民，和同氏族的贵族成员一样，仅限于那些有资格埋葬在氏族墓地中的成员，而社会最底层的情况仍然无从得知。

第二、三章详细讨论了"孔子时代"前半段的墓葬，其中低级贵族和平民之间的差别非常清晰，鲜明地表现在不同规格的葬具和随葬品上。然而自春秋中期以降，这种差别日渐消逝。因此，除了权高势大的氏族首领的墓葬，这一等级以下的墓葬之间的差别，相比以前要模糊得多。虽然这种情况看上去可能是由周代丧葬制度本身的发展造成的，但是仔细观察我们可以看到，它体现的实际上是社会的总体发展趋势，包括先前贵族等级制度的退化、祖先崇拜的合法化价值的失落，以及商业活动的大规模扩张。本章将考察与这些变化相关的考古资料。

第七章谈到，在秦国低级贵族和平民墓葬之间的差别，大致是公元前4世纪中期，商鞅废止旧氏族秩序前后，非常突然地消失了。虽然其他主要诸侯国也进行了全面的政治改革,而且有的远远早于秦国,①但是这些国家的丧葬习俗并没有发生像秦国那样剧烈的变化。部分的原因是考古材料不够充分:例如,公元前七世纪中期,管仲进行了所谓的变法,但是齐国的物质文化是否发生了变化,我们不得而知,因为能够说明这个问题的墓葬材料,迄今为止还未见于报道。还有部分原因是大部分诸侯国即使在进行了全面政治改革之后,仍然保留了传统的氏族作为其社会基本单元。秦国之所以没有这样做,可能是因为其复杂的人口构成,其中很可能有相当比例的是本地的非周的外族成员,在战国时期又吸收了来自周文化圈东部的大量移民。因此,商鞅变法或许抹平了各种差别,也因此消灭了很可能导致社会动荡的根源。

同第八章讨论的高级贵族一样,春秋中期到战国时代,有关氏族的中低级贵族和平民阶层的考古材料最充分的也是南方的楚国。②持"楚文明"异质论者可能会认为,仅凭楚国物质材料分析得来的社会关系,不能代表整个东周时期的中国社会,然而第六章比较楚国与其非周邻国的考古材料,以及第八章讨论的楚国高级贵族墓葬,都充分证明了这种看法是站不住脚的。实际上,楚文化区域内墓葬习俗所反映的礼制——下文将考察其下层部分——就是周文化圈其他地区的礼制的本地版本。在本章的最后,我们将与其他地区进行比较,证实楚国与周文化圈北方诸侯国之间的差异并不比后者之间的差异更大。

东 周 楚 墓

目前已发掘的楚墓为 10 000 座左右:其中湖北至少有 4 000

---

① 见本书第 346 页(第七章)注①。
② 本章内容见 Falkenhausen 2003a:454-494,但是做了压缩,并且调整了结构。

座,湖南有4 000多座,河南、安徽有几百座,以及重庆新近发现的几百座。① 已经发表的专刊报告报道了以下四大批材料:湖北当阳赵家湖的六处墓地,墓葬总数298座;②湖北江陵的雨台山墓地(558座)③和九店墓地(597座);④以及湖南长沙市不同地点的2 048座楚墓。⑤ 其中前三个区域包含一小部分(占18%)春秋时期的墓葬,但是已发表的绝大多数墓葬都属于战国时期。赵家湖几处墓地的位置离枝江的季家湖大型城址不远,后者在春秋中期以后可能作过楚国都城。⑥ 雨台山和九店都位于战国时期楚国都城纪南城的郊区;而长沙是湘江流域一座繁荣的都市,在战国时期才并入楚国。⑦

上述四本报告除了建立了各个墓地的年代序列,还有效地划分出了墓葬等级。雨台山报告在中国考古学史上第一个通过分析多种物质材料而不是用某些特定标准确定墓主的等级。这种方法在另外三本报告得到了进一步完善。其中赵家湖墓地报告对东周社会的动态变化进行了大胆而细致的复原研究,下文的分析因此受益不少。但是,因为这四本报告没有一本是包括整个古代墓地,也都没有对各墓地的墓葬进行抽样统计分析,因此各个级别墓葬的相对数量,并不完全对应于它们在整个社会所占的真实比例。有鉴于此,这些报告可能只提供了一个比较完整的社会等级序列,

---

① 相对较新的图片材料参见本社(编)1999:283、301、257、188—189;重庆新出土材料参见北京大学考古文博学院三峡考古队和重庆市忠县文物管理所2003。关于楚墓的综合研究有郭德维1983a;1995;彭浩1982;陈振裕1987和许多其他著作。
② 湖北省宜昌地区博物馆和北京大学考古学系1982。这非常重要的发掘报告是高崇文在俞伟超的指导下撰写的。
③ 湖北省荆州地区博物馆1984。
④ 湖北省文物考古研究所1995。
⑤ 湖南省博物馆、湖南省文物考古研究所、长沙市博物馆和长沙市文物考古研究所2000;亦见中国科学院考古研究所1957:5—69。
⑥ 湖北省博物馆1980b;杨权喜1980。
⑦ 见Wagner 1987。

至少在一定的社会范畴内如此。①

通过整合这些报告的资料,同时收集散见于期刊论文的其他资料,我将国君及其直接下属以下的楚国墓葬初步梳理出了一个由六个等级组成的序列。因为它们既不代表最高等级的墓葬,而且可能也不涵盖楚国社会的最低阶层,所以我用字母表的中部为之编号。这一等级序列保存最完整的地区是湖北中南部的楚文化中心区,但是来自较远地区的材料——例如位于北部的下寺(讨论见第八章)和襄阳(位于湖北北部的汉水中游),②以及位于南部的长沙(地图 20)——大体可以归入这个系列,其中也有一些非常有趣的例外需作进一步的解释。这里先简要列举这六个等级的墓葬特点,春秋时期在前,战国时期在后。我同意上述四本报告作者的观点,这两个阶段之间的差异反映了社会的历史发展。前几章(尤其是第二和第八章)的讨论可能会让我们怀疑其中部分变化是因为性别而不是等级,但可惜的是,目前已经发表的材料并不具备验证这一猜想的条件。要讨论性别方面的问题,我们只能寄希望于将来的发掘了。

春秋时期楚墓等级

M 级墓葬有一椁双棺。这一级墓葬有下寺的小型铜器墓(无"特殊组合"器物的墓葬,见表 26)③和当阳地区的两座春秋墓(图

---

① 例如,赵家湖报告排除了高级贵族的墓葬,不过其实这种墓葬出现在至少一处赵家湖墓地中(参见湖北省宜昌地区博物馆 1988)。
② 襄阳于岗大型墓地的发现发表时用了三个不同的地名:山湾(湖北省博物馆 1983;陈振裕和杨权喜 1983;还有一些材料是尚未发表的墓葬,收入了陈振裕 1987 和高崇文 1983)、蔡坡(襄阳首届亦工亦农考古训练班 1976;湖北省博物馆 1985)和团山(襄樊市博物馆 1991)。亦见杨权喜 1990 和 1993a。
③ 河南省文物研究所、河南省丹江库区考古发掘队和淅川县博物馆 1991。

第九章 低级贵族与平民的融合(约前600—前221年) 411

地图 20 楚国疆域

疆域线(除了长城部分的以外)只是大体概括而已。

87)。① 其规模为 15 到 30 多平方米,表明这个数量不多的相对富裕的一组墓葬或许能作进一步划分。这些墓葬总是随葬"常规组合"的成套铜器(参考图 77),还可能伴出漆器、葬玉、乐器和所谓的镇墓兽。这一规模的墓葬亦常有殉人。

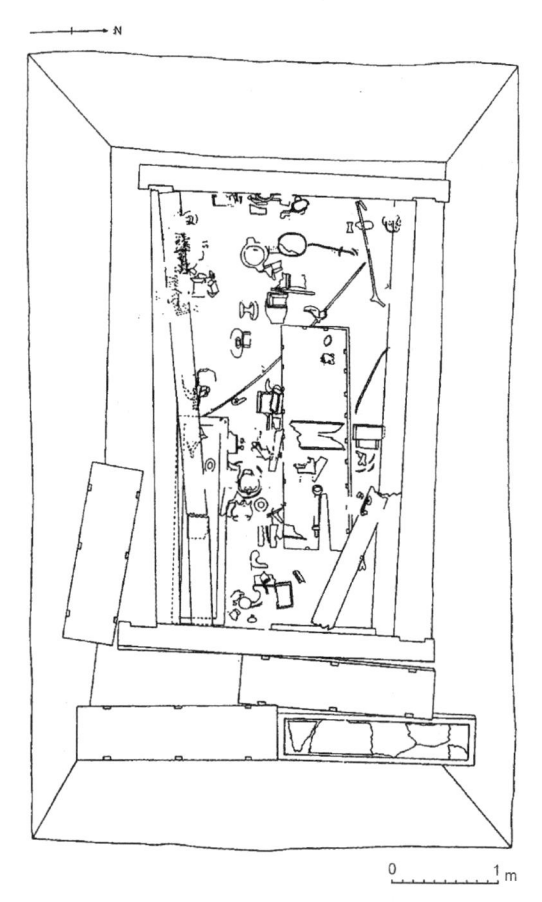

图 87 春秋时期的 M 级墓葬:湖北当阳赵巷 4 号墓
春秋中期。大部分随葬品被盗。

N 级墓葬有一椁一棺。属于本级的春秋时期墓葬位于楚国都

---

① 即赵巷 4 号墓(宜昌地区博物馆 1990)和曹家岗 5 号墓(湖北省宜昌地区博物馆 1988)。

城周围的只有少量见于报道,①更多的发表材料来自襄阳附近的几座墓地。② 这些墓葬明显小于 M 级墓,面积约为 5 到 10 平方米(表 27;图 88)。其随葬品包括"常规组合"中的成套铜器(但通常数量少于 M 级墓),以及其他贵重物品,如车马器,但不见葬玉、镇墓兽或殉人。和同时期的 M 级墓一样,它们通常不出实用陶器。

O 级墓葬稍微有点不同寻常,主要见于赵家湖,并且只见于春秋早中期(表 30;图 89)。它们也有一椁一棺,但面积鲜有超过 5 平方米的(因而比 N 级墓小),并且只出单件礼器,不出成套礼器。有意思的是,器物群并不遵循"常规组合"的成规,却大多包含复古器物,比如通常属于"特殊组合"的瓦纹簋。但这些簋个体不大、制作不精且大多不是铜器,而是陶器;换句话说,都是明器。此外,这类墓葬出土的大多数容器是实用炊器,一般不见于 M 级和 N 级墓葬。所有 O 级墓葬出土的陶器都是磨光黑陶,质量远高于较低级别的墓葬或者战国时期使用的明器。这一级别的墓葬没有其他奢侈品或身份标志物。

P 级墓葬也有一椁一棺,但面积远小于 N 级和 O 级墓葬,平均在 2.6 平方米左右(表 30;图 90)。本级墓葬在湖北省中南部数量相对较多,但尚未见于其他地方(如襄阳或长沙)。它们出土与 O 级墓种类相同的成套实用器,其中有些是优质的磨光黑陶,但更为典型的则是较粗糙的夹砂陶器。在春秋中期晚段之后,会偶尔出现一件礼器——由漆木器、磨光黑陶或者金属(青铜或锡)制成,但是这样的器物在 P 级墓葬从未成套出现过。除了容器以外,这些墓葬基本不出其他随葬品。

---

① 实例——大部分铜器组合的出土情况要么没有发表,要么发表了也不全面——包括当阳电一(余秀翠 1983)、枝江高山庙(湖北省宜昌地区博物馆 1989)、枝江百里洲(湖北省博物馆 1972a)以及江陵岳山(荆州地区博物馆 1982)的墓葬。

② 见本书第 410 页(本章)注②。

表 30 春秋时期的部分 O 级、P 级和 Q 级楚墓出土器物组合

县	当阳	当阳	当阳	当阳	当阳	当阳	当阳	当阳	江陵	江陵	江陵
遗址	赵家湖	赵家湖	金家山	赵家湖	曹家岗	赵家湖	金家山	赵家湖	九店	雨台山	雨台山
墓	1	3	Ⅰ-9	6	2	23	Ⅵ-235	27	201	114	39
保存状况	未盗	未盗	未盗	未盗	被盗	未盗	未盗	未盗	未盗	未盗	未盗
年代	lECQ	MCQ	lMCQ	lECQ	eMCQ	lMCQ	eLCQ	lLCQ	eECQ	MCQ	LCQ
大小（平方米）	7.7	16.5	9.5	6.1	5.0	2.4	3.8	3.9	1.4	2.0	1.6
等级	O	O	O	P	P	P	P	P	Q	Q	Q
【食器】											
鬲	(6)	(9)	(9)	(4)	(1)					(1)	(1)
鼎	(2)	1(2)	2(1)			1	1				
簋	(4)	2(4)	2(4)	(2)	(1)	(1)		(1)		(1)	(1)
盂											

第九章 低级贵族与平民的融合(约前600—前221年)

续　表

盏			(2)					
敦		(4)		1				
豆	(2)		(4)			(2)	(1)	(1)
盉				1				
【水器/盥洗器】								
浴缶		(4)	(3)	(2)	(1)	(1)		(1)
罐	(4)			(1)	1	(2)	(2)	(4)
总数	(18)	3(23)	6(21)	(12)	(4)	3(2)	2(3)	(3)	(4)	(4)	(3)

有括号的数字是陶器,无括号的为铜器。所有遗址都位于湖北省。断代依据湖北省宜昌地区博物馆和北京大学考古学系1982。

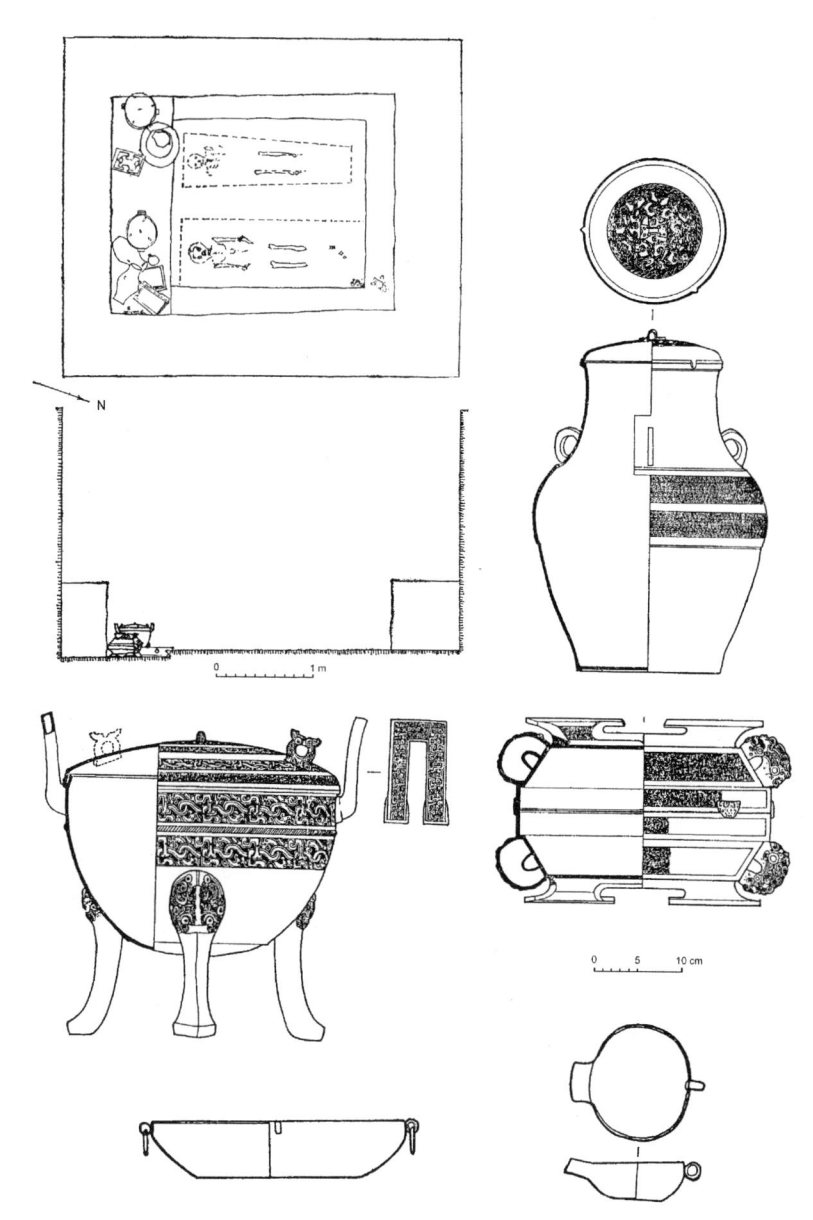

图 88 春秋时期的 N 级墓葬及其随葬品组合：湖北襄阳团山 1 号墓

铜器组合(图中只见代表性器物)包括盖鼎、尊缶、匜和一套盘匜组合。

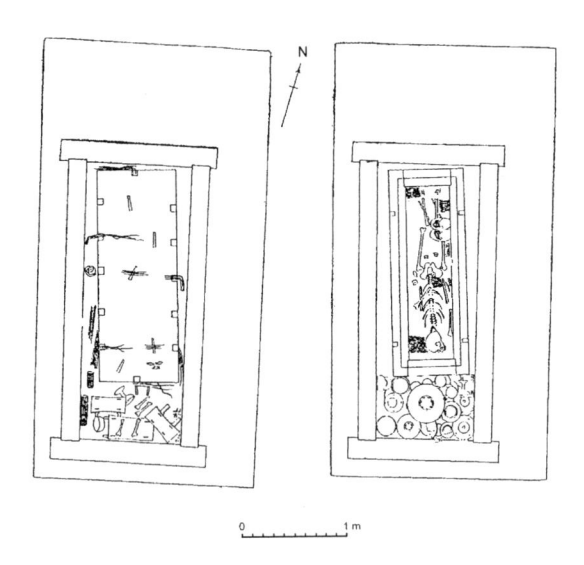

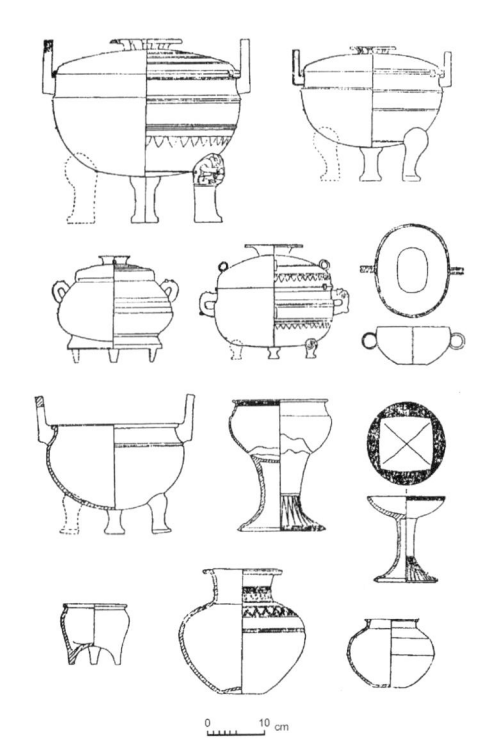

图 89 春秋时期的 O 级墓葬及其器物组合：湖北当阳金家山 JM9 号墓
组合包括一件铜簠(二排左)、陶盖鼎、盏、钵、无盖鼎、豆、漆豆、鬲和两种不同的罐。

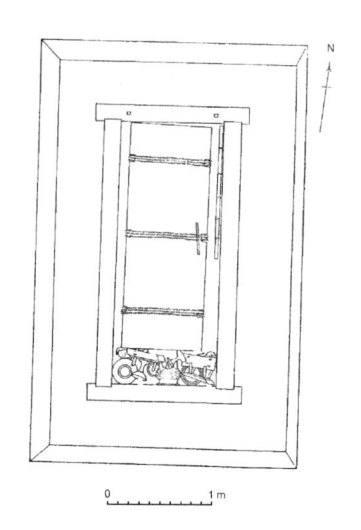

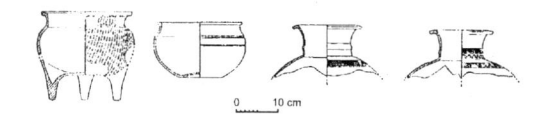

**图 90 湖北当阳金家山春秋时期的 P 级墓葬及其器物组合：
JM2 号墓平面图与 JM1 号墓所出器物组合**

组合只有陶器：1 鬲、1 盆和 2 罐。

Q 级墓葬不见椁，只有单棺（表 30；图 91）。其面积平均为 1.3 平方米，大体是上一级墓葬面积的一半。随葬品常常放在墓壁的一个壁龛中，基本上只有实用陶器，大多比 P 级墓葬出土的质量更差而且数量更少。

R 级墓葬同样无椁，但绝大多数有单棺（图 92）。这些墓葬都不见随葬品。因为缺少标志性器物，所以无法对其准确断代。赵家湖墓地有 55 座属于本级的墓葬（18.5%，其中 6 座无棺）。有学者认为它们体现了战国时期的"社会两极分化"（详见下文）。但是在赵家湖墓地，这类墓葬完全不见于只含战国墓的墓群，并且在以战国时期墓葬为主体的雨台山和九店墓地中，其所占比例也很小（分别为 2.5% 和 4.5%；不过这些数据需要谨慎对待）。这些情况

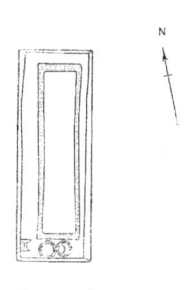

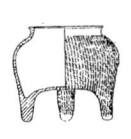

第九章 低级贵族与平民的融合(约前600—前221年) 419

图91 湖北当阳金家山春秋时期的Q级墓及其器物组合:
JM113号墓平面图与JM164号墓出土的器物组合

组合中包含"楚式鬲"、盆和罐。

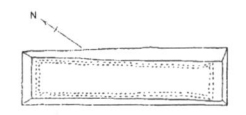

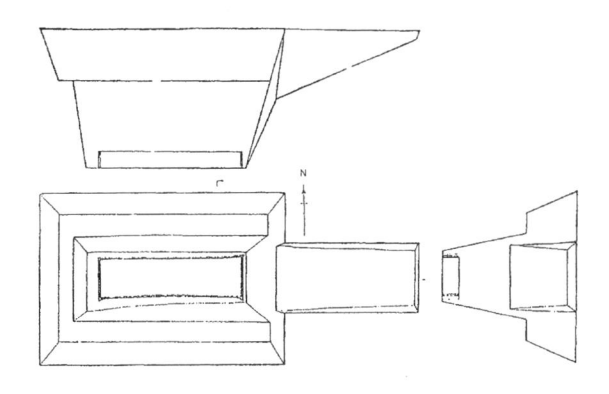

图92 R级墓葬:湖北当阳金家山JM80和JM138号墓

东周时期(由于缺少随葬品,墓葬的确切年代难以判断)。

表明很多R级墓可能实际上属于春秋时期,不过至少其中一小部分可以肯定为战国时代——至少是几座有斜坡墓道的特殊墓葬(参见第七章)。

战国时期的发展

在战国时期,这个等级序列以及墓葬规模与随葬品之间的对应关系基本延续了下来。不过,当时的墓葬形制出现了一些变化,而随葬品的种类和数量发生了显著的改变。其中最引人注目的大趋势或许就是明器的普遍使用,这在第八章已经提到,到了此时,甚至扩展到了最高等级,如拥有"特殊组合"的贵族墓葬(图93),但是它们已不在本章讨论的社会范畴之内了。此外,墓道和封土的使用更加普及,甚至见于低等级墓葬。

M级墓葬的器物组合,现在大多由仿春秋时期的"常规组合"铜器的明器组成,质地为灰黄色夹砂陶,与同时期的实用陶器相当接近(表31;图94)。这些器物之外,还补充以家居日用的"真实"器物,用来满足死者黄泉路上之需:①漆质食器、丝束、衣物、装饰品(如带扣和铜镜)、灯,还有俑,其中还可见文字材料(参第七章)。本级一些战国墓葬仍然可以见到殉人,有时与人俑共出,人们一般认为人俑的发明是为了"替代"人牲,但是与客观事实有所出入。②

自春秋中晚期以降,N级和O级之间的差异已经难寻踪影;我因而将它们视为同一级别(N/O级),至于它表明了之前N级的衰落还是O级的上升,我们且不考虑。这些墓葬都有一椁一棺,随葬

---

① 参阅 Lai 2002。
② 实际上,第七章介绍了把墓葬当作生前世界的微缩版的新观念,俑是这种新观念的一部分。相反,人牲属于较早的丧葬传统,其源头可追溯至新石器晚期(黄展岳 1990)。的确,虽然这种传统的重要性在东周时期随着新的宗教理念引入之后大幅下降,但是并未完全消失,它甚至一直延续至秦汉帝国及其以后的时代(见 Ebner von Eschenbach 2003)。

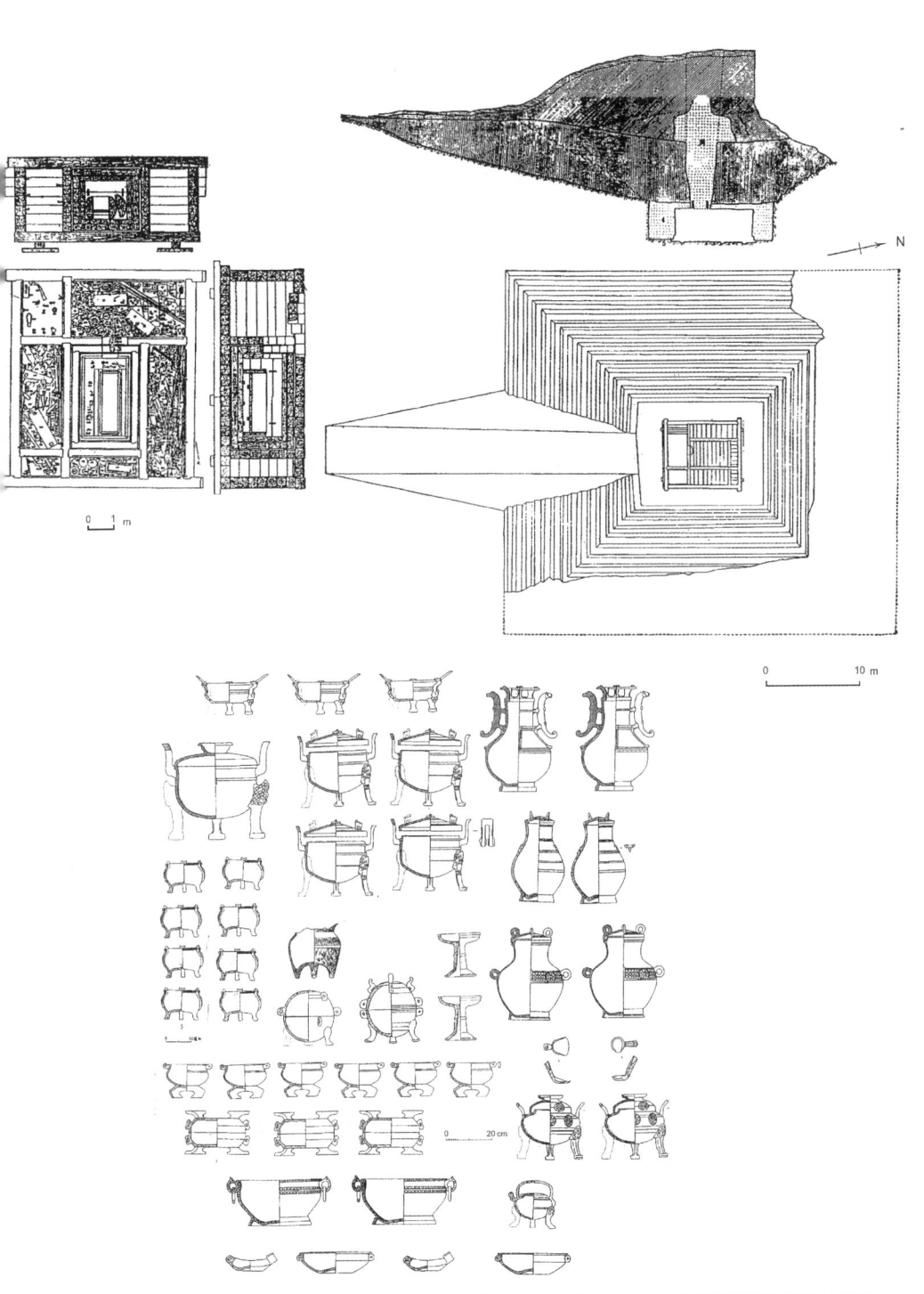

图 93 战国时期的高等级贵族墓及其随葬品组合：湖北荆门市包山 2 号墓平面图以及湖南长沙市 89 号墓(六程桥 1 号墓)的器物组合

明器组合包括 3 件升鼎、5 件盖鼎、8 件鬲、1 件甗、6 件簠、3 件匜、2 件敦、2 件豆(可能用作灯)、成对方壶、圆壶、尊缶和浴缶，2 件盂鼎、2 件鉴、1 件鐎盉及 2 套盘匜组合。

表 31 战国时期 M、N/O、P 和 Q 级部分楚墓的器物组合

县	江陵	江陵	江陵	当阳	江陵	当阳	江陵	当阳	当阳	当阳	江陵
遗址	藤店	九店	九店	金家山	九店	金家山	九店	金家山	金家山	金家山	九店
墓	1	194	267	Ⅷ-55	410	Ⅶ-94	26	Ⅱ-237	Ⅱ-210	Ⅱ-183	575
年代	MZG	lMZG	eEZG	eMZG	eLZG	lEZG	lMZG	eLZG	EZG	eMZG	lMZG
规模	14.8	12.5	8.4	5.5	5.6	3.3	4.3	3.9	1.7	2.5	3.2
级别	M	M	N/O	N/O	N/O	P	P	P	Q	Q	Q
【食器】											
鼎	2(5)	2(2)	(2)	(4)	(4)	(1)	(2)	(2)		(1)	(1)
簠					(2)						
壶	(2)		(2)	(1)		(1)		(1)			
敦	(2)	2	(1)	(1)			(2)	(2)			
豆	(11)[2]		(2)								
鍴	2						(1)				
盉	(1)	(1)	(1)	(1)							

续 表

【盛酒器和饮酒器】											
杯	[7]										
壶	2(2)	2	(4)			(1)		(2)	(1)	(1)	
钫								(1)			
尊缶	(2)	(2)	(2)		(2)						
勺	1	1									
【水器/盥洗器】											
浴缶	(1)	(1)		(1)				(1)			
盘	1(1)	(1)	(1)		(1)	(1)					(1)
匜	1(1)	(1)	(1)		(1)		(1)				
盂鼎	(1)	(1)						(1)	(1)		
盆									(2)		
总数	8(29)[9]	7(9)	(16)	1(11)	(10)	(4)	(9)	(10)	(2)	(3)	(4)

圆括号中的数字表示陶器，方括号表示漆器；无括号的为铜器。所有遗址都位于湖北省。

424 宗子维城

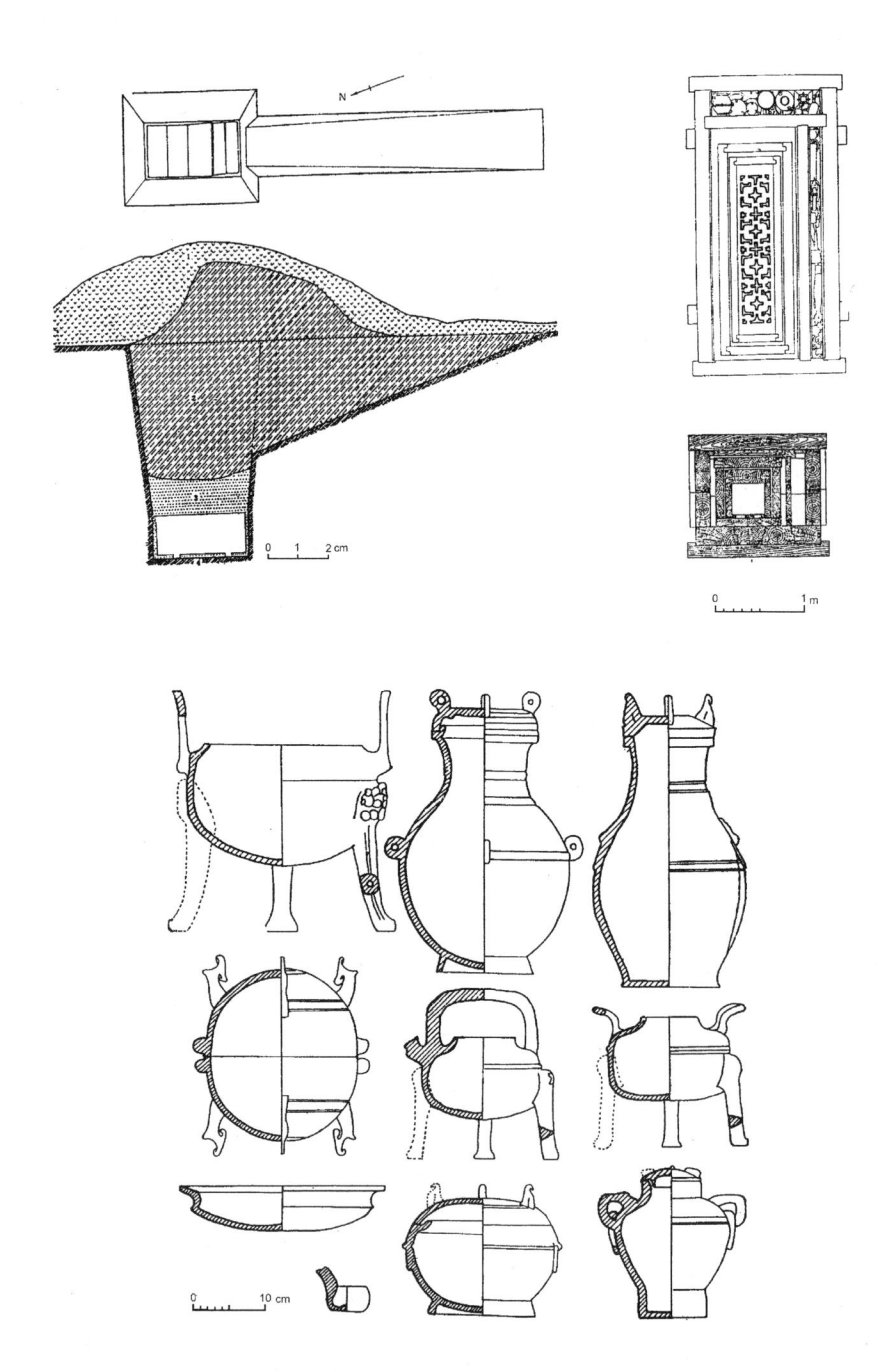

图 94　战国时期的 M 级墓葬及其器物组合：湖北江陵雨台山 555 号墓
随葬品组合包括鼎（盖遗失）、敦、钫、壶、尊缶、浴缶、盂鼎、镳盉、盘、斗。

品数量相对较多(表31;图95)。对比春秋时期的同级墓葬,真正的青铜容器已基本消失或数量极少;每座墓随葬一套陶明器礼器,类型上与战国时期M级墓葬出土的完全相同(不过数量上少一些),但形态和材质方面与春秋时期O级墓出土的完全不同;而与春秋时期N级墓一样,战国时期的N/O级墓不见实用陶器。青铜兵器、葬玉、镇墓兽和日用器时有出现,但不见殉人。

战国时期的P级墓葬中,代表"常规组合"的陶明器礼器也开始普遍使用,代替了之前的实用器(表31;图96)。然而,几乎没有见到哪座墓出土最基本的与祖先祭祀相关的器物组合。带钩和一些家居用品也会出现,罕见镇墓兽。这一级别的墓葬,除了襄阳有三座可能的墓葬之外,基本只见于赵家湖和纪南城周围的楚国都城周围,并且显然不见于长沙地区。

无椁室的Q级墓葬如今随葬单个的明器礼器(同样属于"常规组合"),但是从来都达不到,或至少在开始阶段达不到能够成套的数量(表31;图97)。雨台山和九店同样可见一些战国时期无棺但有实用陶器组合(偶尔随葬一把剑)的墓葬;这些墓葬或可暂时归入Q级,但也可视为R级中较为富裕的。R级墓葬仍然无随葬品,如前所述,它们在战国时期所占比例不明。

武器在春秋时期基本不见于M级以下墓葬,到了战国时期则出现在约44%的楚墓中。人们视之为男性墓主的标志,似乎可以成立,不过没有可用的人骨资料来证明。它们的分布可能表明,在战国时期的楚国,所有男性氏族成员中除了最贫穷的,都是配有武器的,似乎与春秋时期的情况截然不同。这种现象人们很容易解读为当时的社会军事化在礼仪领域的反映,不过我们还可以做另一种解读,就是长剑一直都是个人佩戴的一部分,只是到了战国时期,因为宗教观的变化才开始放入墓葬。不论怎样都可以看出,拥有武器不再受礼仪或者身份的限制。

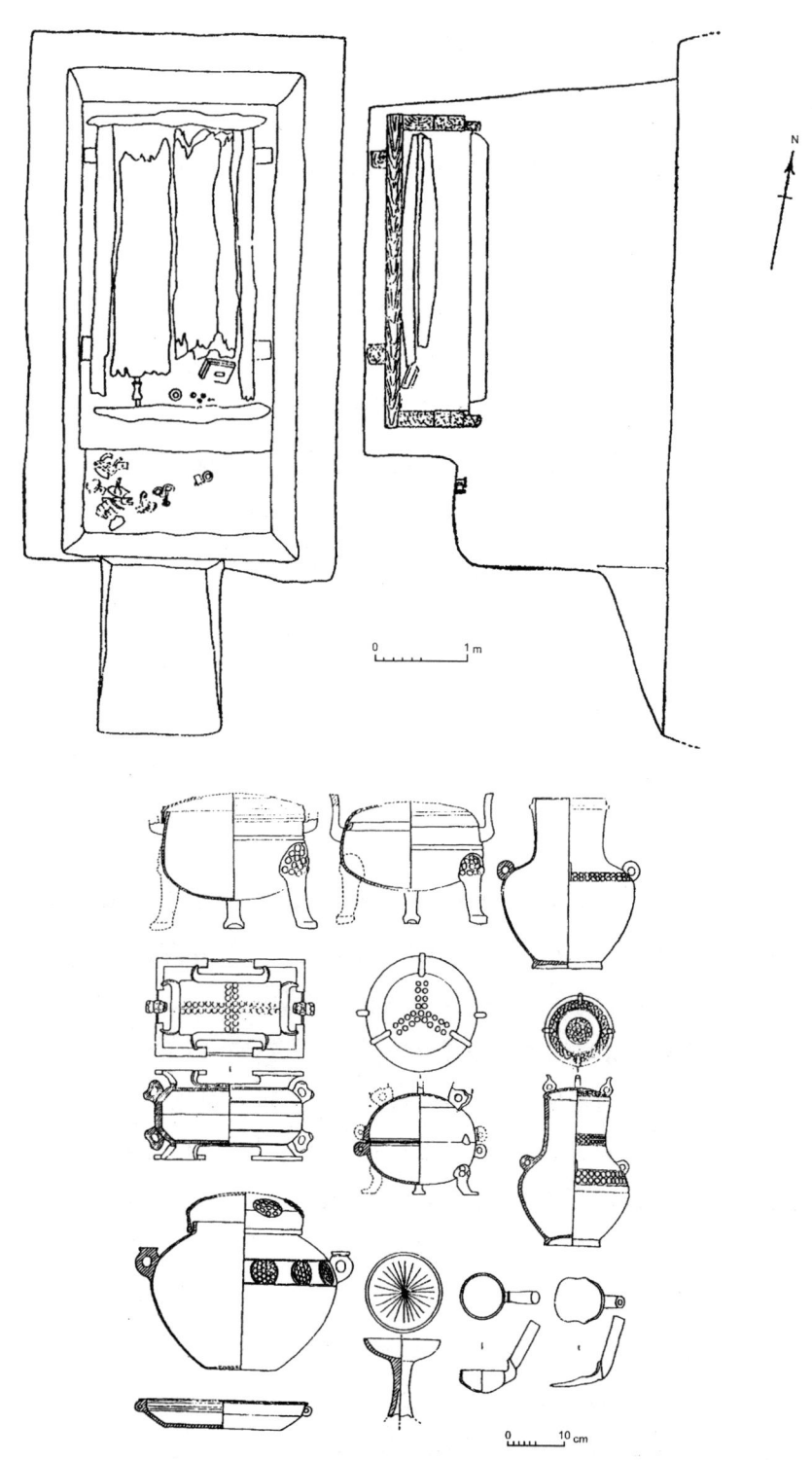

图 95 战国时期的 N/O 级墓葬及其器物组合：湖北当阳杨家山 YM2 号墓平面图与湖北当阳金家山 JM229 号墓的随葬品组合

组合包括盖顶、敦、匜、豆(可能用作灯)、壶、尊缶、浴缶、盘、勺、斗。

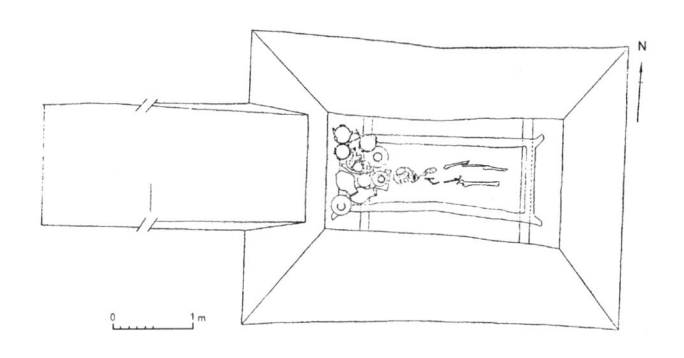

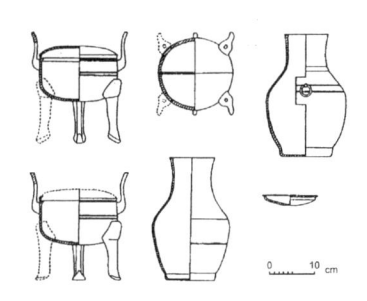

图 96　战国时期的 P 级墓葬及其器物组合：湖北当阳金家山 JM69 号墓平面图和 JM168 号墓的随葬品组合

组合包括盖顶、敦、壶（或尊缶）、盘。

社会层面的阐释

从上文列举的墓葬等级我们可以得到一个整体印象：楚国的氏族墓地的随葬似乎远比华北地区的奢侈得多（如第三章讨论的上马）。例如，在春秋时期，至少在楚国都城附近，有椁墓的比例似乎比华北的任何地方都高，不过这种印象可能至少在一定程度上来自于选择性的发掘。春秋时期的楚国墓地，同华北地区的一样，包括"铜器墓"和"陶器墓"两类墓葬，但是楚国的"铜器墓"经常根

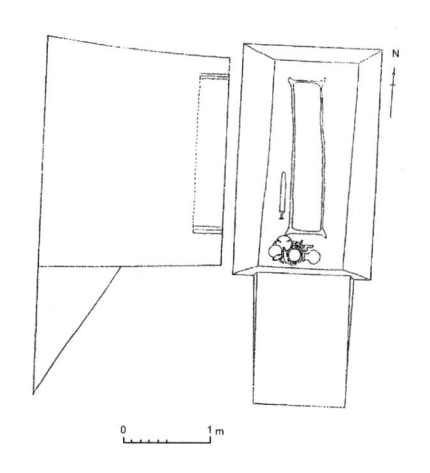

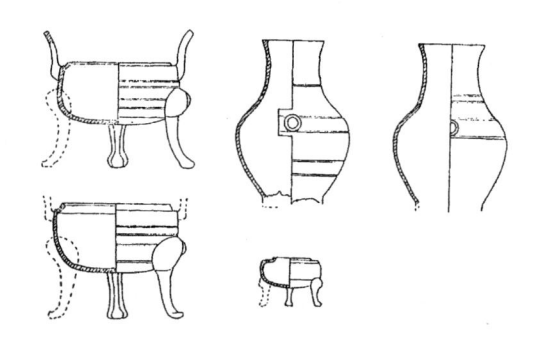

图 97　战国时期的 Q 级墓葬及其器物组合：湖北当阳
金家山 JM35 号墓

组合包括鼎（盖遗失）、壶（或尊缶）、盂鼎。

本不出陶器，而同时期的北方诸侯国通常至少出土一件炊器。此外，似乎在春秋时期的楚国，有权使用铜器的人通常会随葬一整套；在楚国不见双棺有椁而无铜器的大型墓葬（在上马有这样的情况）。同时，与上马不同的是，有椁和单棺却不出铜器的楚墓往往小于那些有铜器的墓葬，表明这种差异反映了用器上的等级差别。在上马和其他北方遗址可能存在随葬品组合因礼仪的"节俭"而减少的情况，但是在楚墓并没有这种迹象。我们并不清楚楚墓较高的铜器出现率是否反映了总体上更为繁荣,或者反映了长江流域丰富的金属资源,或者反映了对礼仪重心的理解稍有不同,或者仅仅反映了现有材料不完整的情况。无论如何,在战国时期,楚国与其北方邻国之间的墓葬财富的差异随着明器在各地的普及而消失殆尽;究其原因,当然既不是经济衰退也不是金属资源枯竭,而是第七章所述的周文化范围内宗教信仰的改变。

在春秋时期的楚国,有椁和单棺的墓葬总体上分为:N级、O级和P级。其中只有N级墓随葬成组的非明器礼器,可以用于祖先祭祀。更值得注意的是,这三个等级有显著的尺寸差异。这是与华北同时期墓地的墓葬等级的另一个区别,但是人们的解释也存在一定的争议。是否只有N级墓葬的墓主才是等级贵族,而O级和P级的墓主是僭越贵族特权的平民?或者后者是家道中落的贵族氏族成员?就这些问题人们已经给出了多种答案,[①]考古材料则因其自身的特性无法直接解决这些问题。另一个不解之谜就是O级墓葬的奇怪的礼器组合,其材料、实用性和类别都与N级墓葬的大不相同,人们的看法也五花八门。这些墓葬(以及少数P级墓葬)出现的已经退出历史舞台的簋(更确切地说,是非常接近西周晚期原型的瓦纹簋)以及九件一组的微缩无盖陶鼎,都让人联想到同时期的无与伦比的更高等级墓葬的"特殊组合"器物。在O级和P级墓出现这些器物,并不表明墓主参与了使用这些器物的高贵的礼仪活动,却有可能显示了他们具有某种鉴赏力,意识到那些古老的、神圣的礼仪传统的器物自身具有重要的价值。换句话说,这些器物成了一种话题而非实用礼器。它们出现在低等级墓葬中,甚至可能反映了当时的礼仪(尤其是周王室的礼仪制度)已经纳入到春秋时期以来的哲学阐释。其从事者似乎构成了一个特殊的、

---

① 湖北省宜昌地区博物馆和北京大学考古学系1982;高应勤和王光镐1982;高应勤1991。相关的重要讨论,还见于郭德维1983a、1985、1987。

而且可能是小型的社会团体,处在等级贵族和平民大众之间。称其为"中产阶级知识分子"不合史实也不准确,不过O级和P级墓葬在春秋时期只出现在楚都周围,表明这个社会团体可能就是一种都城特有的现象。可惜,这些墓葬没有出土其他器物,无法支持我们对这个团体成员的职业的猜想。无论如何,单棺有椁这种葬具组合的墓葬存在着多种多样的器物组合,似乎展示着楚国氏族中等级贵族和平民阶层间的分界正在消逝。

在春秋时期,不论是楚国还是其他诸侯国,椁室似乎是贵族等级的可靠标志,但是这种情况在战国时期就不复存在了。实际上,我们发现(鉴于缺少有统计价值的墓葬资料,仍要谨慎)使用木椁的墓葬比例似乎随着时间的推移而增长——在雨台山很明显,而在九店没那么显著。这种现象并不意味着氏族的贵族阶层在扩大,相反,它似乎暗示先前不配使用贵族身份标志的平民越来越多地得到了使用木椁的资格。如果前面提到的到处出现的礼器(虽然是以明器的形式)是一个迹象,反映了氏族成员中的贵族和平民之间的曾经至关重要的界限开始变得无关紧要了,那么木椁的广泛使用是另一个迹象,可为佐证。

战国时期各等级楚墓的随葬品数量和种类都在显著增加,不过因为普遍使用明器,其材料本身的经济价值降低了。更显著的是,所有等级的墓葬所出器物的种类开始趋于一致。第七章讨论的反映新型宗教观的各类日用器物,没有受到任何用器制度的限制,现在出现在R级以外所有等级的墓葬中。在春秋时期,随葬礼器的墓葬(M和N级)与出实用器的墓葬(P和Q级)——O级墓葬介于二者之间——之间存在明显的差异,到了战国时期它就消失了,现在礼器简化为明器,广泛出现于M至Q级的各级墓葬,实用器完全消失。这是一个渐进的过程,首先见于春秋晚期等级较高的墓葬,到了战国中期遍及所有等级的墓葬(这在九店尤为明显,赵家湖亦然)。在春秋时期,礼器,不管是"真器"还是明器,都是等级贵族宗教特权的物化标志;在战国时期,它们似乎丧失了这种意义。先前贵族和非贵族在丧葬用器方面的质的差别(铜礼器组合相对陶质炊器)消失了,取而代之的是数量上的差别——墓葬规模和非明器随葬品的丰富程度——成为判断墓葬等级的主要标准。换言之,经济财富超越礼仪和基于血缘的等级,成为划分社会地位差异的首要标准。这些差异仍然反映在,但不再决定于,随葬礼器(明器)的数量差别。

与文献的对应

这些不同等级的墓葬与东周社会的哪些阶层对应呢?就战国时代而言,这个问题或许可以找到答案;当时的文献记载的社会阶层,①虽然是社会现实的理想化和制度化表现,而不是客观描述,但无疑与社会现实存在一定的联系。不过由于公元前5世纪以前同类文献的缺失,我们恐怕不能像中国考古工作者常常以为的那样,确定这一等级序列能够延伸到周代更早的阶段。即使是战国时代,答案也不是全然清楚的,因为考古学上可划分出的等级数量超出了文献记载的基本社会阶层划分,但是又比这些大阶层能够划分的亚类数量要少。

中国学者就墓葬等级与文献记载的社会阶层的对应关系提出了几种观点,我把它们列成表格(表32)。② 他们都首先根据战国墓

---

① 战国文献提供了两套不同的且不兼容的社会等级系统。一套贯穿《周礼》并为许多其他文献(如《左传》)提到的,级别有天子、卿、大夫、士和庶人/庶民,其中心为理想化的周王室;其起源可追溯至西周晚期宗教改革。另一套见于《礼记·王制》(《十三经注疏》11.93,1321)及其他文献,级别有王、公、侯、子、男,它似乎是东周晚期出现的思想产物。学者们在解释考古遗存的社会意义时,无一例外都参考第一套系统。

② 前文提到的四本考古报告都提出了自己的方案;亦参高应勤和王光镐1982;高应勤1991。

葬的明礼器组合划分墓葬等级,然后将它们与传世文献的用器规格进行对应(见第一部分表4)。当然在春秋时期的墓葬中,相应的礼器组合是缺失的(M和N级墓葬出土的成套铜器属于"常规组合",并不遵循传世的用器制度)。但是由于墓葬尺寸的序列在整个东周时期都保持了一致,这些学者就认为可以根据战国时期同尺寸墓葬出土的明器数量来判断春秋时期墓葬的级别。另外,他们普遍认为存在某种程度的礼仪僭越,所以在看待很多战国时代的N/O级墓葬出现的五鼎明器时,他们并不认为墓主是"大夫"级别(根据传世的用器制度可知青铜五鼎所对应的身份),最多就是个"士"级别——贵族的最低一级——成员。这一假设看上去大体合理,不过春秋时期某些M级墓葬出土的文字材料表明其墓主的身份可能相当高。①表中不同观点的分歧之所以存在,是因为学者们在何为区别等级贵族和无级别平民的关键这一考古学标准的问题上意见不一,是木椁

表32　赵家湖墓葬等级与社会等级的对应

墓葬等级	明器鼎数目	观点1 (赵家湖发掘报告*)	观点2 (高应勤和王光镐1982)	观点3 (高应勤1991)
N/O	4-5	上层士族	士	士
P	3	中等/地层士族	平民	平民
Q	0-2	平民	同上	同上
R		贫民	贫民/奴隶	贫民/奴隶

墓葬级别如本章所定义;明器鼎的数量仅限于战国时期墓葬的随葬品组合。
＊湖北宜昌地区博物馆和北京大学考古学系1982。

① 例如,河南淅川徐家岭1号墓出土的两件春秋晚期䣙子孟䔖青匜(河南省文物考古研究所、南阳地区文物考古研究所和淅川县博物馆2004:23—26),以及湖北当阳曹家岗5号墓椁葬坑出土的王孙霝匜(湖北省宜昌地区博物馆1988:494—496;殷周金文集成9.4501;对先前释文的评论,参见Falkenhausen 2003a:461-462)上的铭文;这两篇都是媵器铭文。然而需要注意的是,具有相似特征的有铭铜器也见于N级墓葬,如百里洲的考叔脂父匜和塞公孙脂父匜(殷周金文集成9.4608-9,16.10276;并参见注14)。铜器铭文从未明确使用文献记载的任何一种等级系统说明献者或赏赐者的等级。

还是成套铜礼器呢？① 这对我们如何看待 P 级墓葬至关重要。赵家湖报告的作者将木椁作为主要标准，因而认为 P 级墓的墓主人为士；而高应勤与王光镐则基于随葬品组合判断墓主人是平民。

根据各自选定的墓葬分级的标准，每位作者都构建了一幅复杂的战国时代楚国的社会动态。赵家湖报告的作者认为士的上层部分即上士阶层（《周礼》所分的亚层）在春秋晚期以后开始僭越大夫的特权，而次级的士（中士与下士）也跟着僭越了上士的特权。依照这样的看法，平民阶层也随即开始使用椁室和礼器，因此扩大了战国时期 P 级墓葬的数量。平民阶级因此一分为二：一部分融入低级贵族，而另一部分沦为赤贫（据此观点，则大部分 R 级墓葬应属后者，并因此可归入战国时期）。

与之相反，高应勤和王光镐认为 R 级墓在战国时期之所以不再普遍，是因为社会繁荣使得社会底层成员也可以负担起 Q 级，甚至 P 级墓葬的费用。这二位学者看到的不是两极分化，而是战国时期几乎使所有社会成员的礼仪特权都得到增加的大趋势，反映了当时的经济繁荣性。

这些有关社会发展的论述比任何传世文献的记载都更加细腻、生动，让人耳目一新。可惜，迄今为止，这两种观点还都没有得到充分的证实；如果今后的研究能够得到有统计价值的发掘资料，考古工作者或许真的能够计算不同阶层人口的增长和衰落，并据以检验上述的不同模式。

评　述

尽管上述阐释的细节仍然存在分歧，本章分析的楚国墓葬材料还是提供了一个令人满意的例子，充分展现了考古材料回答社

---

① 在晋国，如第三章讨论上马材料时所说的，氏族内等级和非等级阶层之间的差别起初与有无椁室相一致，但是楚国的礼仪专家可能没有完全照搬这个标准。

会史这种大问题的潜力。这些材料清楚地表明,至少在礼仪背景中,曾经一度至关重要的氏族内等级贵族和平民阶层之间的差别在东周中期以后日趋模糊。这很可能与上一章讨论的春秋中期的礼制重构有关。关于内部有等级的氏族,我们在贵族墓地得到了考古学证据,而关于这些氏族以外的其他社会集团的成员,我们无从知晓他们是否也受到了这些改革的影响。不过,可以明确的是,现阶段最重要的社会差别存在于统治者和被统治者之间,而不再是氏族中等级贵族和平民之间的社会差别了。有些理论家现在可能会进一步推论战国时期的社会组织是基于地缘关系,而非血缘关系,但是楚国的材料无法为这种观点提供依据。

周文化圈其他地区的材料体现了类似的社会变迁。在楚国之后,东周时期最丰富的墓葬材料就来自晋国及其后续的韩、魏、赵三国之地。① 此地与楚地之间的一些差异在前文曾经提到。不过,需要强调的是,这两个地区在社会发展上大体一致。三晋地区和楚地一样,向大量使用明器的转变大体发生在战国时代的开始。② 相似的进程也见于春秋晚期阶段制作精良的明器(可能有实用性)向战国时期制作粗糙的、只有墓葬陈列功能的明器发展。同楚国一样,实用器从三晋地区的墓葬中消失,与此同时明礼器出现在各个等级的墓葬中。③ 还有和楚国相似的是,我们无可避免地看到各种礼器组合的扩散,它既反映了礼仪特权的向下普及,也反映了这些特权原先体现的社会差别的消失。

在晋国以后的三国,也同楚国一样,我们能够看出一个递减的

---

① 关于东周时期三晋地区的陶器类型学的综述,见张辛 2002。至于华北其他地区的情况,参阅王青 2002 讨论的山东及何勇 1989 讨论的燕地。
② 第三章讨论的上马材料在此很重要。可惜的是,其年代范围终止于向战国过渡的时期。即便如此,以陶明器取代铜礼器的情况还是见于该墓地最晚阶段、等级较高的墓葬(见 Falkenhausen 2001b)。
③ 即使是在陶明器几乎完全取代铜容器之前,整个华北地区的墓葬出土的陶质炊器通常是居址所见同类器的小型版,因而也可能是一种明器。

墓葬等级序列，即只有青铜器组合的墓葬，兼有青铜器和陶器组合的墓葬，和只有陶器组合的墓葬。不过，两地在各级墓主的社会身份方面存在一些不同。在战国时期的楚国，用于祭祖的青铜器组合仅见于国君墓（幽王），而青铜器和陶器混搭组合仅限于王室的高级亲属或封疆大吏的墓葬（见表28）；而在晋以后的三国，这两种组合都曾出现于都城以外、地位明显较低的贵族墓葬（见表29）。[①] 这可能多少反映了晋国与众不同的政治现实，第八章已有论及，即国君的权力在春秋时期沦落到地方的氏族，导致（至少一段时间内）财富和权力集中于这些分散的氏族据点。在晋国及其继任的国家中都显然缺乏都城低级贵族的多样化，也就是前文讨论的楚国的N、O、(N/O)和P级墓所代表的阶层，可能也反映了三晋地区在从春秋向战国过渡的这段时期内缺少一个强有力的政治中心。

同样清楚的是，在战国时期的三晋之地，曾经承载宗教功能、代表身份地位的青铜器变成了单纯的物质财富标志。非礼仪功能的青铜容器，即日用奢侈品，大量出现在墓葬中，甚至比楚国还要普遍（如图82）。[②] 先前的一些礼器类型转化为贵族家居生活中的世俗器物，例如一些类型的豆在此时用作灯具。公元前350年前后，这些首先出现在三晋的新型器类突然在秦墓中广为普及，并完

[①] 例如山西潞城的潞河（山西省考古研究所和山西省晋东南地区文化局1986）；长治分水岭（山西省文物管理委员会1957；山西省文物管理委员会和山西省考古研究所1964；边承修1972）；长子牛家坡（山西省考古研究所1984）；以及河南的三门峡后川（中国社会科学院考古研究所1994）和汲县山彪镇（郭宝钧1959）。这些墓葬的等级大致相当于本章所定义的楚系的M级墓葬。

[②] 这一趋势在战国早期的一个迹象，就是第八章讨论的山西太原金胜村大墓（陶正刚、侯毅和曲传福1996）。在此墓中，与做工精湛的礼器共出的还有非礼器，如一件鸟尊和一件带甑的炉外加便携式可拆卸烟筒的复合器（图82）。可能不具礼制功能的精美铜器也见于更早时期的三晋地区，如曲村北赵的62、63和102号墓（山西省考古研究所和北京大学考古学系1994a；北京大学考古学系和山西省考古研究所1995）以及上郭74M49、74M373和89M7号墓（朱华1994；山西省考古研究所1994c）。这些发现年代为公元前8—前7世纪，它们可能标志着青铜器"世俗化"的开端。

全取代了历史悠久的礼器(参见第七章)。而在楚国则相反,礼器组合一直与家居功能的器物共存,到公元前 278 年秦国征服了长江中游地区时才终止。但以上都只是些小差异,而大趋势,尤其是低贵族与平民阶层之间的界限日渐松弛,是普遍一致的。

插　　曲

我们关于孔子在世时期及之后两个半世纪的社会变化的认识,不可避免地受到所用考古材料的局限,它们绝大多数来自墓葬,因而反映了礼仪活动。从这些考古材料我们惊讶地观察到,在整个西周时期形成(来源于新石器时代以来的传统)的,在西周晚期当作一种制度推行开来的这套礼制,在春秋时期小心地保存下来,而且——虽然仅限于一个非常高等级的社会阶层——甚至一直保存到了战国末年。不过,前面三章分析的材料反映了两个层面上的普遍变化。

在一个层面上,墓葬结构的发展和明器的普及化表明关乎死亡、身后世界以及祖先角色的宗教信仰发生了深刻的转变。这种转变渐始于春秋时期并在战国时期影响到了整个中国,无疑反映了传统的祖先崇拜的淡化,赋予祖先神的宗教力量的下降,以及层级式贵族等级秩序的崩溃,而这些都曾经是先前宗教活动的社会基础。这些变化影响了大众宗教的层面,它们自下而上发生,并非自上而下,而且它们并未直接与周礼系统的制度变化交织在一起。

在另一层面上,我们见证了一种新的尝试,在春秋中期时曾试图将贵族的礼仪活动与社会现实相协调,因为后者从西周晚期礼制改革以降已经发生了变化。现在特权阶层内部的分化通过最高等级贵族保留旧的周式礼仪来体现,并且各个诸侯国也拥有相当大的自由空间,可以决定其地方贵族的礼器组合。不过这些引入的革新看上去还是旧制的复兴版。这些改良过的措施及其器物组合都成功地推广到了除秦国以外的周文化圈的各个角落,并且继续象征性地表现礼仪等级的差别,虽然当时这种等级差别的社会和宗教基础已经几乎不复存在。当时正如火如荼地进行着残酷的社会-政治和宗教变革,春秋中期的礼制重构推行的制度或许可以视为针对这些变化的一种制衡。

最后,随着秦国逐渐征服原周文化圈,即使这些周式礼器组合的孑遗也完全废弃了。但是祖先崇拜本身并未消失,为死者提供死后使用的礼仪性质的器物的习俗也未消亡——这些器物大体上,虽然可能不是完全,同死者生前的社会地位相对应。我们需要注意旧的习俗和价值观的灵活性,它们能够适应变化了的社会和宗教现状;新的不同器物的引入需要在这种广泛的文化传承的背景下进行观察。

在一个非常深的层面上,这种面对显著变化而试图保持古老习俗的努力,我们需要视之为儒家学说在物质文化中的体现:标志着周代早期曾经用以维持和表现贵族等级秩序的礼制,转变成了一种基于普世观念的哲学伦理系统。如果是这样,那么明器在战国时期的普遍使用或许意味着它们表达的礼仪价值如今对所有参与正常礼仪活动的成员开放,而不管他们在氏族等级中的地位;就像儒家所强调的那样,个人的美德要比其出身更为重要,而对礼仪的虔诚比其外在表现更为重要。同样地,如前所论,选用廉价的大批量生产的随葬品——缩减了开支却保持了形式——与儒家将礼仪的重心从死者和神灵转向现实社会的做法正好合拍。

然而,在没有进一步证据的情况下,我们或许应该暂缓提出这种直接联系。虽然上文描述的考古现象同儒家的思想创新确实存在某种联系,但是哪个影响哪个现在还不清楚。明器在孔子在世之前就已经使用了很长时间,并且是在这位伟大的思想家的家乡以外很远的地方;只要我们可以从礼器组合上合理地推论出礼仪向哲学转变的过程,我们就不应该忘记这种趋势(假设性的)的迹象出现在孔子出生之前至少一个世纪,而且遍及一个相当广阔的区域了。另外,礼仪重心的转移也得到了铜器铭文的证实,而这些铜器的年代远在孔子出生之前,且来自于人们通常(可能错误地)认为不是礼仪正统的摇篮的南方地区。

当然,我们仍然可以想象当时的儒门的礼仪专家在很多方面都乐于看到发生在眼皮底下的礼仪活动的双重转变。由于对西周传统的历史记忆已经变得模糊,春秋中期的创新可能在很大程度上启发他们去重新思考礼仪的意义。这种情况的发生,是不顾,而非因为,儒家宣称忠诚于早期周王室的制度。儒家的三本礼经虽然包含了早期知识的片言只语(有些甚至可以追溯到西周时期),但是无论如何似乎还是更加直接地响应了东周较晚时期的社会现实。[①]

[①] 实际上,虽然这些礼经在物质文化的细节上往往记载模糊,但是东汉时期的注疏却提供了一些细节,反映了西周晚期礼制改革和春秋中期礼制重构之间这段时间的现实情况(Falkenhausen 2008)。

结　语

中国是个领土辽阔、地理复杂的国家,因此既要合理地考虑地域差别,又要留意共同的发展趋势,这是件很不容易的事。在前面的几章里,我们探讨了周文化圈内若干区域的社会发展历程。回想起来,我们的发现显示了东周时期的文化与社会的惊人的一致性——考虑到这一时代显著的政治割据和连年的残酷战争,这就更为惊人了。至少从西周晚期礼制改革之后,在整个周代的统治区域内,相同的区分社会等级的做法,得以贯彻实施,因此我们可以推测,当时存在着一种统一的社会互动方式,超越了政治割据的限制。我相信这样的认识准确把握了周代史实的一个重要方面,并对过分强调周代地方文化特色的叙述提供了有价值的修正。如果我们不是一开始就在概念上严格区分社会和政治两种现象,并且集中注意社会现象,那我们就将无法清晰地看到这点;总之,考古学的研究本来就更加适合捕捉社会规律而非政治事件和制度。

本书考察的考古资料让我们看到,社会发展并不是无名的历史动力作用的结果,而是在特定的地点和环境背景中具体地表现出来。现在我们该来整体地剖析一下周代社会。我们已经呈现了各种社会范畴——性别、氏族、姓族、民族的属性,以及阶级结构——在考古学上的反映,并且追溯了它们的时代变迁。尽管这些研究由于材料自身的限制还不是十分系统,但是我们已经看到,这个社会已经多多少少意识到了自己是个统一的整体。本书第二部分讨论的资料显示,就是在周代,姓族间的差别逐渐减弱,而周核心社会与其他民族集团的差别则变得更加突出了。换言之，周人社会内部越来越同质化，而与外族的界限则越来越清晰。此外，本书第三部分考察的材料显示，尽管氏族仍然是整个社会系统的基本组成单元，但是随着低级贵族和平民群体之间的区别越来越模糊，氏族出身决定一个人社会地位的重要性已经大大降低。相反，在每个诸侯国都出现了统治者和被统治者之间的根本差别；在规模很小而享有极高特权的统治阶层内，地位差别仍然清晰，而这个最高贵族阶层之下的原本等级极度分化的社会阶层却经历了一个显著的平等化过程。

这些变化我们主要是从周文化圈内部观察得到的。我们特别看到，一些核心氏族的成员如何逐渐发展出一套统一的规则来管理人际关系——即一套全面的社会交往法则。起初，它的有效性仅限于贵族阶层，但很快就逐渐影响到更多的社会群体（至于是否扩展到社会的最低阶层现在还不得而知）。这套考古资料揭示的社会交往法则当然就是历史学者们所熟悉的周礼系统，但是考古资料却以一种全新的方式展示了它的运行情况。此外，我们的分析没有受到文献资料的束缚（我们的认识论见本书"引论"部分），它反映了即使相关的所有文字材料失传，现在我们仍然可以仅仅凭借考古资料复原其重要方面。

到了战国时代，人们已经将这个社会交往法则贯彻到日常生活中，并自我认同为华夏民族，随之逐渐扩展至整个周文化圈。不过，这种状态在周代早期的几个世纪可能没有实现。随着时间的推移，与周礼系统对应的社会模式不仅在横向上推广至更为辽阔的地域，而且在纵向上囊括了社会等级秩序中更多的社会群体——以至于到了战国时代，整个贵族阶层和平民间的地位界限基本失去了意义。这种双重的扩张，或许可以称之为公元前一千纪中国社会史上最为重大的大时段发展。它一定是一系列相互关联的发展共同形成的,其中我倾向于强调之前的贵族氏族的人口增长。其他起作用的因素可能包括非周"外族"的同化——通过自发的联姻和强迫性的征服。周代社会模式的推广也得益于礼仪系统的一些内在特征——其灵活性、可扩张性以及潜在的普适性,这些战国时代思想家的著作都曾提到。不过,要想让一个社会的所有成员都抱有礼仪上的"归属感"是不现实的。因为这个制度本来就建立在不平等的基础上的,一种疏离感可能就弥漫在社会最底层的人群中。关于这个问题,遗憾的是,我们所有的材料不能提供任何线索;同样,为了保持制度的运转,在恢宏的礼仪庆典背后可能就是持续的对任何形式的违抗行为的暴力威胁。可能出于建立行为准则的需要,周代(或"华夏")社会越来越强调自己和外族的区别。

为了保证有效地营造这种出色的社会和谐感,周代礼制总是随着社会现实的发展而不断调整。在考古资料中,我们已经观察到了两次彻底改革的迹象:一次发生在西周晚期,另一次在春秋中期。奇怪的是,这两次改革一次都不见于现存的文献记载,我们还无法了解究竟是谁首创、谁规划和谁来执行的;有可能周王室发挥了作用,尤其是第一次改革,但是所有其他的细节都不清楚。这两个事件,特别是西周晚期的礼制改革,塑造了中国礼仪的传统,以后儒家将其神圣化,并收入经典文献,在随后的几个世纪中人们又反复地征引和"复兴"。[①] 绝大多数现有的考古资料都牵涉到礼仪范畴,但是我们需要谨慎,因为有关周文化其他方面的同类材料非常匮乏,不过前面几章讨论的证据足以表明礼仪事务在当时的思想争论中处于中央位置。而这种认识也可以从周代的文献资

---

① 关于这些后世复古改制的社会和思想背景,参见 Ebrey 1991 和 Chow 1994。Vandermeersch 1990 讨论了汉代的类似现象。

料,如《左传》和《国语》中得到印证。①

同时,我们也看到一些传统的观念——像周公制礼作乐,以及孔子改制——必须要根据考古材料进行修正。我们现在知道孔子及其弟子征引的正统周礼其实并不存在于周代之初,而是到了公元前850年左右才设计出来。相反,许多传统上视为儒家的礼制新观念的要素,早已出现在孔子杏坛讲学之前一个世纪的礼仪活动中。其中包括关注现世社会而非神圣的祖先,②强调真诚的尊敬而非道貌岸然的表演,③强调美德高于血统,④信奉礼仪的表演必须正确而用器不能奢华的原则,⑤以及仿效礼仪先例。⑥孔子自称的"述而不作"⑦看起来是十分恰当的,尽管他所述之智并非来自远古圣贤,而是来自相当晚近的贤哲。

像丧葬这样的礼仪活动与社会等级秩序间的密切联系,以及二者变化的相互关联,绝不是一个普遍现象。我们只要看一下印度河文明,也就是古代世界各大文明中与中国地理位置最近的一个,就可以看到一个反例:一个高度分化的城市社会却极少关注丧葬事务。⑧我们还可以轻易找到其他的反例。⑨ 中国的周代为本书的深入研究提供了很好的考古材料,从国际标准上讲的确引人入胜,但或许也是独一无二的。因此如果用前面几章的成果来总结跨文化规律,我们需要十分慎重。

---

① Schaberg 2001: 125-165 等;亦参 Pines 2002。
② Fingarette 1972(以及相关的文献目录)。
③ 《论语·八佾》3.12(《十三经注疏》11卷,2467页)。
④ 一个明显的例子便是儒家把"君子"一词从贵族身份的标志改为指称品德高尚之人(见 Pines 2002: 164-204 页,及相关的文献目录)。
⑤ 《论语·八佾》3.4(《十三经注疏》3.10,2466页)等。
⑥ 这可能是《论语》中最为普遍的主题,参见如《论语·八佾》3.18(《十三经注疏》11,2467页)。
⑦ 《论语·述而》(《十三经注疏》7.25,2481页)。
⑧ Allchin and Allchin (1982: 217)花了94页的篇幅综述了"印度河文明的城市化",但是只用了半页论述"丧葬习俗"。但必须注意,印度河文化的墓地资料是不完整的,而且大部分未经发表。
⑨ 见本书第77页(第二章)注①。

*　*　*

最后,我想再简单地讨论几个悬而未决的问题:几个与孔子时代的中国社会相关的几个问题,但是目前仍然无法进行像前面几章那样连续的考古学研究。这里我将使用来自文献记载的历史的线索,而且我想勾勒一些方法,这样未来的考古学研究也许能够提供新的视角。我从更广泛的社会趋势开始,然后简短地讨论前面几章未予充分关注的社会群体。

人口增长与人群流动

周代的考古与文献资料都传递了一种感觉:一个不断扩张的社会,不过这种扩张的本质目前还不清楚,而且扩张的程度也难以量化。人口增长可能时不时地推动了社会结构和人际关系的调整。正如第一章解释的,我相信这种由人口扩张而引起的调整,在西周晚期作用于贵族阶层,并极大地促成了西周晚期礼制改革。通过经常分解氏族,人们也许控制了能够享有社会特权的人数。于是,绝大多数增长的人口想必都集中在较低的社会阶层,或许因此统治家族与较低等级贵族之间的社会鸿沟越来越宽,而且就在春秋中期的礼制重组中有所表现(见第八章)。而在战国时代,在农业技术进步的刺激下,人口似乎也快速地增长了。

先秦时期中国的人口增长在地域分布上可能是极不均衡的,①其中黄河中下游和山东半岛西北部的增长最为迅猛。在整个周代,人口压力都引发了人群的大规模流动。不仅仅周文化圈的中

---

① 从汉代最早(公元 2 年)的人口统计推知看来是可靠的,当时汉帝国的总人口约为 6 000 万(见 Bielenstein 1947,1987)。有关先秦时期人口发展的一般讨论,见万国鼎 1931。杨国勇和苗润莲(2004)提供的克商之前的周人约 790 万,西周时约 1 600 万的人口数据似乎论据不足,但仍值得讨论。关于秦朝的中国人口,最新估计约为 4 000 万,见葛剑雄 1999:16—25 页。

心地区人口渐趋饱和,而且到了战国时代连周边的新领土也开始有人居住,极大地拓展了边境诸侯国的疆域(见第六章)。到了秦汉时期这样的趋势甚至以更大的规模持续进行着。战国时期的政治理论家们也积极地宣扬善政的迹象之一便是能够吸引移民,而且一些诸侯国,尤其是人口数量相对低下的秦国,都积极地吸引外来人口。① 正如在第七章讨论的,这种政策在考古上的一个表现就是战国中晚期秦墓,例如塔儿坡墓地,出土了来自东方的、新型的非礼器类型的随葬器物。② 渭河流域下游曾经是人烟稀少的沼泽地,仰赖战国中期诸侯国出资开凿的运河工程,③才得以用于集约式农业,而这个区域的至少部分居民可能是来自东方的移民。战国时代氏族内部凝聚力的不断衰弱,反映在考古学上,便是祖先崇拜演变为更为抽象的、以后代的现世群体为中心的礼仪形式,它也许有力地推动了这种人口流动。

领土控制与扩张

另一个,文献记载略详的相关问题,是整个周代领土控制的不断加强。其中一个元素就是先前的集中型诸侯国向领土国家的转变。在中国,由中央控制的有边界的领土这种概念是东周时代的发明。④ 在青铜时代早期以及《左传》记述的大部分时间内,政治权威都是以都城(国)为中心向四周辐射,随着距离的增加而很快地消失了。不过,一些西周时期的青铜铭文表明,附属于诸侯国的氏族可以,有时确实相当精确地划定其拥有的土地。⑤ 非周人群则主

---

① McNeal 2000.
② 咸阳市文物考古研究所 1998。
③ 鹤间和幸 1987;佐竹靖严 1988。
④ Stumpfeldt 1970.
⑤ 李零 1992a;1993b;Lau 1999;Skosey 1996。

要活动于诸侯国之间的广袤的"灰色地带"内,而且只要这些地区人烟稀少,新的封国(安置原统治氏族新分化出来的支族)便能够较为容易地在那里被建立起来。但是到了战国时代,"国"指的已是国家而不是都城,因此一个国家的领土边界的精确划分成为一件非常重要的事情。当大国吞并了小国以后,他们会系统地将自己的行政管理和军事控制均匀地扩大到这些新征服的领土;然后建立区域中心,遣送移民填充到这些大国之间的空白区域,并修建基础设施加强地区间的交流和贸易。

这种政治和行政的集中与经济交往的增强必定带来生活方式和社会形态的同质化;但是现有的考古材料目前只能允许我们非常粗浅地窥探这些过程是如何发生的。第六章讨论的一些非周人群融入周人诸侯国的现象,或许可以视为东周时期诸侯国更加有力地控制领土的表现。而另一个可能反映控制增强的标志则是东周时期出现了更多有围墙的城市。近年许宏曾经做过很好的研究,他统计了总共428座东周城市,而从夏到西周一共才39座。[1]尽管真正的数字和比例也许不同,但总的发展趋势是十分清晰的。[2]陕西、湖北等地越来越密集的贵族墓地,虽然目前仅仅是个印象,需要进一步的证实,但它可能正是城市增长的反映。

在春秋时期的秦国,墓地(见第五章)主要集中在都城周边,反映了该诸侯国的核心特征,以及贵族人口每次随都城的迁移而大规模迁移。如果秦国的核心群体大多居住在城市中,那么他们的控制向周边地区的渗透就会微弱许多。在战国时期,随着秦国发展为一个领土国家,这种情况可能发生了变化。国家控制力增强在考古学上的一个表现,便是凿通渭水下游河谷的河渠工程(见上

---

[1] 许宏 2000。更加系统的调查可能会修正这个比例。
[2] 此处可能存在一个对"城市"如何定义的问题。许宏所列的四十座新石器时代的"城市"从基本概念上当然与东周时代的城市不一样。

文),以及公元前 3 世纪早期农业人口定居成都平原,其中至少有一部分来自秦国以外的地区。在成都平原上,我们今天仍然敬仰这些水利工作留下的遗迹,也就是人们经常参观的都江堰。① 与这些大型公共工程有关的秦国聚落仍然亟待考古学研究。

秦国军事扩张也将其文化因素注入到了被征服地区的墓葬资料中。秦墓已经发现于公元前 316 年征服的四川,②以及前 278 年征服的原楚国的核心地区湖北,③以漆器和简牍而闻名的睡虎地秦墓便是后一地区最为著名的例子。④ 其中年代为公元前 216 年左右的 M11 的墓主就是一名来自秦核心地区的当地政府官员。墓中出土的法律文书表明,即使是在统一的秦帝国时期,原有的楚国居民在户口本上仍然是被征服人群,与一般的秦国公民有所区别。

类似的过程无疑普遍发生在战国时期的整个周文化圈。山东西南部的薛国故城见于文献记载和考古学调查,就是一个很好的例子,此处原先是一个独立封国的都城,后来改成了当时的一个大国的地方中心。薛曾经是周文化圈东部的一个极为古老的土著封国,⑤这里最早的城址据说可以追溯到新石器时代。目前已发掘的古薛国灭亡之前的遗存包括贵族的居址和墓葬。在战国时代,薛国遭齐国吞并,其故都成了一个重要的冶铁中心,几乎见不到同时期的贵族聚落遗存。⑥

---

① 据我所知,这项伟大的早期治水工程至今还没做过考古学研究;寻找一个适当的方法来开展这样一项研究是未来的一个巨大挑战。
② 如什邡城关(四川省文物考古研究所和什邡市文物保护管理所 1998)和荥经的若干地点(荥经古墓发掘小组 1981;四川省文物考古研究所和荥经严道古城遗址博物馆 1998)。重庆涪陵小田溪据称是巴人王族墓地的一些墓葬,时代也晚到秦占领这一区域之后(四川省博物馆 1974)。亦见宋治民 1984。有关秦核心地区与湖北四川之间原非秦地的秦墓,见杨亚长 1997。
③ 除了睡虎地秦墓(见注 21),已发表的战国秦墓还有江陵九店(湖北省文物考古研究所 1995),以及秦帝国时期见于江陵高台(湖北省荆州博物馆 2000)和云梦龙岗(刘信芳和梁竺 1997)。亦见陈平 1983 和郭德维 1983b。
④ 《云梦睡虎地秦墓》编写组 1981。
⑤ 有关薛国,参陈槃 1969:128b—131a。
⑥ 中国科学院考古研究所山东工作队 1965;山东省济宁市文物管理局 1991。

第六章已经提到了以"长城"之名闻名于世的完善的边境防御系统,它是战国时代划定边界行为的突出体现。其中一些城墙(如河南南部的楚方城[见地图 20]和山东的齐长城)①用来抵御周文化圈内诸侯国的进攻,而另一些则修建在以前的边境地区,以圈定新的领土。传统上认为后一种"长城"是抵御北部游牧民族侵扰的堡垒,但狄宇宙(Nicola Di Cosmo)却令人信服地证明,与那些北方游牧民族的冲突——后来成为中国帝国时代历史的永恒主题——在很大程度上正是这些城墙的修筑造成的:由于几个毗邻的战国群雄用这些城墙不顾一切地将领土拓展至先前的缓冲地带,迫使游牧部落组织起来。② 秦国的长城把大部分今天的鄂尔多斯都圈了进来,并一直向西延伸到宁夏和甘肃——在此之前这一巨大的区域从未成为周文化圈的一部分,而几个世纪以来一直都是游牧或半定居畜牧人群的栖息地。原有的居民要么被驱逐出去,要么受纳税的农业人口国家秦国的高压统治。

农 业 人 口

本书分析所用的资料大部分来自墓葬,其中掩埋的氏族成员毫无疑问都是以耕种为生的。这当然不仅仅包括氏族内的平民群体以及那些在考古上尚无法辨认的更低等级或主流氏族之外的社会阶层,同时很可能也包括了氏族内的一部分贵族。除了自身的基本需要外,这些大众生产的剩余产品就能够养活一些较高等级的贵族成员,让他们把一些时间投入到氏族的事情中,如周代贵族的两项众所周知的义务:祭祀和军事。在本书讨论的大部分时间内——从西周一直到春秋中期——氏族组织既是祖先崇拜的单

---

① 有关楚方城,参萧华锟和艾廷河 2003;有关齐长城,参见路宗元编 1999。
② Di Cosmo 1999。

元,也是收集和再分配剩余产品的机构。更为系统和不知名的税收行政系统在东周时期才逐渐建立起来。①

我们对于青铜时代农业的技术方面还知之甚少,所以推测当时的剩余产品的规模是极其危险的。迄今为止,几乎所有的相关研究都集中在生产工具上,而这些研究表明战国时代确实发生了显著的改进。②在此之前金属是否用于农业还无法证实,而青铜显然过于昂贵或神圣,不可以用来满足农业需要。只有等到大规模生产的铁质工具出现以后,金属才最终取代了传统的石质工具。③人们一般认为这一技术转变带来了生产率的大幅度提升,也改善了生活水平、刺激了人口增长,并为长时间战争提供了后勤保证,而这正是战国时代的得名由来。不过由于铁器难以保存,而且当时普遍回收利用废弃的金属用具,所以现在还难以直接探究其影响。但是系统收集的考古学资料也许有一天会允许我们定量分析战国时代农业变化的影响。

普通农业人口的生活水平在东周时代似乎发生了一定的变化。正如我们在第九章看到的,一些权威学者相信物质财富的增加正是平民阶层能够僭越贵族礼仪特权的一个决定因素。民间建筑的变化可能也反映了生活水平的普遍提升:在东周时代,普通百姓居住的显然不再是新石器时代以来的半地穴式棚屋,而是建

---

① 杜正胜 1990;Lewis 1999。
② 陈文华 1981;1984。
③ Wagner(1993)论证说青铜农业工具在公元前 1 千纪中期以前的长江下游地区已经普及,并且认为这是一个重大技术进步,早于其后几个世纪整个周文化圈大规模生产的铁质工具。这仍然是一个有力的观点,不过,Wagner 自己也承认,他以前提出的长江下游地区的冶铁技术是独立起源的观点,经不起现有材料的检验,现在看来这种冶铁技术应该是从欧亚大陆中部传播过来的(唐际根 1993)。李学勤(1985:290)认为华北地区也曾使用过青铜农业工具,但他只能提供一个考古发现的实例(燕下都)。根据中国中学到大学课程普遍采用的马克思主义历史观,技术进步首先以及永远都应该是为经济生产服务的(见郭沫若 1952[1984 版]:194—198)。可能为了"证明"这个观念,马承源(1988:27—44)曾坚持强调青铜农业和手工业工具的重要性,而且尽管现有材料其实很匮乏,李学勤(1985:284—294 页)仍然用了一整章来讨论这个问题。

在地面上的房屋。这种新型房屋的建造需要耗费更多的劳动力，而建筑面积也普遍增大了。它们更加接近贵族的台基建筑，而这似乎也具有一定的象征意义。但是目前由于聚落材料几乎不见，所以我们还不清楚这些变化的普及程度，以及确切的开始时间。①

农民阶层也首当其冲地承担起了徭役，这种政府行为在中国出现甚早，甚至先于国家级文明的出现，众多大型的公共工程因此得以成功地组织兴建起来。②在西周和春秋的绝大多数时间内，劳役管理仍然是通过氏族来组织的，但以后被更为隐蔽的官僚行政系统取而代之。后者的高效率体现在一系列日益宏伟的工程建设——城墙、宗庙、陵墓、灌溉设施以及道路等。共同参与公共服务的经历也有效地把来自不同氏族的人们聚集到一起，从而可能实现了同一国家内社会低阶人群的融合。

除了徭役外，战国时代的公共工程也使用大批因触犯当时的严刑峻法而沦为刑徒的劳役。在这些不幸的人当中，大多数原本也都是农民出身。近年发现的一些秦、汉时期的法律文书记载了他们的罪名和惩罚，都是量罪处刑。③战国时代新出现的这种社会现象还有一个实例，就是秦始皇陵附近发掘的秦代刑徒墓地。每座墓葬都没有什么葬具和随葬品，只有一块砖，上面刻了墓主的刑期，这样做的目的一方面是为了便于主管部门的管理，另一方面可

---

① 由于材料的缺乏，目前绝大多数的古代中国建筑史著作（最好的就是中国科学院自然科学史研究所1985）都忽略了新石器时代以后的民间建筑。孔子时代以后聚落的发掘集中在贵族的建筑遗存。零星偶然发现的普通房屋表明平民的居住条件从新石器时代一直到战国时期都没怎么变化。楚国出土的水浸墓葬显示出战国时期木构榫卯技术的巨大进步（林寿晋1981），而且这些进步可能使得地面建筑更为普及。这样的房屋究竟比半地穴建筑改善了多少，目前还不清楚。在山西侯马北坞——晋国最后的都城新田的一座城址——的发掘中，发现了至少一座地面式民间建筑（F102），年代为春秋晚期，可能表明这种变化的发生时间早于战国时期（山西省考古研究所1994e）。

② Keightley 1969.

③ 有关这个问题的研究文献汗牛充栋。入门可参 Hulsewé 1985；Lau and Luedke 待刊。

能还为了通知地府的相关机构。① 时至今日,这些人所构筑的一些宏伟建筑仍然存在,见证着他们曾经付出的辛劳。

军　　事

与徭役不同,农业人口的兵役应该是一个东周时期的新发明。一直到春秋时期,战争(以及对青铜供应的控制;青铜为用于制造武器的、又珍贵又神奇的原料)都只是等级贵族的特权,军事组织也以氏族为基础。这种情况见于《左传》和其他文献,②反映在考古上,则是武器只随葬于部分墓葬:战国时代以前,武器仅见于有椁墓,而木椁如前所述,正是贵族等级的标志。③ 我们在第九章讨论楚墓时,已经观察到了青铜武器在战国时代的地位改变,从贵族等级拥有者的特权器物变成男子普遍可拥有的器物,除了最贫穷的男子以外。尽管这一变化有可能具有宗教意义,我们仍然可以视为间接的证据,反映了社会的军事化,以及从社会底层开始的平等化趋势。

有关战国时代的士兵群体,我们几乎没有什么考古学方面的材料——秦始皇陵兵马俑只是体现了秦统一后的情况,而此前就没有什么像样地发现了。我们知道的是,在整个春秋时期,军队的规模急剧扩大,发展成了常备军,由国家税收支撑;军旅职业也开始出现。正如铁质工具影响了农业一样,大规模生产的铁质武器也可能从根本上改变了中国古代战争的性质。但是直接的考古材料还难以发现。④ 有一点可以明确,就是在铁器引入以后,高等级的社会阶层仍然偏爱青铜武器——这当然可以理解,考古发掘出

---

① 始皇陵秦俑坑考古发掘队 1982。
② Hsu Cho-yun 1965:53-77。
③ 见本书第 152 页(第三章)注①。
④ 对于战国时代材料的综述,见杨泓 1992:173—182;亦见李学勤 1985:15—329。

土的一些青铜武器的质量极高。①在礼仪活动中,不同的诸侯国对待武器的态度有所不同。楚国的绝大多数男性都随葬一把铜剑,而商鞅变法之后的秦墓普遍缺少兵器。② 这可能是出于节约资源的需要,也可能是为了防止潜在的叛乱者从墓葬中盗掘兵器;或者有什么宗教原因,例如害怕亡灵带着武器归来。考虑到文献记载颇详的秦国无处不在的战争措施——商鞅把整个社会分成了若干等军功——秦墓中虽然缺少兵器,但是它根本不能说明军事在秦国已经变得无关紧要了。

有关战争的确切考古材料也难以碰到。但是由于武器上常常刻有产地铭文或能够通过其风格推测出产地,而且原则上讲,一国军队所用的武器也是本国生产,③所以未来可以通过考察各类武器的分布来追寻军队的可能动向。古战场虽然是古往今来的中国传统文人孜孜寻求以凭吊怀古的地方,但是没有做过什么考古学研究。目前我所注意到的唯一可能属于周代的发现是河南濮阳西水坡的合葬墓,④这里发掘了 32 个排列整齐的墓坑,每个坑内埋葬了 18 个 20—25 岁的男性,他们都死于暴力;此外这些墓坑还发现了数量不等的割下的头颅(图 98),埋葬的个体总数在六百以上。这个遗址的旁边就是古城濮战场,公元前 632 年由晋国领导的北方联盟在此彻底击败了楚国军队;不过由于缺乏有年代特征的随葬品,该遗址是否与这一事件有联系还无法证明。

---

① 秦始皇陵附近的兵马俑坑出土的兵器中有至今仍然锋利得可以刮胡子的青铜剑,还有各部件精确扣合的弩机,以及新型的、设计科学且杀伤力最大的箭头(陕西省考古研究所和始陵秦俑坑考古发掘队 1988:249—307)。我非常感激秦俑博物馆的张仲立馆长允许我在 2005 年 8 月 11 日接触到这些材料。

② 陈平 1987 研究的战国时代秦国武器中,没有一件出自秦墓,尽管一些——作为出口商品、礼物,或者战利品——出现在周文化圈的其他地区,以及四川的"巴蜀"墓葬。在秦国,这是一次和春秋时代习俗十分不同的大改变(见陈平 1986),有待进一步讨论。

③ Sahara 1984;Emura 2000:482-553。

④ 濮阳西水坡遗址考古队 1989:1063—1065。

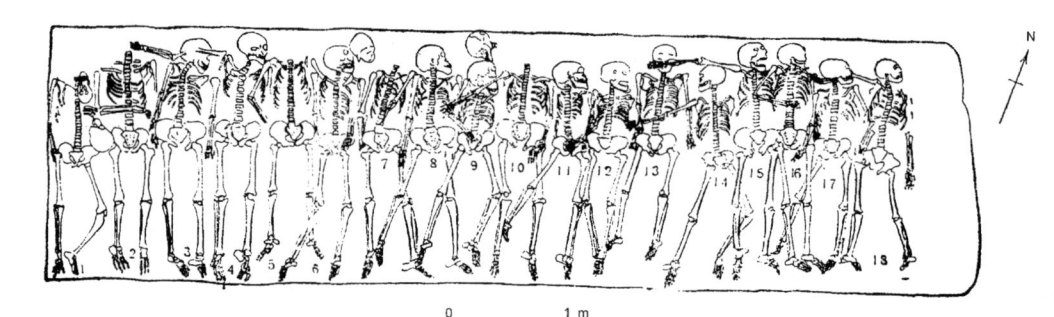

图 98　河南濮阳西水坡 175 号墓坑

合葬，墓主可能死于公元前 632 年的城濮之战。

商人与企业家

　　由于传统儒家的偏见（不过主要在孔子时代以后），商人和企业家的角色一直以来都很少受到历史学家的关注，尽管现有材料表明贸易和大规模手工工场的发展是战国时代大转变的主要方面。① 战国时期，一些诸侯国出现了大型城市，仅此一点就足以证明了当时存在着为供应这些城镇需要的商业网络，为与庞大的城市居民相配套的各种各样的经济活动，以及从事这些活动的专业群体。在前面几章描述的氏族社会里，并没有商人的独立位置。② 他们可能也从属于氏族，前面分析的墓地中有些恐怕就是商人的墓葬。不过到目前为止，我们还没有任何考古学上的标准来将他们与非商人区分开来。

　　尽管商人和企业家本身在考古学上还难以辨认出来，但他们

---

　　① 虽然现在积累了更多的材料，我们仍然难以超越许倬云(1965：116—130)的综述。
　　② 《周礼》用两个名词来称呼商人——商和贾，它们的含义可能略有差别，但语义有所重叠。商贾在太宰所辖（"天官·太宰"，《周礼正义》2.78）九职中为第六种，即三农、园圃、虞衡、薮牧、百工、商贾、嫔妇、臣妾和闲民。在周礼理想化的行政系统中，11 个部门的下属中共列了 54 贾。无论这是否反映了具体的历史情况，都可以说明绝大多数的商人(尤其凡是称之为'商'的商人)没有受到国家的直接控制。

所从事的活动可见于考古材料,例如生产遗址(见下文)。找出已知生产地点的,并有可能属于贸易产品的器物,搞清这些器物的分布区域,就能够揭示经济交换的模式;这将是一个大有前途的研究课题。自春秋中期开始,人们开始使用金属货币的情况,为这种研究提供了另一个基础,而且尤为适合,因为从钱币的形制和铭文上可以准确地看出其产地。不同形制的货币如周王室(以及后来的秦国)的圜钱、三晋的铲形布币、齐和燕的刀币,以及楚国的蚁鼻钱和爰金等,学者们已经收集和研究了若干个世纪。[①] 它们见于居址、墓葬,并频繁地成百上千地出现于窖藏;但可惜的是,目前已知的绝大多数钱币的出土地点都没有令人满意的记录。彭柯曾指出,在战国时代的中国有两个独立的货币区域。[②] 其中一个包括黄河流域的几个诸侯国,货币能够跨越国境自由流通。而松丸道雄则揭示出这个区域内货币的重量也都是基于同样的单位,显然是西周时由周王室统一规定的,这样不同形制的货币可以兑换。[③] 相反,战国时代楚国的货币系统则由独特的金质和铜质货币构成,有意把使用范围限制在楚国及其附庸国。彭柯还认为楚国这样做,是为了把楚国建成一个独立的经济和政治区域,同时避免资源外流。如果确实如此,那么货币的使用也成了战国时代加强领土控制的手段之一。在众多的器物中,可用来追踪经济政策的还有符和节,它们是战国时代各诸侯国为了加强货物和人员流通的控制而使用的。[④] 符、节上的铭文表明贸易是受到高度监管的,不过内容记录的是官方贸易,可能并不是当时唯一的远途经济交换方式。战国时代的商业和制造业中,政府行为和个人行为的比重有多大——这是评估其中从业人员社会地位的一个关键因素——目前尚未可知。

---

① 关于这个问题当代的主要研究成果有王毓铨 1957;朱活 1984;黄锡全 2001。
② Peng Ke 1999。
③ 松丸道雄 1992。
④ Falkenhausen 2005a(可参其中的有关参考文献)。

工匠、专业人员及其他

　　工匠与商人一样,在文献记载中也很少提到。在考古学上我们主要通过其产品以及发掘出来的作坊遗存认识他们。手工产品的类型太多,难以归纳。但目前 人们在研究这个群体时,大多关注有较高经济和艺术价值的器物,如铜器、漆器和玉器。孔子时代的作坊遗址研究得最为透彻的当属发现于春秋晚期晋国首都的侯马铸铜遗址。① 有关青铜器生产人们一直都认为有较高程度的劳动分工,但侯马的材料揭示出这里出现了新型生产方法。这些方法形成于春秋时期,随后导致了技术工匠——精美纹饰的设计者和铸造过程的监管者——与庞大的非技术劳动力之间的职业和社会差别的扩大。② 为了协调生产过程中的高度分工,也为了保证统一的质量要求,管理监督者是必不可少的。战国青铜器有时会刻有生产和/或监管部门的名称。③ 于是,青铜器本身也反映出了生产者之间的等级分化。同样的现象亦见于漆器奢侈品的生产者,尽管保存至今的绝大多数材料都出自战国时代的楚国,但其生产在整个青铜时代遍及中国。④ 秦汉时期政府所属漆器作坊的产品上的铭文,表现出了严格的监管和质量控制。⑤ 零星的迹象表明这种管理可能至少从战国时代就已经开始了。

　　在另外一些不那么光彩夺目的产业,例如制陶业和制盐业,技术和生产组织没那么复杂,但生产规模常常十分惊人,而且在整个

---

　　① 山西省考古研究所 1993;Institute of Archaeology of Shanxi Province 1996。
　　② Bagley 1993b; 1995;在 Keyser 1979 的基础上进行了详述。
　　③ 带有这种铭文的数量最大的一组器物出自战国中山王墓(河北省文物研究所 1995)。关于战国时代的仓库,见 Sahara 1984。
　　④ Thote 1990;2003.亦见佐藤武敏 1988 以及陈振宇 2003:282—525 所收的论文。
　　⑤ Barbieri-Low 2001.

周代一直在增长。① 到目前为止,这基本只是一个印象,来源于每个地域和时期的陶器在形制和原料上保持高度一致(如战国时期楚国都城周围出土的明器);我们希望今后能够用定量分析来认真地探讨这一问题。

周代作坊使用的劳动力完全有可能有等级划分(包括监工、匠师和普通工人等),并且至少是不完全自由的。文献记载证明了奴隶的存在,②但我们不知道其使用的程度。第四章有关西周陶器的讨论也提供了间接证据,表明陶工的社会地位低下。而在侯马,一些作坊工人似乎就住在他们工作的地方;他们简陋的半地穴房屋证明其处境卑微。

目前我们并不清楚所有这些工匠是否属于主流氏族。发掘作坊遗址时常常会遇到墓葬,它们可能属于在那里工作的人;它们的位置远离有等级序列的氏族墓地,可能表明其墓主是外来者,而且墓内简单的葬具也表明其低下的社会地位。在侯马铸铜作坊遗址,同时发现了无木椁的简单竖穴土坑墓和一些灰坑底部的弃葬,反映了他们的等级差别——不过还没有迹象让我们将这种墓葬等级序列与工匠的等级序列对应起来。③

虽然证据稀少,我们还是忍不住推测,工匠的社会地位在整个周代是有所提升的:在西周时期他们受到严密的监管,而且可能没有自由,但是自春秋晚期以降,随着商业活动的兴起,他们可能获得了更大的自主权。这至少对于几种高级器物的生产者是有可能的。自公元前5世纪中期以降,墓葬出土的随葬品显示青铜奢侈品——精美的带钩、镜、灯,以及其他华丽的容器——的数量急剧增加,它们更有可能是经私人(说不定就是它们的生产者)流通

---

① 根据长江流域上游的田野工作而得到的早期盐业生产的初步观察,见陈伯祯 2003;Chen 2004;Flad 2004。中国青铜时代晚期的陶器生产和贸易方面的经济研究还亟待开展。
② Yates 2001。
③ 山西省考古研究所 1993,第 1 册:439—440。

的,而不像之前流行的礼器那样受到用器制度的限制。可惜,目前还无从知晓在从事手工业生产的各类人中,究竟哪一类人能够从礼仪用器向奢侈品的转变中获利。

最有可能的是,早期中国的工匠们主要通过家族世代传承他们的手艺,跟以后整个中国历史的情况一样。在整个周代,与工匠阶层类似,或者其实就是从工匠阶层发展出来的,一个新兴的专业人士阶层出现了:医生、技工,以及术士、卜者和其他专门的宗教人员。① 这些人同样形成了职业氏族(部分有血缘基础,部分没有),其系统界定的技艺代代相传,有时也写成经典。东周时期的一些哲学"学派"也仿效他们的组织形式,同样留下了丰富的文献材料。楚国都城附近的东周氏族墓地的O级和P级墓的墓主人可能代表了都城的知识阶层(见第九章),除此之外,考古资料中几乎辨认不出有关这个新型职业阶层的直接物证;但他们的存在和活动在文献,尤其是那些近年墓葬出土的文书中有丰富的记载。②

周代社会的其他一些底层专业人群——短工、脚夫、船夫、驭者、客栈掌柜、厨师、家仆、优伶、倡伎、乞丐、隐士——目前都不见于考古资料或文献记载,而且将来恐怕继续如此。总之,就本书所探讨的人口发展、社会进程中的政治与经济活动,以及周代人口中的非贵族群体这些问题来说,目前的考古信息可惜仍然十分不清晰。

呼 吁

社会考古学研究的最基本的问题可能就是现有的材料往往并不直接回答研究者想研究的问题。当然在一定程度上,所有历史

---

① 李零 1993a,2000。
② 不过,出土简牍的这些墓葬主人是否一定是知识分子,甚至是否一定能读会写,这还成问题。关于这点,见 Falkenhausen 2003ab(有更多的参考文献)。

学科都存在这一问题,只是像本书这样,在讨论社会结构这种抽象概念时,根据的不是文献资料,观念上的距离就会显得尤其大。为了将考古材料与广泛的历史现象联系到一起,演绎链条的建立就必须非常谨慎。在重建孔子时代的社会结构和社会动态时,我们主要依据的是礼仪活动和社会秩序之间的联系——这种联系即使在当时礼仪和社会都发生了深刻的变化时也从未中断。因为礼仪的实质是一种表演,并非事物本来如何,而是事物应当如何,所以我们要牢牢记住,我们认识的周代社会可能在一定程度上是被歪曲的和被理想化的。同时,这种认识又抵消了其他几种歪曲,也就是从权力政治或军事行动或地缘政治的现实——或者说其实是从贵族思潮——的角度进行社会研究时产生的歪曲。然而,在更基础的层面上,陶器的类型,无法与其制作者或使用者的社会身份或民族属性的变化相匹配;它们之间或许有些联系,但上述问题的诸多方面,包括非常核心的方面,一定是难以用这类证据接触到的。这既是本书的一个根本的困境,也是本书结论一直不能清晰的根本原因。

　　无论怎样,只要有了质量更好的资料,我们当然就可以得到更为精确的结论。现在需要做更为系统的研究,这样才能得到有统计价值的资料,这样才能从考古资料中得出有效的社会结论。我们尤其需要看到更多周代社会的居址和作坊方面的考古学资料。最为亟须的,与中国各个时期的考古学一样,就是聚落形态的调查和聚落的发掘。尽管由于中国的疆域,使得全国范围的全面调查不太可能(无论如何,汹涌而来的资料就难以处理),但是精选一些区域,进行全覆盖、断代比较准确的调查,这样就能够相对准确地揭露聚落遗址在规模、分布以及密度上的发展。这样的数据如果数量充足,就能够让我们较为准确地认识人口增长,并揭示出政治和行政集权化过程,以及增多的经济交换如何引起了生活方式和社会形态的全面同质化。此外,细致和系统地发掘各种类型的代表性聚落将会产生有关居民生计、民居的建筑特色,以及生活水平变化的信息。① 这样的研究还能够产生一些器物以外的证据,比如植物遗存,可以让人复原当时的农业技术水平。

作为补充,墓地出土的代表性资料,类似于上马墓地(见第三章)的那种,也是需要的。我们可以根据一个墓地估算出人口数量,根据房屋面积或周边环境的承载能力(同时考虑使用的农业技术)估算附近聚落的居民数量,然后对照分析两个数值。后一种估算尽管非常粗略,但有其优势,它包含了氏族墓地的墓葬资料没有反映的几类居民。比较分析同一遗址或地区的各种估算所得的数值,将给人很大的启发。

中国青铜时代晚期的考古资料无疑会随着更多聚落、墓地的发掘而更加丰富,不过我们还是希望可以获得其他类型遗址的资料——生产中心、农田和其他农业活动的遗址、采矿遗址、道路、运河、驿站、港口设施、礼仪中心、军事堡垒等等——以揭示社会生活、经济活动以及政府控制等各个方面的情况。器物是考古年代学得以建立的基础,采矿遗址和作坊遗址的系统发掘将会提供技术和经济背景这样的关键信息。其结果有可能会要求部分现在已被认可的年代学框架接受修正,它们无疑会提供更高的精确度。

这里简单罗列的问题,为将来中国青铜时代晚期的社会考古乃至整个中国考古的研究日程提出了建议。中国既不缺少适当的遗址,又幸运地拥有大量训练有素并富有激情的考古工作者,能够完成现在需要开展的工作。下一阶段的研究所需要的大规模、有统计价值的资料,必须要通过大规模、多年、跨学科的,动用大量人员的研究课题来实现。我希望其中有些研究项目能够采取国际合

---

① 正在河南南阳龚营遗址的中法联合发掘可能会提供这方面的材料;见本书第17页(引论)注④。

作的方式,能够让其他国家的研究者来学习中国考古,了解其内在的趣味和价值,同时也带来他们不同的、跨学科的专长,帮助获得、组织和解释所获资料。一旦这样的研究结果放到一个世界范围的比较研究中,并整合到跨文化理论和模型中,我们相信中国考古学最终能够获得其在人文和社会科学领域应得的认可。

本书引用古典文献及铭文的标准版本

《春秋大事表》，顾栋高著，北京：中华书局，1993。
《春秋繁露义证》，董仲舒、苏舆注，北京：中华书局，1992。
《国语》，天圣明道本（1800 初版），影印本，台北：汇文书局，1974。
《吕氏春秋校释》，陈奇猷编，上海：学林出版社，1984。
《史记》，司马迁著，新版，北京：中华书局，1959。
《十三经注疏》，阮元（1815）编，新版，北京：中华书局，1981。
《殷周金文集成》，18 册，中国社会科学院考古研究所，北京：中华书局，1984—1994。
《周礼正义》，孙诒让疏（1908 初版），新版，北京：中华书局，1987。
《诸子集解》，新版，北京：中华书局，1990。

中文书目

安徽省博物馆 1987,《安徽省博物馆藏青铜器》,上海:上海人民美术出版社。

安徽省文化局文物工作队 1959,《安徽屯溪西周墓葬发掘报告》,《考古学报》1959.4:59-90。

安徽省文物管理委员会、安徽省博物馆 1956,《寿县蔡侯墓出土遗物》,北京:科学出版社。

安徽省文物考古研究所、铜陵市文物管理所 1993,《安徽铜陵市古代铜矿遗址调查》,《考古》1993.6:507-517。

宝鸡市考古工作队 1984,《陕西武功郑家坡先周遗址发掘简报》,《文物》1984.7:1-15、66。

宝鸡市考古工作队 1993a,《宝鸡市益门村二号春秋墓发掘简报》,《文物》1993.10:1-14。

宝鸡市考古工作队 1993b,《宝鸡市益门村秦墓发掘记要》,《考古与文物》1993.3:35-39。

宝鸡市考古工作队、宝鸡县博物馆 2001,《陕西宝鸡县南阳村春秋秦墓的清理》,《考古》2001.7:601-609。

北京大学考古文博院、北京大学古代文明研究中心编 2002,《吉金铸国史:周原出土西周青铜器精粹》,北京:文物出版社。

北京大学考古文博学院三峡考古队、重庆市忠县文物管理所 2003,《忠县崖脚墓地发掘报告》,载于《重庆库区考古报告集》1998 卷,649-678,长江三峡工程文物保护项目报告甲种第三号,北京:科学出版社。

北京大学考古文博院、山西省考古研究所 2001,《天马—曲村遗址北赵墓地第六次发掘》,《文物》2001.8:4-21、55。

北京大学考古系、山西省考古研究所 1993,《1992 年天马—曲村遗址墓葬发掘简报》,《文物》1993.3：11-30。

北京大学考古系、北京市文物研究所 1996,《1995 年琉璃河周代居址发掘简报》,《文物》1996.6：4-15。

北京大学考古系、山西省考古研究所 1994,《天马—曲村遗址北赵墓地第二次发掘》,《文物》1994.1：4-28。

北京大学考古系、山西省考古研究所 1995,《天马—曲村遗址北赵晋侯墓地第五次发掘》,《文物》1995.7：4-39。

北京大学考古系商周组、山西省考古研究所（邹衡编）2000,《天马—曲村 1980—1989》,4 册,北京：科学出版社。

北京大学历史系考古教研室商周组编 1980,《商周考古》,北京：文物出版社。

北京师范大学国学研究所编 1997,《武王克商之年代研究》,夏商周断代工程丛书,北京：北京师范大学出版社。

北京市文物研究所 1995,《琉璃河西周燕国墓地 1973—1977》,北京：文物出版社。

北京市文物研究所、北京大学考古系 1996,《1995 年琉璃河遗址墓葬区发掘简报》,《文物》1996.6：16-27。

北京市文物研究所山戎文化考古队 1989,《北京延庆军都山东周山戎部落墓地发掘纪略》,《文物》1989.8：17-35、43。

文物出版社编 1999,《新中国考古五十年》,北京：文物出版社。

边成修 1972,《山西长治分水岭 126 号墓发掘简报》,《文物》1972.4：38-46。

蔡全法 2000,《新郑金城路铜器窖藏性质及其若干问题》,载于《河南文物考古论集》Ⅱ,196-200,郑州：中州古籍出版社。

蔡全法 2003a,《郑韩故城韩文化考古的主要收获》,载于河南博物院编 2003：117-123。

蔡全法 2003b,《郑韩故城与郑文化考古的主要收获》,载于河南博物院编 2003：202-219。

蔡永华 1986,《随葬明器管窥》,《考古与文物》1986.2：74-78。

曹发展 1989,《陕西户县南关春秋秦墓清理记》,《文博》1989.2：3-12。

曹桂岑 1996,《河南淅川和尚岭许家岭楚墓发掘记》,《文物天地》1992.6：

10 – 12。

曹玮 1998,《从青铜器的变化试论西周前后期之交的礼制变化》,载于《周秦文化研究》,443 – 456,西安：陕西人民出版社。亦载于曹玮 2004：91 – 106。

曹玮 2003,《"高祖"考》,《文物》2003.9：32 – 34、59,亦载于曹玮 2004：190 – 194。

曹玮 2004,《周原遗址与西周铜器研究》,北京：科学出版社。

长治市博物馆 1983,《山西屯留武家沟出土战国铜器》,《考古》1983.3：273 – 274。

长治市博物馆 1985,《山西省长治市小山头春秋战国墓发掘简报》,《考古》1985.4：353 – 359。

长治市博物馆、晋东南文物工作站 1990,《山西潞城县潞河东周、汉墓》,《考古》1990.11：989 – 996。

车广锦 1992,《发掘淹城遗址的主要收获》,载于《南京博物院建院 60 周年纪念文集》,178 – 180,南京：南京博物院。

陈伯桢 2003,《由早期陶器治盐遗址与遗物的共同特性看渝东早期盐业生产》,《盐业史研究》2003.1：31 – 38。

陈芳妹 2000,《晋侯对铺：兼论铜铺的出现及其礼制意义》,《故宫学术季刊》17.4：53 – 108。

陈芳妹 2002,《晋侯墓地青铜器所见性别研究的新线索》,载于上海博物馆编 2002：157 – 196。

陈芳妹 2005,《商周"稀有"青铜器类的文化意涵：所谓"边缘"文化研究的意义》,《"国立"台湾大学美术史季刊》17。

陈公柔 1956,《士丧礼、既夕礼中所记载的丧葬制度》,《考古学报》1956.4：67 – 84。亦载于陈公柔 2005：77 – 99。

陈公柔 1989,《西周金文中的新邑、成周与王城》,载于《庆祝苏秉琦考古五十五年论文集》,386 – 397,北京：文物出版社。亦载于陈公柔 2005：33 – 48。

陈公柔 2005,《先秦两汉考古学论丛》,北京：文物出版社。

陈汉平 1986,《西周册命制度研究》,青年学者丛书,上海：学林出版社。

陈梦家 1936,《商代的神话与巫术》,《燕京学报》20：485 – 576。

陈梦家 1955,《宜侯夨簋和它的意义》,《文物参考资料》1955.5：63 – 66。

陈梦家 1995,《西周铜器断代》,《燕京学报》新系列 1：235-289。

陈槃 1969,《春秋大事表列国爵姓及存灭表譔异》,《"中央研究院"历史语言研究所专刊》52,台北：中研院历史语言研究所(新版 1996)。

陈槃 1970,《不见于春秋大事表之春秋方国稿》,《中央研究院历史语言研究所专刊》59,台北：中研院历史语言研究所(再版 1982)。

陈平 1983,《浅谈江汉地区战国秦汉墓的分期和秦墓的识别问题》,《江汉考古》1983.3：51-62。亦载于陈平 2003：165-175。

陈平 1984,《试论关中秦墓青铜容器的分期问题》,《考古与文物》1984.3：58-73、1984.4：63-73。亦载于陈平 2003：176-200。

陈平 1986,《试论战国型秦兵的年代及有关问题》,《考古与文物》1986.5：84-96。亦载于陈平 2003：210-221。

陈平 1987,《试论战国型秦兵的年代及有关问题》,载于《中国考古学研究论集：纪念夏鼐先生考古五十周年》,310-335,西安：三秦出版社。亦载于陈平 2003：222-243。

陈平 1995,《试论宝鸡益门二号墓短剑及有关问题》,《考古》1995.4：361-375。亦载于陈平 2003：255-268。

陈平 2003,《燕秦文化研究：陈平学术文集》,北京市文物研究所文物与考古系列丛书,北京：北京燕山出版社。

陈千万 1986,《谷城新店出土的春秋铜器》,《江汉考古》1986.3：13-16。

陈全芳 1988,《周原与周文化》,上海：上海人民出版社。

陈伟 1986,《鄂君启节之鄂的探讨》,《江汉考古》1986.2：88-90。

陈伟 1989,《鄂君启节与楚国免税问题》,《江汉考古》1989.3：52-58。

陈文华 1981,《试论我国农具史上的几个问题》,《考古学报》1981.4：407-426。亦载于陈文华 1990：121-149。

陈文华 1984,《试论我国传统农业工具的历史地位》,《农业考古》1984.1：30-39。陈文华 1990：150-167。

陈文华 1990,《论农业考古》,南昌：江西教育出版社。

陈星灿、刘莉、李润权、Henry T. Wright, Arlene Miller Rosen 2003,《中国文明腹地的社会复杂化进程：伊洛河地区的聚落形态研究》,《考古学报》2003.2：161-218。

陈元甫 1988,《江浙地区石室土墩遗存性质新证》,《东南文化》1988.1：20-23。

陈昭容 1995,《谈新出秦公壶的时代》,《考古与文物》1995.4：64-70。

陈昭容 1997,《谈甘肃礼县大堡子山秦公墓地及文物》,《大陆杂志》1995.5：193-202。

陈昭容 2000,《从古文字材料谈古代的盥洗用具及其相关问题：自淅川下寺春秋墓的青铜水器自铭说起》,《中央研究院历史语言研究所集刊》1971.4：857-954。

陈振裕 1987,《楚墓综述》,载于《湖北省考古学会论文选集》1：95-106。亦称为《湖北楚墓综述》,载于陈振裕 2003：54-69。

陈振裕 2003,《楚文化与漆器研究》,北京：科学出版社。

陈振裕、杨权喜 1983,《襄阳山湾五座楚墓的年代及其相关问题》,《江汉考古》1983.1：19-24、71。

赤峰中美联合考古研究项目 2003,《内蒙古东部(赤峰)地域考古调查阶段性报告》,北京：科学出版社。

崔俊 1977,《秦汉广廷故城及其附近的墓葬》,《文物》1977.5：25-37。

崔乐泉 1992,《山东地区东周考古学文化的序例》,《华夏考古》1992.4：72-97。

戴春阳 2000,《礼县大堡子山秦公墓地及有关问题》,《文物》1987.12：38-41。

邓林秀 1987,《山西芮城东周墓》,《文物》1987.12：38-41。

董珊 2003,《略论陕西眉县发现的西周单氏家族窖藏青铜器铭文》,《中国历史文物》2003.4：40-50。

杜正胜 1979,《周代城邦》,台北：联经出版事业公司。

杜正胜 1990,《编户齐民：传统政治社会结构之形成》,台北：联经出版事业公司。

杜正胜 1992,《古代社会与国家》,美术考古丛刊 1,台北：允晨文化出版社。

鄂兵 1973,《湖北随县发现曾国铜器》,《文物》1973.5：21-23。

方辉,Gary M. Feinman, Anne P. Underhill, Lynda W. Nicholas 2004,《日照两城地区聚落考古：人口问题》,《华夏考古》2004.2：37-40。

冯涛 2004,《陕西周公庙发现大型墓葬群:西周考古的重大收获》,《文博》2004.2:38-39。

冯友兰 1931,《中国哲学史》上册,上海:神州国光社。

傅斯年 1930,《姜原》,《中央研究院历史语言研究所集刊》21:130-135。

傅斯年 1935,《夷夏东西说》,载于《庆祝蔡元培先生六十五岁论文集》下册:1093-1134,南京:国立中央研究院历史语言研究所。

傅熹年 1980,《战国中山王墓出土的"兆域图"及其陵园规制的研究》,《考古学报》1980.1:97-118。

傅熹年 1981a,《陕西岐山凤雏西周建筑遗址初探:周原西周建筑遗址研究之一》,《文物》1981.1:65-74。

傅熹年 1981b,《陕西扶风召陈西周建筑遗址初探:周原西周建筑遗址研究之二》,《文物》1981.3:34-45。

甘肃省文物考古研究所、礼县博物馆 2002,《礼县圆顶山春秋秦墓》,《文物》2002.2:4-30。

甘肃省文物工作队、北京大学考古系 1987,《甘肃甘谷毛家坪遗址发掘报告》,《考古学报》1987.3:359-396。

甘肃省文物考古研究所 1990,《永昌三角城与蛤蟆墩沙井文化遗存》,《考古学报》1990.2:205-237。

甘肃省文物考古研究所 2001,《永昌西岗柴湾岗:沙井文化墓葬发掘报告》,兰州:甘肃人民出版社。

甘肃省文物考古研究所、天水市北道区文化馆 1989,《甘肃天水放马滩战国秦汉墓群的发掘》,《文物》1989.2:1-11,31。

高崇文 1983,《东周式楚鼎形态分析》,《江汉考古》1983.1:1-18。

高崇文 1990,《浅谈楚墓中的棺束》,《中原文物》1990.1:81-89。

高次若、王桂枝 1988,《宝鸡县甘峪发现一座春秋早期墓葬》,《文博》1984.4:21。

高明 1981,《中原地区东周时代青铜礼器研究》,《考古与文物》1981.2:68-82,3:84-103,4:82-91。亦载于高明 2001:158-216。

高明 1987,《中国古文字学通论》,北京:文物出版社。

高明 2001,《高明论著选集》,北京:科学出版社。

高去寻 1947,《黄河下游的屈肢葬问题:"第二次探掘安阳大司空村南地简报"附论之一》,《中国考古学报》2:121-166。

高应勤 1991,《赵家湖楚墓形制与类别综述》,《江汉考古》1991.1:29-39、56。

高应勤、王光镐 1982,《当阳赵家湖楚墓的分类与分期》,《中国考古学会第二次年会论文集》,41-50,北京:文物出版社。

葛剑雄 1999,《葛剑雄自选集》,南宁:广西师范大学出版社。

巩启明、呼林贵 1990,《秦文化的考古工作与研究》,《文博》1990.5:19-29。亦载于《秦文化论丛》第1辑:50-70,西安:西北大学出版社,1993。

顾德融、朱顺龙 2001,《春秋史》,上海人民出版社。

顾颉刚 1980,《从古籍中探索我国古代西部民族-羌族》,《社会科学战线》1980.1:117-152。

关百益 1929,《新郑古器图录》,2册,上海:商务印书馆。

关百益 1940,《郑冢古器图录》,4册,上海:中华书局。

《故宫铜器图录》,2册,台北:故宫博物馆,1959。

郭宝钧 1951,《一九五〇年春殷墟发掘报告》,《考古学报》5:1-61。

郭宝钧 1955,《洛阳故城勘察简报》,《考古通讯》1955.1:9-21。

郭宝钧 1959,《山彪镇与琉璃阁》,考古学专刊丙种第十一号,北京:科学出版社。

郭宝钧 1964,《浚县辛村》,考古学专刊乙种第十三号,北京:科学出版社。

郭宝钧 1981,《商周青铜器群综合研究》,北京:文物出版社。

郭宝钧、林寿晋 1955,《一九五二年秋季洛阳东郊发掘报告》,《考古学报》9:91-116。

郭宝钧、马得志、张云鹏、周永珍 1956,《一九五四年春洛阳西郊发掘报告》,《考古学报》1956.2:1-31。

郭大顺 1987,《试论魏营子类型》,载于苏秉琦编 1987:79-98。

郭德维 1983a,《楚墓分类问题探讨》,《考古》1983.3:249-259。

郭德维 1983b,《试论江陵地区楚墓、秦墓、西汉前期墓的发展与演变》,《考古与文物》1983.2:81-88。

郭德维 1985,《皂、舆、隶等浅议》,《江汉论坛》1985.8:77-80。

郭德维 1987,《楚国的"士"墓辨析》,载于楚文化研究会编《楚文化论集》第 1 辑:211-223,武汉:荆楚书社。

郭德维 1992,《试论典型楚器:兼论楚文化的形成》,《中原文物》1992.2:5-10、21。

郭德维 1995,《楚系墓葬研究》,楚学文库,武汉:湖北教育出版社。

郭德维 1999,《楚都纪南城复原研究》,北京:文物出版社。

郭沫若 1930,《中国古代社会研究》,上海:联合书店,1965 最终改订版。亦载于《郭沫若全集:历史编》第 1 卷:1-312,北京:人民出版社,1981。

郭沫若 1952,《奴隶制时代》,上海:新文艺出版社,1977 增订版。亦载于《郭沫若全集:历史编》第 3 卷:1-252,北京:人民出版社,1984。

郭沫若 1958,《两周金文大系图录考释》,增订本,北京:科学出版社。

国家文物局编 2003,《2002 中国重要考古发现》,北京:文物出版社。

韩汝玢,Emma C. Bunker 1993,《表面富锡的鄂尔多斯青铜饰品的研究》,《文物》1993.9:80-96。

韩伟 1980,《试论战国秦的屈肢葬仪渊源及其意义》,《中国考古学会第一次年会(1979)论文集》,204-211,北京:文物出版社。亦载于韩伟 2001:69-75。

韩伟 1981,《略论陕西春秋战国秦墓》,《考古与文物》1981.1:83-93。亦载于韩伟 2001:38-51。

韩伟 1983,《凤翔秦公陵园钻探与试掘简报》,《文物》1983.7:30-37。

韩伟 1986,《关于秦人族属文化渊源管见》,《文物》1986.4:23-28。亦载于韩伟 2001:20-26。

韩伟 2001,《磨砚书稿:韩伟考古文集》,北京:科学出版社。

韩伟、焦南峰 1988,《秦都雍城考古发掘研究综述》,《考古与文物》1988.5/6:111-127。

韩伟、吴镇烽 1982,《凤翔南指挥西村周墓的发掘》,《考古与文物》1982.4:15-38。

郝良真 2003,《赵国王陵及其出土青铜马的若干问题探微》,《文物春秋》2003.3:5-12。

何双全 1989a,《天水放马滩秦墓出土地图初探》,《文物》1989.2:12-22。

何双全 1989b,《天水放马滩秦简综述》,《文物》1989.2:23-31。

何勇 1989,《试论燕国墓葬陶器分期》,《考古》1989.7:642-648、635。亦载于陈光汇编,《燕文化研究论文集》,52-60,北京:中国社会科学出版社,1995。

河北省文管处、邯郸地区文保所、邯郸市文保所 1982,《河北邯郸赵王陵》,《考古》1982.6:597-605、564。

河北省文化局文物工作队 1959,《河北邢台南大汪村战国墓简报》,《考古》1959.7:346-349。

河北省文化局文物工作队 1962,《河北邯郸百家村战国墓》,《考古》1962.12:613-634。

河北省文化局文物工作队 1965,《河北易县燕下都第十六号墓发掘》,《考古学报》1965.2:79-102。

河北省文物管理处 1979,《河北省平山县战国时期中山王墓葬发掘简报》,《文物》1979.1:1-31。

河北省文物研究所 1987,《河北平山三汲古城调查与墓葬发掘》,《考古学集刊》5:157-193。

河北省文物研究所 1995,《䰜墓:战国中山国国王之墓》,2册,北京:文物出版社。

河北省文物研究所 1996,《燕下都》,2册,北京:文物出版社。

河南博物院编 2003,《群雄逐鹿:两周中原列国文物瑰宝》,郑州:大象出版社。

河南博物院、台北"国立"历史博物馆 2001,《新郑郑公大墓青铜器》,郑州:大象出版社。

河南博物院、台北"国立"历史博物馆 2003,《辉县琉璃阁甲乙二墓》,郑州:大象出版社。

河南省博物馆、新野县文化馆 1978,《河南新野古墓葬清理》,《文物资料丛刊》2:70-74。

河南省文物考古研究所、三门峡市文物工作队 1995,《上村岭虢国墓地M2006的清理》,《文物》1995.1:4-31。

河南省文物考古研究所、三门峡市文物工作队 1999,《三门峡虢国墓地》第一卷,2册,北京:文物出版社。

河南省文物考古研究所、南阳地区文物考古研究所、淅川县博物馆 2004,《河南淅川徐家岭一号楚墓发掘简报》,《文物》2004.3:21-30。

河南省文物考古研究所、信阳市文物工作队 2004,《河南信阳长台关七号楚墓发掘简报》,《文物》2004.3:31-41。

河南省文物考古研究所、周口市文化局 2000,《鹿邑太清宫长子口墓》,郑州:郑州古籍出版社。

河南省文物考古研究所新郑工作站 1998,《新郑故城青铜礼乐器坑与殉马坑的发掘》,《华夏考古》1998.4:11-24。

河南省文物研究所 1986,《信阳楚墓》,中国田野考古报告集考古学专刊丁种第三十号,北京:文物出版社。

河南省文物研究所 1994,《河南考古四十年(1952—1992)》,郑州:河南人民出版社。

河南省文物研究所、河南省丹江库区考古发掘队、淅川县博物馆 1991,《淅川下寺春秋楚墓》,北京:文物出版社。

河南省文物研究所、淮阳县文物保管所 1984,《河南淮阳平粮台 16 号楚墓发掘简报》,《文物》1984.10:18-27。

河南省文物研究所、南阳地区文物研究所、淅川县博物馆 1992,《淅川县和尚岭春秋楚墓的发掘》,《华夏考古》1992.3:114-130。

河南省文物研究所、平顶山市文物管理委员会 1988,《平顶山市北滍村两周墓地一号墓发掘简报》,《华夏考古》1988.1:30-43。

河南省文物研究所、平顶山市文物管理委员会 1992,《平顶山应国墓地九十五号墓的发掘》,《华夏考古》1992.3:92-103。

河南省文物研究所、周口地区文化局文物科 1984,《河南淮阳马鞍冢楚墓发掘简报》,《文物》1984.10:1-17。

衡云华 2003,《河南出土的楚鼎综述》,载于河南省文物考古学会编《中原文物考古研究》,202-206,大象考古文库,郑州:大象出版社。

后德俊 1983,《从冰(温)酒器看楚人用冰》,《江汉考古》1983.1:79。

胡谦盈 1956,《关于"殷人墓"的商榷》,《考古通讯》1956.3:66-72。亦载于胡谦盈 2000:61-66。

胡谦盈 1979,《论寺洼文化》,《文物集刊》2:139-153。亦载于胡谦盈 2000:222-231。

胡谦盈 1993,《论碾子坡与岐邑、丰邑先周文化遗址(墓葬)的年代分期》,亦载于《考古学研究:纪念陕西省考古研究所成立三十周年》,332-355,西安:三秦出版社。亦载于胡谦盈 2000:184-201。

胡谦盈 2000,《胡谦盈周文化考古研究选集》,成都:四川大学出版社。

胡谦盈、张孝光 1993,《论窑洞:考古学中所见西周及其以前土穴房基址研究》,载于苏秉琦编《考古学文化论集》3:335-370,北京:文物出版社。亦载于胡谦盈 2000:299-326。

黄铭崇 2001,《论殷周金文中以"辟"为丈夫殁称的用法》,《中研院历史语言研究所集刊》722:393-441。

黄然伟 1978,《殷周青铜器赏赐铭文研究》,香港:龙门书店。

黄盛璋 1978,《西周微家族窖藏铜器群初步研究》,《社会科学战线》1978.3:194-206。亦载于尹盛平编 1992:141-166。

黄盛璋 1983,《铜器铭文宜、虞、夨的地望及其与吴国的关系》,《考古学报》1983.3:295-305。

黄锡全 2001,《先秦货币研究》,北京:中华书局。

黄展岳 1990,《中国古代的人牲人殉》,北京:文物出版社。

湖北省博物馆 1972a,《湖北枝江百里洲发现春秋铜器》,《文物》1972.3:65-68。

湖北省博物馆 1972b,《湖北京山发现曾国铜器》,《文物》1972.2:47-53。

湖北省博物馆 1975,《湖北枣阳发现曾国墓葬》,《考古》1975.4:222-225。

湖北省博物馆 1980a,《楚都纪南城考古资料汇编》,武汉:湖北省博物馆。

湖北省博物馆 1980b,《当阳季家湖楚城遗址》,《文物》1980.10:31-41。

湖北省博物馆 1982,《楚都纪南城的勘查与发掘(下)》,《考古学报》1982.4:477-507。

湖北省博物馆 1983,《襄阳山湾东周墓葬发掘报告》,《江汉考古》1983.2:1-35。

湖北省博物馆 1985,《襄阳蔡坡战国墓发掘报告》,《江汉考古》1985.1:1-37。

湖北省博物馆 1989,《曾侯乙墓》,2册,北京:文物出版社。

湖北省博物馆、随州市博物馆 1985,《湖北随州擂鼓墩二号墓发掘简报》,《文物》1985.1:16-39。

湖北省荆沙铁路考古队 1991,《包山楚墓》,2册,北京:文物出版社。

湖北省荆州博物馆 2000,《荆州高台秦汉墓:宜黄公路荆州段田野考古报告之一》,北京:科学出版社。

湖北省荆州博物馆 2003,《荆州天星观二号楚墓》,北京:文物出版社。

湖北省荆州博物馆、湖北省文物考古研究所石家河考古队、北京大学考古学系 1999,《肖家屋脊》,天门石家河考古发掘报告 1、2册,北京:文物出版社。

湖北省荆州地区博物馆 1982,《江陵天星观一号墓》,《考古学报》1982.1:71-116。

湖北省荆州地区博物馆 1984,《江陵雨台山楚墓》,北京:文物出版社。

湖北省文物考古研究所 1995,《江陵九店东周墓》,北京:科学出版社。

湖北省文物考古研究所 1996,《江陵望山沙冢楚墓》,北京:文物出版社。

湖北省文物考古研究所 2003,《湖北枣阳市九连墩楚墓》,《考古》2003.7:586-590。

湖北省宜昌地区博物馆 1988,《当阳曹家岗5号楚墓》,《考古学报》1988.4:455-500。

湖北省宜昌地区博物馆 1989,《湖北枝江姚家港高山庙两座春秋楚墓》,《文物》1989.3:57-62。

湖南省博物馆 1972,《长沙浏城桥一号墓》,《考古学报》1972.1:59-72。

湖南省博物馆 1983,《湖南资兴旧市战国墓》,《考古学报》1983.1:93-124。

湖南省博物馆、东江水电站工程指挥部文物考古队 1982,《资兴旧市春秋墓》,《湖南考古辑刊》1(1982):25-31。

湖南省博物馆、湖南省文物考古研究所、长沙市博物馆、长沙市文物考古研究所 2000,《长沙楚墓》,2册,北京:文物出版社。

蒋鸿元等 1923,《郑冢出土古器图志》,3册(开封)。

蒋祖棣 2002,《西周年代研究之疑问:对"夏商周断代工程"方法论的批评》,载于《宿白先生八秩华诞纪念文集》,上册:89-108,北京:文物出版社。

江陵县文物工作组 1984,《湖北江陵楚冢调查》,《考古学集刊》4:196-207。

江苏省丹徒考古队 1988,《江苏丹徒背山顶春秋墓发掘报告》,《东南文化》1988.3/4:13-50。

江苏省文物管理委员会 1955,《江苏丹徒烟墩山出土的古代青铜器》,《文物参考资料》1955.5:58-62。

江西省历史博物馆、靖安县文化馆 1980,《江西靖安出土春秋徐国铜器》,《文物》1980.8:13-15。

江西省博物馆、清江县博物馆 1977,《江西清江战国墓清理简报》,《考古》1977.5:310-312。

荆志淳、George(Rip)Rapp. Jr.、高天麟 1997,《河南商丘全新世地貌演变及其对史前和早期历史考古遗址的影响》,《考古》1997.5:356-372。

荆州地区博物馆 1973,《湖北江陵藤店一号墓发掘简报》,《文物》1973.9:7-17。

荆州地区博物馆 1982,《江陵岳山大队出土一批春秋铜器》,《文物》1982.10:16-17。

济青公路文物考古队秀惠分队 1993,《章丘秀惠女郎山一号战国大墓发掘报告》,载于《济青高级公路章丘工段考古发掘报告集》,115-148,济南:齐鲁书社。

莒县博物馆 1999,《山东莒县西大庄西周墓葬》,《考古》1999.7:614-628。

考古研究所洛阳发掘队 1959,《洛阳涧滨东周城址发掘报告》,《考古学报》1959.2:15-44。

喀左县文化馆、朝阳地区博物馆、辽宁省博物馆/北洞文物发掘小组 1974,《辽宁喀左县北洞村出土的殷周青铜器》,《考古》1974.6:364-372。

喀左县文化馆、朝阳地区博物馆、辽宁省博物馆 1977,《辽宁喀左县山湾子出土殷周青铜器》,《文物》1977.12:23-33、43。

黄川田修(亦见日文书目)2004,许宏译,《西周王朝周边文化年代的再认识:以鲁西南地区诸遗址为中心》,《华夏考古》2004.1:69-76、89。

劳伯敏 1988,《湖州下菰城初探》,载于《中国考古学会第五次年会(1985)论文集》,31-39,北京:文物出版社。

李安民 1991,《楚文化的礼与等级研究》,《东南文化》1991.6:198-206、72。

李伯谦 1997,《从晋侯墓地看西周公墓地的几个问题》,《考古》1997.11:1011-1020。

李伯谦 1998a,《中国青铜文化结构体系研究》,北京:科学出版社。

李伯谦 1998b,《也谈杨姞壶铭文的释读》,《文物》1998.2:31-34。

李伯谦 1998c,《天马—曲村遗址发掘与晋国始封地的推定》,载于《迎接二十一世纪的中国考古学国际学术讨论会论文集》,225-234,北京:科学出版社。亦载于李伯谦 1998a:114-123,英译为 Li Boqian 1999。

李伯谦 2001,《叔夨方鼎铭文考释》,《文物》2001.8:39-42。

李常松 1986,《平邑蔡庄出土一批青铜器》,《考古》1986.4:366-367。

李朝远 1993,《晋侯方座簋铭管见》,载于《第二届国际中国文字学研讨会论文集》,231-236,香港:香港中文大学中国语言及文学系。

李朝远 1996,《上海博物馆新获秦公器研究》,《上海博物馆馆刊》7:23-33。

李朝远 2004,《新见秦式青铜鍑研究》,《文物》2004.1:83-92。

李德文 1987,《朱家集楚王墓的性质与棺椁制度》,载于楚文化研究会编《楚文化研究论集》I:240-245,武汉:荆楚书社。

李峰(李丰)1988a,《虢国墓地铜器群的分期及其相关问题》,《考古》1988.11:1035-1043。亦载于王斌编 2002:78-88。

李峰(李丰)1988b,《黄河流域西周墓葬出土青铜礼器的分期与年代》,《考古学报》1988.4:383-419。

李峰(李丰)1991,《先周文化的内涵及其渊源探讨》,《考古学报》1991.3:265-284。

李国梁 1988,《皖南出土的青铜器》,《文物研究》4:161-166。

李景聃 1936,《寿县楚墓调查报告》,《田野考古报告(中国考古学报)》1:213-279。

李久昌 2003,《虢国墓葬制度述论》,《考古与文物》2003.6:50-55。

李零 1986,《楚国铜器铭文编年汇释》,《古文字研究》13:353-397。

李零 1991a,《论楚国铜器的类型》,罗泰(译)*Contributions to General and Comparative Archaeology*(一般和比较考古学论文集)11:57-113。修订版见李零 2004:271-333。

李零 1991b,《楚叔之孙佣究竟是谁?》,《中原文物》1981.4:36-37。亦载于李零 2004:223-224。

李零 1992a,《西周金文中的土地制度》,《学人》2:224-256。亦载于《李零自选集》,85-113,南宁:广西教育出版社,1998。

李零 1992b,《论东周时期的楚国典型铜器群》,《古文字研究》19:136-178。

李零 1993a,《中国方术考》,北京:人民中国出版社,改订二版,北京:东方出版社,2000。

李零 1993b,《西周金文中的土地制度:"金文制度考"之一》,载于《古文字研究:纪念陕西省考古研究所成立三十周年》,658-678,西安:三秦出版社。

李零 2000,《中国方术续考》,北京:东方出版社。

李零 2001,《论中国的有翼神兽》,《中国学术》5:62-134。亦载于李零 2004:87-135。

李零 2002,《重读史墙盘》,载于北京大学考古文博院、北京大学古代文明研究中心编 2002:42-57。

李零 2003,《读杨家村出土的虞、逨诸器》,《中国历史文物》2003.4:16-27。

李零 2004,《入山与出塞》,北京:文物出版社。

李学勤 1978,《论史墙盘及其意义》,《考古学报》1978.2:149-158。亦载于李学勤 1990:73-82、尹盛平编 1992:233-247。

李学勤 1979,《西周中期青铜器的重要标尺:周原庄白、强家两处青铜器窖藏的综合研究》,《中国历史博物馆馆刊》1:29-36。亦载于李学勤 1990:83-93、尹盛平编 1992:129-183。

李学勤 1990,《新出青铜器研究》,北京:文物出版社。

李学勤 1991,《东周与秦代文明》(增订本),北京:文物出版社(原版 1984)。

李学勤 1993,《益门村金玉器纹饰研究》,《文物》1993.10:15-19。

李学勤 1995,《试论楚公逆编钟》,《文物》1995.2:69-72。

李学勤 1998,《缀古集》,上海:上海古籍出版社。

李学勤 2003,《眉县杨家村新出青铜器研究》,《文物》2003.6:66-73。

李西兴 1984,《从岐山凤雏村房基遗址看西周的家族公社》,《考古与文物》1984.5:70-75。

李正鑫 1985,《江陵出土东周铜矛》,《江汉考古》1985.4:51。

李自智、尚志儒 1986,《陕西凤翔西村战国秦墓发掘简报》,《考古与文物》1986.1:8-35。

梁星彭 1996,《张家坡西周洞室墓渊源与族属探讨》,《考古》1996.5:452-460。

梁思永、高去寻 1962—1976,《侯家庄:河南安阳侯家庄殷代墓地》第 2—8

27-29。

辽宁省博物馆、朝阳地区博物馆 1973,《辽宁喀左县北洞村发现殷代青铜器》,《考古》1973.4：225-226、257。

辽宁省昭乌达盟文物工作站、中国科学院考古研究所东北工作队 1973,《宁城县南山根的石椁墓》,《考古学报》1973.2：27-39。

林寿晋 1961a,《"上村岭虢国墓地"补记》,《考古》1961.9：505-507。亦载于林寿晋 1991：49-51、王斌编 2002：68-72。

林寿晋 1961b,《上村岭的屈肢葬及其渊源》,《考古》1961.9：505-507。亦载于林寿晋 1991：53-57。

林寿晋 1981,《战国细木工榫接合工艺研究》,香港：中文大学出版社。

林寿晋 1991,《先秦考古学》,香港：中文大学出版社。

林沄 1990,《周代用鼎制度商榷》,《史学集刊》1990.3：12-23。亦载于《林沄学术文集》,192-206,北京：中国大百科全书出版社,1998。

临沂市博物馆 1987,《山东临沂中洽沟发现三座周墓》,《考古》1987.8：701-706、762。

骊山学会 1987,《秦东陵探查初议》,《考古与文物》1987.4：86-89、38。

刘彬徽 1988,《楚国有铭铜器编年概述》,《古文字研究》8：331-372。

刘彬徽 1991,《论东周时期用鼎制度中楚制与周制的关系》,《中原文物》1991.2：50-58。亦载于刘彬徽 2001：239-247。

刘彬徽 2001,《早期文明与楚文化研究》,长沙：岳麓书社。

刘得祯、朱建唐 1981,《甘肃灵台县景家庄春秋墓》,《考古》1981.4：298-301。

刘富良 1998,《洛阳西周陶器墓研究》,《考古与文物》1998.3：44-68。

刘军社 1994,《郑家坡文化与刘家文化的分期及其性质》,《考古学报》1994.1：25-62。

刘克甫（亦见 M. V. Kryukov）1994,《论族群与内婚制》,《大陆杂志》88：1-11。

刘克甫 2000,《北赵晋国墓地性质问题关键》,《古今论衡》5：45-64。

刘克甫 2002,《"北赵晋国墓地即晋墓"一说质疑》,载于上海博物馆编 2002：53-74。

刘莉 1987,《铜镱考》,《考古与文物》1987.3:60-65。

刘庆柱 1982,《试论秦之渊源》,载于《先秦史论文集》,176-181,人文杂志丛刊,西安:人文杂志社。

刘士莪、尹盛平 1992,《微氏家族青铜器群研究》,载于尹盛平编 1992:1-108。

刘信芳、梁柱 1997,《云梦龙岗秦简》,北京:科学出版社。

刘兴 1979,《镇江地区出土的原始瓷器》,《文物》1979.3:56-57。

刘兴 1985,《东南地区青铜器分期》,《考古与文物》1985.5:90-101。

刘泽华 1987,《中国传统政治思想反思》,长春:吉林教育出版社。

刘泽华等,《中国古代史》,北京:人民出版社。

琉璃河考古队 1997,《琉璃河遗址 1996 年度发掘简报》,《文物》1997.6:5-13。

卢连成 1993,《先周文化与周边地区的青铜文化》,载于《考古学研究:纪念陕西省考古研究所成立三十周年》,243-279,西安:三秦出版社。

卢连成、胡智生 1983,《宝鸡茹家庄、竹园沟墓地出土兵器的初步研究——兼论蜀式兵器的渊源和发展》,《考古与文物》1983.5:50-65。亦载于卢连成、胡智生 1988:431-446。

卢连成、胡智生 1988,《宝鸡𢐗国墓地》,2册,北京:文物出版社。

卢连成、杨满仓 1978,《陕西宝鸡县太公庙发现秦公钟、秦公镈》,《文物》1978.11:1-5。

路宗元编 1999,《齐长城》,济南:山东友谊出版社。

栾丰实 1996,《东夷考古》,济南:山东大学出版社。

罗泰(亦见 Lothar von Falkenhausen)1997,《有关西周晚期礼制改革暨庄白青铜器年代的新假说:从世系铭文说起》,载于臧振华编《中国考古学暨历史学之整合研究》,下册:651-676,台北:中央研究院。

罗泰 2003,《竹瓦街:一个考古学之谜》,载于罗泰编《奇异的凸目:西方学者看三星堆》,321-359,成都:巴蜀书社。

罗泰 2006. 来国龙译,《西周铜器铭文的性质》,《考古学研究》6(2006),343-374。

罗西章 1980,《扶风出土的商周青铜器》,《考古与文物》1980.4:6-22,53。

罗西章 1995,《北吕周人墓地》,西安:西北大学出版社。

洛阳博物馆 1981,《洛阳北窑村西周遗址 1974 年度发掘简报》,《文物》1981.7:52-64。

洛阳市第一文物工作队 1988,《洛阳瀍水东岸西周窑址清理简报》,《中原文物》1988.2:9-10。

洛阳市文物工作队 1983,《1975—1979 年洛阳北窑西周铸铜遗址的发掘》,《考古》1983.5:430-441、388。

洛阳市文物工作队 1999a,《洛阳北窑西周墓》,北京:文物出版社。

洛阳市文物工作队 1999b,《洛阳林校西周车马坑》,《文物》1999.3:4-17。

马承源 1986—1990,《商周青铜器铭文选》,4 册,北京:文物出版社。

马承源 1987,《长江下游土墩墓出土青铜器的研究》,《上海博物馆集刊》4:198-220。

马承源 1988,《中国青铜器》,文物教材,上海:上海古籍出版社,数次改订版。

马承源 1993,《晋侯䔲》,载于《第二届国际中国文字学研讨会论文集》,221-229,香港:香港中文大学中国语言及文学系。

马承源 1996,《晋侯苏编钟》,《上海博物馆集刊》7:1-17。亦载于海博物馆编 2002:8-28。

马建熙 1959,《陕西耀县战国、西汉墓葬清理简报》,《考古》1959.3:147-149。

马玺伦 1986,《山东沂水发现一座西周墓葬》,《考古》1986.8:756-758。

猫儿岭考古队 1994,《1984 年榆次猫儿岭战国墓葬发掘简报》,《三晋考古》1:266-287。

松丸道雄 2004,曹玮译,《西周时代的重量单位》,载于曹玮 2004:203-230。

蒙文通 1936,《秦为戎族考》,《禹贡》6.7:17-20。

蒙文通 1956,《周秦少数民族研究》,上海:龙门出版社。

牟永抗、毛兆廷 1981,《江山县南区古遗址、墓葬调查试掘》,《浙江省文物考古研究所学刊》1:57-84。

穆海亭、朱捷元 1983,《新发现的西周王室重器五祀钟考》,《人文杂志》1983.2:118-121。

南玉泉 1989,《辛店文化序列及其与卡约、寺洼文化的关系》,载于俞伟超编 1989:73-109。

南京博物院 1993,《江苏南岗山土墩墓》,《考古学报》1993.2:207-237。

南阳地区文物工作队 1983,《河南桐柏县发现一批春秋铜器》,《考古》1983.8:701-702、715。

聂晓辉、杨霞、张亚武 2003,《洛阳东周王城考古又有惊人发现》,《河南日报》2003年6月27日。

宁夏文物考古研究所 1995,《宁夏彭堡于家庄墓地》,《考古学报》1995.1:79-107。

宁夏文物考古研究所、宁夏固原博物馆 1993,《宁夏固原杨郎青铜文化墓地》,《考古学报》1993.1:13-56。

牛世山 1996,《秦文化渊源与秦人起源探索》,《考古》1996.3:233-242。

裴安平、吴铭生 1987,《湖南资兴旧市战国墓的再研究》,《湖南考古辑刊》4:123-131。

彭邦炯、宋镇豪 1996,《商人奴隶制研究》,载于胡庆钧、廖学盛编《早期奴隶制社会比较研究》,75-208,北京:中国社会科学院出版社。

彭浩 1982,《楚墓葬制初论》,载于《中国考古学会第二次年会论文集》,33-40,北京:文物出版社。

彭浩 1984,《我国两周时期的越式鼎》,《湖南考古辑刊》2:136-141、119。

彭浩 1988,《"镇墓兽"新解》,《江汉考古》1988.2:66-68。

濮阳西水坡遗址考古队 1989,《1988年河南濮阳西水坡遗址发掘简报》,《考古》1989.12:1057-1066。

齐文涛(即王恩田)1972,《概述近年来山东出土的商周青铜器》,《文物》1972.5:3-18。

邱东联 1994,《"镇墓兽"辨考》,《江汉考古》1994.2:54-59。

裘锡圭 1988,《文字学概要》,北京:商务印书馆,英译为 Qiu Xigui 2000。

栖霞县文物管理所 1988,《山东栖霞县松山乡吕家埠西周墓》,《考古》1988.9:778-783。

热河省博物馆筹备组 1955,《热河凌源县海岛营子村发现的古代青铜器》,《文物参考资料》1955.8:16-27。

任乃强 1984,《羌族源流探索》,重庆:重庆出版社。

容庚 1941,《商周彝器通考》,2 册,北京:哈佛燕京学社。

《三代文明研究》编辑委员会编 1999,《三代文明研究(一):1988 年河北邢台中国商周文明国际学术研讨会论文集》,北京:科学出版社。

山东大学考古系 1998,《山东长清县仙人台周代墓地》,《考古》1998.9:779-793。

山东大学考古系、淄博市文物局、沂源县文管所 2003,《山东沂源县姑子坪周代墓葬》,《考古》2003.1:33-43。

山东大学历史文化学院考古系 1998,《长清仙人台五号墓发掘简报》,《文物》1998.9:18-30。

山东省博物馆 1977,《临淄郎家庄一号东周殉人墓》,《考古学报》1977.1:73-104。

山东省博物馆、临沂地区文物组、莒南县文化馆 1978,《莒南大店春秋时期莒国殉人墓》,《考古学报》1978.3:317-336。

山东省济宁市文物管理局 1991,《薛国故城勘查和墓葬发掘简报》,《考古学报》1991.4:449-495。

山东省潍坊市博物馆、山东省昌乐县文管所 1990,《山东昌乐岳家河周墓》,《考古学报》1990.1:69-102。

山东省文物管理处、山东省博物馆 1959,《山东文物选集(普查部分)》,北京:文物出版社。

山东省文物考古研究所 2000,《山东淄博市临淄区淄河店二号战国墓》,《考古》2000.10:922-941。

山东省文物考古研究所、山东省博物馆、济宁地区文物组、曲阜县文管会 1982,《曲阜鲁国故城》,济南:齐鲁书社。

山东省文物考古研究所、齐城遗址博物馆 1989,《临淄两醇墓地发掘简报》,《海岱考古》1:274-282。

山东省文物考古研究所、沂水县文物管理站 1984,《山东沂水刘家店子春秋墓发掘简报》,《文物》1984.9:1-10。

山东省兖石铁路工作队 1987,《临沂凤凰岭东周墓》,济南:齐鲁书社。

山东省烟台地区文管组 1980,《山东蓬莱县西周墓发掘简报》,《文物资料丛刊》3：50-55。

山东诸城县博物馆 1987，《山东诸城臧家庄与葛布口村战国墓》，《文物》1987.12：47-56。

上海博物馆编 2002，《晋侯墓地出土青铜器学术研讨会论文集》，上海：上海书画出版社。

山西省考古研究所 1984，《山西长子县东周墓》，《考古学报》1984.4：503-529。

山西省考古研究所 1993，《侯马铸铜遗址》，2册，北京：文物出版社。

山西省考古研究所 1994a，《上马墓地》，北京：文物出版社。

山西省考古研究所 1994b，《1976年闻喜上郭村周代墓葬清理记》，《三晋考古》1：123-138。

山西省考古研究所 1994c，《闻喜县上郭村1989年发掘简报》，《三晋考古》1：139-153。

山西省考古研究所 1994d，《万荣庙前东周墓葬发掘收获》，《三晋考古》1：218-250。

山西省考古研究所 1994e，《侯马北坞故城勘探发掘简报》，《三晋考古》1：154-184。

山西省考古研究所 1994f，《交口县东周墓葬清理简报》，《三晋考古》1：263-265。

山西省考古研究所、北京大学考古学系 1994a，《天马—曲村遗址北赵晋侯墓地第四次发掘》，《文物》1994.8：4-21。

山西省考古研究所、北京大学考古学系 1994b，《天马—曲村遗址北赵晋侯墓地第三次发掘》，《文物》1994.8：22-33、68。

山西省考古研究所、吕梁地区文物管理处 1994，《临县三交战国墓发掘简报》，《三晋考古》1：304-312。

山西省考古研究所、山西省晋东南地区文化局 1986，《山西省潞城县潞河战国墓》，《文物》1986.6：1-19。

山西省考古研究所侯马工作站 1993，《山西侯马下平望两座东周墓》，《文物集刊》1993.1：52-60、66。

山西省考古研究所侯马工作站 1994a，《侯马下平望墓地发掘报告》，《三晋考古》1：185-207。

山西省考古研究所侯马工作站 1994b,《侯马下平望墓地南区调查简报》,《三晋考古》1：213-217。

山西省考古研究所侯马工作站 1994c,《山西侯马东周、两汉墓》,《文物集刊》1994.2：29-59。

山西省考古研究所侯马工作站 1996,《晋都新田》,太原：山西人民出版社。

山西省考古研究所晋东南工作站 1994,《长子孟家庄战国墓地发掘简报》,《三晋考古》1：288-303。

山西省文物管理委员会 1957,《山西长治市分水岭古墓的清理》,《考古学报》1957.1：102-118。

山西省文物管理委员会 1959,《山西省文管会侯马工作站工作收获》,《考古》1959.5：222-228。

山西省文物管理委员会、山西省考古研究所 1960a,《侯马东周殉人墓》,《文物》1960.8/9：15-18。

山西省文物管理委员会、山西省考古研究所 1960b,《山西芮城永乐宫新址墓葬清理简报》,《考古》1960.8：18-21。

山西省文物管理委员会、山西省考古研究所 1964,《山西长治分水岭战国墓第二次发掘》,《考古》1964.3：111-137。

山西省文物管理委员会侯马工作站 1963,《山西侯马上马村东周墓葬》,《考古》1963.5：229-245,山西省考古研究所 1994a：489-512。

山西省文物管理委员会晋东南工作组、山西省长治市博物馆 1974,《长治分水岭269、270号东周墓》,《考古学报》1974.2：63-85。

山西省文物局、北京大学考古文博院、山西省考古研究所、上海博物馆编 2002,《晋国奇珍：山西晋侯墓群出土文物精品》,上海：上海人民出版社。

陕西省考古研究所 1986,《陕西铜川枣庙秦墓发掘简报》,《考古与文物》1986.2：7-17。

陕西省考古研究所、宝鸡市考古工作队、眉县文化馆杨家村/联合考古队 2003,《陕西眉县杨家村西周青铜器窖藏发掘简报》,《文物》2003.6：4-42。

陕西省考古研究所、临潼县文管会 1987,《秦东陵第一号陵园勘查记》,《考古与文物》1987.4：19-28。

陕西省考古研究所、临潼县文物管理委员会 1990,《秦东陵第二号陵园调查钻探简报》,《考古与文物》1990.4：22-30。

陕西省考古研究所、秦始皇兵马俑博物馆 2000,《秦始皇帝陵园考古报告(1999)》,北京：科学出版社。

陕西省考古研究所、陕西省文物管理委员会、陕西省博物馆 1980a,《陕西出土商周青铜器》(二),北京：文物出版社。

陕西省考古研究所、陕西省文物管理委员会、陕西省博物馆 1980b,《陕西出土商周青铜器》(三),北京：文物出版社。

陕西省考古研究所、陕西省文物管理委员会、陕西省博物馆 1984,《陕西出土商周青铜器》(四),北京：文物出版社。

陕西省考古研究所、始皇陵秦俑坑考古发掘队 1988,《秦始皇陵兵马俑坑一号坑发掘报告 1974—1984》,2 册,北京：文物出版社。

陕西省考古研究所宝鸡工作队、宝鸡市考古工作队 1988,《陕西陇县边家庄五号春秋墓发掘简报》,《文物》1988.11：14-23、54。

陕西省考古研究所陕北考古工作队 1987,《陕西清涧李家崖东周秦墓发掘简报》,《考古与文物》1987.3：1-17。

陕西省文管会、大荔县文化馆 1980,《朝邑战国墓葬发掘简报》,《文物资料丛刊》2：75-91。

陕西省文管会秦墓发掘组 1975,《陕西户县宋村春秋墓发掘简报》,《文物》1975.10：55-67。

陕西省文物管理委员会 1965,《陕西宝鸡阳平镇秦家沟村秦墓发掘记》,《考古》1965.7：339-346。

陕西省文物局、中华世纪坛艺术馆 2003,《盛世吉金：陕西眉县杨家村西周青铜器窖藏》,北京：北京出版社。

陕西省雍城考古队 1984,《一九八二年凤翔雍城秦汉遗址调查简报》,《考古与文物》1984.2：23-31。

陕西省雍城考古队 1986,《一九八一年凤翔八旗屯墓地发掘简报》,《考古与文物》1986.5：23-40。

陕西周原考古队 1978,《陕西扶风庄白一号西周青铜器窖藏发掘简报》,《文物》1978.3：1-18。

陕西省雍城考古队 1979,《陕西岐山凤雏村西周建筑基址发掘简报》,《文物》1979.10:27-37。

陕西省雍城考古队 1980,《扶风云塘西周骨器制造作坊遗址试掘简报》,《文物》1980.4:27-35、37、38。

陕西省雍城考古队 1981,《扶风召陈西周建筑群基址发掘简报》,《文物》1981.3:10-22。

陕西省雍城考古队 1984,《宝鸡市刘家姜戎墓地发掘简报》,《文物》1984.7:16-29。

尚志儒 1983,《秦国小型墓的分析与分期》,载于《陕西省考古学会第一届年会论文集》,58-67,考古与文物丛刊第 3 号,西安:《考古与文物》编辑部。

尚志儒、赵丛苍 1986,《陕西凤翔八旗屯西沟道秦墓发掘简报》,《文博》1986.3:1-31。

商志䪻、唐钰明 1989,《江苏丹徒背山顶春秋墓出土钟鼎铭文释证》,《文物》1989.4:51-59。

盛冬玲 1983,《西周铜器铭文中的人名及其对断代的意义》,《文史》17:27-64。

史党社、田静 2002,《益门二号墓相关问题续说》,载于《考古与文物》增刊 2002 年、先秦考古,299-306。

石泉 1988,《古代荆楚地理新探》,武汉:武汉大学出版社。

始皇陵秦俑坑考古发掘队 1982,《秦始皇陵西侧赵背户村秦刑徒墓》,《文物》1982.3:1-11。

舒大刚 1994,《春秋少数民族分布研究》,大陆地区博士论文文库,台北:文津出版社。

水涛 1989,《关于寺洼文化研究的几个问题》,《西北史地》1989.3,亦载于水涛 2001:110-114。

水涛 2001,《中国西北地区青铜时代考古论集》,北京:科学出版社。

四川省博物馆 1974,《四川涪陵小田溪战国土坑墓清理简报》,《文物》1974.5:61-80。

四川省博物馆、彭县文化馆 1981,《四川彭县西周窖藏铜器》,《考古》1981.6:496-499、555。

四川省文物考古研究所、什邡市文物保护管理所 1988,《什邡城关战国秦汉墓葬发掘简报》,载于《四川考古报告集》,112-185,北京:文物出版社。

四川省文物考古研究所、荥经严道古城遗址博物馆 1998,《荥经县同心村巴蜀船棺葬发掘报告》,载于《四川考古报告集》,212-280,北京:文物出版社。

宋建 1983,《关于西周时期的用鼎问题》,《考古与文物》1983.1:72-79。

宋治民 1984,《略论四川的秦人墓》,《考古与文物》1984.1:83-90。

苏秉琦 1948,《斗鸡台沟东区墓葬》,陕西考古发掘报告第一种第一号,北京:国立北平研究院史学研究所。

苏秉琦 1984,《苏秉琦考古学论述选集》,北京:文物出版社。

苏秉琦编 1987,《考古学文化论集》1,北京:文物出版社。

苏秉琦编 1993,《考古学文化论集》3,北京:文物出版社。

苏秉琦、严文明、张忠培 1994,《中国通史》,第二卷:《远古时代》,上海:上海人民出版社。

随州市博物馆 1982,《湖北随县刘家崖发现古代青铜器》,《考古》1982.2:142-146。

孙海波 1937,《新郑彝器》,2册,开封:河南省通志馆。

孙华 1994,《陕西扶风县壹家堡遗址分析:兼论晚商时期关中地区诸考古学文化的关系》,《考古学研究》2:101-130。

孙华 1995,《关于晋侯组墓的几个问题》,《文物》1995.9:50-57。

孙华 1997,《晋侯/组墓的几个问题》,《文物》1997.8:27-36。

孙华 2000,《四川盆地的青铜时代》,北京:科学出版社。

孙思贤、邵福玉 1982,《辽宁义县发现商周青铜器窖藏》,《文物》1982.2:87-88。

苏州博物馆 1999,《真山东周墓地》,北京:文物出版社。

谭其骧编 1975,《中国历史地图集》第一册,北京:中华地图学社。

谈三平、刘树人 1990,《太湖地区石室土墩分布规律遥感初步研究》,《东南文化》1990.4:100-103。

唐际根 1993,《中国冶铁术的起源问题》,《考古》1993.6:556-565、553。

唐兰 1956,《宜侯夨簋考释》,《考古学报》1956.2:79-83。

唐兰 1962,《西周铜器断代中的康宫问题》,《考古学报》1962.1:15-48。

唐兰 1978,《略论西周微史家族窖藏铜器的重要意义：陕西扶风新出土墙盘铭文解析》,《文物》1978.3：19-24、42。亦载于尹盛平编 1992：111-128。

陶正刚、侯毅、渠川福 1996,《太原晋国赵卿墓》,北京：文物出版社。

滕铭予 2002,《秦文化：从封国到帝国的考古学观察》,北京：学苑出版社。

田岸（张学海）1982,《曲阜鲁城勘探》,《文物》1982.12：1-12。

田广金、郭素新 1986,《鄂尔多斯式青铜器》,北京：文物出版社。

田建文 1993,《侯马上马墓地 M13、M2008 出土的北方青铜器》,《考古》1993.2：167-168。

田建文 1994,《晋国早期都邑探索》,《三晋考古》1：27-29。

童恩正 1986,《从出土文物看楚文化与南方诸民族的关系》,《湖南考古辑刊》3：168-183. 载于《中国西南民族考古论文集》,200-218,北京：文物出版社,1990。

万国鼎 1931,《汉以前人口及土地利用之一斑》,《金陵学报》1：133-150。

王斌编 2000,《虢国墓地的发现与研究》,北京：社会科学文献出版社。

王恩田（亦见齐文涛）1981,《岐山凤雏村西周建筑群基址的有关问题》,《文物》1981.1：75-80。

王恩田 1988,《曲阜鲁国故城的年代及其相关问题》,《考古与文物》1988.2：48-55。

王恩田 2002,《鹿邑太清宫西周大墓与微子封宋》,《中原文物》2002.4：41-45。

王飞 1986,《用鼎制度兴衰异议》,《文博》1986.6：29-33。

王国维 1927,《殷周制度论》,《观堂集林》卷 101a-15b(1917 初版),新版,北京：中华书局,1959,451-480。

王光永 1979,《宝鸡市渭滨区姜城堡东周墓葬》,《考古》1979.6：564、563。

王辉 2003,《盘铭文笺释》,《考古与文物》2003.3：81-91。

王辉、焦南峰、马振智 1996,《秦公大墓石磬残铭考释》,《"中央研究院"历史语言研究所集刊》672：263-309。

王家佑 1961,《记四川彭县竹瓦街出土的铜器》,《文物》1961.11：28-31。

王克林 1974,《山西榆次古墓发掘记》,《文物》1974.12：63-73。

王明珂 1993,《周人的族源与华夏西部族群边界的形成》,《大陆杂志》872：

1-20。

王明珂 1987,《华夏边缘：历史记忆与族群认同》,台北：允晨出版社。

王青 2002,《海岱地区周代墓葬研究》,济南：山东大学出版社。

王人聪 1996,《杨姞壶铭释读与北赵 63 号墓主问题》,《文物》1996.5：31-32、30。

王瑞明 1979,《"镇墓兽"考》,《文物》1979.6：85-87。

王献唐 1983,《山东古国考》,济南：齐鲁书社。

王学理 1994,《秦始皇陵研究》,上海：上海人民出版社。

王学理、尚志儒、呼林贵等 1994,《秦物质文化史》,西安：三秦出版社。

王迅 1994,《东夷文化与淮夷文化研究》,北京：北京大学出版社。

王幼侨 1924,《新郑古器发见记》,开封：河南省教育厅。

王毓铨 1957,《我国古代货币的起源和发展》,北京：科学出版社。

王占奎 1993,《论郑家坡先周遗存与刘家遗存》,载于《考古学研究：纪念陕西省考古研究所成立三十周年》,321-331,西安：三秦出版社。

卫聚贤 1936,《中国民族的来源》,载于《古史研究》第 3 集,1-114,上海：商务馆,1936。再版,上海：上海文艺出版社,1990。

《文物》编辑委员会编 1990,《文物考古工作十年 1979—1989》,北京：文物出版社。

无名 1954,《河南郏县发现的古代铜器》,《文物参考资料》1954.3：60-62。

吴铭生 1982,《资兴旧市战国墓反映的楚、越文化关系探讨》,《湖南考古辑刊》1：105-110。

吴铭生 1989,《湖南东周时期越人墓葬的研究》,《湖南考古辑刊》5：161-164。

吴聿明 1990,《北山顶四器铭释考存疑》,《东南文化》1990.1/2：68-70。

吴镇烽 1990,《金文人名汇编》,北京：中华书局。

吴镇烽、尚志儒 1980,《陕西凤翔八旗屯秦国墓葬发掘简报》,《文物资料丛刊》3：67-85。

吴镇烽、尚志儒 1981,《陕西凤翔高庄秦墓地发掘简报》,《考古与文物》1981.1：12-38。

吴振禄 1986,《侯马地区几项晋文化考古工作的回顾》,载于《晋文化研究座谈会纪要》,11-19。侯马:山西省考古研究所侯马工作站。

夏鼐 1959,《关于考古学上的文化定名问题》,《考古》1959.4:169-172。

夏鼐 1984,《什么是考古学》,《考古》1984.10:931-935、948。

夏商周断代工程专家组 2000,《夏商周断代工程 1996—2000 年阶段成果报告》,北京:世界图书出版公司。

项春松、李义 1995,《宁城小黑石沟石椁墓调查清理报告》,《文物》1995.5:4-22。

襄樊市博物馆 1991,《湖北襄阳团山东周墓》,《考古》1991.9:781-802。

襄阳首届亦工亦农考古训练班 1976,《襄阳蔡坡 12 号墓出土吴王夫差剑等文物》,《文物》1976.11:65-71。

咸阳市博物馆 1986,《咸阳任家嘴春秋墓清理简报》,《考古与文物》1993.3:40-47、72。

咸阳市博物馆 1998,《塔儿坡秦墓》,西安:三秦出版社。

萧华锟、艾廷和 2003,《楚长城的建筑时间和形式考》,《江汉考古》2003.4:69-74。

肖梦龙 1985,《初论吴文化》,《考古与文物》1985.4:61-72。

肖梦龙 1990,《吴国王陵区初探》,《东南文化》1990.4:95-99、55。

淅川县文管会、南阳地区文物队 1982,《淅川县毛坪楚墓发掘简报》,《中原文物》1982.1:42-46。

谢端琚 1987,《试论我国早期土洞墓》,《考古》1987.12:1097-1104。

谢端琚 1990,《辛店文化族属蠡测》,载于田昌五编《华夏文明》第二集:27-43,北京:北京大学出版社。

谢虎军 2003,《洛阳西周殷遗民墓的初步研究》,载于洛阳市文物局编《洛阳文物与考古耕耘论丛》(二),34-40,北京:科学出版社。

徐秉琨、孙守道 1998,《东北文化》,上海:远东出版社,香港:香港商务出版社。

徐良高 1999,《中国民族文化源新探》,中国社会科学院青年学者文库,北京:社会科学文献出版社。

徐良高、王巍 2002,《陕西扶风云塘西周建筑基址的初步认识》,《考古》2002.9:795-803。

徐苹芳 1995,《中国历史考古学论丛》,台北:允晨文化出版公司。

徐苹芳 1999,《考古学上所见秦帝国的形成与统一》,《台大历史学报》23:301-336。

徐少华 1994,《周代南土历史地理与文化》,武汉:武汉大学出版社。

徐天进、张恩贤 2002,《西周王朝的发祥地——周原:周原考古综述》,载于北京大学考古文博院、北京大学古代文明研究中心编 2002:14-25。

徐旭生(徐炳昶) 1943,《中国古史的传说时代》,上海。再版,北京:科学出版社,1960;北京:文物出版社 1985。

许成、李进增 1993,《东周时期的戎狄青铜文化》,《考古学报》1993.1:1-11。

许宏 2000,《先秦城市考古学》,北京:北京燕山出版社。

许玉林 1993,《辽宁商周时期的青铜文化》,载于苏秉琦编 1993:311-334。

许倬云 1984,《西周史》,台北:联经出版事业公司,增订版,北京:生活、读书、新知三联书店,1993。

严文明 1986,《胶东原始文化初论》,载于山东省《齐鲁考古丛刊》编辑部编《山东史前文化论文集》,63-95,济南:齐鲁书社。

严文明 1997,《走向 21 世纪的考古学》,西安:三秦出版社。

严文明等 2000,《胶东考古》,北京:文物出版社。

杨纯渊 1992,《春秋山西北狄考》,《山西考古学会论文集》1:118-122。

杨富斗 1958,《山西万荣县庙前的战国墓》,《文物参考资料》1958.12:34-35。

杨国勇、苗润莲 2004,《两周人口的增减及分布的变化》,载于宋镇豪等编《西周文明论集》,192-197,北京:朝华出版社。

杨鸿勋 1980,《战国中山王陵及兆域图研究》,《考古学报》1980.1:119-138。亦载于杨鸿勋 1987:120-142。

杨鸿勋 1981,《西周岐邑建筑遗址初步考察》,《文物》1981.3:23-33。也见杨鸿勋 1987:94-109。

杨鸿勋 1987,《建筑考古学论文集》,北京:文物出版社。

杨宽 1980,《战国史》,上海:上海人民出版社。

杨宽 1985,《中国古代陵寝制度史研究》,上海:上海古籍出版社。

杨宽 1984,《西周史》,上海：上海人民出版社。

杨立新 1991,《皖南古代铜矿的发现及其历史价值》,《东南文化》1991.2：131-137。

杨楠 1998,《江南土墩遗存研究》,北京：民族出版社。

杨权喜 1980,《当阳季家湖考古试掘的主要收获》,《江汉考古》1980.2：27-30。

杨权喜 1990,《襄阳余岗东周青铜器初步研究》,《江汉考古》1990.4：79-95。

杨权喜 1993a,《襄阳余岗楚墓陶器的分期研究》,《江汉考古》1993.1：61-67。

杨权喜 1993b,《江陵纪南城附近出土的巴式剑》,《江汉考古》1993.3：44。

杨亚长 1997,《略论陕南地区的战国墓葬》,《考古与文物》1997.4：42-45。

杨怡 2004,《楚式镇墓兽的式微和汉俑的兴起：解析秦汉灵魂观的转变》,《考古与文物》2004.2：54-60。

烟台市博物馆 2003,《山东烟台市金沟寨战国墓葬》,《考古》2003.3：210-218。

烟台市博物馆、海阳市博物馆 2002,《海阳嘴子前》,济南：齐鲁书社。

烟台市文物管理委员会 1990,《山东蓬莱县柳格庄墓群发掘简报》,《考古》1990.9：803-810。

烟台市文物管理委员会 1993,《山东长岛王沟东周墓群》,《考古学报》1993.1：57-87。

烟台市文物管理委员会、栖霞县文物管理所 1992,《山东栖霞县占瞳乡杏家庄战国墓清理简报》,《考古》1992.1：11-21、31。

叶万松 1992,《近十年洛阳市文物工作队考古工作概述》,《文物》1992.3：40-45、54。

叶万松、余扶危 1985,《洛阳北窑西周遗址陶器的分期研究》,《考古》1985.9：834-842。

叶万松、余扶危 1986,《中原地区西周陶器的初步研究》,《考古》1986.12：1104-1111、1120。

叶万松、张剑、李德方 1991,《西周洛邑城址考》,《华夏考古》1991.2：70-76。

叶小燕 1982,《秦墓初探》,《考古》1982.1：65 - 73。

叶植 1991,《楚式鼎刍议》,《江汉考古》1991.4：71 - 75、15。

《逸周书汇校集注》,黄怀信、张懋镕、田旭东、李学勤编,上海：上海古籍出版社,1995。

宜昌地区博物馆 1990,《湖北当阳赵巷 4 号春秋墓发掘简报》,《文物》1990.10：25 - 32。

殷涤非 1990,《安徽屯溪周墓第二次发掘》,《考古》1990.3：210 - 213、288。

尹盛平 1983,《试论金文中的"周"》,载于《陕西省考古学会第一届年会论文集》,33 - 39,《考古与文物》丛刊第 3 号,西安：《考古与文物》编辑部。

尹盛平编 1992,《西周微氏家族青铜器群研究》,北京：文物出版社。

尹盛平、张天恩 1986,《陕西陇县边家庄一号春秋秦墓》,《考古与文物》1986.6：15 - 22。

荥经古墓发掘组 1981,《荥经古城坪秦汉墓葬》,《文物资料丛刊》4：70 - 74。

雍颖 2002,《晋侯夫妇墓之比较及晋国高级贵族妇女社会地位试析》,载于上海博物馆编 2002：197 - 208。

雍城考古工作队 1980,《凤翔县高庄战国秦墓发掘简报》,《文物》1980.9：10 - 14、31。

于嘉方 1988,《临淄市南韩村发现战国墓》,《考古》1988.5：467 - 471。

俞伟超 1979,《古代西戎和羌胡考古学文化归属问题的探讨》,《青海考古学会汇刊》1：2 - 13。亦载于俞伟超 1985：180 - 192。

俞伟超 1980a,《关于楚文化发展的新探索》,《江汉考古》1980.1：17 - 30。亦载于湖北省社会科学院历史研究所编《楚文化新探》,1 - 27(武汉：湖北人民出版社,1981)；俞伟超 1985：211 - 227。

俞伟超 1980b,《先楚与三苗文化的考古学推测》,《文物》1980.10：1 - 12。亦称为《楚文化的渊源与三苗文化的考古学推测》,载于俞伟超 1985：228 - 242。

俞伟超 1982a,《关于当前楚文化的考古学研究》,《湖南考古辑刊》1：39 - 46。亦载于俞伟超 1985：243 - 253。

俞伟超 1982b,《寻找"楚文化"渊源的新线索》,《江汉考古》1982.2：1 - 6。亦载于俞伟超 1985：254 - 261。

俞伟超 1983,《关于"卡约文化"和"辛店文化"的新认识》,《中亚学刊》1983.

1：3-22。亦称为《关于"卡约文化"和"唐汪文化"的新认识》，载于俞伟超1985：193-210。

俞伟超1984，《楚文化的发现与研究》，《楚文化考古大事记》，1-14，北京：文物出版社。亦载于俞伟超1985：262-269。

俞伟超1985，《先秦两汉考古学论集》，北京：文物出版社。

俞伟超1987，《楚文化的研究与文化因素的分析》，载于楚文化研究会编《楚文化研究论集》第1集：1-15，武汉：荆楚书社。

俞伟超1988，《中国古代公社组织的考察：论先秦两汉的"单-僤-弹"》，中国历史博物馆丛书第1号，北京：文物出版社。

俞伟超1996，《考古学是什么：俞伟超考古学理论文选》，北京：中国社会科学院出版社。

俞伟超2000，《关于楚文化形成、发展和消亡过程的新认识》，载于《中国历史博物馆考古部纪念文集》，153-161，北京：科学出版社。亦载于俞伟超2002：166-176。

俞伟超2002，《古史的考古学探索》，北京：文物出版社。

俞伟超编1989，《考古类型学的理论与实践》，北京：文物出版社。

俞伟超、高明1978—1979，《周代用鼎制度研究》，《北京大学学报》社会科学版1978.1：84-98、1978.2：84-97、1979.1：83-96。亦载于俞伟超1985：62-114。

俞伟超、张忠培1984，《编后记》，苏秉琦1984：306-319（同书321—338页有英译）。

余秀翠1983，《当阳发现一组春秋铜器》，《江汉考古》1983.1：81-82、73。

袁仲一1990，《秦始皇陵兵马俑研究》，北京：文物出版社。

员安志1984，《陕西长武上孟村秦国墓葬发掘简报》，《考古与文物》1984.3：8-17。

运城行署文化局、运城地区博物馆1983，《山西闻喜邱家庄战国墓葬发掘简报》，《考古与文物》1983.1：5-11。

《云梦睡虎地秦墓》编写组1981，《云梦睡虎地秦墓》，北京：文物出版社。

张长寿1998，《关于晋侯墓地的几个问题》，《文物》1998.1：41-44。

张长寿、张光直1997，《河南商丘地区殷商文明调查发掘初步研究》，《考古》

1997.4：312-319。

张颔、张万钟 1963，《庚儿鼎解》，《考古》1963.5：270-272。亦载于《张颔学术文集》，8-13，北京：中华书局，1995。

张剑 1977，《齐侯鉴铭文的新发现》，《文物》1977.3：75。

张剑 1993，《河南洛阳西周墓葬陶器初探》，《中原文物》1993.1：37-46。

张剑 1996，《洛阳两周考古概述》，载于叶万松编《洛阳考古四十年：一九九二年洛阳考古学术研讨会论文集》，14-26，北京：科学出版社。

张剑 1999，《洛阳东周墓葬的形制与考古分期》，载于洛阳市文物局、洛阳博物馆编《洛阳博物馆建馆四十年纪念文集(1958—1998)》，54-64，北京：科学出版社。

张剑 2002，《洛阳西周墓葬刑制的分类》，载于《考古与文物》增刊 2002、先秦考古，227-233、237，亦称为《洛阳西周墓综论》，载于河南省文物考古学会编《中原文物考古研究》，176-183，大象考古文库，郑州：大象出版社，2003。

张君 1992，《论楚国神秘器物镇墓兽的文化涵义》，《东南文化》1992.2：60-73。

张懋镕、魏兴兴 2002，《一座丰富的地下文库：周原出土西周有铭青铜器综论》，载于北京大学考古文博院、北京大学古代文明研究中心编 2002：26-41。

张天恩 1995，《再论秦式短剑》，《考古》1995.9：841-853。亦载于《秦文化论丛》第三集：431-458，西安：西北大学出版社，1994。

张天恩 2003，《从逨盘铭文谈西周单氏家族的谱系及相关铜器》，《文物》2003.7：62-65。

张童心、张崇宁 1993，《临猗县程村东周墓发掘简报》，《文物集刊》1993.3：9-21。

张辛 2002，《中原地区东周陶器墓葬研究》，北京：科学出版社。

张学海 1984，《田齐六陵考》，《文物》1984.9：20-22。

张学海 1989，《论四十年来山东先秦考古的基本收获》，《海岱考古》1：325-343。

张学正、水涛、韩翀飞 1993，《辛店文化研究》，载于苏秉琦编 1993：122-152。亦载于水涛 2001：116-146。

张正明 1988，《楚文化志》，武汉：湖北人民出版社。

张正明 1995,《楚史》,楚学文库,武汉:湖北教育出版社。

张忠培 1994,《中国考古学:实践、理论、方法》,郑州:中州古籍出版社。

赵化成 1987,《寻找秦文化渊源的新线索》,《文博》1987.1:1-7、17。

赵化成 1989,《甘肃东部秦和羌戎文化的考古学探索》,载于俞伟超编 1989:149-176。

赵化成 1993,《东周燕代青铜容器的初步分析》,《考古与文物》1993.2:60-68。亦载于陈光汇编《燕文化研究论文集》,215-222,北京:中国社会科学出版社,1995。

赵化成 1997,《宝鸡益门村二号春秋墓族属管见》,《考古与文物》1997.1:31-34。

赵慧民、李百勤、李春喜 1991,《山西临猗县程村两座东周墓》,《考古》199111:987-994。

赵世纲 1996,《虢国青铜与虢国墓地的年代问题》,载于河南文物考古研究所编《河南文物考古论集》,350-364,郑州:河南人民出版社。

浙江省文物考古研究所、海盐县博物馆 1985,《浙江海盐出土原始瓷器》,《文物》1985.8:66-72。

浙江省文物考古研究所、绍兴县文物保护管理局 2002,《印山越王陵》,北京:文物出版社。

郑杰祥 1973,《河南新野发现的曾国铜器》,《文物》1973.5:14-20。

镇江博物馆 1983,《江苏武进、宜兴石室墓》,《文物》1983.11:56-63。

镇江博物馆、丹徒县文管会 1984,《江苏丹徒大港母子墩西周铜器墓发掘简报》,《文物》1984.5:1-10。

中国科学院考古研究所 1956,《辉县发掘报告》,中国田野考古报告集第一号,北京:科学出版社。

中国科学院考古研究所 1957,《长沙发掘报告》,中国田野考古报告集考古学专刊丁种第二号,北京:科学出版社。

中国科学院考古研究所 1959a,《上村岭虢国墓地(黄河水库古报告之三)》,中国田野考古报告集考古学专刊丁种第十号,北京:科学出版社。

中国科学院考古研究所 1959b,《洛阳中州路(西工段)》,中国田野考古报告集考古学专刊丁种第四号,北京:科学出版社。

中国科学院考古研究所 1962,《沣西发掘报告：1955—1957 年沣西乡考古发掘资料》,中国田野考古报告集考古学专刊丁种第十二号,北京：科学出版社。

中国科学院考古研究所宝鸡发掘队 1963,《陕西宝鸡福临堡东周墓葬发掘记》,《考古》1963.10：536-543。

中国科学院考古研究所洛阳发掘队 1956,《洛阳涧滨古文化遗址及汉墓》,《考古学报》1956.1：11-28。

中国科学院考古研究所山东工作队 1965,《山东邹县、滕县故城址调查》,《考古》1965.12：622-635。

中国科学院自然科学史研究所 1985,《中国古代建筑技术史》,北京：科学出版社。

中国青铜器全集编辑委员会 1997,《中国青铜器全集》9(东周 3),北京：文物出版社。

中国社会科学院考古研究所 1984,《新中国的考古发现和研究》,考古学专刊甲种第十七号,北京：文物出版社。

中国社会科学院考古研究所 1989,《洛阳发掘报告：1955—1960 年洛阳涧滨考古发掘资料》,中国田野考古报告集考古学专刊丁种第三十八号,北京：燕山出版社。

中国社会科学院考古研究所 1994,《陕县东周秦汉墓(黄河水库古报告之五)》,中国田野考古报告集考古学专刊丁种第四十二号,北京：科学出版社。

中国社会科学院考古研究所 1999,《张家坡西周墓地》,中国田野考古报告集考古学专刊丁种第五十七号,北京：大百科全书出版社。

中国社会科学院考古研究所泾渭工作队 1989,《陕西长武碾子坡先周文化遗址发掘记略》,《考古学集刊》6：123-142。亦载于胡谦盈 2000：106-123。

中国社会科学院考古研究所洛阳汉魏城队 1998,《汉魏洛阳故城城垣试掘》,《考古学报》1998.3：361-388。亦载于洛阳市文物局编,《汉魏洛阳故城研究》,31-58,北京：科学出版社。

中国社会科学院考古研究所、北京市文物研究所/琉璃河考古队 1990,《北京琉璃河 1193 号大墓发掘简报》,《考古》1990.1：20-31。

中国社会科学院考古研究所、内蒙古自治区文物考古研究所、吉林大学边疆考古研究中心/赤峰考古队 2002,《半支箭河中游先秦时期遗址》,北京：科学出版社。

中国社会科学院考古研究所、山西省考古研究所、运城市文物局、临猗县博物馆 2003,《临猗程村墓地》,北京：中国大百科全书出版社。

周丽娟 2003,《上海青浦福泉山发现一座战国墓》,《考古》2003.11：1054-1056。

周庆明 1984,《卡约文化和寺洼文化的族属问题：浅论我国古羌人的起源》,《中国历史博物馆馆刊》6：15-19。

周晓陆、张敏 1988,《北山四器铭考》,《东南文化》1988.3/4：73-82。

周亚 1996,《馆藏晋侯青铜器概论》,《上海博物馆集刊》7：34-44。

周亚 1997,《吴越地区土墩墓青铜器研究中的几个问题：从安徽屯溪土墩墓部分青铜器谈起》,载于马承源编,《吴越地区青铜器研究论文集》,55-70,上海：上海博物馆及香港：两木出版社。

周亚 2004,《晋韦父盘与盘盉组合的相关问题》,《文物》2004.2：61-69。

周原考古队 2002,《陕西扶风县云塘西周建筑基址 1999—2000 年度发掘简报》,《考古》2002.9：771-794。

周原考古队 2004,《陕西周原遗址发现西周墓葬与铸铜遗址》,《考古》2004.1：3-6。

朱凤瀚 1990,《商周家族形态研究》,天津：天津古籍出版社。

朱凤瀚、张荣明编 1998,《西周诸王年代研究》,夏商周断代工程丛书,贵阳：贵州人民出版社。

朱华 1994,《闻喜上郭村古墓群试掘》,《三晋考古》1：95-122。

朱活 1984,《古钱新探》,济南：齐鲁书社。

朱剑、王昌燧、王妍、毛振伟、周广明、樊昌生、曾小敏、沈岳明、宫希成 2004,《商周原始瓷产地的再分析》,《南方文物》2004.1：19-22。

朱萍 2002,《楚文化的西渐：楚国向西扩张的考古学观察》,硕士论文,北京大学考古文博学院。

淄博市博物馆、齐故城博物馆 1997,《临淄商王墓地》,济南：齐鲁书社。

邹衡 1980,《夏商周考古学论文集》,北京：文物出版社。

邹衡 1994,《论早期晋都》,《文物》1994：29-32,34。亦载于上海博物馆编 2002：1-7。

日 文 书 目

白川静(Shirakawa Shizuka)1962-1984,《金文通釋》,白鶴美術館誌,第1—56册,神户:白鶴美术馆。

白川静 1973,《甲骨金文学論叢》,京都:朋友書店。

白川静 1978,《西周史略》,载于白川静 1962—1984,第 46—47 册。

大倉集古館(Ōkura Shūkokan)2003,《大倉集古館の名品》,岛根:岛根县立美术馆与福冈:福冈市博物馆。

东京国立博物馆(Tōkyō Kokuritsu Hakubutsukan)1981,《中山王国文物展》,东京:日本经济新闻社。

船越昭夫(Funakoshi Akio)1972,《鄂君啟節について》,《東方学報》43:55-95。

飯島武次(Iijima Taketsugu)1998,《中国周文化考古学研究》,东京:同成社。

飯島武次 2002,《西周洛邑の鋳銅遺跡と殷人墓》,载于《日々の考古学:東海大学考古学教室開設 20 周年記念論文集》,365-79,东京:东海大学。

岡村秀典(Okamura Hidenori)1985,《秦文化の編年》,《古史春秋》2:53-74。

岡村秀典 1986,《呉越以前の青銅器》,《古史春秋》3:63-89。

岡村秀典 1995,《区系類型論とマルクス主義考古学》,载于《日本考古学会成立 40 周年纪念:展望考古学》,256-61,冈山:日本考古学会。

岡村秀典 2003,《先秦時代の供犠》,《東方学報》75:1-80。

岡村秀典 2005,《中国古代王権と祭祀》,东京:学生社。

高田あや子(Takada Ayako)2000,《秦の出自をめぐる問題》,载于宮本一夫编 2000:29-36。

宮本一夫(Miyamoto Kazuo)2000,《中国古代北疆史の考古学的研究》,福冈:中国书店。

宫本一夫 2002,《陇山地域青铜器文化の变迁とその特徵》,《史苑》139(2002):143-75。

宫本一夫编 2000,《游牧民と农耕民の文化接触による中国文明形成过程の研究》,平成11年度学术研究费补助金研究成果报告书,福冈:九州大学文学部考古学研究室。

谷口满(Taniguchi Mitsuru)1991,《下里巴人新解》,《关西学院大学人文论究》51[未见]。

广川守(Hirakawa Mamoru)1994,《辽宁大凌河流域の殷周青铜器》,《泉屋博古馆纪要》10:155-172。

鹤间和幸(Tsuruma Kazuyuki)1987,《漳水渠、都江堰、郑国渠を访ねて》,《中国水利史研究》17[未见]。

黄川田修(Kikawada Osamu;一件中文书目)2001a,《山东邹城南关遗蹟の研究:西周时代の黄河下流域の一样相》,《明治大学人文科学研究所纪要》49:58-78。中译为《西周王朝周边文化年代的再认识:以鲁西南地区诸遗址为中心》,许宏译,《华夏考古》2004.1:69-76,89。

黄川田修 2001b,《曲阜以前の鲁国の所在に对する一试论:中国山东省前掌大遗迹の诸问题》,《考古学杂志》86(2001):1-48。

黄晓芬 1991,《秦の墓制とその起源》,《史林》74.6:109-144。

间濑收芳(Mase Kazuyoshi)1984,《秦汉帝国形成过程の一考察:四川省青川战国墓の检讨による》,《史林》67.1:1-33。

间濑收芳 1992,《战国楚国包山大墓の位置づけ》,载于《出土文物による中国古代社会の地域的研究》,牧野修二编,25-50,平成二、三年度学研费报告书,松山:爱媛大学法学部。

江村治树(Emura Haruki)2000,《春秋战国秦汉时代出土文字资料の研究》,东京:汲古书院。

角田文卫(Tsunoda Bun'ei)(ed.)1994,《考古学京都学派》,东京:雄山阁。

吉本道雅(Yoshimoto Michimasa)1987,《史记原始(一):西周期东迁期》,《古史春秋》4:59-82。

吉本道雅 1994,《春秋五等爵考》,《东方学》1987:15-27。

吉本道雅 2000,《先秦王侯系谱考》,《立命馆文学》565:1-53。

林巳奈夫(亦见 Hayashi Minao)1966,《中国先秦時代の旗》,《史林》49.2: 66-94。

林巳奈夫 1983,《殷—春秋期金文の書式と常用語句の時代的変遷》,《东方学报》55:1-101。

林巳奈夫 1984,《殷周時代青銅器の研究》,2册,殷周時代青銅器綜覧,第 1 部,东京:吉川弘文馆。

林巳奈夫 1986,《殷周時代青銅器文様の研究》,殷周時代青銅器綜覧,第 2 部,东京:吉川弘文馆。

林巳奈夫 1988,《春秋戦国時代青銅器の研究》,殷周時代青銅器綜覧,第 3 部,东京:吉川弘文馆。

林巳奈夫 1989,《漢代の神神》,京都:临川书店。

林巳奈夫 1991,《中国古玉の研究》,东京:吉川弘文馆。

林巳奈夫 2002,《中国古代の神々》,东京:吉川弘文馆。

林巳奈夫 2004,《神と獣の文様学:中国古代の神がみ》,东京:吉川弘文馆。

林泰輔(Hayashi Taisuke)1916,《周公と其時代》,东京:大仓书店。

梅原末治(Umehara Sueji)1937,《洛陽金村古墓聚英》,京都:东方文华学院京都研究所,修订版 1944。

平勢隆郎(Hirase Takao)1996,《中国古代紀年の研究:天文と暦の検討から》,东洋文化研究所丛刊,卷 18,东京:东京大学东洋文化研究所。

平勢隆郎 2003,《"春秋"と"左伝":戦国の史書が語る"史実"、"正統"、国家領域観》,东京:中央公论社。

浅原達郎(Asahara Tatsurō)1986,《西周金文と暦》,《东方学报》58:71-120。

秋山進午(Akiyama Shingo)2000,《秦公墓の発見と秦国初期都邑》,载于宫本一夫编 2000:7-21。

松井嘉徳(Matsui Yoshinori)2002,《周代国制の研究》,汲古丛书,卷 34,东京:汲古書院。

松崎つね子(Matsuzaki Tsuneko)1992,《回顧と展望:中国:戦国、秦、漢》,《史学杂志》101.5:194-200,英译见 Matsuzaki 2002。

松丸道雄(Matsumaru Michio)1992,《西周時代の重量単位》,《东京大学东洋文化研究所紀要》117（創立五十年纪念论集），卷2：1-59。中译为《西周時代的重量單位》，曹玮译，载于曹玮2004：203-230。

松丸道雄2002a，《文献と考古学との出会い：微子墓を現地調査して》，《每日新闻》2002.11.29：6（亦见《每日新闻》2002.11.23：1,28本社记者报道）。

松丸道雄2002b，《甘肅禮縣秦公墓の墓主は誰か？ MIHO MUSEUM 新収の編鐘を手掛りに》，日本中国考古学会关东分会四月例会论文，2002年4月20日。

松丸道雄等1980，《西周時代の青銅器とその国家》，东京：东京大学出版会。

小南一郎（Kominami Ichirō）1992，《天命と徳》，《东方学报》64：1-59。

西江清高（Nishie Kiyotaka）1994—1995，《西周式土器成立の背景》，《东洋文化研究所紀要》121：1-136；123：1-110。

伊藤道治（Itō Michiharu）1987，《中国古代国家の支配構造》，东京：中央公论社。

佐藤武敏（Satō Taketoshi）1988，《戦国時代楚の漆器》，载于《戦国時代出土文物の研究》，林巳奈夫編，1-55，京都：同朋社。

佐原康夫（Sahara Yasuo）1984，《戦国時代の府庫について》，《东洋史研究》43.1：31-59。

佐竹靖彦（Satake Yasuhiko）1988，《鄭國渠と白渠》，载于《中国古代の法と社会：栗原益男先生古希記念論集》，3-20，东京：汲古書院。

西 文 书 目

Adams and Adams 1991: William Y. Adams 和 Ernest W. Adams. *Archaeological Typology and Practical Reality. A Dialectical Approach to Artifact Classification and Sorting*. Cambridge: Cambridge University Press, 1991.

Ahern 1973: Emily M. Ahern. *The Cult of the Dead in a Chinese Village*. Stanford: Stanford University Press, 1973.

Allan 1981: Sarah Allan. *The Heir and the Sage: Dynastic Legend in Early China*. Asian Libraries Series, no. 24. San Francisco: Chinese Materials Center, 1981.

Allchin and Allchin 1982: Raymond Allchin 和 Bridget Allchin. *The Rise of Civilization in India and Pakistan*. Cambridge: Cambridge University Press, 1982.

Bagley 1980: Robert W. Bagley. "The Transformation of the Bronze Art in Later Western Zhou." 载于 Fong (ed.) 1980: 238-48.

Bagley 1987: Robert W. Bagley. *Shang Ritual Bronzes in the Arthur M. Sackler Collections*. Ancient Chinese Bronzes in the Arthur M. Sackler Collections, vol. 1. Cambridge, Mass.: Harvard University Press, 1987.

Bagley 1993a: Robert W. Bagley. "Meaning and Explanation." *Archives of Asian Art* 46 (1993): 6-26. 也载于 *The Problem of Meaning in Early Chinese Ritual Bronzes*, Roderick Whitfield 遍, 34-55 (Colloquies on Art and Archaeology in Asia, no. 15; London: Percival David Foundation, 1993).

Bagley 1993b: Robert W. Bagley. "Replication Techniques in Eastern Zhou Bronze Casting." 载于 *History from Things: Essays on Material Culture*, Steven Lubar 和 W. David Kingery 编, pp. 231-41. Washington, D. C.:

Smithsonian Institution Press, 1993.

Bagley 1995: Robert W. Bagley. "What the Bronzes from Hunyuan Tell Us About the Foundry at Houma." *Orientations* 26. 1 (1995): 46–54.

Bagley 1999: Robert W. Bagley. "Shang Archaeology." 载于 Loewe and Shaughnessy (ed.) 1999: 124–231.

Baker 1979: Hugh D. R. Baker. *Chinese Family and Kinship*. London: Macmillan Press, 1979.

Barbieri-Low 2001: Anthony J. Barbieri-Low. "The Organization of Imperial Workshops During the Han Dynasty." 博士论文, Princeton University, 2001.

Beck (ed.) 1995: Lane A. Beck 编. *Regional Approaches to Mortuary Analysis*. Interdisciplinary contributions to archaeology. New York: Plenum Press, 1995.

Benedict 1934: Ruth Benedict. *Patterns of Culture*. Boston 和 New York: Houghton Mifflin, 1934(多次重版).

Bennet (ed.) 1985: John Bennet 编. *Archaeology and Texts* (Theme issue). *Archaeological Review from Cambridge* 3. 2 (1985): 2–98.

Berlo (ed.) 1983: Janet C. Berlo 编. *Text and Image in Pre-Columbian Art: Essays on the Interrelationship between the Verbal and Visual Arts*. British Archaeological Reports, vol. 180. Oxford: BAR International Series, 1983.

Bielenstein 1947: Hans Bielenstein. "The Census of China During the Period 2–742 AD." *Bulletin of the Museum of Far Eastern Antiquities* 19 (1947): 125–63.

Bielenstein 1987: Hans Bielenstein. "Chinese Historical Demography, A. D. 2–1982." *Bulletin of the Museum of Far Eastern Antiquities* 59 (1987): 1–288.

Binford 1971: Lewis R. Binford. "Mortuary Practices: Their Study and Their Potential." 载于 *Approaches to the Social Dimensions of Mortuary Practices*, James A. Brown 编, 6–29. Memoirs of the Society for American Archaeology, vol. 25. Washington, Society for American Archaeology. 也载于

Lewis R. Binford, *An Archaeological Perspective*, 208 – 43 (New York: Seminar Press, 1972).

Blakeley 1988: Barry B. Blakeley. "In Search of Danyang I: Historical Geography and Archaeological Sites." *Early China* 13 (1988): 116 – 52.

Blakeley 1990: Barry B. Blakeley. "On the Location of the Chu Capital in Early Chunqiu Times in Light of the Handong Incident of 701 BC." *Early China* 15 (1990): 49 – 70.

Blakeley 1992: Barry B. Blakeley. "King, Clan, and Courtier in Ch'u Court Politics." *Asia Major*, ser. III, 2 (1992): 1 – 39.

Bloch and Parry (eds.) 1982: Maurice Bloch 和 Jonathan P. Parry 遍. *Death and the Regeneration of Life*. Cambridge: Cambridge University Press, 1982.

Boas 1911: Franz Boas. *Handbook of American Indian Languages*. Bulletin of the Bureau of American Ethnology, Smithsonian Institution, vol. 40, 2 parts. Washington: Government Printing Office, 1911.

Bodde 1963: Derk Bodde. "The Term *ming-ch'i*." *Ars Orientalis* 5 (1963): 283.

Boltz 1993: William G. Boltz. "Chou li." 载于 Loewe (ed.) 1993: 24 – 32.

Bourdieu 1972: Pierre Bourdieu. *Esquisse d'une théorie de la pratique, précédé de trois études d'éthnologie kabyle*. Genêve: Droz, 1972. 英译为 *Outline of a Theory of Practice*, Richard Nice 译, Cambridge Studies in Social Anthropology, vol. 16, Cambridge: Cambridge University Press, 1977.

Brashier 1996: Kenneth E. Brashier. "Han Thanatology and the Division of 'Souls'." *Early China* 21 (1996): 125 – 58.

Brown (ed.) 1971: James A. Brown 编. *Approaches to the Social Dimensions of Mortuary Practices*. Memoirs of the Society for American Archaeology, vol. 25. Washington, Society for American Archaeology, 1971.

Buck 1986: David D. Buck 编、译. "Archaeological Explorations at the Ancient Capital of Lu at Qufu in Shandong Province." *Chinese Sociology and Anthropology*, 19.1 (1986): 9 – 65.

Bunker 1990: Emma C. Bunker. "Ancient Ordos Bronzes with Tin-Enriched Surfaces." *Orientations* 21.1 (1990): 78–80.

Bunker 1991: Emma C. Bunker. "Sino-Nomadic Art: Eastern Zhou, Qin and Han Artifacts Made for Nomadic Taste." 载于 *Proceedings of the International Colloquium on Chinese Art History: Antiquities*, Part 2: 569–90. Taipei: National Palace Museum, 1991.

Bunker 1993: Emma C. Bunker. "Gold in the Ancient Chinese World: A Cultural Puzzle." *Artibus Asiae* 53.1/2 (1993): 27–50.

Bunker 1995: Emma C. Bunker. "Luxury Exports from China to the North: Sixth-First Century B. C." 载于 *Traders and Raiders on China's Northern Frontier*, Jenny F. So 和 Emma C. Bunker 编, 53–67. Washington, D. C.: Arthur M. Sackler Gallery, Smithsonian Institution, and Seattle: University of Washington Press, 1995.

Bunker 1997: Emma C. Bunker. *Ancient Bronzes of the Eastern Eurasian Steppes from the Arthur M. Sackler Collections*. New York: Abrams, 1997.

Cahill 1999: Suzanne E. Cahill. "'Our Women are Acting Like Foreigners' Wives!': Western Influences on Tang dynasty Women's Fashion." 载于 *China Chic: East Meets West*, Valerie Steele and John S. Major 编, 103–17. New Haven, Conn.: Yale University Press, 1999.

Campany 1990: Robert F. Campany. "Return-from-death Narratives in Early Medieval China." *Journal of Chinese Religions* 18 (1990): 91–125.

Carr 1985: Michael Carr. "Personation of the Dead in Ancient China." *Computational Analysis of Asian & African Languages* 24 (1985): 1–107.

Chang I-jen et al. 1993: Chang I-jen, William G. Boltz 和 Michael Loewe. "Kuo yü." 载于 Loewe (ed.) 1993: 263–68.

Chang 1975: Kwang-chih Chang. "Ancient Trade as Economy or as Ecology." 载于 *Ancient Civilization and Trade*, C. C. Lamberg-Karlovsky and Jeremy Sabloff 编, 211–24. Albuquerque: University of New Mexico Press, 1975.

Chang 1976: Kwang-chih Chang. *Early Chinese Civilization: Anthropological*

Perspectives. Cambridge, Mass.: Harvard University Press, 1976.

Chang 1978: Kwang-chih Chang. "T'ien kan: A Key to the History of the Shang." 载于 *Ancient china: Studies in Early Civilization*, David T. Roy and Tsuen-hsuin Tsien 编, pp. 13 - 42. Hong Kong: Chinese University Press, 1978.

Chang 1981: Kwang-chih Chang. "The Animal in Shang and Chou Bronze Art." *Harvard Journal of Asiatic Studies* 41.2 (1981): 527 - 54.

Chang 1983: Kwang-chih Chang. *Art, Myth, and Ritual: The Path to Political Authority in Ancient China*. Cambridge, Mass., Harvard University Press, 1983.

Chang 1986: Kwang-chih Chang. *The Archaeology of Ancient China*, 第四版. New Haven, Conn.: Yale University Press, 1986.

Chang 1989: Kwang-chih Chang. "Ancient China and Its Anthropological Significance." 载于 *Archaeological Thought in America*, C. C. Lamberg-Karlovsky 编, 155 - 66. Cambridge: Cambridge University Press, 1989.

Chapman et al. (ed.) 1981: Robert Chapman, Ian Kinnes 和 Klavs Randsborg 编. *The Archaeology of Death*. New Directions in Archaeology. Cambridge: Cambridge University Press, 1981.

Chavannes 1910: Édouard Chavannes. "Le dieu du sol dans la Chine antique." 附于 Chavannes, *Le T'aï Chan: Essai de monographie d'un culte chinois*, 437 - 525. Annales du Musée Guimet, vol. 21. Paris: Ernest Leroux, 1910.

Chen 2004: Pochan Chen (亦见陈伯桢). "Salt Production and Distribution From the Neolithic Period to the Han Dynasty in the Eastern Sichuan Basin, China." 博士论文, UCLA, 2004.

Cheng 1993: Anne Cheng. "Ch'un-ch'iu, Kung yang, Ku liang, and Tso chuan." 载于 Loewe (ed.) 1993: 67 - 76.

Childe 1956: V. Gordon Childe. *Piecing Together the Past: The Interpretation of Archaeological Data*. London: Routledge and Kegan Paul, 1956.

Chow 1994: Kai-wing Chow. *The Rise of Confucian Ritualism in Late Imperial China: Ethics, Classics, and Lineage Discourse*. Stanford: Stanford University Press, 1994.

Chun 1990: Allen J. Chun. "Conceptions of Kinship and Kingship in Classical Chou China." *T'oung Pao* 76 (1990): 16–48.

Chun 1990: Allen J. Chun. "The Lineage Village Complex in Southeastern China (A Long Footnote in the Anthropology of Kinship)." *Current Anthropology* 37.3 (1996): 429–50.

Cohen 2001: David J. Cohen. "The Yueshi Culture, the Dong Yi, and the Archaeology of Ethnicity in Early Bronze Age China." 博士论文, Harvard University.

Collingwood 1946: Robin G. Collingwood. *The Idea of History*. Oxford: Clarendon Press, 1946.

Cook and Major (ed.) 1999: Constance A. Cook 和 John S. Major 编. *Defining Chu: Image and Reality in Ancient China*. Honolulu: University of Hawai'i Press, 1999.

Creel 1970: Herrlee G. Creel. *The Origins of Statecraft in China, Volume One: The Western Chou Empire*. Chicago: University of Chicago Press, 1970.

Debaine-Francfort 1995: Corinne Debaine-Francfort. *Du néolithique à l'âge du bronze en Chine du Nord-Ouest: La culture de Qijia et ses connexions*. Mémoires de la Mission Archéologique Française en Asie Centrale, vol. 6. Paris: Éditions Recherche sur les Civilisations, 1995.

De Groot 1883: J. J. M. De Groot. *Jaarlijksche Feesten en Gebruiken van de Emoy-Chineezen*, 2 vols. Batavia: Bataviaasch Genootschap, 1883. 法译为 *Les fêtes annuellement célébrées à Émoui: Étude concernant la religion populaire des Chinois*, C. G. Chavannes 译 (Paris: Leroux, 1886; 二十世纪多次影印).

De Groot 1892: J. J. M. De Groot. *The Religious System of China*, vol. 1. Leiden: E. J. Brill, 1892 (有影印本).

Di Cosmo 1999: Nicola Di Cosmo. "The Northern Frontier in Pre-Imperial China." 载于 Loewe and Shaughnessy (eds.) 1999: 858–966.

Dien 1987：Albert E. Dien. "Chinese Beliefs in the Afterworld." 载于 *The Quest for Eternity*, 1 – 16. Los Angeles：Chronicle Books and Los Angeles County Museum of Art，1987.

Dobson 1962：W. A. C. H. Dobson. *Early Archaic Chinese*. Toronto：University of Toronto Press，1962.

Du Fangqin 1995：Du Fangqin. "The Rise and Fall of the Zhou Rites：A Rational Foundation for the Gender Relationship Model." 载于 *The Chalice and the Blade in Chinese Culture: Gender Relations and Social Models*，Min Jiayin 编，169 – 225. Beijing：China Social Sciences Publishing House，1995.

Eberhard 1942：Wolfram Eberhard. *Kultur und Siedlung der Randvölker Chinas*. Supplement to *T'oung Pao*，vol. 36，Leiden：E. J. Brill，1942.

Eberhard 1942 – 1943：Wolfram Eberhard. *Lokalkulturen im alten China*. Vol. 1：Supplement to *T'oung Pao*，vol. 37，Leiden：Brill，1942；vol. 2：Monumenta Serica Monograph series, vol. 3, Beijing：Monumenta Serica，1943. Vol. 2 英译为 *The Local Cultures of South and East China*，Alide Eberhard 译，Leiden：Brill，1968.

Eberhard 1977：Wolfram Eberhard. *A History of China*，第四版. Berkeley 和 Los Angeles：University of California Press，1977.

Ebner von Eschenbach 2003：Silvia Freiin Ebner von Eschenbach. "In den Tod mitgehen：Die Totenfolge in der Geschichte Chinas." 载于 *Auf den Spuren des Jenseits: Chinesische Grabkultur in den Facetten von Wirklichkeit, Geschichte und Totenkult*，Angela Schottenhammer 编，167 – 191. Frankfurt am Main 等：Peter Lang，2003.

Ebrey 1991：Particia B. Ebrey. *Confucianism and Family Rituals in Imperial China: A Social History of Writing About Rites*. Princeton：Princeton University Press，1991.

Ebrey and Watson（ed.）1986：Patricia B. Ebrey 和 James L. Watson 编. *Kinship Organization in Late Imperial China* 1000 – 1940. Berkeley and Los Angeles：University of California Press，1986.

Eliade 1951：Mircea Eliade. *Le chamanisme et les techniques archaïques de* l'extase. Paris: Payot, 1951. 英译为 *Shamanism: Archaic Techniques of Ecstasy*, Willard R. Trask 译. Princeton: Princeton University Press, 1964.

Elias 1939: Norbert Elias. *Über den Prozess der Zivilisation: Soziogenetische und psychogenetische Untersuchungen*. Basel: Haus zum Falken, 1939. 第二版 2 册, Bern: Francke, 1969. 英译为 *The Civilizing Process: Sociogenetic and Psychogenetic Investigations*, Edmund Jephcott 译, 修订版 Oxford: Blackwell Publishers, 2000.

Erdy 1995: Miklos Erdy. "Hun and Xiongnu Type Cauldron Finds Throughout Eurasia." *Eurasian Studies Yearbook* 67 (1995): 5-94.

Falkenhausen 1988: Lothar von Falkenhausen (亦见罗泰). "Ritual Music in Bronze Age China: An Archaeological Perspective." 博士论文, Harvard University, 1988.

Falkenhausen 1991: Lothar von Falkenhausen. "Chu Ritual Music." 载于 *New Perspectives on Chu Culture During the Eastern Zhou Period*, Thomas Lawton 编, 47-106. Washington, D. C.: Smithsonian Institution, Arthur M. Sackler Gallery, and Princeton: Princeton University Press, 1991.

Falkenhausen 1993a: Lothar von Falkenhausen. *Suspended Music: Chime-Bells in the Culture of Bronze Age China*. Berkeley and Los Angeles: University of California Press, 1993.

Falkenhausen 1993b: Lothar von Falkenhausen. "Issues in Western Zhou Studies." *Early China* 18 (1993): 139-226.

Falkenhausen 1993c: Lothar von Falkenhausen. "On the Historiographical Orientation of Chinese Archaeology." *Antiquity* 67. 257 (1993): 839-49.

Falkenhausen 1994a: Lothar von Falkenhausen "Western Zhou Demographic Trends: Some Inferences from Anthroponymy."《中国历史学与考古学整合》国际研讨会论文, 台北, 1994 年 1 月 4—8 日。

Falkenhausen 1994b: Lothar von Falkenhausen. "Sources of Taoism: Reflections on Archaeological Indicators of Religious Change in Eastern Zhou China." *Taoist Resources* 5. 2 (1994): 1-12.

Falkenhausen 1995a: Lothar von Falkenhausen. "Reflections on the Political

Role of Spirit Mediums in Early China: The *wu* Officials in the *Zhou li*." *Early China* 20 (1995): 279–300.

Falkenhausen 1995b: Lothar von Falkenhausen. "The Regionalist Paradigm in Chinese Archaeology." 载于 *Nationalism, Politics, and the Practice of Archaeology*, Philip Kohl 和 Clare Fawcett 编, 198–217. Cambridge: Cambridge University Press, 1995.

Falkenhausen 1996: Lothar von Falkenhausen. Wu Hung 1995 书评. *Early China* 21 (1996): 183–99.

Falkenhausen 1998: Lothar von Falkenhausen. "Les inscriptions" (与 Alain Thote 合写). 载于 *Rites et festins de la Chine antique: Bronzes du musée de Shanghai*, 169–77. Paris: Findakly, 1998.

Falkenhausen 1999a: Lothar von Falkenhausen. "The Waning of the Bronze Age: Material Culture and Social Developments, 770–481 B.C." 载于 Loewe and Shaughnessy (eds.) 1999: 450–544.

Falkenhausen 1999b: Lothar von Falkenhausen. "Late Western Zhou Taste." *Études chinoises* 18.1/2 (1999): 143–78.

Falkenhausen 1999c: Lothar von Falkenhausen. "The Tomb of King Cuo of Zhongshan at Sanji, Pingshan, Hebei Province." 载于 *The Golden Age of Chinese Archaeology*, Yang Xiaoneng 编, 352–59. Washington, D.C.: National Gallery of Art, 1999.

Falkenhausen 2001a: Lothar von Falkenhausen. "The Use and Significance of Ritual Bronzes in the Lingnan Region During the Eastern Zhou Period." *Journal of East Asian Archaeology* 3.1/2 (2001): 193–236.

Falkenhausen 2001b: Lothar von Falkenhausen. "Shangma: Demography and Social Differentiation in a Bronze Age Community in North China." *Journal of East Asian Archaeology* 3.3/4 (2001): 92–172.

Falkenhausen 2001c: Lothar von Falkenhausen. "The Chengdu Plain in the Early First Millennium B.C.: Zhuwajie." 载于 *Ancient Sichuan: Treasures from a Lost Civilization*, Robert W. Bagley 编, 177–201. Seattle: Seattle Art Museum and Princeton University Press, 2001.

Falkenhausen 2003a: Lothar von Falkenhausen. "Social Ranking in Chu Tombs: The Mortuary Background of the Warring States Manuscript Finds." *Monumenta Serica* 51 (2003): 439-526.

Falkenhausen 2003b: Lothar von Falkenhausen. "The Bronzes from Xiasi and Their Owners." 考古学研究 5.2 (2002): 755-86.

Falkenhausen 2003c: Lothar von Falkenhausen. "The External Connections of Sanxingdui." *Journal of East Asian Archaeology* 5.1-4 (2003): 191-245.

Falkenhausen 2003d: Lothar von Falkenhausen. "Les bronzes de Zhuwajie: Une énigme archéologique." 载于 *Chine, l'enigme de l'homme de bronze*, Alain Thote 编, 195-203. Paris: Findakly, 2003. 中译为"竹瓦街：一个考古学之谜，"载于《奇异的凸目：西方学者看三星堆》，罗泰编, 321-59, 成都：巴蜀书社, 2003。

Falkenhausen 2004a: Lothar von Falkenhausen. Puett 2002 书评. *Harvard Journal of Asiatic Studies* 64.3 (2004), 465-79.

Falkenhausen 2004b: Lothar von Falkenhausen. "The Oral Subtexts of Zhou Bronze Inscriptions." "Religion, Poetry, and Memory in Ancient and Early Medieval China"国际学术研讨会论文. Princeton University, 2004 年 5 月 20—22 日。

Falkenhausen 2004c: Lothar von Falkenhausen. "Mortuary Behavior in Pre-Imperial Qin: A Religious Interpretation." 载于 *Religion in Ancient and Medieval China*, John Lagerwey 编, vol.1: 109-72. Hong Kong: Chinese University Press, 2003.

Falkenhausen 2005a: Lothar von Falkenhausen. "The E Jun Qi Metal Tallies: Inscribed Texts and Ritual Contexts." 载于 *Text and Ritual in Early China*, Martin Kern 编, 79-124. Seattle: University of Washington Press, 2005.

Falkenhausen 2005b: Lothar von Falkenhausen. "Forerunners of the Houma Bronze Styles: The Shangma Sequences."《台北故宫博物院研究集刊》23.1 (2005): 111-74。

Falkenhausen 2006: Lothar von Falkenhausen. "The Inscribed Bronzes from

Yangjiacun: New Evidence on Social Structure and Historical Consciousness in Late Western Zhou China (*c.* 800 BC)." *Proceedings of the British Academy* 139 (2006): 239–295.

Falkenhausen 2008: Lothar von Falkenhausen. "Archaeological Perspectives on the Philosophicization of Royal Zhou Ritual." 载于 *Perceptions of Antiquity in China*, Dieter Kuhn 和 Helga Stahl 编, 135–175. Würzburger Sinologische Schriften. Heidelberg: edition forum, 2008.

Falkenhausen and Li (ed.) 2006: Lothar von Falkenhausen 罗泰, and Li Shuicheng 李水城编. *Landscape Archaeology and Ancient Salt Production in the Upper Yangzi Basin: Preliminary Studies* /《长江上有古代盐业与景观考古的初步研究》Salt Archaeology in China / 中国盐业考古, 第一集. 北京: 科学出版社, 2006。

Fêng 1937: Fêng Han-yi. "The Chinese Kinship System." *Harvard Journal of Asiatic Studies* 2.2: 141–76. 重印为小册子, 台北: Chinese Materials Center, 1985.

Fingarette 1972: Herbert Fingarette. *Confucius: The Secular as Sacred*. New York: Harper Torchbooks, 1972.

Flad 2001: Rowan K. Flad. "Ritual or Structure: Analysis of Burial Elaboration at Dadianzi, Inner Mongolia." *Journal of East Asian Archaeology* 3.3-4 (2001): 23–51.

Flad 2004: Rowan K. Flad. "Specialized Salt Production and Changing Social Structure at the Prehistoric Site of Zhongba in the Eastern Sichuan Basin, China." 博士论文, UCLA, 2004.

Focillon 1955: Henri Focillon. *Vie des formes*, 第四版. Paris: Presses universitaires de France (原版于 1934 年). 英译为 *The Life of Forms in Art*, Charles Beecher Hogan 和 George Kubler 译, New Haven: Yale University Press, 和 London: H. Milford/Oxford University Press, 1942.

Fong (ed.) 1980: Wen Fong 编. *The Great Bronze Age of China*. New York: Metropolitan Museum of Art, 1980.

Fried 1953: Morton H. Fried. *Fabric of Chinese Society: A Study of the*

Social Life of a Chinese County Seat. New York: Praeger, 1953.

Fried 1983: Morton H. Fried. "Tribe to State or State to Tribe in Ancient China?" 载于 *The Origins of Chinese Civilization*, David N. Keightley 编, 467–93. Berkeley 和 Los Angeles: University of California Press, 1983.

Freedman 1958: Maurice Freedman. *Lineage Organization in Southeastern China*. London School of Economics Monographs on Social Anthropology, no. 18. London: Athlone Press, 1958.

Freedman 1966: Maurice Freedman. *Chinese Lineage and Society: Fukien and Kwangtung*. London School of Economics Monographs on Social Anthropology, no. 33. London: Athlone Press, 1966.

Freedman 1979: Maurice Freedman. *The Study of Chinese Society: Essays by Maurice Freedman*, G. William Skinner 编. Stanford: Stanford University Press, 1979.

Friedman 1975: Jonathan Friedman. "Tribes, States, and Transformations." *L'homme* 15.1 (1975): 63–98.

Friedman 1979: Jonathan Friedman. *System, Structure, and Contradiction in the Evolution of "Asiatic" Social Formations*. Social Studies in Oceania and South Asia, vol. 2. Copenhagen: National Museum of Denmark, 1979.

Fung 1937. Fung Yu-lan. *A History of Chinese Philosophy, Volume I: The Period of the Philosophers (From the Beginnings to circa 100 B.C.)*, Derk Bodde 译. Peiping: Henri Vetch (第二版 Princeton: Princeton University Press, 1952; 多次重印).

Fustel de Coulanges 1864: Numa Denis Fustel de Coulanges. *La cité antique: Étude sur le culte, le droit et les institutions de la Grèce et de Rome*. Paris: Librairie Hachette, 1864. 英译为 *The Ancient City: A Study on the Religion, Laws and Institutions of Greece and Rome*. Willard Small 译. Boston: Lee & Shepard, 1874 (数次重印).

Gadamer 1960: Hans-Georg Gadamer. *Wahrheit und Methode: Grundzüge einer philosophischen Hermeneutik*. Tübingen: Mohr, 1960. 英译为 *Truth and Method*, 2nd revised edition, Joel Weinsheimer 和 Donald G. Marshall 译.

London: Sheed and Ward, 1989.

Gassmann 2003: Robert H. Gassmann. "Through the Han-Glass Darkly: On Han-Dynasty Knowledge of the Ancient Chinese Term *shi* (Gentleman)." *Monumenta Serica* 51 (2003): 527–42.

Gates 1988: Marie-Henriette Gates. "Dialogues Between Ancient Near Eastern Texts and the Archaeological Record: Test Cases from Bronze Age Syria." *Bulletin of the American School of Oriental Research* 270 (1988): 63–91.

Giele 1998–1999: Enno Giele. "Early Chinese Manuscripts: Including Addenda and Corrigenda to *New Sources of Early Chinese History: An Introduction to the Reading of Inscriptions and Manuscripts*." *Early China* 23–24 (1998–1999): 247–337.

Giele 2002: Enno Giele. "Using Early Chinese Manuscripts as Historical Source Materials." *Monumenta Serica* 51 (2002): 409–38.

Golany 1992: Gideon S. Golany. *Chinese Earth-sheltered Dwellings: Indigenous Lessons for Modern Urban Design*. Honolulu: University of Hawaii Press, 1992.

Goodrich 1981–1982: David W. Goodrich. "A Marxist Perspective—In Perspective." *Early China* 7 (1981–1982): 38–43.

Graham 1986: Angus C. Graham. *Yin-Yang and the Nature of Correlative Thinking*. Institute of East Asian Philosophies Monograph Series, no. 6. Singapore: National University of Singapore, 1986.

Graham 1989: Angus C. Graham. *Disputers of the Tao: Philosophical Argument in Ancient China*. La Salle, Ill.: Open Court, 1989.

Granet 1929: Marcel Granet. *La civilisation chinoise*. Paris: La renaissance du livre, 1929（多次重印）. 英译为 *Chinese Civilization*, Kathleen R. Innes 和 Mabel E. Bransford 译. New York: Knopf, 1930.

Granet 1934: Marcel Granet. *La pensée chinoise*. Paris: La renaissance du livre, 1934（多次重印）.

Granet 1953: Marcel Granet. *Études sociologiques sur la Chine*. Paris:

Presses universitaires de France, 1953.

Hall and Ames 1987: David L. Hall 和 Roger T. Ames. *Thinking Through Confucius*. Albany: State University of New York Press, 1987.

Haloun 1923a: Gustav Haloun. "Beiträge zur Siedlungsgeschichte chinesischer Clans: Der Clan Fêng. " *Asia Major*, preliminary volume (Hirth Festschrift, 1923), 165–87.

Haloun 1923b: Gustav Haloun. "Contributions to the History of Clan Settlement in Ancient China. I: Phratry Yen-Ying-Ki I (Shao-hao). " *Asia Major* 1 (1923): 76–111, 550–86.

Hansen 2000: Valerie Hansen. *The Open Empire: A History of China to 1600*. New York and London: W. W. Norton, 2000.

Harper 1994: Donald Harper. "Resurrection in Warring States Popular Religion. " *Taoist Resources* 5. 2 (1994): 13–28.

Harper 1997: Donald Harper. "Warring States, Qin, and Han Manuscripts Related to Natural Philosophy and the Occult. " 载于 *New Sources of Early Chinese History: An Introduction to the Reading of Inscriptions and Manuscripts*, Edward L. Shaughnessy 编, 223–52. Berkeley: Society for the Study of Early China and Institute of East Asian Studies, University of California, 1997.

Harper 1999: Donald Harper. "Warring States Natural Philosophy and Occult Thought. " 载于 Loewe and Shaughnessy (ed.) 1999: 813–84.

Hassan 1981: Fekri A. Hassan. *Demographic Archaeology*. Studies in Archaeology. New York et al. : Academic Press.

Hayashi 1993: Hayashi Minao (亦见林巳奈夫). "Concerning the Inscription 'May Sons and Grandsons Eternally Use This [Vessel]'. " Elizabeth Childs-Johnson 译. *Artibus Asiae* 53. 1/2 (1993): 51–58.

Hempel 1965: Carl G. Hempel. *Aspects of Scientific Explanation, and Other Essays in the Philosophy of Science*. New York: Free Press, 1965.

Henderson 1984: John B. Henderson. *The Development and Decline of Chinese Cosmology*. New York: Columbia University Press, 1984.

Hentze 1961: Carl Hentze. *Das Haus als Weltort der Seele: Ein Beitrag zur Seelensymbolik in China, Großasien und Altamerika.* Stuttgart: Klett, 1961.

Hodder 1982: Ian Hodder. *Symbols in Action: Ethnoarchaeological Studies of Material Culture.* Cambridge: Cambridge University Press, 1982.

Hodder 1986: Ian Hodder. *Reading the Past: Current Approaches to Interpretation in Archaeology.* Cambridge: Cambridge University Press, 1986 (数次影印).

Holcombe 2001: Charles Holcombe. *The Genesis of East Asia: 221 B.C.— A.D. 907.* Honolulu: University of Hawai'i Press, 2001.

Höllmann 1986: Thomas O. Höllmann. *Jinan: Die Chu-Hauptstadt Ying im China der Späteren Zhou-Zeit.* Materialien zur Allgemeinen und Vergleichenden Archäologie, vol. 48. München: C. H. Beck, 1986.

Hsu 1965: Cho-yun Hsu (亦见许倬云). *Ancient China in Transition: An Analysis of Social Mobility, 722 – 222 B.C.* Stanford: Stanford University Press, 1965.

Hsu 1999: Cho-yun Hsu. "The Spring and Autumn Period." 载于 Loewe and Shaughnessy (ed.) 1999: 545 – 586.

Hsu and Linduff 1988: Cho-yun Hsu, and Katheryn M. Linduff. *Western Chou Civilization.* New Haven, Conn.: Yale University Press, 1988.

Hsü 1948: Francis L. K. Hsü. *Under the Ancestors' Shadow: Kinship, Personality and Social Mobility in China.* New York: Columbia University Press, 1948.

Huber 1996: Louisa F. Huber. "Qijia and Erlitou: The Question of Contact with Distant Cultures." *Early China* 20 (1996): 17 – 67.

Hulsewé 1985: Antonius F. P. Hulsewé. *Remnants of Ch'in Law: An Annotated Translation of the Ch'in Legal and Administrative Rules of the 3rd Century B.C. Discovered in Yün-meng Prefecture, Hupei Province, in 1975.* Sinica Leidensia, vol. 17. Leiden: E. J. Brill, 1985.

Institute of Archaeology of Shanxi Province 1996: Institute of Archaeology of Shanxi Province. *Art of the Houma Foundry*. Princeton: Princeton University Press, 1996.

Ishimura 2002: Ishimura Tomo. "In the Wake of Lapita: Transformation of Lapita Designs and Gradual Dispersal of the Lapita Peoples." *People and Culture in Oceania* 18 (2002): 77 - 97.

Jaspers 1949: Karl Jaspers. *Vom Ursprung und Ziel der Geschichte*. München: Piper, 1949. 音译为 *The Origin and Goal of History*, Michael Bullock 译. New Haven, Conn.: Yale University Press, 1953.

Jones 1997: Siân Jones. *The Archaeology of Ethnicity: Constructing Identities in the Past and Present*. New York: Routledge, 1997.

Kane 1982 - 83: Virginia C. Kane. "Aspects of Western Zhou Appointment Inscriptions: The Charge, the Gifts, and the Response." *Early China* 8 (1982 - 83): 14 - 28.

Karlgren 1936: Bernhard Karlgren. "Yin and Chou in Chinese Bronzes." *Bulletin of the Museum of Far Eastern Antiquities* 8 (1936): 9 - 156.

Karlgren 1937: Bernhard Karlgren. "New Studies on Chinese Bronzes." *Bulletin of the Museum of Far Eastern Antiquities* 9 (1937): 1 - 117.

Karlgren 1946: Bernhard Karlgren. "Legends and Cults in Ancient China." *Bulletin of the Museum of Far Eastern Antiquities* 18 (1946): 199 - 365.

Keesing 1976: Roger M. Keesing. *Cultural Anthropology: A Contemporary Perspective*. New York: Holt, Rinehart and Winston, 1976.

Keightley 1969: David N. Keightley. "Public Work in Ancient china: A Study of Forced Labor in the Shang and Western Chou." 博士论文, Columbia University, 1969.

Keightley 1990: David N. Keightley. "Early Civilization in China: Reflections on How it Became Chinese." 载于 *The Heritage of China: Contemporary Reflections on Chinese Civilization*, Paul S. Ropp 编, 15 - 54. Berkeley 和 Los Angeles: University of California Press, 1990.

Keightley 1998: David N. Keightley. "Shamanism, Death and the Ancestors: Religious Mediation in Neolithic and Shang China (ca. 5000 - 1000

BC). " *Asiatische Studien* 52. 3 (1998): 763 - 831.

Keightley 2000: David N. Keightley. *The Ancestral Landscape: Time, Space, and Community in Late Shang China (ca. 1200 - 1045 B. C.)* China Research Monograph no. 53. Berkeley: Institute of East Asian Studies, University of California, 2000.

Kern 2000: Martin Kern. "*Shi jing* Songs as Performance Texts: A Case Study of 'Chu ci' (Thorny Caltrop). " *Early China* 25 (2000): 49 - 111.

Kern 2002: Martin Kern. "Methodological Reflections on the Analysis of Textual Variants and the Modes of Manuscript Production in Early China. " *Journal of East Asian Archaeology* 4. 1 - 4 (2002): 143 - 81.

Kern 2003: Martin Kern. "Early Chinese Poetics in the Light of Recently Excavated Manuscripts. " 载于 *Recarving the Dragon: Understanding Chinese Poetics*, Olga Lomová 编, 27 - 72. Praha: Karolinum Press, 2003.

Kern 2007: Martin Kern. "The Performance of Writing in Western Zhou China. " 载于, *The Poetics of Grammar and the Meaphysics of Sound and Sign*, Sergio La Porta and David Shulman 编, 109 - 176. Leiden: Brill, 2007.

Kesner 1991: Ladislav Kesner. "The *Taotie* Reconsidered: Meanings and Functions of Shang theriomorphic imagery. " *Artibus Asiae* 51 (1991): 29 - 52.

Keyser 1979: Barbara Keyser. "Decor Replication in Two Late Chou Bronze Chien. " *Ars Orientalis* 11 (1979): 127 - 62.

Koerner 1985: Joseph Leo Koerner. "The Fate of the Thing: Ornament and Vessel in Chou Bronze Interlacery. " *Res* 10 (1985): 28 - 46.

Kosse 1990: Krisztina Kosse. "Group Size and Societal Complexity: Thresholds in Long-term Memory. " *Journal of Anthropological Archaeology* 9. 3 (1990): 275 - 303.

Kryukov 1966: Mikhail V. Kryukov (亦见刘克甫) 1966. "Hsing and shih: On the Problem of Clan Name and Patronymic in Ancient China. " *Archiv Orientalní* 34 (1966): 535 - 53.

Kryukov 1994: Vassili M. Kryukov. "Symbols of Power and Communication in Pre-Confucian China: On the Anthropology of *De.* " *Bulletin of the School of*

Oriental and African Studies 58 (1994): 314 - 333.

Kryukov 2000: Василий М. Крюков. *Текст и Ритуал: Опыт интерпретации древнекитайской эпиграфики эпохи Инь-Чжоу*. Москва: Памятники Исторической Мысли, 2000.

Kubler 1962: George Kubler. *The Shape of Time: Remarks on the History of Things*. New Haven, Conn. : Yale University Press, 1962.

Kuhn 1991: Dieter Kuhn. *Status und Ritus: Das China der Aristokraten von den Anfängen bis zum 10. Jahrhundert nach Christus*. Würzburger Sinologische Schriften. Heidelberg: edition forum, 1991.

Lai Guolong 2002: Guolong Lai. "The Baoshan Tomb: Religious Transitions in Art, Ritual, and Text During the Warring States (475 - 221 BCE)." 博士论文, UCLA, 2002.

Lai Guolong 2004: Guolong Lai. "Death and Spirit Journeys in Early China, as Seen Through Road Rituals and Travel Paraphernalia." Association for Asian Studies 年会论文集, San Diego, 2004 年 3 月 5 日。

Lang 1946: Olga Lang. *Chinese Family and Society*. New Haven: Yale University Press, 1946.

Lau 1999: Ulrich Lau. *Quellenstudien zur Landvergabe und Bodenübertragung in der westlichen Zhou-Dynastie (1045? - 771 v. Chr.)* Monumenta Serica Monograph Series, vol. 41. Nettetal: Steyler Verlag, 1999.

Lau and Luedke 待刊. Ulrich Lau 和 Michael Luedke. *Dictionary of Qin and Han Legal Terms*. Early China Special Monograph Series, vol. 7. Berkeley: Society for the Study of Early China and Institute of East Asian Studies, University of California, 待刊.

Lee Ki-baik 1984: Ki-baik Lee. *A New History of Korea*, Edward W. Wagner 和 Edward Schultz 译. Cambridge, Mass. : Harvard University Press, 1984.

Lee Yun Kuen (ed.) 2002: Yun Kuen Lee 编. "Special Section: The Xia Shang Zhou Chronology Project." *Journal of East Asian Archaeology* 4. 1 - 4 (2002): 321 - 86.

Lévi 1989: Jean Lévi. *Les fonctionnaires divins*. Paris: Seuil, 1989.

Lewis 1999a: Mark Edward Lewis. *Writing and Authority in Early China*. Albany, N. Y. : State University of New York Press, 1999.

Lewis 1999b: Mark Edward Lewis. "Warring States Political History." 载于 Loewe and Shaughnessy (ed.) 1999: 587 – 650.

Li Boqian 1999: Li Boqian (亦见李伯谦). "The Sumptuary System Governing Western Zhou Rulers' Cemeteries, Viewed From a Jin Rulers' Cemetery." Lothar von Falkenhausen 译. *Journal of East Asian Archaeology* 1. 1 – 4 (1999): 251 – 276.

Li Feng 2003: Li Feng (亦见李峰). "Feudalism and the Western Zhou." *Harvard Journal of Asiatic Studies* 63. 1 (2003): 115 – 44.

Li Feng 2006: Li Feng. *Landscape and Power in Early China: The Crisis and Fall of the Western Zhou, 1045 – 771 B. C.* Cambridge: Cambridge University Press, 2006.

Li Ling 1991a: Li Ling. "On the Typology of Chu Bronzes." Lothar von Falkenhausen 译. *Beiträge zur Allgemeinen und Vergleichenden Archäologie* 11 (1991): 57 – 113. 修订的中译载于李零 2004, 271 – 333。

Li Xueqin 1985: Li Xueqin. *Eastern Zhou and Qin Civilization*. New Haven, Conn. : Yale University Press, 1985. 中文修订本:《东周与秦代文明》。北京: 文物出版社, 1991 (原出版 1984)。

Li Yung-ti 2003: Yung-ti Li. "The Anyang Bronze Foundries: Archaeological Remains, Casting Technology, and Production Organization." 博士论文, Harvard University, 2003.

Linduff et al. 1997: Katheryn M. Linduff, with Emma C. Bunker and Wu En. "An Archaeological Overview." 载于 Emma C. Bunker, *Ancient Bronzes of the Eastern Eurasian Steppes From the Arthur M. Sackler Collections*, 18 – 98. New York: Abrams, 1997.

Linduff et al. 2002 – 2004: Katheryn M. Linduff, Robert D. Drennan, 和 Gideon Shelach. "Early Complex Societies in NE China: The Chifeng International Collaborative Archaeological Research Project." *Journal of Field*

Archaeology 29. 1-2 (2002-2004): 45-73.

Liu and Chen 2003: Liu Li 和 Chen Xingcan. *State Formation in Early China*. London: Duckworth, 2003.

Liu Li et al. 2002-2004: Liu Li, Xingcan Chen, Yun Kuen Lee, Henry Wright 和 Arlene Rosen. "Settlement Patterns and Development of Social Complexity in the Yiluo Region, North China." *Journal of Field Archaeology* 20. 1/2 (2002-2004): 75-100.

Liu 1995: Lydia H. Liu. *Translingual Practice: Literature, National Culture, and Translated Modenity — China, 1900-1937*. Stanford: Stanford University Press, 1995.

Lloyd and Sivin 2002: Geoffrey Lloyd, 和 Nathan Sivin. *The Way and the World: Science and Medicine in Early China and Greece*. New Haven, Conn.: Yale University Press, 2002.

Loehr 1968: Max Loehr. *Ritual Vessels of Ancient China*. New York: The Asia Society, 1968.

Loewe 1979: Michael Loewe. *Ways to Paradise: The Chinese Quest for Immortality*. London: Allen Unwin, 1979.

Loewe 1993: Michael Loewe. "Shi ching." 载于 Loewe (ed.) 1993: 415-23.

Loewe (ed.) 1993: Michael Loewe 编. *Early Chinese Texts: A Bibliographical Guide*. Berkeley: Society for the Study of Early China and Institute of East Asian Studies, University of California, 1993.

Loewe and Shaughnessy (eds.) 1999: Michael Loewe 和 Edward L. Shaughnessy 编. *The Cambridge History of Ancient China*. Cambridge: Cambridge University Press 1999.

Louis 1999: François Louis. *Die Goldschmiede der Tang- und Song-Zeit: Archäologische, sozial- und wirtschaftsgeschichtliche Materialien zur Goldschmiedekunst Chinas vor 1279*. Schweizerische Asiengesellschaft, Monographie vol. 32. Bern: Peter Lang, 1999.

Mann 1986: Michael Mann. *The Sources of Social Power, vol. 1: A History of Power from the Beginning to 1760*. Cambridge: Cambridge

University Press, 1986.

Maspero 1927: Henri Maspero. *La Chine antique*. Annales du Musée Guimet, vol. 71. Paris: Maisonneuve, 1927. 新的版本 Paris: Presses universitaires de France, 1978. 英译为 *China in Antiquity*, Frank A. Kierman, Jr. 译, Amherst: University of Massachusetts Press, 1978.

Matsuzaki 2002: Matsuzaki Tsuneko (亦见松崎つね子). "Warring States, Qin, and Han," Mark A. Csikszentmihalyi 译. 载于 *Japanese Scholarship on Early China*, 1987 – 1991: *Summaries from Shigaku zasshi*, Lothar von Falkenhausen 编, 173 – 192. Early China Special Monographs no. 6. Berkeley: Society for the Study of Early China and Institute for East Asian Studies, University of California, 2002.

Mattos 1997: Gilbert L. Mattos. "Eastern Zhou Bronze Inscriptions." 载于 *New Sources of Early Chinese History: An Introduction to the Reading of Inscriptions and Manuscripts*, Edward L. Shaughnessy 编, 85 – 123. Early China Special Monograph Series no. 3. Berkeley: Society for the Study of Early China and Institute of East Asian Studies, University of California, Berkeley, 1997.

McNeal 2000: Robin McNeal. "Acquiring People: Social Organization, Mobilization, and the Discourse on the Civil and the Martial in Ancient China." 博士论文, University of Washington.

Montelius 1903: Oscar Montelius. *Die älteren Kulturperioden im Orient und in Europa*. Vol. 1: *Die Methode*. Stockholm: published by the author, and Berlin: Ascher, 1903.

Morris 1987: Ian Morris. *Burial and Ancient Society: The Rise of the Greek City-State*. Cambridge: Cambridge University Press, 1987.

Morris 1992: Ian Morris. *Death Ritual and Social Structure in Classical Antiquity*. Cambridge: Cambridge University Press, 1992.

Mote 1971: Frederick W. Mote. *Intellectual Foundations of China*. New York: Knopf, 1971.

Müller 19980a: Claudius C. Müller. "Die Herausbildung der Gegensätze:

Chinesen und Barbaren in der frühen Zeit. "载于 *China und die Fremden: 3000 Jahre Auseinandersetzung in Krieg und Frieden*, Wolfgang Bauer 编, 43 - 76. München: C. H. Beck, 1980.

Müller 1980b: Claudius C. Müller. *Untersuchungen zum "Erdaltar" she im China der Chou-und Han-Zeit*. Münchner Ethnologische Abhandlungen, vol. 1. München: Minerva Publikation, 1980.

Murdock 1949: George Peter Murdock. *Social Structure*. New York: Macmillan, 1949.

Nietzsche 1872: Friedrich Nietzsche. *Die Geburt der Tragödie aus dem Geiste der Musik*. Leipzig 1872. 标准版本为 *Friedrich Nietzsche, Werke. Kritische Gesamtausgabe*, Giorgio Colli 和 Mazzino Montinari 遍, III. 1: 3 - 152. Berlin: De Gruyter, 1972. 英译为 *The Birth of Tragedy, and The Case of Wagner*, Walter Kaufmann 译、注, New York: Vintage Books, 1967.

Nitsche 2002: Stefan Ark Nitsche. *König David: Sein Leben, seine Zeit, seine Welt*. Gütersloh: Chr. Kaiser/Gütersloher Verlagshaus, 2002.

Nivison 1983a: David S. Nivison. "The Dates of Western Chou." *Harvard Journal of Asiatic Studies* 43. 2 (1983): 481 - 580.

Nivison 1983b: David S. Nivison. "Western Chou History Reconstructed from Bronze Inscriptions." 载于 *The Great Bronze Age of China: A Symposium*, George Kuwayama (ed.), pp. 44 - 55. Los Angeles: Los Angeles County Museum of Art, 1983.

Nivison 1989: David S. Nivison. "The Origin of the Chinese Lunar Lodge System." 载于 *World Archaeoastronomy*, Anthony F. Aveni 编, 203 - 18. Cambridge: Cambridge University Press.

Nivison 1999: David S. Nivison. "The Classical Philosophical Writings." 载于 Loewe and Shaughnessy (eds.) 1999: 745 - 812.

Nylan 2001: Michael Nylan. *The Five "Confucian" Classics*. New Haven, Conn.: Yale University Press, 2001.

Palaima and Schelmerdine 1984: Thomas Palaima, 和 Cynthia Shelmerdine. *Pylos Comes Alive: Industry and Administration in a Mycenaean Palace*. New

York: Archaeological Institute of America, 1984.

Pankenier 1981-1982: David W. Pankenier. "Astronomical Dates in Shang and Western Zhou." *Early China* 7 (1981-1982): 2-37.

Peng 1999: Ke Peng. "Coinage and Commercial Development in Classical China, 550-221 BC." 博士论文, University of Chicago, 1999.

Pines 1997a: Yuri Pines. "Intellectual Change in the Chunqiu Period: The Reliability of the Speeches in the *Zuo zhuan* as Sources of Chunqiu Intellectual History." *Early China* 22 (1997): 77-132.

Pines 1997b: Yuri Pines. "The Search for Stability: Late Ch'un-ch'iu Thinkers." *Asia Major*, Third Series 10.1 (1997): 1-47.

Pines 2002: Yuri Pines. *Foundations of Confucian Thought: Intellectual Life in the Chunqiu Period, 722-453 B.C.E.* Honolulu: University Press of Hawai'i, 2002.

Pines 2003: Yuri Pines. "History as a Guide to the Netherworld: Rethinking the *Chunqiu shiyu*." *Journal of Chinese Religions* 31 (2003): 101-26.

Poo 1990: Mu-chou Poo. "Ideas concerning death and burial in pre-Han China." *Asia Major*, Third Series 3.2 (1990): 25-62.

Poo 1998: Mu-chou Poo. *In Search of Personal Welfare: A View of Ancient Chinese Religion.* Albany, N. Y. : State University of New York Press, 1998.

Postgate et al. 1995: Nicholas Postgate, Tao Wang, 和 Toby Wilkinson. "The Evidence for Early Writing: Utilitarian or Ceremonial?" *Antiquity* 69 (1995): 459-80.

Pratt 1986: Keith Pratt. "The Evidence for Music in the Shang Dynasty: A Reappraisal." *Bulletin of the British Association for Chinese Studies*, September 1986, 22-50.

Průšek 1966: Jaroslav Průšek. "The Steppe Zone in the Period of Early Nomads and China of the 9th-7th Centuries B.C." *Diogenes* 54 (1966): 23-46.

Průšek 1971: Jaroslav Průšek. *Chinese Statelets and the Northern Barbarians in the Period 1400-300 B.C.* Dordrecht: Reidel Publishing Company, 1971.

Puett 2001: Michael J. Puett. *The Ambivalence of Creation: Debates Concerning Innovation and Artifice in Early China*. Stanford: Stanford University Press, 2001.

Puett 2002: Michael J. Puett. *To Become a God: Cosmology, Sacrifice, and Self-Divinization in Early China*. Cambridge, Mass.: Harvard University Press, 2002.

Pulleyblank 1983: Edwin G. Pulleyblank. "The Chinese and Their Neighbors in Prehistoric and Early Historic Times." 载于 *The Origins of Chinese Civilization*, David N. Keightley 编, 411-466. Berkeley and Los Angeles: University of California Press, 1983.

Pulleyblank 2000: Edwin G. Pulleyblank. "Ji 姬 and Jiang 姜: The Role of Exogamic Clans in the organization of the Zhou Polity." *Early China* 25 (2000): 1-27.

Qiu Xigui 2000: Qiu Xigui (亦见裘锡圭). *Chinese writing*. Gilbert L. Mattos and Jerry Norman (trans.) Early China Special Monograph Series. vol. 4. Berkeley: Society for the Study of Early China and Institute of East Asian Studies, University of California, 2000.

Rawson 1988: Jessica M. Rawson. "A Bronze Casting Revolution in the Western Zhou and its Impact on Provincial Industries." 载于 *The Beginning of the Use of Metals and Alloys*, Robert Maddin 编, 228-38. Cambridge, Mass.: MIT Press, 1988.

Rawson 1989: Jessica M. Rawson. "Statesmen or Barbarians? The Western Zhou as Seen through Their Bronzes." *Proceedings of the British Academy* 75 (1989): 71-95.

Rawson 1990: Jessica M. Rawson. *Western Zhou Ritual Bronzes from the Arthur M. Sackler Collections*, 2 parts. Ancient Chinese Ritual Bronzes in the Arthur M. Sackler Collections, vol. 2. Cambridge, Mass.: Harvard University Press, 1990.

Rawson 1996: Jessica M. Rawson. "The Ritual Bronze Vessels of the Shang and the Zhou." 载于 *Mysteries of Ancient China*, Jessica Rawson 编, 248-65.

London: British Museum Press, 1996.

Rawson 1999a: Jessica M. Rawson. "Western Zhou Archaeology." 载于 Loewe and Shaughnessy (eds.) 1999: 352-449.

Rawson 1999b: Jessica M. Rawson. "The Eternal Palaces of the Western Han: A New View of the Universe." *Artibus Asiae* 59 (1999): 5-58.

Renfrew 1984: Colin Renfrew. *Approaches to Social Archaeology*. Cambridge, Mass.: Harvard University Press, 1984.

Riegel 1993: Jeffrey K. Riegel. "Li chi." 载于 Loewe (ed.) 1993: 293-97.

Riegel 1995: Jeffrey K. Riegel. "Do Not Serve the Dead as You Serve the Living: The *Lüshi Chunqiu* Treatises on Moderation in Burial." *Early China* 20 (1995): 301-30.

Roberts et al. (ed.) 1989: Charlotte A. Roberts, Frances Lee, and John Bintliff (ed.) *Burial Archaeology*. British Archaeological Reports, British Series, vol. 211. Oxford: BAR, 1989.

Rodzinski 1979: Witold Rodzinski. *History of China*. 3 vols. Oxford: Pergamon Press, 1979.

Roetz 1992: Heiner Roetz. *Die chinesische Ethik der Achsenzeit*. Frankfurt: Suhrkamp, 1992. 英译为 *Confucian Ethics of the Axial Age: A Reconstruction under the Aspect of the Breakthrough Toward Postconventional Thinking*, Albany, N. Y.: State University of New York Press, 1993.

Rosemont (ed.) 1984: Henry Rosemont, Jr. (ed.). *Explorations in Early Chinese Cosmology*. Journal of the American Academy of Religion Studies 50/2. Chico, Calif.: Scholars Press, 1984.

Salmony 1954: Alfred Salmony. *Antler and Tongue: An Essay on Ancient Chinese Symbolism and Its Implications*. Artibus Asiae Supplementum, vol. 13. Ascona: Artibus Asiae Publishers, 1954.

Sasaki 1999: Ken'ichi Sasaki. "History of Settlement Archaeology in Japan." *Journal of East Asian Archaeology* 1. 1-4(1999): 325-52.

Saxe 1970: Arthur A. Saxe. "Social Dimensions of Mortuary Practice." 博士论文, University of Michigan, 1970.

Schaberg 2001: David Schaberg. *A Patterned Past: Form and Thought in Early Chinese Historiography*. Cambridge, Mass.: Harvard University Press, 2001.

Schafer 1963: Edward H. Schafer. *The Golden Peaches of Samarkand: A Study of T'ang Exotics*. Berkeley and Los Angeles: University of California Press, 1963.

Schwartz 1985: Benjamin I. Schwartz. *The World of Thought in Ancient China*. Cambridge, Mass.: Harvard University Press, 1985.

Seidel 1982: Anna K. Seidel. "Tokens of Immortality in Han graves." *Numen* 24.1 (1982): 79 - 122.

Seidel 1985: Anna K. Seidel. "Geleitbrief an die Unterwelt: Jenseitsvorstellungen in den Graburkunden der späteren Han-Zeit." 载于 *Religion und Philosophie in Ostasien, Festschrift für Hans Steininger*, Gert Naundorf et al. 编, 161 - 83. Würzburg: Königshausen + Neumann, 1985.

Seidel 1987a: Anna K. Seidel. "Traces of Han Religion-in Funerary Texts Found in Tombs." 载于《道教と宗教文化》, 秋月観暎编, 21 - 57. 东京: 平河出版社, 1987.

Seidel 1987b: Anna K. Seidel. "Post-mortem Immortality, or the Taoist Resurrection of the Body." 载于 *Gilgul, Essays on Transformation, Revolution and Permanence in the History of Religions Dedicated to R. J. Zwi Werblowsky*, 223 - 37. Leiden: E. J. Brill, 1987.

Service 1962: Elman R. Service. *Primitive Social Organization: An Evolutionary Perspective*. New York: Random House 1962.

Service 1975: Elman R. Service. *Origins of the State and Civilization: The Process of Cultural Evolution*. New York: Norton: 1962.

Shaughnessy 1991: Edward L. Shaughnessy. *Sources of Western Zhou History: Inscribed Bronze Vessels*. Berkeley and Los Angeles: University of California Press, 1991.

Shaughnessy 1993: Edward L. Shaughnessy. "Shang shu (Shu ching)." 载于 Loewe (ed.) 1993: 376 - 89.

Shaughnessy 1997: Edward L. Shaughnessy. *Before Confucius: Studies in the Creation of the Chinese Classics*. Albany, N. Y. : State University of New York Press, 1997.

Shaughnessy 1999: Edward L. Shaughnessy. "Western Zhou History. " 载于 Loewe and Shaughnessy 编 1999: 292 - 351.

Shelach 1999: Gideon Shelach. *Leadership Strategies, Economic Activity, and Interregional Interaction: Social Complexity in Northeast China*. Fundamental Issues in Archaeology. New York: Kluwer Academic/Plenum Publishers, 1999.

Skosey 1996: Laura A. Skosey. "The Legal System and Legal Tradition of the Western Zhou, ca. 1045 - 771 B. C. E. " 博士论文, University of Chicago, 1996.

Small (ed.) 1995: David B. Small (ed.). *Methods in the Mediterranean: Historical and Archaeological Views on Texts and Archaeology*. Leiden: E. J. Brill, 1995.

So 1982: Jenny F. So. "Bronze Styles of the Eastern Zhou Period. " 博士论文, Harvard University, 1982.

So 1995: Jenny F. So. *Eastern Zhou Bronzes from the Arthur M. Sackler Collections*. Ritual Bronzes from the Arthur M. Sackler Collections, vol. 3. New York: Abrams, 1995.

Stein 1957: Rolf A. Stein. "Architecture et pensée religieuse en Extrême-Orient. " *Arts Asiatiques* 12. 4 (1957): 163 - 86.

Stein 1987: Rolf A. Stein. *Le monde en petit: Jardins en miniature et habitations dans la pensée religieuse d'extrême-Orient*. Idées et recherches. Paris: Flammarion, 1987. 英译为 *The World in Miniature: Container Gardens and Dwellings in Far Eastern Religious Thought*, Phyllis Brooks 译. Stanford: Stanford University Press, 1990.

Stumpfeldt 1970: Hans Stumpfeldt. *Staatsverfassung und Territorium im antiken China: ber die Ausbildung einer territorialen Staatsverfassung*. Düsseldorf: Bertelsmann Universitätsverlag, 1970.

Tambiah 1968: Stanley J. Tambiah. "The Magical Power of Words. " *Man*

3.2 (1968): 175 – 208. 亦载于 Stanley J. Tambiah, *Culture, Thought, and Social Action*, 17 – 59. Cambridge, Mass.: Harvard University Press, 1985.

Thatcher 1991: Melvin P. Thatcher. "Marriages of the Ruling Elite in the Spring and Autumn period." 载于 *Marriage and Inequality in Chinese Society*, Rubie S. Watson and Patricia B. Ebrey 编, 25 – 57. Berkeley and Los Angeles: University of California Press, 1991.

Thote 1990a: Alain Thote. "The Double Coffin of Leigudun Tomb No. 1: Iconographic Sources and Related Problems." 载于 *New Perspectives on Chu Culture During the Eastern Zhou period*, Thomas Lawton 遍, 23 – 46. Washington, D. C.: Arthur M. Sackler Gallery, Smithsonian Institution, and Princeton: Princeton University Press, 1990.

Thote 1990b: Alain Thote. "Innovations techniques et diversification des commandes: L'Artisanat du laque en Chine aux Ve et IVe siècles avant J.-C." *Arts asiatiques* 45 (1990): 76 – 89.

Thote 2002: Alain Thote. "Du message à l'image: Le décor des bronzes Shang et Zhou (XVe-IIIe s. av. J.-C.)" *Arts asiatiques* 57 (2002): 73 – 85.

Thote 2003: Alain Thote. "Lacquer Craftsmanship in the Qin and Chu Kingdoms: Two Contrasting Traditions (Late 4th to Late 3rd Centuries BC)." *Journal of East Asian Archaeology* 5 (2003): 337 – 374.

Tong 2002: Tong Enzheng. "Magicians, Magic, and Shamanism in Ancient China." *Journal of East Asian Archaeology* 4.1 – 4 (2002): 27 – 73.

Trigger 1989: Bruce G. Trigger. *A History of Archaeological Thought*. Cambridge: Cambridge University Press, 1989.

Trigger 1998: Bruce G. Trigger. *Sociocultural Evolution: Calculation and Contingency*. New Perspectives on the Past. Oxford: Blackwell, 1998.

Trigger 2003: Bruce G. Trigger. *Understanding Early Civilizations: A Comparative Study*. Cambridge: Cambridge University Press, 2003.

Tseng 2002: Lillian L. Tseng. "Divining from the Game *Liubo*: An Explanation of a Han Wooden Slip Excavated at Yinwan." *China Archaeology and Art Digest* 4.4 (2002): 55 – 62. 中文见文物 1998.8: 62 – 65.

Tsien 1993: Tsuen-hsuin Tsien. "Chan kuo ts'e." 载于 Loewe (ed.) 1993: 1-11.

Turner 1969: Victor Turner. *The Ritual Process*. Ithaca, N. Y.: Cornell University Press, 1969.

Underhill et al. 1998: Anne P. Underhill, Gary M. Feinman, Lynda Nicholas, Gwen P. Bennett, Cai Fengshu, Yu Haiguang, Luian Fengshi, 和 Fang Hui. "Systematic, Regional Survey in SE Shandong Province, China." *Journal of Field Archaeology* 25 (1998): 453-74.

Vandermeersch 1977/1980: Léon Vandermeersch. *Wangdao ou La voie royale: Recherches sur l'esprit des institutions de la chine archaïque*. 2 vols. Publications de l'École Française d'extrême-Orient. Paris: Maisonneuve, 1977, 1980.

Vandermeersch 1990: Léon Vandermeersch. "Aspects rituels de la popularisation du confucianisme sous les Han." 载于 *Thought and Law in Qin and Han China: Studies Dedicated to Anthony Hulsewé on the Occasion of his Eightieth Birthday*, Wilt L. Idema 和 Erik Zürcher 编, 89-107. Leiden: E. J. Brill, 1990.

Vandermeersch 1998: Léon Vandermeersch. "La féodalité chinoise." 载于 *Les féodalités*, Éric Bournazel and Jean-Pierre Poly 编, 647-81. Histoire générale des systèmes politiques. Paris: Presses universitaires de France, 1998.

Venture 2004: Olivier Venture. "L'écriture et la communication avec les esprits en Chine ancienne." *Bulletin of the Museum of Far Eastern Antiquities* 74 (2004): 34-65.

Vidal 2002: Gore Vidal. *Creation*. Restored edition. New York et al.: Doubleday, 2002.

Wagner 1987: Donald B. Wagner. "The Dating of the Chu Graves of Changsha: The Earliest Iron Artifacts in China?" *Acta Orientalia* (Copenhagen) 48 (1987): 111-56.

Wagner 1993: Donald B. Wagner. *Iron and Steel in Ancient China*. Handbuch der Orientalistik IV: China, vol. 9. Leiden: E. J. Brill, 1993.

Wagner 2001: Mayke Wagner. "Neolithikum und frühe Bronzezeit in Nordostchina（8000－3500 Jahre v. h.）." 博士论文，Universität Würzburg.

Walker 1953: Richard L. Walker. *The Multi-State System of Ancient China*. Hamden, Conn.: Shoestring Press, 1953.

Wang Aihe 2000: Aihe Wang. *Cosmology and Political Culture in Early China*. Cambridge: Cambridge University Press, 2000.

Wang Mingke 1992: Wang Mingke（亦见王明珂）. "The Ch'iang of Ancient China Through the Han Dynasty: Ecological Frontiers and Ethnic Boundaries." 博士论文，Harvard University, 1992.

Wang Mingke 1999a. Wang Mingke. "Western Zhou Remembering and Forgetting." *Journal of East Asian Archaeology* 1.1－4（1999）: 231－250.

Wang Mingke 1999b. Wang Mingke. "From the Qiang Barbarians to the Qiang Nationality: The Making of a New Chinese Boundary." 载于 *Imagining China: Regional Division and National Unity*, Shu-min Huang and Cheng-kuang Hsu 编, 43－80. Taipei: Institute of Ethnology, Academia Sinica, 1999.

Watson 1982: James L. Watson. "Chinese Kinship Reconsidered: Anthropological Perspectives on Historical Research." *China Quarterly* 92 (1982): 589－622 (附 Denis Twitchett, "Comments", 623－27).

Watson and Rawski 1988: James L. Watson, 和 Evelyn S. Rawski 编. *Death Ritual in Late Imperial and Modern China*. Berkeley and Los Angeles: University of California Press, 1988.

Watson et al. (ed.) 1971: Patty Jo Watson, Steven A. LeBlanc 和 Charles L. Redman 编. *Explanation in Archaeology: An Explicitly Scientific Approach*. New York: Columbia University Press, 1971.

Weber 1951: Alfred Weber. *Kulturgeschichte als Kultursoziologie*. München: Piper, 1951 (原出版 Leiden: Sijthoff, 1935).

Weiss 1972: Kenneth M. Weiss. "On the Systematic Bias in Skeletal Sexing." *American Journal of Physical Anthropology* 37 (1972): 239－49.

Wheatley 1971: Paul Wheatley. *The Pivot of the Four Quarters: A Preliminary Enquiry into the Origins and Character of the Ancient Chinese*

City. Edinburgh: University of Edinburgh Press, 1971.

White 1934: William Charles White. *Tombs of Old Lo-yang*. Shanghai: Kelly and Walsh, 1934.

Whitfield (ed.) 1993: Roderick Whitfield (ed.) *The Problem of Meaning in Early Chinese Ritual Bronzes*. Colloquies on Art and Archaeology in Asia, no. 15. London: Percival David Foundation, 1993.

Willey and Sabloff 1980: Gordon R. Willey 和 Jeremy A. Sabloff. *A History of American Archaeology*, 第二版. London: Thames and Hudson, 1980.

Wu Hung 1988: Wu Hung. "From Temple to Tomb: Ancient Chinese Art and Religion in Transition," *Early China* 13 (1988): 78–115.

Wu Hung 1992: Wu Hung. "Art in a Ritual Context: Rethinking Mawangdui." *Early China* 17 (1992): 111–44.

Wu Hung 1995: Wu Hung. *Monumentality in Early Chinese Art and Architecture*. Stanford: Stanford University Press, 1995.

Wu Hung 1999: Wu Hung. "The Art and Architecture of the Warring States Period." 载于 Loewe and Shaughnessy (eds.) 1999: 651–744.

Xia 1990: Xia Nai. "What is Archaeology?" In *Anthropology in China*, Gregory E. Guldin (tr. and ed.), 59–67. Armonk, N. Y.: M. E. Sharpe, 1990.

Xu 1996: Jay Xu. "The Cemetery of the Western Zhou Lords of Jin." *Artibus Asiae* 56. 3/4 (1996): 193–231.

Yang 1992: Yang Hong. *Weapons in Ancient China*. New York and Beijing: Science Press, 1992.

Yang 1947: Lien-sheng Yang. "A Note on the So-called TLV Mirrors and the Game, Liu-po." *Harvard Journal of Asiatic Studies* 8. 3–4 (1947): 202–7.

Yang 1952: Lien-sheng Yang. "An Additional Note on the Ancient Game Liu-po." *Harvard Journal of Asiatic Studies* 15. 1–2 (1952): 124–39.

Yates 2001: Robin D. S. Yates. "Slavery in Early China: A Socio-Cultural Approach." *Journal of East Asian Archaeology* 3. 1/2 (2001): 283–331.

Zhang 1992: Zhang Longxi. *The Tao and the Logos: Literary Hermeneutics, East and West*. Durham, N. C.: Duke University Press, 1992.

Zhang Yan'e 2002: Zhang Yan'e. "Preliminary Remarks on the Games of *liubo* and *saizi*." *Chinese Archaeology and Art Digest* 4.4 (2002): 79-95. 中文见《南方文物》1999.2: 53-63.